I0575105

Albert Stimming

Über den provenzalischen Girart von Rossillon

Ein Beitrag zur Entwickelungsgeschichte der Volksepen

Albert Stimming

Über den provenzalischen Girart von Rossillon
Ein Beitrag zur Entwickelungsgeschichte der Volksepen

ISBN/EAN: 9783743657328

Hergestellt in Europa, USA, Kanada, Australien, Japan

Cover: Foto ©ninafisch / pixelio.de

Weitere Bücher finden Sie auf **www.hansebooks.com**

ÜBER DEN PROVENZALISCHEN

GIRART VON ROSSILLON

EIN BEITRAG

ZUR

ENTWICKELUNGSGESCHICHTE DER VOLKSEPEN

VON

ALBERT STIMMING.

HALLE

MAX NIEMEYER

1888

Dem Andenken

AUGUST MAHNS

———

Erstes Kapitel

Einleitung.

Wenn man die uns erhaltenen Volksepen irgend eines der arischen Völker ins Auge fasst, so machen die meisten derselben bei flüchtigem Durchlesen einen durchaus einheitlichen Eindruck und scheinen sich in dieser Hinsicht kaum von einem Kunstepos zu unterscheiden. Bei genauerem Studium erweist sich dieser erste Eindruck jedoch oft als irrig; wir entdecken in jenen Dichtwerken, und zwar in dem einen mehr in dem andern weniger, Ungleichheiten, Inconsequenzen und selbst Widersprüche: es taucht plötzlich eine Person auf und wird als bekannt hingestellt, von der man vorher nichts vernommen, eine andere besitzt die Gabe, vom Tode aufzuerstehen, da sie, lange nachdem ihr Ende berichtet, wieder in die Handlung mit eingreift, eine dritte ändert oder modifizirt im Verlaufe des Gedichtes ihren Namen oder, was noch auffälliger ist, ihren Charakter. Wie mit den einzelnen Personen, so verhält es sich auch zuweilen mit ganzen Völkern, manche derselben treten in gewissen Abschnitten unter den Bundesgenossen einer Partei auf, während sie in anderen, wo man sie gleichfalls erwartet, fehlen oder gar auf der Seite des Gegners kämpfen. In anderen Fällen begegnet es, dass die eigentliche Erzählung plötzlich unterbrochen und uns eine Episode vorgeführt wird, die mit der Haupthandlung in gar keinem oder doch nur in losem Zusammenhange steht. Aber auch in Bezug auf die Form machen sich oft ebenso grosse Widersprüche bemerkbar wie in Betreff des Inhaltes. Die Darstellung ist z. B. in einzelnen Theilen kurz und knapp, in anderen schleppend und weitschweifig; der Stil theils einfach und schlicht, theils gewählt, elegant, mit Bildern und Vergleichen durchsetzt; der Geist endlich an einigen Stellen kriegerisch, an anderen geistlich, an noch anderen burlesk oder derbkomisch.

Diesen Mangel an Einheitlichkeit, der viele Volksepen charakterisirt, und der schon den Horaz[1]) dem alten Homer gegenüber

---

[1]) Ars poetica 359.

Girart von Rossillon.   1

PC
3328
.G658

zu dem tadelnden Ausruf veranlasste: „dormitat bonus Homerus!", hat man im Laufe der Zeit auf die verschiedenste Weise zu erklären versucht. Die weiteste Verbreitung hat wohl die Wolf-Lachmann'sche Liedertheorie[1]) gefunden, nach welcher die Epen durch Vereinigung einzelner selbständiger Lieder in der Weise entstanden wären, dass diese Lieder nicht etwa durch Umarbeitung zu einem einheitlichen Ganzen verschmolzen, sondern von einem Compilator äusserlich aneinandergereiht und, so gut es ging, zusammengeschweisst wurden, wobei also Inhalt und Charakter der Lieder im Ganzen treu erhalten blieben. Nach dieser Theorie erklärten sich jene Widersprüche daraus, dass eben jene Lieder von verschiedenen Verfassern herstammten, die zwar aus der gleichen Quelle, der Volkssage, ihren Stoff entnommen hatten, aber doch in Bezug auf einzelne Punkte der Handlung von einander abwichen, noch mehr aber, je nach ihrer Begabung, ihrem Charakter und ihrem Temperament, in Bezug auf Darstellung und Ton verschieden waren.

Die soeben dargelegte Theorie ist aber, wenigstens was die romanischen, d. h. altfranzösischen und provenzalischen Volksepen betrifft, wohl allgemein aufgegeben worden, ja sie hat für diese überhaupt niemals einen erheblichen Anklang gefunden.

Wenn wir nunmehr die zuletzt genannten Epen ins Auge fassen, so ist zunächst als richtig zuzugeben, dass, wie bei sämmtlichen Volksepen, so auch bei diesen die uns überlieferte Gestalt keineswegs die ursprüngliche ist, sondern dass bei allen eine mehr oder weniger lange Entwickelung vorangegangen ist. Auch das ist richtig, dass sie, je weiter man zurückgeht, um so geringer an Umfang gewesen sein werden, und dass dieses Anschwellen durch neue Bestandtheile hervorgerufen worden ist, welche im Laufe der Zeit zu dem älteren Grundstock hinzugekommen sind. Aber nicht ist es richtig, anzunehmen, dass dieses Anwachsen durch ein Aneinanderreihen, also gewissermassen durch eine Addition vorher selbständiger Einheiten erreicht worden sei.

Man hat vielmehr in der Entwickelungsgeschichte aller romanischen Volksepen der Regel nach zwei Perioden der Veränderung zu unterscheiden, erstens eine ältere, die der Umarbeitung, und zweitens eine jüngere, die der Interpolirung.[2])

---

[1]) Friedrich August Wolf, Prolegomena in Homerum. Halis, 1795; Karl Lachmann, Ueber die ursprüngliche Gestalt des Gedichtes von der Nibelunge Noth. Berlin, 1816.
[2]) Obige Darlegungen beziehen sich natürlich nur auf diejenigen Volksepen, welche eigentlich allein diesen Namen verdienen, nämlich solche, welche aus der Volkssage hervorgegangen sind, deren Inhalt in seiner ältesten Gestalt also auf wirkliche, historische Ereignisse zurückzuführen ist;

Ich fasse dabei allerdings nur dasjenige Stadium ihrer Entwickelung ins Auge, in welchem wir es mit wirklichen Epen, d. h.
rein erzählenden Gedichten, zu thun haben, lasse also dasjenige
unberücksichtigt, welches bei einer grösseren Anzahl von Epen, und
zwar gerade den älteren, wahrscheinlich[1]) schon vorhergegangen ist,
in welchem nämlich der Stoff, den das spätere Epos behandelte, in
. Form von lyrisch-epischen Liedern, also etwa von Romanzen, fortgepflanzt wurde, welche nicht die ganze Handlung zusammenhängend
berichteten, sondern, weil unmittelbar nach den Ereignissen entstanden und für Zeitgenossen, zum Theil für Augenzeugen berech-
net, die hauptsächlichsten Ereignisse meist nur anzudeuten brauch-
ten, dagegen lebhaft die Stimmungen wiederspiegelten, welche die
einzelnen Phasen der Handlung bei den Anwesenden, Sängern wie
Zuhörern, hervorbringen mussten: Stolz über einen Sieg, Schmerz
über eine Niederlage, Trauer wegen der Gefallenen, Sorge in Betreff des Schicksals des Helden u. dgl.

Wie lange Zeit nach den zu Grunde liegenden Ereignissen
das betreffende Epos entstand, lässt sich nicht mit Sicherheit bestimmen. Da jedoch die ältesten Epen in ihrem Berichte der
historischen Wahrheit ziemlich nahe stehen, so muss zur Zeit ihrer
Abfassung die Erinnerung an den Vorgang selbst noch sehr lebhaft
und auch im Wesentlichen treu gewesen sein. Wenn man nun bedenkt, wie schnell alle die Ereignisse vergessen oder wenigstens
entstellt werden, welche nicht durch schriftliche Aufzeichnung
vor diesem Schicksale bewahrt werden, so wird man nicht fehl-
gehen, wenn man annimmt, dass die Frist zwischen der Entstehung
eines Epos und dem Ereignisse, auf das es sich bezieht, keine lange
gewesen sei. Dies bezieht sich auch auf solche Epen, denen lyrisch-
epische Lieder des oben angedeuteten Charakters vorangingen. Denn
da in letzteren die Thatsachen keineswegs alle berichtet, sondern
höchstens die hervorragendsten kurz angedeutet wurden, so konnten
sie nicht als historische Quellen für die Epen dienen; der Dichter
musste daher die betreffenden Ereignisse entweder selbst genau
kennen oder aus zuverlässiger Quelle, etwa aus dem Munde von
Augenzeugen, erfahren haben. So stammt die älteste Form des
Epos Raoul de Cambrai von einem gewissen Bertolais, welcher die

dagegen nicht auf solche späteren Ursprunges, die in Nachahmung der
jüngeren Fassungen jener Epen ausschliesslich der Phantasie ihrer Verfasser ihre Entstehung verdanken, daher genau genommen zur kunstmässi-
gen Poesie gehören.
[1]) S. Gaston Paris, Romania 13, 616—18 und Pakscher, Zur Kritik
und Geschichte des französischen Rolandsliedes, 1885, S. 72 sq.; anders Pio
Rajna, Le origini dell' epopea francese, 1884, S. 469—85.

Schlacht, in der der Held gefallen war, mitgemacht hatte; cf. R.
de Cambrai v. 2444 sq.:

> Mout par fu preus et saiges Bertolais,
> De la bataille vi tot le gregnor fais:
> Chançon en fist, n'orreis milor ja mais;
> Puis a esté oïe en maint palais.

Aber mag sich die volksthümliche Darstellung des betreffenden Ereignisses sogleich in die Form eines wirklichen Epos gekleidet
haben, oder mögen schon vorher jene kürzeren romanzenartigen
Lieder existirt haben, immer ist die poetische Form die einzige, in
welcher die Volkssage sich fortgepflanzt hat. Es ist zwar die Ansicht ausgesprochen worden, dass neben den Epen es auch noch
eine mündliche, nicht in metrische Form gekleidete Tradition gegeben habe, welche jene volksthümlichen Stoffe ebenfalls von Generation zu Generation überliefert habe; ja man hat sogar die verschiedenen Umgestaltungen, die ein Epos erfahren, durch die Annahme erklären wollen, dass der Ueberarbeiter seine Veränderungen
und Zuthaten aus jener Tradition entnommen habe. Diese Ansicht
ist jedoch zurückzuweisen, denn eine mündliche Volkssage, die also
noch neben den Epen existirt habe, hat es nie gegeben.[1])

Die erste der beiden genannten Perioden beginnt also mit dem
Augenblicke, wo ein eigentliches Epos vorliegt. Wir haben uns
dasselbe in diesem Stadium bereits als ein einheitliches Ganzes zu
denken, welches, obwohl von geringer Ausdehnung, dennoch bereits
alle wesentlichen und hauptsächlichen Ereignisse, die es in der uns
überlieferten Form enthält, berichtete, nur, wie gesagt, ganz kurz,
einfach, ohne Wiederholungen, ohne Unterbrechungen und ohne Ab-
schweifungen. Der Umfang eines Epos auf dieser Stufe wird daher meist nur ein solcher gewesen sein, dass ein Volkssänger dasselbe bequem auswendig lernen und auch der Regel nach mit einem
Male vortragen konnte. Die Entstehung dieser ältesten epischen
Gestalt liegt aber meist mehrere Jahrhunderte vor der Redaction
und Aufzeichnung der uns vorliegenden Form, und zwischen diesen
beiden Endpunkten ist eben die Entwickelung, d. h. die Veränderung des Epos vor sich gegangen.

Für diese Veränderung, welche jenen beiden Entwickelungs-
perioden gemeinsam ist und die ich daher zunächst kurz charakte-
risire, sind nun im Wesentlichen zwei treibende Motive massgebend, das eine ist ein sprach- und kulturhistorisches, das andere
ein persönliches. Im Laufe der Zeit modifizirt sich nämlich nicht
nur die Sprache eines Volkes, sondern auch seine Kultur schreitet
fort, und in Folge dessen ändert sich sein Geschmack; ebenso

---

[1]) S. G. Paris, Romania 13, 602.

treten auch wohl auf dem Gebiete seiner politischen und sozialen
Einrichtungen Wandlungen ein, das Verhältniss der Stände zu einander verschiebt sich, indem der eine in den Vordergrund tritt,
andere mehr zurückgedrängt werden; Kriege bringen Glück oder
Unglück über das Land, es stellen sich dem Lande neue Feinde entgegen, erregen sein Gefühl, seinen Zorn, seine Begeisterung in hohem
Grade und geben dadurch seinen nationalen und religiösen Bestrebungen, seinen Sympathien und Antipathien eine neue Richtung.

Da nun ein Volksepos immer die Ansichten, Gesinnungen und
Ideale des Volkes, aus dem es hervorgegangen, wiederspiegelt, so
trat in Folge der angedeuteten Veränderungen von Zeit zu Zeit
das Bedürfniss hervor, das Epos dem neuen Geschmacke, den veränderten Anschauungen anzupassen, d. h. ihm eine neue Form zu
geben, die es den jedesmaligen Zeitgenossen, so zu sagen, mund-
gerecht machte. Dieser Aufgabe unterzog sich dann jedesmal
irgend ein Dichter, der den Beruf dazu in sich zu haben glaubte, und
man begreift hiernach, dass das weitere Schicksal des Epos in hohem
Grade davon abhing, ob es bei seinen verschiedenen Umgestaltungen
Stümpern oder Männern mit poetischer Begabung in die Hände fiel.

Diese nahmen also jedesmal an dem Gedicht die ihnen nöthig
oder wünschenswerth scheinenden Veränderungen vor. Dieselben
bestanden nun stets in Umgestaltung des Vorhandenen und in Zu-
fügung von neuen Bestandtheilen. Was erstere Thätigkeit betrifft,
so wurde die Sprache natürlich modernisirt; veraltete, unverständlich gewordene Worte wurden ausgemerzt, ungebräuchliche Formen
und Wendungen dem herrschenden Sprachgebrauche angepasst. Genau so wurde auch die metrische Gestalt dem Geschmacke der
Zeit entsprechend umgeändert, sodass man aus der sprachlichen
und metrischen Form eines Epos innerhalb gewisser Grenzen auf
die Zeit schliessen kann, aus welcher die betreffende Bearbeitung
desselben, wenn sie uns treu erhalten ist, herrührt.

Auch in stilistischer Beziehung wurde wohl reformirt, obwohl
nicht immer gleich durchgreifend. Manche derbe, rohe Ausdrücke
wurden vielleicht gemildert und durch andere ersetzt, einzelnes
etwa gekürzt, anderes (letzteres wohl überwiegend) weiter ausgesponnen. Nicht nur jede Zeit, sondern auch jeder Autor hat ja
gewisse stilistische Charakteristica, (in jener alten Zeit allerdings
nicht annähernd in so hohem Grade wie heutzutage), der eine liebte
reicheren Schmuck der Rede, streute Bilder, Vergleiche, Sprich-
wörter ein, der andere verzichtete auf derartige Mittel. Eine der
bemerkenswerthesten hierher gehörigen Veränderungen besteht darin, dass ein gewisses lyrisches Element, das sich in den ältesten
Gestaltungen des Epos noch bemerkbar macht, in der Regel später

mehr zurücktritt. In den ersten Fassungen unterbrach der Dichter mehrfach den Faden der Erzählung durch Ausrufe aller Art, durch welche er sein lebhaftes Interesse an den vorgetragenen Ereignissen an den Tag legt; er drückt seine Freude, seinen Zorn, sein Bedauern u. s. w. in kurzen Wendungen aus, je nachdem sein Held in dem Epos Glück, Erfolg, Missgeschick oder gar Unglück hat. Diese Bestandtheile der älteren Epen verschwinden, wie gesagt, meistentheils in den jüngeren Bearbeitungen, aber keineswegs immer; auch spätere Redactoren verrathen einzeln eine entschiedene Vorliebe für diese subjectiven Elemente und behalten daher nicht nur die vorhandenen Ausrufe bei, sondern fügen sogar neue gleichen Charakters hinzu.

Am schwersten war es natürlich, das Epos in Bezug auf die Darstellung etwaiger veränderter sozialer, politischer oder religiöser Verhältnisse umzugestalten, das heisst, für den Fall, dass die Religion, die Rechtsprechung, die Staatsverfassung ganz oder theilweise eine andere geworden war, dies in dem neuen Gedicht überall zum Ausdruck gelangen zu lassen. Die Ereignisse des alten Epos, die dort dargestellten Conflicte und Kämpfe beruhten ja oft gerade auf den früheren Satzungen, Gebräuchen und Anschauungen; letztere konnten daher nicht leicht durch andere ersetzt werden, da jene dadurch ihre logische und psychologische Grundlage verloren hätten. So erklärt es sich denn auch, dass in Bezug auf diesen Punkt die Volksepen fast immer archaïstisch sind, also auch in ihren späteren Gestaltungen und Umformungen gewöhnlich die Kultur, die Staats- und Standes-Verhältnisse einer Zeit wiederspiegeln, die weit vor derjenigen liegt, in der sie ihre jedesmalige Fassung erhalten haben.

Dies ist die eine Seite der Thätigkeit der Bearbeiter. Aber, wie schon erwähnt, begnügten sich dieselben nicht mit der Umformung des Vorhandenen, sondern jeder derselben suchte auch materiell seine Vorlage zu erweitern, und hierbei machten sich oft die persönlichen Motive geltend, von denen ich oben gesprochen habe. Das Mittel nämlich, durch welches die Handlung gedehnt und bereichert wurde, war die Einführung neuer Personen und neuer Episoden. Der Inhalt der letzteren wurde wohl, wenigstens in der älteren Zeit, selten geradezu erfunden, sondern meistens anderswoher entlehnt: aus anderen Sagen, aus anderen Epen, aus der Legende, aus Chroniken oder sonstigen, sei es mündlichen, sei es schriftlichen, Quellen. Wenn schon bei dieser Gattung von Zuthaten Geschmack, Liebhaberei und Neigung des Verfassers in Betreff der Auswahl des Stoffes von massgebendem Einflusse war, so wird dies noch viel mehr in der anderen Klasse der Fall gewesen sein. Bei der Wahl

der einzuführenden Persönlichkeiten wird der Blick nämlich naturgemäss meistens auf solche gelenkt worden sein, die entweder
durch ihre geschichtliche Bedeutung oder wegen ihrer persönlichen Beziehungen zum Dichter die Aufmerksamkeit des letzteren
auf sich zogen. Ein zeitgenössischer Baron, ein geistlicher Würdenträger, welcher durch seine Kriegsthaten oder durch seine Gerechtigkeit und Weisheit oder aber durch schurkische Handlungen, wie
Verrath, Treubruch u. dgl. seinen Namen weithin bekannt gemacht
hatte, musste besonders geeignet erscheinen, eine Rolle in einem
Epos zu übernehmen; und so finden wir denn in der That in vielen
derselben eine grössere oder geringere Zahl von Persönlichkeiten,
die auf deutlich erkennbare historische Typen zurückzuführen sind,
deren Namen sie auch tragen, und die oftmals schon in der Periode
der älteren Bearbeitungen in das betreffende Epos aufgenommen
worden sind.

Aber ebenso häufig kam es vor, dass persönliche Beziehungen
des Dichters zu irgend einer der vornehmen Familien des Landes
seine Wahl bestimmten. Traf es sich z. B., dass der betreffende
Bearbeiter sich der Gunst eines Barones erfreute, so kam ihm der
Gedanke, diesem Gönner dadurch zu schmeicheln, dass er einem
der Vorfahren desselben eine Rolle in dem Gedichte zuertheilte.
In andereren Fällen hatte das Einschieben neuer Personen seinen
Grund in dem Lokalpatriotismus des Redactors, welcher den Wunsch
hatte, auch seine engere Heimat in dem Gedichte durch einen an-
sehnlichen Repräsentanten vertreten zu sehen. Manchmal endlich
sind noch andere Motive ausschlaggebend gewesen, z. B. der Umstand,
dass der Verfasser mit einer hervorragenden Persönlichkeit, einem
fremden Souverain u. dgl. einmal zusammengetroffen war und von
demselben einen so gewaltigen Eindruck empfangen hatte, dass er
der Versuchung nicht widerstehen konnte, ihn für seine Zwecke
zu verwerthen.

In anderen Fällen handelte es sich nicht um die Einführung
einer neuen Person, sondern um die Veränderung der Rolle einer
bereits vorhanden gewesenen. Während diese nämlich in den
früheren Versionen, daher auch in den älteren Theilen der jüngeren,
völlig zurücktrat, nahm sie in den späteren oft eine massgebende
Stellung ein und stand im Vordergrunde des Interesses. Seltener
kam das Umgekehrte vor.

Aus dieser Art, wie dem Epos der neue Stoff zugeführt
wurde, erkennt man, dass die Bearbeiter keinen Werth darauf legten,
ob die hinzukommenden Personen oder Episoden sich in Bezug auf
die Chronologie der eigentlichen Handlung des Epos anpassten oder
nicht; und so erklärt es sich denn auch, dass diese Gedichte oft

die grössten Anachronismen enthalten, ja der Geschichte zuweilen
geradezu ins Gesicht schlagen.

Dies sind die wesentlichsten Umgestaltungen, die ein Volksepos im Laufe der Zeit erfuhr, und die, wie ich bereits hervorgehoben habe, sich durch die ganze Entwickelungsgeschichte desselben hinziehen.

Nachdem wir so die den beiden oben aufgestellten Perioden
gemeinsamen Merkmale kennen gelernt haben, müssen wir nunmehr
untersuchen, worin sich beide unterscheiden. Der wesentlichste
Unterschied besteht in der Methode, in der Art und Weise, wie
jene theils formellen, theils materiellen Veränderungen an dem Epos
vorgenommen wurden. In der älteren Zeit geschah dies gewöhnlich
durch Umarbeitung, in der späteren der Regel nach durch Interpolirung. Im ersteren Falle wurde die Vorlage, d. h. die ältere
Fassung nur als Material benutzt; alle dort auftretenden Personen
wurden genau so herübergenommen, alle dort erzählten Thatsachen
im Ganzen unverändert beibehalten; höchstens wurde hier und da
in Einzelheiten eine Änderung vorgenommen, eine Zahl vergrössert,
eine bestimmte Rolle oder Aufgabe von einer Person auf eine andere übertragen, die Reihenfolge der Thatsachen etwas verschoben,
ein Geschehniss auf einen anderen Zeitpunkt oder an einen anderen
Ort verlegt, manchmal auch einer Handlung ein anderes Motiv
untergeschoben, für eine glückliche oder unglückliche Wendung
eine andere Ursache erfunden, oder endlich die Wirkung eines Ereignisses sei es abgeschwächt, sei es in ein stärkeres Licht gerückt
und als bedeutsamer hingestellt. Der Charakter und die Menge
dieser Art von Veränderungen richtete sich natürlich nach der
Begabung und dem Geschmack des jedesmaligen Bearbeiters, d. h.
er nahm sowohl solche Modificationen vor, die er aus inneren
Gründen für schöner, poetischer hielt, als auch solche, die aus
anderen Ursachen seinen Zwecken zu entsprechen schienen. Dieses
ihm von seiner Vorlage gelieferte und im Ganzen also wenig veränderte Material hat er dann jedesmal durch die oben charakteri-
sirten Zuthaten vermehrt; er hat also die ihm überkommene Handlung durch Einfügung neuer Scenen, Episoden und Einzelheiten
sowie durch Einführung neuer Personen erweitert. Aber stets hat
er den Versuch gemacht, diese neuen Bestandtheile, so gut er es
vermochte, mit den alten organisch zu einem neuen Ganzen zu ver-
schmelzen; es ist immer sein Bestreben gewesen, zu verhindern,
dass die jüngeren Elemente sofort als solche erkannt oder gefühlt
werden möchten. Und nun erst, nachdem er seinen Stoff in der
neuen Gestalt vollständig verarbeitet hatte, ging er daran, dieses
neue Material auch in eine neue Form zu giessen. Hierbei benutzte

er natürlich die ihm vorliegende ältere Fassung des Epos auch in formeller Hinsicht, natürlich nur, soweit die oben angedeuteten sprachlichen, metrischen und stilistischen Veränderungen, die jede Umarbeitung mit sich brachte, dies gestatteten. Dass die Umdichter sich schwer dazu entschlossen, auch etwaige inzwischen eingetretene Verschiebungen der religiösen, politischen oder sozialen Verhältnisse zum Ausdruck zu bringen, also auch in dieser Hinsicht ihre Vorlage umzuarbeiten, habe ich schon bemerkt. Abgesehen von letzterem Punkte war dann aber das Epos nach einer derartigen Umformung in formeller Beziehung „modern", d. h. es war in Sprache und Metrik dem gerade herrschenden Brauche angepasst; inhaltlich bildete es, wenn der Verfasser in der Einfügung seiner Zuthaten nicht allzu ungeschickt verfahren war, ein im Wesentlichen einheitliches Ganzes; die oben hervorgehobenen Widersprüche finden sich also in diesem Entwickelungsstadium der Regel nach nicht.

Wesentlich anders liegt die Sache in der zweiten Periode. Zwar ist das Ziel, das der Bearbeiter erstrebt, das gleiche; aber das Mittel, durch welches er dasselbe zu erreichen sucht, ist ein anderes. Die gänzliche Umarbeitung erschien im Laufe der Zeit als zu umständlich, zu schwierig und mühevoll; deshalb verfiel man auf den Gedanken, dasselbe Resultat auf einem einfacheren und bequemeren Wege zu erzielen. Die Umdichter begnügten sich nämlich nicht mehr damit, ihre Vorlage in materieller Hinsicht zu verarbeiten, also die dort erzählten Thatsachen sich anzueignen, sondern sie verwandten dieselbe jetzt auch ganz und gar in formeller Beziehung, d. h. sie nahmen dieselbe möglichst unverändert in ihrem ganzen Umfange herüber und benutzten jenen Text als Grundlage für ihre eigene Fassung. Die formellen Änderungen beschränkten sie dabei natürlich auf ein möglichst geringes Mass. Ein veralteter Ausdruck wurde nur dann ausgeschieden und mit einem jüngeren vertauscht, wenn letzterer in der Zahl der Silben mit jenem übereinstimmte oder wenigstens durch eine leichte Änderung in den Vers eingeführt werden konnte, ohne das Metrum zu stören. Schwieriger war es manchmal, das Epos in metrischer Beziehung zu modernisiren, wenn z. B. inzwischen der Brauch aufgekommen war, die einzelnen Zeilen einer Tirade nicht mehr durch die Assonanz, sondern durch den Reim zu verbinden. Aber auch hier suchten sich die Redactoren, so gut es ging, und mit Verwendung möglichst geringer Mühe ihrer Aufgabe zu entledigen. Wenn Worte, die den Anforderungen des Reimes und zugleich des Sinnes entsprachen, bequem zur Hand waren, so setzten sie diese natürlich ein; waren solche aber nicht so leicht zu finden, so gaben

sie sich nicht etwa die Mühe, durch Umgestaltung des ganzen
Verses einen befriedigenden Reim herzustellen, sondern sie glaubten
diesen Zweck schon dadurch erreicht zu haben, dass sie willkürlich die Form des Schlusswortes so änderten, dass ein wenigstens
äusserlich correcter Gleichklang entstand, mit anderen Worten,
dass sie der Sprache Gewalt anthaten.

Ganz ausgeschlossen war bei dieser Methode natürlich die
Möglichkeit, den Stil oder gar den Ton, den Geist der Vorlage
bei der Bearbeitung zu ändern, da ja, wie gesagt, die alte Form,
so weit es irgend anging, beibehalten wurde. Dennoch fand der
Überarbeiter Gelegenheit, auch in Bezug auf diese beiden Punkte,
dem Werke den Stempel seiner Individualität aufzudrücken, nämlich
gerade in den Interpolationen, welche ja für diese Periode des Epos
charakteristisch sind. Denn alle die materiellen Veränderungen,
welche auch auf dieser Stufe mit dem Epos vorgenommen, alle
stofflichen Zuthaten, die der Handlung zugeführt werden sollten,
wurden dadurch bewerkstelligt, dass zwischen die älteren, aus der
Vorlage möglichst unverändert entlehnten Bestandtheile neue eingeschoben wurden, sei es in Form einzelner Verse, sei es, was häufiger geschah, in Form ganzer Tiraden.

Es liegt auf der Hand, dass es bei diesem Verfahren nahezu unmöglich war, diesen neuen Zuwachs mit der übernomme-
nen Handlung innerlich und organisch zu verbinden, und dass
es sich nur um eine äusserliche, mehr oder weniger mecha-
nische Vereinigung handeln konnte. Und so erklärt es sich
denn auch, dass diese Einschübe in der Mehrzahl der Fälle ohne
allzu grosse Mühe an inneren oder äusseren Merkmalen herausge-
funden werden können. Abgesehen von solchen Zuthaten, die in
der Hinzufügung einzelner kleiner Züge bestehen und bei denen
wir auf die unten zu besprechenden inneren Kriterien allein angewiesen sind, kennzeichnen sich die jüngeren Bestandtheile meist schon
dadurch, dass die in ihnen berichteten Begebenheiten mit der Haupthandlung gar nichts zu thun haben, vielmehr den Faden der Erzählung unterbrechen, daher gewöhnlich aus dem Epos entfernt
werden können, ohne eine merkliche Lücke zu hinterlassen. Ja
oft sind diese Einfügungen geradezu an den Haaren herbeigezogen
und zeigen deutlich, dass sie ihre Entstehung ausschliesslich dem
Bestreben verdanken, den Bericht immer mehr in die Länge zu
ziehen und möglichst viele neue Thatsachen zu erzählen, um die
Zuhörer recht lange zu unterhalten. Verhältnissmässig am leich-
testen war es bei dieser Methode, zu Anfang oder am Schlusse
des Ganzen dem Epos neuen Stoff zuzuführen, da hier die Ein-
oder richtiger Anfügung desselben am wenigsten Mühe verursachte.

Daher ist denn dieser Umstand auch mehrfach benutzt worden, sei es, dass der eigentlichen Erzählung ein Vorspiel gegeben, oder dass ein neues Kapitel in Form eines Anhanges angeschoben wurde. Aber auch hier wird man mit einiger Aufmerksamkeit meist die „Nähte" erkennen können, durch welche die jüngeren Bestandtheile an die Vorlage angeheftet worden sind. Noch mehr ist dies der Fall, wenn, was ebenfalls vorgekommen ist, zwei ursprünglich selbständige ganze Epen zu einem einzigen verbunden worden sind.

War es aber schon nicht leicht, eine einzelne neue Episode organisch mit der Vorlage zu vereinigen, so war es fast noch schwieriger, neu hinzutretende Personen innerlich mit der Handlung zu verknüpfen, und so finden wir denn auch, dass die Mehrzahl dieser später eingeführten Personen eine nur unbedeutende Rolle spielt, zum Theil förmlich in der Luft schwebt. Manche tauchen plötzlich auf, um alsbald wieder auf Nimmerwiedersehen zu verschwinden; andere kommen zwar an mehreren Stellen vor, aber im Grunde nur als Statisten, oder, wenn sie wirklich etwas vollbringen, so ist ihre That ohne Einfluss auf die Entwickelung des Ganzen. Manchmal hat der Verfasser selbst das Bedürfniss, eine von ihm erfundene Person auf eine Zeit lang los zu sein, weil es ihm unbequem und mühsam ist, dieselbe bei den verschiedenen aufeinanderfolgenden Situationen zu berücksichtigen und ihr jedesmal eine Rolle zuzuweisen. Da er sie aber bei einer späteren Gelegenheit noch einmal zu verwenden beabsichtigte, so erfand er irgend ein Mittel, durch welches er sie vorläufig irgendwo unterbrachte, um sie dann später, wenn es ihm passend erschien, ohne Weiteres wieder ans Licht zu ziehen. Zuweilen verwandte der Bearbeiter eine höchst sinnreiche Methode, um eine bestimmte Persönlichkeit in das Epos einzuführen. Wenn beispielshalber in der Vorlage ein Graf Richard eine hervorragende Rolle spielte, so schob er an einer oder an mehreren Stellen einige Verse ein, in denen ebenfalls von jenem etwas berichtet ward, in denen derselbe aber nicht nur mit dem Vornamen Richard, sondern zugleich mit einem bestimmten Zunamen, sei es dem eines Gönners oder dem einer anderen Person, für die der Bearbeiter sich interessirte, benannt wurde, und so waren ohne Weiteres alle Thaten jenes Grafen Richard auf einen Angehörigen des betreffenden Geschlechtes, das vielleicht gefeiert werden sollte, übertragen.

In derselben Weise wie einzelne Personen, fanden auch ganze Völker bei einer derartigen Bearbeitung Eingang in das Epos. Aber bei allen diesen Einfügungen kam es den Redactoren nicht in den Sinn, darauf zu achten, ob dieselben auch mit dem Inhalte der älteren Theile im Einklang ständen oder nicht; eine derartige Rücksichtnahme lag ihnen völlig fern, da sie auf eine kritische

Prüfung ihrer Angaben natürlich nicht gefasst waren. So ereignete es sich denn nicht selten, dass diese jüngeren Bestandtheile
in einzelnen materiellen Punkten von den älteren abwichen, und da
dies Verhältniss bei jeder neuen Umarbeitung immer wieder
eintrat, so war es unvermeidlich, dass im Laufe der Zeit das Gedicht in Bezug auf den Inhalt derartige Widersprüche und In-
konsequenzen, wie ich sie oben angedeutet habe, in mehr oder
weniger grosser Zahl aufweisen musste.

Ebenso erhebliche Ungleichheiten konnten sich aber auch in
Rücksicht auf den Stil, den Ton, den Geist bemerkbar machen; denn
da der Bearbeiter zwar seine Vorlage, wie erwähnt, ohne stilistische
Änderungen in seine Fassung herübernahm, dagegen seine Zuthaten
natürlich in der ihm eigenen Schreibweise verfasste, so konnte auch
in Bezug auf diesen Punkt das Epos kein einheitliches Gepräge
tragen. Der eine Bearbeiter liebte z. B. eine salbungsvolle, mit
Sentenzen durchsetzte Ausdrucksweise, der andere eine blumenreiche,
durch Redeschmuck verzierte, ein dritter einen schlichten, einfachen
Stil, ein vierter wandte mit Vorliebe Fremdwörter an — und jeder
liess natürlich in dem von ihm stammenden Theile des Gedichtes
die ihm eigenthümlichen Merkmale zurück, sodass letztere für uns
unter Umständen zu willkommenen Anzeichen werden können, an
denen wir die Verfasser des betreffenden Einschubes, das heisst
einen bestimmten Bearbeiter des Epos, zu erkennen vermögen.

Dies sind die wesentlichsten Punkte, in denen die beiden Perioden der Entwickelungsgeschichte des Volksepos sich unterscheiden.
Es versteht sich aber von selbst, dass dieselben in Wirklichkeit
sich nicht immer so scharf von einander abheben und zu trennen
sind, wie es in der obigen Darlegung geschehen ist. Es hat gewiss Epen gegeben, bei denen diese Theorie nicht ganz zutrifft, sei
es, dass sie überhaupt nur eine der beiden Phasen der Umgestaltung durchgemacht haben, sei es, dass eine Verschiebung in Bezug
auf die Reihenfolge der Veränderungen Statt gefunden hat. Aber
derartige Ausnahmen sind doch nicht im Stande, die Regel umzustossen; und es darf demnach als ausgemacht gelten, dass die Verwandlung eines Epos während der ersten Stadien gewöhnlich in
anderer Weise vor sich ging als während der späteren, und dass
der Prozess in der Mehrzahl der Fälle im Wesentlichen so ver-
laufen sein dürfte, wie ich es angedeutet habe.

Es bleiben nun noch einige weitere Momente zu besprechen,
welche für die Umgestaltung des Volksepos von Bedeutung sind,
und die, wenngleich sie erst in der zweiten Periode ihre hauptsächlichste Verwendung finden, dennoch, wie es scheint, auch in der
ersten sich schon einzeln bemerkbar gemacht haben. Das Bestreben

der Bearbeiter, dem Epos eine grössere Ausdehnung und damit den Zuhörern mehr Stoff zu geben, war so gross, dass es durch die oben aufgezählten Mittel nicht genügend befriedigt werden konnte, und so wandten sie denn verschiedene weitere an, um diesen Zweck zu erreichen, auch ohne dem Gedichte neuen Stoff zuzuführen.

Eines der beliebtesten waren die sogenannten Repetitionsstrophen. An den spannendsten Phasen der Erzählung, bei dem Bericht über ein besonders folgenschweres Ereigniss, den Tod einer hervorragenden Persönlichkeit u. dgl., begnügte sich der Bearbeiter nicht damit, den Vorgang ein Mal zu erzählen, wie dies vermuthlich in der ältesten Fassung geschah, sondern er erzählte ihn mehrmals hintereinander, nicht etwa bei jedem Male eine der verschiedenen Phasen desselben hervorhebend, sondern immer das ganze Geschehniss schildernd, ja oft immer mit denselben Ausdrücken und Wendungen. Eine Ermüdung der Zuhörer war dabei in jenen Zeiten, wie es scheint, nicht zu befürchten, jedenfalls wurde sie von den Dichtern nicht gescheut. Diese Methode, dem Epos grösseren Umfang zu verleihen, muss sehr früh in Aufnahme gekommen sein, denn schon im Rolandsliede, dem ältesten uns erhaltenen romanischen Volksepos, ist sie bereits vollständig ausgebildet[1]) und begegnet uns überhaupt in allen französischen und provenzalischen Heldengedichten in mehr oder weniger häufiger Verwendung.

Eine andere günstige Gelegenheit zu ähnlichen Erweiterungen bot sich bei dem Berichte von Berathungen und Verhandlungen, sei es, dass die feindlich gegenüberstehenden Parteien durch Gesandtschaften sich gegenseitig Friedensvorschläge machten, sei es, dass das Haupt einer derselben mit seinen Baronen diese Vorschläge oder einen Feldzugsplan oder eine andere zu ergreifende Massregel in Ueberlegung zog. Hier konnte nach Belieben die Zahl der redenden Personen vermehrt werden, mochten diese auch in anderen Theilen des Epos schon vorkommen, oder ad hoc erfunden worden sein. Mit der Vermehrung der Redner ging natürlich auch eine solche der Vorschläge, Einwendungen und Entgegnungen Hand in Hand, und so wurde die Erzählung verlängert, ohne dass die Handlung dadurch wesentlich berührt worden wäre. Auch von diesem Mittel machten die Umdichter oft einen recht ausgiebigen Gebrauch. Es zeigt sich jedoch meist ein grosser Unterschied in dem Charakter und dem geistigen Werthe derartiger Einfügungen je nach der Begabung der einzelnen Bearbeiter. Den älteren gelingt es meist, eine wirkliche innere Verbindung zwischen den einzelnen Reden

---

[1]) S. Pakscher, Zur Kritik und Geschichte des französischen Rolandsliedes, 1885, S. 100 sq. -

herzustellen, indem bei ihnen jeder folgende Sprecher auf die Worte des oder der vorangehenden Bezug nimmt, sie bekämpft, widerlegt, bestätigt, modifizirt oder in einer anderen Weise beantwortet. Bei den jüngeren Redactoren ist dies gewöhnlich nicht der Fall; hier treten fortwährend neue Redner auf, aber die meisten beschränken sich darauf, die Ansicht irgend eines Vorredners mit geringen Modificationen und Zuthaten einfach zu wiederholen, ohne jedoch auf jenen im Geringsten Bezug zu nehmen, gerade als brächten sie etwas ganz Neues vor. Da auf diese Weise selten irgendwie neue Gedanken, Vorschläge, Einwände u. dgl. in die Debatte hineinkommen, so begreift es sich, dass der Bericht einer derartigen Verhandlung oft äusserst eintönig und langweilig sein kann.

Genau ebenso verhält es sich bei Gelegenheit der Beschreibung einer Schlacht, die ja bekanntlich in den alten Epen zum grössten Theil in der Schilderung von Einzelkämpfen bestand. Hier war also nichts leichter, als immer neue Paare einander gegenüber zu stellen und nun den Kampf in den herkömmlichen, fast stereotypen Formeln zu beschreiben.

Ueberhaupt ist die Neigung zur Ausspinnung der Situation und zur Detailmalerei ein allen Bearbeitern gemeinsamer Zug. Wo sich die Vorlage mit einer kurzen Andeutung begnügte, wurde diese in der jüngeren Fassung breit ausgeführt; wo jene auf die Angabe aller Einzelheiten verzichtete und auch der Phantasie des Zuhörers etwas zu thun übrig liess, da wurden hier alle Zwischenstufen, alle Nebenphasen der Handlung ausführlich aufgezählt; wurde in der älteren Fassung eine bestimmte Nebenperson kurz bezeichnet, z. B. als Seneschall, als Pförtner, als Knappe eines der Hauptpersonen, oder auch mit Namen genannt, aber ohne weiteren Zusatz, so wurde in der jüngeren ihm nicht nur der etwa fehlende Name gegeben, sondern es wurden auch womöglich noch genauere Angaben über seine Herkunft, seinen Charakter, seine früheren Schicksale oder sonstigen Verhältnisse hinzugefügt, kurz überall, wo eine wirkliche oder angebliche Lücke vorzuliegen schien, ergriff der Redactor mit Eifer diesen Anlass, um durch eigene Zuthaten den vermeintlichen Mangel zu beseitigen.

Endlich zeigen die Bearbeiter, namentlich die jüngeren, oft eine ausgesprochene Tendenz, die Angaben ihrer Vorlage zu überbieten, ja zuweilen ins Masslose zu übertreiben. Die Zahlen der Einwohner, Kämpfer, Gefallenen u. s. w., die in den älteren Versionen sich innerhalb vernünftiger Grenzen bewegten, steigen später in die Hunderttausende; das Machtgebiet und die Menge der Unterthanen, welche dort im Grossen und Ganzen der Wirklichkeit entsprachen, erscheinen hier gewaltig vermehrt und vergrössert; die

Redactoren werfen oft mit Schätzen an Gold und Silber und anderen Kostbarkeiten um sich, welche an die Märchen von „tausend und eine Nacht" erinnern.

So liessen sich noch weitere Mittel angeben, durch welche die Bearbeiter immer den gleichen Zweck verfolgten, ihr Werk anschwellen zu lassen. Alle diese Zuthaten aber, namentlich insofern sie der zweiten Entwickelungsperiode des Volksepos angehören, haben das gemeinsame Merkmal, dass sie keine für die eigentliche Handlung wesentlichen Bestandtheile enthalten und in letzterem Falle meist durch einfache Streichung, ohne eine Narbe zu hinterlassen, entfernt werden können.

Damit hätten wir die wesentlichsten Momente, welche bei der Entwickelung der romanischen Volksepen in Betracht kommen, kennen gelernt. Die uns überlieferte Gestalt derselben ist demnach das Resultat einer vielfachen Umarbeitung, und alle Eigenschaften jener Gedichte, ihre Vorzüge wie ihre Mängel, erklären sich aus der Art und Weise, wie diese verschiedenen Umarbeitungen ausgeführt worden sind. Jede derselben ist, wie schon erwähnt, auf einen Verfasser zurückzuführen, und in sofern kann man in der That behaupten, dass jedes Epos mehrere Verfasser habe; nur hat dieser Satz jetzt einen ganz andern Sinn, als wenn man von der oben dargelegten Liedertheorie ausgeht. Letztere nimmt lauter von einander unabhängige Verfasser an, deren Producte durch einen Compilator zu einem Ganzen zusammengefügt worden sind, während nach den obigen Darlegungen jeder spätere Bearbeiter von seinen Vorgängern abhängig ist, und zwar zunächst auf den Schultern seines unmittelbaren Vordermannes ruht.

Was nun die Persönlichkeiten dieser Bearbeiter betrifft, so wird die Mehrzahl derselben aus dem Stande der Jongleurs, der Volkssänger, hervorgegangen sein, d. h. derjenigen, die den Vortrag der Epen zu ihrem Lebensberuf erwählt hatten. Diese hatten ja das grösste Interesse daran, ihr Repertoire zu erweitern, und da ihnen wegen ihrer Bekanntschaft mit zahlreichen Volksepen die poetische Technik derselben ganz geläufig war, so lag es für sie besonders nahe, sich jener Aufgabe zu unterziehen, um der immer grösser werdenden Nachfrage nach neuen Erzeugnissen Genüge zu thun. Allerdings verleitete diese Vertrautheit mit der Technik sowie die sichere Aussicht auf Beifall leider auch viele mittelmässig und noch geringer begabte Leute dazu, sich an eine derartige Umdichtung heranzuwagen; sie brachten es jedoch, statt ihre Vorlage zu verbessern, meist dahin, dieselbe völlig zu verunstalten. Aber auch Geistliche haben sich mehrfach mit dieser Arbeit befasst, sei es aus wirklicher Liebe zur Volkspoesie, sei es, was wohl der

häufigere Fall war, um dieselbe als Mittel für ihre speziellen, kirchlichen Zwecke zu benutzen. So tragen denn zahlreiche Epen deutliche Spuren einer theils mehr theils weniger weit zurückliegenden
Bearbeitung durch einen Geistlichen, — Spuren, die der Regel
nach nicht zu den Vorzügen derselben gehören. Je nachdem der
Verfasser mehr oder weniger zelotisch war, drückte er dem Werke
in stärkerem oder geringerem Masse ein geistliches Gepräge auf,
und zwar verwandte er zu diesem Zwecke alle die oben aufgezählten
Mittel, die dem Umarbeiter eines Epos zur Verfügung standen.
Möglichst alle neuen Zuthaten trugen ein theologisches Gepräge;
die eingeführten Personen gehörten meistens dem geistlichen Stande
an, waren Mönche, Äbte, Bischöfe, ja wenn es irgend durchführbar
war, musste selbst der Papst in Action treten; zugleich wurden
die Geistlichen recht in den Vordergrund geschoben, indem ihnen
eine einflussreiche, massgebende Rolle zuertheilt wurde. Auch Geist,
Stil und Ausdrucksweise der betreffenden Interpolationen zeigte denselben Charakter; die Haupttugend war nun nicht mehr der Muth,
sondern die Demuth; die Schicksale des Helden wurden als unmittelbare Folgen seiner Handlungen hingestellt, jedes Unglück als
Strafe für eine Sünde, jeder Erfolg als Lohn für eine gute That.
Überall wurden Anspielungen auf Stellen der Bibel und der Heiligen-
geschichte eingeflochten, die Reden wurden moralisirend und nahmen
stellenweise den Charakter von Predigten an; sogar die Sprache
erhielt eine gelehrte Gewandung, indem sie mit Fremdwörtern ge-
spickt wurde, die meist der Sphäre der Kirche entlehnt waren.
Ja es kam einzeln vor, dass ein derartiger Redactor den Versuch
machte, den Helden des Epos aus einem rauhen Krieger in einen
frommen Mann Gottes zu verwandeln. War nun der geistliche
Verfasser ein Angehöriger eines bestimmten Klosters oder einer
bestimmten Kirche, so hatte er zuweilen den Wunsch, vermittelst
des Epos den Ruhm des betreffenden geistlichen Institutes zu ver-
breiten und dessen Popularität zu vergrössern. Zu diesem Zwecke
schob er wohl Episoden ein, (die meist aus der Legende entlehnt
waren,) in denen jene Kirche, jenes Kloster eine bedeutende
Rolle spielte und besonders gefeiert wurde, oder er suchte durch
kürzere Einfügungen denselben einen unmittelbaren Antheil an der
Handlung selbst zuzutheilen.

Nach diesen allgemeinen Bemerkungen über die Entwickelungsgeschichte des Volksepos wenden wir uns nunmehr zu dem eigentlichen Gegenstande unserer Unternehmungen, dem provenzalischen
Volksepos von Girart de Rossillon. Wir werden festzustellen suchen,
welche Schicksale dasselbe im Laufe seiner Geschichte erfahren, und
uns dabei überzeugen, ob und in wie weit die oben dargelegten

Prinzipien der Veränderung auch an diesem Epos beobachtet werden können und ob sie sich als richtig und zutreffend erweisen. Wir werden uns aber damit begnügen, die allmähliche Umgestaltung desselben bis gegen das Ende des zwölften Jahrhunderts herab zu verfolgen, d. h. bis zur endgültigen Festsetzung der uns vorliegenden provenzälischen Form. Die französischen Denkmäler über die Sage des Girart beruhen sämmtlich auf Bearbeitungen, die wir bei unseren Untersuchungen kennen lernen werden, sind also für die eigentliche Entwickelung der Sage nicht von wesentlicher Bedeutung.

Zweites Kapitel

Das vorhandene Material und der Stand der Frage.

1. Das vorhandene Material.

Ehe wir an unsere Aufgabe gehen, wird es vor allen Dingen nöthig sein, diejenigen ältesten literarischen Zeugnisse kennen zu lernen, welche sich mit den Schicksalen unseres Helden beschäftigen. Es sind die folgenden: A. Das provenzalische Epos; B. Eine lateinische Lebensbeschreibung; C. Urkunden aus der Zeit von Girarts politischem Wirken.

A. Das provenzalische Epos.

Dies Gedicht ist uns in vier Handschriften überliefert, von denen jedoch nur die in Oxford befindliche (Bodl. Canonici misc. 63) mit 10002 Versen das ganze Werk enthält (O). Eine zweite, zu Paris aufbewahrte (Bibl. Nat. fr. 2180) ist unvollständig, ihr fehlt der Anfang, entsprechend den Versen 1—561 von O, und da sie auch sonst stellenweise den Bericht etwas kürzt, so zählt sie nur 8998 Verse (P). Die beiden anderen endlich bringen nur Bruchstücke, die Londoner (Harl. 4334) ein solches von 3480 Versen (L); endlich die im Besitze von Prof. Paul Meyer zu Paris befindliche sogar nur 330 Verse.

Die beiden bisher erschienenen Ausgaben, von K. Hofmann 1855 und von Fr. Michel 1856 sind auf P basirt, berücksichtigen aber nicht die Oxforder Handschrift. Von O und L besitzen wir sorgfältige Abschriften, nämlich von O erstens in: Mahn, Gedichte der Troubadours, Band I—III, der Schluss in Karl Schweppe, Etudes sur Girart de Rossilho. Rostocker Dissertation 1878, sodann von W. Förster in Rom. Studien V, 1—201; L endlich ist abgedruckt von Stürzinger in Rom. Studien V, 203—82. Ich zitire P nach der Hofmannschen Ausgabe, O und L nach dem Abdruck von Förster und Stürzinger.

In der uns überlieferten Form hat das Epos nun kurz folgenden Inhalt:

König Karl Martell hielt einst zu Pfingsten ein glänzendes Hoffest in Reims ab. Hier erschien auch der Papst und bat, ihm sowie dem Kaiser von Constantinopel gegen die Sarazenen Hülfe zu bringen, indem er zugleich daran erinnerte, dass jener Kaiser versprochen hatte, seine beiden Töchter dem Karl und dem Grafen Girart von Rossillon als Gemahlinnen zu geben. Karl sagt sofort Hülfe zu, überschreitet mit einem Heer die Alpen und schickt, nachdem er die Sarazenen vernichtet, eine auserlesene Heerschar sowie eine Gesandtschaft unter Girarts und des Papstes Führung nach Constantinopel. Hier war, wie es scheint, der Kaiser schon allein Herr seiner Feinde geworden, und so blieb nur noch der zweite Zweck der Gesandtschaft zu erledigen übrig. Die Verlobung wurde feierlich beschworen, und zwar in der Weise, dass Bertha, die älteste Tochter, dem Karl, die jüngere, Elissent, dem Girart zugesprochen wurde. Karl war in seiner Ungeduld der heimkehrenden Gesandtschaft bis Benevent entgegengezogen, und da ihm nun die jüngere Schwester besser gefiel, so verlangte er, entgegen dem beschworenen Übereinkommen, diese für sich. Girart ging nach hartem innerem Kampfe auf einen Tausch ein, hauptsächlich, um so seiner geliebten Elissent die Königskrone zu verschaffen. Er setzte jedoch durch, dass Karl als Entgelt ihm sein Lehn in Allodialbesitz verwandelte. Die Liebe zwischen Girart und Elissent, heisst es, blieb jedoch unverändert, und die junge Königin gab dem Grafen beim Abschied einen Ring als Zeichen ihrer dauernden Freundschaft.

Dies friedliche Verhältniss sollte aber bald gestört werden. Der König war auf den mächtigen und stolzen Grafen eifersüchtig, und bald brach ein offener Krieg aus, den Karl durch ungerechtfertigte Forderungen veranlasste. Letzterer belagerte Rossillon und nahm es durch den Verrath des Seneschall Richier von Sordane. Girart entkam verwundet nach Avignon und rief nun seine Freunde und Verwandten zu Hülfe. Kaum geheilt, lockte er den König bei Belfau in einen Hinterhalt und brachte ihm eine empfindliche Schlappe bei. Rossillon wird wiedergenommen, der Verräther gehängt. Auf Antrieb seiner Getreuen bietet Girart nun durch Folco, seinen ebenso massvollen wie tapferen Vetter, Frieden an; da aber Karl gegen den Rath seiner Barone die Vorschläge zurückweist, so wird eine Schlacht bei Valbeton in Burgund verabredet, mit der Bestimmung, dass der Unterliegende in die Verbannung gehen soll. Nach langem, blutigem Ringen unterbricht ein Wunderzeichen den Kampf: die Kriegsbanner beider Heere stehen plötzlich in hellen Flammen. Unter dem Eindruck dieser göttlichen Kundgebung sendet Karl den Tibert, um nun seinerseits Frieden anzubieten. Girart nimmt denselben schweren Herzens an, jedoch nur unter der Bedingung, dass

Teiri von Ascane, welcher in der Schlacht Girarts Vater und
Oheim, Draugo und Vuidelon, getödtet hat, auf fünf Jahre ausser
Landes geht. Girart huldigt dem Könige, und damit endet der
erste Theil.

Es folgen fünf Jahre ungetrübter Herzlichkeit und Eintracht.
Girart gründete Klöster und kämpfte an Karls Seite gegen Sara-
zenen und Friesen; ja er war der nächste Vertraute des Königs.
Da kam Teiri aus der Verbannung zurück und wurde auf dem ihm
zu Ehren veranstalteten Feste von Boso und Seguin, zwei Vettern
Girarts, aus Blutrache getödtet, da deren Vater Vuidelon ja in der
Schlacht bei Valbeton von Teiris Hand gefallen war. Nun beschuldigte Karl seinen bisherigen Vertrauten der Urheberschaft jenes
Mordes, gestattete den drei Neffen des Teiri, den Mördern und auch
dem Girart einen Hinterhalt zu legen, und liess letzteren, als jenes
Unternehmen scheiterte, durch den Peter von Mont-Rabei vor sich
zitiren, um sich zu rechtfertigen. Da Girart dies Ansinnen ablehnte,
so fiel der König ohne Kriegserklärung in Girarts Gebiet ein und
besetzte das feste Mont-Amele. Girart rüstete schnell ein Heer
und griff den König bei Verdunes an, vermochte denselben jedoch
nicht zu besiegen. Da aber auch der König keinen entscheidenden
Erfolg erzielt hatte, so versuchte er andere Mittel und bestimmte
die Gascogner durch Geld zum Abfall von Girart. Nachdem nun
letzterer vergeblich durch Begon dem Könige hatte Recht anbieten
lassen, kam es bei Sival zu einer neuen Schlacht, die ebenfalls mit
dem Rückzuge Girarts endete, sodass derselbe von nun an auf offne
Feldschlachten verzichtete und sich auf die Vertheidigung beschränkte.
Im kleinen Kriege dagegen hatte er einzelne Erfolge. So überrumpelte Folco einst den König bei Vaucouleurs, wo dieser sogar
sich selbst nur mit Mühe zu retten vermochte. In dieser Weise
ging es fünf Jahre, bis Karl Rossillon zum zweiten Male belagerte
und wiederum durch den Verrath eines Pförtners Einlass fand.
Girart entkam nach Dijon, während Bertha durch Boson, einen Vetter
ihres Gatten, gerettet wurde. Um nun seine Burg wieder zu erlangen, liess der Graf dieselbe blockiren, um ihr die Zufuhr abzuschneiden, und als Karl mit einem Proviantzuge sich näherte, legte
er diesem einen Hinterhalt und bereitete ihm eine völlige Niederlage. Noch einmal bot Girart seinem Gegner vollen Ersatz an, und
zwar durch Vermittelung des Priors von Saint-Sauveur, wurde jedoch
schroff zurückgewiesen. Als er dann aber gegen den Rath Folcos
wiederum sein Glück in offner Schlacht versuchte, wurde er bei
Rossillon vollständig geschlagen. Auf der Flucht wurden alle seine
Verwandten getödtet, nur Folco fiel lebendig in Karls Hände; Girart
selbst erreichte mit Mühe und Noth Besançon. Da seine Hülfs-

mittel erschöpft waren, so floh er mit seiner Frau und wenigen
Begleitern in den Ardennerwald. Letztere wurden in einem Kampfe
mit einer feindlichen Abtheilung getödtet, und nun begann für unsern
Helden eine Zeit des äussersten Elends. Um so ungestümer flammte
sein Hass gegen Karl auf; vergebens suchte ein frommer Klausner
ihm die Rachegedanken auszureden, erst seiner Gattin gelang es,
ihn versöhnlicher zu stimmen. So wanderten sie weiter. Zu den
leiblichen Entbehrungen gesellten sich geistige Qualen: er musste
es hören, wie Kaufleute, Wittwen und Waisen ihn als den Urheber
all ihres Unglückes verfluchten. Er hätte seinem Leben ein Ende
gemacht, wäre seine Frau nicht sein rettender Engel gewesen. Da
er erfuhr, dass der König einen Preis auf seinen Kopf gesetzt hatte,
so vermied er die bewohnten Orte und änderte seinen Namen. Von
schwerer Krankheit genesen, wurde er Kohlenbrenner in Aurillac,
während Bertha als Näherin ihr Brot verdiente. So vergingen
zweiundzwanzig Jahre in Dürftigkeit und Entbehrung, die Ver-
gangenheit schien vergessen. Da regte sich einst beim Anblick
eines Ritterspiels in Berthas Brust unwiderstehlich die Sehnsucht
nach der Heimath. Auf ihren Rath beschlossen sie zu versuchen,
durch Vermittelung der Königin Karls Herz zu erweichen. Sie
zogen nach Orleans, dem damaligen Hoflager des Königs, wo sie
am Gründonnerstage anlangten. Bertha hatte in allem Elende den
Ring aufbewahrt, den Girart einst von seiner ersten Braut erhalten,
und dieser sollte nun das Werkzeug ihrer Rettung werden. Sie
gab ihn dem Girart zurück, und da dieser erfuhr, dass die Königin
in der Nacht zum Charfreitage die Messe besuchen würde, so trat
er ebenfalls in die Kirche ein und gab sich der Elissent zu erkennen,
indem er zugleich den Ring überreichte. Als letztere den längst
todt gewähnten Freund erkannte, küsste sie ihn sieben Mal und
übergab ihn der Obhut eines zuverlässigen Dieners. Nunmehr bat
sie ihren Gatten, dem Girart zu verzeihen, ohne jedoch dessen Auf-
findung mitzutheilen. Karl, in der festen Überzeugung, jener sei
lange todt, bewilligte diese Bitte; als jedoch Girart, von der Königin
gerufen, gleich darauf erschien, war der König erzürnt und liess sich
erst nach langem Zögern bestimmen, den Grafen wirklich zu be-
gnadigen und ihm einen Theil seines Besitzes wieder zu geben. —
Dies ist der Inhalt des zweiten Theils.

Karl hatte nur widerwillig verziehen, und so lieh er denn bald
den Feinden Girarts sein Ohr, ja er gestattete ihnen sogar, Truppen
gegen jenen zu rüsten. Girart, durch die Königin von diesen
Plänen unterrichtet und reichlich mit Geld unterstützt, zog nach
Rossillon, wo er mit Begeisterung empfangen wurde. Auch der
gefangene Folco erhielt durch die Bemühungen der Königin seine

Freiheit wieder und führte nun dem Vetter seine eigenen Scharen zu Hülfe. Unterwegs vernichtete er das von Girarts Feinden inzwischen aufgestellte Heer und brachte diese selbst gefangen zu dem Grafen. Auf den Vorschlag der Elissent gab dieser ihnen jedoch die Freiheit zurück unter der Bedingung, dass sie sich bei dem Könige für ihn (Girart) verwenden sollten. Karl hatte während dessen bei Troyes ein Heer zusammengezogen, um die Niederlage seiner Barone zu rächen, liess sich jedoch durch seine Gattin und den Bischof von Saint-Sauveur zu einem siebenjährigen Waffenstillstand bestimmen. Während desselben hatte Girart das Unglück, dass sein fünfjähriger, einziger Sohn von einem feindlich gesinnten Baron ermordet wurde. Nachdem die Feindseligkeiten wieder begonnen, entging Karl bei einem Zusammenstosse mit Girarts Truppen nur dadurch der Gefangenschaft, dass Folco grossmüthig ihm sein eigenes Ross überliess. Schliesslich legte sich der Papst ins Mittel, Girart kam mit allen seinen Anhängern zu Fuss ins Lager des Königs und warf sich letzterem zu Füssen. Karl hob ihn auf und gab ihm, sowie seinen Parteigenossen alle Lehn und Würden zurück. Während nun Girart mit an den königlichen Hof zog, begann Bertha zu Vezelai den Bau eines Klosters, wobei sie Nachts persönlich mit Hand anlegte. Ein Kämmerling suchte die Gräfin bei ihrem Gemahl zu verdächtigen, doch überzeugte sich dieser bei seiner Rückkehr bald von der Grundlosigkeit dieser Beschuldigung und blieb fortan ebenfalls in der Heimath. Vor seinem Tode setzte er seinen Vetter Folco zu seinem Erben ein, bestimmte jedoch einen grossen Theil seines Vermögens dem Dienste Gottes, indem er die Stiftung zahlreicher Kirchen und Abteien befahl. Eine der Handschriften (P) erzählt schliesslich, dass Girart und seine Gattin in Vezelai begraben wurden.

B. Die lateinische Lebensbeschreibung.

Diese Vita befindet sich in einer Handschrift der Pariser Nationalbibliothek (fonds latin No. 13090) [1] und ist zusammen mit einer, um die Mitte des dreizehnten Jahrhunderts angefertigten altburgundischen Übersetzung derselben herausgegeben von Paul Meyer in Romania VII, 178—225.

Das Ganze zerfällt in zwei, auch schon äusserlich getrennte Theile. Den Anfang macht nach einer kurzen Vorrede die eigent-

---

[1] Soeben wird von P. Meyer in Rom. XVI, 103 sq. darauf hingewiesen, dass sich eine zweite zu Paris, in der Bibliothèque Mazarine No. 1329 befindet.

liche Lebensbeschreibung (S. 178—190), und daran schliesst sich, gewissermassen als Anhang und als Ergänzung der eigentlichen Vita, eine Sammlung einzelner Episoden und hervorragender Begebenheiten aus dem Leben des Helden.

Der wesentlichste Inhalt des ersten Theiles ist nun, abgesehen von einem Prolog, auf den ich später kommen werde, kurz folgender:

Girardus de Rossellon stammte aus Avignon am Rhonefluss, war der Sohn des Ritters Drogo und Gatte der Bertha, der ältesten Tochter des Grafen Hugo von Sens, deren jüngere Schwester, Eloïse, mit Karl dem Kahlen verheirathet war. Als nach dem Tode des Grafen Hugo beide Schwäger Ansprüche auf dessen Land erhoben, brach zwischen denselben ein Krieg aus, in welchem Girart besiegt und seines gesammten Besitzes beraubt wurde. Er ging mit seiner Frau in die Verbannung und blieb daselbst sieben Jahr, indem er sich als Kohlenbrenner ernährte, während Bertha Näherin wurde. Nach Ablauf jener Zeit erschienen beide einst am Vorabende des Pfingsttages, als der König ein Hoffest feierte, in der Verkleidung von Bettlern zu Paris, und Girart gab sich der Königin zu erkennen. Diese küsste ihn weinend, fragte nach ihrer Schwester, und nachdem dieselbe herbeigeholt, weinten alle drei zusammen lange Zeit vor Freude. Die Königin verbarg beide bei sich, sorgte reichlich für sie und klagte noch in derselben Nacht beim Könige über Girarts ungerechte Verfolgung und die Verbannung ihrer Schwester. Karl bedauerte, dass er durch das Geschwätz der Verläumder so lange einen so trefflichen Baron habe entbehren müssen, und versprach, dass, wenn er gefunden werden sollte, er ihm seine Besitzungen wiedergeben werde. Am frühen Pfingstmorgen liess Eloïse Girart und Bertha prächtig kleiden, und, als der König zur Kirche ging, warfen sich beide ihm zu Füssen. Karl hob sie auf, küsste sie vor aller Augen, gab dem Girart seine Gunst zurück und setzte ihn auch in sein Herzogthum wieder ein. Reich beschenkt kehrte der Graf in sein Land heim, wo er von den Einwohnern mit stürmischer Freude empfangen wurde. Nun widmeten sich beide einem frommen Leben: Girart gründete Klöster, gab Almosen u. s. w., während Bertha sich dem Dienste der Wittwen, Waisen und Armen ergab. Da sie hierdurch in den Geruch der Heiligkeit kamen, bereitete der Teufel ihnen Nachstellungen. Er stachelte einige Neider auf, die den alten Hass zwischen Karl und Girart wieder entfachten. Als letzterer bemerkte, dass der König ihm übel wollte, entfernte er sich aus Klugheit vom Hofe und ging in sein Herzogthum. So kam es endlich zu einem neuen Streit, namentlich wegen der Erbschaft der Gattinnen. Karl rüstete ein Heer, und als Girart dies erfuhr, rief auch er seine Anhänger zusammen, namentlich auch die

Könige von Spanien, seine Verwandten. Karl verwüstete das ganze
Land seines Gegners und belagerte diesen in der erst kürzlich in
dessen Besitz gelangten Burg. Ja er begnügte sich nicht mit der
Wegnahme seines Gebietes, sondern drohte auch, ihn zu tödten.
Girart, der immer zum Frieden geneigt war, befragte seine Barone,
was er thun solle. Alle, namentlich sein Neffe Folco, riethen,
den König anzugreifen; nur ein weiser Greis schlug vor, Girart
solle nicht ohne zwingendsten Grund seinen Lehnsherrn angreifen,
sondern sich erbieten, am Hofe durch Kampf sich von den Anschuldigungen zu reinigen. Girart befolgte diesen Rath, aber Karl
schmähte den Boten und liess ihn hinauswerfen, indem er erklärte,
er werde nicht ruhen, bis Girart todt sei. Der Greis rieth nun,
noch demüthigere Worte an den König zu richten, ihm jedoch eine
Schlacht anzusagen, falls er wiederum das Anerbieten ablehne. In
diesem Falle werde Gott mit Girart sein und ihm den Sieg verschaffen. Da die Antwort Karls noch heftiger war, so wurde die
Schlacht angesagt, und die Heere trafen sich an dem verabredeten
Tage. Girart trug den Sieg davon, verbot jedoch die Verfolgung
des Feindes, der sein König sei, und begnügte sich mit der Beute.
Nun wiederholte sich genau der eben berichtete Vorgang: Karl stellt
ein neues Heer auf, Girart bietet noch einmal vergeblich dem Könige
sein Recht an, es kommt zu einer zweiten Schlacht, in welcher
Karl wiederum geschlagen wird. Der Chronist erklärt, sich kurz
fassen zu wollen, da jedermann wisse, dass die beiden Gegner an
verschiedenen Orten Schlachten ausfochten, im Ganzen zwölf, oder,
wie einige behaupteten, dreizehn. Schliesslich trieb Girart den
König bis hinter die Mauern von Paris zurück. Als nun Karl
neue und grosse Anstrengungen machte, sich zu rächen, erschien
ihm Nachts ein Engel und befahl ihm, mit Girart Frieden zu machen,
da dessen Werke Gott wohlgefällig seien und er unter dem Schutze
des Höchsten stehe; es werde ihm übel ergehen, wenn er diesem
Befehle zuwiderhandeln sollte. Karl lud seinen Gegner nun zu
Verhandlungen ein; dieser folgte gern dem Ruf, und der Friede kam
auch zu Stande, in welchem der König alles erhielt, was ihm
rechtlich zukam.

Damit schliesst die eigentliche Lebensbeschreibung, und es folgt
nun, wie oben erwähnt, als zweiter Theil eine Art von Anhang.
Dieser hebt sich schon äusserlich dadurch von dem Vorangehenden
ab, dass, während alles bisherige unter der Überschrift „Incipit vita
ejusdem" ohne Unterbrechung in zusammenhängender Erzählung berichtet worden ist, nun die einzelnen Begebenheiten ohne chronologische Anordnung und ohne innere Verbindung an einander gereiht
werden, sowie dadurch, dass der Inhalt jeder einzelnen durch eine

besondere Überschrift kenntlich gemacht wird. Die erste dieser Episoden, deren im Ganzen dreizehn vorhanden sind, ist überschrieben „De monasteriis Girardi" und enthält folgendes:

Girart hatte zwei Kinder, einen Sohn, Theoderich, welcher jedoch innerhalb seines ersten Lebensjahres starb, und eine Tochter, Eva,' welche ebenfalls von ihren Eltern überlebt wurde. Letztere errichteten nun zu Ehren der zwölf Apostel oder zur Erinnerung an Girarts zwölf Siege zwölf Abteien, jede mit zwölf Insassen, und verliehen denselben reiche Renten. Die vornehmsten darunter waren die zu Vezelai und Pothières, sowohl wegen der dort befindlichen Reliquien als auch wegen der ihnen von Rom ertheilten Privilegien. Von den übrigen nennt er noch eine bei Auxerre, und eine andre in Soissons, der Rest, heisst es, lag in Flandern, im obern Burgund und im Gebiet von Laignes.

2. Unter der Bezeichnung „De miraculo Vercelliacensi" wird sodann berichtet, dass die Gräfin Bertha, um beim Bau des Klosters Vezelai zu helfen, mit ihren Kammerfrauen Nachts heimlich Sand den Berg hinauftrug. Ihr Gemahl fasste endlich wegen ihres häufigen Hinausgehens Verdacht und folgte ihr heimlich. Da bemerkte er eine grosse Helligkeit und sah, wie ein glänzend leuchtender Mann die Arme der Gräfin stützte, in welchen sie den Sand trug. Er eilte zurück und bat seine Gattin nachher wegen seines Verdachtes um Verzeihung.

3. Daran schliesst sich „De miraculo Pulteriensi", d. h. ein Wunder, das sich bei der Errichtung der Abtei von Pothières zugetragen hatte. Dieses Kloster bauten Girart und Bertha reicher als die übrigen, weil sie hier begraben werden wollten, und beide trugen mehrfach mit Hülfe einer Stange Wasser zum Bau herbei. Da brachte der Teufel sie einst zum Fallen, aber Gott machte, dass die Stange sammt dem Gefäss und dem Wasser darin in der Luft schweben blieb; Girart bemerkte auch, wie ein Engel die Stange hielt und sie der Gräfin, als diese wieder aufgestanden war, auf die Schulter legte.

4. Unter der Überschrift „De monte Latisco vel castro ejusdem" giebt der Verfasser einige Angaben über die Lage und die Geschichte von Pothières. Diese Abtei liegt an der Seine, am Abhang (oder „in der Nähe") des Berges Laçois (secus montem Latiscum). Auf der Spitze desselben befand sich einst eine alte Stadt, die von den Vandalen zerstört worden war. Bei dieser Gelegenheit wird auch angegeben, auf welche Weise es jenem Volke gelungen war, sich in den Besitz der Festung zu setzen. Längere Zeit nach der Zerstörung durch die Vandalen wurde die Stadt wieder aufgebaut und

erhielt seitdem den Namen Rossillon, das Girart als väterliches
Erbtheil besass.

Der fünfte und sechste Abschnitt „De pugna secus Rossellon
peracta" und „De pugna secus Verzelliacum facta" sind von be-
sonderem Interesse, weil sie uns zwei wichtige weltliche Episoden
aus Girarts Leben mittheilen. Der erste berichtet folgendes: Nachdem zwischen Karl und Girart Zwist entstanden war, belagerte
der König mit einem grossen Heere Rossillon. Da er jedoch erkannte, dass er mit Gewalt nichts auszurichten vermochte, so bestach
er Girarts Kammerdiener (cubicularium), und dieser lieferte ihm
Nachts den Schlüssel zur Burg aus, worauf der König sofort sammt
seinem Heere eindrang. Als Girart, welcher mit wenigen in einem
höheren Thurme schlief, den Lärm vernahm, ergriff er schnell die
Waffen, stürzte sich auf die Eindringenden und bahnte sich einen
Weg ins Freie. Mehrere feindliche Ritter verfolgten ihn zwar,
aber er tödtete einige derselben, jagte andre in die Flucht, wurde
jedoch selbst bei dieser Gelegenheit verwundet. Er sammelte nun
ein Heer, um Rossillon wieder zu erobern. Zu diesem Zwecke
sandte er eine Schar von zehn Reitern an das Thor der Burg,
um den Feind zur Schlacht zu reizen, während er den Rest seiner
Truppen in einem Walde verbarg. Der König ging in die Falle
und verfolgte die Angreifer energisch bis zur Stelle des Hinterhaltes, wo Girart plötzlich auf die Feinde eindrang, wie die Löwen
über die Schafe herfallen, und sie niedermetzelte. Die Schlacht
war so gewaltig, dass das Blut wie ein Bach durch das Thal floss,
welches seitdem bei den Bewohnern „das blutige Thal" heisst.
Schliesslich wandte sich der König zur Flucht, und als die Besatzung von Rossillon dies bemerkte, that sie ein Gleiches und
überliess die Burg den Siegern.

6. Die Schlacht bei Vezelai ist, wie wir sofort erfahren werden, indentisch mit der, welche die Chanson die bei Valbeton nennt.
Daher schliesst sich diese Episode unmittelbar an die vorhergehende
an, beide bilden ein zusammenhängendes Ganzes. Der König, so
berichtet die Vita, über seine Niederlage in den höchsten Zorn
versetzt, sagte dem Girart eine Schlacht bei Valbeton an, einem
zwischen dem Berge von Vezelai und dem Schlosse Pierre-Pertuise
gelegenen Thale. Girart war über diese Aussicht auf Kampf er-
freut wie ein Eber des Waldes und nahm die Herausforderung gern
an. Er sandte zu seinem Vater Drogo, welcher in Spanien die
Heiden bekriegte; er möge den Kampf abbrechen und ihm zu Hülfe
eilen. Ebenso schickte er Boten in seine ganze Herrschaft, die
vom Rhein bis nach Baonia (der Übersetzer sagt Boëmie), einer
spanischen Stadt, reichte. Er besass hundert feste Burgen und

zehn reiche Städte, theils zu eigen, theils als Lehnsherr; sodann
hielt er auch Flandern vom Könige zu Lehn. Endlich zogen auch
die Könige von Spanien, seine Verwandten, mit ihren Truppen
herbei, sodass sein Heer bis auf 100000 Krieger anwuchs. Ein
ebenso grosses Heer sammelte der König, der lieber selbst sterben,
als den Girart leben lassen wollte. Am bestimmten Tage trafen
sich die Gegner. Die Berge und die Thäler waren mit Kriegern
bedeckt, die Rüstungen funkelten in der Sonne. Der Kampf begann
mit dem Angriffe des Königs, und bald entbrannte die Schlacht mit
unerhörter Heftigkeit. Der durch das Thal fliessende Bach Arsis
schwoll von dem hineinströmenden Blute an und wurde wegen des
Schmerzes der Hinterbliebenen seitdem „Core" genannt. Endlich
hatte Gott Mitleid wegen der grossen Zahl der Todten und trennte
die Kämpfenden durch eine Erscheinung, die Allen Schrecken ein-
flösste: die Erde erbebte, ein gewaltiges Donnern wurde vernehm-
bar, und die Kriegsfahnen beider Gegner standen in Flammen. Ent-
setzen ergriff die Heere, und beide trennten sich.

7. „Girarts Fall und Reue" (De lapsu et compunctione comitis)
ist der Titel eines Begebnisses, das während der sieben Jahre der
Verbannung, die Girart für sich als Busse festgesetzt hatte, sich
ereignete, ehe seine Selbstüberwindung also vollendet war. In der
Weihnacht wünschte Girart einstmals seine Frau zu beschlafen; diese
weigerte sich aber, gestattete ihm jedoch, da er sich nicht bezähmen
konnte, sich zu einem ihrer Kammermädchen zu begeben, während
die Gräfin mit ihren anderen Dienerinnen in der Kirche betete. Inzwischen wurde jedoch der Graf von Reue gepackt und ging ebenfalls zur Kirche, wagte jedoch nicht, einzutreten, sondern wartete
an der Thür den Gottesdienst bis zu Ende ab. Nachdem die
Gräfin lange gebetet, schlief sie ein, worauf ihr ein Engel im Traum
befahl, ihren Gatten, der sein Unrecht bereue, hereinzurufen. Dies
geschah, und beide beteten gemeinsam.

8. Die Benennung des folgenden Absatzes „De obitu eorum et
quomodo comes Pulteriis translatus est" giebt auch zugleich den
Inhalt desselben an. Bertha starb ungefähr sieben Jahre vor ihrem
Gatten zu Pothières und wurde auch dort begraben. Girart selbst
führte seitdem in Avignon ein frommes Leben. Vor seinem Tode
liess er die Seinigen schwören, ihn in Pothières neben seiner Frau
zu begraben. Aber das niedere Volk widersetzte sich der Überführung und hielt die Leiche mit Gewalt in Avignon zurück. Da kam
sieben Jahre lang Dürre und Krankheit über das Land, und ein Engel
erklärte, der Wunsch des Todten müsse erfüllt werden. Dies geschah
nun. Die von Pothières eilten der Leiche entgegen, ebenso die
von Vezelai, welche sich mit jenen freuten. Die Wunder, die bei

Gelegenheit der Beisetzung und später sich zugetragen haben, heisst es, sind sämmtlich aufgezeichnet worden, die Schriften sind aber später bei einem Brande des Klosters zerstört worden.

In den Kapiteln 9—11 werden dann drei Wunder erzählt, welche sich in neuester Zeit an dem Grabe dieses Mannes ereignet haben, welcher verdiente, heilig gesprochen zu werden. Es sind die von der Heilung des Lahmen (De paralitico curato), von den beiden Besessenen (De duobus a demonio possessis), von dem bestraften Neugierigen (De quodam inergumino). Das vorletzte, zwölfte, enthält das Lob und die Rechtfertigung Girarts (Ratio apologetica pro Girardo), das letzte endlich ein Wunder, nämlich die Heilung einer lahmen Frau, das an dem Grabe der Gräfin geschah.

C. Historische Zeugnisse über Girart.

Der Held unseres Epos ist eine historische Persönlichkeit, und so wird er auch mehrfach in den „Jahrbüchern der Deutschen Geschichte" erwähnt, z. B. als Graf Gerard von Paris in B. Simon, Jahrbücher des fränkischen Reichs unter Ludwig dem Frommen II, 173 und in E. Dümmler, Geschichte des ostfränkischen Reichs I, 123 und 143; als Gerard, Graf von Vienne in dem zuletzt genannten Werke I, 380, 471, 656, 682, 726 und 748. Ausserdem sind die Nachrichten über denselben in folgenden Spezial-Arbeiten untersucht und gesammelt worden: a) Longnon, Girard de Roussillon dans l'histoire. Revue historique VIII, 242—79 (1878); b) P. Meyer, in der oben erwähnten Abhandlung „La légende de Girart de Roussillon" Rom. VII, 161 sq. c) Derselbe, in der Einleitung zu „Girart de Roussillon, chanson de geste, traduite pour la première fois." Paris 1884.

Das historische Urbild des sagenhaften Girart von Rossillon ist ein mächtiger Graf Girart, der jedoch nicht unter Karl Martell, sondern hauptsächlich unter Karl dem Kahlen, nämlich ungefähr während der ersten siebzig Jahre des neunten Jahrhunderts lebte und ausgedehnte Besitzungen in Burgund, besonders in der Umgegend von Avallon (im heutigen Bezirk Yonne) hatte. Sein Vater hiess Leuthard, seine Mutter Grimhilde, seine Gattin, wie in der Sage, Bertha; letztere war die Tochter eines Hugo und einer Bava, von denen wir nichts weiter erfahren. Die erste Urkunde, in welcher Girart, und zwar schon als erwachsen, genannt wird, ist von 819, die letzte von 871. Sein erster Lehnsherr war also Ludwig der Fromme (814—40), welcher ihm sehr wohl gesinnt war, ebenso dessen frühere wie auch spätere Gemahlin, Hermengart und Judith. Unter Ludwig bekleidete Girart bis zu dessen Tode den wichtigen Posten eines Grafen von Paris, und als im October 837 dessen Sohn Karl der Kahle in Aachen zum König von einem Theile Frankreichs gekrönt wurde, schwor er auch diesem den Eid der Treue. Nicht minder betheiligte er sich an dem Kriege der drei Söhne unter einander, jedoch nicht auf der Seite Karls, sondern auf der des ältesten Bruders, des Kaisers Lothar I., in dessen Heer er 841 die Schlacht bei Fontenay mitmachte, immer noch in der Würde des „comes Parisius". Er folgte diesem auch wohl nach Aachen, denn er wird im Jahre 842 als comes palatii des Kaisers erwähnt; später, 853, erscheint er als Statthalter desselben in einem Theile von Burgund, namentlich in der Stadt Lyon. Als nun beim Tode. des Kaisers 856 dessen Land unter seine drei Söhne Ludwig, Lothar und Karl getheilt werden sollte, beabsichtigten die beiden älteren, namentlich Lothar, ihren jüngeren, noch unmündigen Bruder zum Geistlichen zu machen und ihn des ihm vom Vater bestimmten Erbtheils, der Provence und der dazu gehörigen burgundischen Länder, zu berauben. Aber Girart wusste im Verein mit den anderen Grossen des Landes, die schon längst nach Absonderung trachteten, dies zu verhindern und durchzusetzen, dass Karl die ihm von seinem Vater angewiesenen Landestheile wirklich erhielt, welche Girart nun als Vormund des jungen Königs selbständig verwaltete.

Einige Zeit nach den eben geschilderten Ereignissen, um das Jahr 860, gründete er zusammen mit seiner Gattin Bertha die Klöster zu Vezelai und Pothières in Burgund. In seiner Eigenschaft als Vormund und Statthalter hatte er mehrere Angriffe abzuwehren, so namentlich 861 einen solchen König Karls des Kahlen, der seinen unmündigen Neffen seines Besitzthums berauben wollte, jedoch durch den kräftigen Widerstand Girarts gezwungen wurde, unverrichteter Sache wieder abzuziehen. Als nun Karl von der Provence 863 ohne Erben starb, theilten sich dessen Brüder, Kaiser Ludwig II. und Lothar II., König von Lothringen, in dessen Reich, und da Südburgund an Lothringen kam, so blieb hier Girart auch jetzt im Namen Lothars II. Statthalter. Aber auch Lothar starb 869 ohne Nachkommen, und nun hätte der dritte und letzte der Brüder, Kaiser Ludwig II., ihn von Rechts wegen beerben müssen. Doch da dieser in Italien gegen die Sarazenen kämpfte, so vereinigten sich die beiden Oheime der drei Brüder, Karl der Kahle und Ludwig der Deutsche, um sich das Reich Lothars II. zu theilen, wobei Karl ausser anderen Provinzen Südburgund, auch Provence genannt, beanspruchte. Hier stiess er aber auf Widerstand, und zwar von Seiten Girarts, sei es, dass dieser das Land dem rechtmässigen Erben erhalten, oder, was wahrscheinlicher ist, für sich erwerben wollte. Karl der Kahle zog 870 mit einem

Heere heran und, nachdem er Lyon besetzt, belagerte er im November Vienne in der Dauphiné (heute Bezirk Isère), das in Girarts Abwesenheit von dessen Frau Bertha tapfer vertheidigt wurde. Der König gewann jedoch, nachdem er die Umgegend furchtbar verwüstet hatte, durch Bestechung einen Theil der Vertheidiger für sich, und als Girart zum Ersatz herbeieilte, musste er die Stadt übergeben (24. December 870). Der Graf verlor natürlich seinen Posten, schiffte sich Anfangs 871 mit seiner Frau auf der Rhone ein und zog sich vom öffentlichen Leben zurück, wahrscheinlich nach Avignon. Hier ist er auch wohl bald darauf gestorben; jedenfalls lebte er im Jahre 879 nicht mehr.

2. Stand der Frage.

Nachdem wir diejenigen Zeugnisse kennen gelernt haben, die für unsere Untersuchungen als Grundlage dienen müssen, erübrigt es, diejenigen Ansichten darzulegen, die bisher über die in Rede stehende Frage ausgesprochen worden sind. In erster Linie muss hier Paul Meyer genannt werden, welcher in der Einleitung seiner oben zitirten Übersetzung des Girart de Rossillon sich über diesen Punkt etwa folgendermassen ausspricht.

Das Andenken an den historischen Girart und seine Frau Bertha wurde in den von ihnen gestifteten Klöstern lebendig erhalten, und es bildete sich demnach hier mit der Zeit eine Art Mönchstradition, die sich im Wesentlichen auf folgende Hauptzüge beschränkte: Girart war Vasall eines Königs mit Namen Karl gewesen, seine Frau hatte Bertha geheissen, und im Verein mit ihr hatte er mehrere Klöster gegründet. Diese wesentlich historische Klostersage lernte vor dem Ende des zwölften Jahrhunderts ein Dichter, wahrscheinlich aus Burgund, kennen und verfasste auf Grund derselben ein Epos, in dem er alles andere, d. h. sämmtliche Thaten und Schicksale Girarts selbständig erfand (LIV). Der wesentliche Inhalt dieses alten Epos ist dann bald darauf in der Vita niedergelegt, die ungefähr um das Jahr 1100 verfasst worden ist (XXVI; Rom. VII, 167) und die zugleich auch jene Mönchssage reproduzirte, ja durch weitere legendenhafte Zuthaten vermehrte (XXV sq.). Zieht man diese Zuthaten, die als solche leicht erkennbar sind, ab, so ergiebt sich etwa folgendes als aus dem alten Epos entnommen (XXXII):

1. Krieg um die Erbschaft der Bertha und Eloïse. Girart besiegt und vertrieben, ernährt sich als Köhler, seine Frau als Näherin. Nach sieben Jahren Versöhnung durch Vermittelung der Eloïse.

II. Der König wird aufs Neue zum Kriege mit Girart aufgestachelt, während letzterer vergeblich den Frieden zu erhalten strebt. Karl besiegt und bis Paris zurückgetrieben. Als er neue Rüstungen vorbereitet, macht er auf Befehl eines Engels Frieden. Fromme Werke Girarts und Berthas.

III. Neuer Krieg, dessen Grund wir nicht erfahren und dessen Schluss fehlt. Karl nimmt Rossillon durch Verrath; Girart erobert es wieder; Schlacht bei Valbeton, die durch ein furchtbares Gewitter unterbrochen wird.

Eine oberflächliche Vergleichung dieser Ereignisse mit denen des uns erhaltenen provenzalischen Epos ergiebt, heisst es weiter, dass in beiden eine verschiedene Reihenfolge in Bezug auf die drei Theile herrscht, und es erscheint nicht zweifelhaft, dass der Verfasser der Vita geändert hat, dass also in dem alten Epos wie in dem jüngern die Reihenfolge II, III, 1 war (XXXVI).

Das uns vorliegende jüngere Epos nun, welches wohl aus dem letzten Viertel des zwölften Jahrhunderts stammt, ist durch Überarbeitung aus jenem älteren hervorgegangen und hat bei dieser Gelegenheit mehrfache sachliche Änderungen erfahren. Völlig neu ist die ganze Einleitung, d. h. der Zug Karl Martells nach Rom, die Erzählung von der griechischen Abstammung der beiden Schwestern und damit zusammenhängend die Gesandtschaft nach Constantinopel. Dies ergiebt sich daraus, dass erstens in dem ganzen übrigen Gedichte nirgends von diesem Ursprunge der Schwestern die Rede ist, sodann daraus, dass, während in der Einleitung Girart sein Land ausdrücklich als Allodium, d. h. als freies Besitzthum zugesprochen erhält, er im Verlauf der Erzählung immer als Lehnsmann Karls bezeichnet wird (XXXVII—XL). Während die Einleitung völlig neu ist, ist der jetzige dritte Theil des Gedichtes mehr oder weniger umgearbeitet. Dies folgt aus dem Umstande, dass erstens sich in dem jetzigen Epos von der in dem älteren berichteten Flucht und Verfolgung Karls bis unter die Mauern von Paris, von dem Eingreifen eines Engels zu Gunsten Girarts nichts findet, sodann daraus, dass, obwohl seit dem Anfang des Dramas nach den Worten des Dichters mindestens 32 Jahre vergangen sind, dennoch die Königin wie auch ihre Schwester als in der Blüthe der Schönheit stehend erscheinen, und auch Folco nebst Aupais, die beide vor 22 Jahren bereits erwachsen gewesen, als junge Brautleute dargestellt werden (XL—XLIV). Die Veränderungen des Anfanges und des Schlusses stammen vermuthlich von ein und demselben Verfasser, weil sowohl in der Einleitung wie im Schluss der Papst eine grosse Rolle spielt und weil an beiden Stellen der Dichter den unverkennbaren Eindruck hervorruft, als schildere er die Sophienkirche sowie den Kaiser von Constantinopel nach eigner Anschauung. Da nun der Schluss eine moralische Tendenz verräth, auch einmal ein Bibelvers zitirt wird, so scheint man zu der Annahme berechtigt zu sein, dass der Verfasser nicht sowohl ein Jongleur als vielmehr ein Geistlicher gewesen sei. Jedenfalls sei dieser Bearbeiter ein hochbegabter Dichter gewesen und verdiene, den berühmtesten Namen der älteren Literatur zugesellt zu werden (XLIV—LII).

Es wird sich im Laufe der Erörterung ergeben, welchen von den soeben gehörten Angaben ich beistimme, welche ich dagegen nicht für zutreffend anzusehen vermag. Ebenso werde ich die Ansichten, die von andern Gelehrten über einzelne auf die Geschichte der Sage bezügliche Punkte ausgesprochen worden sind, an den betreffenden Orten erwähnen.

Drittes Kapitel

Die lateinische Lebensbeschreibung.

Es darf durch die Ausführungen Paul Meyers als erwiesen angesehen werden, dass die Vita einen Mönch der Abtei Pothières in Burgund zum Verfasser gehabt hat und dass sie dem Wunsche ihre Entstehung verdankt, den Ruhm des Klosters zu erhöhen und zugleich den Kriegshelden, dessen Gebeine angeblich das Kloster barg, in einen Heiligen zu verwandeln. Die Zeit der Abfassung ergiebt sich aus der am Schluss derselben befindlichen Angabe (§§ 234 und 236)[1]), dass das dort erzählte, „kürzlich" (nostris modernis temporibus) passirte Wunder sich unter dem Pontificate Alexanders und unter der Regierung Philipps von Frankreich, Sohnes des Königs Heinrich, zugetragen habe. Da nämlich Alexander II. den päpstlichen Stuhl von 1061—1073 innehatte und Philipp I., Sohn Heinrichs I., von 1060—1108 regierte, so müsste das Wunder sich vor 1073 ereignet haben, und es könnte demnach die Vita gegen Ende des elften, spätestens zu Anfang des zwölften Jahrhunderts entstanden sein. Ebenso sicher erscheint es, dass der Verfasser derselben drei Arten von Material benutzt hat, nämlich erstens geschichtliche Urkunden, die er historia annalium cronicarum nennt, und aus denen er z. B. die in der Einleitung enthaltene Notiz entnahm, dass Girart unter vier Königen gelebt habe, die er auch nennt, sodann Legenden, Klostertraditionen, die wohl meist in Pothières selbst entstanden waren, und endlich ein altes Epos über Girart, das er ebenfalls als Geschichtsquelle verwandte. In Bezug auf diese Punkte verweise ich daher auf die Darlegungen Paul Meyers (Romania VII, 166 sq.; Girart de Roussillon XXV—XXXII) und bemerke nur noch, dass jener Mönch die historischen Documente nicht nur für jene Angabe der Einleitung, sondern auch in der eigentlichen Vita insofern benutzte, als der Gegner Girarts nicht,

---

[1]) Die Paragraphen-Eintheilung ist die von Paul Meyer in seiner Ausgabe verwandte.

Girart von Rossillon. 3

wie in dem uns erhaltenen und zweifelsohne auch in dem alten
Epos, Karl Martell sondern ausdrücklich Karolus Calvus genannt
wird (§ 7). Diese Änderung musste er vornehmen, da unter den
vier zeitgenössischen Königen, Karl der Grosse, Ludwig der Fromme,
Karl der Kahle und Ludwig der Stammler, sich Karl Martell nicht
befand.

Die Art und Weise, in welcher der Verfasser der Vita jenes
alte Epos für seine Zwecke verwandt hat, bedarf nun noch einer
näheren Beleuchtung. Zunächst giebt uns derselbe über die Be-
weggründe, welche ihn zu der Abfassung seines Werkes bestimmt
haben, sowie über die Tendenz, in welcher er seine Aufgabe angegriffen hat, in der schon erwähnten Einleitung Auskunft. Der
Anfang der Vita lautet in der Übersetzung: „Obwohl die Thaten
des edlen Grafen Girardus von Rossellon mit begeistertem Lobe
überall im Volke in vielgestaltiger Weise verkündigt werden und
dieselben sicherlich von der Bewunderung sehr vergrössert werden
sowohl durch den Ruhm der gewaltigen Kriege als auch durch den
Glanz der vornehmen Abkunft (sc. des Helden), indem sein Ruf
sich überallhin verbreitet, — so haben wir doch die Absicht,
hiervon abzusehen (his omissis), und nur dasjenige, was wir von
unseren Vorfahren durch wahrheitsgemässen und einfachen Bericht
erfahren haben, mit Gottes Hülfe kurz dem Gedächtnisse der Nachkommen schriftlich zu überliefern.“

Aus diesen Worten geht also hervor, dass der Verfasser zu
den volksmässigen Berichten über Girart in einen absichtlichen
und bewussten Gegensatz tritt, dass nämlich, während jene im
Wesentlichen dessen Kriegsthaten erzählen, er den Helden von einem
andern Standpunkte aus darstellen und feiern will, und zwar erklärt
er, seine Angaben wesentlich auf die Überlieferungen der Vorgänger
gründen zu wollen, womit wohl unzweifelhaft die Klostertradition
gemeint ist.

Fragen wir nun, wie sich seine Ausführung zu dem an die
Spitze gestellten Programm verhält, so ergiebt sich, dass jener
Mönch seine Aufgabe in ganz tendenziöser Weise aufgefasst und durch-
geführt hat, dass er sodann trotz des oben ausgesprochenen Protestes
doch aus den volksthümlichen Gedichten über Girart alles entlehnt
hat, was ihm für seine Zwecke brauchbar zu sein schien, dass er
aber dieses entlehnte Material, wo er es für nöthig hielt, ganz nach
eigenem Gutdünken umgestaltet hat.

Der Grundgedanke, den nach der Absicht des Verfassers die
Vita zur Darstellung bringen sollte, war offenbar der, dass Girart
aus einem wilden, unheiligen Kriegsmann zu einem Liebling Gottes
werden und von da an sich stets dessen Zuneigung und in Folge

davon auch dessen thätlichen Beistandes erfreuen sollte. Dieser Umwandlungsprozess konnte nicht mit Hülfe der durch die Klostertradition gewährten Berichte dargestellt werden, da diese nur fromme Thaten überlieferten, sondern dazu musste er zu der Volkssage, das heisst, zu dem alten Epos greifen. Da nun der Held jenen Anspruch auf Gottes Gunst am naturgemässesten durch eine Busse während der Verbannung erwerben konnte, so lag es sehr nahe, diese Episode, die sich ursprünglich am Schlusse befand, mehr an den Anfang zu rücken; und dieser Zweck konnte verhältnissmässig leicht erreicht werden, nämlich einfach durch eine Vertauschung zweier Episoden. In dem erhaltenen Epos endet sowohl der erste wie der zweite Theil mit einer Versöhnung zwischen Karl und Girart, die beim ersten Mal durch das Eingreifen Gottes in der Schlacht bei Valbeton, beim zweiten durch die Fürsprache der Königin nach der langen Verbannung zu Stande gebracht wird. Man wird nicht irren, wenn man annimmt, dass in diesem Punkte das alte Epos mit dem jüngern übereinstimmte, und dass die Umstellung, durch welche also das Exil Girarts gleich nach dem Ausbruche der Feindseligkeiten eintritt, das Werk des Mönches von Pothières gewesen ist.

Aber ausser dieser Veränderung erlaubte sich derselbe noch weitere, um das vorgesteckte Ziel zu erreichen. Dies ergiebt sich aus einer weiteren Vergleichung der Vita mit dem vorliegenden Gedicht. Um möglichst schnell die Läuterungszeit für seinen Helden herbeizuführen, liess er alle Kämpfe, welche den ersten Theil des Gedichtes ausfüllen, weg und beschränkte sich auf die kurze Angabe, dass der König seinen Gegner angegriffen und aus seinem ganzen Besitz vertrieben habe (§ 10). Diese Niederlage passte ganz in den Plan des Biographen, da sie ja Girarts Bekehrung voranging; wir werden sehen, dass nach derselben das Blatt sich wendet.

Ganz deutlich und unverhüllt tritt die Tendenz des Verfassers in den Worten hervor, mit denen er den Bericht über die Verbannung einleitet. „Aber jener, seine Hoffnung auf den Höchsten setzend und durch den Schatten von dessen Flügeln beschützt, ging ohne Furcht mit seiner Gattin in die Verbannung und . . . verwandelte die Nothwendigkeit zu fliehen in freiwillige Busse" (§ 11). So führte er denn das ärmliche und entsagungsreiche Leben in voller Demuth und Frömmigkeit (§ 12). Aus demselben Beweggrunde ergriff er auch schliesslich das Gewerbe eines Köhlers (§ 13), Bertha das einer Näherin (§ 14). Nachdem sie so die ihnen auferlegten Prüfungen Gottes geduldig ertragen, wurden sie, als durch das Feuer der Läuterung veredelt, von Gott für gerecht befunden (§ 16) und waren nun auch würdig, mit

Gottes Hülfe wieder in ihren Besitz zurückgerufen zu werden (§ 18).

Die Dauer des Exils wird in der Vita auf sieben Jahre angegeben. Es scheint jedoch, dass auch diese Notiz vom Verfasser herrührt. In unserm Epos wird von zweiundzwanzig Jahren gesprochen, aber diese Angabe findet sich, wie wir sehen werden, nur in jüngeren, später eingefügten Stellen. Was nun die Zahl sieben verdächtig macht, ist einmal der Beisatz in § 12 „eine Zahl, durch welche die Besserung (perfectio) bezeichnet zu werden pflegt!", sodann der Umstand, dass diese Zahl auch sonst in der Vita eine grosse Rolle spielt. Zunächst heisst es in der siebenten der der Vita angehängten Episoden (cf. S. 27), dass Girart selbst die Dauer seiner Busse auf sieben Jahre festgesetzt habe (§ 153). In § 27 ist sodann von sieben Gaben des heiligen Geistes die Rede, Bertha stirbt sieben Jahre vor ihrem Gatten (§ 168), nach Girarts Tode tritt siebenjährige Dürre ein (§ 183), Maria Magdalena stand unter der Herrschaft von sieben Teufeln, d. h. der sieben Todsünden (§ 229). Vielleicht hat also das ältere Gedicht überhaupt keine bestimmte Zeitangabe bei dieser Gelegenheit gemacht.

Die Versöhnung und die Wiedereinsetzung Girarts scheint im Anschluss an das Epos erzählt worden zu sein, wenigstens sind Spuren tendenziöser Färbung oder Änderung nicht zu bemerken. Dagegen stammt das darauf Folgende wohl aus der Phantasie des Biographen: Girart und seine Frau verrichten fromme Werke und kommen dadurch in den Geruch der Heiligkeit; der Teufel stachelt Karl aufs Neue gegen Girart auf (§§ 30—34). Der Verfasser ist sogar so unaufmerksam gewesen, dass er neben diesem von ihm erfundenen Motiv der Entzweiung zwischen den Schwägern auch noch das offenbar aus seiner Quelle entlehnte angiebt. In § 39 erzählt er nämlich, dass zwischen beiden zunächst ein Streit entstand, namentlich wegen der Erbschaft ihrer Gattinnen, und dass hieraus sich ein Krieg entwickelte. Er wiederholt hier also einfach das, was er zu Anfang als Grund des ersten Krieges bezeichnet hatte. Ebenso hat er auch wohl das sich daran Schliessende aus dem ersten Theile des alten Gedichtes entnommen, den er ja vorher nicht benutzt hatte, denn dasselbe zeigt eine grosse Übereinstimmung mit dem Anfang des uns erhaltenen Epos, wie eine spätere Vergleichung ergeben wird. Dahin gehören die beiderseitigen Rüstungen und die Belagerung von Rossillon (das allerdings nicht mit Namen genannt wird); nur befinden sich diese Ereignisse in dem Epos in umgekehrter Reihenfolge, da hier der König die Burg ja unvermuthet angreift, und die Rüstungen erst die Folge der Eroberung der Burg sind. Auch diese Umstellung in der Vita

hängt mit der oben hervorgehobenen Grundtendenz des Werkes zusammen. Girart ist ja jetzt der fromme Gottesmann, steht daher
unter dem besonderen Schutze Gottes, und dadurch ist seine Rolle
genau vorgezeichnet. Erstens nämlich darf er nicht mehr als kriegs-
lustig, sondern muss als stets zum Frieden bereit hingestellt werden
und zweitens darf er keine Niederlage erleiden. Hierdurch trat
der Biograph aber in directen Widerspruch mit seiner Vorlage,
und aus diesem Gegensatz erklären sich die Ungenauigkeiten, Unklarheiten und selbst Widersprüche, welche sich in dem nun folgenden Theile der Vita finden. So wird in § 42 erzählt, dass der
König das ganze Land verwüstete, den Girart in seiner Burg belagerte und ihn mit dem Tode bedrohte, während dieser immer ab-
geneigt war, mit dem Könige zu kämpfen; aber von einer Eroberung
des Schlosses erfahren wir nichts. Statt dessen lässt Girart auf
den Rath eines weisen Greises sich dem Könige gegenüber bereit
erklären, sich am Hofe durch Kampf von den Anschuldigungen zu
reinigen. Die hier dem Greise in den Mund gelegten Worte sind
inhaltlich denen sehr ähnlich, die im provenzalischen Epos Folco
spricht (cf. v. 5456 sq.),[1]) während letzterer in der Vita als Repräsentant der Kriegspartei genannt wird. Sind daher die von dem
Greise ausgesprochenen Gedanken höchst wahrscheinlich der Vorlage
entlehnt, so gilt das Gleiche auch wohl von jenem Anerbieten
Girarts, denn dieses findet sich gleicher Weise in unserem Epos, und
zwar im zweiten Theile desselben, wo es sich auf die Beschuldigung
von Girarts Antheil am Morde Teiris bezieht. Aber in der Vita
ist dasselbe an dieser Stelle völlig unverständlich, da nirgends vorher
von Beschuldigungen die Rede ist.

Als Karl jenes Anerbieten schroff ablehnte, rieth ihm derselbe
Greis, noch demüthigere Worte an den König zu richten und sein
Anerbieten zu wiederholen; lehne jener es von Neuem ab, so solle
er ihm eine Schlacht ansagen; dann werde Gott mit ihm (Girart)
kämpfen, und seine Siege würden überall gerühmt werden. Girart
befolgt den Rath, aber der König antwortet noch heftiger; der
Kampf wird angesagt, beide Theile rüsten sich (§ 48—54). Dies
ist eine ziemlich ungeschickte Wiederholung des Vorangehenden und
hat den Zweck, Girarts Friedfertigkeit in ein noch glänzenderes
Licht zu setzen. Diese ganze Episode erscheint auch noch aus
dem Grunde als Erfindung, weil dieselbe mit dem Vorangehenden
im Widerspruch steht. Nach § 42 liegt der König, nachdem er
das ganze Land verwüstet, mit einem grossen Heere vor der Burg,

---

[1]) Die Zitate beziehen sich auf O, wenn nicht das Gegentheil angegeben ist.

und da wir von einer Veränderung der Situation nichts erfahren,
so müssen wir uns die Gesandtschaften als von hier aus abgeschickt
denken. Wie soll man es sich bei dieser Lage erklären, dass eine
Schlacht für einen späteren Termin festgesetzt wird, und dass von
beiden Seiten grosse Heere aufgestellt werden, die sich an dem
bestimmten Tage treffen?

Die Schlacht selbst wird mit nichtssagenden, formelhaften Wendungen geschildert, und Karl wird geschlagen (§ 56—58), aber
Girart hält sein Heer zurück, da er den König nicht verfolgen
will (§ 59). Auch dieser Zug ist offenbar tendenziöse Erfindung.
Nun wiederholt sich dasselbe Schauspiel: Friedensanerbietungen von
Seiten Girarts, Ablehnung, Rüstungen, zweite Schlacht und Niederlage Karls (§ 61—63). In dieser Weise kämpften sie zwölf oder,
wie einige behaupten, dreizehn Mal, bis Karl schliesslich hinter die
Mauern von Paris getrieben ward (§ 64—65). Es ist dies die
consequente Durchführung des oben hervorgehobenen Prinzips, den
Girart als den Schützling Gottes immer siegreich sein zu lassen.
Die Vita selbst giebt diesen Grund an mehreren Stellen an; so in
der oben erwähnten Rede des Greises (§ 52), weiterhin § 69, wo
der Engel den König auffordert, mit Girart nicht länger zu kämpfen,
da dieser der Liebling des Herrn sei. Die Zahl zwölf für die
Siege Girarts ist ebenfalls eine Erfindung des Biographen, da derselbe in § 76 berichtet, Girart habe zu Ehren der zwölf Apostel
oder seiner zwölf Siege zwölf Abteien mit je zwölf Insassen erbaut.

Endlich findet sich ebenso wenig wie von den zwölf Siegen
Girarts von dem Eingreifen des Engels zu Gunsten des Letzteren
irgend eine Spur in unserem Epos, sodass wohl beides mit grosser
Wahrscheinlichkeit auf Rechnung des Mönchs von Pothières gesetzt
werden kann, und da nun mit dem auf diese Weise halb gewaltsam
herbeigeführten Frieden die eigentliche Lebensbeschreibung endet,
so würden wir aus derselben sehr wenig von dem Inhalt der alten
chanson de geste erfahren, wenn nicht glücklicher Weise durch den
Anhang diese Lücke zum Theil ausgefüllt würde.

Unter den angehängten Episoden tragen die meisten den Stempel
des kirchlichen, legendarischen Ursprungs deutlich an sich. Dahin
gehört 7, welche in die Zeit des Exils verlegt worden ist, und
zwar in eine Periode desselben, wo Girart sein Fleisch noch nicht
völlig bezwungen hatte, sodann 1, welche die Aufzählung der von
Girart gestifteten Klöster enthält, während in 2 und 3 die dabei
vorgekommenen Wunder erzählt werden; 4 berichtet eine Sage über
die frühere Geschichte von Rossillon, welches in die Nähe von
Pothières verlegt wird, offenbar, um den Ruhm dieser Abtei zu
erhöhen; endlich 8—13 beziehen sich auf Wunder, die bei und

nach dem Tode des Grafen und seiner Gattin sich zugetragen haben. Alle diese haben für uns geringes Interesse. Ein um so grösseres dagegen 5 und 6, die, wie schon hervorgehoben, ein zusammenhängendes Ganzes bilden, und die, wie man sofort erkennt, inhaltlich genau mit dem ersten Theil des vorliegenden Epos übereinstimmen, nämlich alle Ereignisse vom ersten Ausbruch des Streites zwischen Karl und Girart bis zum Schluss der Schlacht bei Valbeton erzählen.

Dass wir es hier wirklich mit einer angehängten Episode, nicht aber, wie Paul Meyer annimmt, mit einer Fortsetzung des Berichtes, also mit dem letzten Theil der Biographie zu thun haben, ergiebt sich aus den Worten, mit welchen der Bericht eingeleitet wird: „Orta itaque dissensione inter regem et Girardum rex Rossillon cum gravi multitudine obsidendo oppugnare aggreditur." Durch das „itaque" wird offenbar angedeutet, dass die Situation, an die das Folgende anknüpft, als bekannt vorausgesetzt wird, daher schon vorher geschildert sein muss. In der That haben wir gesehen, dass der Verfasser zu Anfang der Vita die Ursache des Streites mitgetheilt, dann aber aus bestimmten Gründen die ganze Entwickelung desselben übersprungen hatte, was er nun hier gleichsam nachholt. Zwar hatte er Einzelheiten davon, wie wir gesehen, in dem zweiten Theile der Vita benutzt, aber in sehr unbestimmter Weise und ohne Nennung von Namen, wofür sich ebenfalls der Grund leicht erkennen liess.

Wenn nun aber auch die Auslassung der in Rede stehenden Episode in der eigentlichen Lebensbeschreibung vom Standpunkte des Verfassers aus genügend verständlich erscheint, so muss man mit Recht fragen, wie er dazu gekommen, gerade diese in Form eines Anhanges nachzutragen, während er so viele andere, die ebenfalls seiner Tendenz zum Opfer gefallen waren, an dieser Stelle nicht berücksichtigte. Der Grund scheint mir darin zu liegen, dass die Schlacht bei Valbeton das einzige Ereigniss des alten Epos war, bei welchem Gott selbst mit einzugreifen schien, sodass dasselbe also auch das einzige war, welches mit unter den wunderbaren Geschehnissen aus dem Leben des Helden aufgeführt werden konnte und so deren Zahl in willkommener Weise vergrösserte. Sollte aber die Schlacht selbst geschildert werden, so durften die dieselbe vorbereitenden Ereignisse nicht fehlen.

Über die geringen Abweichungen des Berichtes des älteren Epos von dem des jüngeren wird weiter unten (Kap. 16) gehandelt werden. Ich erwähne daher hier nur, dass ich bloss an einer Stelle eine Zuthat des Biographen zu erkennen glaube. Unter denjenigen Baronen, zu denen Girart um Hülfe sendet, befindet sich auch sein

Vater Drogo, und, obwohl von diesem bereits in dem Eingang der Vita gesprochen worden ist, erscheint hier in § 139 ganz unmotivirt der Zusatz, Drogo sei der Sohn des edlen und mächtigen Königs Gondobald von Burgund gewesen, von dem vieles in den Geschichten erzählt werde. Burgund erscheint sonst nirgends als Königreich, auch findet sich an keiner andern Stelle weder der Vita noch des Epos eine Bestätigung dieser Verwandtschaftsangabe, im Gegentheil steht dieselbe mit § 4, wo derselbe Drogo als „consul" bezeichnet wird, in vollständigem Widerspruch, sodass dieselbe als sehr verdächtig anzusehen ist, während sie als Erfindung eines burgundischen Mönchs nichts Auffälliges an sich hat.

Viertes Kapitel

Das ältere Epos.

Wenn wir nun diejenigen Bestandtheile der Vita, die wir für Zuthaten des Verfassers erklärt haben, entfernen, so bleiben diejenigen übrig, die aus der älteren chanson de geste herstammen. Ordnet man diese mit Hülfe des jüngeren Epos, so ergiebt sich folgendes als der Inhalt des früheren Gedichtes, so weit er sich aus der Vita erschliessen lässt.

Girarts Abstammung; Doppelheirath der beiden Töchter des Grafen Hugo von Sens; Streit um die Erbschaft des Letzteren und Krieg (§§ 4, 7, 9). Belagerung von Rossillon; Bestechung eines Kammerdieners und Einnahme der Burg. Girart entkommt, wird jedoch unterwegs angegriffen und verwundet (§ 126—30). Er rüstet ein Heer, lockt den König in einen Hinterhalt, besiegt ihn und nimmt Rossillon wieder (§ 131—36). Karl sagt dem Girart eine Schlacht an, worauf dieser seine ganze Heeresmacht entbietet. Schlacht bei Valbeton, die durch ein Naturereigniss unterbrochen wird (§ 137—49). Über den Friedensschluss und die Versöhnung erfahren wir nichts. Girart wird durch Verläumdungen beim Könige verdächtigt (dies folgt aus § 23). Als Girart dies bemerkte, verliess er aus Klugheit den Hof und ging in sein Land (§ 38). Da aber der König die gegen seinen Schwager erhobenen Beschuldigungen für gegründet hielt, so kam es zu einem neuen Streit (§ 39). Girart erbietet sich mehrfach, mit den Waffen in der Hand durch Kampf sich von den Anschuldigungen zu reinigen (§ 46), welches Anerbieten der König jedoch stets ablehnt (§ 48). Der Krieg nimmt zuletzt eine für Girart sehr unglückliche Wendung; sein ganzes Land wird erobert (§ 10). Er flieht mit seiner Frau in die Verbannung (§ 11) und wird schliesslich Köhler, Bertha Näherin (§ 13—14). Einst zu Pfingsten begeben sich beide als Bettler nach Paris, und mit Hülfe der Königin kommt die Versöhnung zu Stande (§ 19—26). Karl giebt dem Grafen seine Gunst zurück und setzt ihn in seine Besitzungen wieder ein (§ 27). Girart zieht reich

beschenkt in sein Land, wird dort von den Einwohnern mit Begeisterung empfangen und glänzend gefeiert (§ 29).

Wie ist nun aber das Epos dieses Inhaltes, das also etwa
gegen das Ende des elften Jahrhunderts existirt haben muss, entstanden? Es ist unmöglich, diese Frage mit Sicherheit zu beantworten,
da wir keinerlei Mittel besitzen, die Geschichte der Sage weiter
zurück zu verfolgen. Wir werden demnach im Wesentlichen mit
Vermuthungen und Hypothesen operiren müssen. Unter diesen hat
nach meiner Ansicht die von Paul Meyer aufgestellte (s. o. Seite 30)
wenig Wahrscheinlichkeit für sich. Ein Dichter soll aus einer
Klostertradition erfahren haben, dass Girart Vasall eines Königs
Karl gewesen sei und mit seiner Frau Bertha mehrere Klöster gegründet habe; darauf hin soll er ein Epos verfasst haben, indem
er das Übrige erfand, d. h. mit Ausnahme der drei Namen alles,
da unzweifelhaft die Gründung der Klöster in dem Epos gar nicht
erwähnt wurde. Diese Hypothese scheint doch mit allem, was wir
über die Entstehung der gallo-romanischen Volksepen wissen, wenig
im Einklang zu stehen. Es dürfte kaum einem Zweifel unterliegen,
dass die ältesten und hervorragendsten chansons de geste auf histo-
rischer Grundlage beruhen, d. h. auf ein bestimmtes geschichtliches
Ereigniss zurückzuführen sind. Wenn nun auch die Zuthaten, d. h.
die neuen Personen und die neuen Ereignisse, welche dem Epos im
Laufe der verschiedenen Bearbeitungen zugeführt wurden, zum
grossen Theil auf Erfindung beruhten oder willkürlich aus andern
Quellen entlehnt waren, so wäre es doch unerhört gewesen, dass in
so früher Zeit ein Dichter seinen ganzen Stoff einfach aus den
Fingern gesogen hätte.

Aber abgesehen davon, dass jene Hypothese schon a priori
wenig Wahrscheinlichkeit für sich hat, kommen noch einige besondere Umstände hinzu, die zu einer derartigen Annahme wenig passen.
Wenn ein Dichter aus Localpatriotismus eine Klostertradition mit
vielen Zuthaten versehen, in Verse gebracht hätte, so müsste es
doch sehr auffällig erscheinen, dass ein derartiges Gedicht, welches
man doch nach der Art seiner Entstehung ein kunstmässiges nennen
müsste, eine so gewaltige Beliebtheit, ja geradezu Volksthümlichkeit
erlangt haben sollte, dass der lateinische Biograph mit Bezug auf
dasselbe hätte schreiben können: „quanquam [gesta Girardi] jubila-
torio favore in populis ubique multipliciter divulgentur“; denn in
dieser Weise kann doch nur von durchaus populären, überall bekannten und gehörten dichterischen Erzeugnissen gesprochen werden.

Sodann aber, wenn der Dichter sich aus der Klostertradition
inspirirte und sich zum Verkündiger und Verbreiter derselben machte,
wie ist es dann zu erklären, dass der Verfasser der Vita sich und

sein Werk in so demonstrativer Weise zu dem Epos in einen Gegensatz brachte, da doch beide im Wesentlichen aus derselben Quelle geschöpft hätten? Aus seinen Worten muss vielmehr unzweifelhaft gefolgert werden, dass, während er selbst „dem schlichten Berichte der Vorfahren oder Vorgänger" d. h. der Mönchslegende folgen will, das Andre, was er „auszulassen" vorgiebt, also gerade die Kriegsthaten und Siege seines Helden, eine ganz andere Herkunft und Quelle hatte, die nach dem Zusammenhange keine andere als die lebendige Volkssage, natürlich in der Form von Volksepen sein kann.

Fragen wir uns nun, wie Paul Meyer trotzdem zu der mehrfach erwähnten Ansicht gekommen ist, so erhalten wir über diesen Punkt auf S. LIII der Einleitung zu seiner Übersetzung Aufklärung. Alle über Girart berichteten Ereignisse und Schicksale, heisst es dort, müssen erfunden worden sein, weil keine directe Beziehung, keine Ähnlichkeit zwischen dem historischen und dem sagenhaften Girart bestehe. Man habe sich vergebens abgemüht, eine geschichtliche Grundlage für die erbitterten Kriege Girarts und Karls aufzufinden. Die letzeren Worte sind direct gegen Longnon gerichtet, welcher in dem oben zitirten Artikel S. 268—69 die Meinung ausspricht, dass die Erlebnisse des Girart der Dichtung aus denjenigen des geschichtlichen Helden gleiches Namens hervorgegangen seien, allerdings stark verändert, umgestaltet und erweitert durch die zweihundertjährige Thätigkeit der Volkssage. Und dieser Meinung wird man nur beipflichten können, wenn man erwägt, wie weit sich zuweilen andere chansons de geste im Laufe der Zeit von ihrer historischen Grundlage entfernt haben.

Zunächst ist zu constatiren, dass die Behauptung Paul Meyers, die ganze Übereinstimmung zwischen den beiden Persönlichkeiten beschränke sich darauf, dass beide Girarts mit einer Frau Namens Bertha verheirathet gewesen seien und die Klöster Pothières und Vezelai gestiftet haben, übertrieben ist. Es kehren vielmehr weitere Einzelheiten, die uns in den Urkunden berichtet werden, auch in der Sage wieder. Es sind folgende, von denen einige schon Longnon S. 267 sq. hervorgehoben hat.

1) Der Girart des Epos ist, wie der der Geschichte, Graf. Wenn Longnon (S. 268) behauptet, dass das Epos seinen Helden immer als Herzog bezeichne, so ist dies durchaus unrichtig, diese Bezeichnung findet sich vielmehr nur an solchen Stellen des Gedichtes, die wir als jüngere Bestandtheile kennen lernen werden, während Girart in den älteren regelmässig Graf genannt wird.

2) In beiden Berichten hatte Girart bedeutende Besitzungen in Burgund; das Epos verlegt Rossillon, wie wir sehen werden, an

die obere Seine dicht oberhalb von Châtillon, in den heutigen Bezirk Côte d'Or. Ebenso gehören hier Châtillon selbst, Dijon, Besançon und andre in der Nähe liegende Ortschaften zu den Besitzungen des Grafen. Die Urkunden stellen ihn nicht nur als Verwalter von Burgund hin, sondern berichten auch von grossen Besitzungen, die er in diesem Lande hatte.

3) Beide Girarts waren ausserdem Machthaber in der Provence; in den Urkunden ist Girart dort Statthalter, in der Vita ist die Provence sogar sein Stammland, da er ja nach § 4 in Avignon geboren war; im Epos endlich besitzt er Avignon und rings herum noch dreissig Städte (v. 1198). Nach Avignon flieht der Graf daher sofort, um von hier aus den Krieg gegen Karl zu beginnen, als dieser Rossillon durch Verrath genommen (v. 1083 sq.), und deméntsprechend bringt der König jene Stadt auch später in seine Gewalt (v. 6120 sq.)

4) In beiden Fällen hatte der Graf wiederholte Kämpfe mit König Karl zu bestehen. Die Periode der Kriegszüge zwischen Girart und Karl dem Kahlen umfasst einen Zeitraum von mindestens fünfzehn Jahren, in welchem uns über drei Feldzüge ausdrücklich berichtet wird, nämlich ausser demjenigen von 870 noch über je einen in den Jahren 861 und 863, von denen der mittlere, auf welchem der König von seiner Gattin begleitet war, mit einem Rückzuge Karls von Mâcon aus endete.

5) Zwischen diesen Kriegen liegt wie im Epos (v. 3325—32) so auch in der Geschichte eine Periode (resp. deren mehrere), in welcher zwischen den Gegnern ein freundschaftliches Verhältniss bestand, denn auch der historische Karl nennt den Grafen in einem Document vom Jahre 868 „carissimus valdeque amantissimus nobis."

6) Der letzte Krieg fiel hier wie dort für Girart ungünstig aus. Er verlor seine wichtigste Festung durch Verrath und musste mit seiner Frau das Land verlassen.

7) Endlich beschränkt sich die Ähnlichkeit zwischen der Gattin des historischen und des sagenhaften Girart keineswegs auf den Namen allein, sondern in beiden Fällen nimmt sie auch einen wesentlichen Antheil an der Handlung, in beiden erscheint sie als die treue Gefährtin ihres Gatten, die ihn mit Rath und That unterstützt, die Glück und Unglück mit ihm theilt.

Dazu kommt aber, dass das in Rede stehende Epos nicht das einzige ist, welches die volksthümliche Überlieferung von dem historischen Grafen Girart wiedergiebt; auch die altfranzösische chanson de geste von Girart de Viane ist der gleichen Quelle entsprungen, sie ist ursprünglich wohl ein Ausfluss derjenigen Ge-

stalt der Sage, wie sie sich in und um Vienne herausbildete, während
unser Epos die burgundische Tradition über Girart wiederspiegelt.

Nun macht Longnon (S. 275) darauf aufmerksam, dass auch
das französische Gedicht noch einige weitere mit der Geschichte übereinstimmende Züge und Ereignisse aus dem Leben
Girarts erhalten hat, die also die Zahl der historischen Elemente
unserer Sage noch vermehren. Dahin gehört z. B., dass, wie in
dem historischen Feldzuge vom Jahre 861, der König auch dort
bei einem Einfall in Burgund von seiner Gemahlin begleitet war
und bei Mâcon einen Misserfolg hatte.

Dies sind diejenigen Einzelheiten, die nachweislich, d. h. auf
Grund der uns überlieferten Urkunden der Geschichte und der
Tradition gemeinsam sind. Aber es ist sehr wohl möglich, dass in
der sagenhaften Geschichte Girarts noch manche weitere Züge
historisch sind, und dass nur der Umstand, dass dieselben nicht in
die Urkunden aufgenommen worden, uns hindert, dies auch beweisen
zu können. Die gemeinsamen Punkte gehören, wie wir gesehen,
dem späteren Leben Girarts an. Wie mangel- und lückenhaft sind
aber die historischen Berichte über diesen Theil seines Lebens! So
erfahren wir beispielshalber nur die Thatsache selbst, dass mehrfach
Kriege zwischen Karl und Girart stattgefunden haben, aber wir
haben so gut wie gar keine Nachrichten über den Verlauf derselben.
So darf man mit Sicherheit annehmen, dass der Krieg von 869—70
sich nicht auf den Kampf um die Stadt Vienne beschränkt hat. Denn
wenn Girarts Macht durch die Einnahme einer einzigen Stadt erschöpft und vernichtet gewesen wäre, so wäre das Unternehmen,
einem Gegner, wie Karl dem Kahlen Trotz zu bieten, entweder
lächerlich oder wahnwitzig gewesen. Es haben also damals höchst
wahrscheinlich weitere Kämpfe stattgefunden,[1]) und es ist demnach

---

[1]) Der bekannte Mönch Albericus Trium Fontium (Monumenta Ger-
maniae XXIII, 631 sq.) führt in seiner Chronik in Bezug auf Girarts letzten
Feldzug folgende Stelle aus einem seiner Vorgänger Guido de Bazochiis
an (S. 739): Sequitur Guido: „Quod regnum Burgundiae, quia spectare
constabat ad imperatorem, fratrem defuncti Karoli, Ludovicum, qui tunc
expellendis adhuc ab Italia Sarrazenis instabat, tantae praesumptionis
invasionem et cupiditatis a Karolo rege factam Gerardus Viennensis,
utriusque Burgundiae dux potentissimus, adeo tulisse graviter et ob hoc
tam diu distulisse, subjectus eidem Karolo fieri, et tot et tanta
detrimenta rerum et hominum alter intulisse creditur alteri,
quousque nimia fatigatione per semet ipsam tam longa con-
certatio se consumpsit." Dieser Guido de Bazochiis, der 1203 starb,
schrieb zwar erst gegen Ende des zwölften Jahrhunderts, aber er hat jene
Notiz sicher aus älteren Quellen entlehnt, wenngleich wir diese bisher nicht
anzugeben vermögen, da seine erst kürzlich von dem Grafen Riant ent-
deckte Chronik noch nicht herausgegeben ist (s. Wattenbach, Deutschlands
Geschichtsquellen im Mittelalter 1886, II, 421, Anm. 2).

durchaus nicht ausgeschlossen, dass manche Einzelheiten der sagenhaften Schlachten wirkliche Ereignisse wiederspiegeln. Ebenso brechen die Urkunden mit der freiwilligen Verbannung Girarts ab, über seine weiteren Schicksale hören wir nichts. Könnte zu diesen weiteren Schicksalen nicht auch eine Versöhnung mit Karl gehört haben? Jedenfalls darf so viel behauptet werden, dass daraus, dass wir nicht mehr Übereinstimmungen zwischen Sage und Geschichte nachweisen können, noch keineswegs folgt, dass auch wirklich keine weiteren bestanden haben.

Aber selbst wenn wir uns auf die wenigen urkundlich nachweisbaren Analogien beschränken, so würden diese, wenn sie in Zusammenhang gebracht werden, einen Rahmen darbieten, durch dessen allmähliche Ausgestaltung und Erweiterung sehr wohl die Sage hervorgehen konnte, wie sie uns in der ältesten uns erreichbaren Gestalt entgegentritt. Zwischen Karl und dem mächtigen Grafen bricht ein Krieg aus, dem jedoch nach einigen Kämpfen durch eine Versöhnung ein Ende gemacht wird. Auf diese Zeit der Eintracht und der Freundschaft folgt ein neuer blutiger Zwist. In diesem verliert der Graf nach mehreren Zwischenfällen schliesslich seine wichtigste Stadt durch Verrath und in Folge davon seinen gesammten Besitz. Er begiebt sich mit der Gefährtin seines Lebens und seiner Thaten ins Exil. Möglicher Weise fand eine zweite Versöhnung statt. Schon diese Übereinstimmungen in dem Leben des historischen und des sagenhaften Girart könnten, sollte man meinen, genügen, um die Annahme, letzterer sei aus ersterem allmählich erwachsen und hervorgegangen, sehr gerechtfertigt erscheinen zu lassen. Es giebt manche Volksepen, die, obwohl sie nachweislich in ihrem Ursprunge sehr weit zurückreichen, also nicht zu den jüngeren Erzeugnissen gehören, dennoch in der uns überlieferten Form keineswegs ebenso viele historische Elemente mehr erkennen lassen, wie bei unserem Girart trotz der Lückenhaftigkeit des Urkundenmaterials nachgewiesen werden können.

Es ist übrigens bemerkenswerth, dass die Identität des epischen Girart mit dem Gegner Karls des Kahlen schon von Alters her erkannt worden ist. Longnon führt auf S. 243—44 Belege dafür von Gelehrten des XVI.—XIX. Jahrhunderts an. Aber schon im zwölften Jahrhundert war man sich über diesen Punkt klar. An die soeben auf S. 45 Anm. 1 angeführte Stelle des Guido de Bazochiis schliesst derselbe unmittelbar die folgenden Worte an: „Regi tamen Karolo cessisse Gerardum et victoriam ei concessisse perhibent heroicae cantilenae". Dieser Chronist weist also auf die Epen über Girart hin und erklärt, dass dieselben sich auf den unmittelbar vorher berichteten Kampf zwischen Karl und dem Grafen Girart von

Vienne beziehen. Um gar keinen Zweifel über die historische Rolle dieser Persönlichkeit zu lassen, fügt Guido hinzu: „Hic est ille Gerardus quem supra diximus pacis extitisse mediatorem inter imperatorem Ludovicum Pium et filios ejus", und erzählt dann weiter, derselbe habe auch die Reliquien der heiligen Maria Magdalena von Aix in der Provence nach Vezelai in Burgund bringen lassen, und habe die Klöster von Vezelai und Pothières gegründet (Mon. Germ. XXIII, 739).

Aber vielleicht hat unser Girart de Rossillon ausser dem Grafen Girart von Vienne noch ein zweites geschichtliches Prototyp. Ich komme hiermit auf einen Punkt, auf den zuerst Pio Rajna aufmerksam gemacht hat und der sehr wohl Beachtung verdient. Dieser Gelehrte spricht auf Seite 234 seines oben (S. 3, Anm. 1) zitirten Werkes über den Ursprung des französischen Volksepos die Ansicht aus, dass der Girart unseres Gedichtes der sagenhafte Reflex zweier Persönlichkeiten sei, nämlich nicht nur des bisher von uns ins Auge gefassten Grafen Girart, des Gegners Karls des Kahlen, sondern zugleich auch eines früheren Barons gleiches Namens, der unter Karl Martell gelebt hätte. Seine Begründung dieser Ansicht ist kurz folgende (Kapitel IX):

Es steht zunächst fest, dass viele der Thaten und Schicksale Karl Martells in die Volkssage übergingen, wenngleich im Laufe der Zeit ein grosser Theil derselben auf Karl den Grossen übertragen wurde. So sind in den uns erhaltenen Karlsepen folgende Züge auf Karl Martell zurückzuführen:

a) Die Jugenderlebnisse des Letzteren erkennt man in den Ereignissen, welche die Sage in Karl des Grossen erste Lebensjahre verlegt, so namentlich in dessen Kämpfen mit Rainfroi (Raganfred) und Heudri (Chilperich).

b) Der Kampf Karls gegen Braimant ist vielleicht eine Reminiscenz an denjenigen Karl Martells gegen Abderrahman in der Schlacht bei Tours und Poitiers, in welcher letzterer geschlagen und getödtet wurde.

c) Die Vertreibung der Sarazenen aus der Provence durch Karl den Grossen, so namentlich in der bekannten Sage von der Befreiung der Stadt Arles, erinnert an die Kämpfe Karl Martells in der Provence 737, die mit der Einnahme Avignons und der gänzlichen Räumung des Landes endeten (cf. Breysig, Jahrbücher des fränkischen Reiches S. 81—82).

d) Die Eroberung von Narbonne, welche die Sage ebenfalls Karl dem Grossen zuschreibt, ist zwar in Wirklichkeit unter Pipin dem Kurzen ausgeführt; möglicher Weise hat aber auch hier die Erinnerung an Karl Martell nachgewirkt, welcher jene Stadt im

Jahre 737 kräftig belagerte und ein zu Hülfe eilendes Ersatzheer am Flüsschen Birra vollständig vernichtete (cf. Breysig S. 83). Wenn P. Rajna auf S. 228 darauf hinweist, dass in unserem Epos die Eroberung von Narbonne dem Karl Martell selbst zugeschrieben wird, so werde ich unten (Kapitel 11, zu v. 3257 sq.) nachweisen, dass die betreffende Stelle erst von einem späten Bearbeiter eingefügt ist, daher für die in Rede stehende Frage keine Beweiskraft besitzt.

e) Der König Karl, welcher die langjährigen Kämpfe mit Renaud von Montauban zu bestehen hatte, ist nicht mit Karl dem Grossen, sondern mit Karl Martell zu identifiziren; denn der König Yon, der in diesen Kämpfen eine bedeutende Rolle spielt, hat sein deutlich erkennbares Urbild in Eudon, dem Herzoge oder Könige von Aquitanien und der Gascogne, der mehrfache Kriege mit den Sarazenen geführt und auch Conflicte mit Karl Martell gehabt hat.

Da demnach Karl Martells Thaten nachweislich den Stoff zu Volksepen geliefert haben, so ist es, fährt Rajna fort, sehr wohl möglich, dass auch unsere chanson de geste, in welcher jener König sogar unter seinem wirklichen Namen auftritt, auf epische Gedichte zurückgeht, welche die Feldzüge jenes Königs gegen die Burgunden zum Gegenstande hatten. Denn auch Karl Martell hat mit diesem Volke Krieg geführt, ja sie haben ihm kräftigen Widerstand geleistet und mussten mit Gewalt unterworfen werden. Dazu kommt, dass derselbe König auch gegen die Provenzalen kämpfen musste, die im Epos ebenfalls seine Gegner sind. Der dritte Grund, den Rajna anführt, dass in dem Epos Karls Sohn den Namen Pipin führt, hat keinen Werth, da Pipin erst ganz spät, und zwar von einem geschichtskundigen Geistlichen in unser Epos eingeführt worden ist (s. u. Kapitel 7).

Rajna ist daher der Ansicht, dass es schon im achten Jahrhundert eine burgundische Volksepik gab, in welcher Karl Martell die Rolle des Unterdrückers und des Tyrannen spielte. Ja er ist überzeugt, dass in dieser Epik auch bereits ein Girart als Gegner Karls figurirte, der vielleicht gerade dort den Beinamen „von Rossillon" führte, sodass der Gegner Karls des Kahlen, der diesen Beinamen in der Geschichte bekanntlich nicht trug, denselben von seinem Vorgänger geerbt hätte. Ein Indicium für die Richtigkeit dieser Annahme liegt nach ihm zunächst in der grossen Ähnlichkeit, die Girart de Rossillon mit dem epischen Renaud von Montauban hat, dessen historisches Prototyp ja sicher der Zeit Karl Martells angehört hat, sodann aber in der Thatsache, dass ein Girart von Rossillon schon im Rolandsliede zweimal vorkommt (v. 798 und 2189), dort beide Male den Beinamen „der Alte" führt und schliesslich in Ronceval seinen Tod findet, was allerdings beides auf unseren Girart nicht passt.

Wie ich schon erwähnt habe, scheint mir die soeben dargelegte Ansicht Rajnas höchst beachtenswerth. Dass die Richtigkeit derselben nicht stricte erwiesen ist und bei dem Mangel an überliefertem Material auch wohl nie wird bewiesen werden können, liegt auf der Hand. Dennoch erlaube ich mir, noch einige weitere Züge aus dem uns vorliegenden Epos hervorzuheben, welche jene Ansicht zu unterstützen scheinen, da sie nur auf Karl Martell, nicht aber auf Karl den Kahlen passen, daher aus Gedichten herstammen dürften, welche schon zur Zeit des ersteren entstanden sind. Ich berücksichtige dabei selbstverständlich nur diejenigen Theile des Gedichtes, welche ich unten als die ältesten nachweisen werde.

1) Unter den Kriegsvölkern Karls erscheinen im Epos sowohl die Baiern als auch die Allemannen, z. B. beide zusammen v. 2709, die Baiern allein v. 2691, die Allemannen allein v. 5931, 5938. Nun hat bekanntlich keines dieser beiden Völker je Karl dem Kahlen gehört, vielmehr bildeten sie einen Theil von seines Bruders, Ludwigs des Deutschen, Reich; wohl aber gehört es gerade zu den hervorragenden Thaten Karl Martells, dass er Baiern und Allemanien in ein enges Unterthanverhältniss zur fränkischen Krone brachte, jenes im Jahre 728, dieses seit 730.

2) Als Girart auf der Flucht von Rossillon seinen beiden Vettern Gilbert und Folco begegnet, erklärt er, er wolle umkehren, um den ungleichen Kampf wieder aufzunehmen, und fügt als Begründung hinzu (v. 6348):

Car ma muller en mainent Franc o Frison;

ein offenbar sehr alter Vers, wie zunächst aus der Benennung Franc hervorgeht, die in jüngeren Theilen immer durch Franceis ersetzt ist, sodann aus der echt germanischen Alliteration in „Franc o Frison“. Friesland kam nun aber bei der Theilung der drei Söhne Ludwigs des Frommen in dem Vertrage von Verdun (August 843) nicht an Karl den Kahlen, sondern an Lothar.[1]) Wohl aber passen jene Worte vortrefflich zu Karl Martell, da dieser die Friesen seiner Herrschaft unterworfen hat; ein Theil des Landes wurde im Jahre 722, der andere zwölf Jahre später fränkisch, sodass die Friesen unter jenem Könige schon in der Schlacht bei Poitiers mitkämpften.[2])

3) Genau wie mit Friesland verhält es sich mit Aachen, das an zwei Stellen (v. 777[3]) und v. 2043) als Eigenthum Karls hin-

---

[1]) Ernst Dümmler, Geschichte des ostfränkischen Reichs. I, 195.
[2]) Breysig, Jahrbücher des fränkischen Reiches, S. 36, 67, 73.
[3]) Es ist mit P zu lesen: E Normans e Franceis e d'Ais lo seiz.

gestellt wird. Auch dies trifft nur auf Karl Martell zu, da das Kernland von Austrasien mit der alten Hauptstadt in der Theilung ebenfalls dem ältesten Bruder, Lothar, zufiel.

4) Unter den Gegnern des Königs befinden sich nach v. 1881—84 ausser den Burgundern und Lothringern fast alle südfranzösischen Völkerschaften; besonders werden dort genannt die Provenzalen, die Gothen, die Roengeser, die Basken, Gascogner und Bordelesen. Unter Provence ist offenbar das ganze frühere regnum provinciae gemeint, das also nach Norden hinauf bis zur Grafschaft Lyonnais reichte, sodass sich Burgund unmittelbar daran anschloss. Der Name Gothia wechselt in den Chroniken mit Septimania und bezeichnet eine Landschaft, die sich westlich von der Provence an dem Mittelländischen Meere entlang bis zu den Pyrenäen hinzog. Roenge, jetzt Rouergue, früher Rutenicus, war eine der vornehmsten Herrschaften Aquitaniens; ebenso gehörte auch die Grafschaft Bordeaux dazu, während die Gascogne ein eignes Herzogthum im südwestlichen Theile von Frankreich bildete. Diese Verhältnisse passen durchaus nicht auf Karl den Kahlen; denn, wenn wir zunächst die Provence aus dem Spiele lassen, so waren alle übrigen Länder dessen Eigenthum, da ihm durch den Vertrag von Verdun unter anderem auch Aquitanien mit Wasconien und Septimanien oder Gothien nebst der spanischen Mark zugesprochen worden war.[1]) Anders lag die Sache bei Karl Martell. Dessen Herrschaft reichte im Südwesten nicht über die Loire hinaus (Breysig, a. a. O. S. 76); jenseits derselben begann das Gebiet des Eudo von Aquitanien, und, wohl gemerkt, mit diesem sowohl wie mit dessen Söhnen hat Karl Martell wiederholte Kriege geführt, hat auch zeitweise Theile des Landes erobert, so namentlich im Jahre 736 Bordeaux und das ganze westliche Gebiet; dennoch blieb unter ihm Aquitanien nebst Wasconien selbständig und hat es auch an Beweisen feindlicher Gesinnung gegen Karl nicht fehlen lassen (ib. S. 30—32, 75—77).

5) Endlich scheint mir auch der Umstand nicht unerheblich zu sein, dass in den älteren Theilen unseres Epos Karl niemals Kaiser, sondern stets König genannt wird; der Kaisertitel ist, wie wir sehen werden, erst von einem spätern Bearbeiter, und zwar einem Geistlichen, eingeführt worden. Nun ist aber Karl der Kahle am Weihnachtsfeste 875 in Rom feierlich zum römischen Kaiser gekrönt worden, wohingegen Karl Martell diese Würde noch nicht besessen hat.

Während nun alle soeben angeführten Punkte nur auf Karl Martell, nicht aber auf Karl den Kahlen hinweisen, können andre

---

[1]) Dümmler, a. a. O. S. 195—96.

wenigstens ebenso gut auf ersteren wie auf letzteren bezogen werden.
Was zunächst die Feindschaft zwischen Karl und den Provenzalen
betrifft, so hat auch Karl Martell mehrfach mit den Waffen in der
Hand gegen deren Land auftreten müssen. Das erste Mal brach
im Jahre 737 ein Aufstand unter Herzog Maurontus aus, bei
welcher Gelegenheit die Empörer sogar die Araber zu Hülfe riefen,
die aber, ebenso wie die Provenzalen, von Karl geschlagen wurden
(Breysig, a. a. O. S. 80 sq.). Trotzdem kam dort nach zwei Jahren unter
demselben Herzog eine neue Erhebung zu Stande, die jedoch wiederum
durch einen Sieg Karls bei Avignon niedergeschlagen wurde, worauf
dieser das ganze Land bis Marseille dauernd seiner Herrschaft unterwarf (ib. S. 87).

Noch häufiger hat jener König mit den Burgundern blutige
Händel gehabt. Eine ihm feindlich gesinnte Aristokratie zwang ihn
zunächst im Jahre 733, einzuschreiten, die unzufriedenen Elemente
zu entfernen und solche, die er für erprobte, zuverlässige Anhänger
hielt, an die Spitze zu stellen (Breysig, S. 72). Aber diese
waren Eingeborene des Landes gewesen, und es stellte sich bald
heraus, dass sie Karls Erwartungen nicht entsprachen, sondern
ebenfalls Versuche machten, sich seiner Herrschaft zu entziehen.
Um nun diesen Bestrebungen ein für alle Mal ein Ende zu machen,
rückte der König 744 wiederum mit einem Heere ein, unterwarf
das ganze Land, namentlich auch die feste Stadt Lyon, und zwang
die vornehmsten Barone nicht nur von Burgund, sondern auch von
der Provence bis Marseille hin, ihm als Vasallen zu huldigen (ib.
S. 77). Eine neue Empörung brach jedoch im Frühjahr 741, also
gegen Ende der Regierung Karls aus, als letzterer das Reich unter
seine beiden Söhne theilte und dabei Burgund dem jüngern derselben,
Pipin, zusprach. Er übertrug nun diesem seinem Sohne selbst die
Unterdrückung des Aufstandes, was diesem auch ohne Mühe gelang.
Einzelheiten über den Verlauf dieser verschiedenen Feldzüge vermögen wir nicht anzugeben, da die Nachrichten über die Regierung
Karl Martells noch dürftiger und mangelhafter sind, als über diejenige Karls des Kahlen; wir können daher auch nicht feststellen,
ob von den in unserem Epos erzählten Ereignissen das eine oder
das andre auf Vorkommnisse aus der Zeit Karl Martells zurückgeführt werden kann.

Jedenfalls lässt sich auf Grund der obigen Darlegungen so viel
behaupten, dass gewisse Elemente des Epos von Girart de Rossillon
auf die Zeit Karl Martells hinweisen, daher auch mit ihren ersten
Anfängen bis dahin zurückreichen. Dann wird man aber, wenn
anders man die in der Einleitung vorgetragene Ansicht von der
Fortpflanzung der Volkssage für zutreffend hält, kaum umhin können,

zuzugestehen, dass es damals auch schon epische Lieder gegeben
habe, welche die Kämpfe der Burgunder gegen die Pipiniden, speziell Karl Martell, besangen, selbstverständlich im Geiste einer Opposition gegen den übermächtigen Unterdrücker ihrer Selbständigkeit.
Diese Epen überdauerten dann wahrscheinlich die Regierungszeit
Pipins des Kurzen, Karls des Grossen sowie Ludwigs des Frommen
und hielten damit auch einen gewissen Gegensatz zwischen den
südlichen Völkerschaften und dem herrschenden Stamme aufrecht.
Dieser nationale Gegensatz fand dann durch den kräftigen und an-
dauernden Widerstand, den der tapfere Graf Girart von Vienne
den Eroberungsversuchen Karls des Kahlen entgegenstellte, neue
Nahrung. Auch diese Kämpfe gaben den Anstoss zu einer volksthümlichen Epik, die im Grunde denselben Geist athmete, wie die
schon vorhandene, ja möglicher Weise führte in beiden der nationale
Held den gleichen Namen Girart, und beide unterschieden sich vielleicht nur dadurch, dass der ältere „von Rossillon", der jüngere
„von Viane" zubenannt war, gerade so wie ihre Gegner auch
nur durch ihre Beinamen von einander abwichen.

Unter solchen Umständen war es nur zu natürlich, dass, wenn
auch nicht von Anfang an, doch im Laufe der Zeit beide Gattungen
dieser nationalen Epik miteinander verschmolzen. Die Vereinigung
wäre in der Weise erfolgt, dass aus der älteren derselben die Namen
der Haupthelden, sowie einzelne Züge und Ereignisse, aus der
jüngeren dagegen die eigentliche Handlung in ihrem hauptsächlichsten
Verlauf herübergenommen wäre. Eine in dieser Art erfolgte Verschmelzung zweier ursprünglich getrennter, in verschiedenen Zeiten
und verschiedenen geschichtlichen Ereignissen wurzelnder Sagenstoffe
ist keineswegs unerhört. Ja die altfranzösische Epik bietet ein
Beispiel dar, das mit dem eben als wahrscheinlich hingestellten
Verhältniss die frappanteste Ähnlichkeit darbietet, nämlich die
Chanson de Floovant.

Bisher hatte man angenommen, dass der in demselben berichtete
Conflict zwischen Floovant (Chlodovinc) und dem Könige Cloveïs
auf einem historischen Vorgange beruhe, der zwischen dem Könige
Chlotar und seinem Sohne Dagobert sich zugetragen, und mit dem er
in der That grosse Ähnlichkeit hat. Pio Rajna weist jedoch nach (S.
131 sq.)[1], dass die Floovant-Sage vermuthlich bis auf Chlodwig selbst
zurückgeht, dass wir in dem Helden derselben einen Sohn jenes Königs,
wahrscheinlich Chlotar, also einen wirklichen Chlodovinger, zu sehen
hätten, der den Namen Floovant demnach mit Recht trug, und dass
die Dagobert-Sage erst später mit der ursprünglichen Floovant-Sage

---

[1] Gaston Paris, Rom. 13, 607—8, stimmt im Wesentlichen bei.

vereinigt worden sei, wobei jedoch die Namen der Helden aus der älteren Sage beibehalten wurden. Es läge demnach hier ein ganz analoger Prozess wie im Girart von Rossillon vor.

Wie dem auch sei, jedenfalls scheint mir zu Gunsten der Annahme, dass es in Burgund eine volksthümliche Epik gab, die auf die Zeit Karl Martells zurückging und ihn zu ihrem Gegenstande hatte, noch folgender Punkt zu sprechen. Die Kämpfe zwischen Karl dem Kahlen und Girart von Vienne würden in ihrer sagenhaften Gestalt höchst wahrscheinlich auf Karl den Grossen übertragen worden sein, wie dies mit allen übrigen in die Volkssage übergegangenen Ereignissen aus dem Leben Karls des Kahlen, Karls des Dicken und Karls des Einfältigen geschah, wenn nicht eine andre Form, gleichsam ein andres Gefäss, zur Aufnahme derselben schon vorgelegen hätte, eben jene Epik, welche sich auf die ebenfalls nationalen Kriege gegen Karl Martell bezog. Man würde in der That sonst kaum einen annehmbaren Grund für die Verlegung jener Ereignisse in die Zeit Karl Martells, also für die Abweichung von der allgemeinen Regel, aufzufinden im Stande sein.

Die Verschmelzung beider Sagenstoffe fand vermuthlich zu einer Zeit statt, wo durch die äusseren politischen Verhältnisse den nationalen Bestrebungen des Volkes ein neuer Impuls und damit eine Anregung zur Auffrischung sowie zugleich zum Ausbau und zur Erweiterung jener nationalen Sagenstoffe gegeben wurde. Ein solcher Anlass trat nun schon bald nach dem Tode Girarts von Vienne ein, als nämlich am Ende der Regierungszeit Karls des Dicken, der von 885 bis 888 noch ein Mal das ganze Frankenreich vereinigt hatte, sowohl das eigentliche Burgund, damals Oberburgund genannt, als auch die Provence oder Niederburgund sich vom fränkischen Reiche losrissen und selbständige Königreiche schufen. Bei dieser Gelegenheit musste naturgemäss der Gegensatz, die Feindschaft, welche, wie wir gesehen haben, von Alters her zwischen diesen Völkern und ihren Beherrschern bestand, aufs Neue mit voller Schärfe hervortreten; das nationale Selbstgefühl fand in diesem Befreiungskampfe reichliche Anregung, und es war selbstverständlich, dass diese Feindschaft gegen die früheren Unterdrücker auch mit Hülfe der Poesie zum Ausdruck gebracht wurde. Dies war um so leichter, als man eine alte volksthümliche Epik besass, welche über die Thaten berichtete, durch welche ein mächtiger Baron des Landes dem gewaltigen Frankenkönige Trotz geboten hatte. Mochte nun der Name der Helden in allen diesen Erzeugnissen der gleiche gewesen sein oder nicht, jetzt verschmolz man dieselben zu einer Persönlichkeit, die den Namen Girart von Rossillon sei es behielt, sei es erhielt. Dieser wurde nun der Mittelpunkt des nationalen Epos,

und auf ihn übertrug man alle Thaten, die früher von den beiden
Gegnern der fränkischen Könige erzählt worden waren; er wurde
gleichsam der Repräsentant der Opposition der südfranzösischen
Länder und Völker gegen ihre nördlichen Unterdrücker. Möglich
ist, dass bei dieser Gelegenheit auch alsbald die Phantasie mit in
Wirksamkeit trat, dass man die Bedeutung Girarts und damit auch
seine Macht, seinen Einfluss übertrieb, mit einem Worte, dass die
Entwickelung und Erweiterung der Sage begann. Aber man muss
zugestehen, dass der sagenhafte Bericht sich nicht allzuweit von
dem historischen entfernt hat. Denn, obwohl die Dichter unver-
kennbar mit ihrer ganzen Sympathie auf Seite Girarts standen, der
ihnen ja der Vertreter der eigenen Nationalität ist, so unterliegt
derselbe, abgesehen von einzelnen vorübergehenden Erfolgen, in der
Sage doch ebenso wie in der Geschichte seinem mächtigen Gegner,
und auch der Verlauf der dichterischen Handlung entspricht im
Allgemeinen der Wirklichkeit.

Die eben vorgetragenen Erörterungen werden also dahin zu-
sammengefasst werden können, dass die Sage von Girart de Rossillon
höchst wahrscheinlich in ihrem wesentlichen Inhalt auf die Thaten
des Grafen Girart von Vienne zurückgeht, dass sie aber ausserdem
vermuthlich mehrere Elemente in sich aufgenommen hat, die in ihren
Anfängen viel weiter zurückreichen, nämlich in den Kriegen Karl
Martells mit den Völkern des mittleren und südlichen Frankreichs
wurzeln.

Fünftes Kapitel

Eingang und Schluss des uns erhaltenen Epos.

Bei einer Vergleichung des Inhaltes des alten und des vorliegenden Epos springen, abgesehen von vielen kleineren Abweichungen, vor allem zwei Punkte in die Augen, in Bezug auf welche beide ganz verschieden sind. Dies ist erstens die Einleitung und zweitens der Schluss, die wir nunmehr genauer ins Auge fassen müssen.

A. Die Einleitung.

Beide Versionen stimmen darin überein, dass Karl und Girart zwei Schwestern zu Gemahlinnen hatten. In der Vita sind diese die Töchter des Grafen Hugo von Sens, in dem Epos die des Kaisers von Constantinopel. Es fragt sich zunächst, woher der Verfasser der Vita seine Angabe entlehnt hat. Paul Meyer weist auf die Stiftungsurkunde der Klöster Pothières und Vezelai hin, in welcher die Eltern der Bertha Hugo und Bava genannt werden, und ist geneigt, dieses Document als die Quelle jener Notiz anzusehen. Dem gegenüber macht Longnon (S. 272) darauf aufmerksam, dass in derselben Urkunde auch Girarts Vater Leuthard genannt wird, und bemerkt, dass, wenn der Verfasser der Vita dies Document benutzt hätte, er höchst wahrscheinlich dem Vater Girarts nicht den Namen Drogo, sondern den Namen Leuthard gegeben haben würde. Da er ihn aber Drogo nenne, und diese Angabe unzweifelhaft aus dem alten Epos entlehnt sei, so stamme die andere Verwandtschaftsbezeichnung wohl aus derselben Quelle, d. h. auch im alten Epos hiess vermuthlich der Vater der Bertha Graf Hugo von Sens.

Mir scheint die Ansicht Longnons am meisten für sich zu haben, die übrigens auch Paul Meyer für möglich hält, und ich möchte noch einige weitere, obwohl nicht eben schwerwiegende Gründe zu ihrer Stütze anführen. Zunächst scheint der lateinische

Biograph fast nur in der Einleitung seines Werkes Urkunden benutzt zu haben (cf. S. 33—34), daher beruft er sich auch nur hier auf die „Chroniken" als seine Quellen, Graf Hugo von Sens erscheint jedoch nicht in der Einleitung, sondern in der Vita selbst; sodann aber spricht die Urkunde nur von einem Hugo schlechtweg, sodass die Bezeichnung desselben als Grafen von Sens doch immer noch einen andern Ursprung haben müsste, der wohl kein anderer als das ältere Epos sein könnte.

Dass die Veränderung der Abstammung der beiden Schwestern und damit zusammenhängend der ganze Eingang des Gedichtes das Werk eines späteren Bearbeiters ist, hat ebenfalls Paul Meyer schon betont und zur Begründung seiner Ansicht auf zwei Thatsachen hingewiesen. Die Einleitung steht mit dem übrigen Gedicht erstens dadurch im Widerspruch, dass später nie und nirgends von dem griechischen Ursprung der Schwestern die Rede ist, zweitens dadurch, dass, während in der Einleitung Girart sein Land als Allodium erhält, er später als Lehnsmann Karls hingestellt wird. Wir werden sehen, dass von diesen beiden Gründen nur der erste ganz zutreffend ist, während das in dem zweiten behauptete Verhältniss zwischen Karl und Girart bei genauer Untersuchung sich anders herausstellt. Aber der erste Grund genügt, zusammen mit der Thatsache, dass die Vita, daher auch wohl das alte Epos, in Bezug auf diesen Punkt von der vorliegenden Fassung abweichen, auch vollständig, um die Ansicht Paul Meyers, dass die Einleitung spätere Erfindung sei, zu beweisen. Denn, als Girart in Noth und Verzweiflung gerathen war, hätte ihm wie seiner Frau doch sonst der Gedanke kommen müssen, bei den Verwandten der Letzteren Hülfe zu suchen. Dies geschieht jedoch nicht. Ja Paul Meyer hätte noch auf eine andere für unsere Frage sehr wichtige Stelle hinweisen können. Als beim Anblick des Turnierspieles Bertha von Heimweh erfasst wird, schlägt Girart ihr vor, sie möge allein nach Frankreich zurückkehren, und fügt hinzu (v. 7749):

Ja mais ne me veiras ne tei parent.

Dies ist offenbar eine Stelle, die der Redactor, als er den Eingang umdichtete und alle dadurch veranlassten Änderungen vornahm, übersehen hat, denn dieselbe setzt voraus, dass Berthas Verwandte in Frankreich waren, d. h. dass sie selbst aus diesem Lande stammte; und es kann keinem Zweifel unterliegen, dass dies Verhältniss genau ebenso auch in der Vorlage des Gedichtes dargestellt wurde.

Es bleiben nunmehr noch zwei auf die neue Einleitung bezügliche Fragen zu erörtern, einmal, wo dieselbe endet, sodann ob der Redactor einzelnes derselben aus seiner Vorlage entlehnt hat. Was den ersten Punkt betrifft, so umfasst die Einleitung offenbar alles, was sich auf die Expedition nach Constantinopel und auf die sich daran schliessenden Verhandlungen, endlich auf die Verheirathung der beiden Prinzessinnen bezieht. Zweifelhaft könnte es erscheinen, ob noch die Tirade 42 (v. 598—606) von dem Redactor herstammt oder bereits der Vorlage desselben angehört hat. Folgende Gründe sprechen dafür, dass die erstere der beiden Möglichkeiten die zutreffende ist. In v. 600 wird erzählt, dass der König nach Köln gezogen sei, während diese Stadt sonst niemals in unserem Gedichte als Wohnsitz desselben erscheint. In der folgenden Zeile entbietet Karl seine Baiern und Sachsen. Wir werden später constatiren, dass zwar die Baiern zu den Unterthanen des Königs gehören, nicht aber die Sachsen, wenigstens nicht in den älteren Theilen des Gedichtes, sodass also auch in diesem Punkte die Tirade einen jüngeren Ursprung verräth. Sodann wird in v. 605 unter Girarts Besitzungen auch die Auvergne aufgeführt, die ihm jedoch gar nicht gehört. Endlich erklärt Karl (v. 603), er werde dem Girart seinen gesammten Besitz wegnehmen, während er später in Wirklichkeit nur die Lehnshoheit über Rossillon von ihm verlangt. Da schliesslich auch so triviale Wendungen wie „der Graf hat ihm (sc. dem Könige) so sehr gedient, dass er sich nicht schämt" in den älteren Abschnitten unseres Epos nicht vorkommen, so wird man diese Tirade noch dem jüngeren Bearbeiter zuzuschreiben haben, während die eigentliche Handlung mit v. 607 einsetzt.

Die Frage, ob dieser Redactor bei der Abfassung seiner neuen Einleitung einzelnes aus seiner Vorlage entlehnt hat, glaube ich bejahend beantworten zu sollen. Zunächst ist es nicht zu bezweifeln, dass auch in der Vorlage Karl und Girart Schwäger waren, da sie ja auch nach der Vita mit einem Schwesternpaar verheirathet waren. Aber ich glaube auch, dass dort ebenso wie in der jetzigen Gestalt der Einleitung, Girart ursprünglich mit der jüngeren Schwester verlobt war und der Tausch erst durch den Wunsch des Königs herbeigeführt wurde. Dies ergiebt sich aus den Worten, die Bertha an ihren Gatten richtet, als es sich darum handelte, nach der Verbannung in die Heimath zurückzukehren. Zuerst geschieht dies in den Zeilen 7760—63:

> E si podez trobar l'enpereriz,
> A cui vos fustes ja amius pleviz,
> Ja non ert tan fel Carles, sos mariz,
> Ne vos i quere plai dunt ers gariz.

Hiernach war also die Elissent ursprünglich die Braut Girarts gewesen. Zwar sind diese Verse nicht ursprünglich, sondern von einem spätern Bearbeiter eingefügt, wie ich unten im neunten Kapitel nachweisen werde; aber dass sie trotzdem das wirkliche Verhältniss wiedergeben, wird durch weitere Umstände bewiesen.

Zunächst scheint es nicht zweifelhaft zu sein, dass die in Tirade 40 (v. 571—87) geschilderte Abschiedsscene zwischen Girart und der Königin aus der Vorlage entlehnt ist. Girart, heisst es dort, zog die Königin abseits unter einen Ebenholzbaum. Seine Frau und zwei Grafen, Bertolais und Gervais, wohnten dieser Scene bei. Girart fragte, ob die Königin ihm zürne, dass er in den Tausch gewilligt. Sie versichert das Gegentheil und ruft ihre Schwester sowie die beiden Grafen zu Zeugen dafür an, dass sie durch den Ring, den sie jetzt dem Girart überreiche, diesem für immer ihre Liebe schenke. Auch auf diese Episode findet sich in einer unzweifelhaft alten Stelle des Gedichtes eine deutliche Anspielung, nämlich in den Versen 7806—9. Dort übergiebt Bertha ihrem Gatten den von ihr treu gehüteten Ring mit den Worten:

> Baille li (sc. der Königin) ist anel, qu'en te dirai,
> Qu'ele [le] vos donet de cor verai
> A tot sa drüerie veient Gervai
> El gonfanon de France e Bertelai.

Wie sich die Vorlage der lateinischen Lebensbeschreibung in Bezug auf diese Frage verhalten hat, lässt sich nicht mit Sicherheit entscheiden. Es liegt jedoch kein Grund vor, anzunehmen, dass sich dieselbe in diesem Punkte von unserer Version und deren älterer Gestalt unterschied, sodass also auch dort Girart ursprünglich wohl mit der jüngeren Schwester verlobt gewesen ist. Zwar erwähnt die Vita nichts von einem derartigen Tausch; aber darum könnte doch in deren Vorlage von einem solchen die Rede gewesen sein, da die Vita bekanntlich im Anfange sehr kurz berichtet, ausserdem der in Rede stehende Umstand für den Zweck, den der lateinische Biograph verfolgte, keinerlei Bedeutung hatte. Thatsache ist jedoch, dass auch er die Bertha, Girarts Gattin, ausdrücklich als die ältere der beiden Schwestern bezeichnet, gerade so wie sie dies in unserer Einleitung und in deren Vorlage ist.

Aber es scheint, dass die oben angeführte Stelle des jetzigen Eingangs unseres Epos nicht die einzige ist, die aus der älteren Fassung herübergenommen worden, es ist vielmehr wahrscheinlich, dass noch andere der auf die Doppelhochzeit bezüglichen Theile der Einleitung denselben Ursprung haben; doch lässt sich dies nicht mit derselben Sicherheit beweisen, wie bei der soeben besprochenen Stelle, da in dem eigentlichen Epos andre Anspielungen als die eben angeführte nicht vorhanden sind. Dennoch erlaube ich mir, diejenigen Abschnitte zu nennen, bei denen ich aus inneren Gründen eine Entlehnung aus der Vorlage für wahrscheinlich halte. In

erster Linie gehören dahin die Verse 335—346 in Tirade 26.
Die Situation ist folgende. Boten kommen zum Könige, um ihm
den Abschluss des Verlöbnisses in Constantinopel anzuzeigen. Daran
schliessen sich jene Zeilen:

> Carles trat les messages un pau campor;
> „Dijaz me, cau tenez a la gensor;
> Si m'en dijaz mençoigne qu'eu n'ai autor,
> Eu vos ferie aver de mort pavor". —
> „Don, l'ai[n]snade an jurade tei a seinor,
> E dient ço tei conte e tei contor
> Qu' anc n'aviant vëude nule gensor;
> Pois derent a Girart l'autre menor,
> E se ceste a beltat, celc major;
> Nen est nus om tan fel ne plains d'iror,
> S'il la garde danant, non ait douçor". —
> „Eu chausirai, dis Carles, de la meillor."

Diese Verse, die sich vortheilhaft von den unserem Redactor zuzuschreibenden Abschnitten des Gedichtes abheben, können sehr wohl
aus dem älteren Epos stammen, da dieselben keinerlei Anspielung
auf den griechischen Ursprung der Schwestern enthalten, und da,
wie wir gesehen, ja auch in der älteren Gestalt, Bertha ursprünglich
mit Karl, dagegen deren Schwester mit Girart verlobt gewesen
war. Hält man jene Verse für alt, so würde aus ihnen folgen,
dass auch in der früheren Version des Gedichtes die Verhandlungen über die Verlobung des Königs durch Girart geführt wurden,
und dass ersterer die Dame, um die er sich bewarb, nicht von An-
gesicht kannte. Es würde sich demnach für das Verfahren des
Bearbeiters das sehr natürliche Verhältniss ergeben, dass er in der
alten Einleitung an Stelle des französischen Fürsten als Vater der
beiden Schwestern aus Gründen, die wir später kennen lernen
werden, den Kaiser von Constantinopel einsetzte, im Übrigen aber,
abgesehen von den dadurch bedingten Änderungen, möglichst die
durch die Vorlage ihm gelieferten Verhältnisse beibehielt oder wenigstens seinen Zwecken anpasste. Wenn man sich für diese Annahme entscheidet, die dem sonstigen Verhalten unseres Bearbeiters
durchaus entspricht, so wird man auch in den weiteren Verhandlungen alle diejenigen Stellen für entlehnt halten, die keine Beziehung auf die Expedition nach Canstantinopel enthalten und die
auch in formeller Beziehung die Vermuthung höheren Alters für
sich haben.

Von diesem Standpunkte aus scheint auch die folgende Tirade
27 zum allergrössten Theil ursprünglich zu sein. Sie schliesst sich
unmittelbar an v. 346 an. Nach jenen Worten (v. 348—50) erfasste
den König eine heftige Begierde zu der jüngeren Schwester. Er rief sein

Gefolge und brach sofort von Paris auf. Die beiden nächsten Verse
(v. 351—52):

> Fu passaz autrasain per Mon-Senis,
> A Bonevent trobet la cort que quis

können natürlich in dieser Form nicht der Vorlage angehört haben,
abgesehen davon, dass „autrasain" nicht verständlich ist; die Reise
von Paris bis Benevent wird hier auch gar zu kurz abgethan.
Wenn wir nun v. 351 ganz unserem Bearbeiter zuschreiben, so
könnte v. 352 alt sein, nur würde der Name Benevent an Stelle
des Namens einer französischen Stadt eingesetzt worden sein, in welcher
der König seine Gesandtschaft traf. Unter den folgenden Zeilen
möchte ich v. 354 und 355 für jünger halten; erstens weil ein
Fremdwort und zwar ein kirchliches „crucefis" vorkommt, sodann
weil die Wendung „intret el moster" eine fast wörtliche Wiederholung des in v. 356 gebrauchten Ausdruckes „es intraz el clostre"
enthält, endlich weil die Notiz, dass der König zuerst in der Kirche
ein Gebet verrichtete, auf geistlichen Ursprung deutet, da ein derartiger Schritt von Seiten eines Mannes, der seine Ungeduld, die
Prinzessinnen zu sehen, gar nicht zügeln konnte, sehr unnatürlich
ist. Höchst wahrscheinlich sind auch die beiden Verse 353 und 356
zu den beiden eben besprochenen hinzuzurechnen. In dem ersteren
versteht man nicht, welche Stufen der König hinunterschreitet, im
zweiten, der wiederum Ausdrücke wie „clostre" und „parevis"
enthält, nicht, von welchem Kloster die Rede ist. Beide sind
ausserdem ebenso wie v. 354—55 völlig überflüssig, da v. 357
sich inhaltlich unmittelbar an v. 352 anschliesst. Die nun folgenden
Verse 357—65 sind völlig unverdächtig:

> Einz nel sorent les donnes, trosc' on lor dis:
> „Doncele, ves lo rei o cel fier vis".
> Na Berte, quant [lo] veit, s'espaveris,
> E l'autre drece en piez e rovezis
> E clinet li pergunt, e el la pris
> E baiset l'une ves, laz sei l'asis;
> Ainz mais non vit beltat, ne li gechis,
> O trobes auchason o l'escharnis;
> Mais aiche[le] vaut tant que de cuer ris.

Und genau so verhält es sich mit dem Reste der Strophe.
Der Abt von Saint-Denis macht den König auf seinen Irrthum aufmerksam, worauf dieser ihm barsch zu verstehen giebt, dass, wenn
das erste Mal Girart die Rollen vertheilt habe, jetzt ihm, dem Könige,
die Wahl zustehe. Dieser Abt würde hiernach auch in dem älteren
Epos Mitglied der Werbungsgesandtschaft gewesen sein. Es ist
ein Zeichen der Ungeschicklichkeit unseres Bearbeiters, dass er

diesem Abt, der bei den nun folgenden Verhandlungen eine gewisse Rolle spielt, in dem ganzen Verlauf der Reise nach Constantinopel nicht ein einziges Mal erwähnt, obwohl er dort neben dem Papste auch andere Geistliche hervortreten lässt.

In der nächsten Tirade heisst es, Girart, der Papst und die Barone seien während der unerwarteten Ankunft des Königs gerade auf dem Felde gewesen, seien aber, als sie die Nachricht erhalten, gleich umgekehrt und hätten den König begrüsst, worauf der Abt von Saint-Denis sie von dem Entschluss des Königs in Kenntniss gesetzt habe. Hierin kann die Rolle des Papstes nicht ursprünglich sein, sondern in Girarts Begleitung muss eine andre Persönlichkeit gewesen sein, und zwar dieselbe, die später zwischen Karl und Girart zu vermitteln sucht und auch wirklich die Versöhnung zu Stande bringt. Wem fiel aber in dem alten Epos diejenige Rolle zu, welche der Bearbeiter auf den Papst übertragen hat? Ich glaube, dass dies niemand anders als Draugo, Girarts Vater, gewesen ist, d. h. dass in der Vorlage die Verse 372—73 so gelautet haben:

> Girarz e li vielz Draugo e li baron
> Son eisit paraular fors a cambon.

Ich schliesse dies aus folgendem. Die Verse 377—78 heissen in der vorliegenden Gestalt:

> Li reis baiset Girart, lo fil Draugon,
> L'apostoile, non mais fors don Gaçon.

Hieran ist zunächst die unerträglich schleppende Wendung „non mais fors don Gaçon" auffällig, die Paul Meyer sich genöthigt sieht, durch „et [parmi les barons] le seul don Gace" zu übersetzen. Aber woher kommt plötzlich dieser don Gace, von dem im ganzen bisherigen Verlaufe der Erzählung noch nicht die Rede gewesen ist, und der, da er zu den näheren Rathgebern des Königs gehörte, sicher in Karls und nicht in Girarts Begleitung gewesen sein würde? Auffällig ist ferner, dass in v. 377 Girart ganz unmotivirt „der Sohn des Draugo" zubenannt wird; und dieses scheinbare Flickwort leitet auf die richtige Spur. An Stelle der beiden jetzigen Verse 377—78 fand sich ursprünglich sicher nur einer, und dieser lautete wohl:

> Li reis baiset Girart el viel Draugon.

Es war durchaus natürlich, dass der König den Vater ebenso wie den Sohn küsste. Aber der Bearbeiter, der die Geistlichen ja so offenkundig bevorzugt, wollte auch dem Papste diese Ehre zukommen lassen und zugleich ihm die Rolle des Vermittlers übertragen, gerade so wie wir dies auch bei einer späteren Gelegenheit wieder finden werden. Sehr einfach war dieser Zweck in v. 372 zu

erreichen, indem nämlich für „li vielz Drauge" [1]) einfach „l'apostoiles",
das der Silbenzahl nach passte, eingesetzt wurde. Etwas schwieriger
war die Sache in v. 377, wo die einfache Vertauschung des Reimes
wegen nicht zulässig war. So machte er denn in der dargelegten
Weise aus einem Verse deren zwei, die jedoch den Stempel des
Stümperhaften deutlich an sich tragen. — Der Vers 376 ist stilistisch
schwach, inhaltlich etwas unverständlich, da man nicht begreift,
weshalb die Barone, als sie auf die Nachricht von Karls Ankunft
herbeigeeilt waren, „langsamen Schrittes" in das Haus eintraten.
Da der Vers völlig entbehrlich ist, so halte ich ihn für ein Erzeugniss des Bearbeiters. — Genau so verhält es sich mit den
beiden Zeilen 380—81. In v. 379 war berichtet, dass der Abt
von Saint-Denis die Rede begann, und in v. 382 sq. wird diese
Rede angeführt. Die dazwischen geschobenen beiden Zeilen:

> Faiz apelar lo bi[s]be qu'es de Seison,
> Qui auÿ la paraule e contet lon

unterbrechen demnach den Faden der Erzählung, ziehen überflüssiger
Weise noch einen neuen Geistlichen in die Handlung hinein, der
obenein nur an dieser einen Stelle unseres Epos vorkommt, und sind
ausserdem nicht einmal recht klar, mindestens in der Form ungeschickt.

Demnach sprach der Abt von Saint-Denis die Worte (v. 382
bis 383):

> Seiner, Carles nos quert fole auchaison,
> Qui la muiller Girart quert c'on li don.

Gerichtet waren dieselben ursprünglich nicht an Girart, da er
sonst „vostre muiller" gesagt haben würde, sondern an dessen Vater
und Begleiter Draugo. Zwischen diesem und dem Könige entwickelte
sich nun ein Zwiegespräch. Dies beginnt mit v. 384:

> „Faiz o, seiner?". — „E[u] o", Carles respon,

und setzt sich dann in der nächsten Tirade fort, denn die Verse
385—390 stammen von dem Redactor her. Dieselben enthalten
im Wesentlichen eine Wiederholung, genauer eine Vorwegnahme,
des Inhaltes der folgenden Strophe: der Papst sucht den Karl von
seinem Vorsatze abzubringen. Während er aber in v. 391 ihn
einfach bittet, von seinem Vorhaben abzustehen, schwört er ihm in
v. 385—87 bei Jesu im Himmel, dass er bei diesem Tausche nicht
den Werth eines Knopfes an Verstand, Schönheit oder Gestalt ge-
winnen werde, eine Wendung, die nicht gerade von viel Geschmack

---

[1]) Draugo führt mehrfach das Attribut „alt", so erscheint der Accusativ „le viel Draugon" v. 2529, der Nominativ „Drauge li vielz" v. 2547.

zeugt. Die darauf folgenden Worte „Mais vai, pren ta muiller"
sind fast wörtlich gleich der ersten Hälfte des Verses 394 „Mais
vai, pren la muillier." Die beiden letzten Zeilen endlich entsprechen
inhaltlich den Schlussversen der folgenden Strophe.

Die Tirade 29 beginnt mit den Worten (v. 391):

> L'apostoiles li prege que mais nel die,

in denen also nach den oben gegebenen Darlegungen statt des
Papstes wiederum „Li vielz Drauge" einzusetzen ist. Daran schloss
sich ursprünglich sogleich v. 393:

> Lai jurerent tal cent, c'uns ne l'antrie,

während der Bearbeiter davor eine Zeile einschob, in welcher erzählt
wird, dass jener Eid vor der heiligen Sophienkirche geleistet worden
sei. Im Übrigen ist gegen Draugos Rede (v. 394—95) nichts
einzuwenden; ebensowenig gegen Karls Entgegnung (v. 396—98),
Girart möge doch seine, des Königs, Braut nehmen, er wolle ihm
dann alle die für ihn, Karl, bestimmten Geschenke obenein überlassen.
In den auf Girart bezüglichen Worten ist v. 401 als später eingefügt zu betrachten, welcher entsprechend der clericalen Tendenz
des Bearbeiters berichtet, dass nur die Achtung (li sanz?) vor
der Geistlichkeit ihn abgehalten habe, nämlich davon, in seinem
Zorn den König herauszufordern. Der jüngere Ursprung dieses
Satzes ergiebt sich schon formell aus der Thatsache, dass er nicht
in die Construction passt. Der in v. 400 ausgesprochene Satz:

> Per pau li cons le roi ne desafie

schliesst den Gedanken ab, während der Bedingungssatz in v. 401
„se nel tengues etc." dort einen Conjunctiv Plusq. erwarten liesse,
um das hypothetische Satzgefüge vollständig zu machen. Der
Schluss (v. 402—3) ist durchaus angemessen: die Verhandlungen
währten den ganzen Tag, ohne zu einem befriedigenden Resultat
zu führen.

Auch Tirade 30 wird im Wesentlichen alt sein. Bertha hört,
dass der König sie verschmäht, und weint unter einer Olive
(v. 404—407). Späterer Zusatz dagegen ist selbstverständlich
(v. 408—409), dass ihre griechische Lehrerin ihr zu Füssen sass,
die sehr weise war und noch besser lesen konnte. Einwandsfrei
sind wiederum v. 410 und 413:

> La doncele se claime sovent caitive,
> M[i]el vougre lai morir que çai fu[st] vive,

wo lai und çai in derselben Weise und mit derselben Bedeutung
gegenüber gestellt werden, wie in v. 370:

> Se Girarz lai partit, eu çai causis.

Auch in v. 393 wird mit „lai" die Heimath der beiden Prinzessinen bezeichnet. Zwischen jenen beiden Versen befinden sich aber zwei andre, welche lauten (v. 411—12):

> Maldite seit de Deu la (Hs. ca) mars undive
> E li porz e la naus qui[m] mes a rive.

Diese Worte sollen offenbar dem Mädchen in den Mund gelegt werden, die das wellige Meer (undivus = undosus), den Hafen und das Schiff verflucht, das sie hierher gebracht hat. Dies ist eine offenbare Anspielung auf die Seereise von Griechenland nach Italien, die also von dem Redactor herrühren muss; dies zeigt sich auch äusserlich darin, dass in dem sich daranschliessenden ursprünglichen Verse 413 nicht directe sondern indirecte Redeweise verwandt ist.

Tirade 31 ist ebenfalls zum allergrössten Theile der älteren Redaction entnommen. Die Nacht ging so mit Sorgen hin, bis der Morgen kam (v. 414—415). Vers 416 lautet jetzt:

> L'apostoiles les mande a parlement.

Auch hier könnte man sich wieder mit der einfachen Einsetzung von „li vielz Drauge" helfen. Es würde dann aber der zweite Mangel, den die jetzige Version darbietet, bleiben, nämlich der Ausdruck „les" müsste sich auf beide Parteien beziehen, das heisst auch die nun folgende Verhandlung hätte zwischen Karl und Girart resp. deren Anhängern stattgefunden. In Wirklichkeit aber folgt eine Besprechung der zu Girarts Partei gehörigen Personen, und dies muss demnach in der ältern Version auch ausgesprochen gewesen sein. Dort lautete also der Vers 416 vielleicht:

> Drauge mandet les siens a parlement,

denn Draugo führt sein Epitheton keineswegs stehend, und dasselbe kann hier entbehrt werden, da kurz vorher wiederholt von ihm die Rede gewesen ist. Selbstverständlich ist der Vers 417:

> Dedinz le monester de Bonivent

jüngeren Ursprungs, denn er soll zur Stütze der in v. 352 vorgenommenen Änderung dienen, wonach diese ganze Scene sich in Benevent abspielte. Draugo also beruft die Seinen zu einer Berathung zusammen; er übernimmt auch als ältestes Familienmitglied den Vorsitz, lässt aber den Girart neben sich Platz nehmen (v. 418) und ergreift das Wort. Zunächst spricht er sein Bedauern darüber aus, dass der König sich erst eine Frau habe kommen lassen und sie nun nicht nehmen wolle (v. 419—23). Aber, fügt er hinzu, eine grosse Thorheit würde es sein, wenn man die Prinzessin jetzt einfach heimsenden wollte, da sie an Benehmen, an Bildung und Schönheit nicht ihres Gleichen habe (v. 424—25 und 427—30),

ausserdem aber dadurch der von den hundert Gesandten beschworene
Vertrag gebrochen werden würde (v. 426). Hierauf erklärt er
feierlich, er persönlich gebe der Bertha vor ihrer Schwester den
Vorzug und fordert seinen Sohn auf, diese zu heirathen und alle
Geschenke mit in den Kauf zu nehmen; ja Karl habe ihm sogar
in Aussicht gestellt, dass er eventuell Land und Lehen zu opfern
bereit sei (v. 431—437). Dies alles kann genau so auch in der
Vorlage gestanden haben.

Möglicher Weise hat nur die Anrede in der älteren Gestalt
des Gedichtes anders gelautet. Der Papst sagt zu Girart „don“
v. 419 und „cons“ v. 433, während es natürlicher ist, anzunehmen,
dass Draugo seinen Sohn mit „filz“ anredet, was auch ohne weiteres
eingesetzt werden könnte. Nun sprechen auch die andern Angehörigen Girarts ihre Ansicht aus, und zwar rathen sie ihm, er
möge Geld und Geldeswerth ablehnen, da dies ihm Unehre einbringen
würde; dagegen möge er fordern, dass der König ihn ganz aus dem
Lehnsverhältnisse entlasse, er also nicht mehr dessen Mann sei (v. 438
bis 442). Der letzte Vers ist wiederum jünger, denn der Bearbeiter
hatte den Wunsch, die Verhandlungen noch etwas fortzuspinnen,
zugleich aber auch den, bei der Überredung Girarts dem Papste
eine grössere und einflussreichere Rolle zu übertragen. Zu diesem
Zwecke schob er zunächst den genannten Vers an (443), nach
welchem Girart über den Vorschlag seiner Verwandten zornig wurde.
Die nächste Tirade enthält dann eine Fortsetzung des Zwiegespräches
zwischen Girart und dem Papste, das aber sachlich nichts neues
zu Tage fördert. Der Papst, welcher hier mit dem Fremdwort
„sapïens“ näher bezeichnet wird, fordert den Girart auf, die Elissent
um seinet-, des Papstes, oder um deren Vaters willen, der sich
gegen ihn so freundlich gezeigt, zu nehmen (v. 444—449). Hierin
ist der Ausdruck „fai ou per me“ eine wörtliche Wiederholung der
in v. 454 verwandten Worte, während die Beziehung auf den
Kaiser den Ursprung des Zusatzes verräth. Auf die Einwendung
Girarts, dass dieser Schritt ihm Schande machen könnte, versichert
jener, dass derselbe ihm selbst Ehre und allen andern Rettung bringen
werde (v. 450—53). Im ersten Verse der folgenden Strophe (v. 454):

Girarz, dist l'apostoiles, fai ou per mei

muss wiederum statt „l'apostoiles“ Girarts Vater also „li siens
paire“ oder, wie oben, „li vielz Drauge“ eingesetzt werden. Der
Graf entgegnet: zwar verschmähe er es, sich für den König zu opfern,
aber da er sehe, dass alle ihm das Gleiche riethen, so könne er
nicht umhin, nachzugeben; er werde die Bertha daher lieber selbst
nehmen als wegschicken (v. 455—59). Die folgenden Zeilen tragen,

Girart von Rossillon.   5

mit Ausnahme der beiden Verse 461—62, ein durchaus alterthüm-
liches Gepräge (v. 460 sq.):

> Girarz trait Elisant en un rechei,
> „Cui volez melz, donzele, mei o cest rei?“ —
> „Se Deus m'ajut, charz seigne[r], eu am plus tei!“ —
> „Se m'agu[e]ssez orguel dit ne desrei,
> Ja mais ne vos tengest dejoste sei.
> Er le prendez, donzele, eu t'ou autrei,
> Eu prendrai ta seror per amor tei.“

Die beiden genannten Verse 461—62 erzählen, dass, als er
die Elissent bei Seite geführt, er den Abt von Sanct-Remigius und
den Grafen Auchier mitgenommen habe. Dies ist an sich schon
sehr unwahrscheinlich, da es dem Begriff „en rechei“ widerspricht.
Dazu kommt, dass jener Abt eine Erfindung unseres Bearbeiters
ist, da er nur hier und in v. 265 bei Gelegenheit der Verhandlungen in Constantinopel auftritt. Auchier ist zwar einer der dem
Epos bekannten Barone, aber beide Verse sind doch unzweifelhaft
späterer Zusatz. In Tirade 34 wendet sich Girart zu seinen Baronen
und erklärt, es werde ihm schwer, in diesen Vertrag einzuwilligen;
er wolle es jedoch thun, wenn er erstens Sicherheit dafür erhalte,
dass man ihm seine Nachgiebigkeit nie als erniedrigend vorwerfe,
sodann, wenn sein Besitz ihm und seinen Nachkommen als Allodium
zugesprochen werde (v. 469—74). Diese Bedingungen wurden dem
Könige übermittelt, und dieser erklärt, dieselben annehmen zu wollen,
obwohl sie sehr nachtheilig für ihn seien (v. 476—77).

Während diese Tirade also ganz unverändert herübergenommen
worden ist, gehören die Verse 478—90 wiederum dem Bearbeiter an.
Sie erzählen mit grösserer Breite und einigen Zuthaten den Inhalt
von v. 475—77 noch einmal; das neu hinzugetretene Moment klingt
ziemlich unwahrscheinlich; es besteht darin, dass Girart beim Anblick
des Mädchens Reue zu empfinden schien (v. 478—81), und dass
daher sowohl der Erzbischof von Reims als auch der Papst dem
Könige dringend riethen, auf die Vorschläge Girarts möglichst
schnell einzugehen (v. 482—89), was Karl denn auch that (v. 490).

In v. 489 tritt uns zum ersten Male die Bezeichnung „Herzog“
für Girart entgegen, die, wie schon angedeutet, eine Neuerung unseres Bearbeiters ist. Dieselbe erscheint nur in den von diesem
herstammenden Theilen des Gedichtes, z. B. v. 187, 224, 9056,
9142, 9173, 9191, 9268, 9296, 9363, 9369, 9476, 9594, 9638,
9640, 7537, 8622, 8668 u. a., während die älteren Theile stets
den Titel „Graf“ brauchen, eine Bezeichnung, die übrigens auch
der Bearbeiter zuweilen anwendet.

Die Verse 491—504 sind wieder alt, denn sie enthalten die
Ausführung der vorher beschlossenen Massregeln, nur muss in der

Vorlage in v. 491 „conte" statt „duc" gestanden haben; die Änderung ist durch das unmittelbar vorher (v. 489) gebrauchte „duc" veranlasst. Der König begiebt sich mit seinem ganzen Gefolge zu Girart (v. 491—92). Dort wird zunächst feierlich beschworen, dass dieses Abkommen dem Grafen nie zur Schande gereichen und ihm nie vom Könige vorgehalten werden solle (v. 493—96). Sodann wurde Girart aus dem Lehnsverhältniss entlassen, und sein früheres Lehn ihm ganz als Allodium zugesprochen (v. 497—98), nur macht Karl (v. 500—2) die eine Klausel, dass ihm, dem Könige, das Jagdrecht auf Rossillon, das seine Vorfahren stets besessen, auch fernerhin bewahrt bleibe:

> „Le bois de Rossil[l]on, erbage e praz,
> Aichi cache [en] ribere mos parentaz;
> Por aiço vuel, don cons, que me laissaz."

eine Klausel, mit der Girart dann in v. 503 sich einverstanden erklärt. In v. 504 macht der Dichter darauf aufmerksam, dass gerade diese Klausel später für Girart verhängnissvoll werden sollte.

Dass das aus diesen Worten zu erschliessende Verhältniss zwischen Karl und Girart schon in dem alten Gedichte vorgelegen hat, geht daraus hervor, dass mehrere unzweifelhaft ursprüngliche Stellen des uns erhaltenen Epos sich auf dasselbe beziehen und es bestätigen. So erklärt Karl in Betreff des Lehnsverhältnisses in v. 614:

> Girarz non est mos om ne ne tient fei

und gleich darauf v. 616—17 in Betreff seines Jagdrechtes:

> Jrai a Rossil[l]on prendre que dei;
> Cache, bois e ribere e mon conrei.

Als der König den Girart auffordern lässt, ihm Rossillon auszuliefern, weigert sich letzterer, Folge zu leisten, indem er erklärt:

> Car eu tien en aleu tot mon ducat, v. 766.

Das auf Rossillon ruhende Servitut wird besonders deutlich von Folco anerkannt, als er in Girarts Auftrage dem Karl gegenüber das ganze Verhältniss mit folgenden Worten darlegt und die Richtigkeit seiner Angabe mit dem Schwerte in der Hand zu beweisen sich bereit erklärt (v. 1962 sq.):

> Aleus est Rossillons, ço vos autreich,
> Mais d'outre Seine l'aige per le rabeich
> En la forest del pui de Mont-Argeich
> Avez un meis en l'an chace e arceich:
> Catorce jors per caut, quince per freich;
> Li catorce Girart font le conreich
> E l'aduicent per Seine tot a naveich.

Aus diesen Stellen geht hervor, dass nach der Auffassung des älteren Epos Girart sein Land als Allodium besass, also nicht Lehnsmann Karls war, dass letzterer jedoch das Jagdrecht in Rossillon beibehalten hatte. Paul Meyer behauptet, wie wir oben (S. 56) gesehen haben, dass in Bezug auf das Abhängigkeitsverhältniss zwischen Karl und Girart das Epos eine andere Auffassung habe als die Einleitung, und führt diesen Umstand mit als Grund für die Ansicht an, dass die Einleitung einen andern Verfasser haben müsse als das eigentliche Epos. Jener Grund ist aber, wie sich gezeigt hat, nicht stichhaltig, denn alle die von ihm auf Seite XXXIX und XL angegebenen Stellen, in denen der König als Lehnsherr und Girart als sein Vasall hingestellt ist, werden wir als jüngere Zuthaten kennen lernen, denen also keine Beweiskraft inne wohnt.

Der Rest der Strophe 36 (v. 505—21) wird von der Schilderung der Heirath Girarts mit Bertha ausgefüllt und erregt keinerlei Zweifel in Betreff der Echtheit. Nur muss in dem ersten Verse wiederum der Papst eliminirt und durch den alten Draugo ersetzt werden, der demnach, seinem Alter und seinem Verhältniss zu Girart entsprechend, die vermittelnde und versöhnende Thätigkeit mit so schönem Erfolge ausübt. Er, der verständige, räth also seinem Sohne (in v. 505 und v. 510 könnte statt „cons" ebenso gut „filz" gestanden haben), den Entschluss gleich zur That werden zu lassen und seine Braut zu ehelichen; er spricht die Zuversicht aus, dass dieser Schritt ihm zur Freude und zum Segen gereichen werde, da die Dame mit Begabung wie mit Schönheit so reich ausgestattet sei, dass auch der Vornehmste durch die Vereinigung mit ihr geehrt werden müsste (v. 506—510). Der Sohn zeigt sich auch jetzt wieder dem Vater willfährig (v. 511), und zwei Barone führen die Prinzessin an der Hand herbei (v. 512). Sie aber, die eben noch Verschmähte und fast Verzweifelnde, wird von der unverhofften Wendung ihres Schicksals so ergriffen, dass sie in Gegenwart der gesammten Ritterschaft sich demüthig dem Wiederhersteller ihrer Ehre zu Füssen wirft (v. 513—15):

> E fu tot environ granz li barnaz;
> Ele li chait as pez desobre un graz (st. grat),
> Baset lo corduan dun fu cauchaz.

Der Graf hebt sie tiefgerührt auf und schliesst sie in seine Arme (v. 516), und nun fügt der Dichter die einfachen und doch so inhaltreichen Worte hinzu (v. 517):

> Aichi li estaint l'ire qu'el cor li jaz.

Ja derselbe hebt gleich darauf in noch nachdrücklicherer Weise die segensreiche Wirkung dieses Schrittes hervor (v. 518—19):

> Lai la prent a muller li cons palaz,
> E pois n'ot bon servise e gent solaz.

Dagegen halte ich die beiden sich daranschliessenden Zeilen (520—21):

> Pois fu en li tan granz l'umilitaz,
> Qu' anc ne s'i mes orguelz ne mauvaistaz

für eine Zuthat des Bearbeiters, erstens aus formellen Gründen wegen des Fremdwortes „umilitat" und wegen der Anknüpfung mit „pois", die nach dem vorangehenden „e pois" sehr ungeschickt ist, zweitens weil der Inhalt des Gedankens auf unsern Redactor hinweist, da er die Vorzüge Berthas (oder Girarts?) auf das religiöse Gebiet verlegt. Namentlich ist die Hervorhebung des Stolzes, resp. des Freiseins von demselben, charakteristisch, da, wie wir an zahlreichen Beispielen erkennen werden, diese Eigenschaft in den Augen des Überarbeiters das schlimmste Laster ist; man vergleiche z. B. v. 9291, 9306, 9337—39, 9419—20, 9433, 7263, 7384, die wir als Eigenthum unseres Bearbeiters erkennen werden, und in denen ebenfalls dem „orgueil" mehrfach die „umilitat" gegenübergestellt wird.

Die Tirade 37 enthält eine Art Nachspiel zu der eben geschilderten Scene, das aber als eine durchaus natürliche Folge desselben erscheint. Karl bemerkt, es habe ja nun den Anschein, dass über den Tausch allgemeine Zufriedenheit herrsche (v. 523—24). Girart aber erklärt[1]), er müsse noch einen Punkt hervorheben. Der König habe sich als so unbeständig erwiesen, dass man ihm nicht völlig trauen könne (v. 527). Er, Girart, behalte sich daher die Befugniss vor, falls Karl einmal der Königin Unrecht thun sollte, dieser mit seiner ganzen Macht beizustehen (v. 528—29). Da der ganze Hof ihm dieses Recht einräumt, so sieht sich auch Karl genöthigt, seine Einwilligung zu geben (v. 530—31).

Jünger scheint mir in dieser Tirade nur der Vers 525 zu sein:

> Non cuidaz de Girart qu'en fol plaideit;

derselbe ist völlig überflüssig, v. 523—24 enthalten eine Rede Karls, v. 526 beginnt: „Seiner, ço dist li cons", und dann folgt die Entgegnung Girarts. Dazu kommt aber, dass in v. 525 der Dichter das Wort ergreift, was nur in jüngeren Bestandtheilen des Epos geschieht. Ja ich werde unten nachweisen, dass folgende Stellen, in denen dieselbe Wendung wie hier gebraucht ist, ebenfalls von dem in Rede stehenden Verfasser stammen, nämlich:

> E non cuidaz d'is[t] conte ke gaire tarz, v. 4884;
> Non quidaz de Folcon qu'il se refreine, v. 6153;
> Ja no quit d'ist orguel que bens li preine, v. 6151 u. a.

---

[1]) in v. 526 ist „seinor" statt „seiner" zu lesen; Girart redet die Versammlung, nicht den König an, denn er spricht in v. 527 von letzterem in der dritten Person.

Aber bei einem so engherzigen, kleinlich denkenden und doch innerlich hochmüthigen Charakter, wie das Epos dem Könige beilegt, war es nur zu natürlich, dass letzterer dies Versprechen nur widerwillig gab. Der Dichter drückt dies anschaulich dadurch aus, dass er den Karl heimlich erklären lässt, Girart habe ihn bei diesen Verhandlungen zu eng eingeschnürt, er werde es ihm jedoch bei passender Gelegenheit heimzahlen (v. 532—34). Auch dieser Theil der Tirade ist, wie schon gesagt, alt.

Die Tirade 37 hat durch den Bearbeiter eine wesentlich andre Gestalt erhalten, als sie früher hatte. Ihr Hauptzweck war, über die Verheirathung auch der andern Schwester zu berichten. Angeknüpft wird dieser Bericht an die Hochzeit Girarts, und hinzugefügt, dass je länger er seine Gattin besass, er sie um so mehr liebgewann, da sie, wie keine andre, klug und verständig und in jedem schätzenswerthen Wissen unterrichtet und ausgerüstet war (v. 535—39). Die Trauung des Königs mit Elissent wird nun in folgender Weise erzählt (v. 540—43):

E li reis vient a Rome que l'est donade,
E fu a son talent asegurade,
Fu coronaz e ele [fu] coronade,
Enointe e benoite e prinseignade.

Wenn man diese Stelle genau ansieht, so erkennt man, dass in Wirklichkeit kein Wort von der Trauung darin steht; in den beiden ersten Zeilen ist nur von Rom die Rede, in den beiden letzten nur von der Krönung des Paares. Die Hineinziehung von Rom geht natürlich von demselben Verfasser aus, der den Papst in das Epos eingeführt hat, und ebenso verhält es sich vermuthlich mit der Krönung, womit doch wohl die zum römischen Kaiser gemeint zu sein scheint, ein Motiv, das wie wir sehen werden, derselbe Verfasser später noch ein Mal benutzt hat (v. 9060—61), das dagegen dem älteren Epos durchaus fremd war. Dennoch kann nicht die ganze Stelle jüngeren Ursprunges sein, wenigstens muss an dieser Stelle sich von Anfang an der Bericht von Karls Verheirathung befunden haben, da gleich darauf (v. 554) schon von der „Königin“ gesprochen wird. Es scheint auch, dass v. 540 durch eine leichte Veränderung sinnentsprechend wieder hergestellt werden kann, denn wenn man liest:

E li reis prent la dame que l'est donade,

so würde dies ganz dem Bericht über Girarts Vermählung in v. 518:

Lai la prent a muller li conz palaz

entsprechen. Die übrigen von den angeführten Versen sind dem Bearbeiter zuzuschreiben, einmal wegen der Beziehung auf Rom

und die Krönung, sodann wegen der dem kirchlichen Leben entlehnten Ausdrücke, endlich wegen der darin liegenden stilistischen
Ungeschicklichkeit, dass das in v. 543 berichtete Salben, Segnen und
Bekreuzigen nur von der Gemahlin, nicht aber auch von dem Könige
ausgesagt wird. Ausserdem müssen in dieser Tirade noch die Verse
544—53 auf Rechnung desselben Verfassers gesetzt werden, da sie
mit der von ihm erfundenen Expedition nach Rom und Constantinopel
zusammenhängen. Von dort (d. h. von Benevent) kehrt nämlich
der Hof nach Frankreich zurück (v. 544); Girart schickt Boten
voraus und lässt alles zum Empfange des Königs vorbereiten: Wild,
sowie Süss- und Salzwasserfische (v. 545—49); an der Saône lagert
das ganze königliche Heer in Zelten (v. 550—53). In dem nun
folgenden Verse (554):

De quei fu la rëine sor toz onrade

ist das „de quei" in der vorliegenden Fassung unverständlich, während es sehr gut an den oben zitirten Vers 540 passt, da die allgemeine der Elissent erwiesene Ehrenbezeugung ja die Folge ihrer
Verheirathung mit dem Könige war. Auch v. 555 ist wohl ursprünglich, da er inhaltlich mit v. 571 stimmt.

Die ganze Strophe 39 ist Eigenthum des Bearbeiters und verdankt ihre Entstehung dem Wunsche, den später ausbrechenden
Krieg noch deutlicher vorzubereiten, als dies in der Vorlage geschah. Im ersten Verse (556) wird die in v. 550 enthaltene Angabe wiederholt, dass Karl an der Saône lagerte. Hier fasste er
drei seiner Barone „beim Rock" (per la gone), um sich bei ihnen
über Girart zu beschweren (v. 556—57). Von diesen ist nur
Tibert von Valbeton dem älteren Epos bekannt; die beiden andern,
Isenbert und Brochart kommen nur in interpolirten Stellen vor. In
übertriebener Weise behauptet der König, dem Girart gehöre alles
Land vom Rhein bis nach Bajonne, sowie Spanien bis Barcelona
und Aragon (v. 558—62). Wir werden sehen, dass zwei andre
Stellen des Gedichtes, in welchen dem Girart als dem Lehnsherrn
seines Vaters ebenfalls die Herrschaft über das nordöstliche Spanien
zugesprochen wird (Tirade 102 und 137), auch von unserem Bearbeiter herrühren. Der König sei ein Narr, fährt Karl fort, der
ein solches Lehn aus den Händen gäbe, und derjenige sei anmassend,
der dies als Allodialbesitz von ihm verlange. Der Bearbeiter ruft
also mit diesen Worten die Fiction hervor, dass der König die
Forderung Girarts nicht bewilligt hat und dass er auch nicht
Willens ist, sie zu bewilligen. Er bringt sich dadurch zwar
in Widerspruch mit seinem eigenen, allerdings aus seiner Vorlage
herübergenommenen Bericht, aber es ist wichtig, dies hier genau
zu constatiren, da, wie wir sehen werden, derselbe Widerspruch

sich durch den ganzen ersten Theil des Epos in seiner jetzigen
Gestalt hindurchzieht. Der Bearbeiter hatte den Plan, den Streit,
ob Lehn oder Allodium, zur Ursache des Krieges zwischen Karl
und Girart zu machen, und so bereitete er dies Motiv schon hier
vor. Aber gerade als ob dieser eine Grund ihm nicht genügend
erschien, so legt er dem Könige noch ausserdem die beiden Zeilen
565—66 in den Mund:

> Lo reiame desfait e despersone,
> Eu non ai plus de lui fors la corone.

Hiernach hätte Girart sich nicht nur mehr Macht angemasst
als ihm zukam, sondern er hätte auch das Reich zu Grunde gerichtet
und entvölkert. Diese Beschuldigung ist jedoch unzweifelhaft eine
Erfindung unseres Bearbeiters, denn es findet sich in dem Gedichte
sonst nicht die geringste Angabe, die jenen schweren Vorwurf als
begründet erscheinen lassen könnte. Desselben Ursprunges ist demnach auch die Drohung, die Karl dem Girart gegenüber in v. 567
ausstösst:

> Mais eu l'i cuit mermar tro a Garone.

Die Antwort, die dem Tibert in den Mund gelegt wird, ist
die eines geschmeidigen, gewissenlosen Hofmannes. Er räth, einen
derartigen Plan nicht auszusprechen, jedenfalls aber so lange geheim
zu halten, bis sie Girarts Machtgebiet verlassen hätten (v. 568—70).

Dass die Tirade 40 im Allgemeinen alt ist, habe ich bereits
oben (S. 58) nachgewiesen, da eine Anspielung im Epos selbst die
dort geschilderte Abschiedsscene zwischen Girart und der Königin
als ursprünglich erweisen lässt. Dennoch scheint es, dass auch
hier wenigstens zwei Zeilen Eigenthum des Redactors sind, nämlich
v. 583 und v. 585. Die Königin hat beim Abschied den Girart,
dessen Gattin, sowie den Bertolais und Gervais bei Seite geführt und
ruft sie alle einzeln zu Zeugen dafür an, dass sie in Gestalt eines
Ringes dem Girart ihre Liebe gebe. Dazwischen sind nun die genannten beiden Zeilen eingefügt. Von diesen trägt v. 583:

> E en apres (sobre tot P) Jhesu lo redemptor,

in welchem also zu den obigen vier Personen noch Jesus, der Erlöser, als Zeuge hinzugefügt wird, ein theologisches Gepräge und
verräth auch durch das Fremdwort „redemptor", seinen jüngeren
Ursprung.

Ähnlich verhält es sich mit v. 585:

> E doins li de mon oscle l'aurie-flor.

Was zunächst das letzte Wort betrifft, so bedeutet „aurie-flor"
oder, wie P (v. 21) schreibt „auria-flor" die „goldene Rose", die der

Papst auch heute noch zuweilen an fürstliche Persönlichkeiten verleiht.[1]) Da also als Etymon, wie es scheint, auream florem anzu-
setzen ist, so haben wir es hier mit einer gelehrten Bildung zu
thun, wie ja auch der Begriff selbst der kirchlichen Sphäre angehört.
Dazu kommen aber andere Bedenken. Zunächst fällt schon das
zweifache Vorkommen von „doins“ auf; auch muss es befremden, dass
die Königin eine solche goldene Rose von ihrem Verlobten als
Morgengabe (oscle) erhalten und dann gleich wieder verschenkt
haben sollte. Ausserdem aber begreift man nicht, zu welchem
Zweck sie dem Girart diese Gabe hätte zukommen lassen, da sie
ihm als Zeichen ihrer Liebe ja schon einen Ring gegeben hat.
Dieser Ring wird denn auch im weiteren Verlaufe der Erzählung
wieder erwähnt, ja er spielt bekanntlich eine ziemlich bedeutende
Rolle; dagegen ist von dieser angeblich ebenfalls geschenkten Gold-
blume nachher nie wieder die Rede. Dazu kommt endlich, dass
v. 586 sich inhaltlich unmittelbar an v. 584 anschliesst:

> Que doin per ist anel au duc m'amor,
> Que plus l'aim ke mon paire ne mon seinor,

sodass also der dazwischen geschobene Vers den Zusammenhang stört,
also auch aus diesem Grunde als spätere Zuthat erscheinen muss.
Schliesslich ist noch zu bemerken, dass in v. 584 die Lesart
„au duc“ ebenfalls nicht ursprünglich zu sein scheint (cf. S. 66);
in der Vorlage könnte etwa „Girart“ gestanden haben.

Die folgende Strophe 41 (v. 588—97) hängt mit der Abschiedsscene aufs Engste zusammen und erregt in keiner Weise den Verdacht jüngeren Ursprunges. So dauerte, heisst es, alle Zeit die
Liebe zwischen beiden, ohne dass sie sich eine Schuld vorzuwerfen
hatten, denn es war nur wohlwollende Gesinnung und geheimes
Einverständniss (v. 588—90). Dennoch rief Karl durch seinen Neid
einen Krieg hervor, der vielen das Leben kostete (v. 591—97).

Auffällig ist, dass in den beiden zuletzt besprochenen Tiraden
Girart wieder zwei Mal „Herzog“ genannt wird, nämlich v. 584 und
593, eine Bezeichnung, die sonst nur in jüngeren Theilen des Epos
sich findet (cf. S. 66). Es ist aber sehr wohl möglich, dass auch hier
dieser Titel durch eine Änderung des Bearbeiters hineingekommen
ist, gerade so, wie wir es auch in v. 491 und 584 angenommen
haben. Es könnte beispielshalber an beiden Stellen „Girart“ statt
„au duc“ in der Vorlage sich gefunden haben.

Die Tirade 42 ist ebenfalls schon oben (S. 57) besprochen
worden; sie ist, wie wir gesehen, die letzte, die in der Einleitung

---

[1]) s. K. Hofmann, Zur Erklärung und Chronologie des Girart de
Rossilho. Roman. Forschungen I, 137.

von unserem Redactor herstammt, denn mit Tirade 43 beginnt das
eigentliche Epos.

Aus den obigen Darlegungen ergiebt sich die Thatsache, dass
im zweiten Theile der Einleitung, d. h. von v. 335 an, der Bearbeiter
fortlaufend seine Vorlage nicht nur benutzt, sondern geradezu seinem
Berichte zu Grunde gelegt hat. Er entlehnte so viel wie möglich
den Wortlaut des ihm vorliegenden Textes und, wo die von ihm
erfundenen stofflichen Änderungen oder Neuerungen dies nicht zuliessen,
da suchte er sich durch Einfügungen und Zusätze zu helfen, verstand sich aber nur im äussersten Nothfalle dazu, die aus der Vorlage entnommenen Stellen selbst umzugestalten, wobei er sich dann
auf die Änderung möglichst weniger Worte beschränkte.

Anders liegt die Sache im ersten Theile der Einleitung, in
dem er seiner Einbildungskraft freien Lauf gelassen und der daher
in viel höherem Masse das Gepräge seines Geistes trägt. Dennoch
scheint er auch hier wenigstens an einzelnen Stellen auf den Schultern
seines Vorgängers zu stehen. Zu diesen möchte ich zunächst die
Scene rechnen, in welcher die Verlobung der beiden Schwestern
verabredet und beschworen wird. Dieselbe beginnt mit v. 232;
folgende Zeilen könnten sehr wohl sich schon in der älteren Fassung
des Gedichtes befunden haben (v. 232—35):

> E Girarz ne lai vol mais sojornar;
> Comenchent lor afaire fort a coitar;
> E il lor fait ses filles fors amenar:
> Premerement Berta[i]n o le vis clar.

Der nächste Vers 236 ist in der Handschrift zum Theil verderbt; er lautet:

> O le gent cesier, au bel esgar,

wo statt „cesier“ ein andres und zwar dreisilbiges Wort, wahrscheinlich mit der Bedeutung, „Äusseres, Gestalt“ gestanden haben
muss (etwa: o le viaire gent). Da jedoch das Wort „gent“ in
v. 240 wiederkehrt, dort überhaupt ebenfalls die Vorzüge der Prinzessin aufgeführt werden, so ist es möglich, dass v. 236 ebenso wie
v. 237—39 jüngeren Ursprunges ist. Denn die drei zuletzt genannten Zeilen kennzeichnen sich deutlich als Zuthaten unseres Bearbeiters: ihr (sc. der Prinzessin) Vater hat sie die (sieben) Künste
lernen lassen, sie versteht das Chaldäische, das Griechische und das
Romanische nicht weniger als das Lateinische und Hebräische. Das
Folgende schliesst sich dagegen sehr passend an v. 235 an:

> Entre sen e beltat e gent parlar
> Ne pout nus om el munt sa par trobar.
> E dient conte e duc e bi[s]be e par:
> „Aicheste deit corone a droit portar;

Garnit em de plevir e de(l) jurar
A ues lo rei de France, mais Deus la gar,
Qu'il la prende a muller, si com deit far."
E fant les sains venir e aportar
E enchere[nt] son o[s]cle a denomar:
Cent castels e citat[z], vint sobre mar.
N'i at de toz les cent, tan fu[st] riu[s] bar,
Ne[l] covengest la man au sain pausar,
Aisi com il le sorent melz devisar.

Die Richtigkeit des in den letzten drei Versen enthaltenen Umstandes wird durch v. 393 bestätigt. Aus v. 250 und 393 geht
zugleich hervor, dass auch in dem alten Epos die Gesandtschaft
aus hundert Mitgliedern bestand.

Auch der in der folgenden Strophe erstattete Bericht über die
Verlobung der zweiten Schwester scheint wenigstens theilweise aus
der Vorlage entlehnt worden zu sein. Derselbe beginnt mit den
Worten (v. 253):

L'apostoiles paraule, qu'a sen soutil.

Hierin würde „l'apostoiles" dem Bearbeiter zuzuschreiben, also
auszumerzen sein. Nimmt man an, dass auch hier, wie in den
Versen 372, 391, 416, 454 und 505, der Papst an die Stelle des
alten Draugo getreten ist (man vergleiche „qu'a sen soutil" mit
„qu'es molt senaz" v. 505), so würde sich hieraus ergeben, dass
Girarts Vater einer der Mitglieder, vielleicht der Führer der Braut-
abordnung gewesen ist. Die folgenden ihm in den Mund gelegten
Worte sind höchst wahrscheinlich alt (v. 254—55):

„Seiner, er fai de l'autre Girart ton fil,
Car non sai plus riche ome ne tan gentil."

Dasselbe gilt von der Antwort in v. 256:

„Tot aisi com tu vols," ço respont il.

Der Rest der Tirade scheint dem Redactor anzugehören. Sicher
ist dies bei v. 257:

Lai l'aduient si Griu e Begüil

der Fall, nicht nur wegen der fremden Völkernamen, sondern auch,
weil schon v. 234 angegeben worden ist, dass beide Töchter her-
ausgeführt worden waren. Aber auch die nun folgende Schilderung
der Schönheit· der Prinzessin ist wohl gleichen Ursprunges. Dafür
sprechen sowohl stilistische Schwächen wie „C'om ne la veit tan
saives que gaires chil" (v. 260) und der Gebrauch von Fremdwörtern
wie „virgenil" (v. 258), als auch vor allem der Umstand, dass jetzt,
nachdem der Vater bereits seine Einwilligung zur Verlobung gegeben hat, jene Beschreibung gar nicht mehr am Platz ist; in der
Strophe 19 ging sie daher auch der Verlobung voran. Den Schluss

der Tirade bilden Prophezeihungen künftiger Ereignisse, die durchaus einen jüngeren Charakter an sich tragen: ihretwegen verachtete
später Karl die Seine, worüber viele Kriege entstanden, die die
Länder in Noth und Bedrängniss brachten. Bemerkenswerth ist,
dass die Ausführung des Vorschlages, den Girart mit der zweiten
Schwester zu verloben, nicht ausdrücklich berichtet wird.

Ich habe bei der Besprechung der Tirade 19 den ersten Theil
v. 223—231 bisher unberücksichtigt gelassen, weil hier die Frage,
ob ursprünglich oder nicht, nicht mit voller Bestimmtheit entschieden
werden kann. In der vorangehenden Strophe ist erzählt worden,
welche Mittel der griechische Kaiser anwandte, um seine Gäste
zu unterhalten. Daran schliessen sich nun jene Verse:

> Mentre quel reis les faignent (etwa: fait si?) deportar
> E Girart sobre toz, lo duc, onrar:
> Si fait tant grant conduit a l'ost menar,
> De servir e de beivre e de manjar,
> Serie ennuiz d'auïr e de contar.
> Mais tant lor fait beçanz e aur cuit dar
> E dras de sede e pailes nous despleiar,
> N'i a tan cobeitos ne tan avar,
> Tot ne l'ait replenit, tant li fait dar.

In diesen stammt zunächst die Bezeichnung „reis" in v. 223
sicher von dem Bearbeiter, da dieser den Kaiser von Constantinopel
mehrfach „König" nennt, so v. 273 und v. 284, besonders be-
weisend ist v. 173, wo „reis" im Reim erscheint. Aber wenn
auch dieser Ausdruck unzweifelhaft Eigenthum des Redactors ist,
so könnte das Übrige trotzdem alt sein, indem der Bearbeiter jenes
Wort an die Stelle eines andern gesetzt hätte, das er in seiner Vorlage fand, etwa von „ducs" oder „cons", womit der Vater der beiden
Prinzessinnen bezeichnet wurde. Aber es sprechen noch weitere
Gründe für jüngeren Ursprung. Dahin gehört der Titel „Herzog",
den Girart in v. 224 erhält und der, wie wir S. 66 nachgewiesen
haben, nur in den von unserem Bearbeiter herstammenden Theilen
des Gedichtes vorkommt. Der hauptsächlichste Grund jedoch liegt
darin, dass die ganze Stelle sich auf das französische Heer bezieht,
d. h. auf die zehntausend auserlesenen Krieger, die sich nach v. 131
in Begleitung Girarts und des Papstes befanden. Nun ist es zwar
sehr erklärlich, dass die nach Constantinopel gesandte Abordnung
Truppen mit sich führte, da dieselbe ja neben der Verlobung auch
die Bestimmung hatte, dem Kaiser Hülfe gegen die Heiden zu
bringen. Aber dass eine Gesandtschaft, die innerhalb der Grenzen
des Landes einen durchaus friedlichen Auftrag auszuführen hatte,
mit einem so starken bewaffneten Gefolge hätte reisen sollen, muss
als völlig unwahrscheinlich bezeichnet werden. Wir dürfen daher
wohl kein Bedenken tragen, die angeführten Verse auf Rechnung

unseres Bearbeiters zu setzen, um so weniger, als auch mehrfache Mängel in Stil und Ausdruck für jene Annahme sprechen.

Zu den Stellen, die ausserdem noch der Vorlage entlehnt sein könnten, bei denen wenigstens weder äussere noch innere Gründe dagegen sprechen, rechne ich in Tirade 17 die Verse 193—95:

> Li cent baron monterent es muls gaillarz.
> Il n'i annet cascuns mains que soi carz:
> E sec lo camberlenc[s] e cheus el garz.

Dass die Gesandtschaft aus hundert Mitgliedern bestand, haben wir schon mehrfach bestätigt gefunden, z. B. durch v. 393. Vers 196 könnte, wiederum mit Ersetzung des Papstes durch Girarts Vater, früher etwa so gelautet haben:

> Premiers vait li vielz Drauge el cons Girarz.

Die folgende Zeile, in der von den Doctoren aller Künste die Rede ist, ist natürlich jünger, dagegen spricht nichts gegen die Ursprünglichkeit der sich daran schliessenden (v. 198):

> Girarz preie a cascun que[l] plaz non tarz,

da später noch ein Mal hervorgehoben wird (v. 232), dass Girart die Verhandlungen beschleunigte.

In der Tirade 18 wird über den Empfang der Gesandtschaft in Constantinopel berichtet. In der Vorlage müsste dies selbstverständlich eine Stadt in Frankreich, und an Stelle des Kaisers also der betreffende Landesherr der Gastgeber gewesen sein, von dem es dann hiess (v. 204):

> Fait arberjar cascun en riu maner,

und dann später (v. 209—11):

> La noit les fait servir de tot voler
> E le jor en palaz o lui seder;
> Comenchent lor afaires a mantener.

Hieran schloss sich dann die eigentliche Verlobung, die in Tirade 19 und 20 erzählt wird (s. S. 74 sq.). Wie jetzt in Tirade 23 und 24, so erhielten auch in der älteren Version vermuthlich die Gesandten ebenso wie die Prinzessinnen beim Abschiede reiche Geschenke, cf. v. 285—87:

> Pels negres sebelines lor mes as cols
> E donet lor anels, botuns e bols (?)
> E porpres e samiz e pailes nols (st. nous?).

und sodann v. 297—98:

> Si det tant a ses filles aur e bezanz
> E dras de sede e pailes a charamanz (?)

Darauf erfolgte die Abreise. Aus der alten Beschreibung derselben könnten folgende Zeilen herübergenommen sein (v. 305—6):

Pois funt coillir lor traus e lor braanz
E intrent es chemins dreiters amblanz (st. amblant).

Bei den übrigen Versen der Strophe erscheint mir diese Annahme unwahrscheinlich, bei v. 307:

A petites jornades, ne gaires granz

wegen des höchst ungeschickten Ausdruckes; bei v. 308—9:

Lai non fu remenbraz dols ne mazanz,
Mais jovenz e baudors e jois e canz

erstens wegen des Wortes „remembraz“, sodann weil „mazanz“ mit „dols“ zusammengestellt und Begriffen wie „cans“ und „baudors“ entgegengesetzt wird, während der „Lärm“ eher zur Lustigkeit und zur Musik als zum Schmerze passt. Unzweifelhaft rührt der letzte Vers (310) von dem Bearbeiter her, da dort von Schiffen und Überschreitung des Meeres die Rede ist.

Tirade 25 scheint, abgesehen von einigen erweiternden Zusätzen, im Wesentlichen sich in der Vorlage befunden zu haben, so die Verse 311—12; 318—21; 328—30:

Eins que sie en mi vie les dous mulliers,
En a lo reis en France des messagiers.
Carles parle as messages molt voluntiers:
„E regardez, non sie uns mençoingiers.“ —
„Seiner, ja vos direm moz vertadiers:
Ainz non vitz tal aver ne tant deniers!“
E Carles les clamet fous lausengiers: ·
„Aiço que veil enanz, tornaz deriers,
De ces mullers degraz parlar premiers.“

Der erste Einschub (v. 313—17) erzählt, dass die Zahl der Boten zwanzig betragen habe, und dass sie auf Pferden, Zeltern, Kameelen und Maulthieren geritten seien. Drei derselben, die er auch mit Namen nennt (Namen die abgesehen von Artaut, der noch ein Mal, v. 2247, genannt wird, nirgendwo anders im Epos verkommen), erreichten den König zuerst und trafen ihn zu Saint-Denis in den Klöstern. In dem zweiten (v. 322—27) zählen die Boten all die wunderbaren Geschenke auf, die der Kaiser dem Könige übersendet. Der letzte endlich (v. 331—34) ist eine Vorwegnahme dessen, was erst in der folgenden Tirade berichtet wird.

Damit sind wir am Schlusse des ersten Theiles der Einleitung angelangt, da mit Tirade 26, wie oben erwähnt, der zweite beginnt, in welchem prinzipiell der Bericht der Vorlage zu Grunde gelegt wird. In dem ersten lassen sich, wie wir gesehen, die älteren von den jüngeren Bestandtheilen nicht so scharf und sicher auseinanderhalten, wie in dem zweiten; aber selbst wenn man bei eingehenderer Untersuchung in Bezug auf einzelne Verse zu einem anderen Resultate kommen sollte, sei es, dass man einige derjenigen, die wir für alt erklärt haben, dem Bearbeiter zuschreiben, sei es, dass man ausser den schon herausgehobenen noch einige weitere Zeilen für entlehnt ansehen möchte: schwerlich wird dadurch das Hauptresultat unserer Darlegungen irgendwie umgeworfen werden können, d. h. das Bild, das wir von dem Verfahren des Bearbeiters bei der Herstellung der uns vorliegenden Einleitung entworfen haben, wird im Wesentlichen als richtig anzusehen sein. Das Verhältniss der jüngeren zu den älteren Bestandtheilen der Einleitung stellt sich nach den Ergebnissen unserer Untersuchungen folgendermassen heraus. Von den 606 Versen derselben scheinen 227 aus der Vorlage entlehnt zu sein, während 379 als Eigenthum des Umarbeiters anzusehen sein würden.

Wenn aber jenes Bild ein im Allgemeinen richtiges ist, so können wir auf Grund desselben angeben, welches etwa in der älteren Version des Epos der Hergang der Doppel-Verlobung und -Hochzeit gewesen ist. König Karl schickte dort eine Abordnung von hundert Baronen, mit Draugo und Girart an der Spitze, auf die Brautwerbung. Die ältere Tochter, Bertha, wurde dem Könige zugesprochen, worauf auf Draugos Vorschlag die jüngere, Elissent, mit seinem Sohne Girart verlobt wurde. Karl ward durch Boten von dem Vorgefallenen benachrichtigt, liess sich von diesen eine Schilderung der Prinzessinnen entwerfen, wurde daraufhin von einer heftigen Begierde zu der jüngern erfasst und eilte seiner Gesandtschaft, ohne sich anzumelden, entgegen. Der Anblick der Schwestern befestigte in ihm seine Neigung zu Elissent, und er verlangte rücksichtslos diese zur Frau. Vergeblich suchte der alte Draugo auf ihn einzuwirken und ihn umzustimmen; als er sah, dass jener hartnäckig bei seiner Forderung blieb, suchte er seinen Sohn zu überreden, sich der verschmähten, fast verzweifelnden Bertha anzunehmen und in einen Tausch zu willigen. Da dem Girart alle seine Angehörigen ebenfalls dringend dazu rathen, da sodann Bertha ihm feierlich erklärt, dass sie ihn mehr liebe als den König, so giebt er seine Einwilligung, jedoch unter der Bedingung, dass ihm dieser Tausch nie in tadelndem Sinne vorgeworfen werde und dass er sein Land als freies Besitzthum zugesprochen erhalte. Diese Bedingungen wurden in aller Form beschworen, die Hochzeiten fanden Statt, und nach einem rührenden Abschied zwischen Girart und der Königin zog jeder in seine Heimath. Es kann wohl keinem Zweifel unterliegen, dass diese Verlobungs- und Heiraths-Scene wie in dem jetzigen so auch in dem älteren Epos die Einleitung des Ganzen gebildet, dass uns demnach durch die Umarbeitung der früheren Einleitung inhaltlich kein wesentlicher Theil derselben verloren gegangen ist.

Es bleiben nun noch einige weitere Fragen zu besprechen, in denen, wie es scheint, die Vorlage unseres Bearbeiters mit den Angaben der Vita nicht übereinzustimmen scheint, nämlich erstens: wie ist Girart in den Besitz von Rossillon gekommen? sodann: hat auch in der Vorlage unseres Gedichtes eine Erbstreitigkeit zwischen Karl und Girart stattgefunden?. Was die erste Frage betrifft, so scheint nach der Vita Girart dieses Schloss nicht von Anfang an besessen zu haben. Dort heisst es in § 42, dass der König den Grafen „in der erst kürzlich (resp. zuletzt) in dessen Besitz gelangten Burg belagert habe (eum in novissimo oppido possessionis . . obsidet)“. Hiermit ist, wie das Epos beweist, Rossillon gemeint, aber wir erfahren dort nicht, auf welche Weise dies in Girarts Besitz gelangt ist. Ebensowenig ist dies im Epos der Fall, doch folgt aus einer Stelle desselben, dass der Graf zur Zeit seiner Verheirathung das Schloss bereits sein Eigen nannte, da er es, zugleich mit mehreren anderen Ortschaften seiner Braut, resp. jungen Gattin als Morgengabe überreichte. Diese Stelle findet sich im letzten Theile des Epos. Dort sagt nämlich die Königin nach der letzten Versöhnung zwischen Girart und Karl zu ersterem (v. 8077—80):

> Quant li reis vos ac tout vostre onor,
> Si me donet tot l'oscle [de] ma soror:
> Dijon e Rossillun, castel e tor,
> Castellun, Mont-Argon e Vaucolor.

Danach hatten also die hier genannten Schlösser und Städte den Brautschatz der Bertha gebildet und waren nach Girarts Verbannung der Königin als der nächsten Verwandten der rechtmässigen Besitzerin übergeben worden. Da endlich in dem Epos der alte Draugo den Zunamen „von Rossillon“ führt (v. 2547), so wird hier dieses Schloss offenbar als der Familien- und Stammsitz des Helden aufgefasst. In diesem Punkte weicht also unsere Version des Gedichtes von der Vita, daher vermuthlich auch von dem dieser zu Grunde liegenden älteren Epos ab, da hier, wie wir uns erinnern, die Provence, speziell Avignon als Stammland Girarts genannt wird. Eine Erinnerung an dieses Verhältniss findet sich auch in dem vorliegenden Gedichte noch in so fern, als Girart auch hier Lehnsherr der Provence ist.

Die zweite Frage, ob in der Vorlage, die von dem Verfasser der jüngeren Einleitung umgearbeitet worden ist, auch von Erbschaftsstreitigkeiten zwischen den beiden Schwägern berichtet worden sei, glaube ich verneinen zu sollen, wodurch also eine zweite Abweichung von der Vita constatirt wäre. Ein derartiger Streit würde doch erst nach der Doppelhochzeit, und zwar nach dem Tode des gemeinsamen Schwiegervaters, haben ausbrechen können, und man müsste, da sich in dem vorliegenden Gedichte keine Spur davon findet, annehmen, dass unser Bearbeiter diese ganze Scene einfach ausgelassen, d. h. gestrichen hätte, ein Verfahren, das mit seinem sonstigen Verhalten in directem Widerspruch stände, daher durchaus unwahrscheinlich ist.

Aber noch ein andrer Grund spricht gegen jene Annahme. Jener Erbschaftsstreit hätte in der älteren Version doch nur als Motiv der späteren Kriege zwischen Karl und Girart verwandt werden können. Nun wird aber in dem uns erhaltenen Epos die Antipathie zwischen den beiden Schwägern anderweitig motivirt, denn es wird hier ausschliesslich der Neid als Ursache des Krieges angegeben; zuerst v. 591—92:

> E per hoc s'en (sc. auf Girarts Glück) fu Carles tan enviious
> Tot per autre auchaison, que li met jous.

Auch sonst wird Habsucht als Karls hervorragendster Fehler bezeichnet, z. B. heisst es v. 680 ausdrücklich:

> Sus toz omes est Carles reis enviious;

so erklärt er denn auch v. 616 sq., er werde nach Rossillon gehen, um das ihm zustehende Jagdrecht in Anspruch zu nehmen, und, wenn sich Gelegenheit dazu biete, noch mehr (e plus assaz, si aise en vei, v. 618). Ja, noch an einer dritten Stelle wird das Motiv seiner Handlungsweise klar ausgesprochen, nämlich v. 686, wo Karl vor Rossillon angelangt ist, und es nun heisst:

> Lo reis veit lo castel tan cobeitous.

Er beschliesst nun, dasselbe in seine Gewalt zu bringen und dazu jedes Mittel zu versuchen. Zuerst lässt er von Girart verlangen, ihm die Majorie des Schlosses abzutreten, während jenem die Donzelie bleiben soll (cf. P. Meyer S. 21, Anm. 3), und droht im Ablehnungsfalle mit einem Angriff (v. 702—4). Girart weist die Forderung des Königs zurück und begründet seine Weigerung damit, dass, so wie er den König kenne, dieser das Schloss möchte behalten wollen, wenn er erst einmal darin sei (Tirade 55). Da die List fehlgeschlagen, so greift Karl nunmehr zur Gewalt, und so ist der Krieg unvermeidlich geworden.

Nach dem soeben Gesagten wird es nicht zweifelhaft erscheinen können, dass in Bezug auf die Ursache des Zwistes der beiden Schwäger sich die Vita resp. deren Quelle und unser Gedicht sowie auch dessen unmittelbare Vorlage wesentlich von einander unterschieden.

Eine letzte auf die jetzige Einleitung bezügliche Frage ist die, ob der Verfasser derselben auch die Vita gekannt und benutzt hat. Da, wie wir sehen werden, die Einleitung und der dritte Theil von

dem gleichen Verfasser herstammen, und in jenem dritten Theil
einzelne offenbare Entlehnungen aus der Vita vorkommen, so ist die
Frage, ob er die Vita gekannt, schon dadurch in bejahendem Sinne
entschieden. Benutzt zu haben scheint er dieselbe in der Einleitung
allerdings nur für wenige Notizen, nämlich erstens für die in v. 108
enthaltene, dass Karl in Folge der ihm aus seiner Verlobung er-
wachsenden Erbaussichten dem Girart, seinem künftigen Schwager,
Flandern und Brabant als Lehn verliehen habe. Beide Länder
kommen auch sonst in dem Epos vor, in den älteren Abschnitten
desselben ist allerdings nur von den Vlamingern die Rede, z. B.
v. 2659 und v. 4938, aber da ihr Befehlshaber Balduin heisst
(v. 2659), so scheint es nicht zweifelhaft, dass damit speziell die
Flandrer gemeint sind. An beiden Stellen sind dieselben jedoch
Parteigänger Karls und Gegner Girarts, sodass obige Angabe nicht
aus dem Epos entnommen sein kann. Was Brabant betrifft, so erscheinen die Einwohner dieses Landes in v. 9080, also in dem
später angefügten Schlusse unseres Gedichtes, zusammen mit den
Franzosen, Bretonen, Normannen und Vlamingern unter den Kriegsvölkern Karls; das Land selbst wird sonst nur noch an einer einzigen Stelle unseres Gedichtes genannt, nämlich v. 1858, wo es
unter den Besitzungen des Elin von Boulogne aufgeführt wird. Nun
werde ich aber in Kap. 13 nachweisen, dass alle Abschnitte des
Gedichtes, in welchen dieser Elin auftritt, von dem in Rede
stehenden Bearbeiter herstammen, der jenen Baron erst in das
Epos eingeführt hat. Elin von Boulogne ist aber ein Vasall
Karls, nimmt auch an seiner Seite an dem Kriege gegen Girart
Theil, sodass unser Redactor, indem er ihm auch Brabant zuertheilte, (denn auch der jüngere Schluss stammt, wie schon angedeutet, von ihm her,) sich in Widerspruch mit sich selbst brachte.
Diese Thatsache beweist also, dass er jene Notiz gedankenlos aus
der Vita herübernahm, und dass er bei seinen Erfindungen nicht
mit viel Kritik und Umsicht verfuhr, namentlich nicht immer unter-
suchte, ob er sich auch durch das ganze Gedicht mit seinen Angaben consequent blieb. Wir werden im Laufe unserer Untersuchung
noch weitere Beweise einer derartigen Flüchtigkeit kennen lernen.

Vielleicht hat aber unser Bearbeiter auch die in § 139 enthaltene Bemerkung benutzt, dass der alte Draugo, als sein Sohn
ihn gegen Karl zu Hülfe rief, sich gerade in Spanien befand und
die Heiden bekämpfte. Dieser selbe Gedanke findet sich nämlich
auch genau so in der Einleitung, in v. 116—117, wieder; ja an
einer andern Stelle, die, wie ich zeigen werde, auch von diesem
Umdichter stammt, in Tirade 102, wo also gerade der Krieg ausgebrochen war, erzählt Girart, dass sein Vater seit langer Zeit mit

den Heiden im Kriege begriffen sei, und führt sogar die Länder
auf, die er ihnen abgenommen (v. 1542—45). Diesen Gedanken,
den er in seiner Vorlage nicht fand, hat er daher wohl der Vita
entnommen.

In § 140 der Vita heisst es endlich, dass Girart Boten in
sein ganzes Gebiet vom Rhein bis nach Baonia in Spanien sandte.
Auch diese Angabe ist in der Einleitung benutzt und sogar etwas
erweitert; denn der König erklärt seinem Vertrauten gegenüber in
v. 559—62:

> Grant aver a Girarz e terre bone,
> Des le Rin ten s'onor trosque a Bajone
> E devise Espaigne per Barcelone,
> E li rendent trëut cil d'Arragone.

Die Behauptung, dass die Grenzen von Girarts Gebiet einer-
seits am Rhein, andrerseits in Spanien liegen, wird uns noch mehrfach in unserem Epos begegnen (z. B. v. 6061, 8264), aber wir
werden alle diese Stellen als von unserem Bearbeiter herrührend
nachweisen, sodass er also jene aus der Vita entnommene Angabe
mehrfach verwandt hat. Dass der Verfasser der neuen Einleitung
auch in den Interpolationen, die er dem eigentlichen Epos einverleibte,
einzelne aus der Vita entlehnte Gedanken und Motive benutzt hat,
werde ich im Laufe der Untersuchung nachweisen.

B. Der Schluss.

Paul Meyer erklärt auf Seite XLIV seiner Einleitung, dass
der dritte Theil des Epos, d. h. derjenige, welcher mit der Rückkehr Girarts aus der Verbannung beginnt, von dem Bearbeiter mit
ausserordentlicher Freiheit behandelt worden sei, und bringt für
seine Behauptung die beiden oben auf S. 31 angegebenen Gründe.
Beide sind jedoch hinfällig, der erste, da, wie wir gesehen, Meyers
Behauptung, dass unser dritter Theil dem von ihm angenommenen
zweiten der Vita entspreche, nicht richtig ist, der andre, da, wie
sich herausstellen wird, die Angabe, dass Girarts Verbannung zweiundzwanzig Jahre gewährt habe, jüngeren Ursprungs ist, daher alle
auf diese Notiz gegründeten Unzuträglichkeiten nicht beweiskräftig
sind. Trotzdem bleibt aber die Behauptung selbst durchaus richtig,
ja es unterliegt keinem Zweifel, dass der ganze letzte Theil eine
freie Erfindung des Bearbeiters ist, nur beginnt derselbe nicht mit
Girarts Rückkehr aus der Verbannung, sondern nach seinem Einzuge

in Rossillon und Folcos Befreiung aus der Gefangenschaft d. h. mit v. 8958 (Tirade 608).

Dass dieser Schluss von einem ganz andern Verfasser herstammt als das eigentliche Gedicht, ergiebt sich daraus, dass beide Theile sowohl in Bezug auf den Inhalt wie auf den Geist ein durchaus verschiedenes Gepräge haben. Was zunächst den Inhalt betrifft, so bildet dieser nicht, wie bisher, eine fortlaufende Erzählung, sondern eine Reihenfolge äusserlich aneinandergereihter Episoden und Scenen, und zwar sind dies folgende: 1) Auf Bitten der Königin belehnt Karl den Sohn Folcos mit Ascane, auf das auch Odin Ansprüche erhob (Tirade 608—11); 2) Legende von der Überführung der Reliquien der Maria Magdalena nach Vezelai (612—15); 3) Karl, von Girarts und Folcos Feinden aufgestachelt, beschliesst einen neuen Krieg; die Königin benachrichtigt den Girart von der ihm drohenden Gefahr, und dieser rüstet auch ein Heer aus (Theile von 616—618); 4) Girart geleitet Karls Sohn Pipin nach Rom, lässt ihn zum römischen König krönen und bringt den Papst, seinen Verwandten, mit nach Frankreich (616—17); 5) Girarts und Berthas einziger Sohn wird ermordet, doch tragen beide ihren Schmerz mit Ergebung und machen die Kirche zu ihrem Erben (619—23); dem Papste gegenüber verpflichtet sich Girart ausserdem, drei Klöster zu gründen, während Folco die Erbauung von sieben solchen verspricht (624); 6) als bei Troyes die beiden feindlichen Heere einander gegenüber lagern, beginnen 7000 Königliche ohne Befehl den Kampf; Karl will einschreiten, wird durch die Feinde vom Pferde geworfen und nur dadurch gerettet, dass Folco absteigt und ihm sein eignes Pferd überlässt (624—25); 7) Girart bietet dem Könige durch einen der Gefangenen, Hugo von Blois, Frieden an, wird aber zurückgewiesen (626—32); erst der Bischof von Saint-Sauveur und namentlich der Papst bestimmen den König zum Nachgeben (633—37); dieser verleiht dem Folco das Herzogthum Ascane für seinen Sohn (638—39); 8) Bertha beschliesst zu Ehren der heiligen Magdalena zu Vezelai ein Kloster zu gründen (640—44). Dabei sind folgende Episoden eingeflochten: a) Bertha selbst trägt mit Hülfe eines frommen Pilgers Nachts Wasser, Steine und Sand zum Bau herbei (645—46); b) Ataïn, den Girart mit einer Botschaft an Bertha gesandt, unternimmt einen Angriff auf die Ehre der Letzteren und verläumdet dieselbe dann bei Girart (647—51); c) Girart, argwöhnisch, begiebt sich nach Vezelai, um seiner Frau Nachts aufzulauern (642); d) unterwegs erzählt ihm Bedelon die Legende von dem Verdienste der armen Frau beim Bau der Kirche, welches Gott höher anschlug als das des Gründers (653—54); e) Girart sieht, wie eine himmlische Helligkeit auf seine Frau herabscheint, und wie sie einem Pilger einen Sack offen hinhält, den dieser mit Sand füllt; beide tragen denselben mit Hülfe einer Stange davon; die Gräfin strauchelt und fällt, aber die Stange bleibt schweben; Girart eilt auf seine Frau zu, klagt sich ob seines Verdachtes an, nimmt selbst die Stelle des Pilgers ein und arbeitet so die ganze Nacht hindurch mit (655—64); 9) Girart entdeckt in dem Pilger einen seiner früheren Barone, Namens Guintrant, und lässt ihn reich kleiden (665—69); 10) Girart setzt den Folco zu seinem Erben ein, beschliesst dreizehn Klöster zu gründen und spricht den Wunsch aus, in dem im Thale von Rossillon gelegenen, also wohl in Vezelai, begraben zu werden (671—72). In P wird sogar noch ausdrücklich berichtet, dass Girart und seine Frau wirklich in Vezelai beigesetzt worden sind.

Also an die Stelle einer einheitlichen Handlung ist hier eine bunt durcheinander gewürfelte Vereinigung von mehr oder weniger unzusammenhängenden Scenen getreten. Während vorher Girart den Mittelpunkt bildete, um den sich alles drehte, tritt er hier ganz zurück und verschwindet mehrmals für längere Zeit dem Blicke des Lesers. Noch grösser aber ist der Unterschied in Bezug auf die Charaktere der Hauptpersonen. Aus dem ungestümen und trotzigen Kriegshelden ist ein bussfertiger, nachgiebiger, friedliebender Mann geworden. Zwar sammelt er auf die Nachricht von der Annäherung der Feinde ein Heer, aber er thut nichts gegen dieselben, wünscht immer den Frieden und ist zu jedem Opfer bereit. Seine Reden sind salbungsvoll, reichlich mit Sentenzen, zum Theil sogar mit Bibelsprüchen durchsetzt, und seine Handlungen haben einzig den Zweck, für das Heil seiner Seele zu sorgen. Folco, der einst so unermüdliche Krieger, ist nicht minder fromm, er mahnt den Girart stets an seine Pflicht und ist bemüht, ihn vor Rückfällen in seine frühere Energie zu bewahren. Bertha endlich begnügt sich nicht mehr mit dem wohlerworbenen Ruhme einer treuen hingebenden Gattin, sie erstrebt auch den einer Heiligen, denn sie gründet Kirchen und Klöster und legt persönlich bei dem Baue mit Hand an.

Der hierin sich äussernde kirchlich-theologische Geist macht sich in dem ganzen in Rede stehenden Theile des Gedichtes auch sonst fast überall bemerkbar; so, abgesehen von der grossen Menge direct legendarischen Stoffes, der, wie wir gesehen, mit in die Erzählung verwoben ist, in der hervorragenden Rolle, welche der Geistlichkeit zugetheilt wird. Bei jeder Gelegenheit wird die Anwesenheit und die Mitwirkung derselben hervorgehoben; z. B. ist die Rede von Bischöfen und Äbten (v. 8970, 8978, 9377, 9804, 9962, von Prioren (v. 9016, 9388, 9962), von Mönchen (v. 9016,

9113, 9126, 9388, 9548 sq., 9824), von der Geistlichkeit im Allgemeinen (v. 9214, 9792). Dass der Papst sehr in den Vordergrund gestellt wird, ist schon erwähnt worden; ihm allein gelingt es, den Frieden zu Stande zu bringen, und die Bedingungen bestehen darin, dass Girart und Folco sich erbieten, zwanzig Wagenladungen voll Werthgegenstände zu liefern, um die im Kriege verbrannten Klöster wieder herzustellen und zwanzig neue Abteien zu gründen (v. 9423—27). Diese Leistungen werden ihnen vom Papste später ausdrücklich als Busse (penitance) auferlegt (v. 9456).

Auch die ganze Darstellungsweise verräth denselben Charakter: nicht nur halten die Geistlichen bei jeder Gelegenheit lange Predigten (v. 9382 sq., 9413 sq.), auch die Reden der übrigen Personen haben zum Theil das gleiche Gepräge (z. B. v. 9304 sq., 9337 sq., 9395 sq., 9481 sq., 9492 sq.) Dass dem Girart sogar Bibelstellen in den Mund gelegt werden (v. 9930 und 9982), hat schon Paul Meyer hervorgehoben. Aber es kommen auch andre Hinweisungen auf das theologische Gebiet vor, so auf die heilige Kirche (v. 8981; 9383), auf den Dienst Gottes (v. 9795, 9823), auf die Messe (v. 9565) und die Matine (v. 9565, 9614). Vom Taufen ist die Rede v. 8967, vom Kelch v. 9714, vom Glockenläuten v. 9785 und 9994, vom Lobgesang v. 9792, vom Sich-bekreuzigen v. 9196 und 9283, vom Predigen v. 9114, vom Prediger v. 9315 und 9407, von der Kirche (mostier) v. 9180, 9214, 9425, 9471, 9527, 9682, 9693, 9791, 9994, endlich vom Chor 9215. Eine nicht unbedeutende Rolle spielt auch der Teufel, gewöhnlich Satan oder Satanas genannt (v. 9544, 9550, 9554, 9772, 9827); daher hören wir auch viel von Sünde und Sündern (v. 9397, 9879, 9909, 9982), ein Mal sogar vom Inderdict (v. 9460), andrerseits auch von Busse (v. 9396, 9456), vom Gebet (v. 8994, 9932, 9968), von Almosen und christlicher Nächstenliebe (v. 9045, 9522, 9530, 9541, 9558), von Wundern (v. 9520, 9547, 9793, 9799, 9805, 9815, 9921) und von der ewigen Seligkeit (v. 9463 und 9817). Charakteristisch sind auch die theologischen Betheuerungs- und Beschwörungsformeln (v. 9124, 9345, 9361), sonstige Ausrufe (v. 9121) und die zahlreichen Attribute Gottes (v. 9418, 9432, 9695, 9981), ferner der in v. 9979—80 von Girart ausgesprochene Gedanke, dass die Christen, statt sich untereinander zu bekämpfen, lieber gemeinsam sich gegen die Heiden wenden sollten; namentlich aber die häufigen Anspielungen an Gegenstände der Bibel und der Legende, wie auf den von Caïn an seinem Bruder Abel begangenen Mord (v. 9154), auf die Hochzeit zu Cana (v. 9716), auf Jonas im Walfisch (v. 9862), auf den Berg Libanon (v. 9983), auf den Manna-Regen (v. 9553), auf die Legende vom heiligen Bartholomaeus

(v. 9897), auf ein Wunder der heiligen Magdalena (v. 9025 sq.), ja das ganze Gedicht schliesst, wie einzelne Abschnitte der kirchlichen Liturgie, mit den Worten: „Te autem domine".

Es wird nach diesen Darlegungen kein Zweifel darüber obwalten können, dass wir es hier mit einem durchaus anderen Verfasser zu thun haben als in dem eigentlichen Gedichte, und es soll nunmehr unsere Aufgabe sein, denselben genauer zu charakterisiren.

Sechstes Kapitel.

Der Verfasser der neuen Einleitung und des neuen Schlusses.

Fassen wir zunächst den letzten Theil des uns vorliegenden Epos ins Auge, so wird man Paul Meyers Annahme, dass derselbe nicht sowohl von einem Jongleur, einem Volksdichter, als vielmehr von einem Geistlichen herstamme, unbedenklich zustimmen. Ja ich glaube, jener Gelehrte hätte die Persönlichkeit dieses Redactors noch genauer bezeichnen können. Denn, wenn wir bei der Besprechung der Vita aus dem Inhalte und dem Charakter der Zusätze den Schluss gezogen haben, dass der Verfasser ein Mönch von Pothières gewesen ist, so wird sich von selbst der Gedanke aufdrängen, dass wir es hier mit einem Angehörigen des Klosters von Vezelai zu thun haben. Während nämlich dort sich alles um jenes Kloster dreht, so steht hier Vezelai im Vordergrunde des Interesses, bei dem der Verfasser mit besonderer Vorliebe weilt. So berichtet er, wie wir gesehen, ausführlich die Überführung der Reliquien der Maria Magdalena dorthin, den Bau des Klosters nebst mehreren dabei eingetretenen Wundererscheinungen und lässt auch den Helden sammt seiner Frau Vezelai als den Ort bezeichnen, in dem sie begraben sein wollten; ja wir werden nun beweisen, dass er die Vita gekannt und derselben einige Züge entlehnt, dabei aber in einzelnen Fällen die Handlung von Pothières nach Vezelai verlegt hat.

Zu den Entlehnungen gehört wohl in erster Linie die Angabe über Girarts Kinder, obschon in Bezug auf diesen Punkt beide Berichte nicht völlig übereinstimmen. In der Vita waren es ein Sohn, Theodorich, und eine Tochter, Eva; in dem Epos zwei Söhne, deren Namen wir nicht erfahren. Nach beiden Berichten starben jedoch die Kinder vor den Eltern, und zwar lässt die Vita den Sohn innerhalb des ersten Jahres enden, die Tochter später. Im Epos stirbt der Älteste ebenfalls ganz jung (petiz, v. 8961), während der übrig Bleibende von einem neidischen Baron ermordet wird.

Diese Scene beruht, ebenso wie die Verwandlung der Tochter in einen Sohn auf Erfindung des Redactors und hat den Zweck, die Entsagung und Selbstbeherrschung Girarts in ein glänzenderes Licht zu stellen. Wie schon Paul Meyer (Rom. VII, 190 und Girart de Roussillon, S. 284, Anm. 1) hervorgehoben hat, ist der im ersten Lebensjahre erfolgte Tod eines Sohnes Girarts, Namens Theodorich, durch eine Inschrift bezeugt, die sich ehemals in der Kirche zu Pothières, jetzt bruchstücksweise in Châtillon-sur-Seine befindet.

Die Zahl der von Girart gegründeten Klöster wird in der Vita auf zwölf angegeben (§ 76), in dem Epos (v. 9961) auf dreizehn, ist also hier noch um eins vermehrt.

Während die Vita zwar Pothières in den Vordergrund schiebt, aber doch auch Vezelai wenigstens mit einem Wunder bedenkt, geschieht in dem Epos des ersteren Klosters überhaupt nicht Erwähnung, die Wunder tragen sich beide beim Bau von Vezelai zu, und zwar bestehen sie, wie in der Vita, einmal in der vom Himmel kommenden Helligkeit, durch welche die Nacht erleuchtet wird, sodann in der schwebenden Stange. Dass der Redactor das Grab ebenfalls von Pothières nach Vezelai verlegt hat, ist schon erwähnt worden.

Endlich ist hier noch eine eigenthümliche Stelle des Schlusses zu besprechen. Nachdem nämlich der Papst den Frieden zwischen Girart und dem Könige zu Stande gebracht, wendet er sich in Tirade 636 an letzteren und ermahnt ihn, nachdem er so lange Krieg geführt, nunmehr Gott zu lieben, sowie in Ruhe und Frieden zu bleiben. Bei dieser Gelegenheit fügt er in seine Rede folgende Worte ein (v. 9464—67):

> Carles Martels, tes aives, fest molt granz maus,
> E tu de ton vivent fus altretaus,
> Per qu'ogis nom Martels; eis nuns fu faus,
> Er deiz mais nom aver Carles li Caus.

Also: „Dein Ahne Karl Martell hat viel Unheil angerichtet, und Du warst Dein Leben lang gerade so, weshalb man Dich ebenfalls Martell nannte; dieser Name war jedoch falsch (oder „passte nicht"), von nun an musst Du Karl der Kahle heissen."

Diese Worte scheinen mir eine Kritik zu enthalten, die unser Mönch an dem Namen Karl Martell, den der König in dem Epos führt, übt, und zwar übt auf Grund seines Studiums der Vita, aus welcher er entnommen hatte, dass der in Rede stehende König nicht Karl Martell sondern Karl der Kahle war. Eigenthümlich ist nur, dass er diese „Berichtigung" dem Papst in einer Rede an den König selbst in den Mund legt, und originell ist die Art, wie er jenen Widerspruch, dass das Epos den König immer Karl Martell nennt, zu erklären sucht. Man habe ihm jenen Beinamen nur des-

halb beigelegt, weil er durch seinen wilden, kriegerischen Sinn an
jenen seinen Vorfahren erinnerte; daher könne er jetzt, da er sich
den Werken des Friedens widmen wolle, jenen Beinamen ablegen
und seinen richtigen Zunamen „der Kahle" wieder annehmen resp.
erhalten.

Abgesehen von diesen Entlehnungen finden sich in dem neuen
Schluss noch Reminiscenzen an zwei Legenden, nämlich a) die von
der Überführung der Gebeine der Maria Magdalena nach Vezelai,
worüber Romania VII, 231—35; b) vom Verdienste der armen
Frau beim Bau der Kirche, cf. Paul Meyer, Girart de Roussillon,
S. 308, Anm. 1.

Alles übrige, d. h. die über Girart berichteten Ereignisse
scheinen von dem Redactor selbst erfunden worden zu sein, allerdings zum Theil mit Anlehnung an Ereignisse und Motive des
älteren Gedichtes. Wenn zum Beispiel Karl sich zu einem dritten
Kriege aufstacheln lässt, und die Königin, wie auch früher, auf
Girarts Seite steht, ja wiederum den Grafen von der ihm drohenden
Gefahr unterrichtet (v. 9081 sq.), so ist dies alles eine einfache
Wiederholung des in den Versen 653 sq. Erzählten. Girart rüstet
sich wie früher, doch kommt es nicht zu einem eigentlichen Kriege,
denn das ohne Befehl von einer königlichen Truppe unternommene
Scharmützel wird bald abgebrochen und hat nur den Zweck, den
Folco als einen treuen Lehnsmann hinzustellen, der sich seiner
Pflichten gegen den Lehnsherrn selbst dann bewusst bleibt, wenn er
von diesem angegriffen wird. Auch das in den Versen 9322 sq.
benutzte Motiv, die Gefangenen frei zu geben und durch sie den
Gegner um Frieden zu bitten, ist eine einfache Wiederholung des
in den Versen 8833 sq. erzählten Vorganges. Die Entdeckung
endlich eines früheren Waffengefährten Girarts, Namens Guintrant,
in dem Pilger, welcher Bertha beim Bau geholfen, ist eine Parallele
zu dem plötzlichen Wiederauftauchen der Engoïs, welche die
beiden Gatten in die Verbannung begleitet hatte, dann aber dort
unter der Obhut eines Klausners zurückgeblieben war.

Auch die im Schlusse auftretenden Hauptpersonen sind aus dem
alten Epos entlehnt, so Girart, Karl, Bertha, Folco, allerdings, wie
wir gesehen haben, meist mit Veränderung ihres Charakters. Aber
es kommen auch ganz neue Persönlichkeiten vor. Darunter sind
einige, welche uns hier im Schlusse zuerst und allein entgegentreten;
dahin gehört der Mönch Garsent, geistlicher Berather Berthas,
Gui, ihr Capellan, Aibeline, ihre Zofe, Ataïn, Kammerdiener des
Girart, der das Attentat auf Berthas Ehre unternimmt, und einige
weitere von untergeordneter Bedeutung; andere hat der Verfasser
bereits durch Interpolationen in vorhergehenden Theilen dem Ge-

dichte einverleibt, sodass sie hier scheinbar als schon bekannte Personen auftreten, dahin gehören ausser dem Papst und dem Bischof von Saint-Sauveur sowie der Engoïs auch Bedelon und Audicas, die zu Rathgebern des Girart gemacht worden sind, und vor allem Karls Sohn Pipin, von dem sich weder in der Vita noch in älteren Theilen des Gedichtes eine Spur findet.

Nachdem wir so den Verfasser der Einleitung so wie des neuen dritten Theiles näher kennen gelernt haben, wird man der Ansicht Paul Meyers, dass beide ein und dieselbe Persönlichkeit seien, rückhaltlos zustimmen. Die Ähnlichkeit in der Art und Weise, wie in beiden Theilen der Stoff herbeigeschafft und dann behandelt worden ist, findet ihr Gegenstück in dem völlig gleichen, nämlich theologischen Geiste, der in beiden Theilen zur Schau tritt. Auch in der Einleitung spielen nämlich im Gegensatz zu dem ganzen übrigen Werke die Geistlichen eine ganz hervorragende Rolle, vor allem der Papst, der dann in dem gesammten, eigentlichen Gedichte völlig wieder verschwindet. In dem Bericht über das Hoffest in Reims ist z. B. auch eine Procession in das Programm aufgenommen, an welcher, wie besonders hervorgehoben wird (v. 48), auch der König Theil nimmt. Zu diesem Feste findet sich der Erzbischof in Begleitung von mehr als tausend Bischöfen und Äbten ein (v. 60—61), und alle empfangen von Karl reiche Geschenke (v. 64). Der Papst tritt, zusammen mit Girart, an die Spitze der Gesandtschaft nach Constantinopel, und diese selbst zählt unter ihren Mitgliedern nicht weniger als fünfzig Geistliche, d. h. die Hälfte der Gesammtzahl (v. 129). Von diesen werden zwei Cardinäle vorausgeschickt, um die Ankunft der Fremden dem Kaiser zu melden (v. 139). Dieser reitet ihnen entgegen und steigt im Zelte des Papstes ab; ebendorthin begeben sich Girart und alle andern (v. 175—76). Die Verhandlungen werden ausschliesslich von Geistlichen geführt, theils vom Papste (v. 253 sq.), theils vom Abt von Saint-Romiu (v. 265 sq.). In Constantinopel werden sodann die Reliquien der Heiligen Andreas, Johannes, Paulus und Matthaeus, sowie das Georgskloster und andre Örtlichkeiten besichtigt (v. 267—79), obwohl dies mit dem Zwecke der Gesandtschaft nichts zu thun hat. Die Boten, die dem Könige die Ankunft der Prinzessinnen anzeigen, treffen diesen in der Kirche (v. 317), und als Karl in Benevent, wo die Gesandtschaft auf ihn wartet, anlangt, begiebt er sich trotz der grossen an den Tag gelegten Neugierde wiederum zuerst ins Kloster und betet am Kruzifix (v. 354 bis 355). Als Karl für Elissent ein grösseres Interesse an den Tag legt, wagt nur der Abt von Saint-Denis ihm mehrfache, allerdings erfolglose Vorstellungen zu machen (v. 366 sq.). Wiederum bildet der Papst den Unterhändler (v. 385: 416 sq.), er macht dem

Könige sogar Vorwürfe wegen seiner Willkür (v. 386 sq.) und bittet
den Girart, aus Liebe zu ihm nachzugeben (v. 446). Girart,
heisst es v. 400—1, würde den König herausgefordert haben,
wenn die Rücksicht auf die Geistlichkeit ihn nicht zurückgehalten
hätte, und schliesslich bestimmt ihn nur die Bitte des Papstes zum
Nachgeben. Durch letztere Angabe bringt sich der Bearbeiter sogar in Widerspruch mit sich selbst, da er neben diesem neuen
Motiv noch das wohl aus dem alten Epos entlehnte, welches wahrhaft
poetisch ist, stehen lässt, dass nämlich Girart aus Liebe zu seiner
ersten Braut nachgegeben habe, das heisst um dieser durch seinen
Verzicht die Königskrone zuzuwenden.

Auch sonst trägt die Einleitung einen durchaus geistlichen
Charakter. Bei jeder Gelegenheit hören wir von Predigten (v. 33,
63, 88), Gebeten (v. 355), Messen (v. 34), vom Gottesdienst (v. 70);
an einer Stelle ist von Krummstab und Ring (v. 159), an einer
andern vom Krucifix (v. 355), an einer dritten von dem Patrimo-
nium Petri, „lo fiu San Peire“ (v. 83) die Rede, und der Papst wird
ein Mal „le serf San Peire“ genannt (v. 88). Die hieraus sich
ergebende Vermuthung, dass auch der Verfasser der Einleitung ein
Geistlicher gewesen sei, wird verstärkt durch die Proben von Gelehrsamkeit, die er an den Tag legt. So erzählt er z. B. v. 237 sq.
von der Bertha, ihr Vater habe sie die sieben Künste lehren lassen,
sie habe das Chaldäische, das Griechische, das Romanische, das
Lateinische und Hebräische völlig beherrscht.

Nicht weniger fällt der ebenfalls von P. Meyer (Girart de
Roussillon, S. XLV) hervorgehobene Umstand ins Gewicht, dass der
Verfasser sowohl der Einleitung, als auch des letzten Theiles eine
eingehende Kenntniss von Constantinopel und der dortigen Verhältnisse verräth. So spricht er v. 95 von den „droghemanz“ des griechischen Kaisers, erwähnt v. 273 das Kloster des Capitols, in
dessen Krypta die Apostel liegen; gleich darauf v. 279 redet er von
dem Kloster Braz-Saint-Joire, endlich v. 392 von der Sophienkirche.
Ebenso legt er in Tirade 654 dem Bedelon folgende Worte in den Mund
(v. 9701 sq.): „Ich habe die heilige Sophienkirche gesehen; ich
glaube nicht, dass es je ihresgleichen gegeben hat noch geben wird.“
Da noch an einer anderen Stelle des Schlusses von der Sophienkirche und von Constantinopel die Rede ist (v. 9683—84), indem
die Legende von dem Verdienste der armen Frau auf den Bau
jener Kirche bezogen wird, so spricht also auch dieser Umstand
für die Identität der beiden Verfasser.

Über die Persönlichkeit des Bearbeiters geben uns die einleitenden
Strophen sowie die letzten Verse des Gedichtes noch einige weitere
Auskunft. Zwar ist der Anfang, wie schon hervorgehoben, theil-

weise etwas dunkel, doch geht daraus hervor, dass der Verfasser
sehr stolz auf sein Werk ist und es vor der Verstümmelung durch
die Jongleurs bewahren möchte. Bei dieser Gelegenheit nennt er
die letzteren gemein und betrügerisch, ja er verbietet ihnen geradezu
den Vortrag seines Werkes. In den Schlussversen 10000—10001
empfiehlt er sein Gedicht denen, die es „sagen" werden; dann würden
sie viel Geld und Kleider dadurch erwerben können:

E se chare la tiens qui la diras,
Asaz en poz conquerre aver e dras.

Nach diesen beiden Stellen ist die Annahme, dass der Verfasser
selbst Joglar gewesen sei, wohl als ausgeschlossen anzusehen, dagegen
scheint es nicht zweifelhaft zu sein, dass derselbe mit dem in den
Versen 24—26 bezeichneten „höfischen Mönche, dem Klosterclericus,
der im Schatten einer Olive sass und in seinem Herzen sehnende
Gedanken barg" sich selbst gemeint hat, da er unmittelbar daran
die Worte schliesst: „Ihr werdet nun hören, womit die ersten
Verse über Girart, jenen Grafen, jenen guten Krieger, und über
Karl Martell, den argen Schurken, beginnen." Also auch diese
Worte stimmen ganz vortrefflich zu der von mir aufgestellten Ver-
muthung, dass Einleitung und Schluss des uns überlieferten Epos
von einem Angehörigen des Klosters Vezelai herrühren.

Wenn wir uns nun daran erinnern, dass dieser Mönch eine
auffallende Localkenntniss von Constantinopel verräth, dass er auch
von dem dortigen Kaiser in einer Weise spricht, die auf persön-
licher Anschauung zu beruhen scheint, wenn wir fernerhin erfahren,
dass er den Weg nach der griechischen Hauptstadt genau kennt,
da er v. 134 angiebt, dass die Gesandten von Brindisi zu Schiff
nach Duraz (d. h. Dyrrachium, am andern Ufer des adriatischen
Meeres) fuhren, wenn wir hören, mit welcher Anschaulichkeit er
das Leben und Treiben in der abendländischen Capitale schildert,
das Räuchern mit Spezereien, das Ausschmücken der Kirchen mit
bunten Teppichen, die Kunststücke der orientalischen Gaukler und
Taschenspieler (v. 203—216): so wird der Schluss nicht als allzu
kühn angesehen werden können, dass dieser Mönch jene Orte, Personen und Verhältnisse aus eigener Anschauung kannte und dass
er seine Kenntnisse durch einen Besuch von Constantinopel erworben
hat[1]). Unter diesen Umständen liegt die Vermuthung sehr nahe,

---

[1]) Förster macht in den Anmerkungen zu seinem Abdruck (Rom.
St. V, 197) auf die Ähnlichkeit aufmerksam, die zwischen einzelnen Stellen
unserer Einleitung, z. B. Tirade 18, und solchen in Karls des Grossen
Pilgerfahrt bestehe. Jene Stellen betreffen eben Darstellungen des Lebens
und Treibens in Constantinopel, und die Ähnlichkeit wird sehr natürlich
erscheinen, wenn man annimmt, dass in beiden Fällen die Schilderungen
nach der Natur gemacht sind, also auf eigener Anschauung beruhen.

dass die Reise nach Griechenland einen Theil einer Pilgerfahrt nach
dem heiligen Lande gebildet hat. Wenn der Verfasser in v. 86
erwähnt, dass der Angriff der Sarazenen gegen Constantinopel von
Nicaea aus erfolgte, so spricht dies dafür, dass er auch mit jenen
Gegenden durch persönlichen Besuch vertraut war, da er im Übrigen
Beweise einer groben Unwissenheit in der Geographie verräth; ja
unser Gedicht liefert sogar Beweise dafür, dass sein Verfasser die
mit einem Unternehmen wie eine Pilgerfahrt verknüpften Gefahren
sehr wohl kannte. Die betreffende Stelle findet sich gegen Ende
des Epos, und zwar berichtet dort Guintrant seinem Verwandten
Girart über seine Pilgerfahrt: „Wir sind am heiligen Grabe gewesen; bei der Rückkehr nahm mich ein Ungläubiger gefangen und
liess mich mit tausend anderen Gefangenen hinführen, um beim Bau
von Festungsmauern und von Schlössern Steine zu tragen" (v. 9856
bis 59). Und als Girart ihn bittet, ihm vom heiligen Lande selbst zu
erzählen, von wo Gott ihn glücklich habe zurückkehren lassen, erwidert er, er könne einen ausführlichen Bericht darüber geben, doch
würde das zu langweilig sein (v. 9869—70).

Ich erwähne nur kurz, dass in der Pariser Handschrift sich
am Schlusse vier Tiraden finden, welche in der Oxforder fehlen.
Diese sind jedoch, wie mir scheint, nicht von unserem Redactor
verfasst, sondern erst nachträglich hinzugefügt worden, und zwar
vermuthlich von einem späteren Mönche des Klosters Vezelai. Er
nennt den Folco und den Boso Brabanter (Braimanso, P v. 8950),
eine Bezeichnung, die sich in dem ganzen übrigen Epos nicht findet
und die man, wie Paul Meyer (S. 318, Anm. 3) erwähnt, seit
dem zwölften Jahrhunderte auf alle Söldnertruppen anwandte. Er
recapitulirt kurz den Inhalt des ganzen Epos, namentlich den Bau
der Klöster, und nennt hierbei nur Vezelai mit Namen, das er als
„us dels bos" bezeichnet (v. 8959). Den Zweck dieses ganzen
Nachtrages erkennt man aus den Versen 8985—86, in denen er
berichtet, dass der Herzog und die Herzogin auch wirklich in dem
genannten Kloster begraben worden seien; denn diese Notiz findet
sich in dem Epos selbst nicht. Endlich findet sich in v. 8995—96
noch die interessante, wenn auch nicht zutreffende Angabe, dass
die erzählten Ereignisse sich siebenhundert Jahre nach Christi Ge-
burt zugetragen hätten. Woher er dieselbe entnommen, lässt sich
nicht sagen; vielleicht wusste er, wann ungefähr Karl Martell gelebt hat.

Es erübrigt nun noch, einige Worte über die dichterische Begabung des geistlichen Bearbeiters unseres Gedichtes zu sagen.
Wie oben erwähnt, schlägt Paul Meyer dieselbe so hoch an, dass
er auf S. XLVIII seines Girart de Roussillon erklärt, er wünsche

den Namen jenes Mannes zu kennen, um diesen unter die berühmtesten der älteren Literatur Frankreichs einzutragen. Nach Paul Meyer besass unser Redactor zunächst ein ausgezeichnetes Compositionstalent; der dritte Theil des Epos bilde an sich schon ein vollständiges, ziemlich verwickeltes kleines Gedicht, in welchem die Ereignisse schnell aufeinander folgen, ohne sich zu verwirren. Die sich hieran schliessenden Worte von der geschickt verschlungenen Doppelhandlung lassen zwar erkennen, was ja aus Paul Meyers Darlegungen auch sonst hervorgeht, dass er zu diesem dritten Theil auch die auf die Versöhnung unmittelbar folgenden Ereignisse mitrechnet, die ich, als nicht von unserem Geistlichen herstammend, ausgeschlossen habe, aber, da jenes Urtheil über den ganzen dritten Theil ohne Einschränkung ausgesprochen wird, so muss es sich auch auf den augenblicklich in Rede stehenden beziehen. Um sodann die meisterhafte Darstellungsgabe desselben zu beweisen, giebt er zunächst die Übersetzung der Tiraden 620 und 621, in welchen die Ermordung von Girarts einzigem Sohn berichtet wird, sodann die von Tirade 197, d. h. die Schilderung der Rückkehr des siegreichen Heeres. Von diesen beiden Stellen ist jedoch die zweite auszuscheiden, da sie den mittleren Theilen des Gedichtes angehört, und da die Annahme Paul Meyers, dass unser Redactor auch da, wo er seinen Stoff dem älteren Epos entlehnte, diesem Inhalt doch sein eignes Gepräge aufgedrückt, mit andern Worten, seine Vorlage völlig umgearbeitet habe, durch nichts bewiesen worden ist und, wie wir sehen werden, nicht zutrifft.

Nicht weniger nimmt Paul Meyer für den Bearbeiter das Talent der Charakterschilderung in Anspruch, da er mannichfaltige und doch durchaus individuelle Typen zu schaffen vermocht habe. Die Belege entlehnt er aber wiederum ausschliesslich aus den Partien, die weder der Einleitung noch auch dem dritten Theile angehören, und genau so verhält es sich mit den Beweisen für die Gewandtheit im Stil, die angeblich unser Verfasser an den Tag legt.

Es liegt aber auf der Hand, dass wir die Kriterien für die Charakteristik unseres Redactors nur aus denjenigen Theilen des Gedichtes holen dürfen, die wir ihm mit grosser Wahrscheinlichkeit haben zuschreiben können, und diese genügen auch vollkommen, um uns ein Bild von seiner dichterischen Bedeutung zu entwerfen, das allerdings ganz anders ausfallen wird, als das von Paul Meyer herrührende.

Was zunächst seine Erfindungsgabe betrifft, so haben wir gesehen, dass er im dritten Theile von dem Stoffe nur verhältnissmässig wenig selbst erfunden, vielmehr das meiste fremden Quellen, sei es der Legende, sei es der Vita, entlehnt hat. Auch in den

von ihm selbst erdachten Ereignissen haben wir mehrfach Anleh-
nungen an andre Partien des Gedichtes und Wiederholungen früherer
Motive entdeckt. Dennoch lässt sich nicht leugnen, dass selbst
nach Abzug aller dieser Zuthaten immer noch genug übrig bleibt,
um daraufhin unserem Verfasser einen gewissen Grad schöpferischer
Erfindungsgabe zugestehen zu können. Dahin gehört z. B. der
Kampf bei Troyes, in welchem der König nur durch Folcos Gross-
muth vom Tode gerettet wird (Tirade 624—25), Girarts Entschluss, seinen Gefangenen frei zu geben, um durch dessen Vermittelung den König zum Frieden zu bewegen (Tirade 626—32),
obwohl er auch dies Motiv schon in dem Gedichte vorfand (cf. Tirade 601).

Etwas mehr zeigt sich diese Erfindungsgabe des Verfassers in
der Einleitung. Hier hat derselbe, wie wir gesehen, zwar auch
sehr viel entlehnt, aber einiges ist doch auch seiner Phantasie entsprungen, so das Hoffest zu Reims, das Erscheinen des Papstes, der
Gedanke, die ganze Verlobungsscene nach Constantinopel zu verlegen, und einige kleinere Züge. Es lässt sich nicht leugnen, dass
diese Scenen eine nicht ganz unbedeutende Gestaltungsfähigkeit verrathen, wenngleich, wie wir gesehen haben, sein Talent nicht aus-
reichte, um die von ihm erdachten Neuerungen auch consequent
durchzuführen, sodass er sich in mehrfache Widersprüche verwickelte.
Suchen wir bei dieser Gelegenheit die Frage zu beantworten, warum
unser Dichter die frühere, einfache und durchaus logische Einleitung
durch eine andre, und zwar die uns vorliegende, ersetzt hat, so
haben wir den Hauptgrund wohl in dem gewaltigen Eindruck zu
suchen, den die Pilgerfahrt, besonders der Besuch von Constantinopel
auf ihn gemacht hatte und dem er in dem Werke, das er vielleicht bald nach der Rückkehr begann, Ausdruck zu verleihen
wünschte. Dazu kam, dass er überzeugt war, seiner Erzählung
sicher ein grösseres Interesse und seinem Helden eine grössere Bedeutung beizulegen, wenn er ihn in so nahe verwandtschaftliche Beziehung zu dem Kaiser von Constantinopel und dem Papste brächte.
So benutzte er denn in der Einleitung ebenso wie im Schlusse
seine auf der Reise gesammelten Kenntnisse und verlegte ausserdem
die Doppelhochzeit nach Italien, das er ja natürlich auf seiner
Fahrt ebenfalls kennen gelernt hatte.

Dass aber seine Compositionsgabe geringer als seine Erfindungs-
kraft war, geht auch noch aus andern Gründen, als aus seiner
schon erwähnten Unfähigkeit, seine Neuerungen mit den älteren
Ereignissen in rechten Einklang zu bringen, hervor. Der letzte
Theil unterscheidet sich in dieser Hinsicht, wie schon angedeutet, sehr
zu seinem Nachtheil von dem eigentlichen Gedicht. Statt einer einheit-

lichen, ausschliesslich um den Helden gruppirten Handlung haben wir hier eine lose Aneinanderreihung oft gar nicht mit einander innerlich zusammenhängender Episoden. Von einer Hauptperson, einem Mittelpunkt der Handlung ist kaum die Rede, und die Erzählung springt unruhig von einem Gegenstande zum andern. Dabei fehlt es auch nicht an Unwahrscheinlichkeiten und Widersprüchen. So wird im zweiten Theil der Tirade 616 erzählt, dass Girart Karls Sohn Pipin nach Rom geleitet und ihn dort zum römischen Könige krönen lässt. Diese Erfindung muss als eine sehr unglückliche und ungeschickte bezeichnet werden, da erst kurz vorher berichtet worden war, dass Karl sich aufs Neue hatte aufstacheln lassen, gegen Folco und Girart den Krieg zu beginnen. Derartige Incongruenzen liessen sich leicht noch weitere anführen.

Die Einleitung verdient zwar auch in dieser Beziehung grösseres Lob, als der dritte Theil, doch ist auch sie von Mängeln keineswegs frei. So wird man es nur einem Geistlichen verzeihen, wenn er v. 38 sq. den Kaiser die Quintaine verbieten lässt, weil dieser fürchtet, es möchte dabei ein Streit entstehen. Aber auch sonst kommen manche Unwahrscheinlichkeiten vor. Wie erklärt es sich z. B., dass erst der Papst Karl mittheilen muss, dass der Kaiser von Byzanz zwei Töchter besitze, und dass Draugo eine Verlobung derselben mit dem König und mit Girart verabredet habe? Wie sodann, dass Draugo jetzt erst die Wahrheit dieser Angabe bestätigt, obwohl die Verhandlungen bereits zwei Jahre vorher stattgefunden haben, und Draugo doch im Auftrage des Königs gehandelt, daher nach seiner Rückkehr das Resultat mitgetheilt haben muss? Und dass letzteres wirklich seiner Zeit geschehen ist, geht aus dem schon bei einer anderen Gelegenheit erwähnten Verse 108 hervor, in welchem Draugo den Karl daran erinnert, dass er damals dem Girart, seinem zukünftigen Schwager, Flandern und Brabant verliehen habe. Wie konnte dann aber diese ganze Angelegenheit in Vergessenheit gerathen sein?

Welches ist sodann der Zweck der Gesandtschaft? Offenbar neben der Verlobung auch der, dem bedrängten Kaiser Hülfe zu bringen, da der Gesandtschaft zehntausend Mann Elitetruppen beigegeben worden sind. Was leistet nun aber jene Truppe in Griechenland? Wir hören in nur zwei Versen (136—37) von ihrem Zuge bis Constantinopel, aber nichts von ihren Thaten; und dennoch lassen sie (v. 144—46) dem Kaiser mittheilen, dass sie sein Reich von den Sarazenen befreit haben. So küsst auch gleich darauf (v. 188) der Kaiser die Franzosen aus Dank dafür, dass sie seine Feinde besiegt haben, während es vorher (v. 141—43) heisst, dass die vom

Kaiser gefangenen Emire zu dessen Füssen lagen. Dies alles zeugt nicht von grosser Aufmerksamkeit.

Der Hauptmangel in dieser Beziehung liegt jedoch darin, dass der Verfasser völlig unterlassen hat, in der Einleitung die spätere Feindschaft zwischen Karl und Girart zu motiviren oder auch nur vorzubereiten. Dort herrscht das herzlichste Verhältniss zwischen beiden. Girart hat von seinem Könige Flandern und Brabant erhalten, er kämpft an dessen Seite gegen die Sarazenen in Italien, er wird von ihm, zusammen mit dem Papste, an die Spitze der wichtigen Gesandtschaft gestellt, er ist bei der Heimkehr einer der wenigen, die der König zur Bewillkommnung küsst. Zwar scheint die Heirath einen Streit zwischen ihnen hervorrufen zu sollen, doch wird derselbe durch den Papst, und zwar ganz im Sinne und zu Gunsten des Königs, beigelegt. Es heisst allerdings in den Versen 533—34, die aus der älteren Version herübergenommen sind, der König sei in seinem Innern mit Girarts Benehmen in dieser Sache nicht zufrieden gewesen, sondern habe Rachegedanken gehegt, und dies soll offenbar ein Versuch sein, den späteren Zwist vorzubereiten. Aber unser Redactor hat dies Motiv entweder nicht verstanden oder wenigstens nicht benutzt und weiter verfolgt; denn Karl muss offenbar seinen Groll wieder aufgegeben haben, da er die Einladung Girarts annimmt und bei diesem eine glänzende Gastfreundschaft geniesst. Aber mitten in den zu seinen Ehren veranstalteten Festen erhebt dann der König seinen Vertrauten gegenüber die härtesten Anklagen gegen Girart, dieser zerstückele und entvölkere das Reich (v. 565), und stösst die heftigsten Drohungen gegen ihn aus (v. 567); aber wir erfahren nirgends, wodurch er sich diese Vorwürfe zugezogen hat, und worin sein Unrecht besteht. Es ist dies ein grosser Mangel, da so das Grundmotiv des ganzen Epos, der Antagonismus zwischen dem Souverain und seinem mächtigen Baron, unerklärt bleibt.

Dass sodann unser Redactor das Lob eines tüchtigen Charakterzeichners durchaus nicht verdient, hat sich schon oben aus der Vergleichung des dritten Theiles mit dem eigentlichen Gedichte ergeben. Keine der Hauptpersonen hat im Schlusse den Charakter beibehalten, den dieselbe in dem übrigen Epos aufzuweisen hat, sondern an die Stelle kriegerischer oder rein menschlicher Vorzüge sind speziell christliche, zum Theil kirchliche getreten, d. h. alle diese Personen haben sich vom dichterisch-aesthetischen Standpunkte aus sehr zu ihrem Nachtheile verändert.

Aber nicht einmal den Ruhm eines guten Stilisten und gewandten Darstellers kann der Bearbeiter in Anspruch nehmen. Wenn man die älteren Theile des Gedichtes mit den sicher ihm zuzuschreibenden in dieser Hinsicht vergleicht, so fühlt man auch hier bald einen erheblichen Unterschied zum Nachtheil der letzeren. Ist dort der Ausdruck durchgängig kurz und knapp, der Situation immer angemessen, so ist er hier häufig unbestimmt oder gar unklar, zuweilen auch schleppend und weitschweifig. Zwar sucht er seine Sprache durch Bilder und Vergleiche zu beleben, aber diese sind keineswegs immer glücklich gewählt; ebensowenig kann es ihm zum Lobe gereichen, dass er Fremdwörter nicht nur nicht meidet, sondern im Gegentheil mit einer gewissen Vorliebe verwendet und dadurch einen neuen charakteristischen Unterschied zwischen diesen jüngeren und den älteren Theilen des Gedichtes hervorruft.

Aus diesen Darlegungen wird man berechtigt sein, folgende Schlüsse zu ziehen: 1) Der Verfasser der Einleitung und des letzten Theiles von dem vorliegenden Epos war ein im Ganzen nur mässig begabter Tendenzschriftsteller; 2) die Ansicht Paul Meyers, dass die Sprache, der Geist, die Charakterschilderung, kurz die ganze Form unseres Epos (im weiteren Sinne genommen) von diesem selben Verfasser stamme, ist nicht zutreffend, vielmehr ist in Bezug auf alle jene Punkte ein bedeutender Unterschied zwischen den von ihm verfassten und den älteren Stellen des Epos bemerkbar.

Siebentes Kapitel

Interpolationen, welche sich auf den neuen Eingang und den neuen Schluss beziehen.

Dass ausser der Einleitung und dem Schlusse noch weitere Theile unseres Epos von dem soeben kennen gelernten Redactor herrühren, wird man a priori erwarten, da es kaum anzunehmen ist, dass ein Bearbeiter, der sich seiner Vorlage so frei gegenüberstellt, wie er dies im Eingang des Epos gezeigt hat, und der ausserdem, wie der Schluss beweist, den Wunsch hat, seinem Werke eine grössere Ausdehnung zu geben, sich mit den beiden oben besprochenen Änderungen begnügt und nicht auch im Innern seine Thätigkeit geäussert haben sollte. Aber es ist nicht ganz leicht, dies auch im Einzelnen zu beweisen, da es sich hier um weniger umfangreiche Zusätze handelt, sodass uns dabei der Vergleich mit dem älteren Epos, das wir ja nur seinem ungefähren Inhalte nach kennen, keine Beweise liefert, wir also auf andere Kriterien angewiesen sind. Und zwar werden wir mit einer gewissen Wahrscheinlichkeit diejenigen Abschnitte unserem Redactor zuschreiben, welche zunächst schon äusserlich sich dadurch als spätere Einfügungen kennzeichnen, dass man sie, ohne den Faden der Erzählung zu unterbrechen, entfernen kann, welche ausserdem aber in Bezug auf Inhalt, Form und Geist mit den sicher von jenem Redactor herstammenden Theilen des Gedichtes übereinstimmen; die Wahrscheinlichkeit wird fast zur Gewissheit werden bei denjenigen Abschnitten, die in einem engen Zusammenhang mit solchen stehen, die wir sicher als von diesem Redactor herstammend nachgewiesen haben. Ich werde zunächst die Zuthaten der zweiten Kategorie behandeln, das heisst solche Interpolationen, welche zu dem jüngern Eingang oder Schluss eine directe Beziehung haben.

Die erste hierbei in Betracht kommende Stelle ist die Tirade 123 (v. 1980—2013), die eine ausführliche Anspielung auf die Ereignisse der Einleitung, speziell die Brautfahrt nach Constantinopel, enthält. Die Tirade bildet einen Theil der Verhandlungen, welche bei Gelegenheit von Folcos Sendung zwischen diesem und dem Könige stattfanden und die daher hier im Zusammenhange vorgeführt werden müssen. Der ursprüngliche Gang der Handlung war folgender: Folco, der massvollste und verständigste unter Girarts Baronen, wird vor den König geführt (v. 1926). Er spricht friedlich und versöhnlich. Wenn Girart dem Karl wider Willen Unrecht gethan, so sei er bereit, dies wieder gut zu machen; Rossillon jedoch sei dessen Allodialbesitz, daher dessen unbeschränktes Eigenthum. Folco erbietet sich schliesslich, die Richtigkeit seiner Angaben mit dem Schwerte in der Hand zu erweisen (v. 1958—79). Nachdem hierauf Folcher Girarts Standpunkt in noch nachdrücklicherer Weise vorgetragen hat, erfolgt der Bescheid des Königs (Tirade 126 sq.). Dies alles ist logisch und sachgemäss, aber es genügte dem Bearbeiter nicht; und so ist denn diese Episode in dem uns vorliegenden Gedicht viel mehr ausgesponnen und durch Interpolationen erweitert. Auf diese Weise entstanden in Tirade 120 die Verse 1927—38, sodann die Tiraden 121 und 123—25. Ich lasse zunächst die Frage nach dem Verfasser, resp. den Verfassern unberührt und behandle dieselben hintereinander ohne Rücksicht auf ihren Ursprung. Zunächst ist vor jener Rede des Folco eine andre (v. 1927—38) eingeschoben, in welcher dieser einen ganz pastoralen und mit Sentenzen gewürzten Ton anschlägt. Er komme von Seiten Girarts, um Gnade zu erflehen (was gar nicht wahr ist), Karl möge jenen nicht bekriegen, denn mancher erkläre sich aus Klugheit nicht öffentlich für unsern Freund, der uns im Grunde gern beistehen möchte; der König solle nicht seinem Zorne freien Lauf lassen, denn wenn er das Volk, das er zu regieren habe, umkommen lasse, so werde Gott sich von ihm abwenden; daher möge er den Krieg abbrechen und den Girart wieder einsetzen; nicht solle er den schmeichlerischen Verläumdern glauben; denn ein mächtiger Mann dürfe nicht eine so grosse Fehde beginnen. Es liegt auf der Hand, dass eine derartige Predigt nicht aus dem alten Epos, dessen Geist sie völlig widerspricht, herübergenommen sein kann.

Es folgt nun Tirade 121. Während Karl sonst immer erst das Wort ergreift, um, nachdem die Andern ihre Ansicht ausgesprochen, seine Entscheidung mitzutheilen, so hält er hier schon jetzt eine Rede, obwohl Folco doch erst in Tirade 122 seine Anerbietungen macht. Aber was er redet, ist theils unverständlich, theils nichtssagend. Ihr sprecht gut, Folco, und ich handle, wie ich muss; wenn Girart Rossillon als Allodium besitzt, so kann er dies auch mit Burgund thun (v. 1939—42). Es ist nicht klar, was mit letzteren Worten gemeint ist, um so weniger, als erst in der folgenden Tirade Folco Rossillon für ein Allodium des Girart erklärt. Hieran schliessen sich wiederum allgemeine Drohungen gegen Girart; er werde ihm 100 Mark (oder Marken) von seinem Gebiet nehmen und alle Schlösser zerstören. Hierauf entgegnet Begon. Auffallend ist schon, dass dessen Auftreten mit „Premers parlet dans Bec, li filz Bazen" (v. 1946) eingeleitet wird, da ja, abgesehen von dem König, auch Folco schon gesprochen hatte. Sodann aber verlautet nirgends davon, dass Begon mit an der Spitze der Gesandtschaft gestanden hat; es ist vielmehr immer nur von Folco und Folcher die Rede, so auch v. 2167, wo diese beiden herausgeleitet werden. Begon dagegen wird bei einer späteren Gelegenheit für eine ganz gleiche Sendung vorgeschlagen, und dabei wird in Tirade 352 vieles zu seiner Empfehlung für diesen Posten angeführt. Dies würde doch überflüssig sein, wenn er schon ein Mal eine derartige Aufgabe gelöst hätte. Endlich liegt ein weiterer verdächtiger Punkt darin, dass Begon nur an unserer Stelle Sohn des Bazen (Tirade mit dem Reim auf — en) genannt wird, während im ganzen übrigen Epos nichts über seinen Vater mitgetheilt wird, nicht einmal in Tirade 352, wo seine Verwandtschaftsverhältnisse berührt werden. Die Rede Begons nun enthält nichts als beleidigende und herausfordernde Prahlereien, die in directem Widerspruche stehen mit der Weisung, die Folco seinen Begleitern beim Einzug in Orleans gegeben hatte (v. 1674—75):

> Ne respondem au rei oltrecuidat,
> Ni aie dit orguel ne maneçat.

Es kann also keinem Zweifel unterliegen, dass auch diese Tirade späteren Ursprungs ist.

Wir kommen nunmehr zu der Anfangs erwähnten Tirade 123. Dieselbe beginnt mit einer Fortsetzung der ursprünglichen Rede Folcos (v. 1980—85), doch erweist sich dieser Anfang als einfache Wiederholung jener Rede, wobei sogar in der Mehrzahl der Fälle dieselben Worte wieder gebraucht sind, nur gegen Ende der Verse zwang der Reim, zu etwas anderen Wendungen zu greifen. Der König weigert sich hierauf, den Handschuh zu nehmen, bis er Girart besiegt haben werde. Nunmehr fällt auch Folco ganz aus seiner Rolle, indem er dem Könige heftige Vorwürfe macht, und dabei die oben angedeutete Anspielung vorbringt (v. 1992—2005):

> Parjurar le fezestes, lui e sa gent,
> Ço furent conte e duc e sapient,
> L'apostoiles meesmes, cui Rome apent!
> Dedinz Constantinoble en Ausilent
> Jurerent que presesses nociaument

Fille d'emperador del Griu manent,
E Girarz sa soror tot essement;
A son ues la jurerent li seu parent;
Tornaven s'en areire alegrement,
Quant lor annaz encontre a Bonevent.
Aicel est vers trairi̇es son escĭent
Qui laisse sa moiller e l'autrui prent,
Com tu fezis[t] la ẗoe, reis mescredent,
E tougis[t] a Girart sa bien-volent.

Folco erklärt mit jedem kämpfen zu wollen, der mit verläumde-
rischer Zunge für den König eintreten sollte.

Befremdlich ist die Antwort, die Karl hierauf giebt (v. 2009):

Mal aĭeu, dist li reis, se dun (P: er) la prent.

Soll das „la“ sich auf Bertha beziehen, der König sich also ver-
wünschen, wenn er seine eigentliche Braut jetzt nimmt? Das verlangt ja niemand von ihm. Noch weniger kann damit aber doch
die „verläumderische Zunge“ aus v. 2006 gemeint sein, und ein
andres Femininum ist nicht in der Nähe. — Der Schluss von
Karls Rede droht wiederum Girart und den Seinen Verderben,
worauf Folco (v. 2012—13) erklärt, er wisse nicht, ob der König
lüge, er werde einen Monat warten, — was völlig unverständlich ist,
da er gleich darauf wieder heimkehrt.

Die beiden folgenden Tiraden dienen nur dazu, die Debatte
noch weiter in die Länge zu ziehen, ohne auch das geringste neue
Moment hinzuzubringen. Die Einleitung (v. 2014) „Ere parlet danz
Folche“ ist sehr ungeschickt, da sie nicht berücksichtigt, dass derselbe Folco auch am Schluss der vorangehenden Tirade gesprochen
hat. Er versichert den anwesenden Rittern, der Krieg mit Girart
werde kein Kinderspiel sein; aber es kann doch die Frage, ob
Krieg sein wird oder nicht, noch gar nicht entschieden sein, da
sonst Folco ja längst den Hof verlassen hätte. Wiederum ergreift
Karl das Wort (v. 2022—29), obwohl Folco zu den „francs che-
valiers“ (v. 2015) gesprochen hatte. Aber statt nun Girarts Vorschlägen gegenüber seine Meinung zu sagen, benimmt sich der König
hier wie ein roher Eisenfresser: er werde alle Gefangenen schänden
und verstümmeln, den Rittern werde er die Nasen und die Ohren,
den Knappen und Bürgern die Füsse und Hände abschneiden lassen,
worauf Folco, wie es scheint, um den König noch zu übertrumpfen,
ausruft (v. 2031—32): „Und wir werden gascognische Rosse haben,
um aus der Nähe zu verfolgen und weithin zu fliehen!“

Nachdem wir also alle in Rede stehenden Stellen als spätere
Zuthaten erkannt haben, erübrigt es nun noch, die Frage nach
dem Verfasser derselben zu erledigen. Zunächst kann wohl kein

Zweifel darüber walten, dass Tirade 123 mit der Einleitung den gleichen Ursprung hat. Nur jener Bearbeiter hatte ein Interesse daran, bei einer Gelegenheit, bei der es sich um ganz andere Dinge handelte, die von ihm erfundenen Ereignisse noch einmal vollständig zu recapituliren, damit jene seine Erfindung auch durch eine andre Stelle seines Gedichtes in allen ihren Theilen gestützt werde. Ein späterer Interpolator hätte, wenn ihm überhaupt der Gedanke gekommen wäre, jene Episode zu erwähnen, sich gewiss auf eine kurze Anspielung beschränkt, was viel natürlicher gewesen wäre, als diese lange Aufzählung, die nicht anders als lächerlich wirken kann, da der König ja alle Einzelheiten derselben genau kennt. Auch das häufige Vorkommen von Fremdwörtern, wie sapïent, nociaument, ist, wie wir uns erinnern, eine Eigenthümlichkeit jenes geistlichen Autors.

Ist nun aber einmal constatirt, dass unser Verfasser an den in Rede stehenden Interpolationen betheiligt gewesen ist, so wird man kein Bedenken tragen, demselben auch die Verse 1927—38 zuzusprechen, die ganz den salbungsvollen Stil zeigen, der im letzten Theile des Gedichtes sich in so unangenehmer Weise bemerkbar macht. Dazu kommt aber, dass sie zwei Erscheinungen aufweisen, die wir unten als Eigenthümlichkeiten des geistlichen Redactors kennen lernen werden: erstens, dass er den Girart als den Onkel Folcos und seiner Brüder hinstellt (v. 1928) statt als Vetter, zweitens, dass er den Girart in v. 1936 zum Lehnsmann Karls macht, während in v. 1962 Folco ausdrücklich erklärt, Rossillon sei ein Allodium.

Bei den andern Strophen liegt durchaus kein zwingender Grund vor, denselben Verfasser zu vermuthen; weder innere noch äussere Anzeichen weisen darauf hin, ja in Bezug auf Tirade 121 spricht sogar ein Umstand gegen diese Annahme. Dort wird v. 1946 Begon zum Sohn des Bazen gemacht, während der geistliche Bearbeiter denselben in v. 8056—57 zu einem nahen Verwandten Girarts macht. Es ist also durchaus unwahrscheinlich, dass beide Angaben von ein und demselben Verfasser herrühren sollten, da Bazen sonst dem Epos völlig fremd ist. Hieraus folgt, dass in der Fassung des geistlichen Bearbeiters auf dessen ersten Einschub vermuthlich sofort die alte Strophe 122 folgte, in welcher Folco das Recht auseinandersetzte, nachdem er zuvor Karls Gnade angerufen. Hieran schloss sich seine zweite Interpolation (Tirade 123), die mit Folcos Versicherung schloss, er wisse nicht, ob der König die Wahrheit sage. Dann trat Folcher mit seiner energischen Rede auf.

Die Strophen 121, 124 und 125 würden demnach späteren Überarbeitern ihren Ursprung verdanken.

Wenn nun Tirade 123 mit ziemlicher Sicherheit dem geistlichen Redactor zugesprochen werden kann, so gilt dasselbe von den Versen 2224—25 in der Tirade 135. Folco berichtet dort dem Girart über seine Sendung und theilt ihm dabei mit:

> Mais eu li reprochai la traizion
> De qu'el fes parjurar tan riu baron.

Diese Worte, die in ihrer unbestimmten Form dem Girart völlig unverständlich bleiben müssen, verrathen deutlich das Bestreben des Bearbeiters, seinem Einschub durch wiederholte Anspielungen auf denselben den Anschein der Alterthümlichkeit, jedenfalls den der engen Zugehörigkeit zum Epos zu verleihen, ein Verfahren, das wir bei ihm noch mehrfach angewendet finden werden.

Weitere Bezugnahmen auf die jüngere Einleitung kommen in dem Gedichte nicht vor. Dagegen hat die völlige Umarbeitung und Umgestaltung des Ausganges unseren Mönch gegen Ende des Epos hin gezwungen, mehrfache Einfügungen vorzunehmen, um jene seine Änderung vorzubereiten. Dieselben beginnen mit den Versen 7932—36, 7953—56 und 7969—92 in den Tiraden 545—547, welche zugleich zu behandeln sind, weil sie ein zusammenhängendes Ganzes bilden. Der Inhalt der Stelle ohne jene Verse ist folgender: Die Königin bittet ihren Gemahl um die Erlaubniss, nach Girart forschen, und, wenn sie ihn findet, denselben zurückrufen zu dürfen. Der König geht auf ihre Bitte ein. Am folgenden Tage, dem Osterfeste, fordert er bei Tisch alle Anwesenden auf, dem gestorbenen Girart das ihnen von diesem widerfahrene Unrecht zu verzeihen, da seine Seele im Paradiese dann besser Frieden finden werde. Dies geschieht. Die Königin dankt ihrem Gemahl mit einem Kusse, lässt durch einen Boten den Girart und seine Gattin schmücken und herbeiholen, worauf der König ihn sofort erkennt und auf erneutes Bitten seiner Gemahlin ihm ein Besitzthum überträgt. Man erkennt, dass dieser Verlauf zu einem baldigen Frieden zwischen den beiden Gegnern führen musste, wie es ja in dem älteren Epos auch der Fall gewesen war. Nun hatte aber der Bearbeiter, wie wir wissen, gerade den Plan gefasst, das Gedicht zu verlängern, und zwar dadurch, dass er einen neuen Zwist zwischen Karl und Girart entstehen liess, und so schob er die genannten Verse ein, um dadurch dieses Ereigniss vorzubereiten. Aber abgesehen von diesem äusseren Kriterium sind diese Zusätze auch in anderer Hinsicht verdächtig. Was zunächst die an erster Stelle zitirten Verse betrifft, so heisst es in ihnen, der König habe der Elissent ihre Bitte gewährt in der Meinung, Girart sei bei Rossillon umgekommen, wo er verwundet worden sei. Damit steht jedoch im Widerspruch, dass in Tirade 526 berichtet worden ist, Karl habe demjenigen,

der ihm den Girart gefangen einlieferte, sein hundertfaches Gewicht
in Gold und Silber versprochen. Selbst mit dem zwar, wie wir
sehen werden, nicht ursprünglichen, aber doch unserem Einschub
gegenüber älteren Berichte über die Erlebnisse des Girart während
seines Exils befindet sich unsere Stelle nicht im Einklang, da, wie
wir dort erfahren, Kaufleute dem Könige anzeigten, dass Girart in
der Verbannung gestorben sei, und jener darüber grosse Freude
empfand (v. 7545—46). Der in den Versen 7935—36 ausgesprochene Gedanke, dass Karl am nächsten Tage seine Verzeihung
bereut habe, findet sich nur in den nunmehr zu besprechenden
weiteren von demselben Verfasser herstammenden Zusätzen.

Die Verse 7953—56 erzählen, dass, als die Barone dem
Girart verziehen, der Graf Aïmar und Heinrich sich ausgeschlossen
hätten, da Girart sie in der Schlacht besiegt und ihren Bruder getödtet, ja dem Heinrich sogar die rechte Hand abgehauen hatte;
dieser habe daher nur widerwillig verziehen. Auch in diesen
Worten ist manches verdächtig. Zunächst erscheint unter den
Räthen des Königs ein Mann Namens Aïmar in den ältesten Theilen
des Gedichtes überhaupt nicht, ein solcher wird nur in einer allerdings älteren Interpolation, in Tirade 481, flüchtig genannt. An
unsrer Stelle hat derselbe die Grafenwürde und tritt als solcher
dann noch in Tirade 547, die mit unseren Versen den gleichen
Verfasser hat, unter denjenigen Baronen auf, mit denen der König
gegen Girart Pläne schmiedet. Was sodann den Heinrich betrifft,
so scheint dieser nur dem Reim zu Liebe erfunden worden zu sein,
da ein solcher nachher unter den dem Girart feindlich gesinnten
Baronen nicht vorkommt. Zwar führt von den Anhängern Karls
einer den Namen Heinrich und tritt in den Tiraden 310, 380
und 389 auf. Aber abgesehen davon, dass wir diese Tiraden
sämmtlich als späte Interpolationen kennen lernen werden, könnte
dieser Heinrich an unserer Stelle schon darum nicht in Frage
kommen, weil in v. 5908 dessen Tod berichtet worden ist. Hiernach ergiebt sich die obige Angabe, dass Girart die beiden genannten
Barone besiegt oder verwundet und deren Brüder getödtet habe, als
Erfindung, da wenigstens in dem Gedichte sich nirgends die leiseste
Andeutung davon findet. Endlich muss auf den Widerspruch aufmerksam gemacht werden, den jene Verse schon an und für sich
insofern aufweisen, als zuerst jene beiden Barone als Ausnahmen
hingestellt werden, womit doch nur gemeint sein kann, dass sie
allein dem Girart nicht verziehen. Gleichwohl heisst es kurz darauf,
dass Heinrich dem Girart verzieh, wenngleich nicht gern.

Die Verse 7969—92 sollen nun dazu dienen, den Ausbruch
eines neuen Zwistes als unvermeidlich und nahe bevorstehend hin-

zustellen. So erfahren wir denn, dass der König bei Girarts Anblick vor Zorn schwarz wurde, die ausgesprochene Verzeihung
verfluchte und die Königin eine Betrügerin nannte. Es liegt auf
der Hand, dass diese Worte mit dem oben dargelegten Hergang
der Handlung im schroffen Widerspruch stehen. Aber der König
geht auch alsbald zu Thaten über. Er führte den Otoet, den Bertelais, den Grafen Aïmar und Estais an einen abseits gelegenen Ort,
schimpfte dort in der unfläthigsten Weise auf Girart und erklärte,
ihn hängen lassen zu wollen. Darauf rief die Königin den Bertelais
durch ein Zeichen zu sich, zu welchem Zweck wird nicht gesagt.
Auch begreift man nicht, ob die Königin an jenen Ort mitgefolgt
ist, oder ob sie von der Tafel aus die Berathung beobachten konnte.
Man möchte das erstere vermuthen, denn gleich darauf ergriff die
Königin ihren Gemahl bei der Hand und sagte: „Wenn Du willst,
so hänge oder vernichte den Girart; jedoch ist dieser bereit, Dir
ewige Treue zu geloben; ich selbst, Estais und alle Ritter zwischen
hier und Aix wollen als Geisseln für ihn bürgen.“ Sofort, heisst
es am Schluss, brach ihm die Königin den Schnabel, und der König
thut alles, was sie will und noch mehr. Auch hierin ist manches
unklar. Woher weiss die Königin, dass Karl den Girart mit dem
Tode bedroht hat? Sodann ist nirgends gesagt, dass der Zweifel
an Girarts Treue der Grund zu Karls Hass gegen diesen war.
Endlich kann das scheinbare Nachgeben des Königs nicht ernst gemeint sein, da er nachher doch feindselig gegen Girart verfährt.
Offenbar wollte der Redactor hier nur einen Übergang herstellen
zu den gleich darauf folgenden ursprünglichen Versen des Gedichtes,
in denen der König dem Girart verzieh und sogar Land wiedergab,
und die er hier, wie glücklicher Weise in den meisten Fällen, neben
seinen eignen Zuthaten unverändert stehen liess. Der Verdacht der
Unechtheit wird endlich durch die vorkommenden Namen noch verstärkt. Otoet (P: Otoer) ist dem Gedichte sonst völlig unbekannt;
Bertelais (P: Bertalais) ist einer der Barone, die dem Girart günstig
gesinnt sind (cf. v. 573, 8567, 8577); Estais ist der Name von
Folchers Vater (v. 2033), könnte also höchstens ein Parteigänger
Girarts sein; nur Aïmar kommt, wie schon gesagt, unter Karls
Baronen ein Mal vor, nämlich v. 6936, doch nicht, wie hier,
als Graf.

Von der Tirade 549 an haben wir eigentlich zwei Handlungen,
die parallel laufen und die nur an einzelnen Punkten in loser Verbindung mit einander stehen, das sind die Heimkehr Girarts nach
Rossillon und die Befreiung des gefangenen Folco. Und zu diesen
beiden Handlungen hat nun unser Redactor den neuen Zwist zwischen
Karl und Girart als dritte eingefügt, ohne dass es ihm indessen

gelungen wäre, dieselbe mit den andern auch nur einigermassen eng
zu verknüpfen. Vielmehr hat er seine Verse meist einfach neben
die älteren gesetzt, ohne, wenigstens in den meisten Fällen, auch nur
den Versuch einer inneren Vereinigung zu machen, sodass sie sich
gewöhnlich ohne Mühe als spätere Zuthaten erkennen lassen.

Dahin gehören zunächst v. 8019—28. Die Situation ist
folgende: Karl reitet mit seinen Baronen an der Loire entlang.
Da beschwert sich Oudin bei ihm, dass Karls Nichte Aupais immer
noch den Folco bei sich gefangen halte, und verlangt, dass sie zur
Herausgabe aufgefordert, im Weigerungsfalle dazu gezwungen werde.
Dies ist also, wie man sofort erkennt, die Einleitung zur Folco-
Episode. In diese fügte nun der Redactor die genannten Verse
ein, und zwar unmittelbar hinter dem Verse 8018:

<blockquote>E sunt o lui si conte e si baron,</blockquote>

Zunächst wollte er mittheilen, wer diese in Karls Begleitung befindlichen Barone waren. Da nun aber die Helden des alten Epos
sämmtlich nicht mehr lebten, und inzwischen eine neue Generation
herangewachsen war, so beschloss er, diesen jungen Nachwuchs auf
die Bühne zu bringen, und berichtete daher, dass bei dieser Gelegenheit die beiden Söhne des Andefrei, die drei des Aimon und
die vier Aimeris um den König waren, ohne diese jedoch mit Namen
zu nennen. Er fügte hinzu, dass auch Bernart sich zu ihnen gesellte.
Da dieser nicht näher bezeichnet wird, so ist nicht zu sagen, wer
damit gemeint sein soll. Er scheint nur als Lückenbüsser hier eingeführt worden zu sein, da er im weiteren Verlaufe des Gedichtes
nicht wieder auftritt. Die Barone machen dem Könige Vorwürfe,
dass er ihren Erbfeind, den Girart, in Gnaden wieder aufgenommen
und bei sich behalten habe. Karl antwortet ausweichend, er schone den
Grafen nur aus Rücksicht auf die Königin, aber sein Lehnsmann sei er
nicht. Dass dies ein späterer Einschub ist, ergiebt sich schon äusserlich daraus, dass in v. 8029 Oudins Auftreten mit den Worten:
„Primers parlet Hudins" eingeleitet wird, welche zeigen, dass ursprünglich keine weiteren Verhandlungen vorhergegangen sein können.

Sehr gut hat sich der Redactor dann bei der endgültigen
Antwort des Königs zu helfen gewusst. Dieser erwiderte auf
Oudins Beschwerden ursprünglich in v. 8051 unzweifelhaft so:

<blockquote>E Carles respondet: „Eu l'abandon",</blockquote>

womit er also die Erlaubniss zu dem gewaltsamen Vorgehen gegen
Aupais ertheilte. Unser Redactor nun machte aus „eu l'abandon"
einfach „els abandon" und hatte damit zugleich erreicht, dass Karl
gewissermassen seine Hand auch von Girart zu ziehen versprach.
Dann fügte derselbe noch die Verse 8052—55 hinzu, in denen der

König erklärte, so lange Girart an seinem Hofe weile, wolle er ihn nicht verrathen, aber später sei ihm jeder Angriff auf ihn will-kommen. Diese an und für sich unverständliche Einschränkung wird nur dadurch erklärlich, dass der Verlauf der Erzählung es erforderte, dass Girart unangefochten nach Rossillon gelangen musste. Als Bertran von Val-Olec den Girart und die Königin von der dem Folco und der Aupais drohenden Gefahr unterrichtete, fügte der Redactor in dessen Rede die beiden Verse 8067—68 ein:

> Quar tuit si anemi sunt d'une part,
> E li reis en creit ben cel plus gaignart.

Diese Worte sind in mehrfacher Hinsicht ungeschickt; erstens kann man nur aus dem Zusammenhang errathen, dass sie sich auf Girart beziehen, da von Folco erst in den nächsten Versen 8069 sq. die Rede ist; sodann aber zeugt es nicht von grosser Gewandtheit, dass, obwohl Girart zugegen ist, dennoch von ihm in der dritten Person gesprochen wird; endlich versteht man nicht, wer mit dem „plus gaignart" gemeint sein könnte, da unter den Neidern Girarts niemand mit Namen genannt oder auch nur her-vorgehoben wird. Wenn man dagegen die beiden Verse streicht, so lässt der Zusammenhang nichts zu wünschen übrig.

In der Tirade 553 wurde ursprünglich mitgetheilt, dass Girart über die Nachricht von der seinem Vetter drohenden Gefahr er-schrak, dass jedoch die Königin ihn beruhigte und Hülfe zu schaffen versprach. Nun schob der Redactor hinter:

> E Girarz, quant l'auït, ot grant poor, (v. 8073)

den Vers:

> La contesse de cor e dels oils plor

ein. Dadurch erreichte er, dass die Worte des Verses 8073 sich nicht mehr, wie ursprünglich, auf die dem Folco, sondern auf die dem Girart selbst drohende Gefahr bezogen. Und um diese Wirkung noch zu verstärken, fügte er dann noch die Worte (v. 8076):

> Ne vos esmaiez, sor, por Deu amor!

ein. In der älteren Version können diese beiden Verse unmöglich gestanden haben, da Bertha an dem Conflict zwischen Oudin und Folco resp. Aupais, gar kein besonderes Interesse hatte.

In den Versen 8077 sq. erklärt Elissent, sie werde den Girart nach Rossillon geleiten lassen, und auch hier fügte der Bearbeiter eine Anspielung auf den neuen Zwist ein durch die Worte (v. 8083):

> En aicest non avez contraditor,

die in der älteren Fassung gar keinen Sinn gehabt hätten, und die sich auch schon äusserlich durch das Fremdwort „contraditor" als späteren Zusatz kennzeichnen.

Demselben Bearbeiter ist auch die Tirade 558 (v. 8160—72) zuzuschreiben. Kurz vorher ist berichtet worden, mit welch herzlicher Freude die Einwohner von Rossillon ihren Herrn empfangen haben. Die in Rede stehende Strophe beginnt nun mit einer weiteren Ausmalung dieses Empfanges: Girart küsst zuerst diejenigen, die zu Pferde waren, seine Vertrautesten, und steigt dann ab, um die kleinen Leute zu begrüssen. Dann tritt wiederum der Geistliche hervor: Eine Procession geleitete den Girart in die Kirche, wo er den Heiligthümern opferte. Als er dann beim Austritt aus dem Gotteshause seine Grüsse erneuerte, theilten ihm seine Leute mit, dass sie während seiner Abwesenheit alle diejenigen, die durch ihren Verrath Karls Feindschaft gegen Girart erregt, besiegt und getödtet hätten, und dass er nie wieder von jemand besiegt werden würde. Abgesehen von der letzten sehr prahlerischen Bemerkung, die also wiederum auf den neuen Zwist anspielt, ist es doch ganz unwahrscheinlich, dass Girarts Leute ungestraft Karls Anhänger hätten bekriegen und besiegen dürfen.

In Tirade 559 fordert Girart seine Barone auf, Truppen zu sammeln, um den Folco, wenn nöthig, mit Gewalt aus der Gefangenschaft zu befreien. In diese Rede hat nun der Redactor zunächst die beiden Verse 8175—76 eingeschaltet: „Nie würde ich ohne den Verrath des Richier von Karl besiegt worden sein", durch die also der Gedanke hervorgerufen wird, dass die Truppen auch gegen Karl verwandt werden sollen.

Von demselben Verfasser stammt sodann noch der Vers 8189 her:

A Meante trames e a Noion.

Dieser enthält eine directe Bezugnahme auf v. 8020:

E li quatre (sc. fil) Aimeri, qui tent Noion,

denn, da ja unser Redactor die Söhne Aimeris und seiner Brüder zu Feinden Girarts macht, so stellte er mit diesem Vers, in welchem Oudin für seine Unternehmung gegen Aupais zu den Söhnen des Aimeri und des Andefrei (denn diesem hatte nach v. 1712 Meante gehört) um Hülfe sendet, durch diese Bundesgenossenschaft ein weiteres Band zwischen dem von ihm erfundenen neuen Kampfe Karls gegen Girart und der älteren Episode Folco-Aupais her. Die Urheberschaft des Mönches von Vezelai ist bei diesem Verse um so unzweifelhafter, als die in demselben enthaltene Angabe über die Besitzungen des Aimeri und des Andefrei sowohl mit der des alten Epos als auch mit der der Episode Folco-Aupais im Widerspruch steht. In letzterer wird nämlich (v. 8567—68) Dalmaz als Besitzer von Noion genannt; wie sich das alte Epos in Bezug auf diesen Punkt verhielt, werde ich unten im Kapitel 13 bei Besprechung der Tirade 110 darlegen.

In der folgenden Strophe dürften die Verse 8199 — 8200 die gleiche Herkunft haben. Zunächst treten dieselben völlig aus dem Zusammenhang, v. 8201 entspricht genau dem in den Versen 8195 — 98 Erzählten: Die Königin beschenkt die Barone reichlich und bittet sie, sich zur Abreise am nächsten Morgen bereit zu halten. Zwischen diese beiden Sätze treten nun ganz unmotivirt die Worte: „So strahlende Augen wie die ihren schliessen sonst keine Lider, noch bedecken ein so schönes Haupt andre als ihre Haare". Dass nun dieser offenbar spätere Einschub von unserem Redactor stammt, glaube ich daraus folgern zu sollen, dass ebenderselbe auch an einer andern ihm sicher zuzuschreibenden Stelle in ganz ähnlicher Weise die Schönheit der Königin hervorhebt, von der das eigentliche Epos nicht redet. In den Versen 8877—78 heisst es nämlich: „Sie (sc. die Königin) hat weisses Fleisch und weisse Hautfarbe, so schön und anmuthig [ist sie] wie eine blühende Rose." Auch in der Einleitung, wo unser Bearbeiter die Elissent zum ersten Male erwähnt, drückt er sich ähnlich aus: „Sie hat einen anmuthigen und jungfräulichen Körper, eine herrliche Gestalt und Gesichtsfarbe" (v. 258—59).

Die vier folgenden Tiraden 561—64 (v. 8205—76) sind ganz und gar unserem Bearbeiter zuzuschreiben. Dies zeigt sich schon äusserlich darin, dass Tirade 565 inhaltlich die unmittelbare Fortsetzung von 560 bildet; hier befiehlt die Königin, dass Bertran sie am nächsten Morgen wecke, und dort erhebt sie sich mit Anbruch des Tages. Ausserdem war in der Strophe 560 erzählt worden, wie die Königin und Bernart alles vorbereitet hatten, um Tags darauf nach Rossillon zu reiten und von dort aus Oudins Anschlag auf Folco zu vereiteln. Es schien dem Bearbeiter nun wieder an der Zeit zu sein, auch den Streit zwischen Karl und Girart wieder zu erwähnen, resp. um einen Schritt weiter zu bringen; und diesem Zwecke sollten die vier genannten Tiraden dienen. Neun Grafen, heisst es im Anfange, waren beim Könige, deren Väter drei Brüder waren. Gemeint sind natürlich die von unserem Redactor erfundenen zwei Söhne des Andefrei, drei des Aimon und vier des Aimeri (cf. v. 8019 — 20). Sie beschweren sich darüber, dass Bertran auf Krieg bedacht sei, und sprechen die Vermuthung aus, derselbe wolle die Partei des Königs verlassen, wie sein Vater auch gethan (v. 8208—9). Bertran ist, wie wir weiter unten sehen werden, der Sohn des aus dem zweiten Theile des Epos bekannten Begon von Val-Olec (v. 8056), welch letzterer einst von Karl zu Girart übergegangen war (v. 5466). Sie beschuldigen ihn, dass er alle vornehmen Ritter des Hofes bereits für sich gewonnen und zum Verlassen des Hoflagers bestimmt habe (v. 8210—11). De[r]

Redactor benutzt also die in der vorangehenden Strophe enthaltene
Mittheilung über die Vorbereitungen Bernarts, um diese als gegen
den König selbst gerichtet hinzustellen. Nun mischt sich die
Königin ein, aber was sie sagt, ist nicht eben klar: „Er wird sie
(offenbar die Ritter) nicht lange behalten, denn ich werde meine
Schwester in ihr Besitzthum geleiten." Das kann doch nur heissen,
dass Bertran jene Ritter nicht für sich selbst geworben habe, sondern zu dem Zwecke, der Königin bei ihrem Zuge nach Rossillon
als Schutz oder Begleitung zu dienen. — Hierauf ergreift Oudin
das Wort. Dieser hat ja ursprünglich mit dem Streite zwischen
Karl und Girart nichts zu thun; aber dieselbe Tendenz, die unsern
Redactor den vorhin besprochenen Vers 8189 einfügen liess, veranlasste ihn hier, auch den Oudin in jenen Streit mit hineinzuziehen,
um seinen Einschub fester mit den älteren Theilen des Gedichtes
zu verbinden. Von jenem heisst es nun (v. 8214—16):

> E Oudins en juret par Saint Alaire,
> Se de mon enemi se fait guiaire,
> Eu li er, quant porrai, contraliaire.

Die beiden letzten Zeilen sollen sich offenbar auf die Königin
beziehen, da gleich darauf deren Sohn seine Mutter gegen derartige
Drohungen in Schutz nimmt. Auffällig bleibt dabei aber, dass
Oudin von der Königin in der dritten Person redet, da diese ja zugegen ist, und da auch die sanfte Entgegnung dieser letzteren: „Sage
das nicht, Bruder", die den Worten ihres Sohnes vorangeht, eher
vermuthen liesse, dass Oudin einen andern, etwa den Bertran, gemeint hätte. Der junge Prinz, der seine Mutter in Schutz nimmt,
ist Pipin. Wie wir gesehen, hat unser Bearbeiter demselben in
dem von ihm hinzugefügten Schluss eine Rolle zuertheilt, hielt es
aber für passend, ihn schon vorher in die Erzählung einzuführen,
und wählte dazu unsere Stelle. Dieser Prinz, der hier als ein
fünfzehnjähriger, stattlicher und verständiger Jüngling geschildert
wird (v. 8218—20), erklärt, der möge sich in Acht nehmen, der
seine (Pipins) Mutter beleidigen wolle (v. 8221—22). Der König
spielt hier wiederum eine jämmerliche Figur, denn obwohl also in
seiner Gegenwart seine Gattin bedroht wird, heisst es dennoch am
Schlusse der Strophe (v. 8223):

> Por iquest mot se tarde li emperaire.

Die nächste Tirade 562 beginnt mit den Worten (v. 8224):

> Annat sunt tuit au rei, conte e contor.

Die Situation ist also genau die gleiche, wie zu Anfang der vorigen,
und wirklich werden wir nun über den weiteren Verlauf der Verhandlung beim Könige unterrichtet.

Die Grafen theilen nämlich dem Könige mit, sie würden den Girart mit dem Tode bedrohen, ehe dieser in sein Lehn zurückkehre. Sie scheinen also nicht zu wissen, dass Girart längst in Rossillon angelangt ist. Der Bearbeiter fügt hinzu, dass der Graf seine Rettung Gott, der Königin, dem alten Draugo und Bertran verdankt habe, und benutzt nun diese Gelegenheit, den Bertran selbst hier zu Gunsten Girarts auftreten zu lassen. Zunächst berichtet er von ihm v. 8230 sq., obwohl wir ihn schon lange kennen, dass er nicht nur selbst ein trefflicher Baron gewesen sei, sondern auch 25 tapfere Neffen und 200 auserwählte Ritter in seinem Gefolge gehabt habe. Der Redactor hat nicht bedacht, dass er sich durch diese Angaben in offenbaren Widerspruch mit den älteren Theilen des Gedichtes setzt, da derselbe Bertran in Vers 8834 „meschin", also „junger Mann" genannt wird, aber nirgends als mächtiger Baron in einem so vorgerückten Alter, wie man ihm doch als Onkel von 25 Neffen zuschreiben müsste, erscheint. Als nun dieser Bertran von jenen Drohungen vernimmt (man ahnt nicht, auf welche Weise), eilt er herbei und schilt die Barone aus, dass sie durch die Verdächtigung Girarts einen so alten Streit wieder anfachen, ja sogar dem Grafen nach dem Leben trachten. Sonderbarer Weise tadelt die Königin den Bertran wegen seiner Worte: er solle den Girart nicht unter seinen Schutz nehmen, da der König und die meisten Andern es nicht wollen. Sie werde ihrer Schwester deren Heirathsgut wiedergeben, und dort werde Girart dann Schutz finden. Am nächsten Morgen wolle sie ihre Schwester dorthin geleiten und dabei ihren ältesten Sohn, also Pipin, mitnehmen. Da endlich mischt sich auch der König in den Streit ein, aber wie? „Bei meinem Haupte," ruft er aus, „nicht einmal den jüngeren!" Die Königin lässt sich jedoch hierdurch nicht beirren, sondern fährt fort, sie werde ausserdem auch den Bertran mitnehmen. Die Schlussworte „Der König verfärbte sich vor Zorn, aber schwieg, weil er seine Schlechtigkeit nicht verrathen wollte", vermögen ebenso wenig wie das Vorhergehende die oben ausgesprochene geringe Meinung von der dichterischen Begabung unseres Bearbeiters zu dessen Gunsten zu verändern oder gar umzustossen.

In Tirade 563 tritt die bereits in 561 beobachtete Absicht unseres Redactors, auch den Oudin als einen der Widersacher Girarts erscheinen zu lassen, mit voller Deutlichkeit hervor. Oudin führte nach v. 8258 den König bei Seite und sprach sich zuerst sehr verächtlich über Bernart aus, den er einen Mischling zwischen einem Burgunder und einem Franzosen nannte und den er eines unerträglichen Hochmuthes zieh (v. 8260—61). Und nun warf er dem Könige geradezu vor, dass er sich durch die schmeichelnden

Reden der Königin habe umstimmen lassen. Dass mit diesen Worten auf Girarts Rehabilitirung hingedeutet werden soll, ergiebt sich ganz klar aus den darauf folgenden Versen 8264—66:

> Trop a grant don del Rin entrosqu'au Groing;
> Ben fai semblan d'onor reis non a soing
> Qui si grant onor gete fors de son poing,

in denen dem Könige Vorwürfe gemacht werden, dass er jenem sein Lehn zurückgegeben hat. Den gleichen Gedanken hat derselbe Verfasser sogar schon ein Mal in der von ihm herstammenden Einleitung ausgesprochen, nämlich in Tirade 39 (v. 559—63):

> Grant aver a Girarz e terre bone,
> Des le Rin ten s'onor trosque a Baione
> E devise Espaigne per Barcelone
> E li rendent trëut cil d'Arragone;
> A com es fols lo reis qui tau fiu done!

In Tirade 564 giebt der König zu, dass er sich in der That habe überlisten lassen, und führt zu seiner Entschuldigung an, dass es nach dem Wein geschehen, er also nicht nüchtern gewesen sei (v. 8267—68); er wolle jedoch nicht hundert noch tausend für einen verlieren (v. 8269). Letztere Worte sollen offenbar andeuten, dass die allgemeine Unzufriedenheit, welche Girarts Wiedereinsetzung hervorgerufen hat, ihn, den König, bestimmen wird, dieselbe rückgängig zu machen, um sich nicht alle seine Getreuen zu entfremden. Nun geht Karl mit einem kühnen Sprunge auf Folco über, von dem Oudin gar nicht gesprochen hat, und erklärt, er finde es ganz gerechtfertigt, dass Oudin dem Folco zürne (v. 8270). Er, Karl, werde den Berart del Brun zur Aupais senden, der dieselbe auffordern solle, ihren Gefangenen nach Aachen oder nach Laon auszuliefern; thue sie dies nicht, so gebe er jedermann die Erlaubniss, ihre Burg zu zerstören (v. 8271—75). Dieser zweite Theil von Karls Rede ist eine Erweiterung der Verse 8047—51 in Tirade 551, wo Karl dem Oudin auf dessen Bitte bereits alles das bewilligt hat, zu dem er sich hier, ohne dazu aufgefordert worden zu sein, freiwillig erbietet. Den Namen des Boten, den der Verfasser v. 8271 nennt, hat er aus v. 8332 und v. 8822 entlehnt, sich aber dabei, vielleicht des Metrums wegen, die Veränderung desselben in Berart del Brun erlaubt, während derselbe an ersterer Stelle Berart Brun, an der andern Brun Berart heisst.

In Tirade 565 erfahren wir, wie die Königin am folgenden Morgen gemäss ihrer Erklärung in Begleitung ihrer Schwester, Bertrans und einer Truppe von fünfhundert Rittern von Orleans nach Rossillon reitet. In der Beschreibung ihres Weges scheint nur v. 8282 von unserm Autor herzurühren:

E passen les agaiz c'an Girart mes,

der offenbar eine Anspielung auf die oben besprochenen, von demselben Verfasser stammenden Verse 8225—26:

„Abanz que Girarz tor[n] en sa onor,
Li ferant, si cum dient. de mort poor"

enthält, während behufs der Befreiung des Folco gar kein Anlass vorlag, dem Girart einen Hinterhalt zu legen.

Inzwischen sind die von der Königin gesandten Boten mit einem Briefe von ihr im Schlosse der Aupais angelangt, und letztere bespricht in Tirade 571 mit ihrem Geliebten, dem Folco, was nun zu thun sei. Dabei fordert sie durch die Worte:

„La rëine chevauce, mentres tu jais"

(v. 8380) den Folco zur Thätigkeit auf. Dies ist ganz der Situation entsprechend. Wenn aber unmittelbar daran sich der Vers schliesst (v. 8381):

Qui de Girart el rei cerche la pais,

so hat dieser hier gar keinen Sinn, sondern erklärt sich nur durch den Wunsch des Redactors, auch hier wieder eine Anspielung auf den von ihm geplanten neuen Streit zwischen den beiden Nebenbuhlern anzubringen.

Im weiteren Verlaufe des Berichtes von der Befreiung des Folco hat sich unser Mönch nicht eingemischt. Erst gegen Ende desselben, von dem Augenblicke an, wo Folco und Aupais mit Oudin und den übrigen überwundenen und gefangenen Feinden in Rossillon eintreffen, beginnt seine Wirksamkeit wieder, und zwar in verstärktem Masse, sich bemerkbar zu machen. Dort verfasste er zunächst die Strophen 586—89 (v. 8615—76). Dass diese Tiraden spätere Zuthat sind, ergiebt sich schon äusserlich daraus, dass die Tirade 590 genau damit einsetzt, womit 585 schliesst, nämlich mit den Verhandlungen über die Frage, was mit den Gefangenen zu thun sei. Der Inhalt derselben wird uns allerdings nicht mitgetheilt, vielmehr bestimmt die Königin in v. 8826 sq., dass die Gefangenen zu Karl gehen sollen, um dessen Zorn über die eigenmächtige Befreiung des Folco und über die darauf folgenden Kämpfe zu besänftigen. In den eingeschobenen Tiraden beginnt nun der Bearbeiter damit, uns den Inhalt der Berathungen mitzutheilen. Dieselben sind recht unklar und inhaltlich fast völlig bedeutungslos; sie enden mit einem von der Königin gebilligten Vorschlag des Bertran, der im Wesentlichen auf das hinausläuft, was jene später selbständig und ohne Bezugnahme auf eine etwa vorangegangene Berathung bestimmt. Ja, sie erklärt dort v. 8821 sq. ausdrücklich, dass die von ihr beschlossene Massregel durch den Inhalt einer ihr soeben zugegangenen Botschaft veranlasst worden sei. Da nun aber der Verfasser den Girart an diesen Verhandlungen in dem Sinne Theil nehmen lässt, als wenn er selbst mit zu den kriegführenden Parteien gehörte, so erreicht er wiederum, dass die Massregeln, die behufs Aussöhnung des Königs ins Auge gefasst werden, sich zugleich auch auf den Zwiespalt zwischen ihm und Karl mit beziehen.

An Einzelheiten ist erstens zu bemerken, dass der Bearbeiter in Tirade 586 (v. 8627) den Bertelais zum Sohn des Folcher und Neffen des Estais macht. Die erstere dieser beiden Angaben wird durch die Verse 8317 und 8582 gestützt, dagegen steht die andere mit den älteren Theilen des Gedichtes im Widerspruch. Folcher war nämlich nach v. 2033 der Sohn des Estais, sodass Bertelais der Enkel des Letzteren ist; selbst wenn man aus der Lesart von P an der betreffenden Stelle (neps Eutais, v. 1432) folgern wollte, dass Folcher der Neffe des Estais gewesen wäre, so würde auch hiermit jene Angabe nicht übereinstimmen.

Noch bemerkenswerther ist folgender Punkt. In Tirade 588 billigt die Königin den Vorschlag Bertrans, durch Vermittelung der Gefangenen mit dem König Frieden zu schliessen; dann fügt sie jedoch in v. 8650—51 hinzu „oder wenigstens einen siebenjährigen Waffenstillstand". Dies ist eine recht ungeschickt angebrachte Hindeutung auf seine Absicht, die Verlängerung des Gedichtes wirklich dadurch zu ermöglichen, dass er an die Stelle des endgültigen Friedens zunächst einen Waffenstillstand von sieben Jahren treten liesse. Ja der Bearbeiter glaubte diese Gelegenheit gleich benutzen zu sollen, um schon hier den wesentlichen Inhalt des von ihm beabsichtigten neuen Schlusses anzugeben. Indem nämlich die Königin ihre Zustimmung zu Bertrans Vorschlag ausspricht, theilt sie zugleich die Ereignisse mit, welche während des siebenjährigen Waffenstillstandes eintreten werden. Sonderbarer Weise weiss sie schon, dass ihre Schwester dann Kinder bekommen wird. Die weiteren Vorkommnisse sind: 2) die endgültige Einsetzung des Grafen in alle seine Besitzungen, 3) ebenso die des Folco, 4) die Krönung Pipins zum römischen König.

In Tirade 589 macht Bertran die Gefangenen in Girarts Namen mit der von ihnen zu lösenden Aufgabe bekannt. Da nun aber in Tirade 601 dasselbe geschieht, so ergiebt sich, dass 589 eine, und zwar ziemlich unselbständige, Wiederholung von 601 ist, mit dem einzigen Unterschiede, dass an unserer Stelle, entsprechend der Tendenz unseres Redactors, den Gefangenen aufgetragen wird, die Versöhnung zwischen Karl und Girart, dort dagegen die zwischen Karl und Folco zu Stande zu bringen. Da nun in 601 den Gefangenen von einem Waffenstillstand nichts gesagt wird, so glaubte der Redactor auch in 589 denselben nicht erwähnen zu sollen, obwohl, wie wir gesehen, die Königin kurz vorher besonders hervorgehoben hatte, dass, wenn der endgültige Friede nicht zu erlangen sein sollte, wenigstens ein Waffenstillstand zu erstreben sei. Es ist dies eine von den vielen Inconsequenzen, die durch die Umarbeitungen und Interpolationen in das Gedicht hineingekommen sind.

Von den auf 589 folgenden Tiraden liess unser Redactor nur die beiden nächsten, 590 und 591, unangetastet; dann aber fügte er einen Einschub von nicht weniger als acht Tiraden ein, 592—599 (v. 8709—8818).

In der Strophe 591 war erzählt worden, dass Folco zur Feier seiner Vermählung mit Aupais eine Quintaine veranstaltete. Unser Verfasser glaubte nun eine Beschreibung derselben geben zu sollen, und zwar lässt er dabei das Bestreben zu Tage treten, zu beweisen, dass Girart im Exil nichts von seiner früheren Kraft und Gewandtheit eingebüsst hat. So überreicht der alte Droon dem Grafen einen Speer, den früher Arthur von Cornuaille getragen hatte, eine Persönlichkeit, die dem Epos sonst unbekannt ist; mit diesem stösst er dann ein solches Stück aus dem Schilde heraus, dass eine Wachtel hätte hindurchfliegen können, und verrichtet noch andere Heldenthaten. Aber dies ist nur ein Nebenzweck des Verfassers, der hauptsächlichste Grund dieser Interpolation ist wiederum, den bevorstehenden Kampf zwischen König und Grafen, der in Wirklichkeit immer noch nicht ausgebrochen war, aufs Neue ins Gedächtniss zu rufen. So beginnt denn der Einschub mit der Notiz, Oudin habe dem Waffenspiel beigewohnt, (was an sich schon bei einem Gefangenen auffällig erscheinen muss,) und habe dem Girart einen bösen Ausgang seines Kampfes mit Karl vorhergesagt, sodass die Königin dem Streite ein Ende machen musste. Bei dem Anblick von Girarts Kraft und Gewandtheit rufen die Zuschauer aus (v. 8738 sq.): „Wehe denen, die ihm als Feinde gegenüberstehen! Wie schade, dass er durch Richier verrathen worden ist! Aber seine Freunde haben ihn gerächt, und jetzt braucht er nicht mehr in Furcht zu sein." Also hier hebt unser Autor ebenso wie in den Versen 8175—76, die auch von ihm stammen (s. S. 110), ausschliesslich den von Richier begangenen Verrath hervor, obwohl derselbe viel weiter zurück liegt, als der andre, durch welchen Girart zum zweiten Male Rossillon verlor. In den Tiraden 595—97 erfahren wir von einer Gesandtschaft der burgundischen Städte unter Raimon, Andicas und Bedelon. Diese zeigen ihrem Lehnsherrn an, dass, sobald sie von dessen Rückkehr nach Rossillon vernommen, sie sofort die französischen

Besatzungen ihrer Städte überfallen und zum Theil niedergemacht, zum Theil als Gefangene mitgebracht hätten. Zugleich mit dieser Nachricht bringen sie eine beträchtliche Geldsumme und erklären, in dem weiteren Kriege fest zu ihm stehen zu wollen.

Von den drei Männern, welche an der Spitze der Burgunder erscheinen, kommt Raimon, Sohn des Giron, nur an unserer Stelle vor (v. 8751 und 8763). Die beiden andern treten zwar ebenfalls hier zum ersten Male auf, sind aber auch in dem neu angefügten letzten Theil noch mehrfach von unserem Redactor verwandt worden. Von Bedelon erfahren wir weder hier noch sonstwo etwas weiteres. Den Andicas dagegen macht der Bearbeiter zu einem Onkel Girarts (v. 8773), ohne zu bedenken, dass es doch sehr auffällig erscheinen muss, dass eines so nahen Verwandten des Haupthelden in dem ganzen bisherigen Verlauf der Erzählung überhaupt nicht Erwähnung geschehen sein sollte.

Die beiden letzten Strophen endlich, 598 und 599, berichten über das plötzliche Erscheinen und die Verheirathung der Engoïs, die einst den Girart ins Exil begleitet hatte und von diesem unter der Obhut eines Klausners im Walde zurückgelassen war. Da, wie wir S. 123 sq. sehen werden, diese Persönlichkeit ganz und gar eine Erfindung unseres Redactors ist, so werde ich alle die auf dieselbe bezüglichen Stellen weiter unten im Zusammenhange behandeln.

Die beiden Tiraden 600 und 601 sind, wie schon erwähnt, älter und enthalten die Befehle der Königin sowie deren Ausführung. In ihnen stammt nur der Vers 8838:

E cercherez de Carle e de Pepin

von unserem Redactor, da Pipin, wie oben gezeigt worden, erst von ihm in das Epos eingeführt worden ist. Der Vers ist völlig überflüssig, denn vorhergeht: „Ihr (Gefangenen) werdet schwören, jeder den Waffenstillstand oder den Frieden zu halten;" und es folgt: „Wenn wir vom König nicht Frieden erlangen können (in P: wenn Ihr . . könnt), so werdet Ihr in die Gefangenschaft zurückkehren." Dazwischen hat also jener Vers gar keinen Sinn, wenigstens nicht in der obigen von O und L dargebotenen Form, weswegen P ihn ändert und:

Querretz la a Karlon e a Pepi

schreibt (v. 7840), sodass also hier die Boten aufgefordert werden, „la", d. h. den Frieden, von Karl zu erbitten.

In der älteren Redaction folgte auf Tirade 601 sofort 605 sq., d. h. die Gesandten langten beim Könige an, brachten ihr Anliegen vor, und Karl bewilligte die ihm vorgetragene Bitte. Die Tiraden 602—4 (v. 8847—93) sind daher wiederum dem Bearbeiter zuzuschreiben. In Strophe 602 hören wir zunächst, was Oudin dem Könige mittheilen liess. Dies ist insofern ungeschickt, als die Gesandten schon abgereist sind, und ihre Ankunft bei Karl sowie der Inhalt ihrer Botschaft erst in Tirade 605 erzählt wird. In der That enthalten daher auch die Zeilen 8847—49 fast genau dasselbe wie v. 9007—9. Der Rest der Tirade bezieht sich wiederum auf den Conflict zwischen Girart und Karl. Folco giebt die von Raimon mitgeführten Franzosen, die bei der Rückkehr Girarts von den Burgundern gefangen genommen waren, frei, erklärt, dass ihnen auch die eroberten Städte zurückgegeben werden sollen, und fordert sie auf, auf ihre Posten zurückzukehren (v. 8850—53). Jene aber weigern sich, da sie sämmtlich nach ihrer Niederlage von den Burgundern verstümmelt worden seien (v. 8854—59), und machen sich zum Könige auf den Weg. Wir werden weiter unten (S. 121) erfahren, in welcher Weise der Verfasser diese Gefangenen für seine Zwecke noch verwandt hat. In der folgenden Strophe hören wir, dass Elissent sich zum Könige begab, indem sie den Girart anwies, das zu thun, was sie ihm schriftlich entbieten würde (v. 8861—64). Der Redactor hatte, wie wir sehen werden, den Wunsch, der Königin bei den nun folgenden Verhandlungen eine thätige Rolle zuzuertheilen. Ehe er aber zu diesen übergeht, erzählt er uns in v. 8866—68, dass der König sich in Troyes befand und ein grosses Heer zusammenzog, um dasselbe gegen Girart zu führen. Dies ist das erste Mal, dass wir von einer wirklichen feindlichen Handlung des Königs gegen Girart hören, bisher hatte sich derselbe ausschliesslich mit Drohungen begnügt. Dies erklärt sich daraus, dass der Bearbeiter den Kampf erst in dem ausschliesslich ihm zugehörigen Schlusse ausbrechen lassen konnte, resp. wollte, daher die Vorbereitungen zu diesem Kampfe erst am Ende der ihm vorliegenden Redaction einschieben durfte. Elissent trifft nun im Lager von Troyes ein, und der König empfängt sie unfreundlich; sie aber lächelt nur, begiebt sich in ihr Zimmer, zieht ihre Kleider aus und legt bessere an: duftende, purpurfarbene. Es folgen nun die oben (S. 111) angeführten Verse 8877—78, in denen ihre Schönheit beschrieben wird. So tritt sie vor ihren Gemahl und erzählt ihm, dass sie die Aupais verheirathet habe, und dass die von den Burgundern eroberten Städte und Burgen ihm wieder zurückgegeben seien; sie bittet ihn, nach dem Gutachten seiner Rathgeber mit Girart zu verhandeln. Damit schliesst diese Interpolation. Diese Einmischung der Königin ist recht unüberlegt erdacht. Letztere hat ja in Tirade 601 Boten mit Vorschlägen zu Karl gesandt; welcher Grund liegt denn nun für sie vor, auch selbst noch zu gehen? Und wenn sie es nun einmal that, konnte ihr dann nicht eine würdigere

und einflussreichere Rolle zuertheilt werden? Der König zeigt ihr
ein mürrisches Gesicht, und sie führt alle Waffen der Schönheit,
der Koketterie, der Toilette ins Gefecht — und das alles, um
ihren Gatten friedlich zu stimmen. Nach der bereits bekannten
Liebhaberei unseres Mönches soll die entscheidende Rolle wieder
einem Geistlichen übertragen werden, und so bittet Elissent ihren
Gemahl schliesslich, für morgen den Bischof von Saint-Sauveur zu
entbieten, damit dieser zwischen ihm und Girart vermittele. Wir
wissen nicht, wer dieser Bischof ist; das alte Epos kannte nur die
Abtei von Saint-Sauveur in der Nähe von Rossillon, deren Prior
von Girart bei seinem letzten Versöhnungsversuch als Gesandter zu
Karl verwandt worden war (cf. v. 6668 sq.). Der König antwortet
ihr nicht einmal auf ihre Bitte, und in der nächsten Tirade (605)
beginnen dann die Verhandlungen auch, ohne dass auf das Vorhergehende die geringste Rücksicht genommen wird. Hier berichtet
nämlich Daumas dem Könige im Namen der Gesandten ausführlich
über die Vorgänge, die auf Folcos Befreiung gefolgt waren. Oudin
sei mit seinem Heere besiegt, verwundet und gefangen worden
(v. 8897—8905), er bitte den König, Frieden zu gewähren, damit
er selbst aus der Gefangenschaft befreit werde, und bietet demselben
obenein eine grosse Summe Geldes an (v. 8907—8).

In der älteren Fassung des Gedichtes folgte auf Vers 8908
unzweifelhaft sofort v. 8947, der zugleich die letzte Tirade des
Epos begann. Da Oudin selbst von seinem Vorhaben abstand und
bat, dass Friede geschlossen würde, so hatte der König durchaus
keinen Grund, auf diese Bitte nicht einzugehen, und so endete das
Gedicht mit der Anerkennung von Folcos Befreiung und seiner
Verheirathung mit Aupais.

Nun hatte aber bekanntlich unser Bearbeiter die Absicht, eine
Fortsetzung desselben zu verfassen und sie mit einem neuen
Kampfe zwischen Karl und Girart zu beginnen. So musste denn
auch diese Scene natürlich anders enden.

Um dies zu erreichen, fügte er zunächst an Tirade 605 noch
drei weitere Verse (v. 8909—11) an, in welchen der König in
ablehnendem Sinne antwortet. In v. 8909—10 erklärt er, er wolle
zwar Oudins Geld, aber nicht den Frieden, denn sie hätten zu
schnell Krieg gegen ihn unternommen. Diese Worte entsprechen
nicht dem Inhalte des vorher Erzählten, denn nicht Folco hat den
Krieg begonnen, sondern Oudin, und zwar mit Genehmigung des
Königs. Noch deutlicher aber verräth v. 8911 die Absicht des
Verfassers, wo Karl erklärt:

Dolens sui de Girart, s'onor li lais;

denn, obwohl es sich hier ja ursprünglich nur um den Streit zwischen

Folco und Oudin handelte, so ist durch diese Worte zugleich auch der Conflict zwischen Karl und Girart wieder hineingezogen.

Die nächste Tirade 606 beginnt mit den Worten: „Li bi[s]bes parle au rei". Wir müssen also daraus schliessen, dass dem Vorschlage der Königin gemäss der Bischof von Saint-Sauveur geholt worden ist und auch an der Berathung Theil genommen hat, obwohl dies mit keinem Worte angegeben worden ist. Er bittet den König, vom Kriege abzulassen, was man verstehen könnte; unbegreiflich aber ist es, wenn er behauptet, der König habe deswegen (also aus Anlass des Krieges) etwa zehntausend Klöster verbrannt, deren Mönche und Äbte die Flucht hätten ergreifen müssen (v. 8914 bis 8915). Karl selbst hat ja den Krieg noch gar nicht begonnen, auch sonst hat derselbe sich auf einen nicht erheblichen Kampf beschränkt. Aber selbst wenn man annimmt (worauf übrigens nichts hinweist), dass der Bischof auch die früheren Kriege Karls mit in Rechnung gezogen habe, so würde jene Behauptung doch immer noch als eine gewaltige Übertreibung anzusehen sein. Er fügt hinzu, die Grafen würden ihm treu dienen, wenn er ihnen Frieden gewähre (v. 8916—17). Durch den Plural „contes" ist also auf sehr einfache Weise erreicht, dass es sich nun um beide angeblichen Widersacher Karls handelt. Jetzt ergreift in den Versen 9018—20 die Königin das Wort, sagt allerdings im Grunde nichts andres, als was der Bischof gesagt hatte, nämlich, sie werde die Grafen dazu bringen, dem Könige nach Kräften zu dienen. Dann heisst es (v. 9021—22), der Friede würde nun zu Stande gekommen sein, wenn er nicht durch ein Ereigniss wieder verhindert worden wäre. Es traten nämlich die gefangenen und von den Burgundern verstümmelten Franzosen ein und theilten dem Könige mit, sie seien in seinem Dienste so zugerichtet worden, und erzählten den Hergang (v. 9023—34). Der Redactor brauchte einen Vorwand zur Fortsetzung des Krieges und wählte also dazu die Verwundung von Karls Soldaten. Diese Wahl ist aber keine glückliche zu nennen, denn, wie auch P. Meyer (Girart de Roussillon, S. 280, Anm. 7) hervorhebt, war es im Mittelalter eine ganz gewöhnliche Massregel, diejenigen Gefangenen, die kein Lösegeld zahlen konnten, zu verstümmeln, um sie kampfunfähig zu machen. Demnach konnte eine solche That nicht wohl als genügender Grund gelten, den Abschluss eines Friedens zu hintertreiben. In der That sagt denn auch Karl kein Wort, weder zu ihnen noch über sie, sondern es folgen nun die Verse 8935—36, welche erzählen, dass Karl eine Zeit lang geschwiegen und nachgedacht habe. Da ergriff der Bischof wieder das Wort und sagte: „König, es ist nicht gut mit Dir zu sprechen, wenn Du im Zorn bist; denn Du hast Dein Herz nicht in Deiner

Gewalt, weil Du nicht an das denkst, was Gott wohlgefällig ist;
Du bedarfst eines Rathes nach Deinem Geschmack; nun gut, durch
den Frieden würdest Du Dich für geschändet halten, aber Waffenstillstand zu gewähren ist keine Schande; denn die, die ihn beschworen haben, kehren dorthin zurück, und die Grafen werden
um hunderttausend Mark reinen Goldes reicher werden (v. 8938
bis 8946). Thue nach Deinem Willen, sagte der König, damit
Oudin und die Seinigen befreit werden. Auf sieben Jahre haben
sie den Waffenstillstand festgesetzt und versprochen und beschworen
und durch Geisseln versichert" (v. 8947—50). Diese ganze Stelle
leidet, selbst wenn wir uns auf den Standpunkt des Bearbeiters
stellen, an mehrfachen Unklarheiten. 1) Es ist durch nichts angedeutet, das der König im Zorn war; er hat, wie gesagt, kein Wort
über die dreissig verwundeten Franzosen geäussert; 2) Karl hat
keinen Anlass zu der Behauptung gegeben, dass er sich im Zorn
nicht beherrschen könne; im Gegentheil hat er im letzten Theile
des Gedichtes fast immer geschwiegen und nichts gethan, namentlich nie in Gegenwart seiner Gemahlin; 3) in wiefern würde Karl
sich durch einen Frieden geschändet fühlen? Die Verstümmelung
der Gefangenen war, wie erwähnt, etwas durchaus alltägliches und
übliches; 4) wenn aber dies genügen konnte, um einen Frieden zu
verhindern, wie war der Abschluss eines Waffenstillstandes damit
verträglich? 5) Welcher Anlass liegt hier überhaupt vor, einen
Waffenstillstand zu schliessen und zwar auf volle sieben Jahr?
6) Wie kommt es, dass Karl ohne Bedenken in diesen Vorschlag
willigt, da er doch angeblich in höchstem Zorn ist? Was war geschehen, um diesen plötzlich verschwinden zu lassen?

Alle diese Unklarheiten finden ihre natürliche und einfache
Erklärung durch die Thatsache, dass der ganze Waffenstillstand eine
Erfindung unseres Bearbeiters ist, den er brauchte, erstens weil er
so keinen neuen Grund für die späteren Kämpfe zwischen Karl
einer-, und Girart sowie Folco andrerseits sich auszudenken nöthig
hatte, sodann, damit während der Zeit des Waffenstillstandes dem
Girart und dem Folco Kinder geboren werden könnten, denen er
in dem von ihm beabsichtigten neuen Theile eine Rolle zuweisen
wollte. In der That unterliegt es, wie schon oben angedeutet,
nicht dem geringsten Zweifel, dass in seiner Vorlage es bei dieser
Gelegenheit zum endgültigen Frieden kam. Das beweisen deutlich
die Schlussverse der Tirade (8954—57), die der Verfasser offenbar
aus dem älteren Gedicht herübergenommen hat:

> E pois torne cascuns en s'iretat,
> E furent reçobut a grant barnat,
> E aver e cheval bon (son?) presentat,
> E tot quanqu'om lor det, i ont donat,

und die höchst wahrscheinlich auch den Schluss dieser früheren Version gebildet haben. Die letzte Tirade begann, wie schon erwähnt, vermuthlich mit den Versen 8947—48:

> E tu'n fai(s), dis lo reis, ta voluntat,
> Per que Oudins el meu s'ient quitat,

d. h. der König willigte ein, von der Bestrafung des Folco abzusehen, um seinem Schützling Oudin die Freiheit wieder zu verschaffen. Von Girart ist demnach hier nicht die Rede. Dann folgten Zeilen, die den Abschluss des Friedens berichteten, die also den jetzigen Versen 8949—50 entsprachen, deren gegenwärtige Fassung lautet:

> A set anz unt les treges bien devisat
> E plevit et jurat e ostagat.

Hierin ist vielleicht nur der erste Theil des ersten Verses geändert worden, denn wenn man dort etwa „A toz temps unt la paz" oder etwas ähnliches einsetzt, so könnten die Verse sehr wohl so in der Vorlage gestanden haben. Hieran würden sich dann durchaus passend die oben angegebenen Schlussverse (v. 8954—57) anreihen. Die den zuletzt genannten Zeilen jetzt vorangehenden drei (v. 8951—53) gehören also ebenfalls wieder unserem Bearbeiter: die Königin liess heimlich (warum heimlich?) Briefe anfertigen und übersandte sie den Grafen, die ihrerseits alles thaten, was sie ihnen entbot. Diese Massregel entspricht also genau dem, was die Königin in v. 8861—64 in Aussicht gestellt hatte, nur erfahren wir nirgends, was sie den beiden Grafen auftrug.

Damit sind wir am Ende des älteren Gedichtes angelangt, und damit hören natürlich auch die Interpolationen unseres Bearbeiters auf, denn von Tirade 608 bis zum Schluss ist, wie wir oben gesehen haben, alles sein geistiges Eigenthum.

Aber damit sind die Theile des Gedichtes, die wir mit Sicherheit auf Rechnung dieses Redactors setzen dürfen, noch nicht zu Ende. Ich habe oben die beiden Strophen 598—99 ausser Betracht gelassen, in denen plötzlich eine Dame, Engoïs, auftaucht und dann sofort verheirathet wird. Diese Dame kommt auch in anderen Theilen des Gedichtes vor, aber eine genaue Untersuchung der betreffenden Stellen ergiebt, dass diese sämmtlich jüngeren Ursprungs sind. Da nun nicht anzunehmen ist, dass ein Bearbeiter eine Person in das Epos einführen wird, um sie dann gewissermassen in der Luft schweben zu lassen, und dass erst ein andrer die weiteren Schicksale derselben berichtet, da vielmehr höchst wahrscheinlich alle auf diese Persönlichkeit bezüglichen Zuthaten von ein und demselben Verfasser stammen werden, so haben wir unserem Bear-

beiter die Erfindung und Einführung der Engoïs zuzuschreiben, da
die genannten Tiraden 598—99 sicher von ihm herrühren. Das
stärkere Hervortreten der Frauen in den jüngeren Fassungen der
Gedichte ist eine Erscheinung, die auch sonst in der volksthümlichen
Epik beobachtet werden kann. In den älteren Volksepen treten die
Frauen stets mehr in den Hintergrund, greifen selten oder nie entscheidend in die eigentliche Handlung ein. So ist es beispielshalber
im Rolandsliede, und so war es auch ursprünglich im Girart von
Rossillon. Die älteste Gestalt dieses Epos kannte nur zwei Frauen,
von denen wiederum nur die eine, Bertha, eine bedeutendere Rolle
spielt, und zwar eine solche, die ganz dem weiblichen Charakter
entspricht. Dies genügte aber den späteren Umarbeitern nicht,
denn inzwischen war in Bezug auf die Frau und deren Rolle in
den Epen ein andrer Geschmack aufgekommen. Der Frauenkultus
hatte schon so an Einfluss und Beliebtheit zugenommen, dass man
denselben auch in den Epen zum Ausdruck kommen sehen wollte.
Wir werden später erfahren, wie schon vor unserem Bearbeiter ein
andrer diesem Geschmack durch die Anfügung der Liebesepisode
zwischen Folco und Aupais Rechnung getragen hatte. Doch auch
unser Autor wollte dieser Sitte huldigen, indem er ein weiteres
Liebespaar einführte, und da er zu diesem Zwecke vor allem eine
Frau brauchte, so erfand er die Engoïs und suchte sie, so gut es
ging, mit in die Handlung zu verflechten. Dies gelang ihm allerdings, wie wir gleich erkennen werden, nur sehr schlecht, was bei
seiner notorisch geringen Begabung nicht eben zu verwundern ist.
Er beschloss, diese Engoïs durch Girart mit Bernart von Val-Olec,
den er vorfand und der im letzten Theile des Gedichtes eine hervorragende Stelle einnimmt, verheirathen zu lassen, und um diese
Handlung des Girart als Ausfluss der Dankbarkeit hinzustellen, gab
er das Mädchen dem Girart als Begleiterin auf seiner Flucht in
den Ardennerwald mit. Zu diesem Zwecke schob er zunächst in
Tirade 501 die Verse 7253—55 ein. In dieser Tirade wird über
die Flucht Girarts aus Besançon berichtet, wobei ihn sieben seiner
Leute begleiteten. Dann heisst es in den genannten Versen zunächst:
„Seine Frau war die achte, und Engoïs“, wobei man offenbar „die
neunte“ ergänzen muss. Weiter erfahren wir dann von der Engoïs
hier nur, dass sie ein vortreffliches Mädchen war und dass sie ihrem
Herrn zu Liebe ihr Land verliess.

So war denn diese Person glücklich in die Begleitung Girarts
eingereiht, aber dieser Einschub machte eine Reihe von Veränderungen und andern Zuthaten nöthig. Sehr einfach war dies in
v. 7276 zu erreichen, nach welchem Girart während des Kampfes
seine Frau unter einer Eiche zurückliess; denn hier brauchte nur

der Singular in den Plural verwandelt, also „Les donnes out laissades‟ geschrieben werden, und alles war in bester Ordnung. Sodann kam Tirade 509 in Betracht. Hier heisst es, als Girart der Übermacht unterlegen, in den Versen 7341—42:

> Non estor[s]trent ke dui plus a chevau
> E sa mullers la terce per un vinau.

Hier hätte nun wiederum auch die Engoïs, und zwar als die vierte unter den Entkommenen eingefügt werden müssen, da sie in Strophe 512 wieder auftritt; aber hier hat es der Bearbeiter entweder vergessen oder verabsäumt. So erfahren wir denn nur, dass die beiden Gatten auf der Flucht getrennt wurden, und dass Bertha sich in eine Capelle rettete, während Girart in den Wald entkam. Um so auffälliger muss es unter diesen Umständen erscheinen, dass, als der Graf endlich seine Frau in jener Kirche wiederfindet, Engoïs plötzlich bei ihr ist, ohne dass man erfährt, wie sie dorthin gelangt war. Man erkennt sofort, dass die beiden Verse 7362—63:

> O lei (sc. Bertha) fu Engöis, nece Rainer,
> Que ja en nule terre gençor n'en quer

von unserem Bearbeiter herrühren, in denen er uns also nachträglich mittheilt, dass Engoïs die Nichte eines Rainier war. Wahrscheinlich hat er mit letzterem den Rainier, Sohn des Ardenc, gemeint, der v. 2816 und 5102 unter den Baronen Girarts vorkommt.

Inzwischen war es aber, wie es scheint, unserem Autor klar geworden, wie schwierig es war, die Engoïs noch weiter auf Girarts Irrfahrten mitziehen zu lassen, da sie ja bei jeder neuen Situation mit berücksichtigt werden musste, und so beschloss er, sie sich vorläufig vom Halse zu schaffen. Diesem Zwecke dienen in Strophe 512 die beiden Verse 7382—83. In dem ersten derselben heisst es einfach: „Da blieb Engoïs unter Gottes Hut‟, ohne dass wir darüber Aufklärung erhalten, aus welchem Grunde das Mädchen plötzlich ihren Vorsatz, den Grafen in seinem Unglück zu begleiten, untreu wird. Nun musste es aber unserem Bearbeiter doch wohl unwahrscheinlich vorkommen, ein junges Mädchen allein bei einem Klausner zu lassen, und so schob er noch vorher die Verse 7366—70 ein, in welchen der Eremit ganz ohne besonderen Anlass erzählt, dass er seit sieben Jahren ein Mädchen, die Tochter Berons, eine Nichte des Desiderius, behüte, sodass es nun scheinen muss, dass Engoïs an diesem Fräulein, das wir allerdings nicht kennen lernen, eine Genossin haben wird. Um jedoch seinen Vorsatz, die Engoïs später bei passender Gelegenheit wieder hervorzuholen, schon hier vorzubereiten, fügt er in v. 7383 gleich die Prophezeiung hinzu, dass später der Graf Bertran sie heirathen werde.

In der That lässt er dieselbe denn auch in Tirade 598 ganz unmotivirt wieder auftreten. Sie kommt mit einem kleinen Gefolge nach Rossillon, ohne dass wir über ihre Erlebnisse in der Zwischenzeit etwas vernehmen. Girart bringt sie seiner Gattin, und diese hebt hervor, dass das Mädchen um Girarts willen sich ihres Erbes habe berauben lassen, daher Dank beanspruchen könne. Obwohl hiernach Bertha die Engoïs und alle deren Beziehungen zu Girart ganz genau kennt, lässt der Bearbeiter dennoch letzteren in Tirade 599 seiner Frau in längerer Rede auseinandersetzen, was das Mädchen alles für ihn gethan. Zunächst theilt er ihr (v. 8808 — 9) mit, dass sie die Tochter des Auchier von Montbelis sei, eines seiner Barone, die in der Schlacht bei Sival für ihn gefallen. Untersuchen wir zunächst, was es mit dieser Angabe für eine Bewandtniss hat. Gegen Ende der Beschreibung jener Schlacht heisst es (v. 6021—22):

> Dex! cal[s] seinors lai pert Mons-Beliarz!
> Quar i fu morz Auchers el cons Ginarz.

Diese Verse hat unser Autor unzweifelhaft im Sinne gehabt und benutzt. Er wollte die von ihm erfundene Engoïs in ein näheres Verhältniss zu Girart bringen, indem er ihr einen von dessen vornehmsten Parteigängern zum Vater gäbe. Dazu wählte er den Auchier, in Betreff dessen er aus den obigen Versen entnehmen zu können glaubte, dass er der Herr von Montbéliard war, welchen Namen er dem Reim zu Liebe in Montbelis änderte. Aber es stellt sich bei weiterer Prüfung heraus, dass Montbéliard gar nicht dem Auchier sondern dem Ginart gehörte. Schon aus den soeben zitirten Versen müsste man folgern, dass zwar beide Barone aus Montbéliard waren, dass aber Ginart, welcher Graf genannt wird, der Herr, dagegen Auchier etwa dessen Vasall war. Dass es sich nun auch wirklich so verhielt, geht unwiderleglich aus den Versen 4880—81 hervor. Bei der Aufzählung der Barone, welche auf Girarts Geheiss herbeizogen, heisst es:

> E vent a lui Auchers el cons Ginarz,
> Cui fun en Alemaine Mons-Beliarz.

Diese Verse hat also der Bearbeiter übersehen und aus den oben angeführten sich durch das Voranstehen des Namens Auchier verleiten lassen, diesen als den Besitzer jener Grafschaft anzusehen. Dies Beispiel ist charakteristisch für die Flüchtigkeit und die geringe Sorgfalt, mit welcher unser Autor bei der Abfassung der von ihm herstammenden Theile des Gedichtes verfuhr.

Nach dieser, also etwas verunglückten, Angabe der Herkunft der Engoïs erzählt sodann Girart, wie sie mit ihm in die Verbannung gegangen sei, und ihn begleitet habe, bis er sie der Sorge eines Klausners übergeben (8810 — 12). Wie wir gesehen, kann man letzteres aus den Worten des Dichters nicht ohne Weiteres entnehmen, da Girart sie nach v. 7382 einfach der Obhut Gottes anvertraut hatte. Zum Dank für ihre Treue verheirathet Girart sie auf der Stelle mit Bertran von Val-Olec und verleiht diesem nicht nur das Besitzthum seines (Girarts) gefallenen Neffen Seguin, sondern ausserdem die Renten verschiedener Ortschaften, die jedoch nur zum Theil identifizirt werden können.

Die in dem soeben besprochenen Falle beobachtete Methode, eine Person der früheren Abschnitte des Gedichts in den eigenen Zuthaten wieder auftreten zu lassen, um eine engere Verbindung zwischen den letzteren und den älteren Bestandtheilen herzustellen, befolgt unser Autor später noch einmal, nur dass er dort eine Persönlichkeit benutzt, die in dem alten Epos schon vorkam. Wie bereits oben mitgetheilt, erkannte Girart in dem Pilger, der seiner Gattin Bertha beim Bau des Klosters geholfen, plötzlich einen seiner früheren Barone (v. 9841 sq.). „Pilger", sagte der Graf, „ich bin in Betreff Eurer im Zweifel", und dann rief er: „Du bist Guintrant, mein Verwandter und mein Lehnsmann, ein deutscher Graf, sowohl der niederdeutschen, wie der romanischen Sprache mächtig, ein geschickter Ritter und Krieger; für mich hast Du, ich weiss nicht wie viele, Kämpfe ausgefochten und hast grosse Gebiete von Karls Besitzungen verwüstet". Alle diese Behauptungen ergeben sich als von unserem Autor erfunden, denn das alte Epos begnügte sich damit, den Namen des Guintrant an zwei Stellen, v. 2463 und 4694, zu nennen, ohne auch nur die geringste weitere Angabe über seine Herkunft, seine Verhältnisse oder seine Eigenschaften hinzuzufügen.

Endlich glaube ich noch einige weitere Stellen des Gedichtes unserm Bearbeiter zuschreiben zu sollen, nämlich alle diejenigen, in welchen der Verräther, durch den Girart das erste Mal Rossillon verlor, mit einem Namen versehen, nämlich Richier von Sordane genannt und zum Seneschall Girarts gemacht wird. Wir erinnern uns, dass der in Rede stehende Autor an zwei Stellen, nämlich v. 8176 und 8742, in sehr demonstrativer Weise des an Girart begangenen Verrathes Erwähnung thut, ohne dass ein Anlass dazu vorlag, und dabei jedes Mal den Richier als den Urheber bezeichnet, obwohl dessen That viele, viele Jahre zurücklag, es also viel natürlicher gewesen wäre, auf den erheblich späteren, zweiten Verrath von Rossillon oder auf beide zugleich hinzuweisen. Das ist offenbar verdächtig; und wenn sich nun herausstellt, dass alle Stellen des Gedichtes, in welchen jener Verräther einen Namen führt, spätere Zuthaten sind, so wird es nicht zu kühn sein, anzunehmen, dass diese von unserem Redactor eingefügt worden sind, und dass er nach seiner auch sonst mehrfach geübten Methode jene beiden späteren

Anspielungen angebracht hat, um seinem Einschub grössere Glaubwürdigkeit zu verleihen.

Jener Name erscheint zunächst am Schlusse der Tirade 62. Diese erzählt eine That des Folcher, durch welche dieser als mit Zauberkraft ausgestattet erscheint, und deren jüngeren Ursprung ich unten, im zwölften Kapitel, nachweisen werde. Mit den Versen 937—39 kehrt der Verfasser dann zu der eigentlichen Erzählung wieder zurück, indem er berichtet, Girart habe Rossillon verloren (v. 939):

> Per Richer de Sordane, son senechau.

Daran schliesst sich nun unmittelbar Tirade 63. Dieselbe beginnt mit dem Ausrufe: „Gott, wie schlecht ergeht es einem tapferen Krieger, der eines Bauern Sohn zum Ritter und zu seinem Seneschall und Rathgeber macht, wie Girart mit Richier that, dem er ein grosses Lehn und eine Gattin gab!“ Diese Worte nehmen, abgesehen von dem Namen und der Bezeichnung als Seneschall in etwas erweiterter Form das vorweg, was in der nächsten Tirade in den Versen 948—50 erzählt wird:

> Girarz ac un son dru, son acreent,
> Tant mar i met li cons son nuiriment!
> E li dona muillier e chasement.

Ebenso besteht der übrige Inhalt der Tirade ausschliesslich in einer Antecipation des Folgenden und in Reflexionen: „Dieser verrieth Rossillon an Karl; Gott! warum wusste es der Graf nicht vorher! Er hätte dann nicht einen so schlechten Pförtner am Thore gehabt.“

Weiter kommt der Name Richier noch in dem Bericht von der Bestrafung des Verräthers durch Folco vor, der denselben traf, als er sich gerade von einem Schiffer über die Seine setzen liess. Der betreffende Vers (1412) lautet:

> Cui (sc. den Schiffer) Richers ot batut e fait sanglent.

Da schon ein Relativsatz verhergeht, und dieser zweite ohne Schaden für den Zusammenhang gestrichen werden kann, so ist er ebenfalls als eine spätere Zuthat anzusehen.

Der volle Name kommt endlich noch in einer Interpolation vor, die mitten in die Tirade 92 eingefügt ist und die die Verse 1386—91 umfasst. In v. 1385 fordert Girart nach dem Siege über Karl die Seinigen auf, nach Rossillon zurückzukehren, und in v. 1393 geschieht dies auch. Der Einschub setzt zunächst Girarts Rede fort: Richier von Sordane sei Befehlshaber in Rossillon, und der König habe ihm das Lehn jenseits Verdel (P: Vezel) gegeben. Folco erklärt, er werde jenem Verräther den Strick um den Hals legen und ihn am Galgen von Mont-Saurel aufhängen.

Letzteres ist lediglich eine Antecipation des in der folgenden Tirade Erzählten, nur ist der Ortsname von dem Verfasser erfunden. Erfunden ist aber auch der übrige Inhalt des Einschubs. Abgesehen von der unbestimmten Angabe über den Ort, wo das dem Richier geschenkte Land liegen sollte, begreift man nicht, woher Girart diese Nachricht haben konnte und welchen Grund er hatte, dieselbe hier seinem Heere mitzutheilen.

Nach seiner Gewohnheit fügte dann der Redactor zur Stütze seiner Erfindung an einer andern Stelle eine Anspielung an dieselbe ein, nämlich in der Tirade 111. Hier räth Teiri dem Könige zum Frieden, da er Rossillon ja nur durch den Verrath eines „garz d'avol sanblance" in seine Gewalt bekommen habe. Hinter diesen Worten findet sich nun der Vers (1738):

> Qu'el pui de Mont-Saurel pent e balance.

Es liegt hier durchaus kein Anlass vor, diesen Umstand zu erwähnen, es sei denn, um den angedeuteten Zweck zu erreichen.

So haben sich sämmtliche Stellen, in denen dieser Richier auftritt, als spätere Einfügungen erwiesen. Dass in der That sowohl der Name wie auch das Amt des Verräthers erst nachträglich hinzugedichtet sind, ergiebt sich aus dem Umstande, dass, so oft auch in den älteren Theilen des Epos von demselben die Rede ist, er nie genannt oder mit jenem Titel ausgestattet wird. In v. 920, wo er zuerst erscheint, wo also die meiste Veranlassung gewesen wäre, solche persönliche Angaben über ihn zu machen, heisst es einfach:

> E li gars se levet quis vait träir.

Genau so wird er gleich darauf in v. 951—52 bezeichnet:

> E porpensa li garz en son jacent:
> Träira son seinor a son dorment.

„Garz" heisst er dann noch v. 972; ebenso „uns garz d'avol semblance" in v. 1737. Anderswo wird er „Verräther" genannt, so da, wo von seiner Bestrafung die Rede ist, z. B.: Li traicer s'en annave a gariment, v. 1408, und: As vos del träitor pres vengement, v. 1422. Ebenso wird er noch v. 1332 „träitor lausengier" genannt, während, als Girart seinem Vetter Folco das Geschehniss schildert, er nur von einem „bausador de ma maison" redet (v. 1093). Es lagen daher zahlreiche Anlässe vor, den Namen des Verräthers zu nennen, wenn derselbe eben in dem alten Gedicht einen solchen gehabt hätte.

Achtes Kapitel

Die Episode Folco-Aupais.

(v. 8000—8957.)

Fassen wir das Resultat der bisherigen Untersuchungen kurz zusammen, so ergiebt sich aus denselben, dass dem Mönch von Vezelai bei seiner Bearbeitung eine frühere Gestalt unseres Epos vorgelegen hat, die wir G^1 und deren Verfasser wir R^1 (erster Redactor) nennen wollen. Diese benutzte er in der Weise, dass er erstens die Einleitung änderte und einen neuen Schluss hinzufügte, sodann aber auch im Innern mehrere Einfügungen anbrachte, theils solche, welche Anspielungen auf die Einleitung oder Vorbereitungen auf den neuen Schluss darstellen, theils solche, welche nur dem Zweck dienen, dem Gedichte eine grössere Ausdehnung zu geben. Aber die Gestalt, in welcher dieser Redactor (R^2) das Werk hinterliess (G^2), ist nicht diejenige, welche uns vorliegt. Vielmehr haben noch nach ihm mehrere weitere Bearbeiter ihre Thätigkeit an dem Epos ausgeübt, indem sie durch zahlreiche Interpolationen weitere Details in dasselbe hineinbrachten, ohne die eigentliche Handlung in irgend einem wesentlichen Punkte zu verändern. Obwohl nun mit Sicherheit die Spuren von mehreren derartigen Interpolatoren nachgewiesen werden können, so ist doch aus Mangel an Kriterien nicht genau zu bestimmen, welches die von jedem einzelnen unter ihnen herrührenden Zuthaten sind. Daher bezeichne ich die Gesammtheit der jüngsten, d. h. nach R^2 eingetretenen Bearbeiter gemeinschaftlich mit R^3 und verstehe daher unter G^3 das Produkt ihrer Wirksamkeit, d. h. die uns vorliegende Version des Girart von Rossillon.

Wenn wir nun aber fragen, ob G^1 identisch ist mit derjenigen Gestalt unseres Epos, welche der Verfasser der Vita des Girart zu seinem Werke benutzt hat, so werden wir diese Frage unbedingt verneinen und kein Bedenken tragen, die Behauptung auszusprechen, dass zwischen beiden Versionen noch mindestens eine, vielleicht mehrere Mittelstufen bestanden haben.

Um nun den Versuch zu machen, uns über Zahl und Inhalt dieser Zwischenstufen eine Vorstellung zu verschaffen, vergegenwärtigen wir uns zunächst den Zustand der Girart-Sage, wie sie uns in G^1 entgegentritt, und fragen, welche Bestandtheile wohl erst auf dieser Stufe in dieselbe hineingekommen sind, also von deren Verfasser R^1 herrühren.

In erster Linie lenkt sich auch hier der Blick und zugleich der Verdacht wieder auf den Schluss, und das ist nicht zu verwundern, denn nirgends war es, wie schon hervorgehoben worden ist, leichter, einen wesentlichen, materiellen Zuwachs einzuführen, als gerade am Ende der ganzen Erzählung; nur lag hier allerdings die Gefahr sehr nahe, dass die Einheitlichkeit der Handlung zerstört oder mindestens sehr gefährdet würde, eine Klippe, an der, wie wir sehen werden, auch unser Bearbeiter gescheitert ist.

Ich beginne damit, den Inhalt dieses Schlusses kurz vorzuführen. Als Girart von dem Könige Verzeihung erhalten hatte und von Neuem belehnt worden war, bat er Karl, auch den Folco frei zu geben, welcher von einer Nichte Karls, Aupais, auf deren Schloss Oridon in Gefangenschaft gehalten wurde, weil Folcos Brüder ihren Oheim Teiri gemordet hatten. Der König antwortete ausweichend, und nun beschwerte sich Oudin, einer seiner Barone und Vetter der Aupais, bei ihm über letztere, indem er behauptete, diese habe sich, statt den Folco als Gefangenen zu behandeln, in ihn verliebt und verschmähe, in der Hoffnung auf seine Hand, den Heirathsantrag mächtiger Fürsten. Auf seine Bitte gestattete ihm der König, von der Aupais die Auslieferung Folcos zu verlangen und im Weigerungsfalle mit Gewalt zu erzwingen. Bertran von Val-Olec, Vetter Folcos und Girarts, der zugegen gewesen war, unterrichtete Girart und die Königin von der dem Folco drohenden Gefahr. Elissent entwarf darauf folgenden Plan: Girart solle sich sofort nach Rossillon begeben, sie selbst werde am nächsten Morgen mit ihrer Schwester und Bertran folgen und werde bis dahin alle weiteren Massregeln vorbereiten. Dies geschieht. Girart, in seiner Burg mit Begeisterung empfangen, ruft sofort alle seine Getreuen zusammen, um Folco aus der Gefangenschaft zu befreien; auch Oudin rüstete sich andrerseits zum Kampf. Die Königin lässt den Girart brieflich auffordern, alle seine Truppen dem Folco zu Hülfe nach Oridon zu senden, selbst aber in Rossillon zu bleiben, woselbst sie alsbald mit Frau Bertha eintraf. Inzwischen war nun ein Bote des Königs bei der Aupais eingetroffen, um die Auslieferung des Folco zu verlangen, war aber abgewiesen worden. Unmittelbar darauf erhielt sie durch einen Brief die Nachricht von Girarts Wiedereinsetzung und der Annäherung des zu ihrem Schutze gesandten Heeres. Sie verlobte sich nunmehr feierlich mit Folco, und dieser begab sich sammt seiner Braut zum Heere. Es kam zu einem Kampf mit den Truppen Oudins, in welchem letztere besiegt wurden, und Oudin selbst mit vielen der Seinigen in Gefangenschaft gerieth. Die Sieger zogen nach Rossillon, und auf den Rath der Königin wurde folgendes Abkommen mit Oudin getroffen. Die Gefangenen sollten sich mit Ausnahme von Oudin zum Könige begeben und dessen Einwilligung zum Friedensschluss erlangen. Die Bedingungen sollten darin bestehen, dass Oudin in die Verheirathung Folcos mit Aupais willigte und dafür seine Freiheit wieder erhielte. Der König ging auf diese Vorschläge ein, und so kam es zu einem endgültigen Frieden.

Dass diese Episode einen andern Verfasser als das eigentliche Epos gehabt hat, lässt sich durch zahlreiche Gründe beweisen oder wenigstens wahrscheinlich machen.

1) In der lateinischen Lebensbeschreibung des Girart, die doch die meisten wichtigen Punkte des Epos wiedergiebt, findet sich keine Spur der eben berichteten Ereignisse. Dies Indicium hat zwar an sich nur relativen Werth, aber es gewinnt bedeutend an Gewicht, wenn es durch weitere Beweise gestützt wird. Dies sind im Wesentlichen folgende.

2) Die Episode kennzeichnet sich schon äusserlich als einen Anhang, der ein Ganzes für sich bildet, dagegen mit dem eigentlichen Epos fast gar nicht oder doch nur ganz lose in Verbindung steht. Sobald der Kampf zwischen den beiden mächtigen Gegnern zu Ende, und der Friede wieder hergestellt ist, muss das Stück naturgemäss enden, wie es dies ja in der Form, die dem Verfasser der Vita vorgelegen, auch that; die Fortsetzung zerstört den einheitlichen Charakter des Ganzen, ist daher schon vom ästhetischen Standpunkte aus als ursprünglich nicht anzuerkennen, da sie den für jedes Kunstwerk geltenden Grundgesetzen widerspricht.

3) An die Stelle der einheitlichen und zugleich einfachen und übersichtlichen Handlung des eigentlichen Gedichtes tritt hier eine complizirte, mehrfach verschlungene. Man kann nämlich innerhalb der immerhin kurzen Episode folgende sechs Unterabtheilungen unterscheiden, die zum Theil neben einander laufen, zum Theil künstlich unter 'sich verknüpft sind: Conflict zwischen Oudin und Aupais, Rückkehr Girarts nach Rossillon und begeisterter Empfang daselbst, Befreiung Folcos, Schlacht zwischen Folco und Oudin, Verheirathung Folcos mit Aupais, Friedensverhandlungen und Frieden. Ein Beispiel wird die Art und Weise klar machen, in welcher der Verfasser verfuhr, um diese verschiedenen Handlungen mit einander in Verbindung zu bringen. Während ein Bote des Königs nach

Oridon eilt, um von Aupais die Herausgabe Folcos zu verlangen, verlässt die Königin den Hof ihres Gatten in Orleans, um sich nach Rossillon zu begeben und von dort aus der Aupais gegen Folco beizustehen. Aber statt nun möglichst schnell dem Ziele zuzueilen, macht sie unterwegs Quartier (in Herupois) und setzt alle ihre Pläne durch Boten ins Werk. Sie übergiebt dem Bernart zunächst einen Brief für Aupais, der diese von dem Plan, sie mit Folco zu verheirathen, unterrichtet, und lässt durch denselben zugleich dem Girart den Auftrag überbringen, alle seine Truppen nach Oridon zu schicken, selbst aber zurückzubleiben. Bertran führt diesen Befehl in folgender Weise aus. Zuerst reitet er nach Rossillon und sendet von dort aus den Droon mit dem Briefe nach Oridon, indem er hinzufügt, er selbst werde alsbald nachfolgen; Aupais und Folco möchten inzwischen thun, was in jenem Briefe stände. Dem Girart theilt er den Wunsch der Königin, an der Expedition keinen Theil zu nehmen, mit, und setzt zugleich seinen Feldzugsplan auseinander: Baudoin und Odon sollen die Berittenen bis an den Fluss Argenson führen, während die Fusstruppen im Walde bleiben werden. Hierauf reitet er nach Oridon, wo er unmittelbar hinter Droon anlangt. Beiden war jedoch der Bote des Königs zuvorgekommen, war aber von Aupais abgewiesen worden, und nun kam es zwischen beiden unterdessen herbeigeeilten Heeren zur Schlacht.

Wenn man auch die Geschicklichkeit, mit welcher die verschiedenen Handlungen, die obenein an drei bis vier getrennten Orten spielen, künstlich in- und durcheinander geschlungen sind, anerkennen muss, so liegt es doch auf der Hand, dass wir es hier mit einer durchaus anderen Compositionsweise zu thun haben, als in den älteren Theilen des Epos, wo eine derartige Künstelei unerhört ist. In diesem Punkte unterscheidet sich unser Verfasser auch wesentlich, und zwar zu seinem Vortheil, von R^2, denn dieser hat in dem von ihm herrührenden Schlusse zwar auch auf die Einheit der Handlung verzichtet und an deren Stelle eine Vielheit einzelner Episoden treten lassen, aber er reiht diese einfach aneinander an, macht aber fast nie den Versuch, eine innere Verknüpfung derselben herzustellen.

4) Aus dem soeben dargelegten Verhältnisse nun ergiebt sich ein andrer Beweis gegen die Ursprünglichkeit der in Rede stehenden Episode. In dem eigentlichen Epos ist Girart der Mittelpunkt des Ganzen; er leitet alle Fäden der Handlung, um ihn dreht sich alles. Hier dagegen giebt es im Grunde gar keine Hauptperson, jedenfalls ist dies nicht Girart, da dieser ganz zurücktritt. Eher könnte man die Königin als solche auffassen, da von ihr alle Anordnungen ausgehen: sie hat den Girart unter Droons Führung nach Rossillon

geschickt, sie zieht eine auserlesene Schaar von Rittern auf ihre resp. Folcos Seite, sie unterrichtet Aupais von der ihr drohenden Gefahr und sorgt zugleich für Hülfe gegen Oudins Truppen, sie verheirathet Aupais mit Folco, sie endlich veranlasst den Letzteren, seine Gefangenen frei zu geben und durch dieselben den König um Frieden zu bitten.

5) Wie die ganze Handlung der Episode mit dem eigentlichen Epos nur lose in Verbindung steht, so sind auch die auftretenden Personen mit Ausnahme der beiden Schwäger sowie der Elissent und des Folco, ganz neu, und nur bei einigen derselben ist ein, nicht immer geschickter, Versuch gemacht, sie durch Verwandtschaftsbande zu Persönlichkeiten der älteren Theile in Beziehung zu bringen. Vor allen Dingen ist hier Aupais zu nennen, die, obwohl sie eine Tochter Teiris (v. 8032), und Nichte Karls (v. 8031 und 8321) genannt wird, dennoch dem älteren Epos unbekannt ist. Ebenso verhält es sich mit Oudin, dem Gegner Folcos, obwohl auch dieser ein Vetter der Aupais war (v. 8679—80). Der vielgewandte Bertran wird durch den Zusatz „von Val-Olec, Sohn des Begon" (v. 8056) näher bezeichnet, also dadurch zum Sohn des aus dem älteren Epos wohlbekannten Begon von Val-Olei gemacht; aber früher war nirgends davon die Rede, dass letzterer einen Sohn besass, und ebenso wenig wird der zweite Zusatz (v. 8057), dass Bertran der rechte Vetter des Girart und des Boso gewesen sei, durch die älteren Theile des Gedichtes bestätigt. In diesen erfahren wir über Begon nur, dass er ursprünglich zu Karls Parteigängern gehört hatte, aber zu Girart übergegangen war und dadurch sein Lehn verloren hatte (v. 5466). In Bezug auf seine Familie heisst es ebendort (O, v. 5465):

Sei parent sunt meillor en la maiso,

wofür wohl besser mit P (v. 4735) zu lesen ist:

Siei melhor paren so en sa (sc. Karls) maiso.

Dies scheint zu bedeuten, dass Begons Verwandte sich hauptsächlich in den Reihen von Karls Anhängern, vielleicht sogar von dessen Familie, befanden, sodass Begon gerade aus diesem Grunde für eine Gesandtschaft zu Karl (um eine solche handelt es sich an der betreffenden Stelle) besonders geeignet war. Aber selbst, wenn diese Auffassung nicht völlig richtig sein sollte, so scheint doch so viel sicher zu sein, dass jene Worte die Deutung, Begon sei ein naher Verwandter Girarts gewesen, nicht zulassen, sodass ein derartiges Verhältniss in Bezug auf Bertran, den angeblichen Sohn Begons, wohl erst von dem Bearbeiter erdichtet wurde, um dieser seiner Lieblingsperson eine grössere Bedeutung beizulegen. Beiläufig erwähne ich noch, dass Begon in v. 1946 Sohn des Bazen genannt wird, doch ist dies von keinerlei Bedeutung, da die ganze Tirade 121, in welcher jener Vers vorkommt, ein späterer Einschub ist.

Ausser dem Begon lebt von den Personen des älteren Epos auch Folcher in einem von ihm hinterlassenen Sohne wieder auf, denn Bertelais de Bria wird v. 8317 als „filz Fulcher au ric lairon" hingestellt (ähnlich v. 8582). Seine Rolle ist allerdings sehr dürftig. In v. 8316 begiebt er sich zu einem sonst nie vorkommenden Gui, man erfährt nicht, zu welchem Zwecke. An der Schlacht nimmt er Theil (v. 8431), besiegt dort einen sonst unbekannten Aimon (v. 8567) und beherbergt das ganze Heer Folcos während einer Nacht (Tirade 583). Noch bedeutungsloser sind die wenigen übrigen Personen, bei denen eine Verknüpfung mit den früheren Theilen auch nicht einmal versucht worden ist. Dahin gehören Baudoin und Graf Odon, denen in v. 8307, 8555, 8842 die Führung von Girarts Heer anvertraut wird, die aber nicht das Geringste thun, um ihren Auftrag auch auszuführen, dahin gehört auch ein Krieger Namens Jofrei, der (v. 8463), zusammen mit dem alten Droon, die Aupais während der Schlacht behütet, endlich Dalmaz, einer von Karls Parteigängern, der ebenso wie Oudin in Folcos Hände fällt (v. 8568) und an der Spitze der an Karl gesandten Gefangenen steht (v. 8896 sq.).

6) Auch der in unserer Episode herrschende Geist ist weder der kriegerisch-rauhe des alten Epos noch auch der geistlich-theologische des von R² herrührenden Schlusses. Es kommt in dem ganzen Stücke nur ein einziger kriegerischer Zusammenstoss vor, und auch dieser wird durchaus nicht mit besonderer Liebe oder besonderer Ausführlichkeit beschrieben. An Stelle von Schlachten und Kämpfen treten hier Verhandlungen und Intriguen, die wichtigen Entscheidungen werden nicht durch energisches Einschreiten mit bewaffneter Hand, sondern durch Überredung, durch persönliche Beeinflussung und durch geschickte Unterhandlungen herbeigeführt. Ein andres Element, das dem alten Epos völlig fremd ist und das wesentlich dazu beiträgt, unserem Zusatz einen milderen, freundlicheren Charakter aufzuprägen, ist das Hinzutreten der Liebesaffaire zwischen Folco und Aupais, also das Motiv des Frauendienstes, wenngleich derselbe hier noch keineswegs diejenige Ausbildung oder auch Ausdehnug erlangt hat, die er in den späteren Epen, namentlich den aus dem bretonischen Sagenkreise, zeigt.

7) Der letzte Punkt, der dafür spricht, dass die Episode Folco-Aupais von einem anderen Verfasser herrührt, als das eigentliche Epos, ist der, dass dieselbe manche Einzelheiten bringt, die durch die früheren Abschnitte des Gedichtes nicht als richtig bestätigt werden, ja einzeln mit ihnen geradezu im Widerspruch stehen.

In v. 8004 behauptet z. B. Girart, dass ihm die Juden von Orleans gehören, während sich aus den Tiraden 116 und 439 ergiebt, dass sie dem Folco tributpflichtig, zum Theil auch dessen Lehnsleute waren.

Nach v. 8569 soll der vorhin erwähnte Dalmaz Noyon und Mons-Claraz besessen haben; nach dem alten Epos war erstere Stadt ein Besitzthum des Andefrei (v. 1822). Auch in diesem Punkte stimmt R^2 weder zu R^1 noch zu der älteren Gestalt der Sage, da, wie wir sehen werden, R^2 den Aimeri zum Herrn von Noyon macht (Kapitel 13, zu v. 1713).

Der Verfasser unserer Episode verlegt den Fluss Arsent in die unmittelbare Nähe von Rossillon (v. 8705); nach v. 2080 durchströmte dieser Fluss aber die weite Ebene des Schlachtfeldes von Valbeton, und wenn es auch bisher nicht gelungen ist, die Lage letzteren Ortes zu bestimmen (s. P. Meyer, Girart de Roussillon, S. 67, Anm. 1), so spricht doch nichts dafür, dass er ganz nahe bei Rossillon lag.

Wenn wir endlich aus Tirade 579 (v. 8521—22) erfahren, dass Folco der Aupais als Hochzeitsgut fünfzehn Städte, sodann ausser der Provence auch Viane, Arle und Valense versprochen habe, so hat er durch dies Versprechen mehr weggegeben, als er überhaupt besass, da er in dem alten Gedicht (v. 1115) nur als Herrscher der Escobarts, eines Gebirgsvolkes, hingestellt wird.

Diese Widersprüche, die an sich vielleicht ein nicht sehr erhebliches Gewicht haben würden, genügen doch in Gemeinschaft mit den vorhergehenden Punkten, um die Richtigkeit der Ansicht, dass der Verfasser der in Rede stehenden Episode sowohl von dem des alten Epos als auch von dem der letzten zweitausend Verse der uns vorliegenden Gestalt des Gedichtes verschieden ist.

Ehe wir nun auch diesen Verfasser auf seine dichterische Begabung genauer prüfen, so weit sie sich aus der Betrachtung dieser Episode ergiebt, müssen wir die Frage erörtern, ob in dem von ihm herrührenden Abschnitte etwa Stellen des älteren Gedichtes benutzt sind.

Um diese Frage zu entscheiden, vergegenwärtigen wir uns zunächst, wie der Schluss in dem von der Vita benutzten Epos gelautet hat. Wie ich oben (S. 36) nachgewiesen habe, ist derselbe inhaltlich vermuthlich in den §§ 25—29 enthalten. Danach würde der Vorgang dort folgender gewesen sein: Girart und Bertha warfen sich demüthig dem Könige zu Füssen. Dieser aber hob sie tief gerührt auf, umarmte sie gütig, verzieh ihnen ihr Unrecht und setzte den Girart in alle seine früheren Lehen wieder ein. Hierauf kehrten beide unter den Bezeugungen der Theilnahme von allen Seiten freudig in ihre Heimath zurück. Als sie dort anlangten,

liefen die Einwohner ihnen insgesammt scharenweise entgegen, jeder
derselben umarmte sie in heller Freude, da sie ihre angestammten
Herrn zurückkehren sahen, die sie so lange vermisst und betrauert
hatten.

Da nun diese Scene in unserer Episode fast mit genau denselben Worten erzählt wird, so wäre es lächerlich, eine derartige
Übereinstimmung dem Zufall zuschreiben zu wollen. Es liegt vielmehr auf der Hand, dass dieselbe sich auch in der Vorlage von G[1]
befand, dass die betreffenden Tiraden der Episode also aus dieser
Vorlage herübergenommen sind. Zu diesen gehört zunächst 554.
In dieser fragt die Königin den alten Droon, ob er den Weg (von
Orleans) nach Rossillon kenne, und trug ihm, als er bejahte, auf,
den Girart dorthin zu geleiten. Girart machte sich reisefertig, bestieg Bauçam, einen arabischen Renner, ergriff einen Jagdspiess und
langte nach einem anstrengenden Ritt, der auch in der Nacht nicht
unterbrochen wurde, vor Rossillon an. Nur zwei Stellen scheinen
mir in dieser Strophe von dem Bearbeiter zu stammen, zunächst
die Verse 8097—8101. In diesen erklärt nämlich der alte Droon,
ehe er den Auftrag der Königin ausführe, wolle er mit seinen vier
Söhnen Lehnsmann des Grafen werden. Girart nimmt sie als solche
an und verspricht ihnen reiche Geschenke; wirklich machte er später
den ärmsten derselben reich. „Hier bedarf es, sagte Drogo, keiner
langen Rede“. — Diese kleine Episode ist offenbar nicht ursprünglich,
denn sie fällt ganz aus dem Gange der Handlung heraus, und hätte
kurz vor dem Schluss des Ganzen keinen Sinn gehabt. Anders
lag die Sache für den Umarbeiter, der nicht nur dem alten Droon
sondern auch seinen Söhnen noch Rollen in seinem neuen Schlusse
zugedacht hatte. So wird gleich in Tirade 555 (v. 8126) der eine
der Söhne, Aucher, zu einer Sendung nach Rossillon verwandt, und
alle vier treten in den Versen 8502 sq. wieder auf, um an der
Schlacht zwischen Folco und Oudin Theil zu nehmen. Die zweite
Stelle ist v. 8107—8. Nachdem Elissent in der vorangehenden
Zeile dem Girart beim Scheiden zugerufen: „Nun ziehet mit Gottes
Segen heim“, fügt sie in jenen Versen hinzu:

> Quel reis demande fresche venacion,
> Mais aiceste que quer est fors sazon,

Worte, welche eine offenbare Anspielung auf den von Oudin hervor-
gerufenen Unwillen des Königs gegen Folco und Aupais enthalten.

Die Tirade 555 stammt von R[1], wohingegen 556 und 557 alt
sind. Während nämlich in 556 Droon in Rossillon, wo die Cavalcade
ja am Schluss von 554 angelangt war, hineinreitet, steigt in 555
Girart in einem im Walde vor Rossillon gelegenen Garten ab und fragt
seine Begleiter, ob er die Ankunft Bertrans und seiner Frau hier

erwarten, oder einen Boten in die Burg senden solle, um die Gesinnung der Einwohner kennen zu lernen; er habe den dringenden
Wunsch, dem Folco zu helfen. Man erkennt, dass alle diese Angaben genau den in unserer Episode erzählten Ereignissen entsprechen, also von deren Verfasser herrühren müssen. Droon räth
zu dem zweiten der von Girart zur Frage gestellten Schritte und
schlägt vor, er wolle sich mit Aucher nach Rossillon hineinbegeben,
und letzterer solle dem Girart Nachricht bringen. Damit das in
diesen Worten enthaltene Versprechen eingelöst werde, hat der
Verfasser dann in Tirade 557 noch die beiden Verse 8154—55
eingefügt:

> E sos fi[l]z primerans a Girart cor
> E conta li, qual joie funt por s'amor,

die aber, wie wir gleich sehen werden, dort gar nicht am Platze sind.

Die Tirade 556 trägt durchaus das Gepräge der Alterthümlichkeit. Droon findet die Einwohner im Begriff, ein Fest im
Freien zu feiern. Bei seinem Anblick drängen sich alle um ihn
und fragen nach Neuigkeiten vom Hof. Als er antwortet, er
bringe deren von dem guten Grafen[1]) Girart, schelten sie ihn zuerst,
weil er sie verspotte. Als sie sich aber durch einen Brief der
Königin, den er verlesen lässt, von der Wahrheit der Nachricht
überzeugten und von dem ganzen Vorgange unterrichtet wurden,
da kannte ihre Freude keine Grenzen.

In Tirade 557 wird nun in anschaulichster Weise Girarts
Empfang geschildert. Als sie von ihrem Herrn sprechen hörten,
da war keiner so hart, dass er nicht weinte. Alle fragen, wann
sie ihn sehen können, und verlangen den Tag seiner Ankunft zu
wissen. Droon theilt ihnen mit, dass er schon vor den Thoren
weile, fordert alle, hoch wie niedrig, auf, sogleich mit ihm
hinauszuziehen. Als Girart ihr Kommen bemerkt, steigt er zu
Pferde und eilt auch seinerseits ihnen entgegen; Vasallen, Frei-
sassen, Bürger, Soldaten, Vornehme und Geringe, alle küssen ihn;
da ist kein Armer noch Reicher, der Gott nicht Dank sage! — Man
kann nicht kürzer, treffender und ergreifender die Freude eines
treuen, anhänglichen Volks beim Wiedererscheinen eines geliebten,

---

[1]) In v. 8140 und 8144 steht zwar:

> De par Girart lo d u c el ri[c] catal;
> E delivrent Girart au d u c estal;

da wir jedoch auf Seite 66 gesehen haben, dass die Bezeichnung „Herzog“
für Girart erst von R[2] eingeführt ist, da ausserdem das Metrum in beiden
Versen ebenso gut „conte“ wie „duc“ gestattet, so steht nichts der Annahme entgegen, dass in der älteren Fassung „conte“ an jenen Stellen
stand. Genau so verhält es sich mit v. 8371 und 8416.

lange entbehrten Herrschers schildern. Dennoch scheint auch diese Tirade einen von R^2 herstammenden Einschub zu enthalten, nämlich die beiden Zeilen 8150—51:

> Es vos canunge e clerc Sain Sauvador
> Font li procession com en s'onor!

Dieselben unterbrechen die Construction, denn die beiden sie umgebenden Verse lauten:

> Viegne encontre qui l'aime, qu'el vient la por,
> E vos veignez a mei, chavauchador!

Der geistliche Verfasser hatte also den Wunsch, auch der Kirche und deren Vertretern eine Rolle bei diesem feierlichen Empfange Girarts zuzuweisen. Daher liess er sie hier eine Prozession veranstalten, genau so wie in der von ihm verfassten neuen Einleitung (v. 48). Ein weiterer Beweis dafür, dass die genannten Zeilen nicht ursprünglich sind, liegt darin, dass bei der Aufzählung aller der Stände, die Girart nachher begrüsst, weder die Canonici noch andre Geistliche genannt werden. Dass es ein Erlöser-Kloster in oder bei Rossillon gab, entnahm der Bearbeiter aus v. 6668, ja in dem von ihm eingefügten Theil unserer Episode und dem neuen Schluss erscheint sogar mehrfach ein Bischof von Saint-Salvador, nämlich v. 8891, 8912, 8937, 8952 und 9377.

Damit schliessen hier die aus dem alten Epos herrührenden Strophen, denn Tirade 558 habe ich oben als einen Einschub des Bearbeiters R^2 nachgewiesen, und in Tirade 559 ruft Girart gleich seine Leute zu den Waffen, um, wie er mittheilt, bei der Befreiung des Folco mitzuwirken.

Aber vielleicht ist noch ein Theil der Tirade 553 alten Ursprungs. In Frage kommen dabei zunächst die Verse 8076—82, in welchen Elissent dem Girart folgendes mittheilt:

> Quant li reis vos ac tout vostre onor,
> Si me donat tot l'oscle [de] ma seror:
> Dijon e Rossillun castel e tor.
> Castellun, Mont-Argon e Vaucolor;
> Eu les ai si gardat, tot li pluisor
> Sunt replet e garni de grant ricor.

Zunächst ist es sicher, dass die genannten Ortschaften sämmtlich Besitzungen Girarts waren, da sie alle in unzweifelhaft alten Theilen des Gedichtes als solche bezeichnet werden. Von Châtillon und Montargon aus unternahm Girart in Tirade 81 die Rückeroberung von Rossillon nach der ersten Einnahme der Burg durch Karl (v. 1232 und 1234), das zweite Mal versuchte er dies, allerdings ohne Erfolg, von Dijon aus (v. 6820). Vaucouleur endlich wird in Tirade 407 (v. 6135) unter denjenigen Städten aufgeführt, die nach Girarts Niederlage zuletzt in die Gewalt des Königs fielen. Wenn nun aber jene Städte sämmtlich Besitzungen Girarts waren, so ist es auch sehr wohl möglich, dass Girart dieselben einst bei seiner Verheirathung seiner jungen Gattin als Morgengabe überlassen hat. In dem Gedicht, wie es uns vorliegt, wird dies zwar nicht mitgetheilt, aber wir haben ja gesehen, dass die jetzige Gestalt der Einleitung jüngeren Ursprungs ist, sodass also auch der Bericht über Girarts und Karls Hochzeit sicher verändert worden ist. Zwar ist auch in der neuen Einleitung von dem ,,oscle" die Rede, nämlich in v. 248—49. Dort heisst es, dass, nachdem die ältere Tochter des Kaisers, Bertha, mit dem Könige verlobt worden war, man den Brautschatz auf ,,hundert Schlösser und Städte, zwanzig am Meere" festgesetzt habe. Diese Angabe stammt aber wohl, wie schon die unbestimmte Fassung vermuthen lässt, vom Bearbeiter; bei der Verlobung der Elissent mit Girart in Tirade 20 wird die Morgengabe überhaupt nicht erwähnt, ebensowenig später (v. 518 sq.) bei der eigentlichen Hochzeit, nachdem der Umtausch der Bräute stattgefunden hatte. Wenn also auch die vorliegende Fassung des Epos nichts über jenen Punkt berichtet, so kann derselbe trotzdem in der älteren Fassung enthalten gewesen sein. Es liegt aber noch ein Indicium vor, durch welches die soeben angedeutete **Möglichkeit** in eine **Wahrscheinlichkeit** verwandelt wird. In der Tirade 556, die, wie oben gezeigt, wohl unzweifelhaft schon dem früheren Epos angehört hat, lässt der alte Droon einen Brief verlesen, den die Königin an ihren Seneschall in Rossillon gerichtet hat, in welchem sie diesem mittheilt, dass der König dem Girart sein Lehn zurückgegeben, und ihn daher auffordert, alles für den Empfang des nunmehrigen rechtmässigen Herren vorzubereiten (v. 8141—44). Dieser Brief hat nur dann Sinn, wenn die Königin in Wirklichkeit die Verfügung resp. das Recht der Verwaltung über Rossillon besass, da es nur so erklärlich wird, dass sie den Girart erst bei ihrem Seneschall, der also in ihrem Namen dort die Herrschaft ausübte, einführt, gewissermassen legitimirt und jenen bevollmächtigt, diesem die Burg zu übergeben. Ist diese Auffassung aber zutreffend, so liegt kein Grund vor, nicht auch **die** Angabe für richtig zu halten, dass jene Orte, wie die oben zitirten Verse behaupten, dadurch in den Besitz der Königin gekommen seien, dass der König dieselben, da sie das Brautgut ihrer Schwester gebildet hatten, ihr bei der Vertreibung und Verbannung Girarts übergeben, was wohl so viel sagen will als, die aus denselben stammenden Einkünfte ihr überlassen habe. Denn wenn dieselben durch die Hochzeit das rechtmässige Eigenthum der Bertha (in dem erwähnten Sinne) geworden waren, so mussten sie dies auch nach Girarts Niederlage bleiben, und es wurde in diesem Verhältnisse durch den Umstand nichts geändert, dass Bertha, indem sie freiwillig ihrem Gatten in die Verbannung folgte, auf die Geltendmachung ihrer Ansprüche auf jene Städte verzichtete. Dagegen war es unter diesen Umständen das durchaus Natürliche, dass der König die Verfügung über jene Städte nun seiner Gattin, der nächsten Verwandten der rechtmässigen Besitzerin, übertrug.

Entschliessen wir uns aber, die angeführten Verse für ursprünglich zu halten, so werden wir dies noch mehr in Betreff des Restes der Strophe thun, der in keiner Weise verdächtig ist. Eine Ausnahme bildet nur erstens v. 8083, den ich oben (S. 109) als von R^2 stammend nachgewiesen habe, sodann v. 8089—90, in denen die Königin dem Girart mittheilt, sie selbst werde am nächsten Morgen nebst Bertran und ihrer Schwester folgen, die also auf den weiteren Inhalt der Episode hinweisen, endlich v. 8092, worin zum ersten Male die vier Söhne des alten Droon eingeführt werden. Scheiden wir die eben genannten Zeilen aus, so würde der zweite Theil der Tirade im Anschluss an die oben zitirten Verse ursprünglich folgendermassen gelautet haben (v. 8084 sq.):

> „E derai vos chevau tan movador,
> Oltre mar ne deçai ne cuit meillor;
> E ai ensanble o mei un venador,
> Qui fun del nu[i]riment vostre ancessor;
> Cel vos en guiëra a la brunor.“
> Aqui es lo mandat, e el la cor.

Aber vielleicht dürfen wir noch einige weitere Verse aus dem Eingange unserer Episode als aus der Vorlage entlehnt in Anspruch nehmen. Zunächst kann kein Zweifel darüber obwalten, dass der Anfang des jüngeren Zuwachses in Tirade 549 zu suchen ist, da schon in Vers 8003 Girart seine Rede beginnt, durch die er um die Freilassung Folcos bittet. In allem, was darauf bis v. 8077 folgt, ist die Möglichkeit eines früheren Ursprungs völlig ausgeschlossen. Anders verhält es sich dagegen mit den drei unmittelbar davor stehenden Versen 8000—8002. Der erste umschreibt den Inhalt der letzten Zeile der vorangehenden Strophe. Es ist aber gerade eine in den ältesten Chansons de geste sehr beliebte und häufig geübte Sitte, zwei Tiraden in der Weise zu verknüpfen, dass der Schluss der ersteren, sei es ein Vers oder mehrere, mit theils gleichen, theils, namentlich der Assonanz oder des Reimes wegen, anderen Worten wiederholt und dann hieran die Mittheilung neuer Thatsachen geknüpft wird. In letzterem Punkte unterscheiden sich gerade die alten und ursprünglichen „Wiederholungen“ von den oben besprochenen sogenannten „Repetitionsstrophen" jüngeren Ursprunges, indem letztere sich darauf beschränken, den Inhalt einer anderen Tirade ganz oder theilweise zu wiederholen, nicht aber die Mittheilung ne uer Facta daran schliessen, oder aber, wenn sie dies versuchen, sich meist in Widersprüche verwickeln, die für sie dann zu Verräthern werden.

Dem entsprechend berichten denn auch die beiden folgenden Zeilen, dass Girart sich dem Könige zu Füssen warf, und dass der König ihn freundlich aufhob. Diese Angabe ist durchaus der Situation angemessen, und da sie, wie wir gesehen, durch den Inhalt der Vita fast wörtlich gestützt wird, so ist wohl an ihrer Ursprünglichkeit nicht zu zweifeln. Selbstverständlich war aber hiermit die Tirade noch nicht zu Ende, vielmehr folgten auf die genannten drei Verse noch weitere mit dem Reime resp. der Assonanz auf -eu. Erhalten ist von diesen leider keiner, aber wir sind im Stande, den vermuthlichen Inhalt derselben, wenigstens seinem wesentlichsten Theile nach, anzugeben. Vornehmlich werden es zwei Gedanken gewesen sein, die in den uns verloren gegangenen Zeilen zum Ausdruck kamen. Erstens der, dass der König, als er den Girart aufgehoben, demselben auch seine Lehen und sonstigen Besitzungen zurückgegeben habe. Dies war nämlich bisher noch nicht geschehen, da die Königin für Girart nur um ein ebenes Land, eine Stadt ohne feste Burg gebeten hatte, cf. v. 7994:

Rendes li terre plane, borc senz caduel;

und dass der König zunächst auch nichts weiter gewährt hatte, ergiebt sich aus v. 7999:

Lai li rent terre plane per un ram fuel.

Später muss aber in G die vollständige Restitutio in integrum stattgefunden haben; dafür spricht nicht nur der oben angeführte Inhalt derjenigen Version des Epos, die dem Verfasser der Vita vorgelegen hat, sondern auch der Vers 8141 der uns vorliegenden Fassung. Dieser Vers befindet sich in der als durchweg ursprünglich erkannten Tirade 556, und in ihm schreibt die Königin ihrem Seneschall in Betreff Girarts:

Cui li reis a rendu s'onor caval (= cabal),

worin der Ausdruck „s'onor cabal" sicher mehr als nur jene ursprünglich gewährte unbefestigte Stadt in sich greift, ganz abgesehen davon, dass die Elissent allein schon dem Girart ja ausser Rossillon noch Dijon, Châtillon, Mont-Argon und Vaucouleur hat ausliefern lassen.

Ein zweiter Punkt, der in der gegenwärtigen Fassung unseres Epos fehlt, und der, weil unentbehrlich, unzweifelhaft ebenfalls in

dem gestrichenen Theile der älteren Version berücksichtigt worden
war, betrifft den Brief, den die Königin an ihren Verwalter in
Rossillon gerichtet hat. Als nämlich in Tirade 556 bei den ersten
Mittheilungen des alten Droon über Girart die Bewohner von
Rossillon diese nicht glauben wollen, heisst es (v. 8138):

El fait lire lo breu Begun Bigal.

Diese Ausdrucksweise lässt es als bekannt voraussetzen, dass Droon
auch der Träger eines Briefes war, obwohl dies nirgends berichtet
wird. Ebenso erfahren wir nur gelegentlich, gleichsam zufällig,
durch die Mittheilung des Inhaltes, von wem dieser Brief kam und
für wen er bestimmt war, was gleichfalls nur dann erklärlich ist,
wenn der Zuhörer oder Leser über diese Dinge schon vorher unterrichtet worden ist.

Ob nun die beiden eben hervorgehobenen Punkte noch in derselben Tirade behandelt wurden, der die drei Verse 8000—8002
angehörten („breu" würde in die Assonanz passen), oder ob ursprünglich noch weitere Strophen der Tirade folgten, und was sonst noch
deren Inhalt war, das vermögen wir nicht zu entscheiden.

Es bleibt nun noch die Frage zu erörtern, ob in der uns vorliegenden Fassung der Episode, abgesehen von den von R^2 herstammenden Einfügungen auch Spuren noch späterer Bearbeitungen,
also noch jüngere Interpolationen aufzufinden sind. Die Frage ist nicht
ganz seicht zu entscheiden, weil die dichterische Begabung von R^1
nicht lo bedeutend war, dass die späteren Zuthaten sich ebenso
leicht wie in den älteren Theilen erkennen liessen. Dennoch glaube
ich für einige Stellen einen jüngeren Ursprung als G^1 und G^2
annehmen zu sollen.

Dahin gehören zunächst die Verse 8008—8016, die schon
in stilistischer Hinsicht sehr schwach erscheinen. In diesen wird,
nachdem Karl dem Girart auf dessen Bitte um die Freilassung
Folcos ausweichend geantwortet hatte, berichtet, dem Könige sei
plötzlich ein Brief übergeben worden des Inhaltes, dass der Herr
von Bretagne mit sechs andern den Mont-Saint-Michel angegriffen
habe. Daraufhin sei der König zu Pferde gestiegen und sei hinausgeritten. Verdächtig ist an dieser Stelle einmal der Umstand,
dass die Namen der sechs Bundesgenossen jenes Herrn von Bretagne, nämlich Elinanz, Golgas, Gingenez, Jaguz, Enisanz und Agenez,
die sämmtlich sehr abenteuerlich klingen, sonst nirgends erscheinen,
sodann dass von dem weiteren Verlaufe dieses feindlichen Einfalles
nichts verlautet, weiter, dass die Bretonen, wenigstens in dem älteren
Epos, zu den Unterthanen Karls gehören (cf. v. 2484 und 4937),
endlich, dass die Verse 8010—16 sich in P nicht befinden. Fragen
wir nun, was jenen Einschub veranlasst hat, so erkennt man, dass die

in den Versen 8044 und 8324 ausgesprochene Angabe, der Graf von der Bretagne habe mit Karl Krieg angefangen, weil seine Werbung um Aupais unberücksichtigt geblieben war, einen Bearbeiter bewogen hat, die angebliche Lücke auszufüllen und über diesen Angriff eingehend zu berichten.

Zweitens dürften auch die Verse 8406—12 spätere Zuthat sein. Nachdem Bertran den Folco und seine Braut aufgefordert, schnell aufzubrechen, da die Verwandten der Aupais im Anzuge seien, begannen, wie es in den obigen Zeilen heisst, die Diener zu weinen und fragten, was aus ihnen werden solle. Folco schenkt ihnen sofort das Schloss Oridon, welches ihm selbst gar nicht gehörte, und versprach ihnen noch obenein ein besseres. Dass diese Verse eingeschoben sind, ergiebt sich aus dem Verse 8413:

> Bertranz la prent per braz,

da in der jetzigen Fassung das „la" keinen Sinn hat, während es sich ursprünglich ohne Zweifel auf Aupais bezog, mit welcher Bertran bis zum Verse 8405 gesprochen hat.

Bringen wir die beiden soeben behandelten Stellen sowie alle diejenigen, die wir als von R[2] herrührend erkannt haben, in Abzug, so umfasst der von R[1] hinzugefügte, die Episode Folco-Aupais behandelnde Anhang etwa 506 Verse; also von dem jetzigen Abschnitt des Gedichtes, das diese Scene erzählt, nämlich v. 8000 bis 8957, das heisst von 958 Zeilen ist nur etwas mehr als die Hälfte Eigenthum von R[1], daran schliesst sich der Antheil von R[2] mit vermuthlich 375 Versen; 61 Verse sind aus der Vorlage herübergenommen, und der Rest von 16 Zeilen lässt sich als spätere Interpolation erweisen.

Versuchen wir nunmehr, uns ein Bild von der dichterischen Begabung des Bearbeiters R[1], d. h. des Verfassers unserer Episode zu bilden. Ich habe schon hervorgehoben, dass er an Erfindungsgabe seinen geistlichen Nachfolger R[2] entschieden übertraf, indem er die verschiedenen Fäden einer recht complizirten Erzählung im Ganzen geschickt zu verknüpfen wusste, obwohl, wie wir gesehen, ein eigentlicher Mittelpunkt, um den sich alles dreht, und damit auch die künstlerische Einheit vermisst wird. Aber auch sonst fehlt es dem von ihm erfundenen Stoffe nicht an Mängeln. So begreift man nicht recht, warum die Königin, als sie den Hof verlässt, um zu Gunsten der Aupais einzugreifen, unterwegs noch Quartier macht und von dort aus brieflich und durch Boten ihren ganzen Plan ausführt, statt sogleich selbst nach Rossillon zu reiten, um so mehr, als sie in demselben Augenblicke, wo sie Station macht, erklärt (v. 8285—86), es sei ihr nicht unangenehm, die ganze Nacht durchzureiten, da sie Eile habe. Sodann erfahren wir nicht, was aus

den 500 Rittern wird, die in ihrer Begleitung von Orleans aufgebrochen sind.

Eigenthümlich ist es auch, dass der Verfasser den gefangenen Folco
sogar Ketten tragen lässt; das Lustigste aber besteht darin, dass, als
Aupais sich in ihren Gefangenen verliebte, sie ihm nicht etwa diese
Ketten abnahm, sondern nur solche von — Silber machen liess. Oudin
berichtet dies dem Könige ausdrücklich in v. 8040. Man könnte
dies für einen bildlichen Ausdruck, etwa mit dem Sinne von
„Liebesbanden" halten, doch widerspricht dem v. 8344, wo Aupais,
erst als die Feinde nahen, und Folco für sie zu kämpfen sich erbietet,
letzterem die Fesseln abnehmen lässt (fait ses buies trenchar). Wie
kommt es sodann, dass gerade Oudin um seine Einwilligung zu Aupais'
Hochzeit mit Folco gebeten wurde, obwohl er nur ihr Vetter war,
nicht aber der König, der doch ihr Onkel, also nächster und vor-
nehmster Verwandter war? Weiterhin erfahren wir, dass Folco der
Aupais seinen ganzen Besitz als Hochzeitsgabe schenkte (v. 8701);
das ist auffällig, da er selbst nichts besass. Schon die ganze Mo-
tivirung der Situation, mit der die Episode beginnt, lässt zu
wünschen übrig. Aupais soll sich den Folco von Karl als Gefangenen ausgebeten haben, weil ihr Oheim, Teiri, von Folcos Brüdern
ermordet worden war (v. 8031—34); wie kann Folco für die That
seiner Brüder verantwortlich gemacht werden? Diese Fragen, die
noch vermehrt werden könnten, zeigen, dass es dem Verfasser trotz
seiner nicht wegzuleugnenden Geschicklichkeit in der Erfindung
nicht gelungen ist, auch im Einzelnen alle Schwierigkeiten zu überwinden und Unebenheiten zu vermeiden.

Auch in der Darstellung mag er zwar seinem Nachfolger überlegen sein, steht aber auch in diesem Punkte weit hinter dem
Verfasser des alten Epos zurück. Es fehlt in dieser Hinsicht oft
an Klarheit und Praecision, die Erzählung springt zuweilen unruhig
hin und her; auch ist es nicht immer leicht, aus den Worten
des Verfassers deutlich zu erkennen, wie man sich die von ihm
geschilderte Situation zu denken hat. Am meisten tritt diese Unfähigkeit einer anschaulichen Darstellung bei der Beschreibung der
Schlacht hervor; der Verfasser hat offenbar keine Ahnung, wie es
in einer solchen zuging, oder ist wenigstens nicht im Stande, das
Erschaute auch anderen klar zu machen. Geradezu köstlich ist
folgendes. Auf Folcos Seite ist eine Schaar Krieger in den Hinterhalt gelegt worden, um zu passender Zeit dem Feind in den Rücken
zu fallen. Als nun Oudin mit seinen Truppen vorrückt, ruft ihm
sein Gegner Bernart zu (v. 8514—16): „Kehre lieber um, Oudin,
dies wird klug von Dir sein, denn wir haben einen Hinterhalt im Buchenwalde", worauf Oudin erklärt, daraus mache er

sich gar nichts. Überhaupt sind langathmige Reden bei unserem Autor sehr beliebt. Die Schlacht wird grösstentheils mit der Zunge ausgefochten, und auch sonst nehmen die Reden einen breiten Raum in der Erzählung ein. Während in dem alten Epos der Verfasser mit besonderer Vorliebe und Ausführlichkeit die gewaltige Feldschlacht nebst einer grossen Reihe von Einzelkämpfen schildert, finden sich hier nur ganz schwache Versuche einer derartigen Darstellung. Als zum Beispiel Oudin, also der Führer der feindlichen Armee zuerst eingreift, heisst es (v. 8531—32):

> Oudins lai abatet un castellan,
> Trente en an abatu li premeran,

dann beginnen gleich wieder die Reden.

Das Auftreten Folcos umfasst fünf Verse (8561—65), er verwundet den Oudin am rechten Arme, schlägt noch dreissig andre zu Boden, von denen wir jedoch genaueres nicht erfahren, und kehrt dann schleunigst zu dem verwundeten Oudin zurück, um ihn aufheben zu lassen. Noch kürzer findet sich der Verfasser mit dem übrigen Theile der Schlacht ab; es heisst einfach (v. 8566—67):

> Atan es sobres autres lo huz levaz:
> Bertelais pres Amon, Bertranz Dalmaz.

Nachdem dann mitgetheilt, wie viele von Oudins Anhängern gefangen wurden (v. 8571—72), schliesst der Bericht (v. 8573):

> E les autres gari bois e plassaz.

Man kann sich keinen grösseren Gegensatz denken, als den zwischen diesem mageren, fast ärmlichen Bericht und den anschaulichen, kraftvollen und sachgemässen Kampfesschilderungen der alten Theile des Epos.

In Bezug auf Stil und Ausdrucksweise muss dem Verfasser ein recht hoher·Grad der Begabung zugesprochen werden. Um dies an einem Beispiele darzuthun, wähle ich die Scene, wo Folco, endlich seiner Fesseln ledig, auf stolzem Rosse und in voller Rüstung an der Spitze seiner Truppen einherreitet. Die gehobene, freudige Stimmung, in der er sich befindet, spiegelt sich auch in der ihn umgebenden Natur wieder (v. 8425—30):

> El vassaus est tan bons, ren n'i sufrais,
> E lo matins perclars e lo tens mais,
> Del solel resplendist sor els li rais
> E lo canz des oisaus; e vit Alpais
> E ac de pensement perdut l'engrais:
> D'aligrance e de joi fez un eslais.

Wie schon gesagt, liebt er in der Darstellung die Form der directen

Rede, sodass in unserer Episode viel mehr gesprochen als gehandelt wird. Aber auch hier zeigt er eine gewisse Geschicklichkeit, indem er zuweilen in kurzen Sätzen Rede und Gegenrede wechseln lässt. So in den Versen 8490—92, wo das erste Zusammentreffen zwischen Folco und den Fusstruppen in folgender Weise eingeleitet wird:

> „Segner cons, qui t'aduiz?" — „Alpais, m'amie,
> Qui ma trait de prison e gari vie." —
> „Ele u est?" — „En cel bos suz caiarrie."

Zu bemerken ist auch, dass er hin und wieder eine Örtlichkeit, an welcher wichtige Dinge vorgehen, durch einige Züge beschreibt. So heisst es, als die Sieger in Rossillon anlangen, v. 8605—6:

> Descendent au per[r]on desoz un lor,
> Desobre tresjetat d'aren un tor.

An manchen Stellen flicht er Bemerkungen ein, die man als glückliche bezeichnen muss. So erklärt in v. 8397 Aupais in Gegenwart des Folco und des Bernart, nachdem sie sich mit jenem verlobt, sie sei eine ärmliche Braut, da sie nicht Gold, noch kostbare Gewänder mit in die Ehe bringe. Auf diese halb scherzhaft gemeinten Worte, die deshalb von einem Lächeln begleitet werden, entgegnet Bernart galant (v. 8401):

„Ihr bringt ja Eure Schönheit und Eure liebenswürdige Person mit," und fügt geistreich hinzu: „ja sogar einen Schatz," denn (v. 8402):

> Grant tresaur nos aduiz qui Folcon rent.

Ein andres Charakteristicum unseres Verfassers besteht darin, dass er seine Rede mit Vorliebe durch Bilder und Vergleiche belebt, die zum Theil von Phantasie und gutem Takte zeugen. Namentlich hat er mehrere geschickt erdachte Metaphern verwandt; so sagt Elissent in Betreff ihres Gatten, als dieser den Oudin ermächtigte, gegen Aupais und Folco vorzugehen (v. 8107):

> Quel reis demande fresche venacion;

und braucht später in Betreff der Gefangenen den Ausdruck (v. 8826):

> Li pres ferunt de mei lor Leonart,

um anzudeuten, dass sie, Elissent, dieselben in Freiheit setzen werde. Dass die Königin sehr freigebig sei, drückt der Verfasser durch folgendes aus dem Festungswesen entlehnte Bild aus (v. 8197):

> De donar sunt ses tors e sui denteil (Zinnen).

10*

In der Schlacht ruft Oudin, da er des Sieges sicher zu sein glaubt, dem Bertran zu (v. 8534):

> Vos serez mais li lievre e nos cum chan;

als nun aber die in den Hinterhalt gelegten Truppen hervorbrechen, und in Folge dessen das Blatt sich wendet, ruft der Dichter mit Benutzung desselben Bildes aus (v. 8553):

> Hui mais ert li chiens lebres e lebres chins!

Nicht so häufig ist die Metonymie verwandt, wie z. B. in v. 8289. Dort beschwert sich die Königin darüber, dass ihre eigenen Lands-leute und Unterthanen ihr wegen ihrer Parteinahme für Folco aller-hand Unannehmlichkeiten bereiteten, und drückt diesen Gedanken in folgender Weise aus:

> Por lui me vol grant mal l'orguels frances.

Einige Male begnügt er sich nicht bloss mit einem Bilde, sondern greift zu einem ausgeführten Vergleich. So erläutert Oudin dem Könige gegenüber die Art und Weise, wie Aupais ihren Gefangenen behandle, durch die Worte (v. 8042):

> Plus soau lo nuirist qu'aige peison.

Dalmaz vergleicht Karl gegenüber die Schlacht, in der es Oudin und den Seinen so übel ergangen ist, mit einer Vogelfalle, in welcher eine grosse Schaar von Vögeln gefangen wird (v. 8895—96).

Es lässt sich nicht leugnen, dass diese Bilder fast sämmtlich drastisch, zweckentsprechend und zum Theil geradezu originell sind. Es würde aber unrichtig sein, wenn man annähme, dass alle Theile unserer Episode auf der gleichen stilistischen Höhe ständen. Es kommen auch Stellen vor, die neben den bisher angeführten schwer-fällig, zum Theil ungewandt erscheinen müssen, namentlich, wenn der Verfasser, um den Vers zu füllen zu Wiederholungen oder Verwendung von Flickwörtern greift. Auch hierfür will ich wenigstens einige Proben anführen:

> Ele amet e son cors e sa faiçon, v. 8036;
> En une tor bien aute, en un toron, v. 8038;
> a breu, non ges a tart, v. 8070;
> Portez Alpais is[t] breu e sias mes, v. 8287;
> Annem nos en vivaz, non fachaz lent, v. 8403.

Als die Königin den Oudin ruft, wird dies in folgender ungeschickter Weise ausgedrückt (v. 8679):

> Premers apele Oudin qui (= cui) sat german;

kein Mensch kann aus dem Zusatz „den sie als einen Vetter weiss" entnehmen, dass sie auf die bekannte Thatsache hinweisen will, dass Oudin der Vetter der Aupais ist. Dergleichen Stellen könnten leicht noch mehr angeführt werden.

Endlich muss noch ein Punkt hervorgehoben werden, in welchem sich unser Redactor vortheilhaft von R² unterscheidet, der nämlich, dass er den Gebrauch von Fremdwörtern möglichst beschränkt. Es kommen nur zwei Wörter auf -ion, „traicion" (v. 8034) und „venacion" (v. 8107) vor, ein Mal wird beim Schwur ein „texte" verwandt (v. 8394), und zwei Mal endlich erhält in dem Wortlaut des Schwures selbst Gott den Beinamen „omnipotent" (v. 8378 und 8689).

Im Ganzen werden wir also über unseren Verfasser das Urtheil fällen, dass er ein mehr als mittelmässig begabter Dichter war, der namentlich alle seine Nachfolger mehr oder weniger bedeutend überragt, ohne aber andrerseits von Mängeln und Schwächen frei zu sein, besonders ohne an die Bedeutung und das Talent des Verfassers der älteren Theile auch nur entfernt heranzureichen. Dass dieser Bearbeiter älter ist, als der von ihm wesentlich verschiedene R², ergiebt sich aus der Thatsache, dass die von letzterem herrührenden Bestandtheile sich als in die von ersterem stammenden eingefügt ergeben, während die Annahme des entgegengesetzten Verhältnisses ausgeschlossen ist.

Ich füge hieran sogleich die Besprechung der wenigen Stellen in dem eigentlichen Epos, die dazu dienen, die Episode Folco-Aupais vorzubereiten und die daher ohne Zweifel von dem Verfasser dieser Episode herrühren. Dahin rechne ich in Tirade 495 die Verse 7148—58. In diesen schwört der König, dass er den gefangenen Folco am nächsten Tage in Mont-Argon hängen lassen werde. Dem widerspricht Peter von Mont-Rabei und räth, jenen vielmehr in Gefangenschaft zu behalten. Karl geht sofort ohne ersichtlichen Grund auf diesen Vorschlag ein und fügt hinzu, Folco werde niemals seine Freiheit wiedererlangen. Dass diese Verse nicht ursprünglich sind, geht aus folgendem hervor: 1) Dieselben unterbrechen den Faden der Erzählung, denn an die Verse 7144—47 (dem Girart wird der Weg nach Dijon abgeschnitten, und so flieht er nach Besançon) schliesst sich unmittelbar die Tirade 496 an (Girart erreicht Besançon mit grosser Anstrengung). 2) Die beiden Verse 7148—49 sind genau gleich v. 7164—65, nur sind des Reimes wegen die Wörter etwas umgestellt. Mont-Argon, eins von Girarts Schlössern, ist offenbar ebenfalls nur des Reimes wegen gewählt. Der Zweck dieses Einschubes liegt auf der Hand. Der Verfasser desselben hatte ja die Absicht, das Epos durch den oben besprochenen

Anhang zu verlängern, und da dieser mit der Angabe beginnt, dass
Folco sich in der Gefangenschaft befand, so sollten diese Verse
es erklärlich machen, dass jener Held nach dem langen Exile Girarts
immer noch Gefangener ist. Denselben Ursprung haben daher auch
wohl die beiden Zeilen 7142—43. Als Folco in der Schlacht
ergriffen worden ist, hätten alle, so heisst es dort, ihn tödten
wollen, mit Ausnahme von Peter, der ihn zu seiner Rettung zum
Könige brachte. Auch diese Verse treten ganz aus dem Zusammenhang und dienen nur dazu, auf jenen grösseren Einschub hinzuweisen.

Ich halte es sogar für sehr wahrscheinlich, dass in dem älteren
Gedichte Folco das Schicksal seiner Brüder getheilt hat, das heisst,
dass er ebenfalls getödtet worden ist. Denn es ist aus dem vorliegenden Berichte gar nicht zu entnehmen, wie es zuging, dass
gerade der tapferste von Girarts Vettern völlig unverwundet hätte
in Gefangenschaft gerathen können; und als Girart allein vom
Schlachtfelde entkommt, heisst es v. 7160:

> Car i sunt remasu sui bon parent,

ohne dass der Gefangenschaft Folcos Erwähnung geschähe. Daher
scheint mir auch das Wort „prest[r]ent" in v. 7141 von R[1] zu
stammen. Nehmen wir an, dass jener Vers früher etwa gelautet hat:

> Lai ocistrent Gilbert e dan Folcon,

womit zu vergleichen wäre v. 7136:

> Entre Gilbert lo conte e dan Folcon,

so würde sich unmittelbar daran schliessen (v. 7144):

> Girarz s'en est estors a esporun u. s. w.,

dass heisst, wir würden dann einen Bericht haben, der sowohl in
Bezug auf die Composition als auch die Logik tadellos wäre.

Entscheidet man sich für die soeben vorgetragene Vermuthung,
so muss man auch die entsprechenden Verse in Tirade 499 für
umgearbeitet erklären, in welchen Girart seiner Frau über den Ausgang der Schlacht berichtet und dabei erzählt (v. 7223—24):

> Perdut ai mort Gilbert e dun Boson;
> Ço me dïent quel reis tent pres Folcon.

Hierin würde vor allem der letzte Vers als jünger anzusehen sein.
Derselbe weist nicht nur in metrischer und stilistischer Hinsicht
Schwächen auf, sondern auch sein Inhalt erregt Bedenken. Wie
hätte Girart Folcos Gefangennahme erfahren können, da er allein
aus der Schlacht entkommen ist? Wer hätte es ihm sagen sollen?
Es scheint also, dass auch dieser Vers von R[1] eingefügt oder
wenigstens abgeändert worden ist. Wie die Stelle in der Vorlage

gelautet hat, ist natürlich nicht anzugeben, doch könnte man etwa an eine Wendung wie:

<blockquote>Perdut ai mort Gilbert, Folcon, Boson</blockquote>

oder wie:

<blockquote>Morz fu Gilberz e Folche ab don Boson</blockquote>

oder eine ähnliche denken. Aber wenn man sich auch gegen jene Vermuthung erklärt, also annimmt, dass auch in der älteren Version Folco nur in Gefangenschaft gerieth, so hat dies doch auf die vorangehenden Darlegungen keinen Einfluss, d. h. die Rolle jenes Helden war in G mit diesem Augenblicke endgültig ausgespielt, er griff fortan nicht mehr in die Handlung ein, sondern verdankt seine Auferstehung erst einem späteren Überarbeiter des Epos, eben R[1].

Neuntes Kapitel

Das Exil.

(v. 7251—7999).

Bei dem soeben besprochenen Beispiele der Folco-Aupais-Episode haben wir ein deutliches Bild von dem Verfahren der verschiedenen Bearbeiter erhalten, und es liegt nun nahe, dieselbe Methode auch auf die einzelnen Theile des eigentlichen Epos anzuwenden, um den Versuch zu machen, auch dort in ähnlicher Weise die von den verschiedenen Redactoren herrührenden Bestandtheile zu erkennen und auszusondern, um auf diesem Wege die stufenweise Erweiterung und das allmähliche Anwachsen unseres Epos darzulegen. Aus praktischen Gründen empfiehlt es sich, von jenem Anhange aus rückwärts zu schreiten, daher zunächst die Zeit von Girarts Verbannung zu behandeln.

Diese Episode bot naturgemäss eine äusserst bequeme Gelegenheit, um Einfügungen vorzunehmen, denn da schon in der Fassung G dem Helden nach seiner Vertreibung aus der Heimath allerlei Widerwärtigkeiten zustiessen, so gewährten diese einen trefflichen Rahmen, der durch Hinzufügung neuer Abenteuer und andrer Zwischenfälle beliebig erweitert werden konnte. In der That haben denn auch beide Bearbeiter, R[1] und R[2], diese günstige Gelegenheit benutzt, und es ist nicht schwer, auf Grund der oben aufgestellten Charakteristik beider Verfasser die von jedem derselben herstammenden Bestandtheile herauszufinden, wobei ich wiederum mit dem jüngeren derselben, dem Mönch von Vezelai, beginne.

Einige der diesem Redactor zuzuschreibenden Interpolationen der Exils-Episode haben wir schon im siebenten Kapitel (S. 123 sq.) kennen gelernt, es sind alle diejenigen Stellen, welche sich auf die Einführung der von ihm erfundenen Engoïs beziehen, nämlich die Verse 7253—55; 7276; 7362—63; 7366—69; 7382—83. Die zuerst genannten sind zwischen ältere Abschnitte des Gedichtes eingefügt, die beiden Zeilen 7382—83 dagegen bilden einen Theil des gewaltigen Einschubes, der von v. 7374 bis v. 7570 reicht und der die Mehrzahl der Unglücksfälle erzählt, welche R^2 dem Girart und seiner Gattin zu den früheren neu hinzugedichtet hat. In den unmittelbar vorhergehenden Versen 7370—73 war mitgetheilt worden, wie der einzige Vasall, der dem Girart schliesslich noch verblieben, seinen Wunden erlegen war, und wie Girart aus Schmerz über diesen herben Verlust sich die Haare ausgerauft hatte. Hier setzte nun der Bearbeiter ein, indem er zunächst die beiden Verse 7374—75 anfügte:

> Aiqui nen ant candele ni encenser,
> Mais la croiz e lo fou e lo braser.

Diese Worte sollen sich offenbar auf das Begräbniss jenes Vasallen beziehen, und der Bearbeiter benutzt die Gelegenheit, um seine technischen Kenntnisse in Betreff der dabei nöthigen Kirchengeräthe an den Tag zu legen. Da nun aber Girart ganz in Armuth und Elend kommen soll, so lässt der Verfasser in den letzten drei Zeilen der Tirade (v. 7376—78) Nachts Räuber kommen und jenem seine Waffen und sein Pferd stehlen. Er vergisst dabei, dass, da auch seine Frau und der verstorbene Ritter zu Pferde entkommen waren, drei Pferde und zwei Rüstungen vorhanden sein mussten, sodass er daher auch folgerichtig in v. 7381 und v. 7432 in der Mehrzahl von „auferans" und „mes chevaus" spricht.

In Tirade 512 wiederholt der Verfasser zunächst die Mittheilung, dass Girart Pferd und Waffen verloren, und schliesst daran die schon erwähnte Notiz, dass Engoïs dort zurückblieb. Dann spricht er (v. 7384) die Sentenz aus:

> Qui trop mainten orguel, nel prez uns gans.

Dieser Gedanke, der sich etwa mit unserem Sprichworte „Hochmuth kommt vor dem Fall" deckt, ist einer der Lieblingssätze unseres Redactors, sodass wir ihn in den von demselben herrührenden Stellen des Epos mehrfach ausgesprochen finden. Aus dem von ihm hinzugefügten Schluss hebe ich z. B. hervor:

> E fon trop granz orguelz que ta genz fes,
> Per quei fu comenchaz li mals desres, v. 9337 und 39;
> Ancui verra orguelz jazer sotror
> E sainte humilitat tote sobror, v. 9419—20;
>   Deus . .
> Orguel besse e caten humilitat, v. 9433.

Ähnlich v. 9291; 9306; 9924—25. Auch in dem in Rede stehenden Einschub wird dieser Gedanke noch öfter vorgetragen. Derselbe findet sich nun auch ein Mal in Tirade 502 (v. 7263):

> Qui trop maintient orguel, deus n'en a soin,

also theilweise mit denselben Worten, wie an unserer Stelle, und da jene Zeile ganz aus dem Zusammenhang heraustritt, so wird man nicht darüber im Zweifel sein, dass auch dort dieser Ausspruch auf den gleichen Verfasser zurückzuführen ist. Aus den Versen, die unmittelbar auf Zeile 7384 folgen, geht hervor, dass unser Verfasser jenen Satz gewissermassen als den Grundgedanken des ganzen Epos hinstellt, denn er erklärt v. 7385—88 ausdrücklich, dass er denselben gerade auf Girart bezogen wissen wolle, der aus Strafe für seinen Stolz zweiundzwanzig Jahre in der Verbannung habe leben müssen, bis ihm schliesslich eine glänzende Rehabilitirung zu Theil geworden sei. Es ist dies ein Gedanke, den der Mönch von Vezelai erst nachträglich . in das Gedicht hineingebracht hat, und wir erkennen, dass derselbe eine grosse Ähnlichkeit mit demjenigen hatte, den der Verfasser der Vita zum Ausdruck bringen wollte, dass nämlich Girart durch seine Busse während der Verbannung sich die Zuneigung Gottes und damit den Anspruch auf die Verbesserung seiner Lage erworben hat. Wir werden unten sehen, dass dieser Gedanke an einer späteren Stelle des Epos mit noch grösserer Deutlichkeit wiederholt worden ist (cf. S. 158). Wie sodann der Mönch von Pothières den Helden sieben Jahre im Exil zubringen lässt, und zwar, wie wir gesehen haben, aus Vorliebe für die Zahl sieben, so stammt, wie sich aus unserer Stelle ergiebt, die Behauptung, dass jene Verbannung zweiundzwanzig Jahre gewährt habe, von R^2 her, daher auch alle die Unwahrscheinlichkeiten und Widersprüche, welche dieselbe im Gefolge hatte, und auf welche bereits Paul Meyer hingewiesen (cf. S. 31). Ein weiterer Beweis dafür, dass jene Zeitangabe eine Erfindung des Mönches von Vezelai ist, liegt darin, dass in dem von diesem angehängten Schluss des Gedichtes Girart seinen früheren Kriegsgefährten Guintrant, als er ihn nach seiner Rückkehr aus der Verbannung unerwartet wiederfindet, fragt, wo er denn diese Zeit von mehr als zwanzig Jahren gewesen sei (v. 9850).

Die Tirade 513 dient dazu, eine Handhabe für die Verlängerung der Handlung zu gewähren. Als der Klausner den Girart so jammern und klagen sieht, erbietet er sich, ihm den Weg zu einem andern Klausner zu zeigen, und Bertha nimmt dies Anerbieten dankend an in der Hoffnung, dass jener heilige Mann ihnen Trost spenden werde (v. 7389—7400). Man kann nicht behaupten, dass diese Erfindung von grosser Begabung zeuge, denn dieselbe kommt auf eine einfache Wiederholung der vorangehenden Situation hinaus. Der Weg, auf den der Klausner das Ehepaar weist, ist der, welcher nach Rancaire führt (v. 7395). Dieser Ort ist nicht aufzufinden noch zu bestimmen, und ist vermuthlich von dem Redactor des Reimes wegen erfunden. Da er in unserem Gedichte nur noch ein Mal, wiederum im Reim, in einer ebenfalls jüngeren Zeile (v. 4867) vorkommt, so liegt die Vermuthung nahe, dass beide Stellen den gleichen Verfasser haben.

In Strophe 514 treten Girart und Bertha, nachdem der Klausner sie durch Speise und Trank erquickt (v. 7401—3), den Weg durch den Ardennerwald an (v. 7404—5). Letztere Angabe hat der Redactor aus v. 7344 entnommen, wonach Girart in den Wald dieses Namens geflohen war. Sie finden den Klausner mit Ziegenfell bekleidet an der Erde liegend und zu Maria Magdalena betend (v. 7406—12). Fremdwörter wie ,,cene, merïene, terrïene" u. a. lassen auch hier den gelehrten Verfasser erkennen.

Die folgende Tirade 515 weist wiederum mehrfache Widersprüche mit den älteren Theilen des Epos auf. Auf die Frage des Klausners, wer der Ankömmling sei, nennt Girart zunächst seinen Namen und fügt in v. 7418 hinzu, sein Vater und sein Grossvater sei Lehnsmann des Vaters und Grossvaters König Karls gewesen. Wenngleich diese Behauptung durch das Epos nicht direct bestätigt wird, so findet sich auch nirgends eine Widerlegung derselben. Dagegen ist diejenige des folgenden Verses (7419), dass Karl ihm, dem Girart, Burgund und Avignon gegeben habe, wie aus dem auf Seite 43—44 Gesagten hervorgeht, nicht zutreffend. Ebenso entspricht es nicht der Wahrheit, wenn der Bearbeiter den Helden in v. 7420—21 hinzufügen lässt, Karl sei ihm freundlich gesinnt gewesen, er dagegen sei auf den König böse geworden, und zwar wegen eines in Karls Hause ausgebrochenen Streites (mesclane). Letzterer soll nach v. 7422 dadurch hervorgerufen sein, dass Boso den Teiri getödtet habe; in dem uns vorliegenden Bericht waren aber zwei Mörder an der That betheiligt, nämlich ausser Boso auch dessen Bruder Seguin. Nachdem Girart dann über seine Niederlage berichtet, erklärt er (v. 7430), dass er auf dem Wege zum Könige Otto von Ungarn sich befinde, und zwar zu Fuss, weil Räuber ihm die Pferde gestohlen hätten (v. 7431—33). Er schliesst mit der Bitte um Rath, den der Klausner ihm für den nächsten Tag in Aussicht stellt (v. 7434—36). Hierin bedarf der Vers 7431 noch einer besonderen Besprechung, und ich verbinde damit zugleich diejenige der übrigen Stellen, in welchen dieselbe Angabe wiederkehrt. Dahin gehören zunächst die Verse 7231—36, welche mitten in eine Rede der Bertha eingefügt sind. In ihnen erklärt dieselbe, Girart habe keine Truppen mehr, und da sie Verrath fürchte, so empfehle sie, nach Ungarn zum Könige Otto zu gehen, welcher der Bruder ihres Vaters Auson sei. Girart erklärt sich bereit, auf diesen Vorschlag einzugehen. — Es liegt auf der Hand, dass auch diese Verse von unserem Redactor herrühren, da sie den offenbaren Zweck haben, auf den grossen

Einschub vorzubereiten. Ausser an unserer Stelle finden sich nun noch zwei weitere Erwähnungen jener Reise, zunächst in den Versen 7467—73, wo Girart dem Klausner mittheilt, er beabsichtige, sich vom Könige Otto Waffen und ein Pferd zu verschaffen, um dann den König meuchlings zu ermorden. Aus dieser Stelle geht auch zugleich hervor, dass der nächtliche Raub von Girarts Pferd und Waffen (v. 7376—78) in der That ebenfalls eine Erfindung unseres Bearbeiters ist. Ehe ich die letzte Stelle vorführe und bespreche, muss die Frage beantwortet werden, ob die in Rede stehende Angabe durch die älteren Theile des Epos in irgend welcher Weise bestätigt wird. Diese Frage ist zu verneinen. Nirgends findet sich auch nur die Andeutung einer Verwandtschaft Berthas mit dem Könige von Ungarn. Ja der Name Ungarn erscheint in dem Gedichte nur ein Mal, und zwar in einer interpolirten Stelle der Tirade 50 (v. 708), wo jenes Land mit unter denen aufgeführt wird, die angeblich dem Scepter Karls unterworfen sind. Ebensowenig aber kommt der Name Auson noch an irgend einem andern Orte vor. In der älteren Fassung (G und G[1]) war Berthas Vater, wie wir gesehen, ein französischer Baron (die Vita nennt ihn den Grafen Hugo von Sens), unser Bearbeiter hat den Kaiser von Constantinopel an dessen Stelle gesetzt, ohne demselben jedoch irgendwo einen Namen zu geben. Es scheint daher, dass, da der Name Auson keineswegs griechisch klingt, sowohl dieser, wie auch der von dessen angeblichem Bruder Otto des Reimes wegen erfunden worden ist, da sowohl Tirade 499 als auch 515 auf -on reimen. Wenn unser Redactor nun hätte consequent sein wollen, so hätte er die Reise nach Ungarn auch ausführen lassen müssen. Dies hätte aber offenbar so eingreifende Änderungen nöthig gemacht, dass er davor zurückschreckte, und so ersann er denn ein Mittel, das im Stande wäre, die ganze Fahrt zu verhindern. In der Tirade 521 (v. 7531—35) lässt er das Ehepaar daher Kaufleuten begegnen, welche aus Baiern und Ungarn kommen und welche erzählen, König Otto sei gestorben. Dieselben fügen hinzu (v. 7536—37), dass der König von Frankreich Boten nach Ungarn gesandt habe, um fragen zu lassen, ob Girart dort sei. Es scheint, als ob auf diese Nachricht hin Girart seinen Plan aufgegeben hat, obwohl man diesen Grund nicht als einen triftigen anerkennen kann. Denn, wenn auch Otto todt war, so wird er doch einen Nachfolger gehabt haben, der ja ebenfalls ein naher Verwandter, vermuthlich der Vetter, Berthas gewesen wäre und der doch sicher deren Gatten ein Pferd und eine Rüstung gegeben haben würde. Es stellt sich also auch hier wieder heraus, dass die Erfindungsgabe unseres Bearbeiters nicht gerade hervorragend ist.

In Tirade 516 (v. 7437—48) erfahren wir, dass der Klausner dem Ehepaar Quartier gab (v. 7437—38) und dem Grafen (dass dieser mit „li“ gemeint ist, muss man allerdings errathen) am nächsten Morgen eine Busse auferlegte (v. 7439); welchen Zweck diese hatte und worin sie bestand, erfahren wir nicht; ebenso wenig aber, was es für eine Bewandtniss mit dem Rath hatte, den ihm der heilige Mann ertheilte, und von dem es heisst, dass Girart, wenn er ihn befolgt hätte, vor Unglück behütet worden wäre (v. 7440 bis 7441). Girart jedoch raufte sich die Haare und schwor bei Gott und dessen Wunderkräften, er werde sich nicht eher scheeren noch den Bart abnehmen lassen, als bis er wieder Herzog von Burgund sein werde (v. 7442—46). „Gott,“ ruft der Verfasser aus, „lange dauerte es, bis dieses Gelübde erfüllt war; zweiundzwanzig Jahre blieb der Graf in seiner schlimmen Lage (v. 7447—48)!“ Dies Gelübde scheint R^2 später völlig vergessen zu haben, wenigstens geschieht desselben nie wieder Erwähnung.

In der folgenden Strophe (v. 7449—62) kommt der Bearbeiter noch ein Mal auf diese Scene zurück und theilt uns wörtlich die Unterhaltung, eine Art Beichtgespräch, zwischen Girart und dem Klausner mit. Girart erklärt, dass er fest an Gott glaube, auch zugebe, dass er sich gegen Karl vergangen, dass er jedoch die ihm auferlegte Busse nicht eher ausführen werde, als bis er sich an dem Könige gerächt habe, worauf der Einsiedler ihm versichert, dass dies eine grosse Sünde von ihm sei.

In Tirade 518 (v. 7463—74) giebt Girart dem Klausner auf dessen Frage die Art und Weise an, wie er seine Rache auszuführen gedenke. Sobald er nämlich vom Könige Otto Pferd und Waffen erhalten habe, werde er dem Könige auflauern, wenn dieser auf die Jagd gehe, und ihn dann tödten. Auch dies ist nicht sehr glücklich erfunden, da Girart auf diesem Wege zwar zu einer persönlichen Rache, schwerlich aber zu einer Wiedereinsetzung in seine Lehen gelangen konnte. Der Bearbeiter vertritt hier eine andere Auffassung als vorher, denn in Tirade 516 spricht Girart, wie wir gesehen haben, von seiner Rückkehr in die Herrschaft über Burgund.

In Tirade 519 hält der Eremit, der ausdrücklich als belesen und in den Wissenschaften bewandert gerühmt wird (v. 7476), dem Girart eine Predigt über die Entstehung der Teufel und über sein Lieblingsthema, die Schädlichkeit des Hochmuthes. Der Hochmuth stamme von den „Gehörnten“ (cornut), welche früher Engel gewesen, dann wegen ihrer Selbstüberhebung aus dem Himmel gestürzt und in Teufel verwandelt worden seien (v. 7477—81). Genau so habe die Sünde und der Stolz auch Girarts Fall veranlasst (wörtlich: habe ihn aus einem Grafen „de grant salut" zu einem elenden Bettler gemacht), und der Vorsatz, seinen Herrn und König meuchlings zu tödten, sei ihm von dem Teufel eingegeben worden, in dessen Gewalt er bald ganz sein werde (v. 7482—90). Die entsetzte Bertha fällt dem Klausner zu Füssen und bittet für ihren Gatten um Gnade; jener aber erklärt, er vermöge ihm nicht zu helfen; wenn Gott ihm nicht beistehe, so sei er in Zeit und Ewigkeit verloren (v. 7491—97).

In der folgenden Strophe führt der Eremit sein Thema noch weiter aus. Girart habe in seiner Jugend manche Schlechtigkeit begangen und seine Zeit damit verbracht, Unrecht zu thun, jetzt habe er sogar vor, seinen Herrn zu tödten (v. 7498—7501). Aber dann könne kein Geistlicher, noch Bischof, ja nicht ein Mal der Papst ihn durch Busse von dieser furchtbaren Sünde befreien (v. 7502—4). Das Wort Gottes verlange, dass ein Verräther geviertheilt und verbrannt werde; und dort, wohin die Asche desselben fällt, wachse nicht Gras noch Kraut, und Busch wie Baum verliere sein Grün (v. 7505—11). Der Verfasser hat sich hier offenbar von seinem theologischen Eifer zu weit fortreissen lassen, denn das Gedicht bietet keinerlei Anhalt für die Vorwürfe, die dem Grafen hier gemacht werden, wir erfahren nicht das Geringste von etwaigen, in der Jugend von ihm verübten Schandthaten, und die Verrätherei, die er durch die Ermordung seines Herrn in der That begehen würde, ist ihm ja nur durch den Verfasser selbst angedichtet worden. Nun wendet sich Bertha selbst an ihren Gemahl und fleht ihn an, seinen Groll gegen Karl fahren zu lassen und ihm zu verzeihen (v. 7512—15). Girart erklärt sich sofort bereit, ihren Wunsch zu erfüllen. Man könnte hierin einen psychologisch feinen Zug des Verfassers sehen, wenn es sicher wäre, dass er bewusst und mit Absicht dem Einflusse der Frau die Lösung einer Aufgabe hätte zusehreiben wollen, auf welche die Kirche vorher vergeblich ihre Kraft und ihre Beredtsamkeit verwandt hätte. Aber es scheint leider, dass wir damit unserem Bearbeiter mehr poetisches Gefühl zutrauen, als er wirklich besass. Gegen jene Vermuthung spricht wenigstens die Versicherung Girarts, er gebe aus Liebe zu Gott nach (v. 7516). Sofort erklärt ihm der Klausner, dass, wenn seine Reue von Herzen komme, er einst Ritterschaft, Land und Lehen wiedererhalten werde. Wir sehen also den in der Vita durchgeführten Grundgedanken auch hier deutlich und mit vollem Nachdruck ausgesprochen, und da, wie wir oben bewiesen haben, der Mönch von Vezelai das Werk seines Amtsbruders von Pothières gekannt und studirt hat, so darf man mit Fug annehmen, dass er auch diesen

Gedanken, wie so manches andre, jener Lebensbeschreibung entlehnt hat.

Auch die Strophe 521 behält zunächst denselben theologischen
Charakter bei. Der heilige Mann freut sich über Girarts Nach-
giebigkeit und verbietet ihm bis zu einem bestimmten Termin, bis er
nämlich alle seine Sünden gebüsst hätte, den Gebrauch von Pferd und
Waffen (v. 7521—26). Wir werden sogleich erfahren, zu welchem
Zwecke diese befremdlich erscheinende Bedingung erfunden worden
ist. Es folgt nämlich jetzt die schon oben (S. 156) besprochene
Scene, wie das Ehepaar, als es mit dem Segen des Klausners von
diesem geschieden, den Kaufleuten begegnet, die ihnen mittheilen,
König Otto von Ungarn sei gestorben, und Karl habe durch Boten
nach Girart forschen lassen (v. 7527—37). Bertha greift bei dieser
Nachricht zu einer Nothlüge, indem sie den Kaufleuten erzählt, Girart
sei todt, sie selbst habe seinem Begräbnisse beigewohnt (v. 7538—39).
Als nun Girart vernimmt, dass diese Nachricht von den Kaufleuten
mit Jubel aufgenommen wird, und dass diese sein Andenken wegen
des vielen Unheils, das er angerichtet, verfluchen, da würde er,
heisst es, mit dem Schwerte einen der Kaufleute getödtet haben,
wenn ihm nicht glücklicher Weise der Klausner verboten hätte,
Waffen zu tragen (v. 7540—44). Die Kaufleute bringen diese
Nachricht nach Frankreich, wo sie von Karl mit grosser Freude
aufgenommen wird (v. 7545—46). Bei dieser Gelegenheit erhält
Frankreich die Bezeichnung „France la Lodöis", die an eine ähnliche in Tirade 104 erinnert (v. 1585), und auf die wir noch zurückkommen werden. Ich erwähne daher hier nur, dass der Verfasser
sich durch die in den letzten beiden Versen enthaltene Angabe, die
er in der folgenden Tirade wiederholt, in Widerspruch mit den
älteren Theilen des Epos setzt, denn in den Versen 7600—4 erfahren wir, dass Karl viel später nach allen Richtungen Boten aus-
sendet, um auf Girart zu fahnden und zugleich einen Preis auf
dessen Kopf setzt. Damit verträgt sich nicht, dass er bereits die
Nachricht von Girarts Tode bekommen und sich über dieselbe gefreut, d. h. sie geglaubt habe.

Der Inhalt der beiden letzten Zeilen wird nun in der folgenden
Strophe noch ein Mal, und zwar ausführlicher, wiederholt. Die
Kaufleute erzählten in Frankreich (dies Mal ohne Beiwort) den
Ihrigen, dass Girart kürzlich gestorben (v. 7547—48). Der König
und alle andern Feinde desselben freuten sich darüber, während die
wackern Leute aus der alten Zeit trauerten, besonders aber die
Königin, in dem Gedanken, dass der Graf keinen Sohn als Erben
seiner Besitzungen hinterlassen habe (v. 7549—55). Dieser letzte
Gedanke hat unseren Bearbeiter, wie wir oben gesehen haben,

mehrfach beschäftigt, denn er hat ihn einmal bei den Verhandlungen
über den Waffenstillstand und zweitens in dem Bericht über die
Ereignisse während der Zeit des Waffenstillstandes selbst wiederholt
(S. 116 und 84); er passt allerdings an unserer Stelle herzlich
schlecht, da Girart zu jener Zeit nichts besass, also auch nichts
vererben konnte.

Die Tirade 523 dient dazu, die Zahl der Abenteuer der unglücklichen Verbannten noch zu vermehren. Die erste Hälfte wird
von der Beschreibung eines beschwerlichen durch Brombeer- und
Dornensträuche versperrten Weges ausgefüllt, den sie nach der Begegnung mit den Kaufleuten durchwandern mussten (v. 7558—61).
Endlich stiessen sie auf zwei Klöster und einen heiligen Klausner,
Namens Garnier, der sie freundlich aufnahm, bewirthete und die
Nacht beherbergte (v. 7562—70). Es zeugt nicht gerade von einer
fruchtbaren Phantasie, dass der Verfasser hier seinen Helden zum
dritten Male hintereinander einem Klausner begegnen lässt.

Mit v. 7570 endet der erste grosse Einschub unseres Bearbeiters, aber schon hinter der nächsten Tirade, also hinter v. 7581,
fügte er wiederum eine Strophe ein, v. 7582—97, in der er über
ein neues Abenteuer Girarts berichtet. Um den Übergang zu demselben herzustellen, entlehnte er einfach die Einleitungsworte der
darauf folgenden Strophe, man vergleiche v. 7582:

E de qui erberjet a un repaire

mit v. 7598:

E d'aiqui erberjet a Poiz Cairaz.

In dieser Wohnung nun, in welcher das Ehepaar Quartier fand,
hatten Vater und Sohn durch die Kriege gegen Girart ihren Tod
gefunden, und letzterer hörte sich durch Mutter und Tochter verfluchen (v. 7583—84), also genau so wie bei der Begegnung mit
den Kaufleuten. Ebenso wird hier wie dort Girart bei diesen
Worten von tiefem Schmerze ergriffen (v. 7585); aber, während er
das erste Mal nur durch das Verbot, Waffen zu tragen, an einem
Morde gehindert ward, begegnen wir hier in v. 7586 dem Gedanken,
dass er ohne seine Frau kaum am Leben geblieben wäre. Dieser
Gedanke ist echt poetisch und würde, wenn er von unserem Bearbeiter stammte, sehr zu seinen Gunsten ins Gewicht fallen; aber
derselbe ist leider einfach die Vorwegnahme der Worte, die in dem
alten Epos Girart selbst der Königin gegenüber ausspricht (v. 7859
bis 7860). Völlig dem Charakter dieses Redactors entspricht es
dagegen, wenn er von der Bertha behauptet (v. 7588), sie habe
besser als ein Prediger sprechen können. Und, wie um die Richtigkeit dieser Behauptung zu beweisen, legt er ihr über sein Lieb-

lingsthema, den Stolz, eine Rede in den Mund, die von Vorwürfen
gegen ihren Gatten strotzt (v. 7589—97): Alle Zeit sei er hoch-
müthig, händel- und streitsüchtig sowie egoistisch gewesen, er habe
mehr Menschen getödtet, als er selbst anzugeben vermöge, und die
Reichen habe er zu Grunde gerichtet; sein Unglück sei daher die
gerechte ihm von Gott auferlegte Strafe dafür. Es liegt auf der
Hand, dass diese Worte sich durchaus nicht mit dem Charakter der
Bertha, dieses Musters einer treuen, selbstlosen, hingebenden Gattin,
vertragen. Am Schlusse folgt eine Anspielung auf die Rede des
zweiten Klausners, denn Bertha erinnert ihren Gemahl daran, dass
jener ihm als Busse die Verpflichtung auferlegt habe, das Unglück
zu ertragen; dann werde er auch in sein Lehn wieder eingesetzt
werden. Der Bearbeiter unterlässt es anzugeben, welche Wirkung
diese Worte hervorbrachten, denn eine Antwort Girarts erfolgt nicht.

Der Anfang der nächsten Strophe 526 ist unzweifelhaft alt:
Bei der Nachricht, dass Karl einen Preis auf Girarts Kopf gesetzt,
ändert letzterer seinen Namen, und beide vermeiden die Städte,
Dörfer und Schlösser (v. 7598—7611). Daran fügte sich in der
älteren Version unmittelbar die Zeile 7680 sq., d. h. die Mittheilung,
dass Girart einst im Walde Kohlenbrenner fand und sich zu ihnen
gesellte. Alles dazwischen Stehende, also die Verse 7612—79, ist
offenbar eine neue Interpolation von R^2.

Der Inhalt ist kurz folgender. Als das Ehepaar einst bei
einem Wucherer, dessen Gattin ein böses Weib war, Aufnahme gefunden hatte, wurde der Graf von einer schweren Krankheit be-
fallen, die vierzig Tage dauerte. Endlich zu Weihnachten liess der
Wucherer den Kranken aus seinem Palaste entfernen und hinunter
in den Keller bringen. Da erscheint bei der Gräfin ein Bote und
bittet sie, im Namen dessen, der in jener Nacht geboren, ein Gewand aus dem mitgebrachten Stoffe zu nähen, was sie sofort verspricht. Als die Besitzerin des Hauses dies vernahm, liess sie der
Bertha sogleich auftragen, auch für sie ein Gewand herzustellen.
Die Gräfin erwiderte, sie werde den Auftrag ausführen, sobald sie
das in Arbeit befindliche Kleid, das sie für einen Reicheren fertige,
beendigt habe. Diese Antwort erregte den Zorn der Wirthin in
solchem Masse, dass sie das Ehepaar auf die Strasse werfen liess.
Ein barmherziger Bürger nahm sie freundlich auf und behielt sie
so lange bei sich, bis Girart völlig wieder hergestellt war.

Diese Episode trägt alle dem zweiten Bearbeiter eigenthümlichen Merkmale zur Schau. Zunächst ist der Gedanke, die Bertha
durch Nähen Geld verdienen zu lassen, eine Vorwegnahme des in Tirade
533 berichteten Umstandes, dass die Gräfin sich später durch diese
Beschäftigung ernährte. Ebenso setzt sich der Verfasser aufs Neue in

Widerspruch mit dem Epos, wenn er nach der vierzigtägigen Krankheit Girarts in v. 7615 das Weihnachtsfest eintreten lässt, da unmittelbar vorher die Bäume als belaubt geschildert worden waren,
denn Girart hatte nach v. 7574 in dem Schatten einer Linde ge-
ruht. Auch stilistische Schwächen finden sich ganz wie in andern
Zuthaten unseres Bearbeiters. Zunächst leitet er auch diese Episode
wieder mit genau derselben Wendung ein, die er in Tirade 525
gebraucht und auch dort schon entlehnt hatte (v. 7612):

> A un lucrer felun es erberjaz.

In der nächsten Zeile werden dann Wirth und Wirthin mit folgenden
Worten geschildert:

> C'a felonesse feme e el mauvaz,

wo also in dem zweiten Satze „es" zu ergänzen ist. Ähnliche
Mängel erscheinen auch sonst noch, z. B. v. 7633, 7677—78 u. a.
Ebenso fehlt es auch nicht an zahlreichen Fremdwörtern, die zum
Theil kirchlichen Ursprung verrathen, und deren manche auch in
dem ganz von R² verfassten Schlusse des Epos vorkommen (cf.
(S. 86) wie: lucrier (v. 7612), omnipotent (v. 7625), umiliment
(v. 7634), satanas (v. 7639), saume (v. 7667), miracle (v. 7670).

Tritt also schon in der Form der zu vermuthende geistliche
Charakter des Verfassers einigermassen hervor, so geschieht dies
noch mehr in dem Inhalte. Girarts Krankheit dauerte (v. 7616):

> Tros la nuit de nodal que deus fu naz.

Von dem Diener, der der Gräfin Arbeit bringt, heisst es (v. 7623):

> Que deus li a trames tot veirement.

Dieser begleitet seine Bitte mit den Worten (v. 7625—26):

> per amor deu omnipotent
> Qui nasquet per tau nuit en Belloent.

Die Verse 7659—60 enthalten den Wortlaut eines Gebetes, das
Girart zu Gott emporsendet, und seine Frau versichert ihm in v.
7666, dass, wenn er sein Leid geduldig ertrage, er reichen Lohn
ernten werde, ein Gedanke, welchen der Verfasser schon zwei Mal
vorher hat aussprechen lassen, ein Mal durch den zweiten Klausner
(v. 7520), das andre Mal, wie hier, durch Bertha (v. 7597). In
den drei folgenden Zeilen (v. 7667—69) hören wir sogar, dass
Bertha ihrem Gemahl drei Verse aus einem davidischen Psalm her-
sagte und ihm von Hiob und von der Predigt des heiligen Rigobert
erzählte. Der Schluss (v. 7670—73) ist die Wiederholung des
schon oben besprochenen Gedankens, den, wie wir gesehen, der
Verfasser wahrscheinlich aus der Vita entnommen hat; er ruft näm-

lich aus, Gott habe an diesem trotzigen Grafen ein offenbares Wunder gethan, denn nie würde dieser vom Übel gelassen und sich bekehrt haben, wenn er nicht in Elend und Verbannung gekommen wäre. Dieser Schluss findet sich übrigens nur in O und L, aber es liegt nach dem Obigen kein Grund vor, ihn unserem Bearbeiter abzusprechen.

Zu bemerken ist schliesslich noch, dass wir in dieser Episode ein interessantes Beispiel von ein Paar Repetitionsstrophen haben, die beide von ein und demselben Verfasser, aber eben einem jüngeren Bearbeiter herstammen. Tirade 529 ist nämlich im Wesentlichen eine Wiederholung des zweiten Theiles der vorangehenden: die unglücklichen Vertriebenen finden bei einem Biedermann Aufnahme; nur enthält der zweite Bericht noch einige Zusätze, so, dass beide in den Schmutz gefallen und die Gräfin dabei ohnmächtig geworden sei (v. 7650—51). Letztere muss sich allerdings bald wieder erholt haben, denn in v. 7653 wird Girart allein ins Haus getragen. Man würde diese Strophe für einen noch jüngeren Einschub halten, wenn sie nicht in der letzten Zeile eine Notiz brächte, welche sich nur in dieser Tirade findet und welche die letztere daher unentbehrlich macht, die nämlich, dass der Samariter den Kranken so lange bei sich behalten habe, bis derselbe wieder hergestellt war.

Mit Tirade 530 endet diese Episode, und da der Bearbeiter nicht die Absicht hat, den Bericht über die dem Girart widerfahrenen Unglücksfälle noch weiter auszudehnen, so fügt er noch die Verse 7674—79 an, in denen er erklärt, er verzichte darauf, alle die Leiden aufzuzählen, die Girart habe erdulden müssen. Er wiederholt dann in v. 7677 seine schon früher ausgesprochene Behauptung, dass dieser Zustand zweiundzwanzig Jahre gedauert habe, und beruft sich hierfür auf seine Quelle (v. 7676):

Eisi con dist l'escris, qu'es es mosters.

Mit diesen Worten könnte er offenbar nichts andres als die lateinische Lebensbeschreibung gemeint haben, die er ja auch, wie wir gesehen, gekannt und benutzt hat. Sonderbarer Weise hat er aber gerade diese Angabe nicht aus jener Quelle entnommen, sondern wahrscheinlich selbst erfunden, da die Vita ja die Dauer des Exils auf sieben Jahre angiebt. Er braucht demnach jene Wendung nur, um seiner Erfindung den Anschein der Zuverlässigkeit zu verleihen.

Noch befremdlicher ist jedoch die in dem letzten von ihm stammenden Verse (7679) enthaltene Behauptung, Girart sei während seines Exils in Deutschland (Alemaigne) gewesen. Für die Richtigkeit derselben findet sich nirgends der geringste Anhalt. Denn in den unmittelbar darauf folgenden Versen erfahren wir, dass Girart alsbald Kohlenbrenner im Walde von Aurillac, d. h. in der

Auvergne wurde, und von dort kehrte er später direct nach Frankreich zurück. Die Angabe ist also unzweifelhaft wieder der Phantasie unseres Redactors entsprungen. Bemerkenswerth ist noch der neben „Allemaigne" stehende Zusatz „don fu Lohers". Paul Meyer nimmt an (Girart de Roussillon, S. 244 Anm. 1), dass damit Lothar I, ältester Sohn Ludwigs des Frommen, also ein älterer Zeitgenosse Girarts gemeint sei. Aber abgesehen davon, dass man bei einem jüngeren Bearbeiter kaum erwarten darf, dass er mit seinen Angaben sich in Bezug auf Ort und Zeit genau auf den Standpunkt seiner Vorlage stellt, würde diese Notiz, wenn sie wirklich sich auf jenen König beziehen sollte, ein immerhin bedeutendes historisches Wissen bei dem Verfasser voraussetzen lassen, das wir keine Veranlassung haben, ihm zuzutrauen. Auch würde ein Franzose den unter Karl dem Grossen geborenen Lothar wohl kaum als aus Deutschland stammend bezeichnen, da die Franzosen bekanntlich Karl den Grossen ebenso wie dessen Sohn Ludwig den Frommen als einen der Ihrigen ansehen. Vielleicht liegt in jenen Worten eine Anspielung auf Lothar II., Grafen von Suplinburg, Herzog von Sachsen, vor, der um 1065 geboren, durch mehrere glänzende Siege sich einen gewaltigen Namen erworben hatte, als er 1125 zum deutschen Könige gewählt wurde, und der bis 1137 regierte. Da, wie Paul Meyer (a. a. O. S. XLVI) wahrscheinlich macht, unser Redactor die von ihm herstammende Version des Epos etwa im letzten Drittel oder Viertel des zwölften Jahrhunderts verfasst hat, so hat er in seiner Jugend gewiss mehrfach von diesem hervorragenden Könige gehört, sodass eine derartige Anspielung, die auf eine bereits verstorbene, aber als bekannt vorausgesetzte Persönlichkeit hinweist, sich sehr wohl erklären liesse. Der Ausdruck erinnert formell an den, welchen derselbe Verfasser in v. 7545 von Frankreich braucht, „France la Lodöis".

In den nächsten Tiraden hat sich der Bearbeiter auf wenige kurze Einfügungen beschränkt. Als in Tirade 532 erzählt war, dass Girart Köhler geworden und sich in Aurillac niedergelassen hatte, fügte R² die beiden Schlussverse an (v. 7699—7700):

> Or li doinst deus ostal e tal maison
> Per quei poissent venir a garison!

In Tirade 534 befinden sich zwei Interpolationen, nämlich v. 7732 und 7751. Erstere hat den Zweck, die von R² behauptete Dauer der Verbannung möglichst oft hervorzuheben, und lautet:

> Vin[t] e dous anz s'en vont eisi vivent.

Dieselbe zeugt aber wiederum von geringer Überlegung. Denn die Zeitangabe kann sich natürlich nur auf das unmittelbar Vorhergehende beziehen, d. h. danach müsste Girart so lange Zeit in Aurillac

Kohlen verkauft haben. Dadurch bringt sich der Verfasser jedoch
mit seinen eigenen Behauptungen in Widerspruch, da er oben die
Dauer des ganzen Exils auf zweiundzwanzig Jahre angegeben hatte,
sodass keine Zeit für die lange Krankheit und die zahlreichen
übrigen Erlebnisse des Helden übrig bliebe. Streicht man jene Zeile,
so wird der Zusammenhang in keiner Weise gestört. Aber auch
der Vers 7751:

Ja damlideu no place omnipotent

ist als interpolirt anzusehen, da er völlig entbehrlich ist, und ausserdem ein gelehrtes, speziell theologisches Gepräge trägt (cf. v. 7625).

In Tirade 535 scheinen die Zeilen 7758—63 jüngeren Ursprunges zu sein. Abgesehen davon, dass der Vers 7762 einen
metrischen Fehler enthält, so bildet den wesentlichen Inhalt des
Ganzen die Aufforderung der Bertha, Girart solle durch die Hülfe
der Königin die Versöhnung mit Karl zu erreichen versuchen. Dies
ist aber eine Vorwegnahme dessen, was erst in v. 7804 sq. viel
ausführlicher und mit genauen Angaben erzählt wird. Dazu kommen
aber verschiedene Einzelheiten, welche diesen Einschub als von R^2
herrührend erscheinen lassen. Zunächst lässt der Verfasser die
Bertha ihrem Gemahl mittheilen, dass er bereits zweiundzwanzig
Jahre im Auslande sei (v. 7758). Diese Notiz entspricht ganz der
von R^2 eingeführten Neuerung, ist aber hier sehr schlecht angebracht; denn wie soll die Gräfin dazu kommen, diese Zahl ihrem
Gatten anzugeben, da er sie ja doch selbst sehr genau kennen musste?
Auf dieselbe Weise, d. h. durch die Behauptung der langjährigen
Verbannung ist es wohl zu erklären, dass Girart nach v. 7759
schwach und gebrechlich geworden sein soll, da sich in den älteren
Theilen des Gedichtes nichts davon findet. Ein weiterer verdächtiger
Umstand liegt darin, dass die Elissent in v. 7760 „Kaiserin" genannt
wird. Dieselbe führt in dem Gedichte sonst immer den ihr zustehenden Titel Königin, z. B. v. 554, 572, 7804, 7818, 7827,
7833, 7834, 7880, 7884, 7902, 7919, 7945, 7957. Nun werden
wir es aber als eine Liebhaberei des geistlichen Redactors kennen
lernen, den Karl zum Kaiser zu machen. Aus den Theilen des
Gedichtes, die bisher als von ihm herrührend erwiesen sind, nenne
ich folgende Beweisstellen: v. 8223, 8240, 8671, 8879, 9318, 9916;
zur Abwechselung auch „rei emperador", so v. 8645, 9971 und
auch in v. 7515 der in Rede stehenden Episode[1]). So lag es denn

---

[1]) Bei R^1 begegnet diese Benennung ein Mal, v. 6899; die ältesten
Theile des Gedichtes kennen nur die Bezeichnung „König". Eine Ausnahme scheint v. 574 zu machen, in welchem Girart zu der Elissent sagt:

Que m'en direz, muillier d'emperador?

und welchen R^2 wahrscheinlich aus der älteren Fassung herübergenommen für diesen Bearbeiter nahe, der Frau Karls die entsprechende Würde zuzutheilen. Endlich erwähne ich noch den eigenthümlichen, mehrfachen Wechsel des Singular und des Plural in der Anrede (z. B.: Ne vos i quere plai dunt ers gariz, v. 7763), der ebenfalls für R^2 charakteristisch ist, cf. v. 7393 sq., 7451—65, 7483—84 u. ö.

Noch deutlicher tritt die Urheberschaft des Mönches in den Zeilen 7768—72 hervor. Nachdem Girart in den vorangehenden Zeilen dem Vorschlage, nach Frankreich zurückzukehren, zugestimmt hat, erfahren wir in den genannten Versen, dass Girart in der Andreas-Kirche die Messe hörte und zu Gott und dem Heiligen betete, Gott möge dafür sorgen, dass der König ihm verzeihe und ihm Land und Lehen zurückgebe. Wir werden zahlreiche Belege dafür kennen lernen, dass R^2 auch sonst bei jeder sich irgend bietenden Gelegenheit Zusätze einfügt, in welchen er das Hören der Messe oder Matine hervorhebt, oder in welchen er, wie hier, den Wortlaut eines Gebetes mittheilt.

Eine grössere Interpolation nahm unser Verfasser dann erst in Gestalt der Tirade 537 vor. In der vorangehenden war erzählt worden, wie Bertha und Girart nach Orleans kamen, um ihren Plan auszuführen. Letzteres geschieht dann in Strophe 538 sq. Dazwischen schiebt der Bearbeiter nun den Bericht über einen misslungenen Versuch dieser Ausführung ein. Der Vorschlag dazu wird dem Erveu in den Mund gelegt, d. h. dem Bürger von Orleans, der nach v. 7775 dem Ehepaar Obdach gewährt hatte. Dieser räth dem Girart, an den Hof der Königin zu gehen und sie zu bitten, ihn zu kleiden. Girart erklärt, er wisse nicht, wie er dies anfangen solle (no'n sui apris), geht aber auf Zureden seiner Frau, obwohl widerwillig, auf den Vorschlag ein und nimmt unter den Pilgern Platz; wie man annehmen muss, am Hofe. Da kommt Aïmar, „clerc von Paris", hinzu, erblickt den Girart und wirft ihn hinaus, indem er erklärt, dieser Lump könne sein Brod selbst verdienen. Girart kommt zu seiner Frau zurück und klagt, die Sünde habe ihn in dies Land geführt (v. 7776—99).

Diese Scene ist aus mehreren Gründen verdächtig. Zunächst muss es auffallen, dass hier der Plan, wegen dessen die Verbannten offenbar überhaupt gekommen sind und der später auch ausgeführt wird, nämlich der Versuch der Aussöhnung, mit keinem Worte erwähnt wird, sondern dass für Girarts Besuch bei der Königin plötzlich ein ganz neuer Zweck angegeben wird, nämlich der, sich

hat; doch ist es möglich, dass er bei der Entlehnung auch eine Änderung vorgenommen hat, da diese Stelle ganz vereinzelt dasteht. Übrigens wird hier der Titel nicht auf Karl unmittelbar angewandt.

neu einkleiden zu lassen (v. 7780), was hier gar keinen Sinn hat. Auch begreift man nicht, warum Girart sich weigert, auf jenen Vorschlag einzugehen, und schliesslich nur widerwillig Folge leistet, da er ja doch die Versöhnung zu betreiben vorhat. Wahrscheinlich wollte der Verfasser damit schon im Voraus andeuten, dass dieser Plan scheitern, oder wenigstens nur unvollständig zu Stande kommen werde. Die Person des Aïmar ist zwar dem Epos entlehnt, denn er erscheint auch in Tirade 540 und 546, aber die ihm hier zugewiesene Rolle entspricht keineswegs seinem sonstigen Charakter. Aus jenen Stellen geht hervor, dass er zu der unmittelbaren, vertrauteren Umgebung der Königin gehörte und für diese persönliche Dienstleistungen verrichtete. Dass eine derartige Vertrauensstellung bei der warmherzigen, edel denkenden Elissent sich mit der niedrigen und gemeinen Gesinnung vertragen sollte, die jener „clerc" hier dem Girart gegenüber an den Tag legt, muss billig bezweifelt werden. Jedenfalls findet sich in den vorhin erwähnten älteren Theilen des Gedichtes, wo Aïmar gerade damit beauftragt wird, dem Girart Dienste zu leisten, nicht der geringste Anhalt für dessen grobe, ja grausame Handlungsweise an unserer Stelle. Die ganze Tirade verdankt daher ihre Entstehung dem Wunsche, die Ereignisse, welche zu der schliesslichen Versöhnung führen, mehr in die Länge zu ziehen. Man erkennt dies auch daran, dass in dem Folgenden auf diesen fehlgeschlagenen Versuch mit keinem Worte Rücksicht genommen wird. Der am Schluss (v. 7799) ausgesprochene Gedanke:

> Pechaz nos a menat en is[t] päis

bestätigt die Vermuthung, dass der ganze Einschub von R.[2] herrührt, da ähnliche Sätze sich bei diesem mehrfach finden, z. B.:

> Granz pechaz, dis l'ermites, ti desenance, v. 7462;
> Pecaz, ço dist l'ermites, te fait parlar, v. 7474;
> Pechaz t'a e orguelz si confundut, v. 7483.

Endlich erwähne ich noch, dass auch der eigenthümliche Zug aus v. 7788, ein heimliches Lächeln als Zeichen des Unwillens, der Unzufriedenheit zu verwenden, noch an einer andern Stelle unseres Epos vorkommt, die ich ebenfalls als Eigenthum von R.[2] nachweisen werde, nämlich v. 6779, wo es heisst, als Karl dem Girart drohen lässt, er werde ihn hängen lassen:

> E Girarz s'en sosrit soz son grenon.

Wenn aber diese ganze Tirade eine Interpolation von R.[2] ist, so muss dasselbe auch mit dem Verse 7801 der Fall sein, da dieser mit der dort geschilderten Scene in enger Beziehung steht. In demselben redet nämlich die Gräfin ihrem Gatten gut zu, sich durch den ersten

Misserfolg nicht entmuthigen zu lassen. Die Zeile kann gestrichen werden, ohne den Zusammenhang zu unterbrechen.

Auch die Tirade 542 hat einige jüngere Bestandtheile. Die Königin hat Girart wiedererkannt, sich nach ihrer Schwester erkundigt und vernommen, dass sie im Quartier bei Herveu sei. Während sie nun in der älteren Fassung sofort Auftrag giebt, für den Pilger und dessen Schwester zu sorgen, legt der Bearbeiter ihr noch vorher eine Anrede an Girart in den Mund (v. 7863 bis 7869). Darin rühmt sie sich, dass sie durch Geschenke den grössten Theil von Karls Rathgebern auf ihre Seite gebracht habe; Girart brauche sich nach keinem andern Beschützer umzusehen, sie selbst mache mit Karl, was sie wolle. Diese Worte rufen die Fiction hervor, als gebe es unter den Baronen des Königs zwei einander bekämpfende Parteien, und als sei die Königin das Haupt der Opposition. Es ist dies genau das Verhältniss, wie es uns in den von R² verfassten Theilen des Gedichtes entgegentritt, sodass der Gedanke nahe liegt, dass wir es auch hier mit demselben Bearbeiter zu thun haben; und dies wird durch einige weitere Umstände noch wahrscheinlicher gemacht. Dahin gehört vor allem die Bezeichnung „Kaiser", die v. 7864 auf Karl angewandt wird, was, wie ich S. 165 gezeigt habe, eine Eigenthümlichkeit von R² ist. Auch verwendet dieser Bearbeiter den Ausdruck „la flor" im Sinne von unserm „die Blüthe, der beste Theil" wie hier v. 7863, auch sonst noch. Genau so wie an unserer Stelle braucht er das Wort v. 8228:

El rëine qu'en sot choisir la flor;

an einer andern Stelle, nämlich v. 7500 wirft der Klausner dem Girart vor:

E as en mal usat de tei la flor;

ganz ähnlich verhält es sich in v. 3627:

D'aiço sai eu, dis Carles, molt bien la flor,

der unten ebenfalls als Eigenthum von R² nachgewiesen werden wird; dieselbe Wendung begegnet bei R² auch noch v. 8641:

E Bertranz respondet: „En sai la flor".

Endlich kann es wohl nicht auf einem Zufall beruhen, dass v. 7865:

Tan bon aver de pres e movador

genau dieselbe Wendung enthält, wie v. 6895:

Il non pres autre aver nul movador,

dessen Zugehörigkeit zu R² sich ebenfalls später ergeben wird. Dass schliesslich auch die Behauptung der Königin in v. 7869:

Tot aital, comme vnel, ai mon seinor

mit der von jenem Bearbeiter vertretenen Auffassung übereinstimmt,

ergiebt sich aus mehreren anderen Einfügungen desselben, so vor
allem aus v. 8717—18, wo die Königin fast denselben Gedanken
ausspricht:

> Des que verrai mon don, le rei, de l'uel,
> Sempres serai od lui tan bien cum suel;

sodann aus v. 7992, wo der Verfasser (R^2), nachdem die Elissent
wiederum beim König ihren Willen durchgesetzt hat, selbst erklärt:

> Que tot li fait li reis can vol e mais;

nicht weniger aus v. 8026, wo Karl, als man sich über die Wiedereinsetzung Girarts beschwert, zu seiner Entschuldigung anführt, die
Königin habe ihn dazu veranlasst. Dieselbe Schwäche lässt R^2 endlich bei einer andern Gelegenheit dem Könige vorwerfen, wo er dem
Oudin die Worte in den Mund legt (v. 8262—63):

> Reis, de parlar midone tant vos oing,
> Que tot vos a tornat en autre coing.

Noch weniger zweifelhaft ist der geistliche Ursprung der letzten
Tirade, die hierher gehört, nämlich 543 (v. 7885—98). Auch
diese unterbricht den Faden der Erzählung, hinterlässt, wenn sie
gestrichen wird, keinerlei Lücke und trägt ein durch und durch
theologisches Gepräge. Sie ist augenscheinlich aus dem Wunsch
entsprungen, bei der Versöhnung zwischen Girart und Karl auch
die Geistlichkeit eine Rolle spielen zu lassen, während in dem älteren
Gedicht Elissent allein dies Liebeswerk vollbrachte. In der That
begreift man nicht, weshalb diese in der vorliegenden Tirade den
Bischof Augis, den übrigens das Epos sonst gar nicht kennt, bittet,
er möge den König dazu bewegen, allen denen zu verzeihen, die
er in Elend und Unglück gebracht; denn sie selbst thut dies ja in
den folgenden Tiraden in Bezug auf Girart, der hier doch allein
in Betracht kommt. Der Bischof soll sogar auch an die Freunde
des Königs die gleiche Aufforderung richten, was nachher nirgends
geschieht. Jener trug denn auch dem Könige seine Bitte vor, und dieser,
heisst es, gewährte die Verzeihung, ehe jener das Kruzifix küsste.
Die drei letzten Verse endlich berichten, die Königin habe zu Girart
geschickt und ihm sagen lassen, er möge fröhlich sein, da er wieder
in den Besitz seines Landes gelangen werde. Danach müsste man
annehmen, dass die Versöhnung bereits zu Stande gebracht sei, und
dadurch tritt diese Strophe in Widerspruch mit den folgenden, wo
Elissent diese Aufgabe erst unternimmt und durchführt. So liegen
also hier zwei parallele Handlungen vor, von denen offenbar die
eben besprochene secundär ist.

Damit sind diejenigen Interpolationen, welche in der Exils-
Episode von dem Mönche von Vezelai herstammen, zu Ende, denn

die nächste, die von diesem Überarbeiter rührt, v. 7932—36, gehört bereits zu denen, welche den Ausbruch eines neuen Zwistes zwischen Karl und Girart vorbereiten sollen, und ist aus diesem Grunde schon im siebenten Kapitel (S. 105 sq.) besprochen worden. Wir wenden uns nunmehr zu denjenigen Bestandtheilen dieser Episode, welche bereits von dem älteren Bearbeiter, R[1], eingefügt worden sind. Dieselben unterscheiden sich ihrem Inhalte und ihrem Geiste nach scharf von den soeben besprochenen seines Nachfolgers. Tragen letztere ein stark hervortretendes geistliches Gepräge, so zeigen jene einen ebenso deutlich ausgesprochenen kriegerischen Charakter und stimmen insofern mehr zu dem Wesen des Helden. Während nämlich in der älteren Fassung des Gedichtes (G) Girart mit seiner Gattin allein in den Wald flieht und dort sein Leben kümmerlich weiterfristet, wollte jener erste Redactor diesen traurigen Zustand erst allmälich eintreten lassen, und so schob er vorher noch zwei kleinere Gefechte ein, deren zweites eine für den Grafen ungünstige Wendung nahm, und nun erst, nachdem alle Begleiter Girarts umgekommen waren, liess er die eigentliche Unglückszeit des Helden beginnen.

Wenn nun aber Girart noch Kämpfe bestehen sollte, so musste er auch Krieger mit auf die Flucht nehmen. Dies erreichte der Bearbeiter durch Einfügung der beiden Zeilen 7251—52. In G begann die Tirade 501, da die Verse 7253—55 von R[2] herstammen, mit folgenden Worten (v. 7256):

Ere s'en vait Girarz com om faidis,

welche genau dem Schlusse der Tirade 500 entsprechen (v. 7250):

Aiqui en est levaz e conjat prent.

Die beiden eingefügten Verse 7251—52 lauten nun:

Er est montaz lo cons e conjat pris
El ne furent mais set d'iquel päis.

Der erste derselben ist, wie man sieht, eine nur wenig modifizirte Wiederholung des unmittelbar vorangehenden, der zweite dient dem oben angedeuteten Zwecke, dem Girart Truppen mit auf den Weg zu geben, obwohl im Vorangehenden nichts auf eine derartige Begleitung hinweist. Girart lag nämlich verwundet im Bett (v. 7218), als bei der Annäherung der Armee des Königs die Gräfin ihn auffordert, sich möglichst schnell in Sicherheit zu bringen. Er geht darauf ein, nachdem er in v. 7246 ausdrücklich erklärt, dass er keinen Ritter oder Parteigänger mehr zu seiner Vertheidigung habe. Auch die Worte des Verses 7250 „so hat er sich vom Lager erhoben und verabschiedet sich" lassen nicht vermuthen, dass er ein bewaffnetes Gefolge mit auf den Weg nimmt. Dabei ist noch zu bemerken, dass auch die Zahlenangabe nicht völlig klar ist. Nach dem Wortlaut des Verses 7252 muss man annehmen, dass insgesammt ihrer sieben sich auf die Flucht begaben, d. h. ausser dem Ehepaar noch fünf Krieger. Nun heisst es aber in v. 7267, es seien sieben Burgunder gewesen, und genau so treten auch in v. 7336 sieben Kämpfer auf, wobei offenbar Girart selbst mitgerechnet ist, da er den Kampf beginnt. Daraus würde sich also ergeben, dass im Ganzen acht Personen aus Besançon herausgeritten sind.

Die eigentliche Interpolation beginnt mit v. 7261 und reicht bis v. 7373. Sie bildet, wie schon gesagt, ein einheitliches Ganzes, nämlich den Bericht über zwei Scharmützel zwischen Girarts Leuten und königlichen Truppen; aber dieser Bericht bietet wiederum in mehrfacher Beziehung Widersprüche mit den älteren Theilen des Epos dar, die ihn im Verein mit anderen Merkmalen als jüngeren Einschub erkennen lassen.

1) Die in v. 7262 enthaltene Angabe, der König habe den Girart nicht mehr eine Quitte werth gehalten, stimmt nicht mit der Thatsache, die wir in v. 7602 sq. erfahren, dass Karl einen Preis auf den Kopf des Grafen gesetzt habe.

2) v. 7264 ist bis auf das Reimwort eine wörtliche Wiederholung der kurz vorhergehenden Zeile 7259.

3) Die sieben Burgunder werden von zehn Lothringern angegriffen (v. 7267 sq.). Der Bearbeiter hat hierbei nicht bedacht, dass die Lothringer in dem Epos sonst zu Girarts Partei gehören, daher immer neben den Burgundern gegen den König kämpfen, z. B. v. 1881, 5492, 6980. So erklärt es sich auch, dass der König nach der Niederwerfung seines Gegners in Tirade 407 die lothringischen Städte Dun, Verdun, Vancouleur u. a. nacheinander erobert.

4) Sowohl an diesem ersten, wie auch an dem sich daranschliessenden Kampfe nimmt Girart einen hervorragenden Antheil, indem er bei beiden Gelegenheiten einen feindlichen Ritter besiegt und tödtet. Auch hier beachtet der Verfasser nicht die voraufgegangenen Ereignisse, z. B. die Thatsache, dass Peter von Mont-Rabei unserem Helden seine Lanze in den Leib gestossen hatte (v. 7080), dass letzterer also schwer verwundet worden war (v. 7218).

5) Die Namen der beiden Gegner Girarts, Hugo von Val-Chanut und Beron, sind dem älteren Gedichte ebenso unbekannt, wie alle übrigen in dieser Episode auftretenden Personen, so Seguin auf Girarts Seite, so auch Ginemart, Aïmar und Graf Giraut, letzterer der Bruder des oben genannten Hugo, auf der der Feinde. Auch die Furth von Groin (v. 7266), die nicht bekannt ist, wird nur hier erwähnt.

6) Es zeugt nicht von grosser Sachkenntniss oder Geschicklichkeit des Verfassers, dass er in Tirade 504 die sieben Burgunder von ihren Gegnern fünf tödten und vier vom Pferde werfen, also gefangen nehmen lässt, ohne dass auch nur einer von ihnen selbst verwundet worden wäre. Dass alle sieben ohne erhebliche Verletzung davon kommen, ergiebt sich daraus, dass sie beim nächsten Zusammentreffen wieder vollzählig auf dem Platze erscheinen. Ein andrer Mangel besteht darin, dass wir nicht erfahren, was aus den Gefangenen wurde, da später überhaupt nicht wieder von ihnen die Rede ist.

7) In v. 7314 erklärt der Verfasser, es sei thöricht von Girart gewesen, dass er beim Essen vom Pferde abgestiegen sei. Danach muss man erwarten, dass die neuen Feinde ihn überrumpelt, d. h. angegriffen hätten, ehe er und die Seinigen die Pferde hätten besteigen können. Dies ist jedoch keineswegs der Fall. Girart bemerkt die herankommenden Gegner; der feindliche Führer hält ihm sogar eine vorwurfsvolle Rede, Girart antwortet und steigt dann erst zu Pferde; ja er muss sogar vorher noch Zeit gehabt haben, sich erst völlig zu rüsten, da er den Helm nach v. 7317 abgenommen und zum Wassertrinken benutzt hatte. Man muss also annehmen, dass die Königlichen ruhig warteten, bis alles in Ordnung war. In allen diesen Punkten liegt eine Bestätigung der Beobachtung, die wir bei Besprechung der Folco-Aupais-Episode (S. 145 sq.) in Betreff des Bearbeiters R[1] gemacht haben, dass er in den Schilderungen der Vorgänge des Krieges keine grosse Sachkenntniss und Gewandtheit an den Tag legt.

8) Girart entkommt mit einem schwerverwundeten Begleiter in den Ardennerwald (v. 7344 und 7346), und hier lässt dann auch der jüngere Bearbeiter R[2] die folgenden Scenen abspielen (cf. v. 7396). Diese Ortsbestimmung ist jedoch wiederum eine Erfindung des Verfassers (R[1]), welche beweist, dass er auch in der Geographie wenig bewandert war. Die Vorlage, also G, liess den Girart nach längeren Irrfahrten zwar auch in einen Wald gelangen (v. 7680), aber nirgends wird gesagt, dass dies der Ardennerwald gewesen sei; aus guten Gründen, denn der Verfasser der Version G wusste ganz gut, dass eine derartige Behauptung in mehr als einer Hinsicht unpassend gewesen wäre. Derselbe kannte nämlich jenes Waldgebirge sehr wohl, und zwar wusste er auch genau, wo es lag; denn in v. 668 erwähnt er, dass der König dort mit einem grossen Gefolge gejagt habe, und dies ist durchaus plausibel, da jenes Gebirge nordöstlich von Reims, der gewöhnlichen Residenz Karls, liegt. Ebenso correct berichtet er auch v. 651, dass der König, um von dort nach Rossillon zu gelangen, die Ardennen und

den Argonnerwald durchzogen habe. Mit dieser Zuverlässigkeit der
Angaben steht nun die Methode unseres Bearbeiters in eigenthüm-
lichem Widerspruch. Er hatte den Wunsch, die Örtlichkeit, wo
Girart Zuflucht fand, genauer zu bezeichnen, und da es sich um
einen Wald handelte, so nannte er denselben einfach Ardennerwald.
Diesen Namen hat er wahrscheinlich nicht aus den vorhin angeführten Stellen seiner Vorlage entlehnt, da er den Zufluchtsort
Girarts sicherlich nicht in das eigenste Machtgebiet Karls verlegt
haben würde; auch hätte er, selbst ohne besondere geographische
Kenntnisse, aus der zweiten jener Stellen schliesen können, dass
hier der Argonnerwald besser gepasst haben würde, und hätte daher
vermuthlich diesen Namen gewählt. Demnach ist anzunehmen, dass
er hier auf die Ardennen verfiel, weil dieser Name ihm zufällig als
der eines Waldgebirges bekannt war, ohne zu ahnen, wo dasselbe
lag. So lässt er denn, was absolut unmöglich ist, den Girart mit
seiner ganzen Begleitung in e i n e r Nacht von Besançon bis die
Ardennen reiten (v. 7259).

Es kann nach diesen Darlegungen keinem Zweifel unterliegen,
dass die soeben besprochene Episode erst nachträglich dem Epos
einverleibt ist. Dass dies aber v o r der Bearbeitung durch R^2 geschah, jene also dem ersten Redactor zuzuschreiben ist, ergiebt sich
daraus, dass die von letzterem stammenden Verse zum Theil in die
von R^1 herrührenden eingeschoben sind, sodass sie, wie wir gesehen,
entfernt werden können, ohne dass eine Lücke entsteht, während
es unmöglich sein würde, die andern auszuscheiden, ohne den ganzen
Zusammenhang zu zerstören.

Es bleibt nun noch die Tirade 505 (v. 7290—96) zu besprechen übrig, die sich zwar ebenfalls in der in Rede stehenden
Episode befindet, die aber nach meiner Ansicht weder R^1 noch auch
R^2, sondern einem noch späteren Interpolator, also R^3, zuzuschreiben
ist, welcher in dem Bericht über das erste Scharmützel die Beschreibung eines Einzelkampfes vermisste und diesem Mangel abhelfen wollte. So stellte er „un Seigin, om Girart es" (v. 7291)
dem Aïmar gegenüber, ohne beide irgendwie näher zu bezeichnen.
Unter den Anhängern Girarts führt nur einer von dessen Neffen
den Namen Seguin, nämlich Seguin von Besançon; dieser ist jedoch
in den letzten Kämpfen gefallen. Auf Seiten Karls kommt zwar
ein Graf Aïmar vor, doch tritt dieser auch später noch, z. B. in
Tirade 546, auf, während der soeben genannte hier von seinem
Gegner getödtet wird. Wir haben es demnach offenbar mit er-
dichteten Persönlichkeiten zu thun. Die Schilderung des Kampfes
selbst ist ganz schablonenmässig, und der Bearbeiter wiederholt sogar
in v. 7293 dieselbe Wendung (Tal donet Aïmar), die in der vor-

angehenden Tirade, in v. 7284 (Tal li det), schon gebraucht worden
war. Wenn dieser Umstand schon die Vermuthung wach ruft, dass
wir es hier mit einem andern Redactor als R^1 zu thun haben (auf
R^2 deutet keines der Merkmale hin), so wird diese Vermuthung
bestätigt durch die Thatsache, dass auch der Rest der Strophe nur
Entlehnungen aus vorangehenden oder folgenden Stellen enthält, so
die, dass die Burgunder ihre Feinde verfolgten, fünf derselben tödteten
und vier gefangen nahmen (cf. v. 7287 und 7297).

Die soeben besprochene Episode endet mit den Versen
7370—73: als Girart seinen einzigen und letzten Begleiter sterben
sieht, wird er von heftigem Schmerze ergriffen. Hieran schliesst
sich, wie gesagt, der grosse Einschub von R^2, v. 7374—7570,
sodass in dem alten Epos auf den jetzigen Vers 7260 unmittelbar
der jetzige 7571 folgte, und es spricht sehr für die Richtigkeit der
obigen Behauptungen, dass der Sinn denselben durchaus entspricht.
Dort heisst es, Girart sei die ganze Nacht hindurch geritten, bis der
Tag dämmerte, hier, derselbe sei mit Sonnenaufgang auf einen engen,
schwer zu passirenden Weg gekommen u. s. w.

Im weiteren Verlaufe der Exil-Episode scheint R^1 nur noch
ab und zu einzelne Verse eingefügt, dagegen von einer grössern
Interpolation abgesehen zu haben. Zu solchen geringeren Einfügungen
rechne ich z. B. v. 7706—8. In der vorangehenden Tirade 532
haben wir erfahren, dass Girart sich in Aurillac als Kohlenhändler
niederliess, und dass das Geschäft gut ging. In 533 werden nun
weitere Einzelheiten über sein und seiner Frau dortiges Leben mitgetheilt. Ihre Wohnung befand sich in einem Häuschen der obern
Stadt bei einer Wittwe, die ihnen den Hausstand besorgte, während
Bertha als Näherin Geld verdiente. Jene Verse nun enthalten
folgendes: In dem ersten heisst es, Girart habe sehr gut den Weg
zu dem (oder „durch den") Ardennerwald gekannt. Diese Notiz
deutet darauf hin, dass auch dieser Einschub von R^1 stammt, und
man wird sich nicht wundern, dass dieser Bearbeiter, der die Ardennen in der Nähe von Besançon suchte, auch kein Bedenken trug,
dies Gebirge nach der Auvergne zu verlegen. Es liegt darin nur
die Bestätigung der schon oben ausgesprochenen Vermuthung, dass
er jenen Namen als den eines Gebirges aufs Gerathewohl aufgegriffen
hat, ohne über die Lage desselben eine genaue Vorstellung zu haben.
In der zweiten Zeile wird erzählt, Girart habe gute, starke, völlige
Kraft gehabt. Diese Angabe kann nicht von R^2 stammen, da dieser
den Helden als gebrochen und schwach hinstellt (cf. S. 165). Dieselbe passt auch nicht an diese Stelle, sondern hätte höchstens in
der vorangehenden Strophe Sinn gehabt, wo berichtet wurde, dass
er sich entschloss, Kohlenträger zu werden. Was endlich die in

dem letzten Verse enthaltene Bemerkung betrifft, Girart sei oft die Strasse entlang gegangen, in der er wohnte, so begreift man nicht, was dieselbe bezweckt, da nichts weiter darauf folgt. Auch metrisch ist der Vers mangelhaft (v. 7708):

E vait sovent la rüe obergere,

wofür auch die andern Handschriften keine sichere Hülfe bringen.

Eine weitere derartige Interpolation ist der Vers 7735 in Tirade 584. In den beiden vorangehenden Zeilen haben wir erfahren, dass einst in der Fastenzeit ein Vasall ein Tournierspiel veranstaltete. Der Bearbeiter hatte den Wunsch, diese allgemein gehaltene Angabe genauer zu präzisiren. So giebt er denn in jenem Verse die Namen zweier Ritter an, welche angeblich jenes Fest veranstaltet haben. Er bringt sich damit sofort in Widerspruch mit v. 7734, da dort, wie gezeigt worden ist, nur von einem Vasallen die Rede ist. Die Namen selbst lauten nicht in allen Handschriften völlig gleich; der erste ist in O Gontelme, in P Goltelme, in L Jociaume, doch kennt das Gedicht sonst keine Persönlichkeit dieses Namens; der andere heisst Herzog von Agent in O, von Aiglent in L, von Aiglan in P. Ein „duc d'Aiglent", denn so ist wegen der Übereinstimmung von L und P zu lesen, kommt in dem Epos nur noch ein Mal, nämlich in Tirade 480, v. 6909, vor, einer Stelle, die, wie wir sehen werden, mit grösster Wahrscheinlichkeit R[1] zuzuschreiben ist, sodass es nahe liegt, denselben Verfasser auch hier anzunehmen.

Ganz sicher stammen von letzterem die Verse 7921—22 in Tirade 545 her. Die Königin behauptet hier ihrem Gatten gegenüber, der Graf Drogo habe ihr kürzlich gesagt, dass Girart noch im Reiche des Königs Otto lebe. Der Verfasser wollte hier auf jenen von ihm erfundenen König hinweisen und schob daher diese Verse ein. Aber selbst von seinem Standpunkte aus müssen jene Worte im Munde der Königin sehr unwahrscheinlich klingen. Wie konnte Drogo jene Nachricht erhalten haben, da doch Girart und seine Frau allein jenen Plan in ihrer Noth zwar gefasst, aber gar nicht ausgeführt hatten, und König Otto obenein inzwischen gestorben war? Auch die Person des Drogo ist verdächtig. Das alte Epos kennt nur einen Draugo, Girarts Vater, der jedoch in der Schlacht bei Valbeton gefallen ist. Paul Meyer setzt daher (a. a. O. S. 251) dafür „le vieux Droon" ein, der allerdings in der Folco-Aupais-Episode mehrfach vorkommt. Es ist aber keineswegs sicher, dass diese Vertauschung das richtige trifft, da erstens alle drei Handschriften die Form Drogon resp. Draugon zeigen, zweitens aber diese Person an unserer Stelle, wenigstens in O und L, als Graf hingestellt wird, während Droon ein alter Diener der Königin ist. P liest an der betreffenden Stelle zwar „vi[e]lh Draugo" (v. 6976), doch scheint dies eine spätere Änderung zu sein, die demselben Motiv entsprungen ist, wie die von Paul Meyer.

Es bleibt nun noch die Tirade 541 (v. 7851—55) zu besprechen übrig. Darüber, dass dieselbe nicht ursprünglich ist, scheint kein Zweifel obwalten zu können, da sie nur Bekanntes wiederholt und formell viel zu wünschen übrig lässt. Wenn z. B. in v. 7851 erzählt wird, dass Elissent den Girart küsste, so ist dies schon v. 7844, und zwar viel poetischer berichtet worden; das dahinterstehende „pres lo per col" wirkt dann geradezu lächerlich. Im nächsten Verse wird hervorgehoben, sie sei ihm sehr gut gewesen, was nach dem Vorangehenden trivial erscheinen muss, und die Begründung jenes Umstandes „weil sie ihn zu lieben pflegt", ist geradezu unerträglich. Die Mittheilung von v. 7853, sie habe ihn abseits unter ein Gewölbe gezogen, begreift man nicht, da sie nach v. 7850 alle ihre Begleiterinnen weggeschickt hatte, sie also schon allein mit Girart gedacht werden muss. Die folgende Zeile „und sie fragte ihn nach dem, was sie wissen will", ist völlig nichtssagend und dabei überflüssig, da in der nächsten Tirade der Wortlaut ihrer Fragen angegeben wird. Der Schlussgedanke endlich (v. 7855):

> E com il li contet, el en a dol

kommt nachher v. 7882 an seiner richtigen Stelle und in schönerer Form vor. Auf Grund dieser Beobachtungen wird man nicht R[1], auch nicht R[2], auf den kein Merkmal hinweist, sondern einen noch jüngeren Überarbeiter (R[3]) als Verfasser dieser Strophe ansehen.

Damit sind alle Stellen besprochen, welche von dem Augenblicke der Flucht Girarts an (v. 7251) bis zu dem ursprünglichen Schlusse des Epos, d. h. der endgültigen Versöhnung zwischen beiden Gegnern eines jüngeren Ursprunges verdächtig sind. Suchen wir auch hier den Antheil der verschiedenen Bearbeiter statistisch festzustellen, so ergiebt sich, wenn wir das oben als vermuthlich hingestellte Resultat der Rechnung zu Grunde legen, dass von den 749 Versen, welche jene Episode in der uns vorliegenden Gestalt des Gedichtes (nach O) umfasst, 244 der Vorlage entlehnt sind, 107 von R[1], 386 von R[2], und 12 von einem noch späteren Bearbeiter, R[3], herrühren.

Zehntes Kapitel.

Die Ermordung Teiris.

(v. 3351—3539).

Der Tod von Karls Schwager Teiri ist eins der bedeutungs-
vollsten und folgenschwersten Ereignisse unseres Gedichtes, da er
der Anlass wurde zu dem Ausbruche eines neuen, blutigen Krieges
zwischen dem König und seinem Gegner, und damit auch zu dem
tragischen Schicksale des Letzteren. Auffallender Weise aber herrscht
in Bezug auf die näheren Umstände, welche dieses Ereigniss begleiteten, in dem vorliegenden Epos die grösste Unklarheit und
Verwirrung, namentlich was die Zahl der Personen anbetrifft, welche
bei dem Morde betheiligt waren. An einzelnen Stellen nämlich erscheinen zwei Mörder, Boso und Seguin, an andern wird die That
nur dem ersten dieser beiden Brüder zugeschrieben, ja zuweilen wird
auch Folcher als Mitschuldiger genannt. Ähnliche Widersprüche
herrschen in Betreff andrer Einzelheiten des Vorganges. Es liegt
auf der Hand, dass eine solche Verwirrung nicht von Anfang an
vorhanden gewesen sein kann, sondern dass dieselbe als das Resultat
mehrerer Überarbeitungen anzusehen ist. Wir wollen nunmehr den
Versuch machen, die Wirkungen der letzteren im Einzelnen nachzuweisen und in ihrer zeitlichen Reihenfolge zu bestimmen.

Nun ergiebt sich selbst bei oberflächlicher Untersuchung sofort,
dass von jenen drei Versionen diejenige die älteste ist, welche zwei
Mörder nennt, denn diese allein giebt einen lückenlosen Bericht der
Scene, während die beiden anderen Versionen allein in Form von
Interpolationen zur Darstellung gebracht werden. Diese sind glücklicher Weise eingefügt worden, ohne dass die betreffenden Bearbeiter
die ältere Auffassung ausgemärzt hätten, sodass in G^3 die drei
Versionen nebeneinander vorliegen, und man ihr Verhältniss zu-
einander ziemlich deutlich übersehen kann.

Die erreichbar älteste Gestalt des Vorganges umfasst nun folgende Verse und hat folgenden Inhalt. Die Episode beginnt mit Tirade 200: Der König veranstaltet ein grosses Hoffest zu Ehren der Heimkehr Teiris, zu dem letzterer auch seine beiden Söhne mitbringt, die Girart als seine Mannen annimmt (v. 3351—59). Unterhalb von Paris veranstalten in verrätherischer Absicht Boso und Seguin von Besançon ein Ritterspiel (Quintaine), und als die Söhne Teiris daselbst erscheinen, um zuzusehen, schlägt ihnen Boso den Kopf ab (v. 3415—21). Der Herzog Teiri hört ein Getümmel und eilt hinaus, um sich nach dem Anlass zu erkundigen, und zugleich auch, um nach seinen Söhnen sich umzuschauen. Boso und Seguin treten ihm entgegen und tödten ihn, indem sie ihm ihre Lanzen in den Leib stossen (v. 3443—53). Als Karl das Getöse vernimmt, legt er seine Waffen an und findet beim Hinaustreten seinen Schwager todt am Boden liegend. Die Mörder waren bereits entflohen, und auch Girart hatte sich eilig nach Rossillon zurückgezogen. Letzteren beschuldigte der König nun, dass er jenes Attentat eingefädelt habe, und dass es also mit seiner Bewilligung begangen worden sei. Er erklärte feierlich, dass, falls jener sich nicht durch Gottesurtheil von dem Verdachte reinige, alle seine Besitzungen confiszirt werden würden. Diejenigen des Folco, des Bruders der Mörder, wurden sofort eingezogen. Girart aber dachte nicht an Unterwerfung, sondern bereitete sich auf den Krieg vor (v. 3454—66). Daher beruft Karl die Seinen zusammen, um über die gegen den Grafen zu ergreifenden Massregeln zu berathen (v. 3540—46 und v. 3562 sq.).

Nachdem ich so die vermuthlich älteste Gestalt dieser Episode vorgeführt habe, müssen wir nun auch diejenige kennen lernen, die dieselbe in dem uns vorliegenden Gedicht hat.

Der erste Zusatz findet sich gleich am Ende der Tirade 200. Im Anschluss nämlich an die Mittheilung, dass Girart die Söhne Teiris unter seine Obhut genommen, wird in den Zeilen 3360—62 vorherverkündigt, dass Boso die Jünglinge tödten, und dass in Folge dessen der Krieg schlimmer als je entbrennen werde.

In Tirade 201 begegnet zum ersten Male die Behauptung, dass Boso allein den Teiri umgebracht habe. Dieselbe stellt sich äusserlich als eine Repetitionsstrophe zu 200 dar, indem sie deren Inhalt mit einigen Zusätzen wiederholt. Letztere bestehen in folgendem: a) Teiri hat seine Verbannung auf der Spitze des Berges Mont-Causil zugebracht (v. 3364). Diese Angabe des Bearbeiters stützt sich auf v. 3129 der Tirade 184, in welcher Teiri selbst den König daran erinnert, dass er schon ein Mal sieben Jahre im Exil verlebt habe, und zwar in Mont-Caucei; der Redactor hat also wohl vorausgesetzt, dass Teiri auch dies Mal wieder seine Schritte dorthin gelenkt habe. Er nimmt dabei also an, dass Mont-Causil mit jenem Mont-Caucei identisch sei. Dies ist, wenn auch nicht sicher, doch möglich; denn auch jener Name kommt in den älteren Theilen des Epos vor, nämlich in v. 2708, wo Teiri selbst den Beinamen „de Mon-Causil" führt. Wenn man demnach beide Formen für gleichbedeutend hält, so muss man sie für den Namen einer Burg ansehen, die zwar dem Teiri gehörte, aber ausserhalb der Landesgrenzen lag, sodass ein Aufenthalt daselbst als Verbannung anzusehen war. — b) Karl entbot seinen Hof nach Merevil (v. 3365). Dieser Name ist höchst befremdlich, er kann nicht identifizirt werden und steht auch mit anderweitigen Stellen des Gedichtes im Widerspruch, da das Fest nach v. 3347 in Saint-Denis stattfand, womit auch die Angabe von v. 3415, dass bei Gelegenheit desselben eine Quintaine unterhalb Paris errichtet wurde, wohl verträglich ist. Paul Meyer wirft daher die Frage auf, ob vielleicht „a meravil" zu lesen sei. Dies würde dann als adverbialer Ausdruck zum Verbum zu ziehen sein, also „Karl entbot den Hof in wunderbarer, glänzender Weise"; wir hätten dann demnach darin ein Flickwort zu sehen. — c) Auch Boso und Seguin folgten der Einladung (v. 3366). Diese Mittheilung ist völlig überflüssig, da in v. 3417 die beiden Barone handelnd auftreten. — d) Der Rest der Strophe wird von Hinweisen auf spätere Ereignisse ausgefüllt, und unter diesen befindet sich auch der, dass Boso den Teiri tödtete (v. 3368, wo statt „unches" in O nach P v. 2706 „Teiri" zu lesen ist). Die übrigen Prophezeiungen beziehen sich auf die Folgen dieser That: „Die Söhne werden ebenso Streit haben, wie einst die Väter (v. 3367); dies wurde der Anlass eines Krieges, in welchem tausend Mann fielen, ganze Karrenladungen von Lanzen zerbrochen wurden, der König besiegt und nur durch die Flucht nach Rossillon vor dem Tode bewahrt ward (v. 3369—73)."

Die Strophe 202 ist für die augenblicklich vorliegende Frage nicht von Bedeutung, da sie die Ermordung des Teiri nur kurz erwähnt, ohne die Mörder zu nennen, während der grösste Theil derselben aus einer Recapitulation früherer Ereignisse besteht. Ich werde noch später auf diese Tirade zurückkommen.

Tirade 203 bringt in v. 3392—93 zum ersten Male die Angabe, dass Boso von Escarpion den Teiri durch einen Lanzenstich getödtet habe, und fügt auch sonst einige neue Einzelheiten hinzu; so, dass das Hoffest zu Ostern, und zwar zu Paris stattgefunden habe (v. 3390—91). Letzteres ist insofern nicht ganz genau, als, wie wir gesehen, das eigentliche Fest in Saint-Denis, das Ritterspiel aber ausserhalb Paris abgehalten wurde. Ebenso finden wir hier zum ersten Male das Motiv für den Mord angegeben, nämlich um den Tod des Vaters (Vuidelon) und des Oheims (Draugo) zu rächen (v. 3394). Zum Schluss wird wiederum hervorgehoben, dass ein Krieg die Folge davon war (v. 3395).

Auch die folgende Strophe hat den gleichen Inhalt, nur ist derselbe noch mehr ausgesponnen. Danach fiel das Fest auf einen Montag (v. 3396). Diese Notiz scheint der Beschreibung der Schlacht bei Valbeton entnommen zu sein, wenigstens findet sich der Versanfang „Ce fu a un deluns" wörtlich auch in v. 2387, ebenfalls als Anfang einer Tirade (144). Auch hier wird Paris als Ort des Festes genannt (v. 3398). Dass nach Tisch der König Mittagsruhe hält (3399), ist aus v. 3443 entlehnt; ebenso ist die Angabe, dass die Jünglinge Quintaine spielten (v. 3400), eine Vorwegnahme des in der folgenden Strophe Erzählten, nur erfahren wir hier noch, dass dies „neben der Quelle" geschah (v. 3401). Boso von Escarpion, der auch hier als Mörder bezeichnet wird, erhält den Zusatz „qui tint Jordane" (v. 3405; Cordane O), der jedoch nicht gedeutet werden kann, also wahrscheinlich des Reimes wegen erfunden ist. Überraschend und völlig aus der Luft gegriffen ist die Behauptung, dass ausser Boso noch sechzig andre dem Herzog die Lanze in den Leib gestossen hätten (v. 3407). Dass der Ermordete nicht mehr bis zum nächsten Tag lebte (v. 3408), ist richtig, da er schon todt war, als Karl hinaustrat. Nun folgt eine Prophezeiung: Jener Mord sei gerächt worden durch Hugo von Monbrisane (v. 3409—14). Wir werden weiterhin untersuchen, was es hiermit für eine Bewandtniss hat.

Die Strophe 205 berichtet, wie oben gezeigt worden, in ihrem ersten Theile den Tod der Söhne Teiris. Daran schliesst sich wiederum ein Hinweis auf die Folgen: Es begann ein Krieg, der nicht eher endete, als bis Boso getödtet, Karl in die Flucht geschlagen und Girart in die Verbannung getrieben war, wo er dann im Walde Kohlen tragen musste (v. 3422—26).

Tirade 206 und 207 sind Repetitionsstrophen zu 205. Wie gewöhnlich bringen sie einige neue Einzelheiten, z. B. die Jünglinge trugen abgeschälte Ruthen und hatten gefältelte Gewänder an (v. 3427 und 3436), Boso und die Seinigen hatten unter ihren Wämmsern ihre Waffen verborgen (v. 3428—29; 3437—38), legten ihnen (nämlich den Söhnen Teiris) in Tirade 206 zu Saint-Germain (!) einen Hinterhalt (v. 3430) und tödteten sie dort (v. 3431), während nach v. 3440 Boso allein die That beging. Tirade 207 fügt dann noch am Schluss hinzu, dass derselbe Boso darauf auch ihren Vater umgebracht habe (v. 3441—42).

Nachdem nun in Tirade 208 und 209 die Ermordung Teiris in der geschilderten Weise berichtet worden, schliessen sich daran wiederum zwei Repetitionsstrophen. In beiden erscheint nur Boso als Mörder. An besondern Zügen bietet 210, dass Boso nach der That sich auf sein Schloss, das hier Carpion genannt wird (v. 3470), begeben (P 2808 schreibt zwar Escarpion, doch ergiebt dies eine Silbe zu viel) und von den beiden Schlössern, die er nahe bei Montargon besessen, eins dem Seguin, das andre dem Folco anvertraut habe (v. 3471—72). In den älteren Theilen des Epos wird jedoch ausschliesslich Escarpion als Bosos Besitzthum genannt.

Strophe 211 zeigt eine grosse Übereinstimmung mit 204 und dem interpolirten Schluss von 205. Wie dort finden wir die Sätze, dass Rache an Vater und Oheim der Beweggrund zu Bosos That war (v. 3477), dass Hugo wiederum Rache für diese nahm (v. 3483), dass Karl in grosse Gefahr gerieth, und Girart schliesslich das Land verlassen musste (v. 3478—79). Neu ist dagegen die Notiz, dass die Feindschaft circa zwanzig Jahre lang dauerte, sodass inzwischen die Kinder herangewachsen waren (v. 3480—82).

In Tirade 212 werden einige Mittheilungen über jenen Hugo gemacht, er sei ein Sohn von Teiris Bruder, also Neffe des Ermordeten gewesen und habe daher, als er den Boso in der Schlacht niedergestossen, zugleich seinen Freund und seinen Oheim gerächt (v. 3484—90).

Damit ist die eigentliche Mord-Episode zu Ende, denn mit Tirade 213 geht der Bericht zu den Ereignissen über, welche die Folge jener Unthat waren.

Fassen wir nunmehr die zuletzt besprochenen Stellen ins Auge, so kann es nicht zweifelhaft sein, dass sie sämmtlich jüngeren Ursprungs sind, das heisst also alles, was über den an die Spitze gestellten einfachen Bericht hinausgeht. Es ist nun von der grössten Wichtigkeit, die Frage zu entscheiden, auf wen die Version, die den Boso allein als Mörder nennt, zurückzuführen ist.

Zur Beantwortung dieser Frage dienen die Verse 7420—23, in welchen Girart dem Klausner über seine Schicksale folgendes berichtet:

> S'il (sc. Karl) ac vers moi bon cor e eu felon
> Tot per un[e] mesclane de sa maison,
> Que Bos ocist Teuri, per quel maus fon:
> Sobre mei en mes Carles la [o]chaison.

Diese Verse geben offenbar die in Rede stehende, jüngere Version des Vorganges wieder, und da dieselben, wie wir gesehen haben (S. 155), mit Sicherheit R^2 zuzuschreiben sind, so werden wir in diesem, d. h. in dem Mönch von Vezelai, den Erfinder jener Version zu suchen haben.

Aber wenn es auch nicht zweifelhaft sein kann, dass jener

Bearbeiter diese Neuerung in das Epos eingeführt hat, so folgt daraus noch keineswegs, dass die Stellen, in denen jene Auffassung zum Ausdruck kommt, sämmtlich ihn zum Verfasser haben. Ich habe schon in den beiden vorhergehenden Kapiteln bei der Besprechung der Episode Folco-Aupais und des Exils wahrscheinlich gemacht, dass ausser R^1 und R^2 noch ein oder mehrere jüngere Bearbeiter bei der Herstellung der vorliegenden Form unseres Epos thätig gewesen sind, und dieselbe Beobachtung werden wir bei den übrigen Theilen desselben in noch viel höherem Masse machen. Ein solcher späterer Redactor fand demnach in seiner Vorlage bereits beide Auffassungen in Betreff jenes Mordes vor, hatte also die Wahl, sich der einen oder der andern anzuschliessen, sodass einzelne der vorhin bezeichneten Stellen sehr wohl von einem solchen jüngeren Überarbeiter herstammen können.

Fragen wir nun, welche von den herausgehobenen Tiraden mit einem gewissen Grade von Wahrscheinlichkeit als von R^2 selbst herrührend angesehen werden können, so möchte ich zuerst 211 nennen, weil hier auch andre Merkmale auf jenen Bearbeiter hinweisen. Dahin gehört vor allem die Hervorhebung der etwa zwanzigjährigen Dauer von Girarts Verbannung (v. 3480), da, wie wir gesehen haben (S. 154), R^2 der Erfinder der Angabe ist, dass der Graf zweiundzwanzig Jahr lang fern von der Heimath leben musste. Es entspricht ganz der Methode dieses Bearbeiters, einer von ihm erfundenen Angabe durch derartige Hinweise eine grössere Glaubwürdigkeit zu verleihen.

Nächst 211 kommen vor allem 203 und 204 in Betracht, welche beide zusammen einen Bericht der eigentlichen Ermordungsscene und der sie begleitenden Umstände nach der Version von R^2 geben. Ich habe schon oben hervorgehoben, dass dieselben in mehreren Punkten eine frappante Übereinstimmung mit Tirade 211 zeigen, die wir soeben für R^2 in Anspruch genommen haben. Dass beide von ein und demselben Verfasser herrühren, ergiebt sich auch daraus, dass sie allein, und zwar ungenau, Paris als Ort des Festes nennen. Auch sonst zeigen beide Strophen grosse Übereinstimmung, selbst in Bezug auf den Ausdruck; man vergleiche „Ço fu a une pasque" (v. 3390) mit „Ce fu a un deluns" (v. 3396); „Que Carles tient sa cort grant a Paris" (v. 3391) mit „Que Carles tient sa cort grant e forçane" (v. 3397); „Teiris li dus d'Ascane lai fu aucis" (v. 3392) mit „Mort unt Teiri le duc, le don d'Ascane" (v. 3404). Aber wir haben oben (S. 163) nachgewiesen, dass gerade unser Redactor solche Repetitionsstrophen nicht verschmähte, die trotz mehrfacher Wiederholungen sich dennoch in einzelnen Punkten gegenseitig ergänzten und vervollständigten.

Dieselbe Übereinstimmung in Bezug auf den Inhalt lässt vermuthen, dass auch die später angefügten Schlussverse in Tirade 200 und 205 den gleichen Ursprung haben; beide Einschübe enthalten Hindeutungen auf spätere Ereignisse, und wir haben an mehreren Beispielen gesehen, dass unser Bearbeiter eine besondere Vorliebe für dergleichen Vorherverkündigungen hat.

In dieselbe Kategorie gehört die Tirade 212. Die vorangehende hatte mit dem Hinweise geschlossen, dass Boso später von der Hand Hugos fallen werde. In Tirade 204 hatte der Redactor schon einige Mittheilungen über diesen Hugo gemacht und, um diese noch zu erweitern, dichtete er die in Rede stehenden Verse 3484 sq., in denen er diesen Hugo zum Neffen Teiris macht, sodass der Tod Bosos demnach als ein Act der Blutrache erscheinen musste.

Sodann ist auch eine der Tiraden 206 und 207 als Eigenthum unseres Bearbeiters R^2 aufzufassen. Beide sind nämlich Repetitionsstrophen zu 205, die den Tod der Söhne Teiris berichtet, und zwar beide ohne Zweifel jüngeren Ursprungs. Sie können aber nicht den gleichen Verfasser haben, da in 206 der Mord von den Leuten Bosos begangen wird (v. 3431), während in 207, in Übereinstimmung mit 205, Boso selbst der Thäter ist (v. 3440). Auf den Hinterhalt, der den Jünglingen in Saint-Germain bereitet sein sollte (v. 3430), ist bereits hingewiesen worden. Daher ist wahrscheinlich 207 von R^2, 206 von einem späteren Bearbeiter verfasst, da 207 auch den Hinweis auf die Ermordung Teiris durch Boso enthält, während 206 in mehreren Punkten Übereinstimmung mit Strophe 201 zeigt, die wir als späteren Ursprung nachweisen werden; man vergleiche z. B.: „Per ço ranchent les gerres" (v. 3432) mit „Per ce renchet la gere" (v. 3369); namentlich erinnern die fünfhundert Karrenladungen von getödteten Führern (v. 3434) sehr lebhaft an die zehn Karren voll zersplitterter Lanzen, die in 201 (v. 3371) als Resultat des kommenden Krieges hingestellt werden.

Die letzte Tirade endlich, welche auf Rechnung von R^2 zu setzen ist, dürfte 202 sein. Der grösste Theil derselben ist mit einer Recapitulation der früheren Ereignisse angefüllt. Darunter befindet sich nun auch eine Anspielung an eine Episode, die zur Zeit des Ausbruchs der Feindseligkeiten stattgefunden hatte, und in welcher Folcher als Zauberer dargestellt worden war. Da nun diese Verwandlung des Folcher in einen Zauberer, wie ich nachweisen werde, eine Erfindung von R^2 ist, so liegt es auf der Hand, dass die Anspielung darauf, und damit diese ganze Strophe, gleichfalls von diesem verfasst ist. Und dieser Schluss erfährt in weiteren Einzelheiten seine Bestätigung. So finden sich die Angaben von v. 3390, dass das Hoffest zu Ostern, und die von v. 3396, dass es an einem Montage

stattfand, bereits in unserer Tirade, v. 3387, und das der Kirchensprache entlehnte „surexion", das in demselben Verse vorkommt,
verräth ebenfalls einen geistlichen Ursprung. Diesen Merkmalen
gegenüber kann der Plural in „aucistren lo" sc. den Teiri (v. 3389)
nicht in Betracht kommen, also nicht etwa als Beweis dienen können,
dass hier von mehreren Mördern die Rede wäre; jener Ausdruck
heisst so viel als „man tödtete ihn, er fand seinen Tod", denn eine
ganz ähnliche Wendung findet sich in den beiden, ebenfalls von R^2
herrührenden Versen 3404 und 3475:

> Mort ont Teiri, le duc, le don d'Ascane (resp. d'Ascance),

und trotzdem folgen auf v. 3404 unmittelbar die Worte (v. 3405—6):

> Dans Bos d'Escarpion, qui tint Cordane,
> I mes tote sa lance par mi l'entrane.

Nach diesen Darlegungen glaube ich, dass in der Gestalt, in
welcher R^2 unser Epos hinterlassen hat, also in G^2, die in Rede
stehende Episode folgende Theile des vorliegenden Gedichtes enthielt.
An Tirade 200 schlossen sich unmittelbar 203—205 an, dann folgten
207—209, endlich 211 und 212.

Ich werde nunmehr kurz die noch übrigen Tiraden besprechen
und zu begründen versuchen, weshalb ich für sie einen andern Verfasser annehmen möchte. Strophe 201 kann nicht von R^2 stammen,
da, abgesehen von den bereits oben (S. 178—79) hervorgehobenen
Widersprüchen, sie in v. 3368 die Behauptung enthält, Boso
habe dem Teiri den Kopf abgehauen, während jener bei R^2, ebenso
wie in der älteren Version, sein Opfer bekanntlich mit seiner
Lanze tödtete. Strophe 206 gehört ebenfalls hierher, denn sie
stammt, wie wir gesehen, vermuthlich von demselben Verfasser her
wie 201. Die Tirade 210 bietet die auffallende Behauptung, dass
Boso und die Seinigen den Teiri getödtet haben (v. 3469 und
v. 3467). Damit ist v. 3407 in Strophe 204 zusammenzustellen,
nach welchem, wie schon oben erwähnt, ausser Boso noch etwa
sechzig andre den Teiri mit der Lanze durchbohrt hätten. Hiernach
könnte es scheinen, als müsste man Tirade 204 demselben Verfasser
zuerkennen, wie 210, das heisst also dem Redactor R^2 absprechen,
da dieser bekanntlich Boso allein als Mörder nennt, doch stehen
dem die zahlreichen oben angeführten Gründe entgegen. Da nun
ein und derselbe Verfasser unmöglich zugleich zwei sich wider-
sprechende Versionen zur Darstellung bringen kann, so ist mit
Sicherheit vorauszusetzen, dass in Tirade 204 ursprünglich nur die
eine Auffassung, d. h. die vom R^2, vertreten war, und dass die
andre erst später hineingebracht worden ist. Wenn wir nun sehen,
dass der oben erwähnte Vers 3407 für den Zusammenhang ganz

entbehrlich ist, und dass durch dessen Entfernung nicht nur keine
Lücke entsteht, sondern der hervorgehobene Widerspruch verschwindet, so werden wir kein Bedenken tragen, anzunehmen, dass
jener Vers später eingeschoben ist, und zwar gerade von dem Verfasser der Tirade 210. Demnach stammt Tirade 210 von einem
andern Redactor als 204 aber auch von einem andern als 201, da
letztere ebenfalls den Leuten Bosos keinen Antheil an dem Morde zugesteht. Hieraus ergiebt sich die Thatsache, die wir noch mehrfach bestätigt finden werden, dass nicht bloss ein Überarbeiter
sondern ihrer mehrere auf R^2 gefolgt sind.

So haben wir den Antheil der einzelnen Verfasser festzustellen
versucht. Wenngleich in dem einen oder dem andern Punkt die
Entscheidung nicht mit völliger Sicherheit getroffen werden konnte,
so wird die obige Darlegung doch im Allgemeinen ein ziemlich
richtiges Bild von der allmählichen Ausdehnung und Umformung
der besprochenen Scene gewähren.

Eine weitere Frage ist die, ob der an die Spitze gestellte Bericht, den ich als den erreichbar ältesten bezeichnet habe, ursprünglich ist, d. h. sich bereits in der Vorlage G befunden hat. Diese
Frage glaube ich verneinen zu sollen, d. h. ich bin der Ansicht,
dass der Mord des Teiri erst von einem Überarbeiter, und zwar in
seiner ältesten Gestalt von R^1, in das Epos eingeführt worden ist,
um als Motiv für den Wiederausbruch der Feindseligkeiten zwischen
den beiden Schwägern zu dienen.

Zur Begründung meiner Ansicht erlaube ich mir auf folgende
Punkte hinzuweisen.

1) Selbst wenn man sich auf den Standpunkt jenes Bearbeiters
stellt, so muss es doch sehr auffällig erscheinen, dass nirgends von
einer Verfolgung der Mörder die Rede ist, sondern dass der neue
Zwist und Krieg dadurch veranlasst wird, dass Girart in den
blossen Verdacht geräth, um den Mord gewusst zu haben. Ähnlich verhält es sich mit der in v. 3464 enthaltenen Mittheilung,
Karl habe das Lehn Folcos eingezogen. Man begreift nämlich nicht,
warum dies geschah, da doch stets nur Girart der Mitwissenschaft
oder der Anstiftung des Mordes angeklagt wird. Nachher ist auch
nie wieder von dieser Confiscation oder von deren Folgen die Rede.

2) Zwar ist Karls Rede seinen Baronen gegenüber nach der
jüngeren Fassung eingerichtet; aber in denjenigen Antworten der
Barone, welche sich als ursprünglich nachweisen und von den später
eingefügten leicht absondern lassen, so in den in Tirade 227 und
230 enthaltenen, findet sich keine Anspielung auf jenen Mord.

3) Ebensowenig wird derselbe in der Tirade 233 erwähnt, wo
der König dem Peter von Mont-Rabei den Auftrag mittheilt, den

dieser in seinem Namen an Girart überbringen soll, und wo eine
Bezugnahme auf jene That doch unvermeidlich gewesen wäre
(v. 3760 werde ich als unecht erweisen).

4) Die Rede Peters dem Girart gegenüber zerfällt in zwei
Theile aus je einer Tirade bestehend; der erste (Tirade 253) vertritt
die jüngere Auffassung, der zweite (Tirade 254) die ältere. Dass
letzterer ursprünglich der einzige war, ergiebt sich daraus, dass
nur dieser Bericht Karls Auftrag wiedergiebt.

5) In der sich daran schliessenden Berathung Girarts mit seinen
Baronen wird ebenfalls auf jenes Ereigniss nicht angespielt, obgleich
sowohl Boso als auch Seguin, also die angeblichen Mörder, sich an
der Debatte betheiligen (Tirade 259—267).

6) Die Antwort, die Girart dem Gesandten mitgiebt, besteht,
wie die Rede Peters, aus zwei Abschnitten; in dem ersten (v. 4255
bis 4268) ist nur von einem Zwiste die Rede, welchen Verräther
und Verläumder hervorgerufen, und durch welchen Girart die
Freundschaft Karls verloren habe; erst im zweiten (v. 4269—73)
wird die Frage des Mordes berührt. Und als Folco später noch
ein Mal einen Ausgleich zu Stande zu bringen versucht, (Tirade
287—290), handelt es sich nur um den im ersten jener Abschnitte
behandelten Punkt.

7) Genau ebenso verhält es sich auch mit dem Berichte, den
Peter nach seiner Rückkehr dem Könige erstattet (Tirade 301).

8) Als derselbe Peter von Mont-Rabei in der Schlacht bei
Verdunes dem Seguin begegnet und ihn schliesslich tödtet, heisst
es nur (v. 5195): „Encontrat Seigin, un son gerrer‟, doch wird
wiederum kein Wort von dem Antheil des Letzteren an jenem
Attentat gesagt. Sogar, als der Dichter hervorhebt, dass beide
Gegner einander heftig gehasst hätten, wird als Grund angegeben:
weil jeder für seinen Herrn kämpfte (v. 5202—3).

9) In der Folge versucht Girart noch zwei Mal, eine Beilegung
des Streites zu erwirken, ein Mal durch Vermittelung des Begon
(Tirade 354—56; 357—59), das andere Mal durch die des Abts
von Saint-Sauveur (Tirade 461—63). Aber weder in deren An-
sprachen noch in Karls Entgegnungen tritt auch nur die leiseste
Andeutung an jenes Ereigniss hervor, das in der gegenwärtigen
Fassung doch fast das wichtigste des ganzen Gedichtes ist.

10) Als Boso von der Hand Hugos fällt (v. 7130—34), verlautet kein Wort darüber, dass nun jener Mord gerächt sei, obwohl,
wie wir gesehen haben, auf diese Sühne der Unthat in der vorliegenden Gestalt des Gedichtes fortwährend hingewiesen wird.

Stellen wir nun mit diesem Verhalten des älteren Gedichtes,
das doch nicht überall auf Zufall beruhen kann, den Umstand zu-

sammen, dass auch die Vita jenen Mord nicht kennt, sondern dass dort (§ 23) wie hier der neue Zwist der Wirksamkeit der Verläumder (nugacitate derogantium) zugeschrieben wird, so werden wir unbedenklich jene Episode für eine spätere Zuthat erklären.

Wir müssen nunmehr untersuchen, welche weiteren Wirkungen dieser Einschub auf die Gestaltung des Epos ausgeübt, d. h. welche weiteren Veränderungen oder Einfügungen derselbe veranlasst hat. Zu letzteren gehört:

a) Der Hinterhalt des Andefrei, Aimeri und Aimon. Dies Erelgniss, welches als unmittelbare Folge jenes Mordes anzusehen ist, wird in den Tiraden 213—15 erzählt. Jene drei Barone, heisst es, waren Neffen des Teiri. Sie baten Karl um die Erlaubniss, mit Hülfe von königlichen Truppen den Tod des Oheims zu rächen. Es sei die Nachricht gekommen, dass Girart in der folgenden Nacht nach Dijon reiten werde, und so hätten sie die Absicht, in Clarenton einen Hinterhalt zu legen, sodass, wenn Boso, Seguin oder Folcher in ihre Burgen zurückkehrten, sie einen oder mehrere derselben überfallen und so Rache üben könnten. Karl gab nicht nur seine Einwilligung, sondern überliess ihnen auch vierhundert seiner Franzosen behufs Ausführung ihres Planes. Die drei Brüder legten sich nun mit ihren Truppen in den Hinterhalt, doch ohne Erfolg, da keiner der Erwarteten erschien. Als Girart aber davon hörte, wurde er sehr zornig und erklärte, der König treibe ihn geradezu zur Empörung, da er ihm ohne Herausforderung einen Hinterhalt gelegt habe.

Diese Scene hängt, wie man sieht, mit dem Morde aufs Engste zusammen; ist letzterer spätere Zuthat, so kann auch erstere nicht ursprünglich sein. Dies lässt sich aber auch noch mit folgenden Gründen beweisen. Erstens sind jene drei Barone in den älteren Theilen des Epos durchaus nicht die Neffen des Teiri. Aus v. 5970 geht hervor, dass sie Brüder sind, und so erklärt es sich denn auch, dass sie fast immer zusammen genannt werden, so v. 1821—23, 1869, 2404, 3130, 5956—77; in v. 5136 wenigstens Andefrei und Aimon. Sie erscheinen stets in der nächsten Umgebung des Königs, zu dessen vornehmsten Baronen sie offenbar gehören. Als daher Teiri ins Exil geht, hebt er beim Abschied hervor, dass ja seine Söhne und jene drei Brüder beim Könige bleiben werden, so dass er selbst abkömmlich sei[1]. Diejenigen Stellen, in denen diese Ritter als Neffen Teiris bezeichnet werden, erweisen sich sämmtlich

---

[1] Paul Meyer übersetzt (a. a. O. S. 102) die betreffende Stelle: J'y retournerai, avec la permission du roi, lui laissant mes trois fils, Aimon, Aimeri et Andefroi; doch widerspricht dem der Text (v. 3130—31):
„Aimes e Aimeris ob Andefrei,
Mi fil serunt au rei e vos tuit trei."

als spätere Zuthaten, und zwar als solche, die auf R^1 zurückzuführen sind.

Dass sodann der König seine Einwilligung zu einem Hinterhalt
gegen Girart und zugleich gegen die Mörder giebt, steht im Widerspruch mit der Thatsache, dass er erst nachher (Tirade 217 sq.)
mit seinen Baronen beräth, was für Massregeln gegen Girart zu
ergreifen sein möchten. — Der Ort Clarenton (v. 3501), wo der
Hinterhalt gelegt werden soll, ist nicht aufzufinden; er erscheint in
unserem Epos noch ein Mal (v. 5385), ebenfalls als Ort, wo ein
Hinterhalt geplant wird, doch stammt jene Stelle, die gleicher Weise
jüngeren Ursprunges ist, wohl auch von unserem Verfasser. Wunderbarer Weise heisst es in v. 3512, der Hinterhalt sei im Walde von
Escarpion gelegt worden. Es ist vielleicht anzunehmen, dass hier
irrthümlich von einem Abschreiber „d'Escarpion" statt „de Clarenton" gesetzt worden ist, obwohl sich die Lesart in allen Handschriften findet. — Von den Besitzungen der Angehörigen Girarts
sind die des Boso und des Seguin richtig angegeben. Dem Folcher wird
Montargon zugeschrieben (v. 3504). Dies lag nach v. 1179, 1234,
1964 und 6344 ganz in der Nähe von Rossillon, aber nirgends
steht, dass es dem Folcher gehört habe; im Gegentheil erfahren
wir in v. 2194, dass dessen Schloss Mont-Espir hiess. Wie es zu
erklären ist, dass auch Folcher hier zugleich mit den Mördern genannt nnd verfolgt wird, soll weiter unten dargelegt werden.

Hiernach erscheint die in Rede stehende Scene in jeder
Hinsicht als jüngere Zuthat, und es ergiebt sich daraus, dass auch
alle späteren Stellen, in denen auf dieselbe angespielt wird, als
gleichen Ursprungs anzusehen sind. So findet sich in der abschlägigen Antwort, die Girart durch Peter dem Könige auf dessen
Vorladung ertheilen lässt, der Vers (4283):

Tu sas ben, per quel reis me mes agaich,

der auf den Hinterhalt Bezug nimmt, und der daher unzweifelhaft
von R^1 herstammt. Genau so verhält es sich in Peters Bericht
an Karl mit den Versen 4679—80:

Que sens colpe de tort qu'el t'ougist fait,
Li fesis Andefrei bastir agait.

Die ausführlichste Bezugnahme auf jenen Hinterhalt findet sich
jedoch in den Versen 5475—86 der Tirade 352, wo Begon vor
seiner Abreise zum König dem Girart folgendes verspricht:

E si om lai te rete de traicion,
Eu defendrai ton cors e dan Folcon
Els autres fors Folcher e dan Boson;
E d'aquelz i metrai tal achaison:
Ne lor donas recet, tor ne danjon
Tres qu'il dona conjat a don Aimon,

Andefreit, son cosin, e dun Ugon,
Qu'il te mistrent aget soz Avalon;
Eu i fui e lo vi e blasmai lo'n.
Non chaucera vers mei nus esperon,
Que li reis non fesist tal mespreison,
Abanz qu'el tramesest a tei Peiron.

Diese Verse enthalten eine eingehende Wiedergabe des eigentlichen Ereignisses und sind daher zweifellos R^1 zuzuschreiben, der dadurch seine Erfindung fester in das Gedicht einzufügen vermeinte. Dieselben sind aber insofern höchst bemerkenswerth, als sie zeigen, dass ein derartiger Bearbeiter bei der Wiedergabe sogar seiner eignen Zuthaten es mit den Einzelheiten nicht ganz genau nahm; denn eine Vergleichung dieser Recapitulation mit dem Berichte selbst ergiebt in mehreren Punkten Unterschiede zwischen beiden. So ist hier Hugo an die Stelle des dritten Bruders Aimeri getreten, wie es scheint, nur, weil dieser nicht in den Reim passte. Dass unter den vielen Personen auf -on gerade Hugo gewählt wurde, verdankte dieser wohl dem Umstande, dass er in der Schlacht bei Verdunes (v. 5137) als Standartenträger des Andefrei und des Aimon auftritt, also offenbar nähere Beziehungen zu jenen Brüdern hatte. Ein zweiter Widerspruch findet in Bezug auf den Ort des Hinterhaltes statt. Hier wird Avalon genannt, dort Clarenton (irrthümlich v. 3512 Escarpion s. o. S. 188), während oben v. 3499 aus Avalon die Nachricht gekommen war, dass sich eine Gelegenheit zu einem Überfall bieten würde. Ebenso ist es unberechtigt, wenn Andefrei in v. 5481 Vetter Karls genannt wird. Zwar hat R^1 die drei Brüder, denen er die Rache des Teiri übertragen hat, zu Neffen des Letzteren, der zugleich nach dem alten Epos Schwager des Königs ist, gemacht, aber dies genügt nicht, um jene Brüder als Vettern Karls zu bezeichnen. Endlich wird auch die Behauptung Begons, dass er Zeuge der Unternehmung gewesen sei und seine Missbilligung über dieselbe ausgesprochen habe, durch den Bericht selbst nicht bestätigt. Dieselbe muss auch insofern unwahrscheinlich genannt werden, als Begon, wenn er die Massregel dem König gegenüber gemissbilligt hatte, dieselbe nicht füglich als Theilnehmer mitmachen konnte.

Die ersten der angeführten Verse 5475—77 deuten auf den Mord selbst und einige diesen begleitende Nebenumstände hin. So enthält Begons Anerbieten, ausser dem Girart auch den Folco zu vertheidigen, offenbar eine Anspielung auf v. 3464, nach welchem der König ohne weiteres das Lehn des Folco einzog, der also dadurch ebenfalls als an der That irgendwie betheiligt erscheinen soll. In v. 5475 endlich begegnen wir wiederum der Auffassung, dass Folcher einer der Mörder gewesen sei, während an unserer Stelle

Seguin überhaupt nicht genannt wird, wenigstens nicht in O und L,
wohingegen P hinter jenem Verse einschiebt (v. 4748):

> E Segui, lo vescomte de Besanço.

Wie schon erwähnt, wird die Frage nach der Zahl und den Namen
der Mitschuldigen weiter unten im Zusammenhang behandelt werden.

Die letzte Bezugnahme auf den gegen Girart geplanten Hinterhalt findet sich in den Tiraden 370, 371 und 374, wo Begon als
Gesandter beim Könige erscheint, um noch einen Versuch der Aussöhnung zu machen. In der ersten der genannten Tiraden giebt
Begon als Grund, weshalb Girart Karls Vorladung nicht gefolgt ist,
gerade jenen versuchten Überfall an, also genau so wie er (Begon)
dies versprochen. Nur finden sich auch hier wieder nicht unbedeutende Abweichungen von der soeben besprochenen Stelle, welche
die oben aufgestellte Bemerkung über die Ungenauigkeit, mit welcher
unser Bearbeiter seine eigenen Angaben recapitulirt, bestätigt. Zunächst ist Hugo wieder verschwunden, und Aimeri hat die ihm
gebührende Stelle wieder eingenommen (v. 5686), doch fehlt die
Behauptung, dass die drei Brüder Vettern des Königs gewesen seien.
Als Ort des Hinterhaltes wird hier in O Mont-Elei, in P Mont-
Erbei (in L fehlt die Stelle) angegeben, offenbar des Reimes wegen,
da das Epos keinen dieser Namen sonst erwähnt. Begon will auch
hier die Expedition mitgemacht haben und behauptet dem Könige
ins Gesicht, er habe ihn deswegen getadelt (v. 5689). Schliesslich
bittet er den König in Girarts Namen, diesem aus Gnade sein Lehn
zurückzugeben (v. 5690—91). Hiervon ist jedoch vorher nirgends
die Rede gewesen; es könnte mit jenem Lehn auch nur die Burg
Mont-Amele gemeint sein, die allein Karl erobert hatte. Der König
antwortet, Begon möge sich packen, da er ihm ebenso wenig glaube,
wie dem Girart; diesen selbst werde er hängen lassen (v. 5692—95).

Der grösste Theil der Tirade 371 ist ursprünglich. Begon
tadelt in seiner Abschiedsrede den König mit scharfen Worten, weil
er ohne Kriegserklärung in Girarts Gebiet eingedrungen sei, nur
sind hier von R[1] hinter v. 5699:

> Reis, aiqui vos menastes [molt] malement

die beiden Verse 5700—1 eingeschoben:

> Quant li batis agait vostre escïent,
> Que no l'aviaz fait de[s]fïement.

Selbstverständlich kann der darauf folgende Vers früher nicht mit
„E pois saisis son feu“ begonnen haben, sondern wahrscheinlich
lautete der Anfang: „Quant saisistes son feu“, sodass also in Bezug
auf die Person Übereinstimmung mit „menastes“ herrschte; in P
beginnt der Vers auch jetzt: Pui sazistes son fieu.

Dem entsprechend ist auch in Tirade 374, in welcher Peter über seine Sendung Bericht erstattet, eine Anspielung an jenen Vorwurf eingeschoben. Dieselbe befindet sich in den beiden Zeilen 5743—44:

> Quant eu li reprochai de tei l'agait
> E volgi mei conbatre que no l'as trait.

Der letzte Vers bezieht sich auf die Zeilen 5639—42 in Tirade 368, die ich unter f) als ebenfalls von R^1 herrührend nachweisen werde. Auch im nächsten Verse (5745) wird das „mais" wohl von R^1 herrühren, während in der Vorlage vielleicht „e" gestanden hat.

Ich führe nunmehr die übrigen Stellen unseres Epos vor, in welchen die Version R^1 der Mord-Episode ebenfalls zum Ausdruck kommt.

b) Zunächst findet sich gleich in der Berathung Karls mit seinen Baronen eine Anspielung auf jene Fassung. In Tirade 219 kann Anfang und Schluss sehr wohl alt sein, da Karl dort nur von seinem Zwist mit Girart, der ja auch in der älteren Version vorgelegen hatte, nicht aber von der Ursache desselben redet; letzteres geschieht nur in v. 3568—69 und v. 3571—72, wo der König auf jenen Mord hinweist und den Girart der Einwilligung beschuldigt. Die betreffenden Worte sind übrigens eine zum Theil wörtliche Wiederholung der Zeilen 3571—75, die sicher von R^1 herstammen. Der Vers 3570 ist weit jüngeren Ursprunges, wie weiter unten nachgewiesen werden wird.

c) In Peters Rede, in der dieser Karls Befehl überliefert, stammt Tirade 253 von R^1. Ursprünglich schloss sich also an 252 sogleich 254. Nur konnte damals letztere nicht, wie jetzt, beginnen (v. 4041):

> Peires, sas autres noves de par lo rei?

Es muss jedenfalls an der Stelle von „autres" sich etwas andres, etwa „dire" oder „me tu" oder dergleichen befunden haben; vielleicht begann der Vers: Peires, dis el, sas noves. Der Anfang der Tirade 253 ist schleppend und ungeschickt im Ausdruck. Der erste Vers enthält eine geringe Modification des Schlusses der vorangehenden Strophe, und die vier folgenden sind im Grunde eine breitgetretene Wiederholung von v. 4041. Sodann berichtet Peter hier viel mehr, als ihm aufgetragen, nämlich nicht nur, dass Girart beschuldigt werde, in die Ermordung Teiris gewilligt zu haben, sondern auch, dass Karl von ihm verlange, dass er die Mörder aus seinem Lande verbanne (v. 4036—38); von letzterem findet sich kein Wort in Karls Instruction an Peter. Auch der Schluss ist ziemlich schwach:

Als Girart dies vernahm, sah er den Folco an und lächelte (v. 4039—40).

d) Als Andefrei in der Schlacht bei Verdunes den Folcher in den Reihen der Feinde erblickt, ruft er seinem Bruder zu, er sehe einen Schurken, mit dem er anbinden wolle. Er sprengt auf denselben los und erklärt ihm, heute werde er ihm den Schaden heimzahlen, den er ihm verursacht habe (Tirade 328—29). Hier hat nun R^1 in jeder der beiden Tiraden einen auf den Mord hinweisenden Vers eingeschoben, in Tirade 328 (v. 5139):

> Tal qui m'ocist mon oncle a don Boson,

in Tirade 329 (v. 5145):

> Qui m'ocesis mon oncle Teuric l'autrer.

Also auch hier wird wiederum Folcher als Mitschuldiger genannt!

e) In der Schilderung des weiteren Verlaufes derselben Schlacht gehören die Tiraden 336—340 unserem Bearbeiter an. Dass sie alle fünf von dem gleichen Autor stammen, ergiebt sich daraus, dass sie inhaltlich ein zusammenhängendes Ganzes darstellen: Alon tödtet Giraut, wird dafür aber von Doitran niedergestossen, welcher seinerseits dem Grafen Hugo unterliegt. Der Verfasser verräth sich durch die Schlussbemerkung, Karl habe den Girart den Schmerz theuer bezahlen lassen, den dieser ihm durch die Ermordung Teiris bereitet habe (v. 5277—78). Aber auch sonst tragen diese Strophen manche Merkmale jüngeren Ursprungs. Von den hier auftretenden Personen sind einige dem Epos sonst völlig fremd, so Alon, der Sohn Ansels, und Giraut von Mont-Revel. Bei dem zuletzt Genannten würde, wenn man ihn für ursprünglich halten wollte, diese Unbekanntschaft sehr auffällig erscheinen, da er nach v. 5244 ein Verwandter des Girart gewesen sein soll. Ein Doitran kommt zwar ein Mal, in Tirade 252, unter den Leuten des Grafen vor, doch führt er nur an unserer Stelle (v. 5250) den Zunamen „de Sain-Lorenz", offenbar des Reimes wegen.

Sodann macht sich hier, wie mehrfach in jüngeren Theilen unseres Gedichtes, das Bestreben bemerkbar, den Waffen der Kämpfenden einen berühmten Ursprung zu geben. So hatte Alon seinen Helm von Raimont Borel (v. 5231), sein Schwert von Milon d'Urgel (v. 5232), Schild und Lanze aus Bordeaux. Dass bei der Wahl der Bezugsquellen für die Waffen der Reim eine einflussreiche Rolle gespielt hat, ergiebt sich daraus, dass in Strophe 336 alle Namen, wie der Reim, auf -el ausgehen, während z. B. der Panzer des Alon, von dem erst in 337 die Rede ist, dem neuen Reim entsprechend, aus Sain-Maisenz gekommen ist. Von den Waffen des Hugo endlich, welche in einer -in- Tirade aufgezählt werden, stammt das Schwert von dem Genon d'Aiglin (v. 5263), Schild und Lanze von San-Domin (v. 5264).

f) Die beiden Tiraden 368 und 369 bilden ein einheitliches Ganzes, sind daher zusammen zu behandeln, obwohl die Bezugnahme auf den Mord Teiris erst in der zweiten vorkommt. Beide berichten über die Art und Weise, in welcher Begon sein dem Girart in den oben (unter a) besprochenen Versen 5475—76 gegebenes Versprechen einlöst, stammen daher sicher von R[1]. In 368 erbietet sich Begon, gegen jedermann mit den Waffen in der Hand den Girart von dem Vorwurfe des Verrathes zu reinigen. Da Peter von Mont-Rabei die Herausforderung annimmt, so erklärt jener (in 369), beweisen zu wollen, dass Girart den Mord weder vorbereitet noch gebilligt, und dass mit ihm überhaupt keine Verhandlung über diese Sache statt-gefunden habe (v. 5648—57). Karl ruft aus, dies sei gelogen, denn Girart habe sich über den Tod des Teiri gefreut, habe ihn daher auch gewollt und erstrebt; wie ein Missethäter habe er sich ohne Abschied vom Hofe entfernt und habe dann den Mördern Obdach und Schutz in seinem Schlosse Saint-Florenz gegeben (v. 5658—68). Peter ist bereit, für die Wahrheit der Worte des Königs einzutreten (v. 5669—70), und da auch Begon damit ein-verstanden ist, den Tod durch Henkershand zu erleiden, falls er besiegt werden sollte (v. 5671—75), so erwartet man nun sicher, dass der Zweikampf zu Stande kommt. Es scheint jedoch, dass unser Bearbeiter vor einer derartigen Erweiterung der Episode zurückschreckte, denn der König antwortet dem Begon, er werde Gelegenheit zum Kampfe bekommen, nämlich in der demnächst zu erwartenden Schlacht (v. 5676—80).

Auch hier kommen wiederum, selbst abgesehen von der Anspie-lung, einzelne verdächtige Punkte vor. Der Name der Burg Girarts (v. 5664) ist offenbar erfunden, da dieselbe sonst nicht bekannt ist. Überraschend ist sodann der Vorwurf in Karls Munde, dass Girart den Mördern Asyl gewährt habe, da der König nie vorher diesen Punkt berührt hat. Dieser Gedanke ist hervorgerufen worden durch die Verse 5477—86 unseres Verfassers, aber wiederum ent-sprechen sich beide Stellen nicht genau. Wunderbar sind sodann die Worte, mit denen Peter das erste Mal den Fehdehandschuh auf-nimmt (v. 5646):

Car, se dun Bec es granz, eu non sui mendre.

Auch sonst zeigt die Stelle manche Absonderlichkeiten in Stil und Ausdruck. Der Vers 5666, der ein noch späterer Einschub ist, wird unten besprochen werden.

g) Tirade 384 schildert den Anblick des Schlachtfeldes nach dem Gefecht bei Sival, und hier fügte R[1] am Schluss die drei Verse

5860—62 an: Da sei die Erinnerung an die Quintaine wachgerufen worden, in welcher die beiden Söhne des Teiri von Ascane ihren Tod fanden.

h) In Tirade 434 erklärt Karl, nachdem er in den vorangehenden Versen sich seinen Baronen gegenüber der Einnahme von Rossillon gerühmt hatte, es sei nun klar, dass (v. 6418—19):

Girarz fait de Teuri la traicion
E la ques a Foucher e a Boson.

i) Die letzte hierher gehörige Stelle sind die Tiraden 479 bis 483, die ich zusammen behandle. Ich scheide jedoch zunächst die Verse 6893—96, 6921—39 und 6946—47 aus, über die ich unten im fünfzehnten Kapitel sprechen werde. Sehe ich von diesen ab, so bildet das Übrige eine einheitliche Episode, stammt daher alles von dem gleichen Verfasser, und zwar von R^1, wie sich aus dem Inhalt ergiebt. Als Girart nämlich mit seinem Heere in Châtillon lagerte, um von dort aus das königliche Heer unvermuthet zu überfallen, wurde er das Opfer eines Verrathes. Ein vornehmer Ritter, welcher zwar in seinem Heere diente, aber in Frankreich geboren war, sandte heimlich einen Boten zum König nach Rossillon, um diesen von der ihm drohenden Gefahr zu benachrichtigen. Karl berief sofort einen Rath, theilte diesem mit, was er soeben gehört, und bat seine Leute, den an seinem Freunde Teiri begangenen Mord zu rächen. Alle versicherten ihn ihrer Anhänglichkeit, und damit schliesst diese Episode, die, wie man sieht, nicht ungeschickt erfunden ist. Dass dieselbe jedoch nicht von Anfang an dem Epos angehört haben kann, lässt sich ohne Mühe beweisen.

1) Schon die Persönlichkeit des französischen Ritters, von dem der Verrath ausgeht, ist verdächtig. Es heisst von ihm (v. 6893), er sei in der Schlacht bei Vaucouleurs gefangen genommen worden. Ich werde unten nachweisen, dass die Benennung jenes Scharmützels nach der Stadt Vaucouleurs sehr wahrscheinlich erst späteren Ursprunges ist. Aber auch abgesehen von diesem Umstande bleiben mehrere Widersprüche bestehen. In jenem Kampfe, der in Tirade 412 beschrieben wird, hatte es sich um einen nächtlichen Überfall einer königlichen Truppenabtheilung durch Girart gehandelt, bei welchem, wie in v. 6172 ausdrücklich berichtet wird, alle Feinde niedergemacht wurden, mit Ausnahme einer kleinen Schaar Berittener, die entkam. In Tirade 415 wird noch ein Mal hervorgehoben, dass Girart auch nachher keinen Ritter am Leben liess (v. 6203). Nun taucht an unserer Stelle trotzdem ein solcher auf, der dort gefangen genommen und in Girarts Heer eingetreten sein soll. Über seine Herkunft wird v. 6892 angegeben, dass er aus „France la meillor" stammte, während sein Bote in v. 6912 ihn dem Könige

gegenüber plötzlich als „einen von dessen Verwandten" bezeichnet, wobei es höchst auffällig erscheinen muss, dass er ihn nicht einmal mit Namen nennt, sodass Karl gar nicht wissen kann, um wen es sich handelt. Da nun von dieser mysteriösen Persönlichkeit weder vorher noch nachher irgend eine Spur sich zeigt, so liegt die Vermuthung nahe, dass sie von unserem Bearbeiter erfunden ist, und zwar in der Absicht, damit der König auch seinen letzten entscheidenden Sieg wiederum einem Verräther zu verdanken habe. Diese Vermuthung wird durch weitere Momente gestützt.

2) Nach v. 6909 findet der Bote den König damit beschäftigt, einen Zwist unter seinen Baronen beizulegen. In O werden diese genannt, nämlich Cacon und der Herzog von Aiglent; keiner der beiden Namen kommt anderweitig weder unter Karls Baronen, noch sonst in dem Epos vor. P setzt Gascos an Stelle von Cacon, womit jedoch auch nichts anzufangen ist.

3) Endlich widersprechen sich auch die Zeitangaben gegenseitig. Aus v. 6941 muss man schliessen, dass der von Karl zusammengerufene Kriegsrath in der Nacht stattfand, und dies wäre insofern möglich, als der Bote, der nach v. 6897 Nachts aufgebrochen war, noch vor Anbruch des Morgens angekommen sein könnte. Wie ist es aber damit in Einklang zu bringen, dass er nach v. 6909 den König damit beschäftigt findet, einen Streit zu schlichten? Soll das im vorangehenden Verse erwähnte „parlement" auch Nachts stattgefunden haben? Das ist doch kaum anzunehmen, und so bleibt die ganze Notiz unwahrscheinlich.

Wenn wir ausserdem constatiren, dass die Tirade 484 sich unmittelbar an 478 anschliesst, daher auch aus diesem Grunde die ganze Episode als spätere Einfügung angesehen werden muss, so lässt die Anspielung auf den Mord des Teiri (v. 6953) keinen Zweifel darüber, dass wir in R[1] den Verfasser zu suchen haben.

Es bleibt nun noch eine Frage zu beantworten, die mit dem zuletzt besprochenen Einschub aufs Engste zusammenhängt: Wo hat die Schlacht, deren Vorbereitungen wir soeben kennen gelernt haben, stattgefunden? Karl hat sein Heer in Rossillon gesammelt (v. 6800), Girart in Dijon (v. 6820). Es kommt nun darauf an, festzustellen, wo wir uns das Rossillon unseres Epos zu denken haben. Wie aus Tirade 93, speziell aus v. 1410 hervorgeht, lag es dicht an der Seine. Einen etwas genaueren Schluss können wir aus Tirade 80 und 81 ziehen, wo erzählt wird, dass Girart von Avignon aus über Lyon, Mâcon und Châlons zunächst nach Dijon, dann von dort aus erst nach Châtillon (selbstverständlich Châtillon-sur-Seine) und schliesslich nach Rossillon gelangt. Daher lag Rossillon von Dijon aus gerechnet jenseits von Châtillon, also mehr flussabwärts

d. h. in nordnordöstlicher Richtung. Wie weit es von letzterer Stadt entfernt war, lässt sich nicht angeben, jedenfalls nur wenige Kilometer, wie aus den Tiraden 429 und 431 zu entnehmen ist. Danach war Girart in der Nacht in Rossillon überrumpelt worden, entkam jedoch glücklich und erreichte Dijon am hellen Tage (v. 6378). Da aber schon Châtillon von Dijon in der Luftlinie nahezu 70 Kilometer entfernt ist, so lag Rossillon, wenn man in einem Ritt von dort bis Dijon gelangen konnte, offenbar nicht allzu viel weiter ab. Nun war in Girarts Kriegsrath beschlossen worden (Tirade 473—77), den König anzugreifen, und dementsprechend brachen (Tirade 478) die Burgunder mit Beginn der Nacht auf und langten gegen Morgen in Châtillon (v. 6887) an. Als es hell geworden, stellte Girart seine Truppen in Schlachtordnung auf, Karl that desgleichen und alsbald begann auch der Kampf (Tirade 484 sq.). Aber wo? In Rossillon, wo nach v. 6800 der König sich mit seinem Heere befand, oder in Châtillon, wo Girart nach v. 6887 unmittelbar vor Beginn der Schlacht eingetroffen war? Die Antwort ergiebt sich aus v. 7113, wo bei der Beschreibung der Schlacht ausdrücklich mitgetheilt wird, dass dieselbe „Per plan soz Rossillon" stattfand; und dies ist auch logisch das Nächstliegende, da der König doch nur da überrumpelt werden kann, wo er mit seinem Heer sich befindet. Der Widerspruch liegt demnach allein in v. 6887, und er verschwindet, sobald man dort „Rossillon" für „Castellun" einsetzt, da dann „El plan laz Rossillon" genau der Wendung in v. 7113 entspricht. Dann passt alles vortrefflich: Girart bricht gegen Abend aus Dijon auf und gelangt nach einem angestrengten Ritt von mindestens 75 Kilometer am Morgen in Rossillon an, eine Marschleistung, über welche allerdings unsere heutigen Taktiker staunen werden. Bei Rossillon fand dann auch der Kampf statt. Wenn hiernach die Annahme, dass in der Vorlage wirklich Rossillon in v. 6887 gestanden hat, höchst glaublich erscheinen muss, so drängt sich nunmehr die Frage auf, von wem und aus welchem Grunde diese Änderung vorgenommen worden ist. Die Antwort liegt sehr nahe. Der Urheber war eben der Erfinder des Verrathes durch den französischen Baron. Da derselbe den Plan hatte, den König durch einen Boten von dem Überfall unterrichten zu lassen, so konnte Girart nicht direct nach Rossillon marschiren, sondern musste unterwegs Station machen; denn nur so wurde für den Boten ein genügender Vorsprung gewonnen, um dem Könige die ihm drohende Gefahr anzuzeigen. So setzte der Bearbeiter in v. 6887 einfach „Castellun" ein und begann seine Interpolation v. 6890 mit:

Soz Castellun dessendent egal lo jor,

bedachte dabei jedoch nicht, dass er sich damit in Widerspruch mit dem Epos setzte.

Damit ist die Zahl derjenigen Stellen erschöpft, welche auf die Mord-Scene in der Version des Bearbeiters R^1 Bezug nehmen. Es muss nunmehr die Frage nach der Zahl und den Namen der Mörder beantwortet werden. Der eigentliche Bericht nennt zwei, Boso und Seguin (v. 3448); drei, nämlich ausser den beiden eben genannten noch Folcher, lassen sich aus v. 3502—6 erschliessen. An allen andern Stellen, nämlich 5139, 5145, 5477 und 6419 wird die That dem Folcher im Verein mit Boso zugeschrieben. Es versteht sich von selbst, dass diese sich zum Theil widersprechenden Angaben nicht von R^1 herstammen können, sondern erst durch spätere Bearbeiter in das Epos hineingekommen sind. Da es nicht zweifelhaft sein kann, dass R^1 den Boso und Folcher die That hat ausführen lassen, so muss bei ihm in v. 3448 „Folchers" statt „Segins" gestanden haben, während der Vers 3503:

Ne se Segins s'en vait vers Besençon

ganz fehlte. Dass dieser erst nachträglich eingefügt worden ist, zeigt sich auch darin, dass er gestrichen werden kann, ohne dass eine Lücke entsteht. Selbstverständlich hat derselbe Redactor, seiner Änderung entsprechend, im nächsten Verse 3505 „treis" statt der ursprünglichen Zahl zwei eingesetzt.

Während also in der von R^1 herstammenden Fassung (G^1) consequent Boso und Folcher als Möder erschienen, so lässt R^2 den Boso allein die That begehen, während der jüngere Bearbeiter (R^3) sich in Bezug auf die Zahl der Auffassung von R^1 anschliesst, nur dass er den Seguin an die Stelle des Folcher setzt. Der Grund dieser Änderungen ist nicht schwer zu finden. R^2 schloss den Folcher aus, da er diesem eine andere Rolle in dieser ganzen Episode zu übertragen gedachte, nämlich einen durch Zauberkraft ausgeführten Diebstahl in Karls Palast, der uns in Tirade 216 berichtet wird (ein zweiter Grund cf. S. 202). R^3 kehrte, wie gesagt, zu der Zweizahl zurück, vertauschte aber Folcher mit Seguin, wohl ebenfalls, weil er ersteren schon anderweitig beschäftigt fand.

Ich werde nunmehr untersuchen, welche weiteren Änderungen dieser jüngere Redactor R^3 im Texte vornahm, um die von ihm beliebte Vertauschung durchzuführen. Es stellt sich hierbei heraus, dass derselbe recht ungeschickt und unconsequent verfahren ist. Indem er in v. 3448 den Seguin an die Stelle des Folcher setzte, behielt er die von R^1 herstammende Zahl der Mörder bei, und dem entsprechend schob er auch in Tirade 187 den Vers 3171 ein, der auf die spätere Ermordung Teiris durch Boso und Seguin hinweisen sollte. Girart hatte nämlich nur unter der Bedingung Frieden schliessen

wollen, dass Teiri verbannt würde. Karl suchte ihn zur Rück-
nahme jener Bedingung zu bewegen (v. 3170):

Mais Girarz ne le volt ainc otreiar.

Dahinter fügte nun der vorhin erwähnte Bearbeiter den Vers ein:

Ne Bos d'Escarpion ne Segins far,

der nicht nur stilistisch mangelhaft, sondern auch inhaltlich anstössig
ist, da jene beiden Barone bei der Abschliessung des Friedens
durchaus keine entscheidende Stimme hatten.

Während aber auch hier die Anzahl der Mörder dieselbe blieb,
erhöhte der Redactor dieselbe scheinbar auf drei, indem er in Tirade
214 den vorhin zitirten Vers 3503 einschob, um den von ihm eingeführten Seguin auch bei dieser Gelegenheit als Thäter zu erwähnen.
Und da nun, wie ich gleich nachweisen werde, jene drei Barone auch
noch in einer andern nachweislich jüngeren Stelle des Gedichtes in
Anspielung auf die Mord-Episode vorkommen, so könnte man annehmen, dass unser Redactor wirklich drei Mörder eingeführt und
in v. 3448 nur aus Ungeschicklichkeit den Folcher durch Seguin
ersetzt habe, statt letzteren zu den beiden schon vorhandenen hinzuzufügen. Aber die andere Stelle nennt zwar jene drei Barone,
aber nicht ausdrücklich als Mörder, sondern in so allgemeiner und
unbestimmter Weise, dass bei Folcher ebensogut sein verwegener
Diebstahl gemeint sein kann. Wenn also jener Einschub in Tirade
214 den Anschein erregt, als seien drei Theilnehmer gemeint, so
ist dies nur der Ungeschicklichkeit des Bearbeiters zuzuschreiben.

Die soeben angedeutete Stelle umfasst nämlich die beiden Schlussverse (3211—12) der Tirade 189. Der Anfang derselben stammt von
R^1, da in demselben eine Anspielung auf den Mord des Teiri vorkommt
(v. 3209). Vorher hatten wir erfahren, dass Teiri in die Verbannung gegangen war, um den Wiederausbruch des Krieges zu
verhindern, und dafür Lob verdiente (v. 3204—6). Dann heisst es
weiter, dass Girart dem Teiri auf allgemeines Bitten schliesslich
einen Termin von fünf Jahren bestimmt habe, nach dessen Verlauf
er ihm die Rückkehr gestattete (v. 3207—8). Auch hierin liegt ein
Beweis, dass die Tirade von R^1 herrührt, da hierdurch ja die Rückkehr des Teiri und damit auch sein Tod vorbereitet wird. Auf
diesen wird dann in den folgenden Versen, wie gesagt, noch deutlich
angespielt durch die Worte, in Folge jener Rückkehr sei Girart später
unschuldig des Verrathes bezichtigt worden (v. 3209—10). Hieran
fügte nun jener jüngere Redactor R^3 folgende Zeilen (v. 3211—12):

Mais Bos d'Escarpion fait que gaignarz
E dans Segins, sos fraire, el e Foucharz,

die also mit dem Vorangehenden nicht in Zusammenhang stehen,

und die ganz deutlich jene drei als Ursache der unschuldigen An-
klage Girarts bezeichnen.

Es ergeben sich daher von den Tiraden der Mord-Episode als
nach R² entstanden: 201; 202; v. 3407 in 204; 206 und 210.
Von diesen gehen 201 und 206 auf den gleichen Verfasser zurück,
und zwar auf einen andern als 202 und als 210 (S. 184 sq.);
dass aber auch die beiden zuletzt genannten Tiraden gleichen Ursprung haben, lässt sich daraus schliessen, dass beide mehrere
Mörder kennen (v. 3389 und 3469), und dass beide unmotivirt
Montargon anbringen (v. 3378 und 3471). Welcher von diesen
beiden Interpolatoren der ältere ist, lässt sich nicht entscheiden,
der eine nahm mit R² einen Mörder an (v. 3368), der andre
modifizirte die von R¹ vertretene Version.

Wir haben in dem Bisherigen R¹ und den resp. die jüngsten
Bearbeiter ins Auge gefasst, es erübrigt nun noch einiges über R²
zu sagen, nämlich zu constatiren, welche Veränderungen er in den
übrigen Theilen des Gedichtes vorgenommen hat, um die von ihm
vertretene Auffassung zum Ausdruck zu bringen. Nach seiner Gewohnheit geschieht dies nicht nur bei dem Bericht über das Ereigniss selbst und nachher, sondern auch schon vorher in Form von
Prophezeiungen. Die erste findet sich in Tirade 94, wo der Verfasser nach der Wiedereinnahme von Rossillon auf die späteren Ereignisse des Epos hinweist und dabei erwähnt (v. 1434—36), dass
Boso von Escarpion zuerst den Frieden gebrochen habe, indem er
den Herzog Teiri verrätherischer Weise tödtete.

In Tirade 197 wird das herzliche Verhältniss zwischen Karl
und seinem Schwager Girart während der Zeit des Friedens geschildert. Die Tirade endigte ursprünglich mit v. 3319. Der
Schluss (v. 3320—24), der von R² angefügt ist, versichert, dass
ihre Freundschaft nie unterbrochen worden wäre, wenn Boso von
Escarpion sie nicht entzweit und dadurch seinen eigenen Tod und
Girarts Verbannung veranlasst hätte.

Kurze Hinweise auf den von Bosos Hand veranlassten Tod
Teiris finden sich in Tirade 220 (v. 3580): [1])

       Se Bos d'Escarpion Teuri aucis;

in Tirade 222 (v. 3606):

       Qu'en ma cort le m'ant mort les mans Bosun;

in Tirade 225 (v. 3642 und 3645):

       Cant Bos ocist Teiri, Girart peset;
       Non deit perir Girarz, se Bos pecet;

---

[1]) Die Tirade 220 wird in Kapitel 14 als vermuthlich von einem noch
späteren Bearbeiter verfasst nachgewiesen werden, der demnach der Auffassung von R² gefolgt ist.

in Tirade 228 (v. 3681 und 3684):

> Quant Bos ocist Teiri, Gerart pesere;
> Non deu perir Girarz, si Bos pechere;

in Tirade 232 (v. 3746 und 3751—52):

> A sei ameint (sc. Girart) Bosun;
> Se Bosun podem prendre, lo marques,
> En fazeç tau justise, con jujat es;

in Tirade 272 (v. 4311), wo Girart von Karl behauptet:

> De feeltat nos jete, mei e Bosun;

in Tirade 273 (v. 4322—23):

> la mort Teuric, au duc d'Ascance,
> C'aucist vostres cusins Bos a sa lance;

in Tirade 367 (v. 5631), wo Karl erklärt, er werde dem Girart
Recht zukommen lassen,

> sel cors Bosun me rent e livre,

wozu noch die Verse 7420—23 aus Tirade 515 kommen, die ich
bereits oben (S. 181), mitgetheilt habe.

Sodann ist noch eine Stelle der Tirade 366 hierherzurechnen.
Karl ertheilt dort dem Begon auf Girarts Friedensvorschläge eine
ablehnende Antwort und behauptet dann in v. 5617—19:

> A Seigin ont mester uns lons sarcous
> E a Boson aura autretaus ous
> E au lairon Folcher uns festus nous.

Auf den ersten Blick könnte es scheinen, als wäre diese Stelle R^3
zuzuschreiben, weil die drei Barone zusammen genannt werden (cf. S.
198). Aber die Sache liegt anders. Seguin ist in Tirade 334 gefallen,
und Karl deutet hier an, dass auch Boso bald einen Sarg brauchen,
d. h. seinen Tod finden werde. Daher gehört die Stelle hierher.
Sämmtliche Tiraden, aus denen die angeführten Zeilen entnommen
sind, werde ich unten auch aus andern Gründen als später eingefügt
nachweisen. Anders verhält es sich mit den Versen 4269—73 in
Tirade 269. Letztere ist im Übrigen unzweifelhaft alt. Girart
trägt hier Karls Abgesandten auf, dem Könige zu sagen, es
schmerze ihn, dass er durch unwürdige Verläumdungen das Vertrauen
des Königs verloren habe, und erklärt sich bereit, durch einen Zweikampf mit dem Tüchtigsten unter seinen Neidern seine Unschuld zu
beweisen. Hier fügte nun ein Bearbeiter, und zwar, wie sich aus
dem Inhalt ergibt, R^2, folgende fünf Verse an (4269—73):

> Quant Bos ocist Teuric, son maufaitor,
> Qu'el ne parlet a mei ne eu a lor,
> Ne recet nel donai, castel ne tor,
> Per qu'en sie forfaiz vers mon segnor,
> Ne qu'el m'en degest toure mas de m'onor.

Bei dieser Anflickung ist der Bearbeiter nicht eben geschickt verfahren, denn das „que" in v. 4270 muss abhängig gedacht werden von „m'en conbatrie" in v. 4266, also von „ich würde dafür kämpfen, d. h. durch einen Kampf beweisen."

Endlich glaube ich, dass auch v. 4267 von R² herstammt. Die Verse 4266—68 lauten:

> Per ce m'en conbatrie sempre au mellor,
> Acel qui si s'en fait vers lui doctor,
> Qui fait vers lui de mei lausengedor.

Der mittlere derselben ist stilistisch mangelhaft, inhaltlich überflüssig, also unzweifelhaft später eingeschoben, und zwar vermuthlich von dem Verfasser des unmittelbar darauf folgenden Einschubes, also von R², auf den auch das Fremdwort „doctor" (duotor in O) hinweist, das dieser mit Vorliebe verwendet, z. B.: En c[r]errai ton consel cum mon doctor, v. 9366. Ebenso in v. 197, desgleichen in v. 3138, 5354 und 7508, welche, wie ich unten nachweisen werde, ebenfalls von R² stammen.

Es bleibt nun noch übrig, einige Bemerkungen über den oben erwähnten Hugo von Monbrisane hinzuzufügen, dem von R² in Tirade 204 (v. 3409) die Wiedervergeltung für den Mord des Teiri anvertraut wird. Wie wir gesehen, kannte das alte Epos unter den Baronen Karls einen solchen Namens Hugo. Er war Graf und scheint zu Andefrei, Aimon und Aimeri in näherem Verhältniss gestanden zu haben, da diese ihn in der Schlacht bei Verdunes zu ihrem Bannerträger machten (v. 5137); auch an der Schlacht bei Sival nahm er Theil (v. 5838) und tödtete nach dem letzten Treffen von Rossillon bei der Verfolgung der feindlichen Armee den Boso (v. 7128—34). Nun hatte schon R¹ die Rolle dieses Grafen erweitert. In dem vorhin genannten Zusammentreffen bei Verdunes (cf. S. 192) liess derselbe durch ihn den Droitran tödten, weil dieser vor seinen Augen den Alon, Sohn des Ansel, vom Pferde gestossen hatte (Tirade 339—40); es wird hinzugefügt, dass dieser Alon sein, d. h. Hugos, Verwandter war (v. 5267). Dass derselbe Bearbeiter in v. 5481 diesen Hugo auch an dem dem Girart gelegten Hinterhalt Theil nehmen lässt, und zwar im Widerspruch zu seinem eigenen Berichte über dieses Ereigniss, habe ich bereits oben (S. 189) hervorgehoben. Dieses Hugo bemächtigte sich nun R², um aus ihm eine noch hervorragendere Persönlichkeit zu machen. Zunächst verwandelte er den Grafen Hugo in einen Hugo von Monbrisane. Was ihn dazu veranlasste, ist nicht zu sagen, vielleicht gab es zu seiner Zeit eine Familie von Monbrisane, die er, um ihr zu schmeicheln, oder aus einem andern Grunde mit dem Epos zu verflechten wünschte. Indem er nun die Tirade 204 einschob, in

welcher er den Hugo von Monbrisane als künftigen Rächer bezeichnete, erreichte er es, dass sofort alle oben erwähnten Thaten,
d. h. die, welche Graf Hugo sowohl in G als auch in der von R^1
herrührenden Version G^1 vollbrachte, auf seinen Hugo von Monbrisane übertragen wurden. Nun fand aber R^2 in seiner Vorlage
zwei Mörder vor, nämlich ausser Boso auch Folcher, und da nur
ersterer von der Hand Hugos fällt, nicht aber letzterer, welcher
in Tirade 396 dem gemeinsamen Angriff des Aimon und Aimeri er-
liegt, so übertrug R^2 einfach dem Boso allein jenes Attentat, und
bewirkte dadurch, dass sein Hugo von Monbrisane nunmehr als der
einzige Rächer Teiris dastand. Wir haben also hierin zugleich eine
weitere Erklärung für die auffällige Änderung der Zahl der Mörder in
der Version von R^2 (cf. S. 197). Aber selbst diese Hervorhebung seines
Helden genügte unserem Redactor noch nicht. Hugo musste auch zu
einem Verwandten des Ermordeten gemacht werden, damit er das
Recht der Blutrache für sich in Anspruch nehmen könnte. Daher
verfasste er die Tirade 212, in welcher jener Hugo, den R^1 einfach
zu einem Verwandten des Alon, Sohnes des Ansel, gemacht hatte,
als ein Neffe Teiris, nämlich als ein Sohn von dessen Bruder dargestellt wurde.

Dieser Blick in die soeben dargelegte Entstehungsgeschichte
der Mord-Episode zeigt deutlich, wie wenig die einzelnen Bearbeiter
die Angaben ihrer Vorlage respectirten, wie sie willkürlich und
rücksichtslos die ihnen gut scheinenden Neuerungen einführten, und
wie wenig Mühe sie sich dabei gaben, ihre Erfindungen mit den
älteren Theilen des Gedichtes in Einklang zu bringen, indem sie
sich darauf verliessen, dass von Seiten ihrer Zuhörer eine Kritik
des Gehörten nach dieser Richtung hin nicht möglich war. Bei
einem Epos, das ausschliesslich zum Lesen bestimmt gewesen wäre,
würde ein derartiges Verfahren doch kaum möglich gewesen sein.

Damit wären im Wesentlichen alle diejenigen Punkte besprochen,
welche mit der Ermordung des Teiri direct oder indirect zusammenhängen. Ich muss nun einige Bemerkungen über den Vers 3417
hinzufügen, weil dieser in mehr als einer Beziehung verdächtig ist.
In der Tirade 205, in welcher jener Vers sich befindet, schildert
R^1, wie bei Gelegenheit des Hoffestes eine Quintaine, d. h. eine
Holzpuppe, aufgestellt wurde, welche die Reiter im Vorbeisprengen
zu treffen suchten, ein Ritterspiel, das sehr beliebt war und bei
fast allen Feierlichkeiten einen Theil des Programmes bildete.

In jenem Verse erhalten wir nun die befremdliche Mittheilung,
dass jener Gliedermann von Boso und Seguin verfertigt resp. aufgebaut worden sei. In v. 3416 heisst es:

Quintane i ont bastie,

und in v. 3417:

> Fait la Bos e Segins de Besençon.

Es versteht sich von selbst, dass mit dergleichen Aufgaben die Dienerschaft beauftragt wurde; und dass diese auch an unserer Stelle mit dem „ont basti" gemeint ist, geht daraus hervor, dass in v. 3420 ausdrücklich „la maisnade" genannt wird, d. h. die Dienerschaft, welche mit dem Aufrichten der Quintaine beschäftigt war, wobei die jungen Söhne Teiris sich als Zuschauer einfanden. Danach wird es nicht zweifelhaft sein, dass der Vers später eingefügt ist. Von wem dies ausgegangen, liegt sehr nahe; offenbar von demselben Bearbeiter, der den Seguin an Stelle des Folcher zum Theilnehmer an der Ermordung Teiris machte, also einem der spätesten Redactoren (R[3]). Er beabsichtigte mit diesem Einschub offenbar, dem Seguin dadurch auch einen Antheil an dem Attentat gegen die Söhne des Herzogs zu übertragen, indem er diesen bei den Vorbereitungen jenes Ritterspieles helfen liess. Wäre er consequent gewesen, so hätte er auch die Stelle, in denen die That selbst berichtet wird (v. 3421):

> Bos tout cascun la teste soz le menton

dem entsprechend umändern oder erweitern müssen. Er unterliess dies jedoch, ohne dass wir im Stande sind, einen besondern Grund dafür zu erkennen, und gab dadurch also einen neuen Beweis seiner Unachtsamkeit oder seiner Ungeschicklichkeit.

Fassen wir nunmehr das Gesammtresultat der Untersuchungen dieses Kapitels kurz zusammen, so ergiebt sich, dass die ganze soeben besprochene Episode, d. h. alle Tiraden von 200—216 jüngeren Ursprungs sind. In 217 hören wir, wie schon erwähnt, von einer Versammlung der Barone Karls, die dieser berufen, um die gegen Girart zu ergreifenden Massregeln zu berathen. Wodurch hat sich nun in der Vorlage von R[1] Girart den Zorn des Königs zugezogen, d. h. was befand sich in G an Stelle der jetzigen Ermordungs-Scene? Dies lässt sich nur auf Grund späterer Anspielungen vermuthen, und ich habe bereits gelegentlich erwähnt, dass in der Vorlage unzweifelhaft wie in demjenigen alten Epos, das der Vita als Quelle gedient hat, Girart ein Opfer der Verläumdung geworden ist. Ich will nunmehr die Stellen hervorheben, aus welchen dies hervorgeht.

Am deutlichsten wird es in den Versen 4263—65 der Tirade 269 ausgesprochen, wo Girart dem vom Könige gesandten Peter von Mont-Rabei gegenüber behauptet:

> Mais si lo m'ant tolgut sui träitor,
> Li cuvert el malvaz el betfador,
> Per qu'eu non pois aver lui ne s'amor.

Er erklärt sich daher bereit, durch einen Zweikampf mit dem Tüchtigsten dieser Verläumder (lausengedor) zu kämpfen (v. 4266 bis 4268). Fast mit genau denselben Worten wiederholt Peter den ihm gewordenen Auftrag (v. 4667—69).

Dasselbe Verhältniss lässt sich auch aus einer Anzahl andrer Stellen erschliessen. So spricht der Vizgraf Gace in v. 3669—71 dem König gegenüber die Ansicht aus, dieser dürfe nicht mit Waffengewalt gegen seinen Lehnsmann vorgehen, der nichts Feindliches beabsichtige; er möge ihn an seinen Hof entbieten. Dem entsprechend lässt ihm auch Karl sagen, er solle sich mit seinen besten Baronen in Soissons oder in der Remigius-Abtei zu Reims einfinden; dann solle ihm sein Recht werden (v. 4044—48; 4107 bis 4110). Obwohl Folco räth, diesem Rufe zu folgen, und sich selbst sogar als Bürgen anbietet (v. 4137—47), lehnt Girart dies Ansinnen doch auf Bosos Rath ab (Tirade 267), schlägt jedoch seinerseits eine Verhandlung (plait general) in Saint-Vidal vor (v. 4491—92). Nunmehr schritt Karl zu Gewaltmassregeln, und damit war der Krieg unvermeidlich geworden.

Die Stelle des alten Epos, in welcher uns über die Thätigkeit jener Verläumder berichtet wird, ist unwiederbringlich verloren. Wir dürfen jedoch die Vermuthung aussprechen, dass uns ein nicht allzu beträchtliches Stück fehlt, sondern dass der ganze Hergang vielleicht in einer, höchstens zwei Tiraden erzählt wurde, wenn wir die kurze, knappe Darstellungsweise des alten Epos berücksichtigen, die namentlich über friedliche Zeitläufte schnell hinweggeht, wie uns dies beispielshalber im folgenden Kapitel deutlich vor Augen treten wird.

Von den 189 Versen, welche diese Episode in der uns überlieferten Fassung zählt, würden auf Grund der obigen Erörterungen 68 dem nachweisbar ältesten Bearbeiter R^1, 90 dem nächstjüngern R^2 zuzuschreiben sein, während 31 Zeilen erst auf der letzten Stufe, G^3, dem Epos zugeführt sein würden, und zwar wären an diesem jüngeren Einschub mehr als ein Interpolator betheiligt.

Elftes Kapitel

Die Friedenszeit.

(v. 3189—3350.)

Der Bericht über die Periode, welche zwischen den Friedensschluss und die Mord-Episode fällt, umfasst in der vorliegenden
Version 12 Tiraden, 162 Verse (Tirade 188—199, v. 3189—3350),
aber nur eine Tirade, nämlich 198, ist aus dem alten Epos herübergenommen. Dieselbe lautet (v. 3325—62):

> Tan bien reste Girarz, li cons, au rei,
> Qu'od lui l'en maine en France, a Saint Romei;
> Toz li dis ses consels, tant l'aime e crei:
> Er puet Girarz en France far tort e drei;
> Il n'i a tan ric ome, vers lui s'aucei,
> Qui n'ait forfait sa terre ne son paei;
> A dan Girart la donent, au riu marchei,
> Li cons en prent, s'il vol, de toz la lei.

Es ist leicht begreiflich, dass eine derartige Pause zwischen
den beiden grossen Theilen des Epos eine bequeme Gelegenheit zu
Erweiterungen und Zusätzen bieten musste, und so haben denn auch
sowohl die beiden hauptsächlichsten Überarbeiter des Gedichtes wie
auch ein späterer diese Gelegenheit benutzt. Diese Episode hat
nun in der uns überlieferten Fassung folgenden Inhalt: Während
der Friedenszeit baute Girart viele Klöster und that Mönche hinein;
die Verbannungszeit des Teiri beschränkte er auf fünf Jahre. Folco
erhielt als Lehn das Herzogthum Barcelona, ausserdem Aosta, Susa
und Avignon. Aber als die Heiden und Esclavonier von der Schlacht
von Valbeton vernahmen, in welcher so viele Grafen und Barone
umgekommen waren, fielen sie durch die Pyrenäen in Südfrankreich
ein und rückten siegreich bis an die Gironde vor. Die Gascogner
sandten zwei Boten an Folco und Girart, zwei andre an Karl.
Letztere fanden den König in einer Berathuug darüber begriffen,
wie er dem Einfalle der Friesen und der Sachsen begegnen könne.
Sie brachten ihre Klagen vor, und als der König ein Heer von

115,000 Mann gesammelt und zugleich Gesandter an Girart um Hülfe geschickt hatte, brach er gegen die Feinde auf. Die Schlacht fand in der Nähe der Gironde statt, würde jedoch eine für Karl ungünstige Wendung genommen haben, wenn Girart nicht zur rechten Zeit in den Kampf eingegriffen und die Feinde vernichtet hätte. Die Beute überlässt Karl grossmüthig seinem Retter, nimmt diesen mit nach Frankreich und macht ihn zu seinem Vertrauten sowie zum einflussreichsten Mann seines Reiches. Nach fünf Jahren bat er den Girart, nunmehr dem Herzog Teiri zu verzeihen und in dessen Rückkehr zu willigen. Als der Graf diese Bitte erfüllte, wurde Teiri geladen, nach Saint-Denis zu kommen.

Was nun den Antheil betrifft, den die drei oben von uns unterschiedenen Bearbeiter an diesem Einschube haben, so stammen von R^1 nur die Tiraden 189 mit Ausnahme der beiden Schlussverse 3211—13 (die wir schon oben, S. 198, als von einem späteren Bearbeiter, R^3, herrührend erkannt haben), und 199 (bis auf v. 3340 bis 3342) her, welche beide den Zweck haben, die Rückkehr des Herzogs Teiri und die Veranstaltung des Hoffestes in Saint-Denis vorzubereiten.

Der grösste Theil von 189 ist bereits oben (S. 198) besprochen und als von R^1 verfasst nachgewiesen worden. Es handelt sich, wie wir uns erinnern, um die Festsetzung eines Termins, nach dessen Verlauf Teiri zurückkehren durfte. Der Anfang der Strophe enthält nur bekannte Thatsachen, nämlich die Angabe, dass von den beiden im Kriege gefallenen Brüdern Draugo einen Sohn, Vuidelon deren fünf hinterliess, deren Namen auch richtig aufgeführt werden (v. 3200—3).

Die Tirade 199 giebt in ihrer ersten Hälfte (v. 3333—88) eine zum Theil wörtliche Wiederholung der unmittelbar vorhergehenden, welche, wie wir gesehen, aus der Vorlage G herübergenommen ist. Daran schliesst sich dann (in v. 3339 und v. 3343 bis 3350) die Mittheilung von der Zurückberufung Teiris nach sechzig Monaten und der Hinweis auf deren verhängnissvolle Folgen.

Wir kommen nunmehr zu denjenigen Bestandtheilen unserer Episode, welche dem geistlichen Ueberarbeiter, also R^2, zuzuschreiben sind. Es sind wieder, wie gewöhnlich, die umfangreichsten, namentlich ist der ganze Feldzug gegen die Sarazenen von ihm erfunden.

Ehe er jedoch zu diesem überging, schob er noch die Tirade 188 (v. 3189—99) ein, deren Zweck offenbar darin besteht, gewissermassen ein Vorspiel zu der dem Girart im dritten Theile übertragenen Rolle des frommen Gottesmannes zu geben. Es heisst hier nämlich von unserem Helden, derselbe habe nach Beendigung des Krieges eine Menge Klöster gegründet, die er mit Mönchen versehen habe. Nur, während später die von ihm gestifteten Klöster genannt werden, begnügt sich der Verfasser hier mit der allgemeinen Angabe „ne sai cans". Es erinnert dies lebhaft an § 30 der Vita, wo ebenfalls erzählt wird, dass nach dem Friedensschluss Girart sich frommen Werken hingegeben, namentlich Klöster errichtet habe. Es ist daher sehr wahrscheinlich, dass unsere Stelle direct auf jener Notiz der lateinischen Lebensbeschreibung beruht, dass also die Zahl der Entlehnungen unseres Redactors aus der Vita um diese zu vermehren ist. Dieser tendenziösen Mittheilung geht in der Strophe noch eine Betrachtung über die Schlacht bei Valbeton voran, obwohl diese längst vorüber ist; sodann die Angabe, dass Folco und Girart daselbst ihren Vater verloren haben, die hier unmittelbar nach der ausführlichen Schilderung des ganzen Herganges geradezu lächerlich wirkt; endlich der ebenfalls einen theologischen Ursprung verrathende Wunsch, dass Gott sich der Todten annehmen möge. Hinterdrein folgt die selbstverständliche Mittheilung, dass nach dem Friedensschluss jeder nach Hause gegangen sei, wobei er den Folco und seine Brüder in die Provence zurückkehren lässt, obwohl keiner derselben dort seinen Wohnsitz hatte. Endlich tragen auch gelehrte Wörter wie „suaire, saintuaire" u. a. noch dazu bei, die Autorschaft des geistlichen Redactors über jeden Zweifel zu erheben.

Der Bericht über die Sarazenen-Expedition beginnt mit Tirade 190. Als Einleitung dazu dient eine Aufzählung der Besitzungen der fünf Söhne Vuidelons, doch stehen die betreffenden Angaben zum Theil mit den älteren Abschnitten des Epos im Widerspruch. So soll nach v. 3213 Gilbert sowohl Senesgart als auch Montargon besessen haben. Beide erscheinen in Tirade 122 unter den in der unmittelbaren Nähe von Rossillon gelegenen Schlössern, und zwar werden sie dort (v. 1971) ausdrücklich als Eigenthum Girarts bezeichnet. Allerdings wäre es nicht unmöglich, dass letzterer das Schloss Senesgart seinem Vetter Gilbert als Lehn übertragen habe, da derselbe immer danach genannt wird (z. B. v. 1235, 3069, 4147 u. ö.). Dagegen erfahren wir nirgends, dass dies auch mit Montargon der Fall gewesen sei. Letzteres wird in der von R[1] herstammenden Tirade 214 in einer Form genannt, welche beweist, dass dieser das Schloss als ein Besitzthum des Folcher erscheinen lassen will. Andrefrei bittet nämlich den König um die Erlaubniss, einen Hinterhalt legen zu dürfen, um die Mörder seines Oheims auf ihrem Wege zu überfallen, und zwar den Folcher, wenn er nach Montargon zöge (v. 3504). Hieraus ergiebt sich, dass unsere Stelle nicht wohl R[1] zum Verfasser haben kann.

Dem zweiten der Brüder, Seguin, wird in v. 3214 die Grafschaft Besançon zuertheilt, und es fragt sich nun, ob diese Angabe
durch die älteren Theile des Epos bestätigt wird. Gewöhnlich erscheint Seguin in unserem Gedichte mit seinem einfachen Namen
ohne jede nähere Bezeichnung. Von seinen Besitzungen ist nur an
einer Stelle die Rede, deren Ursprünglichkeit nicht in Zweifel gezogen werden kann. Als nämlich die drei Brüder Boso, Seguin
und Folco ihrem Vetter Girart nach Avignon mit ihren Truppen
zu Hülfe eilen, heisst es v. 1103—4 von Seguin, der mit zweitausend Kriegern anlangt:

> As Segin, lo visconte, de vers Beers,
> E vint d'outre Narbone e de la mer(s).

Hieraus darf man wohl schliessen, dass Seguin Vizgraf war, und
dass sein Gebiet etwa von Beziers bis jenseits Narbonne und bis
an das Meer reichte (falls nicht „la mers" aus einem Namen verderbt ist.)

Dem gegenüber soll derselbe an unserer Stelle, die, wie ich
nachweisen werde, von R^2 stammt, Besançon besitzen; und ebenso
verhält es sich mit v. 4736:

> E Segin, lo visconte de Besençon

in Tirade 306, welche ebenfalls auf jenen Verfasser zurückzuführen
ist. Zwei andre Stellen, die auch dem Seguin Besançon zuschreiben,
befinden sich in der Mord-Episode, nämlich v. 3417 und v. 3503;
beide rühren, wie wir gesehen (S. 203 und 197), wahrscheinlich von einem späteren Redactor her, nämlich demselben, der den
Seguin an Stelle von Folcher zum Mitschuldigen an der Ermordung
Teiris gemacht hat.

Auf Grund der vorgeführten Stellen liegt es nahe, anzunehmen,
dass das alte Epos die Besitzungen des Seguin in die Gegend von Beziers
und Narbonne verlegte, demselben aber niemals einen Beinamen gab,
und dass R^1 hierin nichts änderte, während R^2 aus irgend einem
Grunde ihm Besançon beilegte, das er aber unconsequenter Weise
an unserer Stelle (v. 3214) zu einer Grafschaft machte, während
er in v. 4736 den Seguin Vizgraf von Besançon nannte. Diese
von R^2 eingeführte Neuerung resp. Änderung hat sich dann jener
oben erwähnte jüngere Bearbeiter ebenfalls angeeignet. Es bleibt
jedoch noch eine Stelle übrig, welche die soeben dargelegte Ansicht umzustossen scheint, nämlich v. 1165. Lassen wir diesen
Vers zunächst unberücksichtigt, so erfahren wir in der Tirade 78,
dass der verwundete Girart, als seine Vettern ihm Hülfstruppen
zuführten, den Folco und Boso beauftragt, zu veranlassen, dass die
Truppen nicht ein festes Lager aufschlagen, sondern sich zu baldigem

Aufbruch bereit halten, und dass die Bürger von Avignon den Kriegern Lebensmittel liefern. Hier findet sich hinter v. 1164:

> Girarz pres dan Folcon e dan Boson

der oben angegebene Vers:

> E Segin, lo visconte de Besençon.

An sich ist derselbe nicht anstössig, aber er kann auch ebensogut fehlen, da es auf der Hand liegt, dass schon zwei genügen, um jenen Auftrag auszuführen. Wenn wir nun ausserdem erwägen, dass ungefähr 60 Zeilen vorher in einer einwandfreien Stelle ein ganz andres Gebiet als dem Seguin gehörig genannt worden ist, sodann, dass Besançon sonst ausschliesslich in jüngeren Theilen des Gedichtes als Besitzung jenes Vizgrafen hingestellt wird, so werden wir kein Bedenken tragen, den Vers 1165, der, wie wir gesehen, sehr wohl spätere Zuthat sein kann, auch wirklich für eine solche zu erklären, und werden dann natürlich R^2 als Verfasser ansehen, der nach seiner beliebten Methode jede sich darbietende Gelegenheit benutzte, um eine von ihm vorgenommene Änderung durch darauf bezügliche Einfügungen zu stützen.

Der dritte Vetter Girarts, Boso, besass nach v. 3215 das Lehn von Escarpion. Diese Angabe beruht darauf, dass Boso an sehr vielen Stellen unseres Gedichtes, der grossen Mehrzahl nach allerdings jüngeren, aber doch auch an einigen älteren, z. B. v. 6553 und 6572, den Zunamen „von Escarpion‟ trägt. Bei Gelegenheit des mehrfach erwähnten Hülfszuges der drei Brüder erfahren wir zwar bei Folco und bei Seguin, nicht aber bei Boso Näheres über seine Länder. Das des Boso scheint indessen nicht sehr erheblich gewesen zu sein, denn während Seguin zweitausend (v. 1105), Folco sogar zehntausend Mann heranführt (v. 1115), zählt das Contingent Bosos deren nur tausend (v. 1088). Wenn Escarpion identisch ist mit dem in v. 1185 genannten Carpion (was für das alte Epos keineswegs sicher ist, obwohl die Bearbeiter die beiden Namen beliebig miteinander vertauschen), so würden wir uns die Burg Bosos in der unmittelbaren Nachbarschaft von Rossillon zu denken haben.

Wenn sodann dem Bernart in v. 3216 die Grafschaft Terascon zugeschrieben wird, so scheint auch diese Behauptung auf Erfindung zu beruhen; wenigstens wird sie durch keine andere Stelle unseres Gedichtes bestätigt, da Bernart nie einen Beinamen führt, sondern zwei Mal (v. 5421 und 6024) einfach Graf genannt wird. Nach v. 3217—20 soll dem Folco endlich das Herzogthum Barcelona, Aosta, Susa und Avignon gehört haben, und es wird hinzugesetzt, dass alles dies von dem alten Draugo stammte, dass aber Girart

Girart von Rossillon.   14

die Suzeränetät darüber gehabt habe. Dass Draugo früher Barcelona
besessen hatte, wird nur in dem Verse 2264 behauptet, der unten
als von R^2 verfasst nachgewiesen werden wird. Aosta und Susa dagegen hatten nach v. 2429 dem Margrafen Amadieu von Turin, einem
Vetter Girarts, gehört. Nun war dieser zwar bei Valbeton gefallen
(v. 2449), aber man begreift nicht, wie gerade Folco ihn hätte beerben sollen; und selbst wenn man dies für möglich halten wollte,
so könnte doch auf keinen Fall dieser Besitz als von Draugo herstammend bezeichnet werden. Endlich begreift man auch nicht,
wie Folco zu Avignon hätte kommen können, da dies bekanntlich
eine Besitzung Girarts war. Diesen Behauptungen des Redactors
steht nun die Angabe des alten Epos gegenüber, wonach Folco über
einen Theil der Escobarden herrschte, eines Gebirgsvolks, das in den
Alpen wohnte (v. 1115—20), und von welchem andre Theile drei
weiteren Herrschern unterthan waren (v. 1121—22).

Die soeben besprochenen Verse sind also, wie man sieht, eine,
und zwar sehr ungeschickte, Erweiterung der vorangehenden
Verse 3201—3, und da letztere R^1 zum Verfasser haben, so liegt
es auf der Hand, dass wir es an unserer Stelle mit einem jüngeren
Bearbeiter zu thun haben, der, wie wir erkennen werden, R^2 ist.
Derselbe ging nun von seiner völlig verunglückten Einleitung zu
seinem eigentlichen Gegenstande mit folgender kühner Wendung
über (v. 3221—22):

> Mais paian l'en ont tout e Esclavon
> Mais de quatre jornades

(l'en = dem Girart von seinem Besitz), sodass wir also ohne lange
Vorbereitung sogleich mitten in die Sache hineingeführt werden.

Als Ursache des Einfalls der Heiden wird die Nachricht von
der Schlacht von Valbeton angegeben, in welcher so viele mächtige
Barone umgekommen seien (v. 3224—25). Dadurch wird diese
Episode nicht ungeschickt mit dem Epos selbst in Verbindung ge-
bracht; aber im Übrigen verräth der Verfasser einen erheblichen
Mangel an Umsicht. So gleich in der Einleitung. Nachdem die
Feinde ein Gebiet von mehr als vier Tagemärschen von dem dem
Girart gehörigen Besitze erobert hatten und bis an die Gironde vor-
gedrungen waren, sandten die Gascogner Boten um Hülfe, darunter
auch an Folco (3221—29). Dieser muss demnach nicht auf seinem
Posten gewesen sein, da ihm ja Catalonien anvertraut war, und
dies bereits ganz den Feinden in die Hände gefallen sein musste.

Die Gascogner wandten sich aber auch an Karl und trafen diesen
in einem Palaste, der einst dem König Francion gehörte. Diese
Anspielung an jenen legendarischen trojanischen Stammvater der
Franken beweist, dass der Bearbeiter R^2 doch auch mit der sagenhaften

Vorgeschichte seines Volkes nicht ganz unbekannt war. Dem König kommt diese Botschaft sehr ungelegen, da er sich selbst in grosser Klemme befindet, weil er eine Kriegserklärung von den Sachsen und Friesen erhalten hat (v. 3233—34). Die Friesen gehören im alten Epos mit zu den Unterthanen Karls, denn Girart berichtet v. 6848 seinen beiden Vettern Gilbert und Folco:

Car ma muller [en] mainent Franc o Frison.

Dieselben gehören daher unzweifelhaft zu den „Tïes", d. h. den Niederdeutschen, die in v. 2691 unter den Kriegsvölkern des Königs aufgeführt werden. Die Sachsen kennt das alte Epos nicht, dagegen werden wir sehen, dass R² sie auch sonst mit unter die Besitzungen Karls aufgenommen hat (v. 601; 2773—74). Demnach würden wir es auch von Seiten der Friesen höchstens mit einer Empörung, nicht aber mit einem Kriege gleichberechtigter Gegner zu thun haben können. Unser Redactor vergisst übrigens nachher diesen Angriff der Sachsen und Friesen gänzlich; man erwartet doch, dass der König nach der Niederwerfung der Sarazenen sich gegen jene Feinde gewandt hätte. Dies geschieht jedoch nicht, von jenem andern Kriege ist nicht mehr die Rede, nur später findet sich eine kurze Reminiscenz daran, als in Tirade 199 bei Aufzählung der Verdienste des Girart um Karl sich auch die Bemerkung findet (v. 3342):

E li conquist par force Rabeu lo Freis;

von den Sachsen ist jedoch auch hier nicht die Rede.

Wir lassen die nun folgenden drei Tiraden 191—193 zunächst unberücksichtigt und kommen daher sofort zu 194.

Nachdem der König in Tours Truppen gesammelt und an Girart um Beistand gesandt, brach er gegen die Feinde auf (v. 3272—78). Dass das Heer in vier Tagen bereits auf 115000 Mann angewachsen war, ist eine der Übertreibungen von R², wie wir deren noch mehr kennen lernen werden; ebenso berührt derselbe wiederum sein Lieblingsthema vom Hochmuth, wenn er bemerkt, es sei Hochmuth, ja sogar Felonie von Seiten Karls gewesen, dass er den Krieg ohne Girart unternommen habe (v. 3279—80).

Tirade 195 und 196 bringen die eigentliche entscheidende Schlacht. Die Feinde, welche in v. 3221 Heiden und Esclavonier (paian e Esclavon) genannt worden waren, werden hier als „paians d'Esclaudie" (E[s]clauïa P) bezeichnet (v. 3284), mit dem Zusatze „une gent blonde", wohl nur dem Reim zu Liebe. In ihrer Gesellschaft befanden sich Africaner, schwarz wie Schwalben (v. 3285). Genau denselben Völkern werden wir noch an einer andern, auch von R² verfassten Stelle unseres Gedichtes begegnen (v. 1542—44);

die Africaner verwendet R^2 im Sinne von Sarazenen auch in seiner Einleitung, nämlich „Aufricans" v. 101 und 146, „paian d'Aufriche" v. 87. Der Führer derselben heisst in v. 3286 „Seguran von Syrien" (Surie), in v. 3302 im Reim auf -ur verkürzt „König Segur". Der Ort, von dem aus Girart gegen die Feinde hervorbricht „Vau-Pergunde" (v. 3291) ist natürlich ebenfalls der Phantasie des Bearbeiters entsprungen. Der Kampf wüthete nicht nur den ganzen Tag, sondern auch noch die Nacht hindurch, erst beim Anbruch des Morgens war der Sieg entschieden (v. 3300—1).

Vergleicht man die Kampfesschilderungen in dem soeben vorgeführten Bericht mit denen des älteren Epos, so erkennt man, dass R^2 womöglich noch weniger als R^1 die Fähigkeit besass, derartige Vorgänge anschaulich und sachgemäss vorzuführen. Auch sonst bestätigt die ganze Episode durchaus das ungünstige Urtheil, das ich oben (S. 98—99) in Betreff der Darstellungsgabe unseres Bearbeiters ausgesprochen habe.

In der Tirade 197 erfahren wir, wie Girart mit seinen Truppen aus der Schlacht zurückkehrte. Der Bearbeiter hält es für nöthig, uns mitzutheilen, dass sie ihre blutigen Schwerter, die sie in der Hand trugen, vor dem Einstecken in die Scheide erst sorgfältig wuschen, dann mit einem Lappen putzten und schliesslich noch ein Mal abwischten (v. 3308—10)! Dann tritt plötzlich Folco auf, dessen Theilnahme an der Expedition bisher mit keinem Worte erwähnt worden ist; er schlägt vor, dem Könige die Beute zu geben (v. 3311—12), der sie, wie gesagt, dem Girart überlässt, indem er ihm zugleich versichert, er liebe ihn mehr als jeden andern Menschen (v. 3317). Diese Worte geben unserem Redactor dann Anlass zu den schon oben (S. 199) besprochenen Zeilen 3320 bis 3324, worin er hervorhebt, dass ihre Freundschaft nie gestört worden wäre, wenn Boso nicht jenen verhängnissvollen Mord begangen hätte.

In Tirade 199, die im Übrigen auf R^1 zurückzuführen ist, hat R^2 auch drei Zeilen eingeschoben (v. 3340—42); die letzte enthält die schon erwähnte Anspielung auf die Besiegung der Friesen, eine andre erzählt, dass Girart ausserdem drei Schlachten gegen die Heiden für Karl ausgefochten habe. Da von dem Feldzug gegen die Friesen gar nicht die Rede gewesen ist, und wir nur von einer Schlacht gegen die Sarazenen erfahren haben, so ist das übrige wohl hinzugefügt worden, um die Zeit von sechzig Monaten, von denen in v. 3339 gesprochen wird, auszufüllen.

Wir müssen nun noch die drei Tiraden 191—93 ins Auge fassen, die wir bisher unberücksichtigt gelassen haben. Dieselben können jedoch nicht gut alle drei von dem gleichen Verfasser herrühren, da sowohl die erste als auch die zweite derselben mit den Worten „Zuerst sprach" eingeleitet werden. Aus diesem Umstande ist vielmehr zu schliessen, dass zunächst 192 und 193 entstanden sind, deren erste also ganz correct mit „Premers parlet" begann. Später aber schob ein noch jüngerer Bearbeiter die Tirade 191 vor beiden ein, und da auf diese Weise ein andrer Redner der erste wurde, so benutzte er für seine Interpolation denselben Eingang, ohne diesen jedoch in 192 zu ändern, obwohl er dort nun nicht mehr passte.

Es scheint keinem Zweifel zu unterliegen, dass die beiden älteren Strophen 192 und 193 höchst wahrscheinlich R^2, d. h. den Erfinder der ganzen Episode zum Verfasser haben; denn er musste doch die beiden gascognischen Gesandten, die nach v. 3230 an den Hof kamen, zu Worte kommen lassen. Diese Vermuthung findet ihre Bestätigung in mehreren Wendungen und Ausdrücken, die auf einen theologischen Autor hinweisen, z. B.: Tot le vostre secors Jhesus confunde (v. 3254); ebenso in Betheuerungen wie: par deu de munde (v. 3255) und: se dex me gar (v. 3269). Auch die aus v. 3259:

Cuidiez vos per mal faire vos ait genz car?

zu erschliessende Sentenz trägt das Gepräge unseres Bearbeiters.

Dass nun, obwohl nur zwei Gascogner zugegen waren, der spätere Redactor dennoch einen dritten redend einführt, beweist, dass derselbe in Bezug auf den Inhalt ebenso flüchtig verfuhr, wie in Bezug auf die Form.

Die beiden Barone, die in den Strophen 192 und 193 redend eingeführt werden, heissen Tenart mit dem Zusatze „qui tint Girunde" (v. 3248) und Anseïs von Narbonne (v. 3257). Da nun an Stelle von Tenart sich in P (v. 2591) die Lesart Ernaut findet, so erklärt Paul Meyer (Girart de Roussillon, S. 106, Anm. 3) diese für die richtige und sieht dann in dieser Stelle eine Anspielung auf den aus altfranzösischen Volksepen bekannten Ernaut von Girone, sodass er also in „Gironde" die spanische Stadt Gerona, nach welcher jener Held genannt ist, erkennen will. Aus demselben Grunde hält er auch den Namen Anseïs nicht für ursprünglich, glaubt vielmehr auch in diesem einen in der altfranzösischen Epik vorkommenden Helden wiederzufinden, nämlich Aimeri von Narbonne, den Vater Guillaumes von Orange, sodass er geneigt ist, Aimeri an Stelle von Anseïs einzusetzen. Die einzige Stütze für Paul Meyers Hypothese beruht auf der Thatsache, dass die beiden in unserem Gedichte hier auftretenden Barone ebenso wie jene epischen Helden von den Sarazenen angegriffen worden sind. Aber selbst, wenn die Namen völlig miteinander übereinstimmten, so würden wir doch Bedenken tragen, hierin einen Beweis für eine organische Verbindung unseres Gedichtes mit der altfranzösischen Volkssage zu sehen, da, wie erwähnt, die betreffende Stelle dem alten Epos gar nicht angehört hat, sondern von einem geistlichen Tendenzschriftsteller herstammt.

Aber es sprechen noch andere Umstände gegen jene Hypothese. Was den ersteren Namen betrifft, so findet sich, wie gesagt, in O und L, welche der Regel nach die ältere und bessere Lesart aufweisen, „Tenarz", während nur P, das seine Vorlage mehrfach mit Absicht aus oft erkennbaren Gründen abgeändert hat, „Ernaus" aufweist. Daher liegt es näher, anzunehmen, dass der Verfasser, resp. Bearbeiter von P den Ernaut für den ihm unbekannten Tenart eingesetzt hat; ja es ist nicht unmöglich, dass er die Änderung gerade vornahm, weil er in der altfranzösischen Epik bewandert war und nun, indem er wie Paul Meyer, Gironde als Gerona auffasste, einen Fehler zu verbessern wähnte. Dazu kommen noch weitere Gründe. Zunächst ist zu bemerken, dass, wenn jene Vermuthung richtig wäre, der Name Gironde in v. 3248 in ganz andrer Bedeutung verwandt worden wäre, als in v. 3227 und in v. 3283, wo er sicher den Fluss in Südwest-Frankreich bezeichnet, was doch von ein und demselben Verfasser nicht wohl geschehen kann. Der letzte Grund liegt darin, dass das in Spanien liegende Gerona hier gar nicht passen würde, also auch nicht gemeint sein kann, da es sich ja um zwei gascognische Barone handelt. Es fragt sich nun, ob Gironde besser passt. Dies ist bekanntlich der Name des untersten Laufes der Garonne, der allerdings zur Gascogne zu rechnen ist. Aber, wenn wir nicht etwa den Ausdruck „qui tint Girunde" als gleichbedeutend mit „der das Land an der Gironde in Besitz hat" auffassen wollen, so müssen wir annehmen, dass Gironde an unserer Stelle eine Landschaft bedeuten soll. Eine solche Annahme würde bedenklich sein, wenn wir es hier mit einem älteren Abschnitt unseres Epos zu thun hätten. Wir wissen aber, dass der Verfasser der vorliegenden Stelle ein Bearbeiter ist, der mit seiner Vorlage eine grosse Menge der willkürlichsten Veränderungen vorgenommen, namentlich Interpolationen angebracht hat, bei denen er keineswegs immer mit Kritik oder mit Umsicht verfahren ist. Zwar kannte er, wie wir im vierzehnten Kapitel sehen werden (zu v. 1539), Gerona, aber er wusste auch, dass dies in Spanien lag. An unserer Stelle wollte er nun zwei gascognische Grosse vorführen, und da machte er den einen zum Herrn von Gironde, indem er irrthümlicher Weise annahm, dass letzterer Name eine dort liegende Herrschaft bezeichne. Dazu kommt aber, dass auch in der altfranzösischen Epik Gironde als Land, und zwar als Grafschaft erscheint. In der chanson de geste „Departement des enfants Aimeri" gelingt es dem Hernaut, einem der Söhne Aimeris, die Stadt Gironde von der Belagerung durch die Sarazenen zu befreien, und aus Dank gab ihm der Graf seine Tochter Beatrix zur Frau (cf. Gautier, Les épopées françaises IV, 319). Dass in der That unser Bearbeiter, selbst wenn er den Namen einer Örtlichkeit brauchte, deswegen durchaus nicht immer über die geographische Lage derselben sich völlig klar war, geht auch aus der Thatsache hervor, dass er als zweiten gascognischen Grossen den Herrn von Narbonne nennt, obwohl diese Stadt gar nicht in der Gascogne, sondern in Languedoc im heutigen Bezirk Aude liegt. Seine Unachtsamkeit zeigt er auch hier wieder, indem er übersieht, dass Narbonne nach der Angabe des alten Epos (v. 1104) Eigenthum des Seguin ist, während hier ein andrer Besitzer genannt wird, nämlich Anseïs (v. 3257), wofür Paul Meyer, wie gesagt, Aimeri einsetzen möchte.

Was nun letzteren Vorschlag betrifft, so fehlt hier die Unterstützung von P. Der betreffende Vers lautet in jener Handschrift (v. 2599):

> Ducs de Narbona parlet cum bar,

aber man erkennt sofort, dass der Verfasser dieser Bearbeitung auch hier willkürlich seine Vorlage geändert hat, da dem Verse, und zwar in seinem ersten Theile, zwei Silben fehlen. Paul Meyer hebt nun hervor, dass durch seine Conjectur die Wiederholung des Namens Anseïs in Tirade 191 und 193 vermieden werde. Dieser Grund hat kein Gewicht; denn da, wie wir gesehen, 191 nach 193, und zwar von einem andern Redactor, verfasst ist, so hat der jüngere Bearbeiter den Fehler oder die Ungeschicklichkeit begangen, einen Namen zu verwenden, der in seiner Vorlage unmittelbar nachher erscheint; aber aus diesem Umstande kann man doch keinen Anlass herleiten, in dem älteren Theile des Einschubes seine Änderung vorzunehmen. Einen zweiten Grund, der gegen Paul Meyers Vorschlag spricht, führt dieser selbst (S. 106, Anm. 4) an, den nämlich, dass an einer andern Stelle unseres Gedichtes, v. 4906 in Tirade 319, wirklich ein Aimeri von Narbonne auftritt, aber dort unter den Anhängern Girarts, d. h. unter den Feinden Karls erscheint. Der Werth dieses Argumentes hängt allerdings von der Frage ab, von wem jener Vers herrührt. Wenn wir nun weiter unten erfahren werden, dass die beiden Tiraden 319 und 320 mit ziemlicher Sicherheit ebenfalls R^2 zugeschrieben werden müssen, so wird man dem erwähnten Umstande in der That eine gewisse negative Beweiskraft zusprechen dürfen, da ein Vasall Girarts sicherlich nicht zu jemand anderem als seinem Lehnsherrn hülfesuchend geeilt wäre; jedenfalls würden für diesen Aimeri von Narbonne nicht die Worte passen, die er v. 3269 dem Könige gegenüber ausspricht. Er droht nämlich, wenn dieser nicht helfe, sich dem Girart in die Arme zu werfen.

Nach dem Gesagten seheint kein Grund vorzuliegen, von der bestbeglaubigten Lesart „Tenarz" und „Ansëis" abzugehen.

Fassen wir nunmehr die Worte der beiden Barone ins Auge, so verrathen dieselben ein nur geringes Talent ihres Verfassers. Nachdem Tenart sich über den Mangel an Hülfe von Seiten des Königs beschwert hat, erklärt er, er könne nicht nach Frankreich fliegen, er sei keine Schwalbe; auch wage er nicht, ins Wasser zu springen, weil es so tief sei (v. 3252—53). Man begreift nicht, was diese Worte bezwecken; er hat ja beides nicht nöthig, da er ja auf anderem Wege, als durch die Luft glücklich nach Frankreich gelangt ist, und kein Grund vorliegt, ins Wasser zu springen. Daran schliesst er die Drohung, er werde, da Karls Hülfe ihm ausbleibe, sich an Girart wenden. Abgesehen davon, dass die betreffenden Worte (v. 3255):

> A Girart me tendrai par deu de munde

fast genau so in der nächsten Tirade auch dem Ansëis von Narbonne in den Mund gelegt werden (v. 3269):

> A Girart me tendrai, se dex me gar,

stehen dieselben auch im Widerspruch mit den anderweitigen Angaben des Gedichtes; denn erstens lassen sie voraussetzen, dass ein Antagonismus zwischen Karl und Girart vorhanden sei, während gerade Friede und Freundschaft zwischen ihnen herrscht, zweitens aber beachtet der Verfasser nicht, dass in dem Epos die Gascogner Mannen und Lehnsleute Girarts sind (cf. v. 1884 und 2486), sodass jene drohenden Worte durchaus nicht passen.

Ansëis von Narbonne begründet es in ebenso bizarrer Weise wie Tenart, dass Karl nothwendig seine schützende Hand über sie halten müsse: Sie seien nicht Engländer jenseits des Meeres (v. 3260), was Paul Meyer wohl richtig dahin erklärt, sie seien nicht, wie die Engländer, durch das Meer gegen feindliche Angriffe geschützt.

Bemerkenswerth sind die darauf folgenden Verse (v. 3261 bis 3264):

> Cant annez en Espaigne ta ost gidar,
> E eu portei t'ensegne per cadelar:
> En tot lo peior leu que poz trobar
> M'as laissat, en Narbone, qu'eu la te gar.

Es scheint in der That fast so, als ob in diesen Worten eine Reminiscenz an eine altfranzösische Chanson de geste vorliege, und zwar möglicher Weise wirklich an die von Aimeri de Narbonne. Denn es wird in dem genannten Epos erzählt, dass, als Karl der Grosse auf seiner Rückkehr von Spanien das feste Narbonne erobert hatte, namentlich durch die Tapferkeit des Aimeri, er letzteren zum Herrn der Stadt machte, nachdem dessen Vater Hernaut von Beaulande den Kaiser darum gebeten, und Aimeri selbst ihm Treue geschworen hatte. Letzterer wird dann bald in Narbonne von den Sarazenen unter dem Emir von Babylon angegriffen, dessen Heer er jedoch mit Hülfe seines Oheims Girart von Viane völlig vernichtet. Wenn man nun wirklich in der angeführten Stelle eine Reminiscenz an dies Volksepos sehen will, so müsste dieselbe jedenfalls eine sehr unbestimmte genannt werden, denn, während die Übereinstimmung sich nur auf den Namen Narbonne und den Angriff der Heiden beschränkt, zeigen beide Erzählungen sehr wesentliche Abweichungen von einander, auch abgesehen von dem Namen der Herrscher von Narbonne. Dort handelt es sich um Karl den Grossen, hier um Karl Martell; Aimeri, resp. dessen Vater für ihn, hat sich um die Belehnung mit Narbonne beworben; Anseïs dagegen stellt die Sache in einer Weise dar, dass man annehmen muss, Karl habe ihn wider seinen Willen, jedenfalls ohne seine Bitte, an jenen schwierigen Posten gesetzt; Aimeri sendet seine Frau Ermengart an seinen Oheim, Anseïs sucht selbst Hülfe, und zwar bei König Karl; Girart von Viane verschafft durch sein rechtzeitiges Erscheinen seinem Neffen einen glänzenden Sieg, Karl wird geschlagen, und erst Girarts Eingreifen bringt die Entscheidung. Hiernach wird man höchstens annehmen, dass unser Geistlicher gelegentlich jenes französische Epos gehört hatte, und dass ihm einige Einzelheiten davon gegenwärtig geblieben waren; wir haben ja oben (S. 210—11) gesehen, dass ihm die Sagengeschichte des Landes nicht ganz unbekannt war. Aber die Übereinstimmung ist zu gering, um eine absichtliche Recapitulation jenes Epos annehmen zu können, die eine Verwandlung von „Anseïs" in „Aimeri" rechtfertigen würde. Auf keinen Fall wird man, wie gesagt, aus dieser Stelle einen innern Zusammenhang zwischen unserem Epos und der altfranzösischen Volkssage herleiten dürfen.

Es ist nun noch als letzte die Tirade 191 zu besprechen, die, wie gesagt, nach der Überarbeitung des Gedichtes durch R^2 entstanden sein muss. Inhalt und Form verrathen, dass ihr Verfasser nicht eben begabt war. Über die widersinnige Einführung eines dritten Sprechers, sowie über die ungeschickte Wahl des Namens ist schon das Nöthige gesagt worden. In seiner Rede macht Anseïs zunächst dem Könige Vorwürfe darüber, dass er die Schlacht bei Valbeton unternommen (v. 3289—40); denn während er gewähnt habe, dadurch seine Macht zu verstärken, habe er in Wirklichkeit dieselbe geschwächt, da in Folge davon jetzt seine Grenzmarken verloren gegangen seien (v. 3242—43). Diese Worte enthalten also eine Benutzung und Ausspinnung des von R^2 erfundenen Gedankens, dass die Sarazenen auf die Nachricht von der Schlacht bei Valbeton hin ihren Angriff unternommen hatten (v. 3224—26). Wenn man hieraus schliessen möchte, dass der Interpolator seinen Einschub mit den Angaben seiner Vorlage in Einklang zu bringen versucht habe, so beweist der Vers 3240, dass er die früheren Theile des Gedichtes entweder gar nicht, oder doch sehr flüchtig gelesen, jedenfalls keine Rücksicht auf dieselben genommen hat; denn in jenem Verse lässt er den Anseïs behaupten, Karl habe in der Schlacht bei Valbeton den Draugo getödtet, während dieser von der Hand Teiris gefallen ist. Ähnlich verhält es sich mit der andern Behauptung in v. 3243, dass die jetzt an die Sarazenen verloren gegangenen Marken einst von Draugo erobert worden seien. In den älteren Theilen des Epos findet sich nichts, was zu derselben hätte Anlass geben können. In der Tirade 102, die, wie wir sehen werden, von einem Bearbeiter (R^2) herstammt, wird zwar mitgetheilt, dass Draugo die Heiden mehrfach besiegt habe, und dass man ihm in Folge dessen aus Majorca, Africa und Esclavonien Tribut entrichtete (v. 1542—45), aber auch hier ist nirgends angedeutet, dass er Catalonien und die Gascogne, denn diese beiden Länder sind soeben von den Sarazenen besetzt worden, den letzteren früher abgenommen habe. Ausserdem ist auffällig, dass in v. 3244 die Heiden „Amoravis", d. h. Almoraviden genannt werden, eine Bezeichnung, die sich an keiner andern Stelle unseres Gedichtes findet; ebenso, dass Anseïs in seiner Rede erwähnt, dass Karl auch von den Sachsen und den Friesen angegriffen war, was der Verfasser aus v. 3233—34 entnommen hatte, was er dem gascognischen Gesandten aber nicht hätte in den Mund legen sollen, da dieser es füglich doch nicht wissen konnte.

Auf Grund dieser Darlegungen werden wir von den 162 Zeilen, welche die in Rede stehende Episode in ihrer jetzigen Gestalt umfasst, 8 für das ältere Epos in Anspruch nehmen, 26 für den ersten, 116 für den zweiten Bearbeiter, dem also auch hier wieder der Löwenantheil zufällt, 12 endlich für einen noch jüngeren Redactor. Möglicher Weise stecken hinter R^3 wieder zwei Personen, da die Frage, ob der Verfasser der Verse 3211—12 mit dem der Tirade 191 identisch ist oder nicht, aus Mangel an Indizien offen bleiben muss.

Zwölftes Kapitel

Verlust und Wiedereroberung von Rossillon.

(v. 607—1449).

Ich habe bisher diejenigen Theile der vorliegenden Version des Girart de Rossillon gesondert behandelt, welche, sei es ganz, sei es zum grössten Theil, späteren Ursprungs sind. Dieselben befinden sich sämmtlich an solchen Stellen, an denen ein Ein- oder Anfügen neuer Zuthaten besonders leicht und bequem bewerkstelligt werden konnte. Dahin gehört die Einleitung sowie der Schluss des Gedichtes, welch letzterer zwei Mal von je einem Bearbeiter einen Anhang erhalten hat; dahin auch solche Abschnitte im Innern, die eine Pause, einen Stillstand der Handlung markiren, wie die Periode zwischen den beiden grossen Kriegen und bis zum Wiederhervortreten der gegenseitigen Abneigung, endlich die Verbannungszeit des Haupthelden. In den übrigen Theilen des Epos treten die Interpolationen der Regel nach nicht mehr so compact, nicht in so geschlossener Masse auf, sondern sind mehr oder weniger zahlreich in die älteren Bestandtheile eingestreut. Ich werde jedoch auch hier den Versuch machen, nicht nur auf Grund innerer und äusserer Indizien die jüngeren Zuthaten auszuscheiden sondern auch die oben für die einzelnen Bearbeiter festgestellten Merkmale zu benutzen, um wo möglich in jedem einzelnen Falle den Verfasser herauszufinden, was hier allerdings nicht immer mit derselben Sicherheit, wie oben, geschehen kann.

Die Interpolationen beginnen mit v. 653—58, d. h. der zweiten Hälfte der Tirade 46. In dem ersten Theile erfahren wir, dass Karl in den Ardennen und den Argonnen jagte und viel Wild erbeutete, und hieran schliesst sich streng logisch Tirade 48 an (47 wird ebenfalls als jünger nachgewiesen werden), welche erzählt, dass der König von der Jagd aus unmittelbar mit seinem ganzen Gefolge nach Rossillon zog. Die oben genannten Verse enthalten nun ein Intermezzo. Sie lauten:

La rëine ou apres e mandet lon (statt lo)
Girart, qu'ere se gart de traicion.
Mais li cons a cor noble tant e baron,
Que nel creeit, tro vit la mespreison.
E per hoc si mandet conte Folcon
E Bosun e Seigin de Besenzon.

Dieselben erregen sowohl in Bezug auf ihren Inhalt als auch ihre Form Bedenken. a) Was ist es, das die Königin erfuhr und dem Girart mittheilte? Gemeint ist offenbar der Plan Karls, in Rossillon das im zustehende Recht geltend zu machen und „womöglich noch mehr" (v. 616—18); aber in der vorliegenden Fassung kann man das „ou" und „lo" in v. 653 nur auf das unmittelbar Vorhergehende, d. h. auf Karls Jagdzug beziehen, was keinen Sinn giebt. b) Girart glaubte den Warnungen der Königin nicht, traf also keine Vorsichtsmassregeln, entbot aber doch seine Neffen; beide Sätze widersprechen sich offenbar. c) Die beiden letzten Verse sind sicher jüngeren Ursprunges, da erst später, als Rossillon belagert wird, Girart zu seinen Vettern um Hülfe sendet, wie in den Versen 890 bis 904 ausführlich berichtet wird. In formeller Hinsicht ist zu bemerken das kühne Enjambement in v. 653—54, die Trennung von „tant" und „noble" durch die Caesar, die zweimalige Verwendung von „mandar", die Auslassung des Artikels vor „conte Folcon", die gelehrte Form „traicion" (v. 654) gegenüber von „träison" v. 1092 u. ö. (obwohl jene Form einzeln auch in älteren Theilen vorzukommen scheint, z. B. v. 692). Wenn wir uns nun fragen, von welchem der Bearbeiter dieser Einschub wohl herstammen könne, so weisen die Merkmale deutlich auf R² hin. Wir haben in den Kapiteln fünf und sieben gesehen, wie in den von dem geistlichen Redactor herrührenden Abschnitten des Epos die Königin eine ganz hervorragende Rolle spielt, und zwar conspirirt sie immer gegen ihren Gatten, d. h. steht ganz auf der Seite Girarts. Daher war es sehr natürlich, dass dieser Bearbeiter den Wunsch hatte, auch in den übrigen Theilen des Epos die Elissent in die Handlung mit eingreifen zu lassen. Die Autorschaft desselben wird aber noch wahrscheinlicher gemacht durch die Thatsache, dass bei einer späteren Gelegenheit R² genau dasselbe Motiv noch ein Mal verwendet. Als nämlich in Tirade 607 Karl nur einen siebenjährigen Waffenstillstand statt des Friedens gewährt, lässt die Königin dies dem Girart durch geheime Botschaft mittheilen (v. 8951—52). Endlich ist auch zu erwähnen, dass Wortlaut und Construction des Verses 653 sehr lebhaft an den Vers 381 erinnern:

Qui auY la paraule e contet lon,

der dem jüngeren Theile der Einleitung angehört. Demnach werden wir kein Bedenken tragen, die in Rede stehende Stelle dem zweiten

Überarbeiter zuzuschreiben, um so weniger, als, wie wir sehen werden, dieser ganze Abschnitt starke Spuren der Thätigkeit gerade dieses Redactors zeigt, so unter anderem auch die unmittelbar folgende Tirade 47 von demselben herstammt.

Diese Tirade (v. 659—67) dient nur dazu, die Erzählung aufzuhalten, denn in 46 haben wir erfahren, dass Karl im Ardenner- und Argonner-Walde gejagt hatte, in 48, dass er von dort direct nach Rossillon zog. Die Tirade 47 beginnt nun wörtlich wie die folgende echte: Carles vent de cachar (v. 668). Dann heisst es weiter, seine Genossen (ein ungeschickter Ausdruck für die Begleiter eines Königs) riethen ihm nach dem Kloster Saint-Prezant zu gehen, dort gäbe es süsses Wasser und Fische in Weihern; und dann folgt ein weiteres Lob jener Örtlickkeit. Man begreift nicht, was diese Abschweifung hier bezweckt, die mit der Handlung in keinerlei Zusammenhang steht; jenes Kloster ist dem Epos sonst auch völlig unbekannt. Das Befremdlichste aber ist, dass auf diese Aufforderung hin nichts geschieht; sie wird weder befolgt, noch zurückgewiesen, sondern einfach ignorirt. Den Schluss bildet eine Hinweisung auf die verhängnissvollen Folgen des bevorstehenden Streites der beiden mächtigen Rivalen (v. 665—66):

> Es vos enchat la ire e l'enconbrer,
> De quei pois furent mort tant chevaler!

Letzteres ist eine Liebhaberei von R^2, von der wir schon viele Beispiele kennen gelernt haben. Ich hebe nur einige hervor, z. B. v. 262—64:

> Per aicheste tint Carles la söe vil;
> Per qu'en mogrent tal guerre e tal peril,
> Dunt tornerent les regnes a mal escil;

oder v. 3361—62:

> Per ço renchet la ire e li mazanz
> E la gerre mortals maire qu'abanz;

oder v. 3432—33:

> Per ço ranchent les gerres tan äirades,
> Cent mil ome en eissirent de lor contrades;

ähnlich v. 2135, 2636, 3422, 3478 sq. und öfter. Wenn wir ausserdem erwägen, dass der Verfasser hier den König auffordern lässt, das Kloster Saint-Prezant zu besuchen (v. 661) und letzterem ein begeistertes Lob spendet (v. 662—64), sowie dass die Süsswasserfische auch in dem jüngeren Theile der Einleitung (v. 548) ebenso hervorgehoben werden, wie hier: so werden wir nicht zweifelhaft sein, dass wir diesen Einschub dem geistlichen Redactor in die Schuhe zu schieben haben.

Genau so verhält es sich aber mit der letzten Zeile (667):

> Er auïrés de Carle, Girart que quer,

denn ein solches Hervortreten des Verfassers ist dem alten Epos fremd.

Wenn man diese Gründe für stichhaltig ansieht, so wird man auch die drei Schlusszeilen der nächsten Tirade 48 demselben Verfasser zuschreiben. Die beiden ersten derselben (v. 677—78) haben grosse Ähnlichkeit mit dem oben angeführten:

> Es vos enchat de gerre la prime estreine!
> Molt durera long temps acheste peine.

Der letzte Vers (679):

> Quel termine es enchaz quel lune es pleine

verräth, abgesehen von der Unklarheit der Construction, von dem Gebrauch des Fremdwortes „termine“, sowie von der Wiederholung des Verbums „enchar“ das bei unserem Redactor mehrfach zu beobachtende Streben, bestimmte Angaben über die Zeit zu machen, in welcher die berichteten Ereignisse sich zugetragen haben sollen. So erzählt er in dem von ihm angefügten Schluss von einer Traumerscheinung, die zu Ostern stattfand (v. 9015); Girart selbst hatte eine Vision im Mai an einem Donnerstage (v. 9029); das Zusammentreffen zwischen Karls und Girarts Truppen trug sich im September nach dem August zu (v. 9265), und zahlreiche weitere Beispiele werden wir noch in andern von R[2] verfassten Stellen des Epos kennen lernen; cf. v. 2093, 2269, 2862, 3282, 3659, 3762, 3897, 4300, 4386, 5057, 6408, 6772.

Die Tirade 50 enthält mehrere jüngere Bestandtheile. Dazu gehört zunächst, wie es scheint, Vers 700. Derselbe verdankt seine Entstehung dem Wunsche eines Bearbeiters, über den Boten, den Karl zu Girart senden will, den das Epos hier einfach Bernart nannte, und dessen Vater nach v. 732 Pons hiess, genauere Mittheilungen zu machen. Wir erfahren nun in v. 700, dass er der Sohn des Pons von Tabaria war. Wie schon Paul Meyer (Girart de Roussillon, S. 21, Anm. 2) bemerkt, ist Tabaria eine Erinnerung an die Kreuzzüge, da es der Name einer jener Baronien ist, die im heiligen Lande nach der Eroberung desselben gegründet worden waren. Man erkennt sofort, dass ein derartiger Baron schwerlich zu der „parie“ des französischen Königs gehören konnte. Dazu kommt, dass der Name Tabaria in dem Epos nie wieder erscheint. Dagegen wird uns erzählt, dass bald darauf in dem Gefechte bei Belfau sich ein Bernart in der unmittelbaren Umgebung des Königs befand, auch von Folco dort getödtet ward (v. 1275—81), und dieser wird in v. 1258 ausdrücklich Bernart von Roche-Maue genannt; in v. 1296 erfahren wir ausserdem, dass sein Bruder Armant hiess. Demnach liegt die Vermuthung sehr nahe, dass letzterer Bernart identisch ist mit dem oben erwähnten, und dass jene nähere Bezeichnung das Werk eines Redactors ist, und zwar des Mönches von Vezelai, der ja wahrscheinlich im Morgenlande gewesen war, jedenfalls die dortigen Verhältnisse gut kannte (cf. S. 93—94).

In zweiter Linie sind in derselben Tirade die Verse 707—12 jüngeren Ursprunges verdächtig, welche bezwecken, die Macht des Königs besonders gewaltig erscheinen zu lassen. Als nämlich Karl dem Girart gegenüber die Drohung ausspricht, seinen Willen eventuell mit Hülfe eines Heeres durchzusetzen, lässt der Bearbeiter ihn in jenen Versen auch gleich die Bestandtheile und den Führer seines Heeres angeben. An Truppen nennt er zuerst hunderttausend Ritter aus der Lombardei, sodann Griechen, Römer und Ungarn, Schotten und Engländer. Der General wird in O Amaile von Rauchopie, in P (v. 139) Araccles von Rancapia genannt. Von jenen Völkern wird jedoch nie und nirgends sonst in den älteren Theilen des Gedichtes auch nur eines zu den Unterthanen Karls gerechnet, und als letzterer später seine Drohung wahr macht, entbietet er dementsprechend keins derselben. Was nun den oben genannten Heerführer betrifft, so kommt ein Mann dieses Namens weder in dem gleich folgenden Kriege, noch auch irgendwo anders je wieder vor, und man weiss nicht, auf welches Ereigniss in v. 711 angespielt werden soll, nach welchem Mile den Vater jenes Mannes unterhalb Quinquenie getödtet haben soll. Endlich ist auch der letzte Vers (712) „da wo sie ans Land kommen (nach P : Land verlieren) werden, werden sie einen Angriff machen" völlig unverständlich. Der ganze Zusatz ist ausserdem so ungeschickt eingefügt, dass er einen in v. 706 beginnenden Satz unterbricht, der nun erst in v. 713 seine Fortsetzung erhält.

Um den Verfasser zu finden, bietet uns die Thatsache, dass unter den Völkern Karls auch die Engländer mitaufgeführt werden, eine willkommene Handhabe. Zunächst findet sich nämlich in Tirade 400 eine Stelle, wo Karl eine Sendung von 300 mit Sterling-Münze beladenen Maulthieren erhält, die den Tribut von jenseits des Meeres darstellen. Dort werden also die Engländer als Unterthanen des Königs aufgefasst. Dasselbe gilt von einer andern Stelle, v. 3260, wo sich die Gascogner bei Karl beschweren, dass er sie nicht genügend beschütze, und dabei erklären, sie seien nicht in der Lage der Engländer, die durch das Meer beschützt würden, also seiner Hülfe nicht bedürften. Letztere Stelle habe ich in Kapitel 11 (S. 216) als Eigenthum von R^2 nachgewiesen, dasselbe werde ich in Kapitel 15 mit ersterer thun. Demnach kann es nicht zweifelhaft sein, dass wir es hier mit demselben Bearbeiter zu thun haben.

Wenn in v. 707 von hunderttausend lombardischen Rittern die
Rede ist, so werden wir diese Zahl gerade bei R^2 mit Vorliebe
verwandt finden, z. B. v. 1448, 1476, 1556, 1751, 2011, 2322,
2945, 4212, 4387 u. ö. Endlich werde ich auch derartige dunkle
Anspielungen, wie sie der Vers 711 enthält, als besondere Eigenthümlichkeit dieses Bearbeiters nachweisen. Ich führe hier die
betreffenden Stellen nur kurz an, um sie später einzeln zu besprechen; es sind dies v. 757—61; v. 1025; v. 2673—75; v. 3261
bis 3264; v. 3921; v. 3929; v. 3937; v. 3942; v. 3953; v. 4342
bis 4346; v. 4414—15. Wenn hiernach über den Verfasser kein
Zweifel sein kann, so lässt sich nicht leugnen, dass dieser
Einschub auch in der Wahl der Völker eine grosse Ungeschicklichkeit verräth. Man hätte z. B. nicht erwartet, dass der Verfasser
der neuen Einleitung die Griechen und Römer zu Unterthanen
Karls hätte machen können. Auch dass die Ungarn unter denselben aufgeführt werden, ist unbedacht, da R^2 ja den Girart in
seinem Unglück bei König Hugo von Ungarn, den er zu einem
Verwandten Berthas macht, Hülfe suchen lässt. Zu erwähnen ist
endlich noch, dass in Tirade 53, wo Bernart die Drohung Karls
wiederholt, in O wiederum die Engländer vorkommen, doch ist der
Name dort unzweifelhaft erst später hineingebracht, und zwar grade
mit Rücksicht auf v. 709. Dies geht schon daraus hervor, dass P
an der betreffenden Stelle (v. 202) statt „Franzosen und Engländer"
vielmehr ,,Normannen und Franzosen" aufweist, was sicher die
richtige Lesart darstellt.

Aber auch die beiden andern Interpolationen dieser Tirade,
v. 715—16 und v. 718—21, stammen, wie ich meine, von R^2 her.
In den beiden zuerst genannten Zeilen schwört Karl, den Girart
hängen lassen zu wollen, falls er ihn in seine Gewalt bekommen
sollte. Diese heftige Drohung fällt ganz aus dem Ton seiner vorhergehenden Worte, in denen er den Bernart aufgefordert hat, er solle
den Girart einladen (sel me convie, v. 701), ihm die ,,Majorie"
über Rossillon zu überlassen. Aber wir haben gesehen, dass R^2
gerade diese Drohung, jemanden hängen zu lassen, mit Vorliebe verwendet, und werden noch weitere Stellen finden, in denen dieser Redactor gegen den König, den Girart oder den Folco die gleiche Drohung
ausstossen lässt. So lässt R^2 den Karl sogar unmittelbar vor seiner
Versöhnung mit Girart erklären, er werde diesen am nächsten Tage
hängen lassen (v. 7979), und derselbe Gedanke begegnet mehrfach in
dem von dem Mönch von Vezelai angehängten Schluss, z. B. v. 9634,
9638, 9671. Weitere Belege werden wir im weiteren Verlaufe unserer Untersuchung kennen lernen, z. B. v. 754, 1446, 2101,
6721 u. a.

Der andere Einschub (v. 718—21) beginnt mit einer moralisirenden Betrachtung über die nachtheiligen Folgen des Hochmuthes,
was, wie wir oben (S. 153) gesehen haben, ein Lieblingsthema des
geistlichen Bearbeiters ist, und schliesst mit der Prophezeiung
(v. 720—21):

> Ci comence l'orguels e la fulie
> Qui non sera oian liument fenie,

die sehr lebhaft an die auf Seite 221 angeführten erinnert.

Auch die Tirade 51 ist in ihrem zweiten Theile stark interpolirt. Ursprünglich lautete der Schluss von Bernarts Anrede an
Girart, wie es scheint, folgendermassen (v. 742 sq.):

> Mosterra vos mos seigner tan riu baron
> E lai fors per ces praz tan paveillon,
> Qu'anc non vistes aitans en un cambon.

Ein Bearbeiter hatte den Wunsch, dieses Lagerbild etwas auszuführen, und setzte daher für den letzten Vers folgende vier ein
(v. 744—47):

> Inde e vermeil e jau(s)ne tui[t] li giron,
> De color e per guices come povon,
> C'on non vit tant enseignes en un cambon,
> Ne per bataille faire tan riu baron.

Diese Änderung ist aber ganz späten Ursprunges, sie befand sich
wohl noch nicht in der gemeinsamen Vorlage von O und P, da nur
O sie bringt, während P die oben als vermuthlich ursprünglich bezeichnete Lesart aufweist.

Älter ist der zweite Einschub der Strophe (v. 748—61).
Während nämlich in der früheren Version des Epos Girart in Tirade
52 dem Bernart eine abschlägige Antwort ertheilt, lässt ein Redactor hier den Grafen umgekehrt erklären, Karl möge all seinen
(Girarts) Besitz als sein Eigenthum ansehen (v. 748—50). Um
diesen plötzlichen Umschwung zu begründen, lässt er das Gefolge
(sa maisnade, v. 751) eingreifen. Nun wird zwar vorher, als erzählt worden, dass Girart bei der Ankunft des Gesandten in der
Vorhalle seines Schlosses seinen Jagdfalken fütterte, angegeben
(v. 729—31):

> Tau mil de sa maisnade tot environ,
> De que sun ob au[r]freis lor auchoton,
> E sunt de vermeil paille lor jubion,

aber ich halte auch diese Verse für später eingeschoben, und zwar
gerade von demselben Redactor eingeschoben, der das Gefolge weiter
unten brauchen wollte. Wie sollte es kommen, dass Girart mitten
im Frieden, bei einer ganz häuslichen Beschäftigung und zu einer
Zeit, wo er keinen Anlass hatte, die Ankunft eines Gesandten zu

erwarten, von tausend Kriegern in voller Rüstung umgeben gewesen
wäre? Besonders verdächtig ist die hohe Zahl; es scheint, dass die
ganze Besatzung der Burg kaum so stark gewesen sein kann, da nach
v. 874 Girart seine Kämpfe gegen Karl mit 400 auserwählten
Kriegern durchführt und, zu seinem Unglück, die Bürger zur Vertheidigung der Mauern verwendet (v. 907). Ebenso unwahrscheinlich wie hier, ist aber auch unten das Auftreten der „maisnade."
Es kommt sonst nie vor, dass das ganze Gefolge in die Debatte
eingreift und einen Rath ertheilt; dies geschieht vielmehr immer von
einer einzelnen Person. Das Gefolge räth dem Grafen, sich nicht mit
Karl einzulassen, da dieser ihn hängen oder ins Gefängniss werfen lassen
werde. Wir haben also hier genau denselben Gedanken, den ein
Bearbeiter in v. 715—16 dem Könige selbst in den Mund gelegt
hat. Daher liegt die Vermuthung nahe, dass wir es hier mit demselben Verfasser, also mit R², zu thun haben. Um dann zu beweisen,
dass man dem Karl, der v. 756 „felon" genannt wird, eine derartige
That wohl zutrauen könne, erinnern die Leute Girarts in v. 757—61 an
den Tod der Söhne des Eion. Der König Eion, Jon oder Yon ist eine
in mehreren französischen Chansons de geste vorkommende Persönlichkeit (s. P. Meyer, a. a. O. S. 23, Anm. 1); sein historisches Prototyp
ist, wie Longnon (Revue des questions historiques 1879, S. 185 sq.)
nachgewiesen hat, Herzog Eudon von Aquitanien, der im achten
Jahrhunderte lebte. Aber weder die Geschichte, noch die Sage
berichtet über ihn ein Ereigniss, auf welches unsere Notiz bezogen
werden könnte. Wir werden aber noch weiteren Beispielen begegnen,
welche beweisen, dass unser Redactor derartige dunkle, oft völlig
unverständliche Anspielungen anzubringen liebte, die er unzweifelhaft immer erfunden hat (cf. S. 224).

Auch die weitere Unterhaltung zwischen Girart und dem Boten
Karls enthält zahlreiche jüngere Bestandtheile. Ursprünglich war
der Verlauf derselben folgender. Girart lehnt das ihm gemachte Ansinnen ab mit der Begründung, er besitze sein ganzes Herzogthum[1])
als Allodium (v. 762—69); als ihn Bernart darauf aufmerksam
macht, dass Karl dann voraussichtlich zur Gewalt greifen werde
(v. 775—80), giebt Girart als weiteren Grund seiner Weigerung
an, er fürchte, Karl möge, einmal innerhalb der Mauern Rossillons,
Geschmack an demselben finden und es als sein Eigenthum behalten
wollen (v. 813—32); mit dieser Antwort kehrt der Gesandte dann
heim (v. 855 sq.).

Der erste Einschub sind nun die Verse 770—4, in welchen

---

[1]) Statt „ducat" v. 766 hat in der Vorlage wahrscheinlich „contat"
gestanden (cf. S. 66); die Änderung rührt wohl von R³ her.

Girart seiner ersten sehr schonend vorgebrachten abschlägigen Antwort den Schwur hinzufügt, es würden Tausende mit ihrem Blute
den Boden tränken, ehe er auf die Forderung des Königs eingehen werde.
Zu dieser Drohung ist hier gar kein Anlass, da erst nachher
Bernart von Gewalt spricht. Auf die Verfasserschaft von R² weist
die theologische Wendung in v. 770 hin:

> Ja dex nen aie m'anme en pöestat,

und damit stimmt die Beobachtung, dass v. 774:

> Qu'anc n'auïstes nul rei tan coroçat

fast wörtlich gleich v. 812 lautet:

> Qu'aiuc mais non vistes rei tan coreços,

der, wie wir sehen werden, vermuthlich von R² herrührt.

Dieser selbe Verfasser lässt sich noch deutlicher in der folgenden Einfügung (v. 781—93) erkennen, erstens an der Betheuerungs-
formel „par le batestire que vos tenez" (v. 782), zweitens an der
Wiederholung der oben ausgesprochenen Drohung, dass viele von
Karls besten Leuten umkommen werden (v. 785), endlich an der
Versicherung, der Todten würden so viele sein, dass nicht allen
von ihnen ein Geistlicher werde zur Seite stehen können (v. 786).
Wenn Girart hinzufügt, er wundere sich, dass Bernart überhaupt
gekommen sei, und es werde sein Tod sein, wenn er in Rossillon
Quartier nehmen sollte (v. 787—88), so verrathen diese Worte eine
grosse Ungeschicklichkeit, zunächst, weil dieselben in schroffem
Gegensatz zu dem Ton, den Girart vorher und nachher dem Bernart
gegenüber anschlägt, ja zu dem Charakter Girarts überhaupt stehen,
sodann, weil eine derartige Drohung mit den Gesetzen der Unver-
letzlichkeit eines Gesandten sich durchaus nicht verträgt. In seiner
Antwort macht Bernhard dem Grafen wegen seines Hochmuthes
und seiner Treulosigkeit Vorwürfe (v. 789—93), die ganz unbegründet
sind, und in denen man sofort das vorhin schon erwähnte Lieblingsthema des geistlichen Bearbeiters erkennt.

Tirade 54 (v. 794—812) erweist sich aus folgenden Gründen
als spätere Zuthat: a) Die Worte, welche Bernart in v. 794—804
ausspricht, enthalten genau dasselbe, was er bereits in der vorangehenden, aus der Vorlage stammenden Strophe gesagt hat: Karl
wird sein Heer entbieten und wird Euch mit Gewalt bezwingen.
Stellenweise verwendet der Bearbeiter sogar ganz ähnliche Ausdrücke, so sind die Anfangsworte: „D'une rien, dist Bernarz, quem
direz vos?" eine fast wörtliche Wiederholung des ersten Verses
der vorhergehenden Tirade (775) „D'une ri[e]n, dist Bernarz, que
me direz?", und genau so verhalten sich die Zeilen 799—800:

> Neu aurez tan fort mur, toz non escros,
> Tant ne serez dedinz, ne annez jos

zu v. 779—80, die nur andere Reimworte haben. Endlich ist v. 798 fast wörtlich identisch mit v. 778. — b) Während sonst die ganze Unterhandlung ausschliesslich zwischen Girart und Bernart stattfindet, greift hier plötzlich Folco ein und bringt dann doch nur dieselben Gedanken vor (v. 805—12), die Girart kurz vorher (v. 770—74) ausgesprochen. — c) Da im Beginn der folgenden Tirade Girart die Worte spricht: „Bernart, warum sagst Du mir dies?" so kann schon aus diesem Grunde nicht eine Rede Folcos vorhergehen. — d) Der durchschlagendste Grund ist aber der, dass Folco überhaupt hier nicht zugegen ist. Erst als Karl wirklich zur Belagerung schritt, sandte Girart Boten zu seinen Getreuen, darunter auch zu Folco (v. 891). Dieser folgte zwar auch dem Rufe, traf den Girart jedoch erst in Avignon (v. 1113), da Rossillon inzwischen gefallen war.

Dass wir es auch hier wieder mit einem Machwerk von R^2 zu thun haben, ergiebt sich aus folgendem. Wie schon erwähnt, hat die Rede Folcos denselben Inhalt, stellenweise denselben Wortlaut (s. o.), wie die des Girart in v. 770—4, die vermuthlich von jenem Redactor herstammt. Dafür spricht auch die Versicherungsformel „per glaurios" (v. 806), sodann die in den Versen 809—11 enthaltene Prophezeiung, die Wiederholung der Wendung „des mar en jos" (v. 797), die R^2 schon v. 46 gebraucht, und der wir bei ihm noch ein Mal (v. 5605) begegnen werden, endlich aber der Umstand, dass Karl in v. 802 den Kaisertitel erhält, was eine Liebhaberei des geistlichen Bearbeiters ist, die sehr häufig in den von ihm herrührenden Theilen des Gedichtes hervortritt; einige Stellen habe ich S. 168 angeführt, zahlreiche weitere Belege werden wir unten kennen lernen. Endlich ist noch zu bemerken, dass in v. 798 ebenso wie in v. 778 die Zahl der königlichen Truppen auf siebenhunderttausend angegeben wird. In ersterem Verse ist dies nicht auffallend, da derartige Übertreibungen zu den Liebhabereien von R^2 gehören. Dieselbe ist uns bereits in v. 9030, 9910, 165 und 290 entgegengetreten; zahlreiche andre Stellen werden wir später noch kennen lernen, z. B. 1448, 1476, 1501, 1556, 1751, 2011, 2240, 2322, 2945, 3276 u. a. Da nun die älteren Theile des Epos sich von dergleichen Unwahrscheinlichkeiten frei halten, so liegt es nahe, anzunehmen, dass auch in v. 778 die grosse Zahl statt einer kleineren von R^2 eingesetzt worden ist, um die Übereinstimmung mit v. 798 zu erreichen. Dies ist um so wahrscheinlicher, als in P beide Male an der entsprechenden Stelle nur von hunderttausend Bewaffneten die Rede ist, offenbar auch noch übertrieben, aber doch mässig im Vergleich zu O.

Die beiden Tiraden 57 und 58 (v. 833—54) enthalten jede

eine Wiederholung der ersten, in v. 764 sq. von Girart ertheilten,
Antwort, wozu dann noch die bekannte Drohung tritt. Ausserdem
aber weist jede besondere Einzelheiten auf, die ihre Ursprünglichkeit in Zweifel ziehen lassen. Nach v. 836 reichte Girarts Besitz
bis Sen Faire (O) oder Sanh Fraire (P); beides ist nicht zu deuten
und scheint ein des Reimes wegen erfundener Ortsname zu sein.
In v. 846 behauptet Girart sogar, ihm gehöre alles diesseits der
Loire. Dies steht in directem Widerspruch mit den übrigen Theilen
des Gedichtes, da, um nur ein Beispiel anzuführen, Gui von Poitiers
Lehnsmann Karls ist und auch auf dessen Seite kämpft (v. 2409 sq.).
Ebenso enthält die Behauptung Girarts, dass er vier wackere Neffen
besitze, die ihm beistehen würden, zwei Unrichtigkeiten. Es ist
klar, dass er damit die Söhne des Vuidelon meint. Dies sind aber
nicht Neffen, sondern Vettern von ihm, da Vuidelon der Bruder
von Girarts Vater war. Diesen selben Fehler begeht R^2, wie wir
sehen werden, auch sonst noch mehrfach[1]), z. B. v. 9194, 1493,
1514, 1559, 1562, 1579, 2389 u. ö., daher macht er auch den Girart
zu Folcos Onkel, z. B. v. 1928, 1931 u. ö. Die zweite Unrichtigkeit besteht aber darin, dass jene Vettern nicht ihrer vier sondern
fünf waren, nämlich Boso, Folco, Seguin, Gilbert und Bernart
(cf. v. 2701; 3069—70; besonders deutlich v. 4147—50). Da
beide Tiraden auch in Bezug auf den Ausdruck stellenweise recht
unbeholfen sind, so wird man sie ohne Bedenken als jüngere Zuthaten bezeichnen. Was nun ihre Verfasser betrifft, so stammt
Tirade 57 jedenfalls wohl von R^2 her, denn ausser dem oben an-
gemerkten Fehler, sowie dem Umstande, dass der Ortsname Saint-
Faire noch ein Mal in einer Stelle vorkommt, die sich als Eigenthum jenes Bearbeiters herausstellen wird (v. 1484), finden wir
auch hier wieder die Bezeichnung „Kaiser" in Bezug auf Karl
(v. 835). Die Tirade 58 scheint nach 57 entstanden zu sein; denn
da letztere mit den Worten beginnt (v. 833):

Au darrain mot Girarz dis son viaire,

so muss diese zur Zeit ihrer Entstehung wirklich das letzte Wort
Girarts vor Bernarts Abreise enthalten haben. Tirade 58 hat also
einen späteren Verfasser, den ich, wie gewöhnlich, mit R^3 bezeichne.
Die Tirade 62, zu deren Besprechung wir nunmehr übergehen,
ist die erste einer Reihe von Interpolationen, die den Zweck haben,

---

[1]) Ein Mal wird zwar auch in einer von R^1 verfassten Stelle Folco
der Neffe Girarts genannt, nämlich v. 8184. Da diese Stelle jedoch allein
steht, so ist es möglich, dass R^2 erst in seiner Bearbeitung dort „nebou"
statt eines ursprünglichen „cosin" eingesetzt hat; wenigstens ist letztere
Lesart durch den Reim bei R^1 gesichert in v. 8836:
A Girart e Folcon, u son cosin.

die Rolle einer der Personen des Epos, nämlich des Folcher, zu erweitern und zugleich dessen Charakter zu verändern. Das alte Epos kannte denselben als Sohn des Estais und Vetter Girarts (v. 1177 und 2033), zugleich als einen von dessen tüchtigsten Baronen, denn es heisst von ihm v. 2034—35:

> Nus meldres chevalers nul leu non pais,
> Ne nus meldres vassaus s'aste non frais;

sodann v. 5981:

> Mieldre vassaus n'i reste ni tan pervis.

So verwendet Girart ihn z. B. als Gesandten zum Grafen Gilbert nach Garignon (v. 1178 sq.); ebenso nimmt er an der Entsendung Folcos zu Karl Theil, bei welcher Gelegenheit er sehr mannhaft auftritt (v. 2032 sq.). In Tirade 133 schlägt er vor, man solle den Krieg gegen Karl sofort beginnen, indem man einen mit tausend Mann heranziehenden Baron des Königs überfiele. Da ihm dies als Schurkerei bezeichnet wird, zieht er sich schmollend auf sein Schloss zurück, um auf eigne Faust den Krieg gegen Karl zu beginnen. Dennoch kämpfte er in der Schlacht bei Valbeton auf Girarts Seite (Tirade 143, 157) und fiel in der Schlacht bei Sival (Tirade 396). Diesen Folcher nun suchte ein Bearbeiter in einen Zauberer zu verwandeln. Vielleicht war derselbe mit den französichen Chansons de geste bekannt und hatte den Wunsch, im Girart ein Seitenstück zu dem Zauberer Maugis im Renaut de Montauban zu haben. Der Gedanke, gerade den Folcher unter den vielen Baronen des Epos für diese Rolle zu wählen, wurde offenbar angeregt durch die Verse 1191—93 und 1195, in denen es von demselben heisst:

> Ainc nen fu tan bons laires ne taus espie,
> Mais a aver emblat, n'a en Pavie;
> E per hoc per lignage no l'avendrie;
> Mais ne se pot tener de laronie.

Diese Worte heben zwar nur seine Gewandtheit als Kundschafter und seine Leidenschaft, zu rauben, hervor, aber man begreift hiernach, wie die Wahl des Bearbeiters gerade auf Folcher fallen musste. Derselbe suchte nun die Verwandlung in der Weise zu erreichen, dass er an mehreren Stellen Interpolationen vornahm, welche den neuen Charakter des Folcher zum Ausdruck brachten, ohne allerdings die älteren auf ihn bezüglichen Stellen zu entfernen, sodass also in dem vorliegenden Gedichte der Charakter dieses Barons nicht einheitlich erscheint. Der erste Einschub, den er anbrachte, ist, wie schon erwähnt, die Tirade 62 (v. 922—39). Hier heisst es (bei Gelegenheit der Belagerung Rossillons durch Karl): „Girart that etwas, was ihm Unglück brachte, er schickte Folcher zum

Zelte des Königs, und jener liess dort durch seine Zauberkraft alles verschwinden; dann ging er auf die Wiese unter dem Berge Lascon, trieb die dort weidenden hundert Mäuler und hundert Pferde weg und brachte sie sammt der übrigen Beute nach Carpion." Diese ganze Episode schwebt völlig in der Luft, steht in gar keinem Zusammenhang mit der Handlung und hat keinerlei Folgen. Man begreift auch nicht, warum Folcher die Beute nicht nach seiner eigenen Burg Mont-Espir (v. 2194) brachte, oder, was das natürlichste gewesen wäre, nach Rossillon, sondern nach Carpion, das nach v. 1185 eine Örtlichkeit, vielleicht ein Schloss, in der Nähe von Rossillon war. (Ob dies Carpion, wie Paul Meyer, Girart de Rossillon S. 28, Anm. 1 annimmt, im alten Epos identisch ist mit Escarpion, nach welchem Boso genannt wird [v. 6572], ist nicht zu entscheiden, die Bearbeiter wechseln mit den Formen, z. B. v. 3470, 3502 u. a. cf. S. 209—10). Da nun auch v. 948 sich unmittelbar an v. 921 anschliesst (Tirade 63 ist ebenfalls jüngeren Ursprunges, cf. S. 128), so werden wir kein Bedenken tragen, das Ganze als eine Erfindung zu bezeichnen, die dem oben angedeuteten Zwecke dienen sollte.

Es bleibt nun noch ein Punkt zu besprechen übrig, nämlich der in dem Einschub erscheinende Mont-Lascon. P. Meyer nennt den Ort in seiner Übersetzung Mont-Laçois, identifizirt ihn also mit dem Mons Latiscus, welcher in § 102 der von ihm herausgegebenen Vita erscheint. Aber ich glaube, dass sich mehrere Bedenken gegen die Identifizirung beider Örtlichkeiten erheben lassen. Zunächst formelle, denn die Form Lascon (P schreibt Leon) stimmt weder mit der französischen Laçois überein, noch lässt sie sich aus der lateinischen Latiscus irgendwie herleiten. Aber auch sachlich können beide Namen unmöglich den gleichen Ort bezeichnen. Nach der Vita (§ 102 und 121) war der Mons Latiscus ein Berg, an dessen Abhang die Abtei Pothières, auf dessen Spitze dagegen Rossillon lag, das auf den Trümmern einer uralten von den Vandalen zerstörten Stadt aufgebaut war. Dieser Versuch, Pothières in die unmittelbare Nähe von Rossillon zu verlegen, ist aus dem in der Vita mehrfach hervortretenden Wunsche des Verfassers entstanden, den Ruhm des Klosters auf alle Weise zu erhöhen. Während also in der Vita der Mons Latiscus der Berg ist, auf welchem Rossillon lag, so ist Mont-Lascon in dem Epos eine andre Örtlichkeit. Denn Folcher begiebt sich von Rossillon aus zunächst in das Zelt des Königs (v. 924) und von dort auf die Ebene unter dem Lascon-Berge (v. 929), bemächtigt sich der dort weidenden Lastthiere (v. 930—32) und treibt diese bei Rossillon vorbei nach Carpion (v. 934—35). Danach muss Mont-Lascon in der Auffassung des Bearbeiters ein Berg sein, welcher in der Nähe des königlichen Lagers sich befand, aber in der von Rossillon abgewandten Richtung, sodass dort die Thiere sicher weiden konnten. Da also die beiden Namen in den beiden Werken unzweifelhaft auf verschiedene Orte angewandt werden, so könnte man vermuthen, dass die theilweise formelle Übereinstimmung auf Zufall beruhe. Wollte man aber trotz der erheblichen Verschiedenheit der Formen dennoch annehmen, dass beide Namen gleichen Ursprunges sind, so könnte man noch an die Möglichkeit denken, dass beide Autoren, d. h. der Verfasser der Vita und der unserer Interpolation, mit der Örtlichkeit, in welcher die Handlung des Epos spielt, bekannt waren, und dass beide unabhängig von einander den dort liegenden Mont Laçois für ihre Zwecke benutzten, indem der eine ihn in die Nähe von Rossillon verlegte, während der andere ihn sogar mit dem Berge, auf dem jenes Schloss lag, identifizirte. Der Gipfel des Mont Laçois war schon damals mit Trümmern bedeckt, und es knüpften sich daran auch sicherlich locale Sagen, sodass eine derartige Örtlichkeit sehr wohl für einen Bearbeiter eines Epos, das in jenen Gegenden spielt, verwendbar erscheinen konnte. Welche der beiden angegebenen Möglichkeiten aber auch der Wirklichkeit entspricht, die Thatsache, dass die in Rede stehende Tirade unzweifelhaft erst später dem Gedichte einverleibt ist, bleibt davon unberührt (cf. S. 233). Die Frage nach dem Verfasser wird durch die letzten drei Zeilen der Strophe beantwortet, welche den Übergang von dieser Episode zu der eigentlichen Erzählung bilden, und in welchen auf den Verlust von Rossillon hingewiesen wird, den Girart durch den Verrath des Richier von Sordane erlitt (v. 939). Ich habe nämlich in Kapitel 7 (S. 127—9) nachgewiesen, dass der Verräther von Rossillon erst durch R[2] einen Namen und ein Amt erhalten hat, während das alte Epos ihn einfach als den Buben, den Schurken, den Verräther u. dgl. bezeichnete, und so wird man hieraus den Schluss ziehen müssen, den wir weiterhin auch bestätigt finden werden, dass die Verwandlung Folchers in einen Zauberer ebenfalls das Werk von R[2] ist. Schon in der soeben besprochenen Stelle findet sich ein zweiter Beweis für die Richtigkeit jener Behauptung. Folcher wird in v. 923 „le marescau" genannt; diesen Titel führt er nur noch an einer Stelle, nämlich in v. 140, der unzweifelhaft von R[2] herstammt. In den ältesten Theilen des Epos führt Folcher den Zunamen „lo marcançon" oder „lo marcauçon" z. B. 1176, 2032, 2371 u. ö., den übrigens R[2] auch einzeln verwendet. Ich werde nunmehr die übrigen Interpolationen vorführen, welche ausser Tirade 62 noch dem angegebenen Zwecke dienen sollen.

Zunächst erwähne ich Tirade 202, die zu der Mord-Episode

gehört, daher schon oben (S. 183) besprochen worden und auch aus andern Gründen als Eigenthum von R^2 erkannt worden ist. Dieselbe enthält nun in v. 3376—78 gleichfalls eine Anspielung auf die soeben geschilderte Scene: Boso habe den Ausbruch des Krieges veranlasst, indem er den Folcher bei sich aufnahm, welcher die Pferde Karls unter Mortargon gestohlen hatte. Wenn der Redactor behauptet, dass Boso den Krieg hervorgerufen habe, so zeigt dies, wie wenig sorgfältig er bei der Wiedergabe früherer Theile des Gedichtes verfuhr. Aber wie ist es zu erklären, dass er nicht einmal seinen eigenen, d. h. den von ihm erfundenen Angaben treu bleibt? Oben fand der Pferdediebstahl unter Mont-Lascon, hier unter Montargon statt. Montargon war, wie aus v. 1179, 1234 und 1964 hervorgeht, ein Schloss in der unmittelbaren Nähe von Rossillon, und zwar von diesem aus jenseits der Seine gelegen. Man könnte daher in dieser Vertauschung eine Bestätigung der zweiten der oben als möglich hingestellten Annahmen finden, nämlich derjenigen, dass der Verfasser mit den Localitäten in der Umgegend von Rossillon wohl vertraut gewesen wäre, daher Montargon für Mont-Lascon einsetzte mit dem Bewusstsein, mit beiden Ortsbestimmungen dieselbe Gegend zu bezeichnen. Aber es erheben sich Bedenken gegen diese Annahme. Man darf doch voraussetzen, dass jene Vertauschung nicht aus einer Laune hervorgegangen wäre, sondern einen bestimmten Grund gehabt hätte. Wir haben eine derartige Erscheinung schon mehrfach durch das Metrum oder den Reim veranlasst gefunden. Ein solcher Grund liegt hier nicht vor, da Endung und Silbenzahl bei beiden Namen die gleichen sind. Da nun ein andres Motiv nicht aufzufinden ist, so hat demnach auch diese Hypothese wenig Wahrscheinlichkeit für sich, und es bleibt nun nur übrig, zu den zwei oben aufgestellten Vermuthungen als dritte, und zwar plausibelste, die hinzuzufügen, dass Montargon und Mont-Lascon ursprünglich identisch waren, mit andern Worten, dass der Bearbeiter auch in v. 929 Montargon geschrieben hat, und dass der Name dort von einem Abschreiber etwas entstellt worden ist. Dies müsste schon in der gemeinsamen Vorlage von O und P geschehen sein, denn jede der beiden Handschriften hat den Fehler in eigner Weise zu verbessern versucht; wie gesagt schreibt O: Mont-Lascon, P: Mont-Leon.

Von demselben Verfasser, wie die beiden soeben besprochenen Stellen, rühren die Verse 2105—27 in Tirade 130 her; wie wir im nächsten Kapitel sehen werden, ist die ganze Tirade 130 R^2 zuzusprechen. Die Situation ist folgende: Die Schlacht bei Valbeton ist verabredet. Folco verabschiedet sich von Karl mit den Worten (v. 2104): „Die Schlacht wird stattfinden, da Du sie verlangst."

Und dementsprechend verlässt er in v. 2150 mit seinen Begleitern den Saal und reitet fort. Die angeführten Verse nun enthalten eine Fortsetzung der Rede Folcos, und zwar ruft dieser dem Könige zu: „Doch hüte Dich, mit Folcher Krieg zu führen, denn er ist böse und kriegsgewandt und wird tausend Ritter ins Feld führen." Hierauf erzählt er ihm lang und breit, dass Folcher die Gewohnheit habe, mittels seiner Zauberkunst habgierige Ritter auszurauben und dann mit dem erbeuteten Gelde um sich zu werfen. In diesem Einschub ist die Angabe, dass Folcher tausend Ritter in seinen Diensten hat, aus v. 2042 entlehnt, wo er selbst dies dem Könige mittheilt. Alles übrige ist erfunden, und zwar recht ungeschickt. Wie kann Folcher dem mächtigen Könige gefährlich werden, da er, wie Folco ausdrücklich hervorhebt, sich darauf beschränkt, knickerigen und geizigen Baronen das Geld abzunehmen? Offenbar kann diese Anrede an Karl nur Sinn haben, wenn Folcher im Stande gewesen wäre, auch letzterem empfindlichen Schaden zuzufügen. Der Interpolator hat aber eine Stelle seiner Vorlage übersehen oder nicht beachtet, nämlich die Verse 2371 sq., in denen ausdrücklich angegeben wird, Folcher habe vergeblich versucht, vom Heere des Königs Beute davonzutragen, da Karl auf seiner Hut war. Man sieht also, dass die angebliche Zauberkraft des Folcher nur in der Phantasie des Redactors existirte.

Viertens kommt hier die Tirade 216 (v. 3521—39) in Betracht. Diese berichtet über eine ganz ausser dem Zusammenhange befindliche Unternehmung des Folcher. Danach erhob sich derselbe Nachts, begab sich mit zwölf Dienern nach Paris in die Gemächer des Königs und stahl dort eine grosse Menge von kostbaren Geräthschaften und Waffen. Als Karl dies am Morgen erfuhr, schwor er, die Schuldigen vernichten zu wollen. Auch dieser Einschub leidet an vielen Unbegreiflichkeiten. Was liegt für ein Grund vor, den König zu bestehlen, da nicht einmal Kriegszustand zwischen diesem und Girart besteht? Karl richtet seine Drohungen hauptsächlich gegen Girart, obwohl gar nicht ersichtlich ist, was dieser mit der That zu thun hat. Girart, heisst es, wird Vaus Rubes (L: Valnubes; P: Valnubles) und Besançon verlieren. Jener Name kommt sonst nicht vor und kann nicht gedeutet werden, denn diese Drohungen werden nicht ausgeführt, und auch in andrer Weise ist von diesem Raube später nicht wieder die Rede. Dagegen hat der Interpolator diese Gelegenheit benutzt, seine Gelehrsamkeit an den Mann zu bringen. So befanden sich nach ihm unter den gestohlenen Kostbarkeiten z. B. Gefässe, die König Salomon hatte anfertigen lassen (v. 3530), ein Heim und eine Brünne, die König Alexander den Turchionen abgenommen hatte, und die dann im Besitze des

Meiron (P: Nerion) gewesen waren (3531—2). Man sieht jedoch aus diesen Angaben, dass es mit der Gelehrsamkeit nicht eben weit her war. Dass wir es auch hier wieder mit R^2 zu thun haben, erkennt man an der Anspielung auf den König Salomon und daran, dass Karl den Diebstahl erfuhr, als er vom Beten kam; auch sonst liebt es dieser Bearbeiter, den Waffen einen fabulösen Ursprung zu geben, cf. v. 8727, 3927 sq., 4976, 5290, 6526 sq. u. a.

Um dieser abenteuerlichen Erfindung etwas mehr Glaubwürdigkeit zu verleihen, schob dann derselbe Redactor in die Tirade 219 mitten in eine Interpolation des ersten Überarbeiters den Vers 3570 ein, in dem Karl, als er mit seinen Baronen über die Ermordung des Teiri berathen will, hinzufügt:

> Mon aur cuit m'ont enblat e mon argent,

Worte, die also auf Folchers Diebstahl anspielen sollen. Genau so verhält es sich mit einem Verse der sonst von R^1 herrührenden Tirade 369, wo Karl sich beschwert, dass Girart den Mördern des Teiri in Saint-Florent Zuflucht gewährt habe, und hinzufügt (v. 5666):

> Lai (sc. auch nach Saint-Florent) s'en annet Folchers e mes argenz.

Sodann wird auf die in Rede stehende Episode noch in zwei andern Tiraden Bezug genommen, die wir unten auch aus andern Gründen als spätere Interpolationen erkennen werden, nämlich in Tirade 225 und 228. In ersterer behauptet Karl (v. 3649—51):

> Mon aver a Girarz, que el m'enblet,
> Car tramest le lairon qui l'en portet,
> E de lui mut li laires e la tornet.

In Tirade 228 spricht der König dieselbe Beschuldigung fast mit den gleichen Worten aus (v. 3687—89):

> Mon aver a Girarz, que el m'enblere
> Car trames lo lairon qui l'en portere,
> E de lui mot lo laire e lai tornere.

Endlich enthält die ebenfalls später eingefügte Tirade 248 eine kurze, allgemein gehaltene Anspielung auf die Zauberkraft Folchers in v. 3975:

> Folcher lo marescau del felon art.

Die Tirade 67 (v. 1001—14) ist aus dem Wunsche entstanden, bei dem interessanten und ergreifenden Schauspiel der Einnahme Rossillons noch etwas länger zu verweilen. Obwohl bereits die vorangehenden Verse nicht nur das Eindringen des feindlichen Heeres sondern auch das glückliche Entkommen des Grafen berichtet haben, so lässt der Bearbeiter hier doch den ganzen Vorgang noch einmal vor unsern Augen sich abspinnen. In der dunklen Nacht dringen

die Leute Karls in die Strassen ein, und jeder schwört Girart den
Tod (v. 1001—1005). Die folgenden beiden Verse beginnen genau
so wie v. 997 und 998 mit „Per une porte pauce", und mit „Per
la s'en ist li cons", nur weiss der Bearbeiter auch, dass dies
Pförtchen blau bemalt war (peint' ad asur), und fügt der Mittheilung
von der Flucht zur Ausfüllung des zweiten Verses hinzu: „Wer
ihm auch zürnen möge" (v. 1007). Dass sein Pferd ein vorzüg-
licher Renner ist (1008—9), wird auch in v. 1032—33 mitgetheilt,
und genau so verhält es sich mit der gegen den König ausgestossenen
Verwünschung (v. 1012—13), die sich ebenfalls in v. 1040 wiederfindet. Stilistisch ist die Tirade äusserst schwach; abgesehen von
den schon hervorgehobenen Punkten führe ich zum Beweise die
ersten fünf Verse wörtlich an:

> Quant la nuis est tenerge e fait escur,
> E la maisnade Carle sunt per lo mur,
> E perprendon les ries fort e a dur;
> E il nen i a ome negun tan pur.
> La mort Girart ne parle o ne la jur.

Die Frage nach dem Verfasser ist zwar nicht mit völliger
Sicherheit zu beantworten, da scharf hervortretende Merkmale fehlen.
Doch deuten einige Anzeichen auf R² hin, so der Vers 1010:

> E juret Seint Martin, lo bon tafur,

eine Wendung, die bei R² ausserordentlich häufig vorkommt. So
gleich in dem von diesem Bearbeiter verfassten Theile der Einleitung (v. 40):

> Juret la crois sante.

Ähnlich v. 385:

> L'apostoiles en jure Jhesu del tron.

Von Stellen, die ich unten als Eigenthum desselben Verfassers nachweisen werde, nenne ich folgende:

> E Carles juret Deu e sa vertut, v. 1444;
> E jurent Damlideu, qui pres naissance, v. 2335;
> Dans Euldres juret Deu e saint Ostril, v. 2704;
> E Carles en juret la genitriz, v. 2927;
> Qu'il jure Damlideu d'eternitat, v. 3115;
> E juret Damledeu le glorios, v. 4356;
> Mais eu t'en jur Jhesu omnipotent, v. 4828 u. ö.

womit Beschwörungsformeln wie:

> Conjur te lo seignor ki maint el tron, v. 4153

und ähnliche, die unser Redactor ebenfalls sehr liebt, zu vergleichen sind.

Auch der Schwur, dass Girart getödtet werden soll, begegnet
bereits in dem von R² verfassten Verse 716. Endlich weist auf
den gleichen Ursprung hin die Wendung (v. 1014):

> Qu'ainc ne vistes mais gerre, tan longes dur,

die fast genau so in den von R^2 herrührenden Versen 104, 292, 756,
774. 812 und 3296 erscheint, und der wir noch öfter in den Interpolationen dieses Redactors begegnen werden, z. B. v. 1440, 2723,
3950, 4979, 6313 u. ö.

In der folgenden Strophe 68 ist der Schluss (v. 1024—30)
jüngeren Ursprunges. Nachdem erzählt war, wie Girarts Schatz
geplündert worden, heisst es, die Buben hätten mehr erbeutet, als
sich in dem Schatze des Milon von Aigline befunden habe (v. 1024
bis 25). Aber der Bearbeiter bringt noch ein andres Motiv in das
Bild hinein, welches diesem bisher völlig fehlte. Wer eine Verwandte
oder Cousine des Girart findet, entführt dieselbe sofort (v. 1027—28).
Daran schliesst sich die Mittheilung, dass Girart gesenkten Hauptes
davon ging (v. 1029), und zum Schluss eine Prophezeiung (v. 1030).
Wenn man mit Paul Meyer in Milon d'Aigline eine Reminiscenz
an den in altfranzösischen Epen und auch in dem provenzalischen
von Aigar und Maurin vorkommenden Milon von Aiglent, Aiglant
oder Aiglé sieht, so wird man als Verfasser zuerst wiederum an
R^2 denken, der ja durch die Verwandlung des Folcher in einen
Zauberer Beweise seiner Bekanntschaft mit der altfranzösischen
Litteratur gegeben hat. Auch die von ihm verfassten Verse 757—61
scheinen eine Anspielung an ein älteres Epos zu enthalten, wenn
wir dieselbe auch nicht deuten können. Endlich spricht für R^2
noch das Fremdwort „descepline" (v. 1026), so wie der Hinweis
in dem Schlussverse, dass der Krieg lange dauerte, gerade wie in
v. 677—78 und 720—21.

Demselben Interpolator sind auch wohl die drei letzten Zeilen
der Tirade 69 so wie die erste der darauf folgenden zuzuschreiben.
Dieselben sind für den Zusammenhang durchaus unnöthig; in v. 1046
macht sich Girart auf den Weg und wird in diesem Augenblicke
von einem feindlichen Baron angegriffen. Von den dazwischen
stehenden Versen erinnert 1047:

> E juret Damlideu e Sain Simont

lebhaft an die auf Seite 236, zu v. 1010 aufgeführten Formeln des
geistlichen Bearbeiters. Der Inhalt des Schwures ist nicht besonders
klar: Wenn er den Karl nicht im Kriege ganz vernichtet, so wird
er ihm mehr Übel anthun als irgend ein Mensch dieser Welt. Der
Vers 1050:

> Anc ne vistes estor si porsegut

enthält wiederum die oben zu v. 1014 besprochene und zahlreich
belegte Lieblingswendung von R^2.

Dass die beiden letzten Zeilen der Tirade 76 erst später angefügt sind, dafür sprechen innere und äussere Indizien. Zu dem verwundet daliegenden Girart treten seine Vettern und Barone, und ihnen theilt der Graf seine schlimme Lage mit. Darauf folgen nun die Verse (1139—40), deren erster lautet:

> Son enemic en trait a testimoine.

Was sollen diese Worte bedeuten und auf wen beziehen sie sich? Man weiss nicht, wer als Subject zu „trait" zu ergänzen ist, da unmittelbar vorher von Folco und den andern Getreuen Girarts gesprochen ist. Es scheint, dass Girart gemeint ist, und dass er seinen Feind dafür zum Zeugen anruft, dass niemand je einen bessern Arzt gehabt hat als er. Jedenfalls zeugt der ganze Zusatz von geringer Fähigkeit, da von Girart schon in v. 1134 und von dem Arzte in v. 1135 die Rede gewesen ist. Bemerkenswerth sind die beiden Fremdwörter „testimoine" und „persone", von denen das letztere nicht einmal in den Reim passt und dabei ein Lieblingswort von R^2 ist, cf.:

> Se molt n'est granz persone o riu baron, v. 59;
> Les cincante persones fnrent clerjaus, v. 129;
> E mil persones d'autres de sos fiaus, v. 158;
> Les persones sunt granz e lor saber, v. 219;
> C'onques nus cons nen ot mellor persone. v. 1140;
> Parent furent Girart a la persone, v. 4911;

womit auch zusammenzustellen ist v. 565:

> Lo reiame desfait e despersone,

beides in Stellen, die von R^2 verfasst sind. Daher mögen auch jene beiden Zeilen von diesem stammen.

Den Vers 1165 habe ich in Kapitel 11 (S. 209) als Eigenthum von R^2 nachgewiesen.

Die beiden Schlussverse von 82 enthalten nur eine Hinweisung auf das Resultat des unmittelbar bevorstehenden Kampfes, wie wir deren oben bereits zahlreiche in den von R^2 herstammenden Zusätzen kennen gelernt haben, dieselbe bewegt sich auch ganz in typischen, formelhaften Wendungen. Dazu kommt als weiteres Moment der Umstand, dass, wenn man die beiden Verse streicht, der dann an das Ende tretende Vers aus fast denselben Worten wie die Anfangszeile der folgenden Tirade besteht, eine Strophenverbindung, die mehrfach vorkommt; so beginnt v. 2086: Hui mais gidez, dons Eimes, desgleichen v. 2087: Eu giderai, dis Eimes; v. 2165: Aimes, li cons, les gide, ebenso der folgende: S'Aimes les gida her; v. 2210: „A Rossillon en vent Folche, der nächste: Es vos a Rossillon vengut Folcon; ähnlich verhalten sich v. 3997—98:

> E Peires point lo mul, sa vie tient.
> Lo grant chemin tient Peires;

v. 4007—8:

> E pois intret orar el monester.
> El monester fes Peires breu orazon;

und so öfter.

Tirade 85 (v. 1284—92) hat ausschliesslich den Zweck, die Beschreibung des Kampfes noch mehr in die Länge zu ziehen. Dies geschieht jedoch mit nichtssagenden Phrasen und schablonenhaften Wendungen: Ihr hättet können manchen guten Schlag führen sehen! An tausend fielen auf die Wiese, deren keiner Kopf und Herz unversehrt hatte oder im Stande war, hell von dunkel zu unterscheiden! Keiner von ihnen sah sein Quartier wieder! u. s. w. In der ersten Hälfte der Strophe erfahren wir, dass der König die Rüstung eines gewöhnlichen Söldners angelegt, sein Feldgeschrei ausgestossen und die Seinen angefeuert habe (v. 1285—87). Sollen wir annehmen, dass Karl mitten in der Schlacht seine Rüstung gewechselt habe? Das ist kaum vorauszusetzen. War dies jedoch vor der Schlacht geschehen, (was höchst unwahrscheinlich ist, da Karl ja den Hinterhalt nicht ahnte) warum wird es erst hier und nicht an der richtigen Stelle erzählt? Dazu kommt aber, dass der Ausdruck: E escridet s'enseigne (v. 1286) auch in v. 1317 vorkommt, und dass die Worte, mit denen er seine Leute aufmuntert (1287):

> Firaz les, chevaler, pos tant i pert

bis auf das Reimwort aus v. 1300 entlehnt sind. Eine derartig zusammengestoppelte Strophe wird man nicht für ursprünglich halten, und zwar wird man dieselbe R.^{3}, d. h. einem der jüngeren Redactoren, zuschreiben können, der an Schlachtenschilderungen besonderen Geschmack fand. Jedenfalls weist nichts auf R^2 hin.

Mit v. 1331 beginnt eine ganze Reihe jüngerer Zuthaten, die sich bis v. 1355 erstrecken, und die, wie die soeben besprochene Tirade, nur dazu dienen, die Zahl der Gefechtsscenen zu vermehren. Der eigentliche Bericht derselben beginnt jedoch erst mit v. 1334, während die drei Zeilen 1331—33 einen Anhang der Tirade 87 bilden. Sie lauten:

> Mar vit Carles Martelz son grant bofei,
> Quant creeit traitor lausengier quei,
> Quant el pres Rossillon per annelei.

Abgesehen von den grossen stilistischen Schwächen sowie von dem halbgelehrten Worte „träitor" im Gegensatz zu „trachor, tracor" oder „traitor" in älteren Theilen, z. B. v. 999, 1184, 1247, erweisen sich diese Worte auch durch die moralisirenden Betrachtungen, die sie enthalten, als von einem Interpolator herrührend, und zwar werden wir in diesem unbedenklich R^2 sehen, wenn wir uns erinnern, wie es zu den Eigenthümlichkeiten dieses Bearbeiters gehört, die Schicksale der Menschen, namentlich die unglücklichen, als Folgen des von ihnen begangenen Unrechtes hinzustellen (cf. S. 161). In der von demselben Bearbeiter verfassten Tirade 94 begegnet dieser Gedanke ebenfalls (v. 1424), desgleichen auch das Wort „bofei", allerdings des Reimes wegen in der Form „bofec" (v. 1434).

In Tirade 88 benutzt ein Bearbeiter den Umstand, dass Karl den Girart in v. 1324 vom Pferde gestossen, um den Bericht über den Kampf zwischen beiden zu verlängern. Er übersieht dabei jedoch, dass nach v. 1325 Girarts Leute ihm zu Hülfe gekommen sind, ihn also ohne Zweifel aus dem Gefecht entfernt haben. Daher besteht die Tirade zum grossen Theil aus den bekannten formelhaften Wendungen: Da hättet Ihr manchen Schlag führen, manchen Schild brechen, manchen Vasallen verwunden sehen können! Die thatsächlichen Angaben sind theils entlehnt, so die, dass Karl den Girart vom Pferde stiess (v. 1334—35) aus v. 1324, und die, dass dem Girart der Sieg verblieb (v. 1340) aus v. 1330, theils unrichtig, wie die, dass keiner[1]) von Karls Leuten entkam (v. 1341). Denn nach v. 1367 sq. besass der König am Ende der Schlacht noch siebenhundert Mann, mit denen er die Flucht ergriff.

Die folgende Strophe 89 (v. 1343—50) sucht zwar dadurch sich den Anschein der Ursprünglichkeit zu geben, dass sie bestimmte Namen anführt. Von diesen sind die meisten kurz vorher genannt worden, so Amadieus in v. 1121 und 1137, Wilhelm von Autun v. 1221, Boso mehrfach; dagegen kommt der in v. 1343 erwähnte Entelme oder Antelme von Verdun weder vorher noch nachher irgendwo in unserem Gedichte vor, ist daher wohl mit Rücksicht auf den Reim erfunden worden. Aber, während sonst das Auftreten der hervorragendsten Barone immer in Form von Einzelkämpfen geschildert wird, begnügt sich der Verfasser hier mit allgemeinen Redensarten: sie griffen in die Schlacht ein, sie liessen ihre Schwerter Funken sprühen, mischten Blut und Eisen u. s. w. Der letzte Satz lautet: „Karl hätte lieber in Mont-Leum (des Reimes wegen für Mont-Laon) sein mögen" (v. 1350). Ausser „Mont-Leum" sind noch andre Bildungen oder Umformungen, die offenbar durch den Reim veranlasst sind, in unserer Strophe bemerkenswerth, so „estrum" v. 1345 (statt „estor" von sturm), „ferum" v. 1347 (Ableitung von ferrum), „jëum" v. 1348 (jejunum) u. a.

Die 5 Zeilen endlich, aus welchen die Tirade 90 besteht (v. 1351--55), sind theils nichtssagend, theils nehmen sie das folgende vorweg. Letzteres gilt von v. 1354, wonach Karl sich zurückzieht, was wir erst in v. 1364 erfahren, ebenso v. 1355,

---

[1]) Paul Meyer übersetzt (S. 41) „qu'il ne s'en échappa un millier," doch ist wohl statt „mil" mit P „nul" zu lesen.

nach welchem Girart das Schlachtfeld besetzt; höchst trivial ist der Zusatz „denn er wagt, es zu thun." Dasselbe gilt von dem Verse 1353 „das Gefolge des Königs ruht sich nicht aus", da kurz vorher der Kampf anschaulich geschildert worden ist. Die einzige neue Notiz, dass nämlich diese Schlacht unterhalb Fiere-Nause nach O, Peira-Nausa nach P (v. 772) stattgefunden habe, erweist sich als unrichtig, da an zwei Stellen, nämlich v. 1261 und v. 1264 berichtet worden ist, dass Girart den König unterhalb Belfau erreichte und angriff.

Damit sind die jüngeren Kampfesscenen zu Ende. Alle drei soeben besprochenen Episoden scheinen auf einen der spätern Bearbeiter, R³, zurückgeführt werden zu müssen, da weder R¹ noch R² eine besondere Vorliebe für Schlachtschilderungen verrathen, R² ausserdem gewöhnlich deutliche Spuren seiner Autorschaft zurücklässt.

Tirade 91 beginnt in v. 1356—58 wiederum mit einigen formelhaften Wendungen: Manchen guten Vasallen würdet Ihr todt hinfallen, manchen Kopf mit Helm vom Rumpfe trennen sehen! Der erste Vers:

  Aince ne vistes estor, si fus feruz

lässt nach den auf Seite 237 gegebenen zahlreichen Belegen für diese Phrase vermuthen, dass dieser Einschub von R² herstammt. — In v. 1359—70 wird sodann erzählt, wie Gace und Gottfried dem Könige den schlechten Stand seiner Sache darlegen und ihn zur eiligen Flucht ermahnen; die Flucht selbst wird erst in der folgenden Tirade mitgetheilt. Nun wünschte aber ein Bearbeiter noch eine Unterhaltung des Königs mit jenen Baronen über seine Lage einzuflechten und schob zu diesem Behuf die Verse 1371—76 an. Obwohl ihm nämlich jene zugerufen, dass ihm von zehntausend Mann nur noch siebenhundert geblieben, und dass es höchste Zeit sei, sich davon zu machen, so fragt Karl doch ganz naïv: „Bin ich denn besiegt?" Wer die Antwort giebt, wird nicht gesagt; man muss aber annehmen, dass es einer der beiden Barone sei. Welches aber ist die Antwort? Karl erhält den Bescheid, dass er nicht besiegt sei (1372), doch wird der Rath hinzugefügt (v. 1373—74), er möge sich nach seiner Residenz in der Remigiusabtei begeben, um dort mit seinen Leuten über weitere Massregeln zu besprechen. Die beiden Schlussverse stimmen bis auf die Reimworte genau mit den Anfangsversen der folgenden Tirade überein.

Derselbe Bearbeiter, der hier dem König diesen Vorschlag machen liess, fügte dann auch die Tirade 94 (v. 1424—39) ein, in welcher derselbe zur Ausführung gelangt. Zunächst heisst es, der König sei verfolgt worden und habe nicht eher angehalten, als bis er in Troyes war (1425—26). Dies steht im Widerspruch mit v. 1382 sq., wo wir erfahren, dass Girart am Ende des Kampfes den Seinen zurief, da Gott ihnen den Sieg verliehen, so wolle er von einer Verfolgung der Feinde absehen, und sich sofort an die Wiedereroberung von Rossillon machen. Dann kommt der Verfasser noch ein Mal auf die Schlacht zurück, die längst vorbei ist, und berichtet, dass Girart die Beute genommen und unter die Seinen vertheilt habe (v. 1427—29). Darauf folgt die Bezugnahme auf die oben erwähnten Verse 1373—74, d. h. sie werden mit Anpassung an den neuen Reim einfach herübergenommen. Das Resultat der Verhandlungen erfahren wir nicht; denn der Rest der Strophe (v. 1432—39) weist auf die späteren Ereignisse hin, die Sendungen des Folco und des Bego u. s. w.; darunter befindet sich auch die schon in Kapitel 10 (S. 199) besprochene Anspielung auf den Tod Teiris durch die Hand des Boso von Escarpion. Diese lässt vermuthen, dass die beiden zuletzt behandelten und miteinander zusammenhängenden Interpolationen von R^2 herrühren, und diese Vermuthung wird auch durch andere Indizien gestützt. In v. 1373 fällt der Ausdruck „as ars voluz" als Zusatz zu „a Sain Romei" auf, während in den älteren Theilen letztere Ortsbezeichnung allein genügt, z. B. v. 3326. Jener Ausdruck wird von R^2 noch bei einer anderen Gelegenheit im Sinne von „Kirche" verwandt, in v. 8166:

E quant fu fors eisit des ars voluz.

Vers 1424 enthält die Wiederholung des in v. 1331—33 und öfter von R^2 ausgesprochenen Gedankens, dass Karls Unglück nur die Folge seines Unrechts gewesen sei (cf. S. 161 und 239—40). Danach kann es nicht zweifelhaft sein, dass wir es auch hier mit diesem Verfasser zu thun haben.

Eben derselbe hat auch die beiden Schlussverse der vorangehenden Strophe angeschoben (1422—23), in denen er, nachdem der Verräther von Rossillon durch Folco gehängt worden, in seiner gewohnten Weise ausruft:

As vos del träitor pres vengement,
Qui tanz n'a fait aucire de tel jovent,

Worte, die inhaltlich sehr schwach sind, einen halbgelehrten Ausdruck (träitor) enthalten, und in denen die Wendung mit „as vos" R^2 als Verfasser vermuthen lässt, der diese mehrfach braucht, um genau so wie hier auf eine vollzogene Thatsache und deren Folgen hinzuweisen, wie v. 677, 2185, 2636 u. ö. Dieselbe findet sich schon in dem von R^2 verfassten Theile der Einleitung (v. 20):

Es vos passat iveir, marc et febrer!

Auch die nächstfolgende Tirade 95 (v. 1440—49) dient nur dazu, die Erzählung aufzuhalten, ohne neues zu bringen: Karl ist

über seine Niederlage erzürnt und schwört, er werde, um sich zu
rächen, in Orleans ein Heer sammeln. Letztere Notiz ist aus
v. 1461 entnommen. In der ersten Zeile:

<blockquote>Aine ne vistes lo rei tan irascut</blockquote>

bildet die Lieblingswendung von R^2, die wir v. 774, 812 und 1014
kennen gelernt haben den Rahmen, der dann aus v. 1375, der
auch Eigenthum jenes Redactors ist, seine Füllung erhielt. Die
beiden Verse 1442—43 sind mit ganz unbedeutenden Änderungen
einfach aus v. 1361 und 1362 entlehnt. Der Vers 1444:

<blockquote>E Carles juret Deu e sa vertut</blockquote>

erinnert sehr lebhaft an v. 1010 und ähnliche bei Besprechung
letzterer Stelle aufgeführte Betheurungsformeln. Ebenso hat R^2
schon in v. 716 den König die Drohung ausstossen lassen, er werde
den Girart hängen lassen (v. 1445—46); dass dieser Gedanke bei
R^2 sehr häufig vorkommt, ist S. 224 nachgewiesen worden. Dazu
kommt endlich die übertreibende Prahlerei Karls, er werde vor
Ablauf von 8 Wochen eine Armee von hunderttausend Mann auf
die Beine bringen (v. 1447—48); diese Zahl verwendet R^2 mit
Vorliebe. So heisst es in dem jüngern Theile der Einleitung von
Girart (v. 165):

<blockquote>Cen mile chevalers maine en besoin;</blockquote>

in v. 290:

<blockquote>Preizet son don en France cent mile sols;</blockquote>

zahlreiche andre Stellen werden wir noch kennen lernen, z. B.
v. 1476, 1556, 1751, 2011, 2285, 2322, 2945, 4212, 4387,
9910 u. a., womit die Angabe des geistlichen Bearbeiters zu vergleichen ist, Girart sei beim Füttern seines Jagdfalken von tausend
bewaffneten Kriegern umgeben gewesen (v. 729). Hiernach wird
niemand daran zweifeln, dass auch hier derselbe Verfasser im
Spiele ist.

Der soeben besprochene Abschnitt unseres Epos zeigt von allen
die wenigsten jüngeren Bestandtheile. Denn von den 843 Zeilen,
die er in der vorliegenden Fassung zählt, sind 599, d. h. etwas
weniger als drei Viertel aus G entnommen, R^2 hat im Ganzen
199 Verse hinzugefügt, 45 stammen von noch späteren Bearbeitern
her, während R^1 keine nachweisbaren Spuren hinterlassen hat.

Dreizehntes Kapitel

Die Schlacht bei Valbeton und ihre Vorbereitungen.

(v. 1450—3188.)

König Karl hat eine empfindliche Niederlage erlitten, hat das durch Verrath genommene Rossillon wieder verloren und beschliesst nun, blutige Rache zu nehmen. Girart theilt in Tirade 97 seinen Leuten mit, er habe soeben die Nachricht erhalten, dass der König ein Heer in Orleans sammle und geschworen habe, seinen Gegner zu vernichten; er jedoch fürchte sich nicht vor diesen Drohungen, sondern werde dem Karl mit gleicher Münze heimzahlen. Folco, der verständige, räth, ehe man zum Äussersten schreite, den Versuch zu machen, durch friedliche Verhandlung eine Verständigung herbeizuführen, und erbietet sich sogar, selbst Träger dieser Botschaft zu sein (v. 1564—78). Diese Situation schien einem der Überarbeiter passend, um eine Erweiterung in der Weise vorzunehmen, dass er dem Vorschlage des Folco eine lange Debatte vorhergehen liess, in welcher mehrere der Rathgeber Girarts ihre Meinung über die zu ergreifenden Schritte darlegten. Dieser Einschub, der die Verse 1472—1563 umfasst, muss jedoch von ein und demselben Verfasser herrühren, da er ein zusammenhängendes Ganzes bildet, indem jeder folgende Redner auf die vorher ausgesprochenen Vorschläge Rücksicht nimmt. Dass nun aber diese Episode nicht von Anfang an dem Epos angehört haben kann, ergiebt sich aus folgenden Gründen.

1) Zunächst fällt schon auf, dass nirgends gesagt wird, dass Girart seine Barone um Rath fragt, wie dies sonst immer der Fall ist; es fehlt daher jede Einleitung der Debatte, denn Folco, der erste Redner, ergreift ohne weiteres das Wort.

2) Folco schlägt vor, einen Boten an Karl zu schicken, aber wunderbarer Weise nennt er drei Orte, wohin dieselben eventuell gehen können, nämlich entweder nach Reims oder nach Soissons oder nach Saint-Faire (v. 1484), obwohl nicht nur Girart in v. 1461,

sondern sogar Folco selbst in v. 1607 ausdrücklich hervorheben, dass der König sich damals in Orleans befand. Der dritte von jenen Ortsnamen kann übrigens nicht identifizirt werden und scheint nur des Reimes wegen erfunden worden zu sein. P, dessen Abschreiber, wie wir mehrfach erfahren, sich seiner Vorlage manchmal kritisch gegenüberstellt, hat statt dessen Belcaire eingesetzt (v. 903), was zwar der Name einer Stadt ist, an die jedoch hier nicht gedacht werden kann. Die Namen der beiden Städte Reims und Soissons sind aus v. 4045 entnommen, wo Karl den Girart zu sich entbietet und ihm dabei die Wahl zwischen jenen Residenzen lässt.

3) Obgleich nun Amadieus den Rath Folcos unterstützt, so verschwört sich Girart dennoch hoch und heilig, er werde nicht eher einen Boten zu Karl senden, als bis er diesen völlig vernichtet habe (v. 1496—1502); trotzdem thut er es nachher doch.

4) Die Worte Bosos (v. 1505—12) enthalten eine unsinnige Prahlerei; er will nämlich mit den Truppen, die er und Girart gerade bei sich haben, die ganze Macht des Königs zerschmettern. Man hätte nun nach den vorangehenden Drohungen des Girart erwarten sollen, dass diesem Bosos Worte aus dem Herzen gesprochen wären, daher seine völlige Billigung hätten finden müssen. Dies ist jedoch nicht der Fall, der Graf erklärt seinem Vetter, sein Eifer sei gut, doch fehle demselben der Verstand.

5) Von Landri wird besonders hervorgehoben, dass er freundlich (gent) sprach (v. 1517); trotzdem nennt er den Boso einen anmassenden eingefleischten Teufel (v. 1520), und erklärt auch dem Girart, das Feuer möge ihn verbrennen, falls er nicht seinem Rathe folgen sollte (v. 1532). Sein Vorschlag selbst ist nun genau derselbe, den unmittelbar vorher Folco gemacht hat. Mehrere Verse stimmen sogar bis auf das Reimwort überein. Man vergleiche v. 1525—28:

> Trametés l'un message plus ke del paz
> A Rains o a Seisons o a Belvaz;
> Girart, s'el vol ton dreit, tu li feraz,
> E s'il aichel soane, per Saint Tomaz . .

mit den Versen 1483—84, 1486—87:

> Trametés l'un message a son repaire,
> A Reins u a Seisons u a Saint-Faire,
> S'el prendra vostre dreit senz lonc estraire,
> E s'il aiquel soane, per Saint Sicaire . . .

Wir sehen also, dass die oben ausgesprochene Vermuthung, Saint-Faire scheine nur dem Reime seine Entstehung zu verdanken, durch diese Stelle bestätigt wird, da hier ohne irgend welchen andern Grund als wegen des veränderten Reimes Beauvais an die Stelle jener Örtlichkeit getreten ist, obwohl diese Stadt in dem Gedichte sonst weder als Residenz des Königs, noch überhaupt je genannt wird.

6) Landri hat also wie Folco dafür gesprochen, Girart solle es zuerst noch ein Mal mit Güte versuchen, dann aber, wenn der König ihm sein Recht verweigere, seine Mannen entbieten. Girart erwidert in Tirade 102, er wisse einen sehr guten Rath, den er auch mitzutheilen sich anschickt. Man erwartet hiernach etwas ganz besonderes, doch folgt nur eine Ausführung des zweiten Theiles von Landris und Folcos Vorschlag: Wenn Karl ihm nicht Gerechtigkeit widerfahren lasse, so werde er alle seine Vasallen entbieten, die er nun aufführt.

7) Er beschränkt sich bei dieser Aufzählung jedoch auf seinen Vater und seinen Oheim und giebt bei beiden ausführlich alle ihre Besitzungen an (Tirade 102, v. 1537—57). Letzteres muss auffallen, da es sich hier ja nur um die Erwägung der zu ergreifenden Massregeln handelt, eine derartige Liste also gar nicht am Platze ist. Dazu kommt, dass das alte Epos weder dem Draugo, noch dem Vuidelon eine hervorragende Rolle in der Handlung zuweist, sodass nicht einmal mitgetheilt wird, welche Herrschaft sie ihr Eigenthum nannten. Diesem angeblichen Mangel hat nun unser Bearbeiter abhelfen wollen, indem er das Gebiet der beiden Brüder genau angab, und zwar that er dies der Sicherheit halber gleich an zwei Stellen, nämlich ausser an unserer noch in Tirade 137. Als nämlich Folco unverrichteter Sache von seiner Reise zurückkehrt, räth ein Wilhelm von Autun, nunmehr das Heer zu sammeln, und als Antwort darauf giebt Girart wiederum eine Aufzählung der in Tirade 102 genannten Territorien, sodass also in beiden Fällen derselbe Verfasser anzunehmen ist. Eine genaue Vergleichung der beiden Listen zeigt jedoch, dass nur ein Theil, allerdings der grössere, der beiderseitigen Namen der gleiche ist, während in einigen Punkten Abweichungen vorkommen. Fassen wir zunächst das Reich des Draugo ins Auge, so werden ihm an beiden Stellen übereinstimmend folgende Länder zugeschrieben: a) Besodun, d. h. die Grafschaft Bezaudun, so genannt nach dem alten Bisuldunum, jetzt Besalu am Flusse Fluvia, südlich von den Ost-Pyrenäen. b) Vergedaigne, womit nach Milà y Fontanals das jetzige Bergadan gemeint sein soll, provenzalisch sonst Berguedan genannt, Stadt und Vizgrafschaft in Catalonien. c) Die Cerdagne, alt Cerritania, eine Grafschaft, die grossentheils in den Pyrenäen selbst, westlich von Bezaudun lag. d) Mon-Cardon, das Paul Meyer durch Montcardon wiedergiebt; vielleicht ist damit die Vizgrafschaft Cardona gemeint, südlich von der Cerdagne, in der Umgegend einer Stadt gleichen Namens am Flusse Cardoner, die noch heute existirt (cf. Auson v. 1539 gleich

Ausona, Barselon v. 1541 gleich Barcelona). e) Purgele, das bisher nicht identifizirt worden ist. Paul Meyer weist mit Recht das von Milà y Fontanals vorgeschlagene Puycerda zurück, dagegen ist die Möglichkeit an eine Entstellung aus Urgel zu denken, nicht so weit wegzuweisen; die Namen, die den Abschreibern sicherlich meist unbekannt waren, sind stellenweise ziemlich stark verändert. Die Grafschaft Urgel, nach dem antiken Urgellum genannt, würde sonst sehr gut passen, da sie westlich von der Cerdagne lag. f) Ribecorce ist die Grafschaft Ribagorza (alt Ripacurcia), welche den nordöstlichsten Theil von Aragon bildete, also ebenfalls fast ganz in den Pyrenäen, und zwar dem mittleren Theile derselben gelegen war. g) Barselon, d. h. Barcelona, eine mächtige Grafschaft, die von der Grenze der Cerdagne bis ans Meer reichte, wo noch heute die gleichnamige Stadt liegt. Während nun in Tirade 137 ausser den soeben genannten Landschaften noch h) Val de Dun erscheint (v. 2262), das ich nicht zu deuten vermag, und für welches P (v. 1655) das Besaudun der vorhergehenden Zeile wiederholt, so kennt die Tirade 102 noch ausserdem folgende Besitzungen des alten Draugo: i) Rossilloneis und Rossillon (v. 1538). Hieran ist zweierlei auffällig, erstens, dass zwischen der Landschaft, dem alten Russilionensis, und Rossillon unterschieden wird, das doch offenbar einen Ort bezeichnen soll, obwohl es in der Grafschaft Roussillon eine Stadt gleichen Namens nicht gegeben zu haben scheint, zweitens dass hier eine nördlich von den Pyrenäen gelegene Herrschaft erscheint, während alle übrigen Gebiete südlich oder höchstens innerhalb derselben liegen, sodass daher in den Versen 1552 und 2265 die Besitzungen des Vuidelon im Gegensatz zu jenen ausdrücklich als diesseits der Pyrenäen liegend hingestellt werden. Demnach entspricht der Ausdruck nur an der zweiten Stelle der Wirklichkeit, vorausgesetzt, dass mit Val de Dun ebenfalls eine spanische oder catalonische Landschaft gemeint ist. In Vers 2321 nennt der Bearbeiter bei der Ankunft Draugos und seiner Truppen letztere einfach Catalanen, obwohl beispielshalber auch Ribagorza nicht zu Catalonien gehört. Derartigen Unrichtigkeiten und Widersprüchen werden wir noch mehr begegnen. k) Gironde bis nach Auson (P: Ancon); Gironde ist die Grafschaft Girona, alt Gerundensis, so genannt nach der Stadt Gerunda, jetzt Gerona am Flusse Ter, südlich von Bazalu, heute Hauptstadt der catalonischen Provinz gleichen Namens. Auson bezeichnet die Grafschaft Ausona (alt Ausonensis), die genau westlich von Gerona lag und letzteres von der Grafschaft Barcelona trennte. l) Endlich schliesst der Bearbeiter mit der Mittheilung, dass Draugo mehrere Kriege mit den Heiden gehabt, und die von Majorca, von Africa nebst den Esclavoniern unterworfen und sich tributpflichtig gemacht habe (v. 1542

bis 1545). Draugo befinde sich in Besaude in seiner Burg und
verfüge über ein Heer von hunderttausend Mann (v. 1548); dem
entsprechend erscheint der Alte denn auch in v. 2322 mit „mehr
als hunderttausend".

Wenden wir uns nunmehr zu den Besitzungen des Vuidelon, so
enthalten die beiden Verzeichnisse folgende Namen gemeinsam: a) die
Provence bis Toulon; b) Arle, d. h. Arles, an der Rhonemündung;
c) Folcaucher (Fonqualquier P, v. 972 und 1660), jetzt Forcalquier im
heutigen Bezirk Basses-Alpes, früher eine bedeutende Grafschaft nördlich von der Provence; d) Ebrëum, das alte Ebredunum, jetzt Embrun
im Bezirk der Hautes-Alpes, gehörte mit zu der Grafschaft Forcalquier.
Dazu kommen in Tirade 137 noch: e) das Thal von Moriane, heute
la vallée de Maurienne in Savoyen, im Mittelalter eine kleine Grafschaft in den Alpen, im Norden begrenzt von Savoyen und Tarantaise,
im Süden von Graisivaudan, Briançonnais und der Markgrafschaft
Susa; f) Ansëun; dies hält P. Meyer für die männliche Form
des Namens einer Stadt Ansëune, über deren einstige Existenz
mehrere Zeugnisse vorliegen. In den Versen 1554—55 erhält
Vuidelon ausserdem noch weiter zugesprochen: g) Sisteron, früher
zur Grafschaft Forcalquier gehörig; h) Gap, nördlich von der vorigen
Stadt; jetzt gehört jene zu dem Bezirk der Basses-Alpes, diese zu
dem der Hautes-Alpes; i) Briançon, dies war, wie schon erwähnt,
eine Landschaft, die nord-östlich von Forcalquier lag, jetzt eine
Stadt in den Hautes-Alpes; k) Rames, alt Rama, ein jetzt nicht
mehr existirender Ort, südlich in unmittelbarer Nähe von Briançon
und an demselben Flüsschen wie dieses gelegen. Sämmtliche soeben
angeführten Städte und Landschaften gehörten zum alten Königreiche
Provence. Schliesslich wird die Truppenmacht des Vuidelon in v. 1556
ebenfalls auf hunderttausend Mann angegeben, ja nach v. 2270 in Tirade
137 betrug diejenige der beiden Brüder zusammen sogar eine halbe
Million. Eigenthümlich ist der Zusatz „au viel Gigon" zu: De lai
seront cent mile. Danach könnte es nämlich scheinen, dass der
alte Gigon der Befehlshaber jener Hunderttausend gewesen wäre.
Dann wäre es aber befremdlich, dass, als v. 2333 die Ankunft des
Vuidelon, dies Mal mit sechzigtausend Mann, berichtet wird, von ihm gar
nicht die Rede ist. Der Name ist übrigens den älteren Theilen
des Epos entnommen, da an zwei Stellen (v. 2982 und 4946) ein
Mann Namens Gigo unter den Leuten Girarts genannt wird, doch
führt er nie den Beinamen des Alten.

Dass nun alle diese Angaben dem früheren Epos nicht angehört
haben, ergiebt sich daraus, dass in den älteren Theilen unter Girarts
Truppen niemals Catalanen oder Spanier vorkommen. Die Provenzalen
kämpfen zwar unter seinen Fahnen (z. B. v. 1883 und 2680; sie

heissen auch Desertant v. 2696), aber nirgends steht, dass sie
Unterthanen des Vuidelon waren; im Gegentheil haben wir oben
gesehen, dass Avignon Girarts Stammsitz war (v. 1083), und dass
ihm noch 30 Städte ringsherum gehörten, die wir uns doch wohl
in der Provence liegend denken müssen.

8) Girart schliesst mit den Worten: „Wenn Ihr meinen Vorschlag billigt, so wollen wir uns rüsten." Mehrere Barone antworten, dieser Rath sei besser als der des Boso (1557—91). Man
erwartet hiernach, dass die Kriegspartei die Oberhand gewonnen
hat, und dass man nun zu den Vorbereitungen schreiten wird. Dies
wäre aber mit der Vorlage nicht verträglich gewesen; es muss
vielmehr nun ein Übergang zu Folcos Friedenssendung gefunden
werden, und dies wird in folgender, recht ungeschickter Weise bewerkstelligt. Girart zerrte seinen Vetter am Mantel etwas abseits
und erklärte, der König werde niemals Gerechtigkeit gegen ihn
üben (1560—63). Hierauf folgen nun die Worte Folcos, die dieser
in dem alten Epos auf Girarts kriegslustige Rede von v. 1459—71
entgegnete.

Nachdem wir diese Episode als späteren Zusatz nachgewiesen,
erübrigt noch, festzustellen, wer als Verfasser anzusehen ist. Alle
Merkmale weisen auf R^2 hin. Dahin gehört die Benennung „Kaiser"
für Karl (v. 1475 und 1489), die ich im vorigen Kapitel bei v. 802
und 835 besprochen habe (S. 165 und 168); dahin die Übertreibung
in der Angabe der Truppenzahl: hunderttausend Mann v. 1476,
1548 und 1556, fünfmalhunderttausend v. 1501; beides sind Lieb-
lingszahlen von R^2, über erstere vgl. S. 224 und 243, letztere verwendet er z. B. noch v. 2240 und 2270. Dahin gehören Wendungen wie: pois nom saut deus! (v. 1496), flamme t'abras! (v. 1582),
denn unser Autor liebt derartige Verwünschungen; einige andre bei
ihm sind: ja deus' net vaille! (v. 2677), deus t'afuel! (v. 1795), tot
le vostre secors Jhesus confunde! (v. 3254), cui deus confunde!
(v. 3287 und 5591); pustele en la barbe quil se penset! (v. 3647);
maudiz sie de Saint Marçal! (v. 4496) flamme l'abras! (v. 6046).

Auf denselben geistlichen Verfasser deuten Ausdrücke, wie „jus
(statt justz) ne pecaire" (v. 1477), die häufige Anrufung von Heiligen,
z. B. per Saint Sicaire (v. 1487), per Saint Tomaz (v. 1528), dem
Gebiete der Theologie entlehnte Ausdrücke wie „satanaz" (v. 1520),
das derselbe Redactor auch v. 7639, besonders häufig aber in dem
angefügtem Schlusse verwendet (S. 86). Dazu kommen aber noch
weitere Gründe. Das schon oben erwähnte geheimnissvolle Saint-
Faire (v. 1484) findet sich noch ein andres Mal in unserem Gedichte, nämlich in Tirade 57, wo Girart behauptet, sein Lehn reiche
bis zu diesem Orte (P liest dort Sanh Fraire, v. 259). Sodann

enthält jene Tirade 57, welche ich als von R^2 stammend nachgewiesen habe, die Unrichtigkeit, dass Folco und seine Brüder als
Neffen Girarts bezeichnet werden, statt als Vettern (cf. S. 229), und genau
so geschieht es mehrfach in unserer Episode, nämlich v. 1493, 1514
und 1544. Auch einige der zahlreichen hier genannten geographischen Namen begegnen in andern Interpolationen desselben Redactors,
so die Cerdagne in v. 123, wo er „d'outre-Cerdaigne" im Sinne von
d'Espagne braucht; ebenso treten die Africaner allein auch in der
Einleitung, v. 87, 101 und 146, die Africaner und Esclavonier
nebst ihrer Heimath Esclaudie in der Friedensepisode wieder auf (cf.
v. 3221; 3284—85; 3302; S. 210—11); ja sogar die Auffassung,
dass Girart über einen Theil von Spanien herrscht, die ja aus
unserer Stelle sich ergiebt, da Girart als Lehnsherr seines Vaters
hingestellt wird, findet sich in dem von R^2 verfassten Theile der
Einleitung, nämlich in Tirade 39 v. 561—62:

> E devise (sc. Girart) Espaigne per Barcelone,
> E li rendent treut cil d'Arragone.

Endlich verrathen auch gewisse kleinere Züge den genannten
Verfasser, denn genau so wie hier Girart den Folco beim Mantel
fasst, um im Geheimen mit ihm zu reden (v. 1560), ergreift in
der genannten Tirade 39 Karl zu demselben Zweck den Tibert am
Rock (v. 557), u. a.

Wenn hiernach an der Autorschaft von R^2 nicht gezweifelt
werden kann, so müssen die umfangreichen und immerhin, trotz
einiger Irrthümer bei den spanischen Namen, doch recht genauen
geographischen Kenntnisse Staunen erregen, während unser Bearbeiter
sonst auf diesem Gebiete, wie wir gesehen, mehrfache Schnitzer
begeht. Dies lässt sich kaum anders als durch die Annahme erklären,
dass er alle diese Namen in einem Compendium gefunden hatte und hier
verwandte. Nur so versteht man die Aufzählung zweier ziemlich
langer Listen von Herrschaften und von Städten, wie solche in unserem
Epos sonst nirgends vorkommt und die auch sehr gut durch einen
oder zwei Collectivnamen hätte ersetzt werden können. Eine gewisse
Bestätigung findet diese Vermuthung in dem Umstande, dass er bei
Draugo zwar die Namen meist richtig angiebt, dagegen über die
geographische Lage derselben nicht gut unterrichtet ist, da er z. B.
auch die Grafschaften Roussillon, Ribagorza u. a. zu Catalonien
rechnet, obwohl sie ganz anderswo lagen.

In Tirade 103 scheint sodann noch v. 1574 jüngeren Ursprunges zu sein. Folco erklärt, falls sein Friedensvorschlag nicht
angenommen werden sollte, so schlage er vor, erstens die Burgen
widerstandsfähig zu machen (v. 1569—73), zweitens, die Offensive
gegen den König zu beginnen (v. 1575). In der dazwischen stehenden

Zeile behauptet er nun, Karl werde sie, nämlich die Burgen, zu Michaelis nicht erobert haben. Diese Notiz hat hier keinen rechten Sinn, ist auch völlig unbegründet; und wenn wir uns erinnern, dass R^2 eine besondere Vorliebe für derartige genaue Zeitangaben hat (zahlreiche Belege S. 222, darunter auch die hier verwandte „Ja'nz nen veira la feste Saint Michael," v. 4300), so werden wir auch diesen Einschub demselben Bearbeiter zuschreiben dürfen.

Die nächste Tirade jüngeren Ursprungs ist 104, und ich verbinde mit deren Besprechung zugleich die von 110, weil beide, wie wir sehen werden, untereinander in einem gewissen Zusammenhange stehen, also den gleichen Verfasser haben.

In Tirade 104 macht Girart, obwohl Folco in 103 seinen Entschluss, abzureisen, kund gethan hat, und in 105 ausführt, diesem Mittheilungen aus dem Leben des Teiri von Ascane, zu denen hier gewiss kein Anlass vorlag. Fassen wir nun diese Angaben selbst ins Auge, so ist der Beiname „von Ascane" alt, denn er findet sich auch in den Versen 1816, 3099 und 3354, ein Mal steht Ascance (v. 1733), doch ist diese Form dort durch den Reim hervorgerufen worden. Ebenso werden einige der Behauptungen Girarts durch Teiris eigene Worte bestätigt; so die, dass Girarts Vater dem Teiri sein Herzogthum genommen (v. 1582), durch v. 1800, aus dem wir sogar erfahren, dass auch Girarts Onkel Vuidelon an dem Kampfe gegen Teiri betheiligt gewesen war; die, dass jener sieben Jahre in der Verbannung zugebracht (v. 1583), durch v. 1802 und 3129; die, dass er dort im Walde mit seiner Hände Arbeit sich ernährt habe (v. 1584), durch v. 1803; dass ihn der König nicht nur zurückgerufen, sondern auch in sein Lehn wieder eingesetzt und ihm seine eigne Schwester zur Frau gegeben (v. 1585 bis 86), durch v. 1804—6 und v. 3132. Aber, obwohl man hieraus erkennt, dass der Interpolator bemüht gewesen ist, seine Angaben möglichst mit seiner Vorlage in Einklang zu bringen, so enthalten dieselben daneben doch so viele Unrichtigkeiten, dass die Tirade unmöglich ursprünglich sein kann. In v. 1581 heisst es z. B., Teiri stamme aus „Lohereine la tieriane". Was zunächst mit dem Beiwort gemeint ist, lässt sich nicht entscheiden (cf. P. Meyer, Girart de Roussillon, S. 49, Anm. 1); wahrscheinlich hat der Bearbeiter dies Wort selbst erfunden, indem er ein Adjectiv aus dem Namen des Herzogs Teiri bildete, das zugleich dem Reim genügte. Die Behauptung, dass Teiri aus Lothringen stamme, findet sich im ganzen Epos nur noch in der demnächst zu besprechenden Tirade 110, nach welcher derselbe sogar Herzog von Lothringen war (v. 1714). Diese Angabe widerspricht aber insofern der Auffassung des alten Epos, als dieses die Lothringer immer unter die

Parteigänger des Girart rechnet, auf dessen Seite sie daher auch immer kämpfen (cf. v. 1881, 5492, 6980 u. a. Genaueres in Kap. 9, S. 171).

Hiernach bleibt die Angabe des Verses 1582, Girarts Vater habe dem Teiri das Herzogthum Brane (P, v. 998: Barbana) weggenommen, völlig unverständlich, falls nicht etwa, was kaum möglich erscheint, Brane, resp. Barbana eine andre Bezeichnung für Lothringen sein sollte. — Nach v. 1583 soll der Herzog die Jahre seiner Verbannung unterhalb Comejane, wie O angiebt, oder in Cormarana, wie P (v. 999) behauptet, zugebracht haben. Man weiss nicht, was damit gemeint sein soll, denn nach v. 3127—29 überschritt Teiri, als er aus Frankreich vertrieben war, zu Schiff einen Meeresarm und lebte die folgenden sieben Jahre in Mont-Caucei (Reim auf -ei), sodass er auf Grund dieser Thatsache sogar in v. 2708 Teiri von Mon-Causil (Reim auf -il) genannt wird. — Der König, der den Teiri zurückrief, und ihm seine Schwester zur Frau gab, wird in v. 1585 Ludwig genannt; nach v. 1804 ist es „reis Carles" gewesen, und letzteres ist das allein Zutreffende, denn nach v. 1806—7 war die Schwester des Königs bereits seine vierte Frau, und er hatte von ihr zwei herzige Söhne, die auch sonst noch, z. B. v. 3131, erwähnt werden. Alles dies kann sich also nicht gut auf einen anderen als den damals regierenden König beziehen.

Aber nicht weniger als diese thatsächlichen Unrichtigkeiten steht die in dieser Tirade hervortretende Darstellung von Teiris Charakter in schroffem Gegensatz zu den älteren Theilen des Epos. In letzteren erscheint Teiri unzweifelhaft als der edelste unter den Baronen Karls. In Tirade 111 wirft er dem König frei und offen vor, derselbe habe Unrecht gethan, Rossillon durch Verrath zu nehmen, und Girart sei in seinem vollen Recht gewesen, als er es zurückeroberte; ja in v. 1808—10 erklärt er ausdrücklich, Girart sei zwar sein Erbfeind, „aber um keines Feindes wegen darf ich schlecht noch ungerecht sein, denn wer das Recht fälscht, ist ein schändlicher Verräther". Daher verlangt er dort, Karl solle dem Girart Frieden gewähren, und geht später (Tirade 184) freiwillig und gegen den Wunsch seines Königs ins Exil, nur um den Frieden mit Girart zu ermöglichen. Ist es nun anzunehmen, dass ein und derselbe Dichter in unmittelbarer Nähe der angeführten Stellen, die leicht vermehrt werden könnten, dem Girart über Teiri die Worte in den Mund gelegt haben sollte (v. 1587—89): „Der Alte brüstet sich mit der Tödtung unserer Väter (sc. des Draugo und des Vuidelon) und erklärt, dass, wenn er ihnen begegnen sollte, nichts sie vor dem Tode schützen würde?" Diese ruhmredigen Worte erweisen sich als eine ungeschickte Benutzung der Thatsache, dass später

als es trotz der Bemühungen des Teiri zum Kriege kam, Draugo
und Vuidelon in der Schlacht bei Valbeton in ehrlichem Kampfe
von der Hand des Teiri fallen, der ebenso kriegstüchtig wie edel ist.

Wie schon angedeutet, dürfte die Tirade 110 demselben Verfasser wie 104 zuzuschreiben sein, da auch hier in v. 1714 dem
Teiri Lothringen zugesprochen wird; allerdings versteht man den
Zusatz „bis nach Sorric (P: Sortic)" nicht zu deuten. Ebenso
enthält unsere Tirade gemeinsam mit 104 die falsche Angabe, dass
es König Ludwigs Schwester war, die Teiri zur Frau hatte
(v. 1715). Richtig dagegen ist, wie wir gesehen, die Behauptung,
dass er vor dieser schon drei andre gehabt (v. 1716), und dass er
von dieser vierten zwei schöne Söhne besass (v. 1717); auch dass
er für den ältesten Mann in Frankreich galt (v. 1718), kann der
Wahrheit entsprechen, da er nach v. 3125 über hundert Jahr alt
war. Aber die Tirade enthält andre Notizen, die nicht durch das
übrige Gedicht bestätigt werden. Von den drei Neffen des Teiri
soll Aimon Besitzer von Bëorges, Andefrei der von Meante und
von Mëuslic, Aimeri der von Noion und Mont-Estic gewesen sein
(v. 1711—13). Abgesehen davon, dass die Namen Mëuslic und
Mont-Estic, die das Epos sonst nicht kennt, nicht identifizirt werden
können und wohl nur des Reimes wegen erfunden sind, stehen diese
Angaben zum Theil mit anderen, und zwar älteren Stellen des Gedichtes im Widerspruch. Zwar ist es richtig, dass Aimon Bëorges,
jetzt Bourges, besass, da er v. 1658—59, also kurz vor unserer
Tirade „Aimon de Mont-Ismat, le segnor de Bëorges e del reinat"
genannt wird. Damit stimmt auch, dass Folco auf seiner Heimreise
von Karl nach v. 1646 in Bëorges bei Aimon, oder wie er dort
genannt wird, Aimenon, gastliche Aufnahme fand. Auch steht es
nicht damit im Widerspruch, wenn derselbe Aimon in v. 2178 als
Graf von Bel-Aïr bezeichnet wird, da Bel-Aïr nach v. 2198—99
eines der Schlösser des Aimon war, und es auch sonst (z. B. bei Teiri
von Ascane) in unserem Epos vorkommt, dass ein und derselbe Baron
nach verschiedenen Wohnsitzen auch verschiedene Beinamen führt.
Während nun aber unser Interpolator dem Aimeri die Stadt Noyon
zuschreibt, erscheint dieser Baron in den ursprünglichen Abschnitten
des Epos stets ohne nähere Bezeichnung. Noyon ist dagegen nach
v. 1822 die Besitzung des Andefrei.

Fragen wir nun nach dem Verfasser dieser beiden Tiraden, so
weist die zuletzt erwähnte unrichtige Vertheilung der Besitzungen
der drei Neffen Teiris wiederum auf R² hin, denn derselbe Fehler
tritt uns in den Versen 8020 und 8189 entgegen, die ich im siebenten
Kapitel als Eigenthum jenes Bearbeiters nachgewiesen habe (S. 110).
Dass auch die beiden Tiraden 168 und 363, die diese falsche Auf-

fassung ebenfalls vertreten, denselben Ursprung haben, werde ich
später mit noch anderen Gründen beweisen. In Tirade 104 und 110
kommt zu dem eben angegebenen Indicium noch das weitere, dass,
wie in v. 1585 und 1715 auf einen König Ludwig von Frankreich
hingewiesen wird, so auch in der von R^2 verfassten (cf. S. 159)
Tirade 521 (v. 7545) von „dem Frankreich Ludwigs“ die Rede ist,
ohne dass mit Ludwig der damals regierende König gemeint wäre.
Auch der Ludwig, der in einer ebenfalls von R^2 herrührenden Interpolation, in v. 2673, genannt wird, scheint ein König von Frankreich
zu sein. Endlich nennt Girart den Folco in v. 1579 wiederum
Neffen statt Vetter, was wie mehrfach belegt (s. S. 229), ebenfalls
eine Eigenthümlichkeit von R^2 ist.

In Tirade 105 scheint der letzte Vers (1611) erst nachträglich
hinzugefügt zu sein. Vorher hat Folco seinen Leuten die ihn auf
der Fahrt zum König begleiten sollen, die nöthigen Anordnungen
zukommen lassen und mit dem Befehle geschlossen, sich beim ersten
Hahnenschrei am nächsten Morgen zum Aufbruch bereit zu halten
(v. 1610). In der Schlusszeile theilt er ihnen nun noch mit, dass
sie am Dienstag in Bourges Quartier nehmen werden. Dies ist eine
Vorwegnahme des in v. 1646 Erzählten. In Strophe 107 erfahren
wir nämlich, dass die Abordnung den ersten Tag in Avalon, den
zweiten in Nevers, den dritten in Bourges übernachtete und am vierten
in Orleans anlangte. Nun lag aber nicht der geringste Anlass für
Folco vor, seinen Leuten im Voraus Mittheilungen über ihre Nacht-
quartiere zu machen und noch weniger, nur eins zu nennen, während
es im Ganzen vier waren. Nirgends finden wir auch eine Angabe
über den Tag, an welchem Folco aufbrach oder in Orleans anlangte,
sodass wir wohl in der Zeitbestimmung „am Dienstag“ wiederum
ein Indicium sehen dürfen, das auf R^2 als den Verfasser dieser Zuthat hindeutet (cf. S. 222).

Die Tirade 106 ist ebenfalls jüngeren Ursprunges, und zwar
glaube ich, dass zwei Bearbeiter an derselben betheiligt sind. Scheiden
wir zunächst v. 1614—29 aus, so hat dieselbe folgenden Inhalt.
Folcos Befehl wurde ausgeführt. Die Leute gingen unbekleidet
schlafen, standen um Mitternacht beim Mondschein auf, und zwar sind
es die oben erwähnten Barone, Vizgrafen und Komthure. Sie werden
nach Frankreich gehen und hören, wie die Botschaft aufgenommen
wird und ob sich die Verhandlungen zerschlagen. Dort wird kein
Verläumder so übermächtig sein, dass er nicht schweige, sobald er
den Folco vernimmt. — Man erkennt, dass diese Worte nur dazu dienen,
die Situation auszuspinnen. In v. 1610 hatte Folco bestimmt, dass
mit dem ersten Hahnenschrei aufgebrochen werden sollte, in v. 1639
wird der Aufbruch erzählt. Der Bearbeiter wünschte auch mit-

zutheilen, was die Leute in der Zwischenzeit gethan hatten. Dass es hundert Barone waren, entnahm er aus v. 1593; dass sie den Rang von Vizgrafen und Komthuren hatten, aus v. 1594. Um die Tirade zu füllen, theilte er dann noch die bevorstehenden Ereignisse mit. Da, wie wir S. 221 gesehen haben, letzteres eine Eigenthümlichkeit von R^2 ist, so werden wir auch hier diesen als Verfasser annehmen, um so mehr, als auch die Zeitangabe „quant lune luz" auf ihn hinweist (cf. el termine quel lune es plaine v. 679).

Derselbe Bearbeiter hat dann auch, wie es scheint, in der folgenden Strophe die Verse 1640—43 eingefügt, in denen er sich wiederum mit jenen Baronen beschäftigt. Nachdem nämlich in v. 1639 die Abreise Folcos und seiner Leute berichtet worden war, wiederholt er noch ein Mal seine Angabe aus v. 1632, dass es hundert Ritter gewesen seien, wobei er zur Ausfüllung des Verses „d'aitan façon" hinzufügt (v. 1640), und nun erfahren wir, aus was für Stoff ihre Gewänder bestanden, welche Sorten von Fell in ihren Pelzen verarbeitet waren, dass sie goldene Knöpfe trugen u. s. w., Dinge die hier gar nicht zur Sache gehören. Endlich verdankt diese Tirade dem geistlichen Interpolator auch noch die Zeile 1652, in der hervorgehoben wird, wie die Gesandten in der Simons-Kirche Messe und Matine hörten. Wir werden sehen, wie R^2 auch sonst jede Gelegenheit benutzt, um die Beobachtung der kirchlichen Vorschriften zu berichten, cf. v. 1916, 1920, 2215 u. ö.

Die oben ausgeschiedenen Zeilen 1614—29 sind wahrscheinlich noch später eingefügt worden, und zwar von einem Bearbeiter, der den Wunsch hatte, eine Gelegenheit herbeizuführen, um seine Bekanntschaft mit kostbaren Geräthschaften an den Mann zu bringen. So erfahren wir denn, dass, als Folco seinen Leuten die nöthigen Weisungen ertheilt hat, ein Bote erscheint, um ihm anzuzeigen, das Essen sei bereit. Es folgt nun zunächst eine Beschreibung des Palastes, resp. des Speisesaales: ein gewisser Tëuz (P: Quëutz, v. 1032) habe ihn gebaut, und er war ganz in Mosaïk gemalt, sogar in den Gewölben (v. 1617—18). Der Tisch war mit Näpfen und anderen Gefässen aus getriebenem Golde, sowie mit grossen und kleinen Schüsseln und Krügen bedeckt (v. 1622—23). Jeder der vierhundert anwesenden Knappen erhielt von dem Schatzmeister, Namens Auruz (in P, v. 1037 wiederum Quëutz), schöne Gefässe (v. 1624—25); ausserdem wohnten noch tausend Ritter dem Mahle bei (v. 1628). Diese übertriebenen Zahlen und manche andere Züge sprechen für einen späten Ursprung, und zwar werden wir den Verfasser weder in R^1 noch in R^2 sondern in einem anderen Bearbeiter suchen, der seine Kunst durch eine eingehende Beschreibung von Gebäuden, Waffenrüstungen oder, wie hier, von Festtafeln zu zeigen strebte, und dem wir noch öfter begegnen werden, z. B. in Tirade 131.

In Strophe 108 sind die beiden Schlussverse jüngere Zuthat. Nachdem zunächst von Aimon, dann von Folco gesprochen, heisst es (v. 1681—82):

> Laisserem de Foucon au cors menbrat,
> E parlerem d'Aimon, le vasselat.

Diese Worte sind völlig entbehrlich und sind ausserdem dadurch anstössig, dass der Verfasser plötzlich das Wort ergreift. Dies kommt in den älteren Theilen nicht vor, wohl aber ist es eine Eigenart von R^2. Belege für die Wendung „non cuidaz de . . que" habe ich auf S. 69 gegeben. Einige andere Beispiele sind:

> Auïrez, de cui movent cist ver[s] premer, v. 27;
> Er auïrez de Carle, Girart que quer, v. 667;
> Ainc de forçor bataille n'auï retraire, v. 3189;
> Ouït avez, col reis pres Rossillon, v. 6335;
> Qui vos aconterie tanz enconbrers
> E les fans e les ses e destorbers, v. 7674—75;

Zahlreiche weitere Stellen, welche dieselbe Eigenthümlichkeit zeigen, werden wir weiter unten in den von R^2 herstammenden Abschnitten unseres Epos kennen lernen, z. B. v. 1782, 2400, 2627, 3174, 3820, 4002, 4151, 5062, 6806.

Über die Tirade 110 habe ich bereits zusammen mit 104 (S. 251 sq.) gesprochen und sie als Eigenthum von R^2 nachgewiesen. Dasselbe gilt aber von Tirade 111 (v. 1724—41) und 112 (v. 1742 bis 1758). Ohne dieselben ist der Zusammenhang folgender. Aimon hat dem Könige angezeigt, dass Folco in Orleans angekommen sei, um ihm Recht anzubieten (v. 1691—93), worauf Karl sich sehr abfällig über jenen aussprach (molt mal le crei, v. 1694). Da erhob sich Engerrent, einer seiner Barone, rühmt Folco als den ehrenhaftesten Ritter des Landes und fordert den König auf, ihn freundlich zu empfangen (v. 1759—71). Ein Bearbeiter wollte diese Discussion noch mehr in die Länge ziehen und führte daher vor dem Engerrent noch einige andre Barone redend ein. Obwohl nun schon in v. 1684 sq. genau angegeben war, wer zusammen mit Karl im Saale sich befand, so erfahren wir zunächst in v. 1724, dass 100 Barone zugegen waren. Hierauf wird eine feierliche Rathsversammlung inscenirt, obwohl gar nicht davon die Rede ist, da Aimon seine Meldung schon gemacht, der König auch schon geantwortet hat. Es heisst also, nur die Vornehmsten von Frankreich seien zugelassen (v. 1725), die übrigen Ritter, namentlich die jüngeren, seien aus dem Palaste entfernt worden, und Karl habe dem Pförtner bei strenger Strafe verboten, irgend jemand einzulassen

(v. 1726—30). Dieser selbe Gedanke, dass in den Versammlungs-
saal nur Vornehme, nicht aber die Jüngeren (donzel e fricon) zugelassen werden, begegnet auch in dem von R^2 verfassten Abschnitt
der Einleitung (v. 57 sq.). Durch die ungeschickte Wendung
(v. 1731):

Pois requi[e]rt del consel la prime encance

wird die Discussion eröffnet. Karl fordert Rath; worüber, wird nicht
gesagt. Teiri beginnt, führt aber hier des Reimes wegen den Beinamen „d'Ascance" statt „d'Ascane". Aber, obwohl man erwartet,
dass er über die Frage spricht, ob Folco vorgelassen werden soll
oder nicht, so macht er seinem Herrn Vorwürfe, dass er in seiner
Selbstüberhebung den Krieg begonnen und Rossillon, obenein durch
Verrath, genommen; Girart habe daher richtig gehandelt, als er sich
gerächt. Gott habe ihm, dem Könige, überdies durch die ihm
widerfahrene Niederlage deutlich gezeigt, dass er Unrecht habe.
Wenn schon diese letzte Wendung sowohl durch ihren geistlichen
Charakter, als auch durch den in ihr ausgedrückten Gedanken, dass
das Unglück die Folge der Schuld sei (cf. S. 239—40), R^2 als Verfasser
unserer Tirade vermuthen lässt, so wird die Vermuthung zur Gewissheit durch den Vers 1738, in welchem von dem Verräther von
Rossillon gesagt wird:

Qu'el pui de Mont-Saurel pent e balance,

den ich schon auf S. 129 als Eigenthum des geistlichen Bearbeiters
nachgewiesen habe.

In Strophe 112 ergreift nun Isembart von Aunon, oder, wie
P (v. 1149) ihn nennt, von Rion, das Wort. Ein Isembart begegnet
in den älteren Theilen unseres Epos überhaupt nicht; denn, abgesehen von einem solchen mit dem Zunamen „von Breine" (v. 3706),
der also hier nicht in Frage kommen kann, überdies ebenfalls erst
später dem Epos einverleibt ist, erscheint ein Mann dieses Namens
ohne weiteren Zusatz nur in dem von R^2 herrührenden Theile der
Einleitung (v. 558). Der Bearbeiter fügt an unserer Stelle noch
hinzu, derselbe sei der Vater des Beton und Bruder des Genenc
gewesen. Aber auch von diesen Namen kommt jener sonst gar
nicht, dieser nur in v. 4978 als der eines fabulösen Königs vor, welcher
also hier nicht gemeint sein kann. Dieser Baron erklärt nun, dass,
da Girart Rossillon von Karl zu Lehn halte, er Unrecht gethan
habe, den König nicht aufzunehmen. Teiri entgegnet, da Karl zuerst mit einem grossen Heere sammt Jagdhunden, Bären und Wind-
spielen über den Grafen hergefallen sei, so habe letzterer das Recht
gehabt, seinen Angreifer zu besiegen. Wie schon gesagt, deutet
die Verwendung des Isembart auf die Autorschaft von R^2 hin;
ähnlich verhält es sich mit den hunderttausend Truppen (v. 1751),

da jene Zahl, wie v. 1448, 1476, 1556 u. a. beweisen (cf. S. 243), eine Lieblingszahl dieses Bearbeiters ist. Ein weiterer Beweis liegt in dem Umstande, dass Isembart den Girart mit „Herzog" anredet (v. 1744), sowie in der in v. 1757 enthaltenen Anspielung auf die niedrige Abkunft des Verräthers von Rossillon, was, wie wir im siebenten Kapitel (S. 128) gesehen haben, ebenfalls eine Erfindung von R^2 ist. Bemerkenswerth ist auch das Wort „mestiz", das nur noch in dem von R^2 stammenden Theile der Episode Folco-Aupais vorkommt (v. 8260). Da wir hiernach über den Verfasser nicht im Zweifel sein können, so folgt daraus, dass auch die Auffassung, dass Rossillon ein Lehn, nicht aber Allodium ist, welche uns in dieser Strophe zum ersten Mal deutlich entgegentritt, von R^2 ausgegangen sein muss. Wir erinnern uns, dass Paul Meyer seine Ansicht, die Einleitung habe einen andern Verfasser, als das eigentliche Epos, durch den Hinweis begründet, dass in der Einleitung Rossillon als Lehn hingestellt werde, in dem übrigen Gedicht dagegen als Allodium. Ich habe schon im fünften Kapitel (S. 67—68 sq.) gezeigt, dass im alten Epos Girart nicht der Lehnsmann Karls gewesen war, und dass die andre Auffassung erst später in das Epos hineingetragen worden ist. Wir müssen nun untersuchen, ob die Ansicht, dass dies von R^2 geschehen sei, auch anderweitig bestätigt wird. Ich zähle zu diesem Zwecke zunächst die betreffenden Stellen auf.

a) Die erste findet sich bereits in der Einleitung und ist daher schon in Kapitel 5 (S. 71) besprochen worden, nämlich v. 563—64:

> A! com es fols lo reis qui tau fiu done!
> E qui aleu m'o quert, lai m'arazone.

Durch diese Worte, die also sicher von R^2 herrühren, will der Verfasser die Vorstellung hervorrufen, als sci das, wovon vorher die Rede gewesen ist, nämlich Girarts Besitzthum, ein Lehn, und als ob Girart den Wunsch ausgesprochen habe, es in ein Allodium verwandelt zu sehen.

b) Als Folco räth, vor dem Beginn der Feindseligkeiten noch einen Friedensversuch zu machen, erklärt er (v. 1475—76):

> Carles est vostre sire, rius emperaire,
> Cent mile omes avés de la siue aire.

Auch diese Zeilen, die dasselbe Verhältniss zum Ausdruck bringen, obwohl nicht so klar und deutlich, haben, wie gezeigt worden ist, R^2 zum Verfasser (S. 244 sq.).

c) Nachdem Folco dem König die Botschaft seines Vetters ausgerichtet hat, bittet er denselben (v. 1936):

> E retenez Girart e son aver,

Worte, die mit seiner gleich darauf folgenden Rede (v. 1962—73) in schroffem Widerspruch stehen, und die ich bereits in Kapitel 7 als von R^2 verfasst nachgewiesen habe (S. 104).

Eben dasselbe werde ich unten in Bezug auf die nun zu behandelnden Stellen thun.

Besonders scharf wird nämlich diese Ansicht bei Gelegenheit der Verhandlungen nach der Schlacht bei Valbeton mehrfach ausgesprochen, wo es darauf ankommt, den Girart zu bestimmen, die Vorschläge des Königs anzunehmen.

d) Als Girart seinen verwundeten Oheim Vuidelon um Rath fragt, empfiehlt dieser, auf Karls Anerbieten einzugehen, und fügt hinzu (v. 3006—7):

> Ja ne seras retaz de mespreson,
> Vers ton lige segnor de traicion.

e) Noch deutlicher drückt er sich gleich darauf aus (v. 3024 bis 3027):

> Ce ne pues tu neiar ne escondire,
> Ne sies ses om liges e el tes sire,
> Nel pues cachar de camp ne desconfire,
> Que n'as (lies: N'aies) forfait ton feu, qui'n voudreit dire.

f) In der sich daran schliessenden Debatte vertritt Landri denselben Standpunkt (v. 3052—55):

> Girarz fu sos (sc. Karls) om liges, qu'eu vi l'omage,
> Quan pres de lui en feu son eritage
> E en reçut amor e segnorage;
> Si s'en retor li cons en son omage.

Alle diese Stellen werde ich, wie gesagt, ebenfalls als von R^2 herstammend nachweisen.

Es könnte auffallend erscheinen, dass ein derartiger Widerspruch zwischen jüngeren und älteren Bestandtheilen in Bezug auf diese Frage nur im ersten Haupttheile des Epos also bis zum ersten Frieden sich bemerkbar macht, nachher nicht mehr hervortritt; dies erklärt sich jedoch aus dem Umstande, dass am Schluss des ersten Theiles Girart wirklich der Lehnsmann seines Schwagers wird. Karl hat unter dieser Bedingung Frieden angeboten, Girart will darauf nur dann eingehen, wenn Teiri von Ascane das Reich verlässt und ins Exil geht (v. 3001—3; 3016). Da nun trotz Karls Widerspruches Girarts Forderung durch freiwillige Opferung des Teiri erfüllt wird, so kommt der Friede zu Stande, und der Dichter berichtet ausdrücklich, dass Girart nun den Lehnseid leistete (v. 3178):

> E font li son omage a rafiar.

Es folgt nun die Tirade 114 (v. 1782—95). Alle Barone hatten den Rath ausgesprochen, Karl möge den Folco freundlich aufnehmen, und der König hatte am Schlusse der Tirade 113 erklärt, Girart sei nicht seines Gleichen, und er (Karl) werde sich vor ihm nicht demüthigen, weshalb Teiri sich im Beginne der Tirade 115 beschwert, dass der König seine Barone nur zum Schein um Rath angegangen sei. Während nun erst in Tirade 116 der Schluss der Versammlung erfolgt, ergreift hier in 114 plötzlich der Dichter das Wort und sagt (v. 1782): „Laisons nos del consel, quel reis nel cuel", also etwa: „sprechen wir nicht mehr von dem Rath, da der König ihn nicht annimmt". Trotzdem spricht er nun erst recht davon, und zwar theilt er uns als Neuigkeit mit, was kurz vorher erzählt ist, dass nämlich die Barone dem Könige wegen dessen Handlungsweise Vorwürfe machten, ja sogar die Wirkung dieses Schrittes wird uns noch einmal mitgetheilt (v. 1785):

> D'ire qu'en a li reis clauént li l'uel

mit fast wörtlicher Wiederholung von v. 1777:

> D'ire qu'en at li reis li uelz ne clau.

Hierauf wird plötzlich und ohne weitere Andeutung der König redend eingeführt, und zwar stösst er furchtbare Drohungen gegen Girart aus (v. 1790—94), die hier gar nicht am Platze sind, da es sich darum handelt, ob und wie Folco aufgenommen werden soll. Endlich passt auch die schroffe und geradezu beleidigende Entgegnung des Teiri: „rei[s], dex t'afuel!" (v. 1795) weder zu dem versöhnlichen, milden Charakter des Teiri, noch zu dessen Stellung als Vasall des Königs, Demnach erfolgt auch seine wirkliche Antwort erst in der folgenden Tirade, sodass in der vorliegenden Fassung v. 1795 beginnt: E Teiris respondet, v. 1796: Ço dist li dus Teiris.

Dass wir es auch hier mit R^2 zu thun haben, ist höchst wahrscheinlich. Dafür spricht zunächst das in dem Verse 1782:

> Laisons nos del consel, quel reis nel cuel

bemerkbare Hervortreten des Autors, das, wie ich S. 256 durch zahlreiche Beispiele bewiesen habe, eine besondere Eigenthümlichkeit jenes Redactors ist. Mit dem gleichen Ausdruck wie an unserer Stelle, thut er dies z. B. in v. 1681:

> Laisserem de Foucon au cors menbrat;

etwas ausführlicher in dem von ihm herstammenden Theile der Exil-Periode (v. 7556—57):

> Er laisserem del rei de sa baudor
> E diiam de Girart, c'a grant dolor.

Dass sodann auch die Wendung „ne cuidaz de . . que", welche sich in v. 1791 findet, eine Lieblingsconstruction von R^2 ist, habe ich auf S. 69 belegt. Nicht minder aber spricht für diesen Bearbeiter der Umstand, dass in v. 1783 das bei ihm so beliebte Thema des Hochmuthes behandelt wird. Ebenso stimmen die furchtbaren Drohungen, die Karl hier in Betreff Girarts ausstösst (v. 1790—94) ganz mit denen überein, die R^2 ihm in v. 1445—46 gegen seinen Schwager in den Mund legt. Ja eigenthümlicher Weise werden wir dem Gedanken, dass der König die Bäume und Gärten Girarts vernichten will, später noch zwei Mal in den von dem geistlichen Interpolator eingefügten Stellen begegnen, nämlich in v. 2095 und v. 2227. Endlich kann man auch die Verwünschungsformel „dex t'afuel!" (v. 1795) mit als Indicium aufführen, da R^2 diese und ähnliche Ausdrücke liebt, z. B. flamme t'abras! v. 1532 und 6046; deus net vaille! v. 2677; deus cunfunde vaissel o..! v. 5591; ähnlich v. 1496, 4496 u. a. (cf. S. 249).

In der Strophe 115 macht Teiri dem Könige wegen seiner blinden Hartnäckigkeit Vorwürfe und schliesst mit den Worten: Du hast Deine Augen und Ohren offen und bemerkst doch nichts (v. 1813). Hier fügte nun ein Interpolator, und zwar, wie der Inhalt ergiebt, wiederum R^2, den Vers an (1814):

Plus que Judeus messie, qu'en croz fu mes.

Die Verse 1825—52 unterbrechen den Faden der Erzählung. Die Barone sind über Karl erzürnt aus der Versammlung geschieden, und Galeran schlägt in v. 1820 vor, eine Deputation von zwanzig Rittern zu Folco zu schicken, um ihn zu bewillkommnen. Dieser Vorschlag wird mit Beifall aufgenommen (v. 1821—24) und ausgeführt (v. 1853 sq.). In dem dazwischen befindlichen Einschub erfahren wir nun folgendes: Baufadu, der Jude, sei zuerst hinausgegangen (v. 1825); dies kann man nicht anders verstehen, als „aus dem Versammlungszimmer hinausgegangen". Der Bearbeiter übersieht dabei, das jener zwar sich in demselben befunden, aber sich bereits entfernt und nach der Abtei von Saint-Eloi begeben hatte (v. 1705). Weiter heisst es, dass er die vier Söhne der Frau Beatrix bei sich hatte, einer Wittwe, der jeder ihrer beiden Gatten zwei Söhne hinterlassen hatte, deren Namen wir auch erfahren (v. 1826—30). Sie kommen zu Folco, und dieser erklärt, er werde die Kinder bei sich behalten und für sie sorgen (v. 1836—40). Hierauf theilt Baufadu dem Grafen mit, sein Quartier bei dem Abte sei bereit (1841—44). Folco erklärt, der Abt sei kein Heuchler, auch kein Narr, er wolle ihm daher sein Lehn um die Burg von Saint-Feliz und tausend Mann vergrössern, und diese Burg werde, falls es zum Kriege kommen sollte, des Abtes wegen verschont bleiben (1845—52). Diese ganze Scene steht völlig isolirt da: weder die Wittwe, noch einer ihrer Söhne, kommt je wieder zum Vorschein. Die Notiz, dass der Abt alles

zur Aufnahme Folcos vorbereitet hatte, ist aus v. 1894 sq. vorweggenommen. Schwieriger ist die Frage nach dem Verfasser zu beantworten. R^2 scheint ausgeschlossen werden zu müssen, da dieser
seinen Zuthaten meist deutlich das Gepräge ihres Ursprunges auf-
drückt. Eher würde man an R^1 denken, da dieser an einer andern
Stelle ebenfalls das Motiv verwendet, den Girart fremde Jünglinge,
die auch Brüder sind, in seinen Dienst nehmen zu lassen, nämlich
die vier Söhne des alten Drogo; aber dort wird diese Scene sehr
kurz in zwei Versen abgethan (v. 8099—8100):

> E li cons los receit e promet don,
> Car del plus paubre fest puis ri baron,

was mit der Weitschweifigkeit unserer Stelle in schroffem Widerspruch steht. Dazu kommen aber noch weitere Bedenken; zunächst Fremdwörter, wie „ipocriz, avariz" u. a., während R^1, wie
wir gesehen, sich davon fast ganz frei hält. Endlich aber ist bisher kein Zusatz des ersten Theiles als von R^1 herstammend nachgewiesen, sodass es scheint, dass dieser Bearbeiter seine Thätigkeit
erst mit der Friedenszeit begonnen hat. Wir werden daher einen
der jüngern Redactoren (R^3) als den Verfasser der in Rede stehenden Episode ansehen.

In Tirade 117 scheinen die beiden Verse 1857—58 jüngeren
Ursprungs zu sein. Während nämlich bei den übrigen Baronen
Karls, die sich versammelt haben, um eine Abordnung zur Be-
grüssung Folcos zu entsenden, einfach die Namen genannt werden,
was auch genügt, da es alte Bekannte sind, tritt in jenen Versen
nicht nur ein bisher ganz unbekannter Mann auf, sondern es werden
zugleich alle seine Besitzungen aufgeführt, wozu gar kein Anlass
vorlag. Jene Verse lauten nämlich:

> E Ailins de Buloigne, qui fu Guisanç
> E Pontius e Vimous e totz Braibanç.

Befremdlich ist an diesen Angaben schon, dass die Besitzungen
des Ailin ganz zerstreut lagen: Boulogne und die nördlich daneben
liegende Hafenstadt Wissant gehören zu Artois; Ponthieu und
Vimeux sind zwei Landschaften in der Picardie; diese ist zwar in
der Nähe, aber Brabant liegt ziemlich weit ab, nämlich im öst-
lichen Theil des heutigen Hollands und Belgiens. Wenn wir nun
erfahren, dass dieser Ailin oder Elin von Boulogne nur noch an
zwei andern Stellen unsers Epos vorkommt, nämlich v. 2405 und
v. 2769, und dass, wie ich weiter unten nachweisen werde, beide
Verse von R^2 herstammen, so werden wir kein Bedenken tragen, R^2
auch für die obigen beiden Zeilen als Verfasser anzusehen. Ich habe
schon in Kapitel 5 (S. 82) auf die Gedankenlosigkeit des geistlichen Redactors aufmerksam gemacht, der hier als Herrn von Bra-

bant den Elin, einen Vasallen und Parteigänger Karls, hinstellt, während er in die Einleitung (in v. 108) eine aus der Vita entlehnte Notiz aufgenommen hat, nach welcher Karl Flandern und Brabant dem Girart zu Lehn gab.

Als Folco die Kriegsrüstungen Karls sieht und erfährt, dass dieselben gegen Girart gerichtet sind, warnt er vor dem Kriege, der wohl tausend Baronen das Leben kosten könnte (v. 1871—85). Diese geringe Zahl genügte einem blutdürstigen Überarbeiter nicht, und so schob er denn die beiden folgenden Zeilen ein (v. 1886—87):

> Estre ces dunt ja conte ne sera pres,
> Qui seront set cent mile per totes fes.

Der kritische Verfasser von P milderte diese Übertreibung etwas, indem er dem zweiten Verse folgende Gestalt gab (v. 1287):

> Quo seran be C. M. per doas fes.

Dass wir es hier wiederum mit R^2 zu thun haben, ist zwar möglich, da er bekanntlich gern gewaltige Zahlen verwendet (cf. v. 1501, 2240, 3276, 9030, 9910 u. a.); mit Sicherheit lässt sich dies jedoch nicht entscheiden, da auch die späteren Interpolatoren derartige Vergrösserungen lieben, wie wir z. B. in v. 707 gesehen haben.

Mit grösserer Bestimmtheit lässt sich die Autorschaft von R^2 bei den Versen 1916 und 1920 vermuthen, da beide über eine kirchliche Handlung berichten. Als nämlich Folco und sein Gefolge aufgestanden waren, um sich in das königliche Schloss zu begeben, da (v. 1916):

> Öent messe e matines que dis Daumaz.

Diesen Daumaz kennt das ältere Epos nur als einen der Krieger in Girarts Gefolge (v. 512, 5336), hier soll er einen Geistlichen bezeichnen und ist wohl nur des Reimes wegen gewählt. Zwar findet sich in der unzweifelhaft alten Tirade 107 ein ganz ähnlicher Vers (v. 1652):

> Auën messe e matines a Sant-Symon;

doch gebe ich diesem Verse den gleichen Ursprung, da er durchaus entbehrlich ist, und die Simonskirche sich genau so verhält wie hier der Priester Daumaz. Dass R^2 mit grosser Gewissenhaftigkeit über den Besuch der Messen und Matinen berichtet, haben wir S. 255 erfahren. Aber der Redactor lässt die Barone vor dem Eintritt ins Schloss in noch eine andre Kirche gehen, um zu beten (v. 1920):

> E vont a Sainte-Croz orar per ver,

worin auch schon das Flickwort „per ver" den Interpolator verräth.

Wir würden nunmehr zu den Verhandlungen kommen, die Folcos Vorschläge in der Rathsversammlung des Königs veranlassten. Da ich über den ersten Theil derselben jedoch bereits im siebenten Kapitel gesprochen habe, so verweise ich auf die betreffende Stelle (S. 100 sq.) und recapitulire hier nur, dass, wie dort nachgewiesen worden, von R^2 der Schluss der Tirade 120 (v. 1927—38) und die Tirade 123 herstammt, während bei der Abfassung der Strophen 121, 124 und 125 jüngere Interpolatoren betheiligt gewesen sind. Ein hierher gehöriger Punkt muss jedoch noch erwähnt werden. In der Tirade 122, welche unzweifelhaft alt ist, nennt Folco den Girart seinen Oheim, während wir diese Bezeichnung bisher nur in den von R^2 eingefügten Theilen des Gedichtes gefunden haben. Dieser Widerspruch löst sich auf folgende Weise. Der betreffende Vers 1959 beginnt jetzt:

De par Girart, mon oncle,

aber wir dürfen annehmen, dass an Stelle von „mon oncle" früher „lo comte" gestanden hat, denn erstens findet sich letztere Lesart noch jetzt in P, andrerseits sind in dem alten Epos die beiden Grafen immer Vettern. Die Änderung ist aber in diesem Falle sehr leicht zu erklären. Wie wir gesehen, stammt sowohl der zweite Theil von Tirade 120 wie auch 123 von R^2, und dieser hat wie gewöhnlich einzelne Verse der älteren Theile benutzt, so auch den in Rede stehenden Vers 1959, den er bis auf das Reimwort in jede der beiden Interpolationen aufnahm; nur verwandelte er beide Male seiner andern Auffassung entsprechend „le comte" in „mon oncle", sodass sowohl v. 1928 wie auch v. 1981 beginnen: „De par Girart, mon oncle". So ist es denn sehr natürlich, dass ein Abschreiber den zwischen beiden stehenden Vers an jene beiden völlig anglich, da sie ja im Übrigen übereinstimmten.

Aber mit dem besprochenen Strophen war das Bedürfniss nach Interpolationen noch nicht befriedigt. Als der König bei den herausfordernden Worten Folchers nur durch seine Barone verhindert wird, sich an den Gesandten zu vergreifen, hält es der Bearbeiter für angemessen, dem einen dieser Barone, Evroin von Cambrai, folgende Anrede an den Folcher in den Mund zu legen (v. 2053 sq.): „Bote, Du verstehst Dich nicht auf den Krieg; wenn zwei Mächtige einander benachbart sind, ein Graf und ein König, so sind sie mehr auf den Krieg erpicht, als ein Hund auf die Wildschweine". Dieser an und für sich ganz originelle Gedanke lässt aber voraussetzen, dass Folcher dem Frieden das Wort geredet hätte, da Evroin dies ja für unnütz erklärt, während Folchers Auftreten den Krieg geradezu unvermeidlich gemacht hatte. Die Worte, mit denen Evroin schliesst, riechen sehr nach einem Geistlichen (v. 2060—61): „Wenn wir gemeinsam die Mauren und Sarazenen bekriegten, so würde diesen gegenüber bald ein dauernder Friede zu Stande kommen".

Dass diese ganze Tirade nicht ursprünglich sein kann, geht schon
aus den Anfangsworten der nächsten Strophe hervor, die ursprünglich
jedenfalls so lauteten (v. 2062 sq.):

> Carles quant l'a auït, si s'esgramis:
> „Ja mais neu laiserai ne vair ne gris,
> Ne blans aubers n'elmes brunis,
> Tros que aie de gere Girart maumis".

Diese Worte können sich nicht auf die Rede des Evroin beziehen,
zu denen sie wie die Faust aufs Auge passen, sondern nur auf die Aufforderung der Barone an Karl, sich zu mässigen. Um daher trotzdem eine Beziehung zwischen Karls und Evroins Worten herzustellen, schob der Bearbeiter hinter v. 2062 ein:

> Er predique, dis el, dans Evröis,
> Con li velz predicaire de Saint-Denis,
> Qui predic'a son peuple e convertis,

Verse, die nach Inhalt und Form gleich stümperhaft sind und die
dann in v. 2066 die Umstellung von „Ja mais" in „Mais ja" veranlassten. Wir werden dieselben wohl, ebenso wie Strophe 127,
R^2 auf die Rechnung zu setzen haben; wenigstens findet sich der
Vorschlag, gemeinsam die Heiden zu bekämpfen, statt sich untereinander zu befehden, genau so in dem von R^2 angefügten Schluss
(v. 9979—80).

Da sich Folco überzeugt hatte, dass Karl der Stimme der Versöhnung unzugänglich war, verabredete er eine Schlacht auf den
Ebenen bei Valbeton (Tirade 129) und verliess mit seinen Begleitern
zornig die Versammlung (Tirade 131). Die Strophe 130 ist jünger
und ist zu dem Zwecke eingefügt, damit noch einige Reden zum
Besten gegeben werden könnten. Die Verse 2105—27, welche
über eine Zauberei des Folcher berichten, habe ich schon im vorigen
Kapitel (S. 233) besprochen und als Eigenthum von R^2 nachgewiesen.
Aber auch das Übrige ist nicht ursprünglich. Dass der Bearbeiter
gerade dem Aimon noch das Wort giebt, erklärt sich daraus, dass
Folco am Schlusse der Tirade 129, in Vers 2086, gesagt hatte:

> Hui mais gidez, don Aimes, c'a vos vengem.

Möglicher Weise ist auch dieser Vers schon von dem Bearbeiter
angefügt, da nach v. 1923—24 nicht Aimon, sondern Manessier
Engerrant und Ponçon den Folco zum Könige geleitet haben. Doch
ist es wahrscheinlicher, dass hier darauf angespielt wird, dass
Aimon den Folco von Bourges bis nach Orleans geführt hat (v. 1653
sq.), wie er sich des Grafen auch auf dem Heimwege freundlich
annahm. Die Worte Aimons sind ganz bedeutungslos. Zuerst erklärt er sich bereit, Folcos Aufforderung Folge zu leisten, fügt aber
hinzu, er sei betrübt über diesen unerbittlichen Kaiser, und fordert

letzteren noch einmal auf, doch Geisseln von diesen Baronen anzunehmen, die ihm gar nicht angeboten sind; die Antwort des Königs
besteht in heftigen gegen Girart und Folcher geschleuderten Drohungen (v. 2087—2104). Im Schluss der Tirade (v. 2128—35) erfahren wir, wie die Gesandtschaft den Platz verlässt und sich zur
Abreise rüstet, doch ist dies nur eine Vorwegnahme des Inhaltes
der folgenden Strophe. Die Notiz, dass sich bei dieser Gelegenheit dem Folco tausend, dem Folcher vierhundert Ritter angeschlossen
hätten (v. 2132—33), ist eine ungenaue und übertriebene Wiedergabe des Verses 2162, wonach ihnen zusammen nur vierhundert
folgten. Dass aber nicht nur die Verse 2105—29, sondern auch
der Rest der Strophe R^2 zuzuschreiben ist, dafür sprechen verschiedene einzelne Züge. So wird Karl in v. 2089 Kaiser betitelt,
was, wie wir gesehen, nur bei diesem Bearbeiter geschieht. Die
Strafen, mit denen er Girart und Folcher bedroht, sind dieselben,
die er auch in Tirade 114, 50 und 95 nennt, in Abschnitten, die
ebenfalls von R^2 herstammen. Der Schlussvers (2135) kündigt an,
dass Folcher den Krieg beginnen werde; derartige Prophezeiungen
sind ebenfalls eine Spezialität des geistlichen Bearbeiters wie ich im
vorigen Kapitel (S. 221) durch zahlreiche Beispiele belegt habe.

In der Tirade 131 wird uns, wie gesagt, die Abreise der Boten
erzählt, und dabei kurz die Localität, in welcher die wichtige Versammlung stattgefunden hatte, skizzirt (v. 2136 und 2147):

Entrel mur el palaz ac un plan gent,
Carles Martels lai tent son parlement.

Diese Angabe wird bestätigt durch die Verse 1921 sq., nach welchen
der König die Gesandten, auf einer Estrade vor seinem Schloss
sitzend und von seinen Baronen umgeben, empfing. Aber die in
dem ersten der beiden zitirten Verse enthaltene Schilderung des
Platzes schien dem architekturkundigen Interpolator, den wir in der
Tirade 106 kennen gelernt haben, völlig ungenügend, und so half
er denn diesem Mangel durch Einfügung der Zeilen 2136—46 ab.
Aus diesen erfahren wir, dass die Estraden Verzierungen in Gestalt
von Thierköpfen hatten, die reich mit Mosaïk (cf. v. 1618) und
Gold geschmückt waren, das Pflaster war von hellem Marmor. In
der Mitte stand eine schattenspendende Pinie, die würzigen Duft
verbreitete; an einem Abhang strömte eine Quelle aus einem Mund-
stück in Form eines Hirschkopfes. — Der Einschub schliesst mit der
Mittheilung, dass allen dummen Dienern der Zugang zu diesem Platze
verwehrt war.

Die Ankunft und Berichterstattung des Folco in Tirade
135 ist stark erweitert worden. Ursprünglich lautete die Stelle
wohl so:

Es vos a Rossillon vengut Folcon,
E descendet a l'olme fors au perron;
Mais Girarz s'est coitaz de sa razon:
„Cons, si avom bon plait del rei Carlon?“
„Par mon cap“, ço dist Folche, „car aiço non;
Mande amis e omes e sis semon,
Que t'ajudent de gerre contre Carlon,
Quit vuelt desiritar per aucheison;
Bataille l'ai plevide en Valbeton,
E el mei afiat e sei baron:
Cil en cui remandra, preigne bordon,
Qu'en pas la mar a nau o a dromon.“

Der erste Einschub umfasst die Verse 2213—18; dieselben sind
einmal stilistisch sehr ungelenk, enthalten sodann die Übertreibung,
dass hundert Ritter dem Folco beim Absteigen behülflich gewesen
seien (v. 2213—14). Nach v. 2215 soll Folco, obwohl er also
vor der Steintreppe des Schlosses abgestiegen war, doch erst in die
Kirche gegangen sein und gebetet haben, nach v. 2216 ging er dann
weit von den andern fort zu Girart, und trotzdem heisst es (v. 2217
bis 2218), dass dieser mit zwei anderen sprach, und dass alle drei
aufgestanden und ihm entgegengekommen seien. Die drei folgenden
Zeilen haben sich vermuthlich bereits in der Vorlage befunden, nur
stammt wohl die Anrede Folcos mit „nies“ in v. 2220 von dem
Bearbeiter her. Desgleichen auch der Anfang von Folcos Bericht,
nämlich v. 2222—29. In den beiden ersten Zeilen ist der Ausdruck sehr unbeholfen, ausserdem aber wird dort behauptet, dass die
Verhandlungen im Hause des Königs stattgefunden hätten, während
es in Wirklichkeit auf dem freien Platze vor demselben gewesen
war (v. 1921 und 2136). Die beiden Verse 2224—25 habe ich
schon in Kapitel 7 (S. 105) als von R^2 verfasst nachgewiesen;
endlich sind die Zeilen 2226—29 eine Wiederholung der Drohung,
die derselbe Bearbeiter dem Könige in v. 2096 sq. in den Mund
gelegt hatte. Weiterhin sind hinter v. 2234:

E el mei afiat e sei baron

die Worte eingeschoben worden:

E empres e per tau devision,

die durch ihre metrischen Mängel, durch das Fremdwort „devision“
und dadurch verdächtig sind, dass sie gar nicht in die Construction
passen. Endlich ist auch die Antwort Girarts jüngeren Ursprungs,
weil diese in Wirklichkeit erst in v. 2272 sq. erfolgt. Alle diese
Interpolationen sind R^2 in die Schuhe zu schieben. Bei der mittleren ist dies durchaus nicht zweifelhaft, bei der ersten ergiebt es
sich aus der Hervorhebung des Kirchenbesuches, bei dem Schlusse
macht der Schwur „per deu del tron“, sowie die fünfmalhundert-

tausend Mann, mit denen R^2 den Girart auch in v. 1501 um sich werfen lässt (cf. S. 249), dies höchst wahrscheinlich, sodass man dasselbe auch für v. 2235 vermuthen kann.

Aber die Interpolation setzt sich noch fort, und zwar bis zum Schluss der Tirade 137 (v. 2242—71). In Tirade 136 erfahren wir, dass bei der Nachricht von Folcos Rückkehr zehn Berone herbeieilten, von denen der ärmste über fünfhundert Ritter gebot. Von diesen kennt das Epos jedoch nur die drei Brüder Bernart, Gilbert und Boso, sowie den Landri von Nevers, von dem es sonderbarer Weise heisst, dass sie ihn zu ihrem Führer gemacht hatten, obwohl man nicht ahnt, zu welchem Zweck. Die fünf andern, die genannt werden (es scheint also, dass es zusammen mit Folco ihrer zehn waren), Elin, Oudin, Amauvit, Artaut, Grimaut sind der Phantasie des Bearbeiters entsprungen; und dass dies wiederum R^2 ist, lässt sich daraus schliessen, dass einer derselben, nämlich Artaut, auch in v. 316, d. h. einer sicher von dem geistlichen Redactor verfassten Stelle, als einer der Barone Girarts genannt wird. Die Strophe schliesst mit der Mittheilung, dass Girart ins Zimmer auf einen Teppich trat, was gar keinen Zweck hat, und zu seinen Leuten redete (v. 2252—53).

In Tirade 137 spricht er zunächst den Befehl aus, dass jeder seine Leute entbieten solle (v. 2254—55), während er in der alten Tirade 138 erklärt, dass er diesen Befehl bereits selbst durch seine Boten habe überbringen lassen (v. 2274—76). In v. 2256—58 wiederholt er sodann die Drohung, die R^2 dem Könige in den Mund gelegt (v. 2094 sq.) und durch Folco dem Girart hat übermitteln lassen (v. 2227—28). Liegt schon hiernach die Vermuthung nahe, dass auch Tirade 137 R^2 zuzuschreiben ist, so wird dies zur Gewissheit, wenn wir sehen, wie jener Bearbeiter in v. 2261 bis 2268 seinen geographischen Excurs aus Strophe 102 mit geringen Modificationen noch ein Mal verträgt. Die Schlussverse 2270—71 sind, abgesehen von den Reimworten, eine Wiederholung von v. 2240—41.

Während der erste Theil der Strophe 138 (v. 2272—84), in welchem Girart mittheilt, dass er sein Heer entboten habe, aus der Vorlage herübergenommen ist, beginnt mit v. 2285 eine grosse Interpolation, die bis v. 2352 reicht, und die wir auch R^2 verdanken. Derselbe verlängert zunächst Girarts Rede um die beiden Verse 2285—86, in welchen er diesen seine in v. 2240—41 ausgesprochenen Worte, dem neuen Reim entsprechend abgeändert, zum zweiten Mal wiederholen lässt. Auch die nunmehr folgende Unterhaltung zwischen Girart und Folco verräth den gleichen Ursprung, nämlich die Worte Folcos durch Wendungen wie „deus li autrei" (v. 2287), namentlich aber durch den pastoralen, und sentenzen-

reichen Ton, den sie zur Schau tragen (v. 2299—2304), diejenigen Girarts durch die Anrede „nies" (v. 2295), sodann aber
dadurch, dass er sein Land ein Herzogthum nennt (v. 2297). Es
ist, wie schon erwähnt, eine der vielen Willkürlichkeiten des geistlichen Überarbeiters, den Girart zwar zuweilen, wie das alte Epos
immer, Grafen zu nennen, z. B. v. 9643, 9748, 9783, 9794. 9795,
9798 u. ö., aber daneben auch ebenso oft Herzog, so v. 9056.
9363, 9369, 9638, 9640, 8668, 187, 224, 3149, 3159, 5909 u. ö.
Diese Unterhaltung hat den Zweck, die Aufmerksamkeit der Zuhörer für eine kurze Zeit zu beschäftigen; denn von v. 2305 an
wohnen wir dem Aufmarsch des Heeres bei. Während sich nämlich
das alte Epos mit der kurzen aber inhaltsschweren, jetzt in den
beiden Versen 2354—55 enthaltenen Angabe begnügte, dass das
gewaltige Gebiet Girarts, von Deutschland bis nach der Provence
und vom kleinen St. Bernart bis zu den Pyrenäen, Truppen ent-
sandte: wünschte der Redactor deren Ankunft einzeln zu berichten.
So tritt denn zuerst ein sonst völlig unbekannter Alinei auf und
zeigt die Ankunft von zwanzigtausend Gascognern unter dem Befehl
des Senebrun von Saint-Ambrei an (v. 2305—7). Dass die Gascogner in der folgenden Schlacht mitkämpften und von Senebrun
von Bordeaux kommandirt wurden, entnahm der Redactor aus v. 2486
bis 2487, indem er nur den Zunamen Senebruns des Reimes wegen
änderte. Wenn gleich darauf ein zweites Heer von zwanzigtausend
Navarresen, Basken und Einwohner von Agen ankommt (v. 2309
bis 2310), so ist gegen die beiden zuletzt genannten an sich nichts
einzuwenden, da die Basken auch in v. 1884 zu den Unterthanen
Girarts gerechnet werden, und da Agen in der Gascogne liegt; es
ist allerdings auffällig, dass sie von ihren Landsleuten getrennt
werden. Navarra wird aber nur in jüngeren, und zwar von R^2
herstammenden Theilen des Gedichts dem Besitze Girarts zuge-
rechnet, nämlich ausser an unserer Stelle noch in v. 2818, 4896 und
5288, die ich unten ebenfalls als Zuthat dieses Redactors nachweisen werde. Alinei theilt zugleich mit, dass er alle diese Truppen
nach dem Walde von Valbeton dirigirt habe (v. 2312). Der Bearbeiter hat hier übersehen, dass nach v. 2367 und 2638 das
Schlachtfeld von Valbeton eine gewaltige Ebene war, die weder
durch einen Wald noch sonstwie unterbrochen wurde. Girart erklärt sich mit Alineis Schritt einverstanden und wiederholt zum
dritten Male, die in v. 2241 ausgesprochene Drohung, dass Karl
eine Schlacht haben werde (v. 2315). Doch noch während er
sprach (v. 2319—20):

> Ves li autre message qui nen est vans,
> Ainz est bons chevaliers pros e certans.

Dieser neue Bote meldet die Ankunft des alten Draugo mit hunderttausend Catalanen (v. 2322). Wir haben bei Besprechung von
Tirade 102 gesehen, dass die spanischen Besitzungen Draugos eine
Erfindung von R^2 sind; dieser Bearbeiter giebt hier aber seine
eigne Erfindung ungenau wieder, da Draugo nach seinen dortigen
Behauptungen auch ausserhalb Cataloniens Land besass. Girart
lässt diese Hülfstruppen durch Reimon nach Siurans führen; der
letztere Name ist dem Epos sonst unbekannt, ein Reimon kommt
nur noch in dem ebenfalls von R^2 stammenden Theile der Folco-
Aupais-Episode unter den Leuten Girarts vor, nämlich v. 8751
und 8763, in den Tiraden 595 und 596, wo er zum Sohne eines
Giron gemacht wird. Unser Bearbeiter verräth sich in dieser Strophe
endlich noch durch das Fremdwort „naturaus" (v. 2326) und durch
die vierte Wiederholung der Versicherung Girarts, dass Karl eine
Schlacht haben werde (v. 2328), als Verfasser.

Nach derselben Schablone marschiren nun in Tirade 140 noch
sechzigtausend Provenzalen unter Vuidelon auf, eingeführt von einem
Rigaut von Vengence (P: Vergensa), der ebenso unbekannt ist, wie
seine Besitzung. Dass wir es auch hier immer mit demselben Verfasser zu thun haben, ergiebt sich aus Ausdrücken wie „jurent
damlideu, qui pres naissance" (v. 2335), „deus me doinst vëoir"
(v. 2340), namentlich aber aus der Benennung Folcos als Neffen
Girarts (v. 2339). Die Tirade 141 bildet den Schluss der Aufzählung.
Sie beginnt mit der Versicherung, dass es unmöglich sei, alle Hülfstruppen, alle Länder Girarts und alle Boten, die er aussandte, auf-
zuführen (v. 2341—43); dann erfahren wir trotzdem, dass sein
Besitz von Deutschland bis an die Pyrenäen reichte (v. 2344—45).
Diese Notiz hat der Redactor gedankenlos aus der folgenden Strophe
herübergenommen, ohne zu bedenken, dass er selbst das Gebiet
Girarts über die Pyrenäen hinaus ausgedehnt hatte. Dann kamen
als letzte Contingente zunächst zwanzigtausend Deutsche unter dem
Aucher und dem Grafen Guinart. Zu dieser Angabe hatten die
Verse 2279—81 das Material geliefert, zufolge deren Girart nach
Mömpelgart geschickt und jene beiden Barone entboten hatte. Auch
hier beseitigt der Vers 2351:

<blockquote>E loat damlideu e saint Basire</blockquote>

jeden Zweifel über die Autorschaft von R^2.

In Tirade 142 werden die Kriegsrüstungen der beiden Gegner
und Karls Marsch kurz erwähnt; die Strophe schloss mit v. 2362:

<blockquote>Sobre Girart s'en vait, fust dreiz u torz.</blockquote>

Nun folgt aber noch eine kurze Prophezeiung über die traurigen
Folgen der bevorstehenden Schlacht, die also, wie alle andern der-

artigen Interpolationen, höchst wahrscheinlich von R² angeklebt ist. Dass Karl nach Valbeton ritt (v. 2363), war leicht zu errathen, da dies aus v. 2365 hervorgeht; dass der Haufen der Todten höher war als Niort (v. 2364), ist ein höchst unglücklicher Vergleich, um so mehr, als, wie Paul Meyer (a. a. O. S. 79, Anm. 2) hervorhebt, keine der beiden Städte dieses Namens auf einer Anhöhe liegt.

Tirade 144 bildet eine grossartige und stimmungsvolle Einleitung zu der Schlacht bei Valbeton; man merkt, dass eine wichtige, entscheidende und folgenschwere Katastrophe bevorsteht. Die folgende Tirade beginnt damit, diesem selben Gedanken noch ein Mal Ausdruck zu geben, aber derselbe wird ins kirchliche Gebiet hinübergespielt. Wenn man wissen wolle, so heisst es, ob jener Kampf blutig war, so müsse man sich bei den Priestern und Geistlichen erkundigen, welche durch denselben die ihnen zustehenden Zehnten verloren (v. 2400—2402). Hier tritt also der Verfasser gleich von Anfang an deutlich hervor. Nun nennt er die Namen einiger Barone und einiger Völker, die auf beiden Seiten kämpften, meist solche, die auch sonst in dem Gedichte, zum Theil in dem folgenden Schlachtbericht vorkommen, also richtig entlehnt sind. Bei einigen trifft dies jedoch nicht zu, bei andern stehen die näheren Angaben im Widerspruch mit älteren Stellen des Epos. So ist der in v. 2405 vorkommende „starke Capez" sonst durchaus unbekannt und ist wohl nur um des Reimes willen erfunden. In Bezug auf Elin von Boulogne (v. 2405) habe ich schon oben zu v. 1857 (S. 262—63) hervorgehoben, dass er seine Entstehung dem geistlichen Bearbeiter verdankt. Ein Herzog Godefroi soll das Kriegsbanner der Baiern und Allemannen getragen haben (v. 2407); Godefroi wird zwar zwei Mal, v. 1309 und v. 1686, flüchtig unter den Mannen Karls erwähnt, aber niemals als Herzog; dazu kommt, dass, obwohl die beiden genannten Völker in dem folgenden Kampfbericht mehrfach erscheinen, ja eine entscheidende Rolle spielen, dabei nie ihres angeblichen Bannerträgers Erwähnung geschieht, im Gegentheil wird in v. 2693 ausdrücklich erwähnt, dass der Herzog Teiri von Ascane ihre Fahne trug. Die Notiz, dass Karls Vorhut aus den Aquitaniern unter Gui von Poitiers bestand (2408—11), ist eine einfache Vorwegnahme des Inhaltes der folgenden Strophe, dagegen giebt unser Bearbeiter die des Girart geradezu falsch an. Nach v. 2421—24 bestand dieselbe aus den Leuten des Amadieus von Turin, des Ponz, des Richart und zweier andrer Barone. Die drei genannten waren nach Tirade 75 (v. 1115 sq.) zusammen mit Folco die Beherrscher der Escobarden, die dort ausdrücklich als ein die Alpen bewohnendes Gebirgsvolk genannt werden, während die Desertaner, denen nach v. 2413 die Vorhut anvertraut war, nach v. 2696 identisch mit den Provenzalen sein müssen.

Abgesehen von diesen Einzelheiten erweist sich die soeben besprochene Tirade auch dadurch als späteren Einschub, dass sie die klare Disposition des ursprünglichen Berichtes der Schlacht völlig stört. Auf die Einleitung (144) folgt die Mittheilung der Bestandtheile und der Befehlshaber des beiderseitigen Vortrabs (146). Letztere prallen aufeinander, wobei die beiden Führer fallen (147), und nun erfolgt der Zusammenstoss der eigentlichen Heere (149).

Die Strophe 148 (v. 2451—80) verdankt ihre Entstehung dem Wunsche, den Bericht über die Schlacht weiter auszudehnen. Zu diesem Zwecke wird zunächst noch einmal ausführlich erzählt, wie die beiden Befehlshaber der Vorhut sich gegenseitig tödteten (v. 2451—55); v. 2458 ist mit Ausnahme des Reimwortes eine Wiederholung von v. 2450. Daran schliesst sich die Aufzählung von acht Paaren von Gegnern, die miteinander kämpften (v. 2460—64). So weit die Namen identifizirt werden können, wird immer erst der Parteigänger des Girart und dann der des Karl genannt. Es scheint, dass sich alle gegenseitig tödteten, denn in v. 2465 heisst es, dass nicht zwei von ihnen aufrecht blieben. Die Vasallen des Königs scheinen sämmtlich erfunden zu sein, denn von diesen (Arluin, Armant, Girome, Deitrant, Aelart, Guintrant, Freelant, Berlant) kommen die meisten nur an dieser Stelle vor; auch Guintrant, denn der Baron dieses Namens, der v. 4694 und öfter unter den Anhängern Girarts erscheint, kann hier unmöglich gemeint sein; einzelne dieser Ritter, wie Arluin und Armant werden zwar, allerdings mit Beinamen, auch sonst noch genannt; jedoch erst im weiteren Verlaufe der Erzählung, sodass andre gemeint sein müssen, weil diese ja hier ihren Tod finden. Ein Armant ohne weiteren Zusatz kommt v. 1296 vor und wird dort Bruder des Bernart von Roche-Maue genannt, der in dem Gefecht bei Belfau fiel. Von den auf Girarts Seite Kämpfenden sind dem Epos bekannt: Gilbert, Pons, Ricart, Coine und auch Garin, wenigstens führt in v. 5337 einer von Girarts Vasallen den Namen Garin von Az; dagegen sind die drei andern, Roger, Jechan und Arpin, ebenso wie die acht oben genannten, von dem Bearbeiter erfunden. Der ganze Rest der Strophe ist ausgefüllt mit formelhaften Kampfesschilderungen: beim Zusammenstoss entstand ein lautes Getöse, mancher Schild, mancher Panzer wurde zerspalten, manche Lanze zersplittert, manche Brust durchbohrt; Blut und Gehirn spritzte umher u. s. w. Dabei die unsinnige Übertreibung (v. 2475), dass zwanzigtausend Pferde herrenlos umherirrten, obwohl es sich hier nur um den Zusammenstoss der gegenseitigen Vorhut handelte. Dass dieser Einschub nicht von R^2 herstammt, geht, abgesehen von dem Mangel aller darauf hindeutenden Spuren, vor allem daraus hervor, dass drei der hier umgekommenen

Kämpfer, nämlich Pons, Ricart und Coine, von R^2 noch zwei Mal vorgeführt werden, nämlich v. 2624 und v. 2795.

Dagegen ist der Schluss der Tirade 149 mit Sicherheit dem geistlichen Redactor zuzuschreiben. Dort wird nämlich zunächst der Wortlaut des Gebetes mitgetheilt, das Girart in der Schlacht zum Himmel schickt (v. 2499—2500), dann die Ansprache, die Karl an seine Leute richtet; letztere sollen die Hände falten und die Namen, d. h. Eigenschaften, Gottes hersagen, damit dieser helfe, den Hochmuth der Feinde zu besiegen (v. 2500—2). Wahrscheinlich schob ebenderselbe Bearbeiter auch hinter v. 2481, nach welchem Karl sein Heer in zwölf und Girart in zehn Gruppen getheilt hatte, die Worte ein (v. 2482):

E cascune a vint mile omes de prez;

zwar ergiebt sich, wenn man die Zahlen addirt, die R^2 bei dem Aufmarsche der Truppen nennt, für Girarts Heer eine Stärke von über zweihundertundzwanzigtausend Mann, während an unserer Stelle genau genommen nur zweihunderttausend Mann herauskommen; aber so sorgfältig achtet bekanntlich unser Bearbeiter nicht darauf, dass er seinen Angaben immer ganz treu bleibt, und da die eine Aufstellung sicher von R^2 herstammt, so darf man dies auch bei der andern annehmen, um so mehr, da beide übertrieben sind (in dem Schlachtbericht selbst wird auf jeder Seite von nur sechzigtausend geredet), und R^2 ja auch sonst in dieser Strophe Einfügungen angebracht hat.

In den Versen 2495—97 war das Zusammentreffen der Gascogner und der Bretonen geschildert worden. Bei diesem Bilde wollte nun ein Überarbeiter noch länger verweilen und verfasste zu diesem Zwecke die Tirade 150 (v. 2505—15), welche ganz mit den vorhin angedeuteten typischen Schlachtbeschreibungen angefüllt ist, wobei wiederum siebentausend Kämpfer fallen, deren Pferde umherirren. Einzelne Verse weisen dabei starke Entlehnungen auf, z. B. v. 2506 aus v. 2520, 2507 aus v. 2521, v. 2511 aus 2523 u. a. Die Strophe stammt wohl, wie 148, von R^3.

Am Schlusse der Tirade 151 hat wiederum R^2 eine Spur seiner Thätigkeit zurückgelassen, indem er noch ein Mal dem Girart ein Gebet zu Gott, „der uns erlöst hat" in den Mund legte (v. 2527—28). Ja ich halte es sogar für wahrscheinlich, dass auch die vier vorangehenden Zeilen sein Eigenthum sind. In den Versen 2519—22 heisst es, dass bei dem Zusammenstossen der beiden feindlichen Truppentheile viele umkamen. R^2 liebt aber bestimmte und zwar hohe Zahlen, und so fügte er denn hinzu, es seien mehr als zehntausend auf Bergen und Ebenen geblieben (v. 2523—24). In v. 2525—26 theilt er uns noch mit, dass Karl betrübt war, während Girart seufzte, und knüpft dann hieran die Mittheilung des Gebetes.

In der Tirade 152, in welcher das Auftreten des alten Draugo herrlich geschildert wird, findet sich bei dem Verse 2532, in welchem von seinem Panzer die Rede ist, der Zusatz (v. 2533):

Qu' issi de la fornaise Espandragon.

Der Name scheint, wie Paul Meyer (a. a. O. S. 85, Anm. 5) bemerkt, eine Entstellung aus Uter Pandragon zu sein, würde also eine Reminiscenz an die bretonische Sage, resp. die aus derselben hervorgegangenen Epen darstellen. Eine solche können wir R^2 sehr wohl zutrauen, da er mehrfache Beweise einer Bekanntschaft mit der altfranzösischen Epik an den Tag gelegt hat; ich erinnere an die Veränderung der Rolle Folchers in Nachahmung des Zauberers Maugis (Tirade 62), an Milon von Aigline (v. 1025), an Aimeri von Narbonne (v. 3261sq.); zahlreiche andre Stellen werden wir noch kennen lernen. Dazu kommt, dass dieser Bearbeiter auch nachweislich die Neigung hat, den ganzen Rüstungen oder den einzelnen Waffen seiner Helden einen berühmten Ursprung zuzuschreiben (cf. S. 192—93 und 234—35). Daher wird man auch hier an diesen denken dürfen. Zwar könnte man gegen diese Annahme den Umstand anführen, dass der Vers in P fehlt, daher ein ganz später Zusatz zu sein scheint. Doch könnte der Copist der Pariser Handschrift, der, wie wir mehrfach gesehen, sich seiner Vorlage gegenüber kritisch verhält, den ihm nicht verständlichen Vers ausgelassen haben.

Von R^2 rührt dagegen v. 2603 her. Folco ermahnt in v. 2601—2 und 2604 seinen Vetter Girart, jetzt nicht dem Schmerze über seinen getödteten Vater nachzuhängen, denselben vielmehr zu rächen. Dazwischen befinden sich nun die kirchlichen Trostworte (v. 2603):

Pos li dux est asols e cumeniaz.

Nicht anders verhält es sich, scheint es, mit den drei letzten Zeilen der Tirade, in welchen die Truppen, die Folco in v. 2607—13 angeredet hat, eine längere Antwort ertheilen (v. 2614—16). In derselben ist erstens das theologische Fremdwort „predicaz" (v. 2614), dann die wörtliche Entlehnung der Wendung „l'estors fort aduraz" (v. 2616) aus v. 2609 verdächtig.

In Tirade 154 hat Folco die Truppen aus le Mans, Anjou und Tours zum Vormarsch angefeuert, in 156 und 157 erfahren wir, wie dieselben in den Kampf eingreifen, 155 dagegen ist ein den Zusammenhang störender Einschub. Die gesammte Strophe besteht aus ganz allgemein gehaltenen Redensarten: Boso, Folco, Seguin und die Tapfersten waren mehr als zwanzigtausend Angreifer (v. 2617—18); da hätte man Waffenglanz u. s. w. sehen können (v. 2619—22);

auch Pons, Ricart und Coine drangen vor (v. 2623—24); Girart reitet einher, desgleichen sein Onkel Vuidelon (v. 2625—26); dieser Nachtrab war sechzigtausend Mann stark (v. 2627—28), jeder kämpft wacker (v. 2629—32); Girart reitet gegen Karl, Karl gegen diesen (v. 2633—35). Diese entsetzlich nichtssagende Phrasensammlung ist wiederum Eigenthum von R², dafür spricht der Kaisertitel bei Karl (v. 2634), dafür das Hervortreten des Verfassers in v. 2627:

D'acheste arere-garde vos trai autor,

was ich oben (S. 256) als eine Eigenthümlichkeit des genannten Bearbeiters nachgewiesen habe; dafür die übertriebenen Zahlenangaben (v. 2618, 2628); dafür endlich die Schlusswendung (v. 2636):

Er es vos une encance de grant dolor,

denn zahlreiche ganz ähnliche Ausdrücke verwendet R² auch sonst (s. Kap. 12, S. 242).

Auch an die prächtige Kampfesschilderung in Tirade 156 hat R² einen theologischen Schwanz angehängt (v. 2656—57):

Qui feri e estor[s]t d'iquel mazel,
Deu ac a sauvador e Gabriel.

In der Tirade 157 erfahren wir, dass Girart mitten im Kampfe unter einer Pinie vom Pferde stieg und seine Lanze neben einem Marmorblock in die Erde stiess. Dies schien eine günstige Gelegenheit zu sein, über diesen Marmorblock etwas näheres mitzutheilen. Die an sich schon unklaren Angaben sind nun aber durch Verderbniss der Überlieferung noch unverständlicher geworden. Es scheint jedoch, dass der Stein der einzige Überrest eines Schlosses gewesen sein soll, das ein gewisser Douvin besessen hatte, und das von Ludwig zerstört worden war (v. 2671—74). In v. 2675 wird uns dann mitgetheilt, dass Girart sogar auf diesen Steinhaufen hinaufgeklettert sei und den König verflucht habe. Es scheint fast, als hätten wir es auch hier wieder mit einem Machwerk des geistlichen Bearbeiters zu thun. Dass er eine ausgesprochene Neigung hatte, allerlei Anspielungen, meist dunkle und uns schwer verständliche, anzubringen, haben wir mehrfach gefunden, so in v. 757—61; 1024 bis 1025; 3261—64 (cf. S. 224). Dazu kommt, dass hier wiederum Ludwig, offenbar ein König von Frankreich, erscheint, für welchen R² ebenfalls eine ausgesprochene Vorliebe hat, cf. v. 1585, 1715, 7545. Endlich hat auch die Verwünschungsformel „ja deus net vaille!" (v. 2677) die grösste Ähnlichkeit mit den von diesem Interpolator sonst verwandten, so v. 1496, 1532, 1795; später v. 4496, 6046 u. ö.

In Strophe 158 hat R² hinter v. 2680—81, in denen das Vorrücken der Provenzalen geschildert wird, folgende Worte eingefügt (v. 2682):

E sunt sessante mile es bons chevaus,

un so seine Angabe in Tirade 140 zu stützen, wo er (v. 2333) von den Provenzalen ebenfalls behauptet hatte:

E sunt seissante mile senz mescreence.

Auch v. 2692 stammt wohl von demselben Redactor her. Auf Teiris Bitte übergiebt Karl letzterem, um die vordringenden Feinde zurückzuwerfen, dreissigtausend Baiern und Niederdeutsche. Hier ergreift nun der Bearbeiter das Wort und sagt (v. 2692):

Ne savon per ferir plus naturaus,

worin auch das Fremdwort auf jüngeren Ursprung deutet (cf. v. 2326).

Ganz ähnlich verhält es sich in der folgenden Tirade, wo der alte Vuidelon, umgeben von seinen drei Söhnen Boso, Folco und Seguin, die Provenzalen in den Kampf führt. Während das alte Epos sich damit begnügte, den Vater seine Söhne kurz zur Tapferkeit ermahnen zu lassen (v. 2707), lässt der Bearbeiter ihn bei Gott und dem heiligen Austragesil schwören, dass, wenn er einen als Feigling ertappen sollte, er ihn als Mönch in ein Kloster stecken werde (v. 2704—6). Zwar möchte es scheinen, als ob derartige Worte, die für die Mönche nicht eben schmeichelhaft sind, nicht von einem Geistlichen verfasst sein könnten. Dies ist jedoch nicht zutreffend, denn derselbe R^2 lässt, wie wir sehen werden, bei zwei Gelegenheiten Geistliche an einer Schlacht Theil nehmen, aber beide Male spielen sie eine klägliche Rolle; sie sind Anhänger Karls und werden der Eine von Boso (v. 6031 sq.), der Andre von Folco (v. 6538 sq.) einfach vom Pferde gestossen. Wenn man nun ausserdem erwägt, dass die in Rede stehenden Worte ganz dem Ideenkreise eines Geistlichen angehören, dass im Grunde nur der Gegensatz zwischen Kriegern und Mönchen scharf hervorgehoben wird, dass endlich die Schwurformel in v. 2704 bei R^2 mehrfach fast genau so wiederkehrt, z. B. v. 1010, 1444, 2385, 3115, 4153, 4356 u. ö.: so wird man doch kein Bedenken tragen, auch hier denselben als Verfasser anzunehmen.

Mit dem Verse 2722 beginnt eine lange Reihe von Interpolationen, die alle dem Wunsche entsprungen sind, den Zuhörern immer neue Kampfessscenen vorzuführen, und die bis zum Verse 2852 reichen. Denn Tirade 169 schliesst sich unmittelbar an 159 an; in dieser geht Vuidelon mit seinen Provenzalen zum Angriff vor, und Teiri an der Spitze der Baiern und Allemannen wirft sich ihm entgegen, in jener treffen die beiden Führer im blutigen Einzelkampf aufeinander. Aber abgesehen von diesem allgemeinen Kriterium trägt nun noch jede einzelne Tirade mehr oder weniger deutliche Merkmale des jüngeren Ursprungs.

In Tirade 160 (v. 2722—38) wird Vuidelon einem Deutschen gegenüber gestellt, der in O Arliun von Val-Landesc (v. 2726), in P Arlio von Valendesc heisst (v. 2098). Dieser Name kommt in dem Epos sonst überhaupt nicht vor, ein Arluin tritt zwar in v. 2460 in einer Interpolation auf, aber, wie es scheint, nur, um dort getödtet zu werden; dieser kann also nicht in Frage kommen. Sonst findet sich aber nirgends eine Persönlichkeit jenes Namens, und dieser Umstand verträgt sich nicht mit der Annahme, dass unsere Tirade ursprünglich ist, da Arluin hier als eine hervorragende Persönlichkeit hingestellt wird, denn (v. 2727):

Seneschaus fu au rei a l'auçor desc.

Der Bericht über den Zweikampf selbst ist ganz farblos und bewegt sich ausschliesslich in den herkömmlichen Formeln und Wendungen: Vuidelon traf seinen Gegner, den sein Panzer nicht zu schützen vermochte, und warf ihn rücklings aus dem Sattel, sodass hundert Pferde über ihn weggingen. Den Schluss bildet die Versicherung, dass nie ein so gewaltiger Kampf stattgefunden habe (v. 2735—38). Es fehlt an charakteristischen Merkmalen, um den Verfasser mit Sicherheit zu bestimmen. Die Wahrscheinlichkeit spricht jedoch auch hier für R^2, so wegen der genauen Zahlenangabe in v. 2734, auch wohl wegen des Fremdwortes „resurresc" v. 2738. Dazu kommt, dass unsere Tirade vor 148 enstanden zu sein scheint, was auch für R^2 sprechen würde. 148 ist, wie wir gesehen, von R^3 verfasst, der offenbar sehr flüchtig verfuhr und unter den dort aufgeführten sechzehn Namen zwölf erfand. Nun ist es sehr viel wahrscheinlicher, dass dieser flüchtige Interpolator unter den zwölf aus der Luft gegriffenen Namen auch einen Arluin nannte und umkommen liess, ohne darauf zu achten, dass zwölf Tiraden weiter ein Arluin von Val Landesc getödtet wurde, als dass der Verfasser von 160, der einen siegreichen Kampf des Vuidelon ausführlich beschreiben wollte, dessen Gegner gerade Arluin hätte nennen sollen, wenn ein Mann dieses Namens kurz vorher gefallen wäre. Endlich spricht für R^2 in einem gewissen Grade der Umstand, dass, wie wir sehen werden, auch die drei folgenden Tiraden von diesem Überarbeiter stammen.

Diese Tiraden 161—163 müssen zunächst ein und denselben Verfasser haben, weil sie ein zusammenhängendes Ganzes bilden: Folcher tödtet den Rotro von Nivelle (Tirade 161); um dessen Tod zu rächen, sticht Balduin den Connio vom Pferde; Folco kommt zu spät, um dies zu verhindern (162), er verfolgt daher den Balduin; dieser entzieht sich ihm jedoch, und an seiner statt durchbohrt er den Elin von Boulogne (163). Dass diese drei Tiraden jüngeren Ursprunges sind, ergiebt sich, abgesehen von der durch den Reim veranlassten gewaltsamen Verwandlung des Namens Folcher in Foucart

(v. 2756), daraus, dass keiner der Barone, die hier ihren Tod
finden, dem älteren Epos bekannt war, weder Rotro von Nivelle
(P: Rotrieu von Niela v. 2118), noch Connio (P: Auonon, v. 2129),
der ein in den Wüsten von Brun-Essart (Reim auf -art!) geborener
lombardischer Vasall gewesen sein soll, noch Elin von Boulogne,
der wie ich schon oben zu v. 1857 (S. 262) bemerkt habe, eine
Erfindung von R^2 ist. Dass auch die in Rede stehende Interpolation
von diesem Bearbeiter herstammt, folgt aus den Versen 2773 und
2774, in welchen die Kölner und die Sachsen unter den Kriegsvölkern Karls genannt werden. Dies geschieht nur in den von R^2
herrührenden Theilen des Gedichtes, so beide zusammen in v. 600
bis 601 und 2819, die Sachsen allein noch in v. 2774 und 2803,
denen wir denselben Ursprung zuweisen werden. In v. 3234 lässt
derselbe Redactor die Sachsen sich gegen den König empören.

Ebenso wie die drei zuletzt besprochenen Tiraden bilden auch
164—67 eine zusammenhängende Episode, müssen daher alle auf
den gleichen Verfasser zurückgeführt werden: Vuidelon findet seinen
Neffen Girart auf dem Marmorblock und ermuntert ihn zu neuem
Kampf. Dieser setzt sich an die Spitze der Seinen, Karl wirft
sich ihm mit seiner Truppenmacht entgegen, und es entsteht ein
furchtbares Gemetzel. Dieser Bericht enthält aber im Einzelnen
so viele Widersprüche und Unwahrscheinlichkeiten, dass über seine
späte Entstehung kein Zweifel sein kann. So zeigt es von geringer
poetischer Begabung, dass Girart erst zum Kampfe angefeuert werden
muss, ja der Weichherzigkeit und der Schlaffheit angeklagt wird
(v. 2777), da dies dem sonstigen Charakter des Helden durchaus
nicht entspricht; ebenso, dass Vuidelon seinem Neffen mittheilt,
Folco wolle eine Schlacht liefern (v. 2779), da eine solche schon
längst begonnen, Girart sich auch mehrfach an derselben betheiligt hat.
Wenn nun in v. 2781—87 berichtet wird, Girart sei daraufhin her-
abgestiegen, habe seine Waffen ergriffen und habe sich an die Spitze
der Seinen gestellt, so soll dies offenbar eine Fortsetzung der in
den Versen 2668—77 geschilderten Situation sein, d. h. der Interpolator hatte offenbar den Zweck, den Girart von dem Marmor-
blocke, auf den er dort gestiegen, wieder herunterzuholen, also eine
angebliche Lücke der Erzählung auszufüllen. Dabei hat er jedoch
die Verse 2678—79 übersehen:

> De les ires que a fu pres estaus,
> Ne se parti des seus ne bons ne maus,

d. h. der Dichter erklärt, jene Pause (estal), jene Unterbrechung
des Kampfes seitens Girarts sei nur durch dessen momentanen
Schmerz verursacht worden, er habe sich jedoch keineswegs von den
Seinen getrennt. Daher müssen wir uns denselben bereits wieder

mitten im Kampfe befindlich denken, sodass das Unternehmen des Bearbeiters als verfehlt zu bezeichnen ist.

Die Strophe 165 beginnt mit folgender Schilderung der vorrückenden Armee. Girart, heisst es, reitet mit seinen Freunden, die von weither gekommen sind; nicht tragen sie in der Schlacht Buntwerk oder Grauwerk, sondern dunkle, zerschnittene, alte Obergewänder, darüber Eisen und Stahl, welches glänzt, sowie Azur und Glanzfarbe, welche leuchtet (v. 2788—93). Nunmehr folgen bestimmtere Angaben, zunächst eine Aufzählung der Freunde, doch findet sich diese schon in Tirade 155. Vergleichen wir nun beide Listen miteinander, so finden wir, dass an unserer Stelle eigenthümlicher Weise unter den Freunden Girarts dieser selbst erscheint, während oben, v. 2617, richtiger Seguin dessen Stelle einnimmt. Sodann wird zu den bereits in Strophe 155 genannten Pons, Ricart und Coine noch ein Otoïs hinzugefügt, der offenbar des Reimes wegen (-is) erfunden ist, da dieser Name uns sonst in dem Gedichte nie begegnet. Auch die Behauptung, dass die Zahl der Begleiter Girarts vierhunderttausend betragen habe (v. 2796), und dass Karls Heer so gross gewesen sei, dass kein noch so geschickter Mann dasselbe hätte schätzen können (v. 2807), ist ein Merkmal späteren Ursprungs. Ebenso verhält es sich mit der in dem Verse 2796 enthaltenen Notiz „quel breus lo dis", da eine derartige Berufung auf die Quelle in den älteren Theilen des Epos nicht vorkommt. Aber damit sind die Widersprüche noch nicht zu Ende. Nach v. 2802 steigt Karl, wie in der vorangehenden Tirade (v. 2778), von einem Hügel herab, während nach v. 2365—66 Valbeton in einer gewaltigen Ebene lag, die sich vier Wegstunden weit erstreckte.

In Tirade 166 ist vor allen Dingen befremdlich, dass mitten unter die dort aufgezählten Völkerschaften plötzlich zwei einzelne Ritter hineinschneien, nämlich Renier und Oudin, die Söhne des Ardenc (v. 2816). Beide sind von dem Bearbeiter erfunden worden, denn Oudin kommt überhaupt nie wieder vor, sein Bruder taucht in Tirade 325 (ebenfalls auf -enc), die, wie wir sehen werden, R^2 zum Verfasser hat, noch ein Mal auf, um sofort getödtet zu werden. Die letzte Tirade besteht ausschliesslich aus den bekannten formelhaften Kampfesschilderungen.

Dass wir es auch hier wieder mit einem Machwerk von R^2 zu thun haben, dafür liegen mehrere Kriterien vor. Unter den Völkern Karls werden in v. 2803 die Sachsen, in v. 2819 die Sachsen und die Kölner genannt. Über erstere habe ich auf Seite 278 gesprochen. Die Kölner werden nur von R^2 zu Unterthanen des Königs gemacht, nämlich in v. 600—1, wo letzterer durch Lothringen nach Köln zieht und dort seine Baiern und Sachsen

zu sich entbietet. Aus dieser Stelle erkennen wir zugleich, dass unser
Bearbeiter auch Lothringen, wie in v. 2804, zu dem Machtgebiet
des Königs zieht, dies in Übereinstimmung mit R^1 (cf. Kapitel 9,
S. 171), während das alte Epos dieselben auf Girarts Seite stellt.
Sonst nennt unser Bearbeiter zugleich mit den Sachsen noch die
Wilzen (v. 2803), die anderweitig überhaupt nicht vorkommen.
Auf Seiten Girarts können die „Vienenc" (v. 2817) kein Befremden
erregen, da die Stadt Vienne unzweifelhaft im Machtgebiete Girarts
lag, obwohl nur R^2 sie ausdrücklich als Besitzung des Girart bezeichnet, v. 8786. Dagegen erkennen wir in den Navarresen (v. 2818)
wieder den Bearbeiter R^2, wie ich oben (S. 269) nachgewiesen habe.
Genau so verhält es sich aber auch mit den Aragoniern (v. 2819),
da nirgends vorher davon die Rede gewesen ist, dass diese gerufen
oder gekommen sind, und da die einzige spätere Stelle, wo sie auftreten (v. 4897) ebenfalls als von R^2 herrührend nachgewiesen werden
wird. Während sich unser Bearbeiter bei den bisher besprochenen
Namen auf wirklich vorhandene Völker beschränkt hat, so existiren
die „Rossenc" (v. 2818) und „die von Vaubenc" (v. 2815) wohl
nur in seiner Phantasie und verdanken einzig dem Reim ihre Entstehung. Auffällig ist auch, dass er die Allemannen sowohl auf
der Seite Karls (v. 2804), wie auch auf der seines Gegners (v. 2814)
aufführt. Auch sonst verräth sich der geistliche Verfasser durch
mehrere Merkmale; so durch die übertriebene Zahl in v. 2796.
Ähnlich spricht er v. 9030 von 1,500,000 Mark Gold, v. 3276
von einem Heere von hundertfünfzehntausend Mann, v. 5546 sogar
von zweihunderttausend Mann, ja in v. 1887 hören wir von nicht
weniger als siebenhunderttausend in der Schlacht Gefallenen (s. Beispiele für hunderttausend und fünfhunderttausend auf Seite 224,
243 und 249). Nicht minder charakteristisch ist aber stellenweise der
Ausdruck, so, wenn er in v. 2829 erklärt, dass die Gefallenen nicht
eher als zum jüngsten Gericht wieder aufstehen werden, oder wenn
er v. 2838—39 ausruft:

> E dex! cum sunt jujat per remanir,
> De terres aïenes vinrent murir!

Endlich erwähne ich noch, dass R^2 sich auch sonst ebenso wie
in v. 2796 auf seine Quelle beruft; so heisst es in dem von ihm
verfassten Theil der Exil-Periode (v. 7387):

> Mais pois fu tauz la fins, con dis li cans;

noch ausführlicher in v. 7676:

> Eisi con dist l'escris qu'es es mosters;

einer ähnlichen Wendung werden wir in v. 3815 ebenfalls bei R^2
begegnen.

Die Strophe 168 (v. 2840—52) unterbricht den Faden der
Erzählung und enthält auch sonst manches Befremdliche. Dahin
gehört die Angabe, dass die Schlacht bei Valbeton schon hundert
Jahre vorher in der alten Predigt verkündet worden sei, was
nicht recht verständlich ist, und worin obenein das Fremdwort
„predicar" (v. 2840) verdächtig ist. Der fünfte Theil der Kämpfer
sei gefallen, dies sei Bestimmung gewesen (v. 2842—43). Sodann
werden die Helden aufgezählt, die sich dort gegenüber gestanden
haben sollen, darunter zuerst Teiri und Vuidelon (v. 2845), deren
Kampf jedoch erst in den beiden nächsten Tiraden (169—70) folgt.
Hieran schliessen sich die Paare 1) Seiguin — Aimon, 2) Aucher
— Aimeri von Noion, 3) Ginart — der Brabanter, welcher Herzog
von Baiern war. Aber unter all den zahlreichen Kämpfern, die
in der Beschreibung der Schlacht aufgezählt werden (Tirade 147
bis 163 und 169—170), kommt auch nicht einer von diesen sechs
vor, obwohl das Epos den Auchier und den Grafen Ginart als Anhänger des Girart kennt, z. B. 2281 u. ö. Ebenso kommen zwar
die Baiern unter den Kriegern Karls vor, z. B. v. 2691 und 2709,
aber nirgends ist von ihrem Herzog die Rede, der doch auch sicherlich kein Brabanter gewesen sein würde. — Endlich ist auch der in
v. 2851 gebrauchte Vergleich „Ains seriez a Rome dins prat Neiron"
zu bemerken, da die Nero-Wiese in dieser Weise sehr oft in Epen
späteren Ursprungs verwendet wurde. — Wenn schon nach dieser
zuletzt genannten Anspielung, sowie nach der in v. 2850 enthaltenen Wendung, die an der Schlacht betheiligten Kämpfer seien
gar nicht zu zählen, welche kurz vorher von R^2 in v. 2807 gebraucht
worden ist, die Verfasserschaft von R^2 wahrscheinlich ist, so wird
sie zur Gewissheit durch die Notiz, dass Aimeri Noyon besass, da
ich oben, zu v. 1713, dargelegt habe (S. 253), dass dies eine mit
dem Epos im Widerspruch stehende Erfindung des geistlichen Redactors ist.

In Tirade 169 wird erzählt, wie Vuidelon den Teiri mit seiner
Lanze vom Pferde stösst, in der folgenden, von v. 2866 an, wie
letzterer seinen Renner wieder bestiegen hat, und nun seinerseits
den Gegner angreift. Die dazwischen stehenden Zeilen 2862—65
belehren uns darüber, dass diese Schlacht in den längsten Tagen
des Mai stattfand und den ganzen Tag über dauerte, bis der Abend
sich mit der Nacht mischte, und die Sonne unterging. Dass diese
Worte erst später eingefügt sind, ist wohl nicht zweifelhaft, da wir
in v. 2880 erfahren, dass am Ende der Schlacht die Nacht anbrach;
als Verfasser wird man R^2 vermuthen, wenn man sich erinnert,
dass dieser nicht nur genaue Zahlen, sondern auch Zeitangaben, die
er in seiner Vorlage vermisste, in das Epos einzuführen liebt, so

in v. 679: zur Zeit, wo der Mond voll ist; v. 3282: im Mai; v. 2093: ehe Mai und Juni vergehen werden; v. 2269: vor Ablauf von drei Montagen u. a. (zahlreiche weitere Stellen S. 222).

Ein furchtbares Gewitter, das uns in Tirade 171 beschrieben wird, macht dem blutigen Ringen ein Ende. Diese natürliche Erklärung genügte aber dem geistlichen Bearbeiter nicht; er sah in diesem Ereigniss, wie der Verfasser der Vita, ein unmittelbares Eingreifen Gottes, und gab seiner Auffassung durch v. 2882 Ausdruck:

> Dex lor mostra miracles qui fu chastiz.

Vielleicht ist auch v. 2888 gleichen Ursprunges:

> Ce dist li uns a l'autre: „Segles feniz",

da das „dunc" des Verses 2889 nur eine Folge des in v. 2883 bis 2887 Erzählten ausdrücken kann.

Die Heere trennen sich, und Galeran schlägt dem Könige vor, Friedensverhandlungen zu beginnen (v. 2923—26). Vorher ergreift nun aber in dem vorliegenden Epos ein Baron Namens David das Wort (v. 2903—22). Dass diese Rede jedoch jüngern Ursprungs ist, geht schon daraus hervor, dass Galeran nachher mit den Worten „Premiers dist" (v. 2923) eingeführt wird. Daher lässt der Interpolator seinen Helden mit „L'uns des premers parlet" (v. 2903) auftreten. David kommt zwar auch in v. 1821 unter Karls Baronen vor, dagegen erfahren wir erst hier, dass er der Bruder des Elin von Ponthieu war (v. 2904). Da wir nun aber erkannt haben (S. 262—63), dass dieser Elin eine Erfindung von R^2 ist, so werden wir diesen auch hier als Verfasser annehmen. Diese Vermuthung wird zunächst bestätigt durch den pastoralen Ton des Redners, z. B. in v. 2906:

> A! reis partiz de deu, cum es maudiz!

(und in dieser Weise geht es weiter), sodann dadurch, dass David dem Könige seinen Hochmuth vorwirft, der an dem ganzen Unglück schuld sei (v. 2907—8).

Ein weiterer Beweis liegt in der Behauptung Davids, dass er in der Schlacht seinen Bruder verloren habe (v. 2914), da der Tod Elins ja nur von R^2 berichtet wird (v. 2769 sq.); wenn er auch seine beiden Söhne hinzufügt, so geschah dies wohl nur, um den Vers auszufüllen, denn davon ist nirgends die Rede gewesen. Wenn er weiter angiebt, die Todten lägen nun „desoz Cauïz" (v. 2915), so ist dieser Name wohl des Reimes wegen aus v. 1823 entlehnt, aber ohne Nachdenken, da nach letzterer Stelle dieser Ort in der Nähe von Orleans liegen muss. Sein positiver Vorschlag ist identisch mit dem des Galeran (v. 2919).

Da Galerans Rath von den Baronen genehmigt wird, so wird Tibert von Valbeton zum Gesandten gewählt (v. 2937 sq.). Ein Bearbeiter aber schob vorher noch eine Antwort Karls ein (v. 2927 bis 2936), in der er schwört, er wolle lieber sterben, als Verhandlungen beginnen, da er, wenn Girart dieselben ablehnen sollte, geschändet sein würde. Ein nicht genannter Baron erwidert, in diesem Falle würde das Unrecht auf Girarts Seite sein, und alle seine Barone würden ihm helfen. Dass Karl sich diesem Einwande fügte, wird nicht besonders berichtet. Auch dieser Einschub wird wohl von R^2 herrühren, da dieser Bearbeiter in Tirade 98 den Folco genau denselben Gedanken aussprechen liess, den hier der ungenannte Baron vorbringt, als es sich darum handelte, die Abneigung Girarts gegen eine Unterhandlung mit Karl zu überwinden. Dafür spricht auch die Betheuerungsformel (v. 2927):

E Carles en juret la genitriz,

die mit den sonst von R^2 verwandten grosse Ähnlichkeit hat (Beispiele S. 236). Auch hat der Vers 2936 „Wer für Dich sterben wird, wird nicht verloren sein" eine deutlich ausgesprochene theologische Färbung. Wenn wir nun diese Interpolation R^2 zuschreiben, so werden wir dies auch mit den ebenfalls später angefügten drei Schlussversen der Tirade thun, die eine moralisirende Betrachtung enthalten, in der also der Verfasser hervortritt, wie dies ja bei R^2 nicht selten vorkommt. „Wie auch die Verhandlung ausfallen möge, Valbeton bleibt doch mit Todten bedeckt, wodurch hunderttausend Frauen zu Wittwen geworden sind" (v. 2943—45). Hunderttausend ist bekanntlich eine Lieblingszahl von R^2, cf. v. 1448, 1476, 1556, 1751, 2322; ja bei Angabe der Gefallenen greift er auch sonst zu derselben, z. B. v. 2011. Das alte Epos ist mässiger, denn es spricht in v. 2950 nur von tausend Todten auf dem Schlachtfeld von Valbeton. Endlich werden wir auch dem Gedanken, dass so viele Damen verwittwet wurden, bei R^2 noch zwei Mal begegnen, in v. 5061 und 7099—7100.

Die Friedensverhandlungen gaben wiederum willkommenen Anlass zu Einfügungen und Erweiterungen. Dahin gehört wohl zunächst v. 2957. Die betreffende Stelle lautet ohne denselben:

E li cons respondet toz tiroz,
Si cai vengest messages autres que voz,
Que del poin e del pié le fere bloz.

Hinter der ersten Zeile stehen nun die Worte:

E vos en jur le paire qu'es glaurios,

die völlig entbehrlich sind, wegen des Relativsatzes sehr schleppend erscheinen, ausserdem ein Fremdwort enthalten und wahrscheinlich von R^2 eingeschoben sind; wenigstens sind die von diesem auf

Seite 236 angeführten Schwurwendungen mit dieser zum Theil
wörtlich gleich.

Auch in der endgültigen Antwort, die Girart den Boten giebt,
heisst es jetzt (v. 3082—84):

> Plait ferai veirement, pos m'est loaz,
> Mais eu vos en jur deu e sas bontaz,
> Ja nen er sos fials ne ses privaz,
> S' abanz . . .

Auch hier kann der Schwur, also v. 3083, entbehrt werden (cf.
v. 3115), nur müsste dann in v. 3084 „mais" an Stelle von „ja"
treten. In Tirade 175 gehören dahin v. 2985 und der Schluss
(v. 3007—9). Im Anfang der Tirade wird erzählt, wie der alte
Vuidelon schwer verwundet auf einer Decke lag (v. 2984), als
Girart vor ihm erschien, um sich von ihm Rath zu holen (v. 2986
sq.). Dazwischen stehen nun die Worte:

> L'ordre Saint Beneeit quert c'on li don,

d. h. der Verwundete habe den Wunsch ausgesprochen, mit dem
Ordensgewande des heiligen Benedictus bekleidet zu werden. Die
andern drei Zeilen sind eine Verlängerung der Rede des Vuidelon,
der seinem Neffen versichert hatte: „Wenn Du meinem Rathe folgst,

> Ja ne seras retaz de mespreson" (v. 3006).

Hier hängte nun der Interpolator die genannten Verse an; zunächst
v. 3007:

> Vers ton lige segnor de traicion.

Ich habe bei Besprechung der Tirade 112 (S. 258 sq.) nachgewiesen,
dass die Auffassung, den Girart zum Lehnsmann seines Schwagers
zu machen, von R^2 stammt, und so wird kein Zweifel daran obwalten, dass auch der oben zitirte Vers 2985 den gleichen Verfasser hat. Derselbe lässt den Verwundeten dann noch hinzufügen,
Girart möge nach seinem, Vuidelons, Tode Folcos Rath folgen. In
der nächsten Tirade, 176 (v. 3010—16), wiederholt Girart einfach
die Bedingung, unter der er allein Frieden schliessen werde, und
die er schon v. 3001—3 ausgesprochen hat. Dass auch diese Repetitionsstrophe von R^2 herzuleiten ist, zeigt sich darin, dass in v. 3016
ebenfalls von dem Lehnsverhältniss die Rede ist. Dasselbe geschieht
nun in viel umständlicherer Weise in den beiden Tiraden 177 und
179, wo zunächst Vuidelon in v. 3024—27, dann Landri in v. 3052
bis 3055 dieser Auffassung in ausgeprägtester Weise Ausdruck
verleihen; ich habe diese beiden Stellen an dem soeben angegebenen
Orte mit aufgeführt. Wenn nun schon hiernach sicher anzunehmen
ist, dass der ganze Zusatz v. 3007—59 R^2 in die Schuhe zu
schieben ist, so treten noch einige weitere Indizien dafür verstärkend
hinzu. So der Charakter der Zeitbestimmung (v. 3019):

Pos dex fu mes en croz, cau pres martire.

Ebenso erinnert der Vorwurf, der in v. 3019—23 dem Girart gemacht wird, dass nie ein Mensch so viel Unglück angerichtet und Sünde auf sich geladen habe, wie er, sehr lebhaft an die Worte, die R^2 in v. 7592 der Bertha ihm gegenüber in den Mund legt:

> E as plus omes morz, non saz retraire;

desgleichen an den Vorwurf, den Andicas in v. 9908—11 dem Girart macht, wenn er sagt:

> „ce nen ert gaire
> Avers la gerre grant dunt fus pechaire,
> Dunt cent mile ome issirent de lor aire,
> E altretant a ocis neis tos paire.

Hat der Sterbende in v. 2985 nach dem Ordenskleid des heiligen Benedictus verlangt, so wünscht er in v. 3029 ausserdem noch das des heiligen Basilius. Dass auch Tirade 178 von R^2 stammt, ergiebt sich daraus, dass auf die in derselben enthaltene Rede des Gale von dem folgenden Redner Landri in Tirade 179 Bezug genommen wird. Dieser Gale von Niort ist ebenso wenig wie der Graf von Monfort (v. 3037) dem Epos sonst bekannt. In 179 weist schliesslich auf einen gelehrten Verfasser, speziell auf R^2, noch die Erwähnung der sieben Weisen von Rom hin (v. 3042), ebenso die dunkle Anspielung auf die sieben „jugëor del rei d'Eufrage" (v. 3043) sowie der theologische Ausdruck (v. 3048):

> Mais pos dex nos ou a mis en corage,

dessen metrische Form viel zu wünschen übrig lässt, endlich der Hinweis auf das zwischen Karl und Girart bei ihrer beiderseitigen Verheirathung getroffene Abkommen (v. 3057).

Der Friede kommt zu Stande unter der Bedingung, dass Teiri von Ascane in die Verbannung gehen soll, und Girart huldigt dem Könige, d. h. wird sein Lehnsmann. Es muss mit Recht die Frage erhoben werden, wie es gekommen ist, dass Girart sich zu diesem Schritte versteht, da er bisher die dahin gehenden Forderungen doch stets als unrechtmässig zurückgewiesen hat. In der That muss diese Änderung seines Standpunktes, denn eine solche liegt unzweifelhaft vor, auffallen, und das Gedicht giebt uns nicht genügenden Anhalt, um dieselbe zu erklären. Dennoch fehlt es nicht an Andeutungen, die uns auf die richtige Spur zu lenken scheinen. Als Karls Gesandte vor Girart erscheinen und um Gehör bitten, spricht sich letzterer äusserst erregt über den König aus: „Er hat mir meinen Vater getödtet und schlägt mir jetzt so ungünstige Bedingungen vor" (2960—61). Welches diese Bedingungen waren, erfahren wir nicht, sei es, dass eine Lücke in der Überlieferung vorliegt, sei es, dass der Dichter annahm, der Inhalt derselben ergäbe sich aus dem Folgenden von selbst, sei es endlich, dass der Bearbeiter R^2 die betreffende Stelle unterdrückte, da sie ja zu seiner Auffassung, nach welcher Girart schon Lehnsmann Karls ist, durchaus nicht passte. Das letzte hat die grösste Wahrscheinlichkeit für sich; dennoch können wir aus dem weiteren Verlauf der Erzählung schliessen, dass die von Karl gestellte Bedingung eben in der Anerkennung des Lehnsverhältnisses bestand. Girart weigerte sich zunächst entschieden, sein gutes Recht aufzugeben. Als aber der sterbende Odilon ihm die Annahme der Forderung, deren Inhalt dieser natürlich kannte, dringend empfahl, als auch die andern Barone seine abweichende Meinung tadelten (v. 3060): da entschloss sich Girart, obwohl mit schwerem Herzen, nachzugeben und auf sein Recht zu verzichten, nicht jedoch, ohne auch seinerseits seine Bedingung zu stellen, auf welche wiederum der König ohne den Edelmuth des Teiri von Ascane schwerlich eingegangen wäre.

In dem Berichte, den Tibert dem Könige über seine Sendung zu Girart abstattet, hat R^2 wiederum einige Änderungen vorgenommen. Tibert giebt die Antwort Girarts fast mit denselben Worten, nur mit veränderten Versausgängen wieder. Dabei stehen jedoch für v. 3093—94:

> Mais pos Euldres, mos oncles, on a enpreis,
> E li baron ou lauënt de mon paeis

folgende drei Zeilen (v. 3109—11):

> Mais por amor Jhesu d'eternitat,
> Qui nos en a samblance grant demostrat,
> E li baron ou lauënt de son regnat.

Durch diese Änderung hat also der Verfasser an die Stelle des alten Motivs, der Bitte des sterbenden Onkels, ein theologisches gesetzt, nämlich das offenbare Eingreifen Gottes, das Wunder, wie er es selbst in v. 2882 genannt hat. Einen ganz ähnlichen Gedanken hat er schon vorher den Landri aussprechen lassen (v. 3048—49):

> Mais pos dex nos ou a mis en corage,
> Qui'n a fait demonstrance a son barnage.

An Stelle der beiden jetzigen Verse 3009—10 hat demnach ursprünglich e i n e r gestanden, und zwar begann dieser sicher mit den Worten:

> Mais pos Euldres, sos oncles,

während im Reim ein Wort auf -at stand, also etwa „l'a conseillat", oder „l'en a preiat" oder dergleichen.

Der Vers 3115 ist von R^2 einfach eingeschoben, ohne etwas in der Vorlage zu verdrängen; er enthält den Schwur:

Qu'il jure damlideu d'eternitat,

den R² auch in Girarts Antwort, in v. 3083, eingefügt hat. Der König weigert sich, seinen Schwager und treuesten Rathgeber zu opfern, aber Teiri erklärt, er werde gehen, da er es nicht wolle, dass um seinetwegen der Krieg verlängert werde. Damit war im alten Epos die Sache entschieden. Der Überarbeiter war aber hiermit nicht zufrieden, es musste erst eine Besprechung der Sache stattfinden, und diesem Zwecke dienen die beiden Tiraden 185 und 186. Karl bittet seine Barone um ihren Rath, erklärt aber, genau so wie vorher, er werde den Herzog Teiri nicht fallen lassen (v. 3136—45). Dieser selbst wiederholt gleichfalls seinen Entschluss, sich zu opfern (v. 3146—51). Galeran räth zum Frieden, da Gott deutlich gezeigt habe, dass auch er dies wünsche. Dagegen solle der König seinerseits ebenfalls günstige Bedingungen stellen und dem Girart all seinen Besitz zurückgeben (v. 3152—64). Dieser Vorschlag ist sehr ungeschickt erfunden, da Girart im Kriege bisher keine seiner Besitzungen verloren hatte. Karl erklärt, sie möchten die Frage nach ihrem Belieben entscheiden (v. 3165—67). Alle Merkmale sprechen dafür, dass dieser Einschub wiederum R² seine Entstehung verdankt. Der König behauptet in v. 3138—39, dass die Bischöfe, die Äbte und Doctoren ihn und sein Reich zu behüten hätten. Teiri leitet seine Rede ein mit (v. 3147):

Ne place a damlideu, au redemptor,

einem Ausdruck, dem wir bei dem geistlichen Bearbeiter noch öfter begegnen werden, z. B. v. 3991, 4475, 6198 u. ö.; er nennt den Girart Herzog und den Karl Kaiser (v. 3149), was, wie ich auf Seite 66, 165 und 168 nachgewiesen habe, eine Eigenthümlichkeit dieses Bearbeiters ist. Galeran weist auf das persönliche Eingreifen Gottes hin (v. 3154—56), wendet ebenfalls die Bezeichnung „Herzog" für Girart an (v. 3159), und spickt seine Rede mit Sentenzen aller Art, z. B. wer mit Unrecht den Krieg zu lange fortsetzt, hat keinen Vortheil, sondern nur Schaden (v. 3160—61), denn das was er dabei gewinnt, erkauft er theuer, und auch der Verkauf bringt ihm Verlust (v. 3162), und wenn er ein Mal steigt, so fällt er dafür zwei Mal (v. 3163). Die letzte Tirade dieser Episode berichtet über die Abreise Teiris und die endgültige Versöhnung der beiden Schwäger. Hier ist zunächst v. 3171 spätere Zuthat, wie ich schon in Kapitel 10 (S. 198) bewiesen habe. Ausserdem möchte ich noch v. 3174:

Er devem la paraule mais hui brejar

für interpolirt halten, da ich ein derartiges Hervortreten des Verfassers niemals in den älteren Theilen, wohl aber mehrfach in den von R^2 eingefügten bemerkt habe (s. S. 256, cf. v. 2692 und 3192).

Der soeben besprochene Theil unseres Epos zählt in der vorliegenden Gestalt 1739 Zeilen. Von diesen sind 854, d. h. fast die Hälfte, aus G entnommen, R^1 hat auch hier keine nachweisbaren Spuren hinterlassen, der Antheil von R^2 umfasst 751 Verse, während deren 134 auf Rechnung späterer Überarbeiter zu setzen sind.

Vierzehntes Kapitel

Wiederbeginn des Krieges und Schlacht bei Verdunes.

(v. 3540—5362.)

Dieser Theil des Epos beginnt mit Tirade 217, in welcher wir erfahren, dass der König sich mit seinen Getreuen in Betreff der gegen Girart zu ergreifenden Schritte berieth. Hier glaubte wiederum R² mittheilen zu müssen, dass der König zuvor die Messe gehört habe (v. 3541); die betreffende Kirche wird in O Saint-Maureil, in P Sanh-Marcel genannt.

Tirade 218 (v. 3547—61) ist eine Wiederholungsstrophe zu 217; Karl begiebt sich in sein Zimmer, um seine Barone in Bezug auf Girart zu befragen. Nur ist alles mehr ausgeführt, so die Beschreibung des Gemaches (v. 3547—52), die dort in zwei Zeilen abgethan wird. Ebenso werden die verschiedenen Rangstufen seiner Barone aufgezählt (3553—54). Unter diesen wird nun der Vizgraf von Limoges, Giraut, besonders hervorgehoben, indem nicht nur der Name seines Vaters und seines Oheims mitgetheilt, sondern er selbst auch als das Muster eines Rathgebers hingestellt wird (v. 3555—59). Da nun dieser Giraut in der folgenden Berathung gar nicht auftritt, dem Epos überhaupt sonst ebenso wie seine Verwandten Audoïn und Fouchau ganz unbekannt ist, so wird man nicht irren, wenn man annimmt, dass unsere Tirade ihre Entstehung einem Bearbeiter verdankt, der den Wunsch hatte, jene Persönlichkeit mit dem Gedichte zu verknüpfen, die vielleicht eine historische war, da Paul Meyer (a. a. O. S. 116, Anm. 2) in den Jahren 970—988 einen Vizgrafen Giraut von Limoges nachweist. Als Verfasser werden wir einen der späteren Überarbeiter (R³) vermuthen dürfen; vielleicht denselben, dem wir die Verse 1614—29 und 2137—46 verdanken, da an allen drei Stellen eine ausgeprägte Neigung zu architektonischen Angaben zu Tage tritt, wobei jedes Mal die Mosaikverzierung besonders hervorgehoben wird.

In der Tirade 219 habe ich oben den Vers 3570 als von R², die

Zeilen 3568—69 und 3571—72 als von R¹ eingefügt bezeichnet (S. 235 und 191), weil in ihnen Girart der Mitwisserschaft an dem Morde des Teiri und an dem Diebstahle des Folcher beschuldigt wird. Es ist nicht mehr festzustellen, welche Beschuldigung Karl in dem älteren Epos gegen seinen Schwager vorbrachte, wir wissen ja nur, dass letzterer durch Verläumder in einen falschen Verdacht gekommen war. Es ist nicht unmöglich, dass der Vers 3571 aus dem alten Epos mit herübergenommen ist, d. h. dass, nachdem Karl die angebliche That Girarts mitgetheilt, er auch dort hinzugefügt hatte:

Sobre Girart n'ai mes mon chausiment.

In der nun folgenden Berathung haben die Bearbeiter ihrer Neigung zu Interpolationen freien Lauf gelassen. Der sehr einfache Hergang ergiebt sich aus den alten Strophen 219, 227, 230, 233 und 250. Karl fragt nämlich, was er thun solle, worauf Gace und Garin, zwei auch sonst wohl bekannte Rathgeber des Königs, sich vernehmen lassen; jener schlägt vor, Girart vorzuladen, indem er hinzufügt, demselben dürfe kein Leides geschehen, falls er sich von dem auf ihm ruhenden Verdachte befreien könne. Garin stimmt dem zu und giebt auch im Einzelnen an, wie vorzugehen sei; er nennt die Verwandten Girarts, die diesen hergeleiten, und die Barone, welche den Gerichtshof bilden sollen. Nun fragt der König, wen er zu der Botschaft verwenden solle, und wählt unter den Vorgeschlagenen den Peter von Mont-Rabei, der sich auch alsbald auf den Weg macht.

In dem vorliegenden Gedichte nun finden wir hier eine ganze Fluth von Vorschlägen, und, während der König sonst immer erst zum Schluss seine eigene Meinung, resp. seinen Entschluss kundgiebt, antwortet er hier jedes Mal, und zwar immer in derselben Weise, nämlich durch Wuthausbrüche gegen Girart, die schon darum völlig unberechtigt sind, weil es sich ja vorläufig nur um den Verdacht der Mitwisserschaft um den Mord Teiris handelt. Dieselben müssen um so befremdlicher erscheinen, als der König schliesslich ohne Widerrede auf den Rath eingeht, den Girart behufs seiner Rechtfertigung vorzufordern. Auch die Vorschläge haben im Wesentlichen alle den gleichen Inhalt. Was nun die besonderen Merkmale der Unechtheit betrifft, so erscheinen die Strophen 220—26 schon aus dem Grunde als später eingeschoben, weil die alte Tirade 227 beginnt: Gace, Vizgraf von Dreux, machte den Anfang (v. 3666). Dazu kommen bei allen Tiraden noch weitere Einzelheiten.

In Strophe 220 (3578—88) spricht ein Emoïs, der sonst nie wieder vorkommt (Reim auf -is). Es wäre doch unnatürlich, dass hier im engsten Rathe des Königs ein ganz obscurer Mensch zuerst das Wort ergriffen hätte. Er nennt Boso allein als Mörder (v. 3580) und schlägt, wie später Gace, vor, man solle doch Girart Gelegenheit geben, sich zu rechtfertigen. Karl entgegnet, das werde jener wohl nicht können; worauf Emoïs höchst bescheiden bemerkt, anderes wisse er nicht zu sagen, aber sein Vorschlag sei gut.

Strophe 221 und 222 (v. 3589—3609) haben den gleichen Inhalt: Karl erzählt fast genau wie in Tirade 219 den Anlass der Versammlung und bittet, ihm anzugeben, wie er sich verhalten solle. In v. 3606 wird wiederum Boso allein als der Thäter bezeichnet, während Girart in v. 3604 nur der Mitwisser der That genannt wird. In 221 (v. 3594) bezichtigt Karl sogar seinen Schwager selbst des Mordes und spricht obenein in v. 3595 von seinen (Karls) Brüdern:

> Cui dei eu e mi fraire nostre seror,

deren an keiner andern Stelle des Gedichtes Erwähnung geschieht. P ändert daher und schreibt:

> Cui avia donada ieu ma seror,

sehr unglücklich, denn „ieu“ wird so durch die Caesur von seinem Verbum getrennt.

Der in Tirade 223 (v. 3610—26) „zuerst“ das Wort ergreifende Armant von Belmontel (P: Belmoneil) ist sonst nicht bekannt. Er überbietet seinen Herrn noch in Beschuldigungen, indem er sogar Girarts Vater und Grossvater für Betrüger erklärt. Die Ortsnamen, die er nennt, wie Clarmel, Giterne, Creel, Mont-Aspel und Saint-Maurel (zum Theil in P anders), und die sämmtlich zu Karls oder Girarts Besitzungen gehören sollen, können weder durch das Epos noch durch die Geographie identifizirt werden und sind wohl meist dem Reim (-el) zu Liebe erfunden worden. Schliesslich schlägt Armant vor, dem Girart den Kopf abzuschneiden und ihm darauf noch Rossillon abzunehmen.

Die Antwort Karls in Tirade 224 (v. 3627—36) ist fast noch alberner, als diese Rede. Zwar wisse er nicht, wann sein und des Girart letztes Stündlein schlagen werde, aber gleich nach Ostern werde demnächst der Mai kommen, wo das Gras über die Blumen (!) gewachsen sein werde; dann werde man sehen, was die Prahlhänse des Girart vermöchten; er selbst vertraue auf Gott, jene aber werden vor dem Tode zittern (v. 3627—37).

Die Rede des Alon von Valbeton in Tirade 225 (v. 3637—53) deckt sich inhaltlich mit der des Gace in Strophe 227. Die Punkte, in denen sie sich von jener unterscheidet, machen sie gerade verdächtig; erstens ist wieder nur von Boso als Mörder die Rede; sodann behauptet er, Girart habe den Boso seitdem nicht bei sich aufgenommen, während sich aus dem Folgenden ergiebt, dass jener sich gerade bei seinem Vetter befindet. Endlich erfolgt hier auch gleich eine Antwort Karls, in welcher dieser auf den Diebstahl des Folcher anspielt. In v. 3652 heisst es sodann, der Hof habe sein Urtheil dahin abgegeben, dass Girart schuldig sei, was wiederum nicht mit dem späteren Beschlusse stimmt, demselben solle Gelegenheit gegeben werden, seine Unschuld nachzuweisen.

Wenn in der folgenden Tirade (226; v. 3654—65) ein Vizgraf von Saint-Marsau redend eingeführt wird, so ist zunächst schon auffällig, dass dessen Name nicht genannt wird. Dieser räth dem Könige, mit Girart ein gütliches Abkommen zu treffen, denn der Dienst eines Vasallen sei mehr werth als dreissig mit lauterem Golde beladene Pferde. Dieser gewiss gut gemeinte Vorschlag zieht dem Vizgrafen fürchterliche Verwünschungen und Koseworte wie Hurensohn u. a. von Seiten des Königs zu.[1]

Es folgt Tirade 228 (v. 3675—3702). Obwohl Gace soeben, in Tirade 227, gesprochen, so heisst es hier (v. 3675):

> Gacel viscons de Droes en pez levere.

Ebenso sonderbar ist, dass nun, also bei seinem zweiten Auftreten, seine Vorzüge lobend hervorgehoben werden, und zwar, was das Sonderbarste ist, abgesehen von den veränderten Reimworten (z. B. „parlere“ und „credere“ statt „parlet“ und „creet“), genau so wie dies vorher in Tirade 225 von Alon de Valbeton geschehen war; ja auch Gaces zweite Rede ist, wie vorher die des Alon, identisch mit seiner ersten, und Karl antwortet dasselbe, was er dem Alon gesagt hatte. Originell ist die Replik des Gace, die sich nur auf den Diebstahl des Folcher bezieht: Es sei allezeit hier zu Lande Sitte gewesen, dass man Rath suche, wo man ihn finde, das Geld da nehme, wo welches sei, und es dorthin bringe, wo keines sei. Daran schliesst sich die Wiederholung des Rathes, den Gace bereits in Tirade 227 ertheilt hat.

In Tirade 229 (v. 3703—17) hat der Interpolator dadurch den Eindruck der Zuverlässigkeit hervorrufen wollen, dass er eine Menge Barone namentlich aufführte, die bei der Verhandlung zugegen gewesen sein sollen. Dabei muss es von vornherein Anstoss erregen, dass wir erst jetzt alle diese Namen erfahren, nachdem die Berathungen schon längere Zeit gedauert. Der Verdacht wird aber

---

[1] Man könnte im Zweifel sein, ob die Schimpfworte sich nicht vielmehr auf Girart beziehen sollen, wie Paul Mayer dies auch in seiner Übersetzung thut; doch scheint der Text (von O und L) dagegen zu sprechen:

> Dehé ait, ço dist Carles, qui de lui cau,
> Filz a putein, perjures, filz de jasau,
> Ne m'estordra Girarz, se puis a tau

(v. 3663—65), da erst im dritten Verse von Girart gesprochen wird, während mit dem Vocativ vorher der Angeredete gemeint sein muss.

noch grösser, wenn wir finden, dass bei weitem die meisten Barone
nur an dieser Stelle begegnen, auch keiner derselben in der Folge
das Wort ergreift. Die Namen werden sogar in den Handschriften
zum Theil verschieden angegeben; dahin gehören Gerbert oder
Gilbert, Erans oder Erauz, Graf Guinant, Isenbert von Breine,
Otrant oder Oitrant u. a. Der einzige, der dem älteren Epos entlehnt ist, ist Angerant, der allerdings sonst stets (z. B. v. 1759,
1855, 1868, 1924, 2049) Engerrant geschrieben wird; aber auch
dieser bietet, abgesehen von der Orthographie seines Namens, die
Eigenthümlichkeit dar, dass, während wir an all den aufgezählten
Stellen einfach seinen Namen erfahren, hier auch mitgetheilt wird,
er sei Herr von Abbeville und eines anderen Besitzes gewesen,
welcher wiederum in allen Handschriften verschieden bezeichnet
wird. An die Aufzählung der Namen schliesst sich die Angabe,
dass Karl „wie ein Deutscher" wüthete (v. 3707), weil er nicht
an Girart sein Müthchen kühlen konnte, obwohl gar nicht davon
die Rede ist. Hierdurch zieht er sich eine Rüge von Seiten des
Galeran zu, der dann einfach die Vorschläge des Gace aus Strophe
227 wiederholt, nachdem er die nirgends belegte Behauptung ausgesprochen (v. 3711), dass Folcos Vater Vuidelon Mont-Bran besessen habe.

Die Tirade 230 ist, wie schon angegeben, unzweifelhaft echt,
Garin von Escarabele ist ein auch sonst wohlbekannter Baron Karls
(cf. v. 6446, wo er, wie hier, in der Gesellschaft des Gace erscheint, v. 6603 und 6609), und seine Rede bezieht sich auf die
Art und Weise, wie Gaces Vorschlag, den er unterstützt, ausgeführt werden könne. Aber von dem Interpolator scheint der Rath
desselben herzustammen, die Frage, ob Girart sich Karl gegenüber
zu rechtfertigen vermöge oder nicht, dem Urtheile bestimmter
Barone Karls zu überlassen. P liest an der betreffenden Stelle
(v. 3058):

E s'il te pot far dreh au dih Richart;

L, welches „oiant" an Stelle von „au dih" zeigt, fügt hinzu (v. 793):

Au Galeran, ton conte, ou au Folcart;

O endlich hat im ersten Verse „auint Ricart"; dies scheint aus
„oiant Ricart" entstellt zu sein, doch zwingen die Dative der folgenden Verse, der Lesart von P zu folgen, also „au dit Ricart"
zu lesen. O schliesst sodann an den zweiten, mit L gleichlautenden,
noch folgenden dritten Vers (3726):

Aleves eacelin e au brocart,

der also etwa so lauten müsste:

Al Eve e Acelin e au Brocart.

Diese Stelle ist in mehrfacher Hinsicht anstössig. Zunächst muss eine derartige Bevormundung des Königs auffallen. Sodann aber sind auch die Namen verdächtig, da es sich fast nur um unbekannte Leute handelt, während man doch einen so wichtigen Auftrag nur hervorragenden Persönlichkeiten hätte anvertrauen können. Alle drei Handschriften nennen zunächst Richart ohne weitere Bezeichnung. Vorher ist unter den Baronen Karls noch nie einer dieses Namens vorgekommen, und nachher wird nur ein Mal ganz flüchtig ein Vizgraf Richart genannt (v. 6017). Alle anderen Richards auf Seiten Karls erweisen sich als später eingeführt. Während nun P sich mit diesem einen Richter begnügt, nennt L in Übereinstimmung mit O noch zwei weitere, die aber sonderbarer Weise durch „oder" verbunden werden. Von diesen kennen wir Galeran bereits, Foucart dagegen ist dem Epos fremd, denn der Graf Foucart von Saint-Meart, auf den in v. 4342 in dunkler Weise angespielt wird (obenein in einer interpolirten Stelle), scheint nicht eine lebende Persönlichkeit zu bezeichnen. Von den drei Baronen, die O allein noch hinzufügt, ist Eve völlig unbekannt; einen Acelin treffen wir noch in v. 3944, ebenfalls in einer später eingefügten Tirade, der jedoch dort dem Peter von Mont-Rabei Knappendienste thut, sodass der hier genannte nicht gemeint sein kann. Der Hauptbeweis gegen die Ursprünglichkeit der in Rede stehenden Stelle liegt aber darin, dass, als dieser Vorschlag dem Girart als der Wille des Königs mitgetheilt wird (Tirade 254 und 259), dieser Klausel mit keinem Worte Erwähnung geschieht. Wenn wir nun in O nicht nur die beiden Verse 3725 und 3726, sondern auch den Schluss des vorangehenden (au dit Ricart) als spätere Zuthat bezeichnen, so sind wir, da dem Verse 3724 dann vier Silben fehlen, nicht im Stande anzugeben, wie derselbe früher gelautet hat.

Aber noch in einem anderen Punkte erscheint mir unsere Tirade interpolirt. Garin schlägt vor, der König solle zu Gui von Mont-Ascart schicken, und dieser solle zu Folco, Bernart und Gilbert senden, damit sie ihren Vetter hergeleiten. Schon formell ist die Wiederholung von „tramet" in zwei aufeinander folgenden Versen ungeschickt. Sodann erscheint ein Gui von Mont-Ascart nur an dieser Stelle, ja sein Zuname lautet in L Mont-Agart, in P Mont-Essart; der Name Mont-Ascart kommt nur noch v. 3970 in einer unechten Strophe vor. Das Entscheidende ist aber auch hier wieder, dass, als Karl sich mit dem Vorschlage einverstanden erklärt, er erst in v. 3754 fragt, wen er schicken solle. Aber selbst wenn man annehmen wollte, er habe diesen Theil von Armants Rath überhört, so hätte doch jener Gui ihm nun vorgeschlagen werden müssen. Dies geschieht aber nicht, denn es werden dem Könige Gace,

Gottfried und Peter von Mont-Rabei genannt [1]), von denen er den letztgenannten wählt. Die beiden Verse 3720—21:

> Don, tramet a Giun de Mont-Ascart,
> Cel tramet' a Folcon e a Bernart

lassen sich aber ohne Mühe in einen zusammenziehen:

> Don, tramet a Folcon e a Bernart,

und dies wird auch wohl die ursprüngliche Fassung gewesen sein.

Strophe 231 (v. 3730—36) ist eingefügt, um eine neue Verlängerung der Debatten zu ermöglichen. Karl sendet seine Boten aus und lässt noch mehr Vasallen kommen, denn er will, so heisst es, dass alle seine Barone zustimmen. Sonderbarer Weise beruhigt uns der Interpolator gleich mit der Versicherung, dass der König die Vorschläge Gaces und Armants annehmen wird, ja in L, dass er sie bereits angenommen hat. Die dem Rufe folgenden Vasallen sind wohl, wie die ganze Tirade, der Phantasie des Redactors entsprungen. Richard von Comborn und Folco von Anjou tauchen nie wieder auf; einen Grafen von Poitiers kennt unser Epos zwar, aber keinen Guillaume, denn derselbe heisst sonst immer Gui (z. B. 2409, 2417, 2439 u. a.) und war in der Schlacht bei Valbeton gefallen (v. 2455); Guillaume kann auch nicht dessen Nachfolger sein, denn auch der Graf von Poitiers, der später in dem Epos auftritt, heisst wiederum Gui (v. 6016). Keiner der angeblich neu Angekommenen nimmt auch an der Fortsetzung der Berathung Theil.

In Tirade 232 (v. 3737—53) langen alle an, die der König entboten hat. Sonderbarer Weise stimmen die Namen aber nur zum Theil; an Stelle des Richard von Comborn erscheint ein Jofrés, wahrscheinlich, weil sich inzwischen der Reim geändert hat (-orn in -és). Es muss unterdessen also eine beträchtliche Zeit vergangen sein, doch setzt sich die Berathung sogleich fort. Karl aber fragt auffälliger Weise dies Mal, wie er sich dem Boso gegenüber verhalten soll, während es sich doch bekanntlich um Girart handelt. Das Wort ergreift ein sonst nicht belegter Bernart von Leonés (Reim auf -és!) und räth, den Girart kommen zu lassen; dieser solle auch den Boso mitbringen, um sich zu rechtfertigen. Es ist nicht klar, wen er mit den sich daran schliessenden Worten: „Thut er es nicht" meint; der Nachsatz „so erobert und zerstört ohne Verzug Vaucouleurs" (v. 3749—50) scheint auf Girart gehen zu sollen, obwohl Vaucouleurs, also Lothringen, zwar zu Girarts Partei

---

[1]) Paul Meyer übersetzt auf S. 122 so, als ob die Verse 3755 bis 3756 mit zu Karls Frage gehören. Dann würde jedoch die Antwort fehlen, während ihm in Wirklichkeit auf seine Frage, wen er schicken solle, drei Barone zur Auswahl vorgeschlagen werden.

gehörte, doch nicht sein Eigenthum war. Aber die Fortsetzung „wenn wir den Markgrafen Boso fangen können, so soll er gerichtet werden" spricht mehr für diesen.

Die Tirade 233 ist unzweifelhaft echt, denn Karl beauftragt hier den Peter von Mont-Rabei, den Girart zu zitiren. Dazwischen findet sich jedoch der jüngere Vers (v. 3760):

E si m'ament Bosun, qui face drei.

Wenn wir von der zuletzt besprochenen Strophe 232, die wir als spätere Zuthat erkannt haben, absehen, so ist dieser Vers völlig unverständlich. Wie kann Boso sich rechtfertigen sollen, da er notorisch am Morde Theil genommen? Besonders aber ist hervorzuheben, dass in Strophe 254, wo Peter Karls Auftrag genau wiederholt, es heisst (v. 4043—46):

Car mos segner t'o mande, e eu di tei:
Que li annes dreit faire a sa mercei
A Seisons o a Rains a Saint Romei,
E meina de tos omes meilors a[b] tei.

Also Girart soll entweder in Soissons oder in Reims in der Remigius-Abtei erscheinen, um sich zu rechtfertigen, und soll von seinen besten Mannen (als Geisseln) mitbringen. Genau so trägt in v. 4107—10 Girart die Sache seinen Leuten zur Begutachtung vor:

Carles, lo reis. me mande, que l'an dreit far
A Rains u a Seisons a sun estar,
E mein los mellors omes qu'eu pois menar,
Qui ostagent lo dreit, se no[l] pois far.

Hiernach dürfte es kaum zweifelhaft sein, dass der Vers 3760 ursprünglich anders gelautet hat, und zwar entweder:

A Seisons o a Rains em face drei,

oder, was wahrscheinlicher ist:

A Seisons o a Rains a Saint Romei,
Si ameint de ses omes em face drei.

Hiermit war Karls Auftrag denn auch beendet, der Rest der Tirade (v. 3761—67) ist späterer Zusatz, da zu einer Drohung Karls gegen Girart bisher keine Veranlassung vorliegt, von einer solchen auch nachher in den beiden Wiedergaben des Auftrages sich kein Wort findet.

Aber der Sucht, die Verhandlungen weiter auszuspinnen, war immer noch nicht völlig Genüge gethan, das beweist der Einschub von Tirade 234 und 235 (v. 3768—3813). Das ist um so unerträglicher, als der König in Tirade 233 bereits dem Peire von Mont-Rabei seinen Auftrag ertheilt und damit die Sache entschieden hatte. Der Aimon von Vaugruage, dem zunächst das Wort ertheilt

wird, ist nicht bekannt (Reim auf -age), und der Zusatz, dass er
der Vater des Carbonel von Mont-Brisage war, bringt uns nicht
weiter, da wir von diesem ebenso wenig wissen. Er schlägt jedoch
auch wieder vor, den Girart zu entbieten und, sollte er nicht Folge
leisten, zu bekriegen. Der zweite Redner heisst in den Handschriften verschieden, in O (v. 3787) Tebert, in L (v. 849) Tiebert,
in P Rainier, überall mit dem Zusatz „von Valbeton". Auch
dieser trägt dieselbe Ansicht noch einmal vor und empfiehlt ausdrücklich den Rath des Aimon. Das Neue bei ihm besteht darin,
dass nach ihm Girart den Folco, den Boso und den Seguin als
Geisseln mitbringen soll. Er muthet also dem Könige zu, die resp.
den Mörder Teiris als Geisseln anzunehmen. Da nun aber Peter
von Mont-Rabei sich bereits in der nächsten Strophe zur Abreise
rüstet, so hielt der Redactor es für nöthig, diesem seinen Auftrag
noch einmal ertheilen zu lassen. Auch bei dieser Gelegenheit gab
er von seinem Eigenen etwas zu, das sich jedoch alsbald wieder als
in der Luft schwebend erweist. Er setzt nämlich Peters Verwandtschaftsverhältnisse auseinander. Hiernach soll er der Sohn des
weisen Gautier gewesen sein, und dieser Gautier und sein Bruder
Alon seien Söhne des Tibert von Valbeton gewesen. Nun stellt
sich aber heraus, dass Alon eine später eingefügte Person ist. Denn
er erscheint nur in Tirade 225, die wir soeben als interpolirt nachgewiesen haben, und genau so verhält es sich mit der Tirade 228,
wo in v. 3679 auf Alons Rede hingewiesen wird. Damit fällt
natürlich auch die zweite Angabe, dass Gautier von Mont-Rabei
und Alon von Valbeton Söhne des Tibert von Valbeton gewesen
seien, in nichts zusammen. In Bezug auf Gautier erscheint dies
auch durchaus unwahrscheinlich, da er in v. 3859 als weissbärtiger
Greis hingestellt wird, während Tibert von Valbeton in unserm
Epos ein rüstiger Krieger ist. Der Redactor sucht diesen Widerspruch dadurch zu lösen, dass er dem Tibert in v. 3789 mehr als
hundert Jahre giebt, aber, wie gesagt, ganz im Gegensatz zu dem
Epos. Es bleibt demnach nur die Behauptung übrig, dass Peter
von Mont-Rabei der Sohn Gautiers war, was auch sonst bestätigt
wird (cf. Tirade 240, 382, 386).

Wie schon erwähnt, verlässt der zum Gesandten bestimmte
Peter in Tirade 250 den Saal, um abzureisen; die Tiraden 236—249
dienen also dem Zwecke, die Handlung noch weiter auszuspinnen.
Dies geschieht in folgender Weise. In Tirade 236 geht Peter in
seine Wohnung und schläft einem „on dit" zu Folge (digent, v. 3815)
aus. Am nächsten Morgen wird er rasirt, geschoren, gebadet und
nach der neuesten französischen Mode (a la guise de France, v. 3819)
gekleidet. Die Strophen 237—239 dienen nun dazu, uns seinen

Anzug vom Hemd an bis zum letzten Kleidungsstück zu beschreiben.
Am Schlusse von 239 hören wir, dass er in die Messe ging, die
ein Abt las, und sich dann unter eine Pinie begab. Hier kam zu
ihm sein Vater Gautier mit dem Grafen Nevelon von Soissons
(Tirade 240—41). Ein Mann dieses Namens kommt sonst im Epos
nicht vor, und da er auch hier nur als Statist fungirt, so wird er
seine Entstehung wohl nur dem Umstande danken, dass er in seinem
Namen zwei Reime auf -on zu liefern vermochte. Gautier versichert
seinem Sohne, dass, wenn er die Rathschläge, die er ihm sogleich
ertheilen werde, befolgen würde, er weder feige, noch verrückt,
noch schuftig (avol, fol ne felun) erscheinen werde (v. 3858). In
Tirade 242 räth er ihm dann für seine Botschaft Zurückhaltung
in seinen Worten, und Peter erklärt, er werde sich so benehmen,
dass, wenn Boso, Manfred, Seguin oder Gottfried ihn nicht tödteten,
sein Vater nie von einer besser ausgerichteten Sendung gehört haben
werde. Gofrei und Mafrei sind offenbar wieder nur des Reimes
wegen gewählt, Männer dieses Namens kennt das Gedicht überhaupt nicht.

Die Tirade 243 beginnt mit der nicht gerade sehr logischen
Versicherung, dass Peter gut auf die Worte seines Vaters gehört
habe, und dass deshalb gerade er vom Könige ausgewählt worden
sei. Es folgt nun eine Lobpreisung des Gesandten, die jedenfalls
besser an die Stelle gehört hätte, in der er für den Posten empfohlen
worden war. Diese Schilderung selbst ist schwülstig und wenig gewandt: Sieben Mal habe er im gerichtlichen Zweikampf gestritten und
gesiegt; wenn man alle Einwohner eines Bisthums zusammen thäte,
so würden sie ihn nicht in zehn Monaten von seinem Recht ab-
bringen, falls sie ihn nicht etwa unter Zwang oder in Gefangenschaft
hätten. Die darauf folgenden Verse (3888—89):

> Per tant lo sat ben Carles de toz triat,
> Car lo sat prou e saive e molt preisat

sind nur eine ungeschickte Modification von v. 3879—80:

> Se Carles per so l'a de toz triat,
> Car lo sat prou e saive e bien menbrat.

Das Wunderbarste aber ist, dass in der folgenden Zeile (3890)
Karl den Peter plötzlich wieder anredet, obwohl letzterer beim
Austritt aus der Kirche mit seinem Vater zusammengetroffen ist
und gesprochen hat (Tirade 240). Der König empfiehlt dem Peter,
wie dessen Vater, Demuth und Mässigung Girart gegenüber, während
er sonst immer mit der grössten Leidenschaftlichkeit von seinem
Schwager spricht. Hierauf ertheilt er ihm zum dritten Male seinen
Auftrag und knüpft daran, wie gewöhnlich, einige Drohungen gegen
Girart. Peters Antwort (in Tirade 244) ist ebenso schwülstig und

weitschweifig, wie die obige Beschreibung seiner Thaten: „Wenn es Gott, dem heiligen Peter und dem heiligen Paul gefällt, so werde ich mich nicht eine Goldammer werth achten, wenn nicht am Hofe die Klugen und die Thoren, ebenso wie Girart, es hören, dass er (Girart) in seiner Schuld sich dem Könige entzieht; und wenn er mich deswegen für gemein hält, so würde ich weder ihn noch irgend jemand, der auf dem Stuhl sitzt, eine Nachtigall schätzen".

Aber obwohl der Bearbeiter im ersten Theile der Strophe 245 selbst erklärt, dass Peter völlig zur Abreise bereit, Ross und Rüstung in bester Ordnung gewesen sei, so lässt er uns dennoch in dem Schluss von 245 und Tirade 247 der Wappnung Peters beiwohnen, und wir bekommen dabei eine genaue Aufzählung und Beschreibung aller seiner Waffenstücke, jedesmal mit Angabe des Ursprungs. Eingeleitet wird diese Scene mit folgenden Worten: „Zu einem Söller haben sie den Peter hinaufgeführt, und nun hört, mit welchen Waffen sie ihn bewaffnet haben" (v. 3923—24). Die Angaben über die Waffen zeigen mehrfache Widersprüche. Schon die Behauptung, dass die ganze Rüstung das Geschenk eines Olivier war (v. 3921), lässt sich nicht gut mit der in v. 3928 enthaltenen vereinigen, dass Karl den Panzer aus der Fremde mitgebracht habe, es sei denn durch die Annahme, dass Karl denselben zuerst jenem Olivier geschenkt hat. Der Ort, woher Karl die Brünne bezogen, lautet in allen Handschriften verschieden, in O: Mon-Gauger, in P: Mon-Caubier (v. 3257), in L: Mont-Disdier (v. 965). O allein fügt dann noch den unklaren, überdies zu kurzen Vers (3929) hinzu: Ja est ço Clareus qui fu seineir. — Es folgt nun eine Beschreibung des Panzers, woran O und L, die bekanntlich auf eine gemeinsame Vorlage zurückgehen, die Notiz schliessen (L 968—69; ähnlich O 3932—33):

> Il fu ovré en Inde, celer nel quier,
> La le firent per art dui habergier.

Wie derselbe nach Frankreich gekommen, geben alle drei Handschriften wieder übereinstimmend an (v. 3934):

> Eu France l'aporterent dui mercadier.

Da dies nicht recht mit dem soeben besprochenen Verse 3928 stimmt, wonach Karl das Stück mitgebracht hat, so glaubt P diesen Widerspruch durch Einfügung des Verses (3261):

> Que lo donero Karle dedins Rivier

zu beseitigen. Ebenso erzählt P allein (v. 3264), dass Peter einen stählernen Helm aufgesetzt habe, während O und L diesen Theil der Rüstung ganz übergehen. Es folgt darauf in allen dreien das Schwert, dem O sogar den Namen Belan giebt, offenbar eine Remi-

niscenz an den deutschen Schmied Weland, der ja auch in der altfranzösischen Literatur bekannt ist. Von diesem Schwerte wissen
O und L, dass es früher dem Desiderius (welchem?) gehört habe,
verrathen aber dies Mal nicht, wie es in den Besitz Peters oder
Oliviers gelangt ist, dagegen theilt L mit, dass Peter es an seiner
Linken umgeschnallt habe (v. 973). Zu bemerken ist dabei, dass
nach v. 4956, einer unverdächtigen Stelle, auch Girarts Schwert
ein Geschenk des Desiderius war. Der Schild stammt nach O aus
Durmer (v. 3939), während an der betreffenden Stelle L „d'or mier",
P „dedins mier" liest. Die Lesart „aus reinem Golde" ist jedoch
nicht zulässig, da erst kurz darauf mitgetheilt wird, dass Buckel und
Nägel aus reinem arabischen Golde waren. Die Lanze endlich gehörte nach O (v. 3942) früher einem sonst unbekannten Berengier,
die beiden andern Manuscripte weichen wiederum ab (Et hanste fort
et rade a cel mestier, L 977; E ac asta de fraisser e fer d'acier,
P 3270).

Somit waren sämmtliche Theile der Rüstung ausführlich behandelt. Aber damit war der Bearbeiter noch nicht zufrieden, er
wollte auch noch über Ross und Sattelzeug berichten. Zu diesem
Zwecke fügte er zunächst die Bemerkung hinzu, dass Peter seinen
Neffen Acelin, Sohn des Ascher, mit auf die Fahrt genommen, und
dass dieser ihm sein Pferd geführt habe. Dieser Knappe Acelin ist
von dem Interpolator ad hoc erfunden, denn er erscheint in dem
Gedichte nur bei dieser einen Gelegenheit (über einen andern Acelin
s. oben S. 294). Ja sogar auf der Reise ist immer nur von Peter
allein die Rede; nur zwei Mal, nämlich in Tirade 251 und 252,
erinnert sich der Redactor seines Schützlings, indem er einmal den
Vers 4006 einschob:

S' espade comandet a l'esuder;

desgleichen etwas später v. 4015:

E trobet fors a l'uis son conpainon,

wo dieser Begleiter also plötzlich auftaucht, um ebenso schnell auf
Nimmerwiedersehen zu verschwinden.

Bei der nun folgenden Beschreibung des Pferdes, seiner Vorzüge,
seines köstlichen Zaumes und Sattels verweilen die Handschriften
wieder verschieden lange. O allein giebt die Heimath desselben an
(v. 3946), Balager, und behauptet auch von dem Reitzeuge, dass
zwei Kaufleute es dem Karl mitgebracht hätten (v. 3954), während
dieselbe Handschrift im folgenden Verse, und zwar dies Mal in Übereinstimmung mit P (in L fehlt der Vers) angiebt, dass Peter dasselbe
ebenfalls von Olivier erhalten habe (P 3283).

Nach der mehrfach beobachteten Methode fügte der Bearbeiter
dann noch an einer späteren Stelle, in Tirade 332, wo Peter in der

Schlacht bei Verdunes auftritt, zur Stütze seines Einschubes eine
Anspielung an dieselbe ein, nämlich den Vers 5190:

E a portat les armes c'aut d'Oliver.

Aber die Interpolationssucht ist noch nicht befriedigt. In den
Strophen 247—249 bittet Peter den König noch ein Mal um seine
Instruction, und dieser wiederholt nun das, was er ihm zuerst in
Tirade 233, dann in jüngeren Strophen noch zwei Mal gesagt hatte,
z w e i w e i t e r e M a l e. In Tirade 247 erfahren wir sogar noch,
dass, als Peter in den Saal eintrat, gerade ein Process zwischen
einem Grafen und einem Bischof verhandelt wurde (v. 3961). Peter
fragt, gerade als ob noch nie davon die Rede gewesen wäre, was der
König denn von ihm verlange (v. 3964), und Karl erklärt sich sofort
bereit, die gewünschte Auskunft zu ertheilen, schärft ihm aber ein,
aufzupassen, da ein Bote, der seine Sache schlecht mache, nichts tauge.
Sein Auftrag in Tirade 248 ist derselbe, wie in 233, nur entbietet
er den Girart jetzt nicht nach der Remigius-Abtei in Reims, sondern
nach der des heiligen Medardus, augenscheinlich wiederum des Reimes
wegen. Vielleicht fasste er beide Namen als Bezeichnung der betreffenden Kalendertage; dann würde das Remigiusfest den 1. October,
das des heiligen Medardus den 8. Juni bedeuten. Girart soll sich
dies Mal dem Urtheile entweder des Richard oder des Gace oder
des Brochart unterwerfen, was nur eine ungenaue Wiederholung der
oben besprochenen, ebenfalls unechten Verse 3725—26 (s. o. Tirade
230) ist, zum Theil mit Veränderung der Namen. Als Geisseln
werden in sämmtlichen Handschriften zunächst Seguin und Bernart
genannt. O fügt dann noch hinzu (v. 3975):

Folcher, lo marescau del felon art,

während der Vers in P lautet (v. 3303):

Don Folchier e Boson de felon art.

Der Zusatz „de felon art", der sich nur auf Folchers Zauberkunst
beziehen kann, lässt vermuthen, dass die Lesart von O die richtige
ist. Aber es bleibt dasselbe Bedenken gegen diese Geisseln, wie
gegen die von Tibert de Valbeton in Tirade 235 vorgeschlagenen
(s. o.), da selbst nach Bosos Entfernung immer noch einer der Mörder,
Seguin, darunter bleibt.

In Strophe 249 wiederholt Karl, wie gesagt, noch ein Mal
das, was er dem Girart entbieten lässt, und dann bittet Peter um
die Erlaubniss, abzureisen, was er jedoch erst in der nächsten
(echten) Tirade thut.

Suchen wir nunmehr die verschiedenen soeben vorgeführten
Interpolationen ihren Verfassern zuzuweisen, so beginnt der Einschub
von R² mit Tirade 222. Derselbe lässt den König hier seinen

Baronen noch ein Mal den Gegenstand der Berathung mittheilen, wobei dieser den Boso als Mörder bezeichnet, und dann beginnt mit 223 die Debatte, die durch die Worte „Preimers parlet" eingeleitet wird. Ein späterer Redactor fügte dann 220 ein und begann ebenfalls mit „Premers ou dis", da jetzt ja der von ihm erfundene Redner der erste war. Dass auch hier Boso allein als Mörder genannt wird, spricht nicht gegen meine Ansicht, da jener ja diese Behauptung in den von R^2 herstammenden Strophen vorfand. Gegen R^2 sprechen in 220 auch die Betheurungsformeln „par mon cap" (v. 3584), „per tot Paris" (v. 3586), da R^2 in derartigen Wendungen stets Personen oder Gegenstände aus dem Gebiete der Theologie und der Kirche gebraucht. 221 ist ebenfalls nach R^2, jedoch nicht von dem Verfasser von 220 eingefügt worden, da nach v. 3594 Girart selbst den Mord begangen haben soll. Tirade 223 zeigt nur ein Merkmal, das auf R^2 hinweist: Armant begnügt sich nicht damit, gegen Girart allein die ärgsten Vorwürfe zu schleudern, er beschuldigt auch dessen Vater und Grossvater. Genau so hält Andicas in v. 9911 dem Grafen vor:

E altretant a ocis neis tos paire.

Aber die Zugehörigkeit der Strophe zu R^2 folgt auch daraus, dass die in 224 enthaltene Antwort des Königs, die doch offenbar den gleichen Verfasser hat, durch einzelne Züge deutlich auf jenen Bearbeiter hinweist. So verwendet er in v. 3627 den Ausdruck „la flor" mit dem Genetiv im Sinne von „das Beste von einer Sache" gerade so wie in v. 7500, 7863 und 8228 (cf. S. 198); so zeigt er auch hier seine Vorliebe für Zeitangaben in v. 3629—30:

Mais ere venra mais apres pascor,
Que l'erbe ert cregude sobre la flor,

ähnlich wie in v. 679, 2093, 2269, 2862, 3282 u. a. Endlich schlägt er hier, wie oft, einen religiösen Ton an, z. B., er kenne nicht sein, noch Girarts Sterbestündlein (v. 3628), er vertraue auf Gott, den König der Himmel (v. 3634).

Auch bei Tirade 225 kann die Autorschaft von R^2 nicht zweifelhaft sein, da dieselbe in v. 3649—52 die Anspielung auf den Silberdiebstahl des Folcher enthält, die ich schon in Kapitel 12 (S. 235) mit aufgeführt und besprochen habe. Ein weiteres Indicium liegt darin, dass auch hier, in v. 3642, der Mord dem Boso allein in die Schuhe geschoben wird. Da nun der hier auftretende Alon von Valbeton nur noch in einigen wenigen, demnächst zu besprechenden Stellen vorkommt, die sich sämmtlich als spätere Zuthaten erweisen, so wird man dieselben ebenfalls dem R^2 zuschreiben dürfen.

Der Strophe 226 fehlt es an sicheren Kriterien, jedenfalls

spricht nichts für R^2. Wenn die Vermuthung Paul Meyers (a. a. O. S. 119, Anm. 3), dass der hier redende Vizgraf von Saint-Martial identisch sei mit dem in Tirade 218, v. 3555, genannten Vizgrafen von Limoges, richtig ist, so würde dies ebenfalls gegen R^2 sprechen, da, wie wir gesehen haben, jene Tirade von einem anderen Verfasser (R^3) herrührt. Endlich erinnern auch die dreissig Pferdeladungen in v. 3662 an die zehn und fünfhundert Karrenladungen in den Tiraden 201 und 206, denen wir ebenfalls einen spätern Ursprung zuerkannt haben (cf. S. 184). Dasselbe wird daher auch für 226 anzunehmen sein.

Da in 228 der Gace auf die Worte Alons Bezug nimmt, übrigens dieselben im Wesentlichen wiederholt, so haben wir es hier wohl wieder mit R^2 zu thun. Dagegen ist dies nicht mit 229 der Fall, da der Ausdruck, dass Teiri durch seine Kinder gerächt worden sei (v. 3713), nicht von R^2 herstammen kann, der ja den Boso allein mit dieser Aufgabe betraute. R^2 macht ausserdem den Vuidelon zum Herrn der Provence, während diesem hier (v. 3711) das ganz unbekannte Mont-Brant zuertheilt wird. Die zwischen die älteren Bestandtheile der Tirade 230 eingefügten Namen begegnen zum Theil in Interpolationen, die R^2 zum Verfasser haben, so Mont-Ascart in Tirade 248 (v. 3970) und Brocart in Tirade 39 (v. 558), letzterer ebenfalls als Vertrauter des Königs. Daher ist hier derselbe Interpolator anzunehmen, um so mehr, als R^2 auch an zwei andern Stellen den Gedanken verwendet, die Sache des Parteihauptes dem Urtheil eines seiner Barone zu unterbreiten. In v. 3036—38 schlägt nämlich Gale von Niort vor:

Carles en face dreit . .
Au jugement le conte qu'est de Monfort
E d'un autre baron.

Ganz ähnlich ist der Vorgang in v. 3972—73. R^2 scheint aber auch bei 231—32, die zusammen gehören, im Spiele zu sein. Karl beräth hier, wie er sich dem Boso gegenüber benehmen soll, und es wird vorgeschlagen, auch dieser solle vorgeladen werden, um sich zu rechtfertigen. Dieser Gedanke kann wohl nur von R^2 ausgehen, denn offenbar soll die Rechtfertigung sich auf den Mord beziehen, und nur nach der Darstellung von R^2 hat Boso allein diesen begangen. Mit dieser Schlussfolgerung stimmt auch die zwei Mal gebrauchte Versicherungsformel „sil (sis) aju deus!" (v. 3730 und 3735), die R^2, wie wir sehen werden, mit Vorliebe verwendet, z. B.:

Si damledeus t'ajut ne sau ne gart, v. 4171;
Car se dex te ajude e dreiz consenz, v. 4227;

endlich erinnert die Beschreibung des mit Teppichen (pailes) behängten Zimmers (v. 3740—41) lebhaft an die in v. 52—53 enthaltene, die sicher R² zum Verfasser hat. Selbstverständlich würde eben demselben auch die Veränderung in v. 3760 in die Schuhe zu schieben sein, die dem gleichen Zwecke dient, den Boso mit in die Untersuchung hineinzuziehen. Auch der Rest der Strophe (v. 3761 bis 67) zeigt charakteristische Merkmale von R², so den Vers 3762:

Ja ne verra passat de mai lo mei[s],

den R² in v. 3897 fast wörtlich wiederholt (cf. S. 222); so die Drohung Karls, Girarts Weingärten zu zerstören (v. 3764), die uns bei R² mehrfach begegnet ist (v. 1445—46, 1793, 2095, 2227, 2257). Endlich ist auch der Vers 3766:

Una ren pout nodar en son correi

dahin zu rechnen, da nicht nur der darin enthaltene bildliche Ausdruck (im Sinne von „sich etwas merken"), sondern der ganze Vers in einer ebenfalls von dem Mönch von Vezelai verfassten Tirade (v. 4333) wörtlich wiederkehrt.

Endlich müssen auch Tirade 234 und 235 denselben Ursprung haben, da in der letzteren auf die in ersterer enthaltene Rede des Aimon Bezug genommen wird. Beide sind daher von R² verfasst, da in v. 3808 Alon von Valbeton erwähnt wird, der, wie wir oben gesehen, eine von diesem Bearbeiter erfundene Persönlichkeit ist. Derselbe ist demnach auch der Erfinder des oben angegebenen Verwandtschaftsverhältnisses, denn das alte Epos kannte zwar den Tibert von Valbeton sowie auch den Peter von Mont-Rabei und dessen Vater Gautier als Barone Karls, aber nirgends werden sie zu Verwandten gemacht.

Dass auch die ganze Scene, welche die Toilette und die Ermahnung Peters durch seinen Vater behandelt, also die Strophen 236—242, die eng miteinander zusammenhängen, eine Erfindung von R² ist, wird wahrscheinlich durch das Hervortreten des Autors in v. 3820—21 (cf. S. 256), durch die Berufung auf die Quelle in v. 3815 (cf. S. 280), durch die zweimalige geflissentliche Hervorhebung des Umstandes, dass Peter zum Beten in die Kirche ging (v. 3838 und 3841), dass er eine Messe hörte, und dass ein Abt diese las (v. 3839 und 3842). Sodann die geistliche Formel „si deus vos adjut e sainte feiz" (v. 3867), die also eine Erweiterung derjenigen darstellt, die derselbe Redactor in v. 3730 und 3735 gebraucht hat. Endlich möchte ich daran erinnern, dass dem Girart hier „maus veiz" (v. 3866) zugeschrieben werden, die identisch zu sein scheinen mit den „mauviz" unseres Helden, von denen R² in v. 2930 den König sprechen lässt.

Aber auch Tirade 243 und 244 stammen von demselben Redactor, so viele Mängel und Schwächen sie auch enthalten. Vorbereitet hat

R^y diese Rückkehr Peters zu Karl schon in v. 3812—13, wo er, als dieser ihm gesagt, er solle nach Rossillon gehen, die Antwort giebt:

Eus en dirai, dist Peires, a breu sermon
Lo matin, quant parra l'aube del tron,

also er behält sich vor, in Kurzem, nämlich am nächsten Morgen, Antwort zu ertheilen. Da dies nun in 244 geschieht, so hat der Redactor es für gut gehalten, auch den Karl seine Instruction in 243 wiederholen zu lassen. In beiden Tiraden weisen noch folgende Punkte auf R^2 hin: die Zeitangabe „ehe der Mai vergeht" (v. 3897), wofür ich oben zu v. 3659 zahlreiche weitere Belege angeführt habe (cf. S. 222); die Betheuerungen „per deu" (v. 3902) und „Se deu plaz e Sain Piere e Sain Pol" (v. 3904); auch das Fremdwort „umilitat" (v. 3892) kann dahin gerechnet werden.

Für die folgenden Strophen, die also die Wappnung Peters schildern, würde man a priori einen andern als einen geistlichen Verfasser vermuthen, um so mehr, als es für diesen nahe gelegen hätte, die Rüstung im Anschluss an den Anzug zu beschreiben. Denn, wie diese Scene in der vorliegenden Fassung unseres Gedichtes geschildert wird, verliess Peter zunächst den Saal, um zu schlafen und Toilette zu machen, traf den König am folgenden Morgen wieder an der alten Stelle, erhielt seinen Auftrag zum zweiten Male, ging darauf in seine Wohnung, um die Rüstung anzulegen, und kehrte wiederum in das Versammlungszimmer zurück, um, nachdem er zum dritten und letzten Male über seine Botschaft unterrichtet worden, endgültig um Urlaub zu bitten. Es wird schwer, ein und demselben Verfasser derartiges in die Schuhe zu schieben, aber es scheint, als ob es keine Unwahrscheinlichkeit und keine Ungeschicklichkeit giebt, die man dem geistlichen Bearbeiter nicht zutrauen dürfte, da auch in den Tiraden 245—249 manches für seine Autorschaft spricht. Bei den etwas unklaren und sich zum Theil widersprechenden Angaben in Betreff des Ursprunges der einzelnen Ausrüstungsgegenstände erinnern wir uns, dass R^2 derartige geheimnissvolle, oft unverständliche Hinweise und Anspielungen liebte, z. B. in v. 757—61; 1024—25; 2671—74; 3043; 3261—64. Ja er giebt auch sonst gern den Waffen eine Abstammung von berühmten Persönlichkeiten; so redet er in v. 8727 von einem Speer, den Arthur von Cornuaille getragen hatte, in v. 3531—32 von einem Helm und einer Brünne, die Alexander den Turkionen abgenommen hatte; Rainier war mit einem Schwert des Königs Genenc umgürtet (v. 4978); ähnliche Bezeichnungen werden wir noch in den Versen 5290 und 6526—30 finden, die sich ebenfalls als Eigenthum von R^2 erweisen lassen. Auch zu Übertreibungen, wie die in v. 3960 enthaltene, dass mehr als sieben-

hundert Barone im Saale waren, hat er bekanntlich eine ausgesprochene Neigung. Ich erwähne noch, dass in v. 3961 ein Bischof
unmotivirt erwähnt wird. Besonders zahlreich sind die Indizien in
Tirade 248. Der Name Mont-Ascart kommt, wie schon erwähnt,
nur noch in v. 3720, der heilige Medardus nur noch in v. 4559,
Ricart in v. 3724, Brocart in v. 558 und 3726 vor, sämmtlich
Stellen, die R^2 zum Verfasser haben. Zum Überfluss findet sich
in v. 3975 eine Anspielung auf die Zauberkunst (felon art) Folchers,
die bekanntlich in der Phantasie desselben Redactors ihren Ursprung hat (cf. S. 229 sq.).

Aber ganz unbehelligt konnte er den Gesandten auch jetzt noch
nicht ziehen lassen, und so fügte er denn in Tirade 250 zunächst
die vier Zeilen 3988—91 ein, in denen Peter noch ein kleines
Gespräch (parlement) mit seinem Vater anknüpft, worauf dieser ihn:

> A deu, lo redentor omnipotent.

empfiehlt; demnächst den Vers 3994:

> Car Peires en juret son saigrement.

Dieser Schwur (sc. dass niemand ihn begleiten solle,) ist völlig überflüssig, da in v. 3993 schon gesagt ist, dass er jede Begleitung
verboten hatte.

In dem Bericht über die Reise selbst hat er nichts geändert,
doch scheint mir, als hätte er den Vers 4002:

> Las jornades qu'il fest contar non quer

eingeschoben, um diese Enthaltsamkeit besonders hervorzuheben,
während in den älteren Theilen des Epos der Verfasser nicht so in
den Vordergrund tritt. Wohl aber thut R^2 dies mit Vorliebe, wie
oben (S. 256), zu v. 1782, durch zahlreiche Beispiele nachgewiesen
worden ist. Ebenso stammen von ihm die beiden Zeilen 4005—6.
In der ersten lässt er bei seiner Ankunft in Rossillon hundert Ritter
auf ihn zueilen, um ihm die Waffen abzunehmen. Dies ist eine
Liebhaberei von ihm (cf. v. 2213), die aber hier schlecht angebracht
ist; denn, wie aus dem Folgenden sich ergiebt, ritt Peter nicht bis
zum Schloss, sondern stieg bei der Kirche ab, um ein kurzes Gebet
zu verrichten, und überschritt dann zu Fuss den Platz vor dem
Schlosse, sodass er den Girart gradezu überraschte; über den
zweiten Vers, in welchem plötzlich der von R^2 dem Peter mitgegebene
Knappe auftaucht, habe ich bereits oben (S. 300) gesprochen. Dasselbe gilt von v. 4015, wo er diesen Knappen beim Austritt aus
der Kirche findet. Demnach stammt auch v. 4016 von R^2, in
welchem Peter sich das Schwert wieder umschnallt, das er jenem
in v. 4006 übergeben hatte. Aber ich möchte ihm noch weitere
Verse der Tirade 252 in die Schuhe schieben. Meiner Meinung
nach lautete der Anfang derselben ursprünglich so:

El monester fes Peires breu orazou
E vent per mi la place lo pau passon;
Girarz parle a Doitrau e a Folcon etc.

Den ersten Vers glaubte aber unser Mönch nicht ohne Erweiterung
vorübergehen lassen zu sollen, und so fügte er denn die Verse 4009—14
ein, in deren erstem wir erfahren, dass das Gebet „sehr gut" war,
worauf er uns auch den Inhalt desselben mittheilt, weiter, dass es an
die heilige Maria und an Gott gerichtet war. Wie wir wissen,
giebt R^2 auch sonst den Wortlaut eines Gebets an, (z. B. 2498 sq.;
2527 sq.; 5073—75). Dass der Vers 4014:

E a segnat son cap ab ist sermon

den gleichen Ursprung hat, liegt auf der Hand. Aber ehe Peter
zu Girart kam, lässt unser Redactor ihn auf dem Platze noch
einer Menge von Baronen begegnen (v. 4018—21), nämlich dem
Grafen Stephan, dem Robert, Wilhelm, Ajennon, Ranul, Thibaut
und Açon. Keiner derselben nimmt an den folgenden Verhandlungen Theil oder kommt überhaupt noch jemals unter den Leuten
Girarts vor.

Die Strophe 253 habe ich in Kapitel 10 (S. 191) als von R^1
herrührend nachgewiesen, 254 ist aus der Vorlage herübergenommen,
nur sind die drei Schlussverse (4047—49) erst später angefügt.
Zunächst ist der Sinn derselben nicht recht klar. Nachdem Peter
seinen Auftrag ausgerichtet, fügt er hinzu: „Und nicht möget Ihr
glauben, dass er so mit Euch verhandle, wie man mit einem Grafen
Eurer Art thun muss". „Nicht wird er es thun", sagte Girart,
„wenn er mich nicht sieht". Von jenem Zusatz findet sich weder
in Karls Auftrag noch in Girarts Wiedergabe desselben etwas; er
ist daher wohl jüngeren Ursprunges, und zwar jedenfalls von R^2 angefügt, da er den Drohungen entspricht, die dieser vorher den
König gegen seinen Schwager hat ausstossen lassen.

Ebenso ist Tirade 255 (v. 4050—68) Eigenthum von R^2. Nachdem nämlich Peter in Strophe 254 dem Girart Karls Auftrag ausgerichtet, thut er dies in 255 noch ein Mal, und zwar mit fast genau denselben Worten, welche in Tirade 235, die, wie wir gesehen, von R^2
stammt, dem Tibert von Valbeton in den Mund gelegt worden sind.
Der einzige Unterschied besteht darin, dass hier als Geisseln ausser den
auch dort aufgeführten Folco, Boso und Seguin nebst hundert andern
noch in v. 4055 „Folcher, lo marcançon" genannt wird. Neu ist hier
der Zusatz des Peter: Girart solle vom Könige keinen Verrath
befürchten, denn dieser würde an solchen nicht denken, sollte man
ihm auch ein Burgverliess (donjon) voll Goldmünzen geben (v. 4061
bis 4064). Mit diesen Worten deutet R^2 auf den angeblichen
Verrath Karls hin, von dem dieser Redactor dann in Tirade 259

(v. 4114 sq.) weiteres berichtet. In den letzten drei Zeilen (v. 4066 bis 4068) wird Karl redend eingeführt, ohne dass sich eine darauf bezügliche Notiz findet. Er fordert den Peter auf, bei Aimenon zu logiren, und theilt ihm mit, er werde am nächsten Tage Bescheid erhalten. Diese Notizen sind aus Tirade 257 und 259 entlehnt.

Jüngeren Ursprunges ist auch Tirade 256 (v. 4069—72), denn sie nimmt nur vorweg, was in der folgenden Strophe besser und vollständiger berichtet wird. So stimmt v. 4069 genau mit 4073; in v. 4070 wird die Weisheit des Aimenon und sein Bewandertsein im Gesetz hervorgehoben, was hier gar keinen Sinn hat, während in v. 4074 sehr passend seine Gastlichkeit gerühmt wird. Noch deutlicher tritt der Unterschied beider Strophen in dem, was sich hieran anschliesst, hervor. In 257 erfahren wir, dass, nachdem Peters Pferd in den Stall geführt, und seine Rüstung gut untergebracht war, man zu Tische ging, wo der Gast mit allerlei köstlichen Speisen, die aufgezählt werden, bewirthet wurde. Daran schliesst sich dann eine ebenso kurze, wie anschauliche Beschreibung der für seine Nachtruhe getroffenen Vorbereitungen. Statt alles dessen wird in Tirade 256 nur angeführt, dass Aimes, wie er auf einmal genannt wird, seinem Gaste an achtzehn Gerichte gab, nämlich Würztrank, Wein, Waffeln und Zwieback. Es fehlt also hier jedes Merkmal, welches auf die Autorschaft von R^2 hindeuten könnte, und so werden wir diesen kurzen und nichtssagenden Einschub einem späteren Interpolator zuschreiben dürfen, um so mehr, als R^2 offenbar in 257 den Vers 4086:

Pois annet al monster messe escoutar

eingeschoben hat, um, wie gewöhnlich, auf die Ausübung der kirchlichen Pflichten hinzuweisen, während in 256 eine hierauf bezügliche Bemerkung fehlt.

Die Tirade 258 zerfällt in zwei Theile, der erste, v. 4088 bis 4094, ist inhaltlich identisch mit Strophe 259; an beiden Stellen ruft Girart seine Barone zusammen und fragt sie um Rath. Aber abgesehen von den stilistischen Schwächen hat die Version in 258 den Mangel, dass der Graf hier gar nicht den Inhalt von Karls Forderung mittheilt, was in 259 ganz sachgemäss geschieht. Im zweiten Theile, v. 4095—101, ergreift Wilhelm von Ostüen das Wort, aber er schlägt dasselbe vor, was auch Folco in Tirade 261 räth, nämlich, Karls Verlangen zu erfüllen. Der Punkt, in welchem beide Vorschläge sich unterscheiden, macht die in Rede stehende Stelle gerade verdächtig; denn, während in v. 4108 entweder Reims oder Soissons als Ort der Verhandlung genannt wird, ist in v. 4097 noch Compeina (Compiègne) als dritte Stadt hinzugefügt, zwar in Überein-

stimmung mit dem Reim, doch in Widerspruch mit dem Epos. Der
Schluss der Strophe verräth R³ als den Verfasser, denn er hat den
Charakter einer Predigt, in der wiederum das Thema des Hochmuthes abgehandelt wird: „Wenn Karl in seinem Hochmuthe Deine
Rechtfertigung nicht annehmen sollte, so fürchte Dich nicht, sondern
bete zu Gott, dass er Dir beistehe, und er wird Dir dann helfen,
ohne dass Du Dich dabei abzumühen brauchst". Demnach werden
wir kein Bedenken tragen, die ganze Strophe als von diesem Bearbeiter herrührend anzusehen.

In Tirade 259 sind die Verse 4111—24 unzweifelhaft später
eingefügt; desgleichen die ganze Tirade 260 (v. 4125—36). Girart
hat soeben die Botschaft Karls vorgetragen und bittet um Rath, welche
Antwort er ertheilen soll. Obwohl nun Boso seine Ansicht später, in
Tirade 267, zum Besten giebt, so lässt ein Bearbeiter ihn hier
ebenfalls eine Rede halten. Er erklärt, Girart möge sich dem
Könige nicht stellen; er (Boso) habe gestern Abend eine Botschaft
erhalten in Betreff der zu Mon-Guimar abgehaltenen Rathsversammlung; Karl wolle den Girart verrathen, und zwar auf An-
stiften des Armant von Bisclar, des Ace von Avignon und des Gui
von Beuclar. Keiner dieser Namen, die wohl sämmtlich dem Reime
(-ar) ihr Dasein verdanken, kommt irgendwo anders vor, und nirgends
findet sich die geringste Bezugnahme auf diesen angeblichen Verrath,
nicht einmal in der Antwort, die Girart später dem Gesandten ertheilt. Die ganze Erfindung schwebt also völlig in der Luft, wenn
man nicht in den Versen 4061—64 der Tirade 255 eine Art Vorbereitung auf diesen Einschub sehen will, in welchem Peter versichert, Karl denke nicht an Verrath. Ist aber jener Verrath
Karls erfunden, so erweist sich damit auch der Anfang der Tirade
260 als von demselben Verfasser herrührend; denn Folco tadelt dort
den Boso wegen des von ihm ausgesprochenen Verdachtes, indem
er versichert, Karl werde nicht um alles in Bosos Besitz befindliche
Land an Verrath denken (v. 4125—29). Dies ist also genau derselbe Satz, der in den soeben genannten Versen 4061—64 ausgesprochen war. Die Tirade 260 ist aber auch aus dem Grunde
verdächtig, weil Folco erst in der nächsten Strophe seine Ansicht
ausspricht und dort auch als Redner genannt wird, was nicht nöthig
wäre, wenn er schon von der vorangehenden Strophe her das Wort
hätte. Untersuchen wir nun, welchen Inhalt diese seine angebliche
erste Rede ausser der Zurückweisung von Bosos Beschuldigung noch
hat, so ergiebt sich, dass er in v. 4130—31 letzteren davor warnt,
dem Könige die Reise an den Hof zu widerrathen, d. h. dass er
hier genau dasselbe negativ ausspricht, was er in der nächsten
Strophe positiv als seine Ansicht hinstellt; dann folgen die Verse

4132—36, welche eine zum grossen Theil buchstäbliche Wiederholung
der herrlichen Worte sind, die Folco in der nächsten Tirade im
Anschluss an seinen Rath, Girart möge der Vorforderung Karls
Folge leisten, ausspricht (v. 4142—46):

> E si Girarz i vai, eu lo sigrai,
> S'ostages i coven, eu lo ferai,
> E si avers i coite, eu li darai;
> Car, si Girarz a dan, eu si aurai,
> E si mos donz en plore, eu ne rirai.

Die einzige Veränderung in diesen Worten besteht darin, dass
Folco das erste Mal dieselben nicht in der ersten, sondern in der
zweiten Person ausspricht, z. B.:

> Si Girarz vai a cort, vol qu'i annez,
> S'ostages i coven, vos lo facez u. s. w.

wodurch dieselben also eine an Boso gerichtete Aufforderung werden.
Diese Änderung erweist sich aber wiederum als sehr ungeschickt,
da Girart, wenn er sich von der Mitwisserschaft um den Mord des
Teiri reinigen will, unmöglich einen der wirklichen Mörder als
Geissel stellen konnte. Wir sind diesem selben Gedanken jedoch
schon in einer andern interpolirten Strophe, nämlich in der von R^2
verfassten Tirade 232 begegnet, wo ein Bernart von Leonés den
Boso allein als Geissel fordert.

Es bleiben nun noch die Schlussverse der Tirade 259 (v. 4121
bis 4124) zu besprechen. In den beiden letzten erklärt Girart
feierlich, er werde nicht an den Hof gehen. Diese Worte sind aus
dem Grunde anstössig, weil sie ja eine endgültige Entscheidung
Girarts enthalten, daher eine weitere Berathung völlig überflüssig
machen würden, während in Wirklichkeit in den folgenden Strophen
die nächsten Angehörigen des Grafen nacheinander ihre Ansichten
vortragen, und Girart erst zuletzt sich einer derselben anschliesst.
Der Verdacht wird jedoch erheblich verstärkt durch die beiden
andern Zeilen (4121—22), welche wohl mit Paul Meyer im Anschluss an P (in L fehlen sie ganz) hinter v. 4123—24 zu stellen
sind, und in welchen Girart die Reise an den Hof nicht eher an-
treten zu wollen erklärt, als bis er die Gewissheit habe, dass er durch
vornehme Würdenträger des Königs sicher dorthin geleitet werden
würde. Es ist dies offenbar wiederum eine Anspielung auf den von
Boso behaupteten Verrath Karls, die also zugleich mit diesem selbst
hinfällig wird (cf. S. 307 und 309).

Auch bei dieser Interpolation kann über die Autorschaft von
R^2 kein Zweifel bestehen. Sowohl Tirade 232 als auch 255, auf
welche hier angespielt wird, sind nachweislich Eigenthum dieses
Bearbeiters. Dafür sprechen ausserdem noch manche Einzelheiten,

z. B. das Hervorheben des Bischofs unter den Würdenträgern
(v. 4122) und vor allem der Vers 4126:

Si ja deus vos ajut ne sainta fez (cf. S. 303).

Aber mit dieser einen Zuthat begnügte sich unser Redactor
bei dieser Gelegenheit keineswegs. Während nämlich in der Vorlage die ganze Berathung sich auf die beiden Reden des Folco und
des Boso beschränkte, von denen sich ersterer in friedlichem, letzterer
in kriegerischem Sinne äusserte, bringt die vorliegende Fassung eine
lange Discussion (v. 4147—4228), die mit der in den Tiraden
98—103 enthaltenen die grösste Ähnlichkeit aufweist und auch,
wie wir sehen werden, den gleichen Verfasser hat. Dieselbe wird
durch Gilbert von Senesgart eröffnet, aber dessen Worte beziehen
sich nicht auf die unmittelbar vorhergehende Rede Folcos, sondern
auf die noch frühere des Boso, die nicht ursprünglich ist, sondern
von R^2 herstammt. Sein Vorschlag ist eine einfache Wiederholung
desjenigen Folcos, nur fügt er denselben Gedanken hinzu, den R^2
in Tirade 98 (v. 1487—88) den Folco hat aussprechen lassen, dass
nämlich, wenn der König den Friedensvorschlag zurückweisen sollte,
er (Gilbert) dem Girart mit allen seinen Mannen beistehen werde.
Den Verfasser erkennt man ausserdem an der Benennung „Seguin
von Besançon" (v. 4149), da nur der geistliche Bearbeiter den
Seguin zum Herrn jener Stadt macht (S. 208). Endlich ist auch
Vers 4166:

E Girarz respondet: „Garnis en son",

durch welchen also Girart gegen alles Herkommen in die Debatte
eingreift, wörtlich gleich v. 7236, der ebenfalls R^2 zum Verfasser hat.

In Tirade 263 nimmt wiederum Boso das Wort und ruft
seinem Bruder Gilbert zu, er möge ihrem gemeinsamen Lehnsherrn
andre Rathschläge ertheilen, da dieser. wenn er ginge, grosse Gefahr laufen würde. Hierin haben wir also eine weitere Anspielung
auf den oben erwähnten, von R^2 erfundenen angeblichen verrätherischen
Anschlag des Königs gegen seinen Schwager. Ganz unverständlich
sind die Verse 4174—75. Die vorangehende Zeile lautet:

De Carlel rei de France aquel gainart,

die also eine Ergänzung der Worte enthält „Conselle melz ton don
Girart". In jenen beiden Versen nun fügt Boso noch die Namen
mehrerer französischer Barone hinzu, ebenfalls abhängig von „de",
sodass dadurch der Anschein erweckt wird, als habe Girart auch
mit diesen einen Conflict. Nun hat aber nur Karl eine Forderung
gestellt, und auch Gilbert hat von keinem der hier genannten
Barone gesprochen. Die Namen selbst tragen keineswegs dazu bei.
das Räthsel zu lösen. An erster Stelle wird in O und L Hugo

von Agiane genannt; in dem Zunamen hat man wohl das lateinische
Aquitania zu sehen, eine Vermuthung, welche indirect durch P
gestützt wird, wo dieser Baron den Namen Gui von Guiana führt
(v. 3502). Als zweiter erscheint in allen Handschriften übereinstimmend ein Berart. O und L (v. 1195) fügen dann noch als
dritten den Ginart oder Gignart hinzu, wo P „ab mala art" liest.
Von diesen Persönlichkeiten kennt das Epos einen Ginart nur als
Parteigänger des Girart, Hugo oder auch Gui von Guyenne kommt
sonst überhaupt nicht vor; ein Mann Namens Berart endlich befindet sich zwar unter den Baronen des Königs, aber er spielt in
der in Rede stehenden Episode überhaupt keine Rolle.

Gilbert, heisst es in dem ersten Verse der Tirade 264, setzt
sich; er muss also die ganze Rede Bosos, wie ein Schulbube eine
Strafpredigt, stehend angehört haben. Sein Bruder Bernart meint,
Girart stehe zwar in Bezug auf Kriegsmacht hinter niemandem zurück, dennoch aber müsse dieser sich an den Hof begeben; er
wiederholt den Vorschlag Folcos.

In Tirade 265 kommt Landri von Nevers an die Reihe. Aber
sonderbarer Weise spricht er nicht von dem Gegenstande, um den
es sich handelt, sondern von ganz anderen Dingen. Er erklärt
nämlich, er werde jetzt dem Girart die Leviten lesen, und es sei
ihm völlig gleichgültig, ob derselbe darüber böse werde oder nicht.
In der That macht er nun seinem Lehnsherrn die bittersten Vorwürfe über dessen Hochmuth gegenüber seinen Leuten, die statt
Recht nur Hohn von ihm erhielten. Wenn er diesen Stolz nicht
aufgebe und Gott sowie Karl, seinem Könige, nicht treu und von
Herzen diene, so werde er bald von seiner Macht gestürzt werden.
Diese Rede verräth sich sowohl durch ihren moralisirenden Ton,
wie auch durch das Eifern gegen den Hochmuth deutlich als ein
Machwerk von R^2. Eben demselben Verfasser ist endlich auch 266
zuzuschreiben; denn da in der ursprünglichen Tirade 267 Boso sich
direct gegen die Ansicht des Folco ausspricht, so musste er letzterem
noch ein Mal das Wort geben. Dieser redet nun wiederum von
dem mehrfach erwähnten angeblichen Verrath des Königs, gegen
welchen Girart sich schützen müsse, empfiehlt aber trotzdem, den
Weg des Friedens zu betreten.

Der Vollständigkeit halber führe ich nunmehr noch einige
äussere Kriterien an, welche die Urheberschaft von R^2 für den ganzen
Einschub über jeden Zweifel erheben. Dahin gehören folgende
Wendungen:

Auїrez, com il dist gent sa razon, v. 4151;
Conjur t'en lo seignor ki maint el tron, v. 4153;
Si damledeus t'ajut ne sau ne gart, v. 4171;

Mais per cel damledeu per cui vivez, v. 4205;
E damledeu de cor non mautenez, v. 4208;
Car, se deus te ajude e dreiz consenz, v. 4227;
Que de cent milie omes neu aurez dez, v. 4212.

Schliesslich glaube ich noch hervorheben zu sollen, dass der von
Gilbert in den soeben besprochenen Versen 4158—65 vorgebrachte
Gedanke, den R^2 bei einer früheren Gelegenheit (Tirade 98, v. 1483
bis 1488) dem Folco in den Mund gelegt hat, genau so sich in
der lateinischen Lebensbeschreibung findet, nur dass er dort von dem
„weisen Greise" ausgeht. In § 46 und 47 räth derselbe dem
Girart nämlich folgendes: „Sende also einen Deiner Getreuen, lass
ihm Recht anbieten und Dich bereit erklären, Dich am Hofe durch
Kampf von den Anschuldigungen zu reinigen. Weigert sich der
König, Deinen Vorschlag anzunehmen, so werden wir alle Dir
treulich beistehen". Da, wie ich in Kapitel 5 nachgewiesen habe,
R^2 die Vita gekannt und mehrfach benutzt hat, so scheint es nicht
zweifelhaft, dass er auch diesen Gedanken daraus entlehnt hat.
Derselbe gefiel ihm dann so, dass er ihn ein Mal sogar dem Girart
gegenüber verwandte, denn Galeran von Senlis spricht denselben
(v. 2932—35) in einer Anrede an den König aus (cf. S. 283).

Über den jüngeren Ursprung der Verse 4267, 4269—73 habe
ich bereits im zehnten Kapitel (S. 200—1) gehandelt. Denselben Verfasser, nämlich R^2, haben von den vorangehenden Zeilen wohl v. 4252
und v. 4256:

E annet au moster la messe auïr,
A Carlel rei de France l'emperador,

jener wegen des Hervorhebens des Kirchenbesuches, dieser wegen des
Kaisertitels für Karl.

Die ganze Tiradengruppe 270—290 (v. 4274—4525) ist
spätere Zuthat. In 269 theilt Girart dem Peter die Antwort mit,
die er seinem Herrn bringen soll; er beschwert sich darüber, dass
Karl seinen Verläumdern Gehör gebe. und erklärt sich bereit, durch
einen Zweikampf seine Unschuld zu beweisen. In Tirade 291 kehrt
der Gesandte nach Saint-Denis zurück. Alles was dazwischen steht,
ist jüngeren Ursprunges. Wir fassen zunächst die Tiraden 270
bis 286 ins Auge.

Die erste derselben (v. 4274—88) enthält eine Antwort Peters,
die jedoch einfach eine etwas veränderte Wiederholung der Aufforderung ist, die er in v. 4044 im Namen des Königs an Girart
gerichtet hat. Er schlägt ihm nämlich vor, zusammen mit ihm zu
der Verhandlung (plait) zu gehen, die Karl in der Mitte des Mai
abhalten wird. Die Zeitbestimmung ist aus v. 4139 entlehnt, wo
Folco erwähnt, dass Karl dann ein Hoffest abhalten werde. Da

also mit jenem „plait" eben dieses Hoffest gemeint sein muss, so ergiebt sich, dass Peter im Grunde genommen zwei Mal dasselbe sagt.
Wenn auf Grund dieses Widerspruches diese Tirade als nicht ursprünglich angesehen werden muss, so belehrt uns der Vers 4283
über den Verfasser derselben. Girart begründet nämlich dort seine
Ablehnung durch den Hinweis auf den Hinterhalt, den der König
ihm hat legen lassen, der, wie wir in Kapitel 10 (S. 188) gesehen
haben, eine Erfindung von R¹ ist.

Die Tiraden 271—275 dienen dazu, die Unterhaltung zwischen
Girart und dem Gesandten noch weiter auszuspinnen.

In Tirade 271 (v. 4289—4306) wiederholt Girart zunächst
den in 269 ausgesprochenen Gedanken, er sei stets mit Gut und
Blut für den König eingetreten. Daran knüpft er aber die Behauptung, Karl fordere ihm jetzt sein Lehn ab, das er von seinem
Vater ererbt. Von einem solchen Verlangen Karls ist aber nirgends die
Rede gewesen. Neu und seinem dem Peter gegebenen Bescheid schnur-
stracks widersprechend ist die Herausforderung, die er seinerseits
dem Könige übersendet (v. 4306), und die Drohung, dessen Land
zu plündern und zu verwüsten (v. 4302).

Tirade 272 (v. 4307—14) beginnt mit Peters Frage, was
Girart denn eigentlich vom Könige verlange, die höchst unmotivirt
ist, da ja Karl etwas von Girart verlangt. Noch befremdlicher jedoch
ist die Antwort: „Den Tod des Vuidelon und des Draugo, die bei
Valbeton von Teiri getödtet worden seien" (v. 4308—10). Der
Verfasser vergisst, dass diese Sache ja längst ausgeglichen ist, und
dass seitdem dauernde und innige Freundschaft zwischen den beiden
Schwägern bestanden hat. Ähnlich verhält es sich mit dem weiteren
Vorwurfe Girarts, der König besetze mit Unrecht sein und Bosos
Land (v. 4312). Das ist ja noch mehr als die schon unrichtige
Behauptung der vorigen Tirade, der König verlange Girarts Lehn;
bei Boso trifft dies ebensowenig zu. Schliesslich sendet Girart
dem Karl auch hier eine Herausforderung.

Die Tirade 273 (v. 4315—26) hängt mit der vorigen aufs
Engste zusammen, denn sie enthält Peters Antwort auf Girarts
Worte. Eine solche Herausforderung an seinen Herrn sei Felonie
und Hochmuth. Der Wiederausbruch des Krieges sei von Girarts
Seite veranlasst worden, indem dessen Vetter Boso den Teiri getödtet habe. Hierin liegt eine Unrichtigkeit, denn der Krieg hatte
noch nicht wieder begonnen.

In Tirade 274 (v. 4327—36) setzt Girart die Unterhaltung
mit Peter fort: Eins wolle er ihm sagen, und zwar sofort, so lange
er ihn sehe. Man ist hiernach auf fürchterliches gefasst; mit Unrecht, denn das Eine ist folgendes: Karl handle rechtswidrig, wenn

er ihn auffordere, sich zu rechtfertigen: worin die Rechtswidrigkeit besteht, erfahren wir nicht. Aber eins möge sich Karl hinters Ohr schreiben. Wieder erwartet man etwas ausserordentliches, und wieder wird die Erwartung getäuscht: Karl werde in diesem Jahre sein Recht nicht erhalten, es sei denn, dass Girart unter Zwang stehe.

Tirade 275 (v. 4337—4358) trägt deutlich das Gepräge einer ungeschickten Interpolation. Als Peter dies hörte. heisst es, hat er das Herz eines Hundes, den Körper eines Kaisers, das Gesicht eines Leoparden. Er sprach nach Art des Grafen Bernart. der vom König Berart erzogen wurde: Girart möge es nicht machen wie der alte Foucart, ein schurkischer Graf von Saint-Meart, welcher erst drei Herren betrog und dann den vierten. Dieser letzte habe ihm jedoch seinen Lohn zukommen lassen, indem er ihn aus seinem Besitze getrieben. Nach diesen völlig unverständlichen Anspielungen und Angaben, die gewiss nur dem Reime (-art) ihren Ursprung verdanken, fordert Peter plötzlich, ganz uneingedenk der weisen Lehren seines Vaters, alle anwesenden Ritter zum Kampfe heraus. Damit war eine treffliche Handhabe zur Verlängerung der Verhandlungen gegeben, und diese wurde denn auch nach Kräften ausgenutzt.

Die Tiraden 276—281 führen uns ein Wortgefecht zwischen Boso und Peter vor. In 276 (v. 4354—70) nimmt Boso zuerst den Fehdehandschuh auf und schwört, dass Girart und die Seinigen nicht Biedermänner seien, wenn Peter lebendig davon komme. Letzterer bleibt ihm im Renommiren nichts schuldig; zwar mahnt er ihn zuerst zur Mässigung, die er selbst allerdings wenig gezeigt, rühmt sich dann aber doch, dass er ihn derb durchschütteln werde, wenn er allein mit ihm sich auf einer Wiese befinden würde.

Boso scheint so lange nicht warten zu wollen, denn er schreitet in Tirade 277 (v. 4371—77) sofort zu Thätlichkeiten, indem er aufspringt und ohne Zweifel auf den Peter losgeschlagen hätte, wenn sein Bruder Folco ihn nicht zurückgehalten haben würde.

In Tirade 278 (v. 4372—87) erklärt Peter, durch diese Handlung sei der König beleidigt worden und werde zur Sühne vor Ablauf eines Monats mit hunderttausend Mann kommen. In Wirklichkeit ist aber nachher weder von der Beleidigung noch von der Sühne je wieder die Rede.

In Tirade 279 (v. 4388—4407) bestätigt Boso dem Peter, dass er ihm ohne das Dazwischentreten seines Bruders die Augen aus dem Kopfe geschlagen haben würde. Ehe der Frühling verginge, würden viele gute Ritter getödtet und gefangen sein. Peter lacht über diese Drohung, erwidert dieselbe aber auch seinerseits

mit einer solchen: Vor Ablauf des Sommers werde Mont-Amele erobert werden. Es ist dies eine Anspielung auf ein Ereigniss, das
später wirklich eintrat (cf. Tirade 312).

Boso wendet sich nun in 280 (v. 4408—19) an Girart selbst,
den er der Schlaffheit beschuldigt. Gerade dieser Schwachheit
wegen habe ihm der König seinen Vater getödtet und nehme ihm
jetzt sein Land, — beides Behauptungen, die der Wirklichkeit widersprechen. Girart möge sich des Wortes erinnern, das Maiol ausgesprochen (nach der Lesart von O und L „que dist Maiol"; in P:
de ton aviol, d. h. Deines, also Girarts Grossvaters), als er den
Elmon, den Sohn Turols, vernichtete (v. 4414—15). Das Ereigniss,
auf das hier angespielt wird, hat sich wohl nur in der Phantasie
unseres Bearbeiters zugetragen, jedenfalls findet sich sonst keine
Andeutung davon. Schliesslich erbittet sich Boso von Girart die
Gunst, dem Gesandten den Kopf abzuschneiden, eine Bitte, die ihm
von Seiten Peters die Bezeichnung eines Narren zuzieht (v. 4416—19).

Peter führt in Tirade 281 (v. 4420—27) das Thema. Boso
sei ein Narr, weiter aus: Er spreche wie ein Kind, und sein Rath
sei der eines unerfahrenen jungen Menschen u. s. w. Schliesslich
erklärt Peter, er werde mit Boso nicht weiter streiten.

Boso scheint sich in diese Behandlung zu finden, denn er
schweigt, und nun erscheint in Tirade 282 (v. 4428—41) sein
Bruder Seguin auf dem Plan. Es heisst zwar von ihm, dass er
wie ein erfahrener Mann (com om pervis, v. 4429) gesprochen habe,
doch ist davon wenig zu spüren. Es werde ein wahres Wunder
sein, wenn Peter mit heiler Haut davon komme. Sollte dies aber
wider Erwarten doch geschehen, so werde vor Ablauf des Sommers
ein feindliches Heer nach Orleans oder Paris kommen, dort drei
Tage am Thore verweilen und die Gärten, Brunnen u. s. w. zerstören. Er, Seguin, werde nicht eher einen grauen Pelzrock an-
ziehen, als bis der König kämpfe, falls dieser sich nicht etwa aus
dem Staube mache.

In Strophe 283 (v. 4442—61) zieht Peter plötzlich wieder
sanfte Saiten auf: Girart möge sich das Wort Seguins sorgfältig
überlegen. Ein Graf, welcher im Zorn einen Krieg gegen seinen
Lehnsherrn unternehme (wovon durchaus nicht die Rede ist), begehe
Felonie (also wie in Tirade 273). Dies sei ein Pochen auf seine
Macht; aber, wenn er von einem Mächtigeren besiegt wird, so ist
es mit seiner Herrlichkeit vorbei.

Jetzt wird auch der sonst so massvolle Folco wüthend, in Tirade
284 (v. 4462—71). Er halte den König für einen Juden, da er
ohne vorherige Ankündigung den Krieg begonnen und Girarts sowie sein (Folcos) Land besetzt habe (v. 4465—68). Dies ist eine

Behauptung, die sich nicht einmal in irgend einer andern unechten Strophe findet, denn in 272 handelte es sich ausser Girart nur noch um einen Angriff auf Boso, also einen der Mörder, während bei Folco dieser Grund gar nicht vorliegt.

Zur Abwechselung wird Peter in Tirade 285 (v. 4472—81) salbungsvoll. Folco möge den Zorn überwinden und an Gott, den Erlöser, denken, denn ein zu jähzorniger Mensch habe keine Sanftmuth; er möge dem Girart einen bessern Rath geben (in Wirklichkeit hat Folco überhaupt keinen Rath ertheilt); denn wer seinem Herrn nicht die Treue bewahre, verdiene nicht dessen Liebe noch sein Lehn.

Nun greift in Tirade 286 (v. 4482—89) Girart ein und verbietet dem Folco derartige Kriegsdrohungen. Folco hat aber kein Wort der Drohung ausgesprochen, während man Girart selbst diesen Vorwurf mit Recht machen könnte. Er fordert sodann den Peter auf, sich aus dem Staube zu machen.

Ehe ich zu dem zweiten, kürzeren Theile der in Rede stehenden Interpolation (Tirade 287—290) übergehe, will ich versuchen den, resp. die Verfasser des soeben vorgeführten Theiles festzustellen. Für Tirade 272 und 273 ergiebt sich R^2 aus dem Hinweis auf den von Boso allein an Teiri begangenen Mord (v. 4311; noch deutlicher v. 4323). In Tirade 273 kommt noch „Ascance" im Reim statt „Ascane" als Beiname des Teiri hinzu, genau so wie in v. 1733, der sicher von R^2 stammt. Dass sodann von demselben Bearbeiter auch 271 stammt, möchte ich aus folgendem schliessen. Erstens lässt Girart in v. 4306 eine Herausforderung an Karl richten, genau so wie in der Schlusszeile der Tirade 272, während sich dieser Gedanke sonst nirgendwo findet. Nach v. 4297 verlangt sodann der König angeblich das Lehn Girarts, das dieser von seinem Vater überkommen hat. Wie wir oben (S. 67 sq.) gesehen, besass nach der Darstellung des alten Epos Girart sein Land als Allodium, und wurde erst nach der Schlacht bei Valbeton Lehnsmann Karls. Die Auffassung, dass der Graf von Anfang an Lehnsmann seines Schwagers war, ist bekanntlich erst von R^2 in das Epos hineingebracht (cf. S. 258 sq.), und diese spiegelt sich hier noch deutlich ab. Endlich sind auch derartige Zeitbestimmungen, wie sie der Vers 4300 enthält, bei diesem Redactor sehr beliebt, wie die schon besprochenen Verse 20—21, 30, 679, 2093, 2269, 2862, 3282, 3659, 3897 beweisen, zu denen wir unten noch weitere kennen lernen werden, z. B. v. 3762, 4386, 5057, 6230, 6408, 6772, 7616. Unter den folgenden Strophen ist 276 ebenfalls sicher Eigenthum von R^2. Dafür spricht v. 4356 und v. 4364:

> E juret damledeu, le glorios;
> Que per cel damledeu qu'est sobre nos;

ebenso der Vorwurf des Hochmuthes, den Boso dem Gesandten an
zwei Stellen (v. 4358 und 4365) macht. Wenn aber 276 Eigenthum von R^2 ist, so muss dasselbe auch mit 275 der Fall sein,
denn der Zorn Bosos erklärt sich nur durch die in letzterer enthaltenen Worte Peters, durch welche er sämmtliche Barone Girarts
herausfordert. Diese Schlussfolgerung wird durch einige weitere
Umstände gestützt; so kommt sowohl der Name Foucart (v. 4342)
als auch Saint-Meart (v. 4343) nur noch je ein Mal, und zwar in
Interpolationen vor, die von R^2 herrühren, jener in v. 3725, dieser in
v. 3971. Derartige dunkle Anspielungen, wie sie die Zeilen 4342—46
enthalten, sind bekanntlich gleichfalls eine Eigenthümlichkeit eben
dieses Redactors, ich erinnere an v. 757—61; 1025; 2671—74;
3261—64; 3921; 4174—75 u. a. Die beiden Barone Auchier und
Guinart sind zwar dem älteren Epos bekannt, aber auch R^2
verwendet sie mehrfach, und zwar immer beide zugleich, z. B.
v. 2347 und v. 2847—48. Endlich kommt ein Herzog Armant
von Friesland nur in jüngeren Stellen des Gedichtes vor, die demnach sämmtlich als Eigenthum von R^2 anzusehen sind, und genau
so verhält es sich mit dem Grafen Achart, welcher nur noch an
einer andern Stelle, und zwar ebenso wie hier, in Gesellschaft desselben Barons vorkommt, nämlich in v. 6023:

> Armans, lo dux de Frise, el cons Acharz.

Was nun zunächst den Herzog von Friesland betrifft, so muss es
auffällig erscheinen, dass unter den Baronen des Girart, denn um
diese handelt es sich an beiden Stellen, ein Herzog von Friesland
vorkommen sollte, da Friesland nie unter den zu Girarts Machtgebiet gehörigen Ländern genannt wird. Wohl aber ruft der Graf,
als er hört, dass bei der Einnahme von Rossillon seine Frau gefangen worden sei, aus (v. 6348):

> Car ma muller en maint Franc o Frison.

wonach er also die Friesen zu seinen Gegnern rechnet. Sonst sind
wir den Friesen nur noch in einer ebenfalls von R^2 herstammenden
Interpolation als Feinden Karls begegnet (cf. S. 212); dort heisst
jedoch ihr Herzog Rabeu (v. 3342), ein neuer Beweis dafür, wie wenig
consequent R^2 in seinen Angaben ist. Da unser Redactor nun den
von ihm erfundenen Herzog wieder aus der Welt schaffen wollte,
so schob er in der sonst ursprünglichen Tirade 398 den zweiten
der oben angeführten Verse ein, wobei er zugleich auch den Achart
loswurde, da aus dem vorangehenden Verse 6022 „aiqui fu morz"
ergänzt werden muss.

Während nun Achart sonst überhaupt nicht weiter vorkommt,
wird der Name des Armant wenigstens noch ein Mal genannt,

nämlich in v. 6067, wo es bei Aufzählung der in der Schlacht bei Sival Gefallenen heisst:

Armant, lo duc de Frise, e Berenger.

Aber auch dieser Vers beruht in der übrigens ursprünglichen Strophe auf Interpolation, denn ein Berenger ist in der Schlacht nicht umgekommen, ja ein Mann dieses Namens erscheint sogar sonst in dem Gedichte überhaupt nicht. Wir dürfen daher auch hier wohl wiederum denselben Interpolator vermuthen, der jedoch an dieser Stelle seinen Protégé Achart fallen liess, weil er nicht in den Reim passte und daher ohne Scrupeln einen neuen Namen erfand, der diesen Anforderungen genügte. Paul Meyer giebt in seinem Index noch eine weitere Stelle an, in welcher der Herzog Armant auch vorkommen soll, nämlich in Tirade 304, wo Peter in dem Bericht über seine Sendung erzählt (v. 4693—94):

Vi Aucher e Ginart e dun Armant
E Segin e Bosun e dun Gintrant.

Wenn hier „duc Armant" stände, so könnte man annehmen, dass auch hier Interpolation vorläge, und dass statt dieser beiden Verse sich in der Vorlage nur einer, nämlich

Vi Segin e Boson e don Gintrant

befunden hätte. Dies ist aber unnöthig, denn ebenso wie Auchier und Guinart so kommt auch ein Armant noch sonst unter den Baronen Girarts vor, nämlich in Tirade 60, v. 890, wo Girart ihn anredet, und wo er auch mit seinem vollen Namen Armant von Monbresel genannt wird. Da dieser auch in Tirade 60 zusammen mit Boso, Seguin und andern Rathgebern Girarts erscheint, so ist er sicher auch in v. 4694 gemeint, ja letzterer Vers ist höchst wahrscheinlich gerade die Quelle gewesen, aus der er den Armant entnahm, welchen er dann eigenmächtig zum Herzog von Friesland machte.

Da wir also 273 und 275 als von R^2 stammend erkannt haben, so muss das Gleiche auch von 274 gelten, da 275 beginnt:

E Peires quant l'öit, a cor gainart.

Diese Worte lassen voraussetzen, dass unmittelbar vorher jemand anders gesprochen hat, und da 273 ebenfalls eine Rede Peters enthält, so ist 274 nothwendig auch auf R^2 zurückzuführen, da hier Girart das Wort hat. Als weiteres Kriterium kommt noch hinzu, dass v. 4333, wie schon S. 304 hervorgehoben ist, wörtlich mit dem Verse 3766 der sicher von R^2 verfassten Tirade 233 übereinstimmt. Auch der Gedanke, sein Recht nicht aufzugeben, es sei denn, dass man sich unter Zwang oder in Gefangenschaft befinde (v. 4334—5), erscheint bei R^2 schon in v. 3886—87.

Die drei folgenden Tiraden hängen eng miteinander zusammen: Folco hält in 277 seinen Bruder davon ab, sich auf den Gesandten zu stürzen, und in 278 und 279 weisen Boso und Peter auf diesen Umstand hin. Alle drei müssen demnach den gleichen Verfasser haben, und zwar ist dies wiederum R². In v. 4376 nämlich spielt der Hochmuth eine Rolle, in v. 4381 erklärt Peter, dass ausser Folco auch Gott ihn davor bewahrt habe, geschlagen zu werden; v. 4386, v. 4394 und v. 4407 enthalten je eine Zeitangabe, wie ich deren oben zu v. 4300 in grosser Zahl bei R² nachgewiesen habe (cf. S. 222); in v. 4387 endlich erscheint wiederum dessen Lieblingszahl hunderttausend (cf. S. 243).

Aber auch 280 stammt von demselben Bearbeiter. Nur dieser lässt dem Girart auch in Tirade 263 von einem seiner Vasallen so heftige Vorwürfe ins Gesicht schleudern, wie es hier in v. 4411—12 geschieht, ohne dass Girart ein Wort erwidert. Desgleichen ignorirt derselbe hier (v. 4413), ebenso wie in Tirade 272, dass wegen des Todes von Girarts Vater und Onkel längst eine Versöhnung mit Karl stattgefunden hat. Auch die falsche Behauptung, dass der König Girarts Land bereits besetzt habe (v. 4413), findet sich gleichfalls schon in Tirade 272 ausgesprochen. Endlich begegnen wir einer Anspielung auf mysteriöse, unbekannte Begebenheiten in v. 4414—15, was bekanntlich ebenfalls eine Liebhaberei von R² ist. Selbstverständlich muss dann auch die Abfertigung, die Peter dem Boso in Tirade 281 zu Theil werden lässt, den gleichen Ursprung haben, den dieselbe übrigens auch an sich schon durch den moralisirenden und sentenzenreichen Charakter verräth.

Genau so verhält es sich mit dem Redeturnier zwischen Seguin und Peter in Strophe 282 und 283; Rede und Antwort gehören zusammen. Wiederum zwei Zeitangaben (v. 4435 und v. 4437), desgleichen die Drohung, Gärten sowie Weinberge zu zerstören und Brunnen zu verderben (v. 4438—39, 4450, 4453), wie v. 3764 bis 3765 (S. 304), wiederum salbungsvolle Lehren und Rathschläge von Seiten Peters in Tirade 283, die besonders gegen den Hochmuth gerichtet sind (v. 4448 sq.). Der Satz, welcher in Tirade 273, v. 4316—18 und 283, v. 4445—47 ausgesprochen wird, dass es Felonie sein würde, wenn Girart gegen seinen Lehnsherrn Krieg beginnen sollte, findet sich bereits in § 45 der Vita, wiederum im Munde des „weisen Greises“, der sogar genauer angiebt, dass ein Vasall gegen seinen Herrn nur „causa inevitabili et eo prius convento“ kämpfen dürfe.

Aber auch der sich daran schliessende Dialog Folco-Peter und das Schlusswort Girarts zeigen deutliche Spuren der nämlichen Herkunft. Auch Folco behauptet in v. 4468, wie oben, fälschlich, Karl habe den Krieg schon begonnen; dass R^2 die Juden hasst (v. 4465), hat er schon in v. 1502 und 1814 gezeigt, andre Stellen, wie v. 4654, 4658, 6239, 6454—55 werden wir noch kennen lernen; Gott kommt an mehreren Stellen vor: in v. 4470, v. 4488 (se deus t'ajut, cf. S. 303—4) und v. 4475, hier sogar mit dem Beiwort „lo redentor" wie in v. 3147, 3991 u. ö.; die bekannten Zeitangaben fehlen auch hier nicht (v. 4471); endlich wird Karl in v. 4478 Kaiser genannt. Am meisten spricht aber wiederum der moralisirende Ton dafür, den der Verfasser selbst höchst treffend bezeichnet, wenn er in v. 4482 sagt:

Lo cons Girarz les ot proverbiar.

Unser Interpolator scheint nun den Wunsch gehabt zu haben, seinem Einschub dadurch eine Stütze zu gewähren, dass er bei späterer Gelegenheit eine Anspielung auf denselben einfügte. So heisst es in Tirade 332, wo Peter von Mont-Rabei den Seguin in der Schlacht bei Verdunés trifft (v. 5195—97), dass jener sich einer Beleidigung erinnert habe, welche dieser ihm bei Gelegenheit seiner Sendung nach Rossillon unter dem Ölbaum gesagt habe. Dieser Einschub ist aber nicht sehr geschickt erdacht, denn wie wir gesehen, trat nicht Seguin, sondern Boso damals dem Peter so schroff gegenüber. Dazu kommt aber, dass in Tirade 333 ein ganz anderer Grund für Peters Feindschaft gegen Seguin angegeben wird, der viel natürlicher ist; nach v. 5202 hassten sich nämlich die beiden Gegner, weil jeder für seinen Herrn kämpfte. Auch der Zusatz „soz l'auliver" ist wohl auf Rechnung des Reimes zu schreiben, da an unserer Stelle in den älteren Theilen nirgends angedeutet wird, dass die Versammlung und Berathung im Freien, speziell unter einer Olive stattgefunden hat. R^2 lässt sogar, da Peter bei seinem Weggange die „Schwelle überschreitet" (passe lo suel, v. 4524), hier die ganze Scene sich im Saal abspielen. Also ein neuer Beweis dafür, wie ungenau dieser Bearbeiter seine eigenen Erfindungen im Sinn behält.

Es bleibt nun noch der zweite Theil der grossen Interpolation zu besprechen übrig (Tirade 287—290, v. 4490—525). Derselbe wird eingeleitet durch Peters Frage, ob Girart dem Könige nichts andres zu entbieten habe (v. 4490). Eine derartige Wendung war bei den Bearbeitern sehr beliebt (cf. v. 4041), denn sie gewährte eine bequeme Gelegenheit, dem ursprünglichen Bericht, Bescheid, Auftrag u. dgl. einen neuen hinzuzufügen. So giebt denn auch hier Girart, obwohl er seine Antwort schon ertheilt, noch eine zweite, nämlich, er schlage eine allgemeine Unterhandlung (plait general, v. 4491) in San-Vidal vor, einem Orte, der wohl nur des Reimes wegen gewählt ist; dort wolle er dem Könige sein Recht zukommen lassen.

Dies ist, abgesehen von dem Orte, genau das, was Karl von Girart
verlangt hatte, ja er und Peter hatten sogar in v. 3760 und v. 4044
denselben Ausdruck „dreit faire" gebraucht, den Girart hier verwendet, und man muss daher mit Recht darüber erstaunt sein, dass
Peter diesen Vorschlag in der schroffsten Form ablehnt und hinzufügt, sein Herr solle verflucht sein, wenn er dem Girart nicht sofort
den Krieg erkläre.

Die Tirade 288 (v. 4503—12) beginnt mit der Neuigkeit,
dass Gilbert, Folco und Girart auf einem Steine sassen, und Folco
macht seinem Vetter den nicht gerade neuen Vorschlag, dieser
möge dem Könige sein Recht anbieten lassen, nur solle derselbe ihm
freies Geleit gewähren. Ohne Girarts Zustimmung abzuwarten,
erklärt in der folgenden Strophe (v. 4513—16) Folco dem Peter,
sie, das heisst wohl er und seine Brüder, seien bereit, an Girarts
Stelle Genugthuung zu gewähren, nur möge Karl ihnen sicheres
Geleit versprechen. Diese Forderung erklärt Peter in Tirade 290
für eine Beleidigung, da er selbst sich ja erboten habe, das Geleit
zu übernehmen, und so reitet er ab.

Dass diese ganze Episode nicht ursprünglich sein kann, ergiebt
sich, abgesehen von den inneren Mängeln, schon daraus, dass in
dem späteren Berichte Peters über seine Botschaft weder von dem
hier erwähnten Vorschlage Girarts einer allgemeinen Versammlung,
noch von dem Anerbieten Folcos auch nur mit einem Worte
die Rede ist. Da sich die ganze Verhandlung hier im Wesentlichen um die Frage des Geleites dreht, so haben wir in diesem
Theile der Interpolation eine einfache Ausführung und Erweiterung
der Worte, die R^2 in Tirade 248 den König an Peter richten
lässt (v. 3976—77):

> Melz nes pout nus conduire de meie part,
> Que tu poz far, se vols, senz nul regart

(nes in v. 3976 = den Girart und die Seinigen), ja in dem Verse
4516, wo Folco den Peter anredet:

> Mais que gidar nos face senz nul regart,

sind sogar einzelne Ausdrücke wörtlich dorther entlehnt. Hieraus lässt
sich also mit Sicherheit schliessen, dass dieser Theil des Einschubes
ebenfalls von R^2 verfasst ist. Auch die sonstigen Merkmale fehlen
nicht; so erscheint der heilige Martial in einer Verwünschung, Gott in
einer Betheuerungsformel (v. 4496, 4507 und 4517); vom Hochmuth ist in v. 4518 die Rede, und Peter droht (v. 4497), dass
Girart „bis Weihnachten" eine Stadt verlieren werde. Den Gedanken und sogar den Ausdruck eines „plait" hat R^2 aus v. 4277
entlehnt, wo R^1 dem Girart einen derartigen Vorschlag durch Peter
selbst hat machen, dort jedoch von Girart hat zurückweisen lassen.

Eine einzelne auf das Messehören sich beziehende Zeile hat R^2 in Tirade 291 eingefügt, nämlich v. 4529:

Carles a messe oïe a Saint-Vincent.

Dass dieser Vers jünger ist, erkennt man daran, dass, obwohl der Schluss der vorangehenden Zeile lautet: „wo der König ihn (sc. seinen Gesandten) erwartet", dennoch hier das Subject noch ein Mal gesetzt wird.

Die Strophe 292 (v. 4531—56) verdankt ihre Entstehung dem Wunsche eines Bearbeiters, das in der Volksepik auch sonst mehrfach vorkommende Motiv eines Traumes voll guter oder schlechter Vorbedeutungen in unserem Epos zu verwenden. So erfahren wir hier, dass der König auf einem Sessel Platz nahm, umgeben von seinen Baronen, und diesen berichtete, er habe eine unruhige Nacht wegen seines Gesandten Peter von Mont-Rabei gehabt, und drohte, es werde dem Girart schlecht gehen, falls dieser jenen etwa geschlagen haben sollte. Da erhebt sich Peters Vater. Auffällig ist schon, dass er hier den Beinamen „von Mont-Senis" (= Mont-Cenis?) führt, während er sonst immer „von Mont-Rabei" heisst; wahrscheinlich ist wieder der Reim (-is) an dieser Veränderung schuld, ebenso an dem Zusatz, Gautier sei Peters Vater „und sein Freund" (e sos amis) gewesen, v. 4546. Noch befremdlicher sind aber die Worte, die ihm in den Mund gelegt werden. Er spricht, ein echter Rabenvater, den Wunsch aus, Girart möge seinem (Gautiers) Sohne das Gesicht blutig geschlagen haben, damit er jenen bekämpfen und ins Gefängniss bringen könne, wo Karl ihn dann vierzehn Tage festhalten solle. Die Entgegnung Karls ist, wie schon P. Meyer (a. a. O. S. 146, Anm. 2) hervorhebt, völlig unverständlich, sodass letzterer die Vermuthung ausspricht, die Rede Karls sei vielleicht in der Überlieferung verderbt. Der König erklärt nämlich, er wisse sehr wohl, dass er nicht besonders klug gehandelt habe (ne fui pervis, v. 4551), aber damals sei Girart nicht sein Feind und Draugo im Besitze von Burgund gewesen; sollte er ihn jedoch in seine Gewalt bekommen, so würde er sich sicher fühlen. Abgesehen von dem absonderlichen Inhalt ist dies die einzige Stelle, wo Draugo als Besitzer von Burgund hingestellt wird. Die Replik Gautiers ist nicht viel klarer: „Zu spät werdet Ihr ihn in Eure Gewalt bekommen" (v. 4555). Da erscheint Peter.

Neben den dargelegten inneren Indizien erweisen auch äussere die in Rede stehende Strophe als jüngere Zuthat. Vor allem der Umstand, dass schon in der vorangehenden, in v. 4530, Peters Ankunft berichtet worden war:

E Peires en l'ombree defors descent.

Der Bearbeiter benutzt den zufälligen Umstand, dass nur Peters

Absteigen vom Pferde, nicht aber sein Eintritt in den Saal berichtet
worden ist, um zwischen beiden Handlungen seine Interpolation einzufügen. Verfasser ist ebenfalls R², denn in v. 4531 hört Karl die Matine, ja in der nächsten Zeile erfahren wir sogar, dass der Erzbischof
Herveu, der übrigens nur hier vorkommt, die Messe las; in v. 4542
schwört Karl bei „aiquel saint Piere qu'eu requis"; endlich deutet
auch die Notiz, dass Karl auf einem Sessel Platz nahm, auf jenen
Redactor hin, da der „faudestol" in unserem Epos fast nur in den
von R² eingefügten Stellen figurirt, z. B. in v. 3742, 3911, 3962;
später in v. 4587 u. ö., von älteren Theilen nur in v. 7943.

Ich behandle nunmehr im Zusammenhang die Strophen 293
bis 300 (v. 4557—4742), d. h. alles, was sich auf Peters Berichterstattung über seine Sendung zu Girart bezieht. Während sonst
ein derartiger Bote bei seiner Rückkehr immer in der Weise re-
ferirt, dass er nichts weiter als die Antwort der anderen Partei,
und zwar stets in indirecter Rede kurz mittheilt (cf.
v. 860—62; 2221—29; 3104—18; 5719—20), so ist hier Peters
Bericht geradezu unerträglich in die Länge gezogen. Er erzählt
nämlich haarklein alles, was ihm passirt ist, wobei manche Einzelheiten noch hinzugefügt werden, von denen wir vorher nichts erfahren haben, und wiederholt sogar die Reden, die bei den Verhandlungen gehalten worden sind. Auffallend ist dabei jedoch, dass
ein Theil der Antwort, welche dem Girart vorher in den Mund
gelegt worden ist, gar nicht vorkommt, nämlich dessen Anerbieten,
sich zu einer Generalverhandlung stellen zu wollen (Tirade 287).
Der andre Theil, er erkläre sich zu einem gerichtlichen Zweikampf
bereit, findet sich zwar (in Tirade 301), aber gegen den sonstigen
Brauch in Form einer directen Anrede an Peter, ist also eine einfache
Wiederholung der Tirade 269 mit veränderter Assonanz.

Alles dies ist nur durch die Annahme zu erklären, dass die
in Rede stehende Episode von dem Bearbeiter resp. den Bearbeitern
nicht nur stark interpolirt worden ist, worauf sich diese sonst
glücklicherweise meist beschränkten, sondern dass auch wirkliche
Veränderungen vorgenommen sind, sodass man nicht mehr im Stande
ist, die Vorlage einfach durch Streichung wieder herzustellen. In
unserem ganzen Abschnitt sind nur zwei Stellen, welche in der
älteren Version ähnlich gelautet haben könnten, nämlich erstens die
Verse 4692—98, die sich also jetzt fast am Schlusse befinden:

> Ben furmi lo message a mon talant,
> Vi Aucher e Ginart e dun Armant
> E Segin e Bosun e dun Gintrant.
> Com oi dit mon message e tot tun mant,
> Si conogui lo conte e son senblaut,

> Sou ben que ne t'amave ne tant ne quant,
> Anz me va ma razon contraliant.

Diese Verse geben wenigstens den wahren Sachverhalt wieder und enthalten ganz richtig die Namen der hervorragendsten Parteigänger des Girart.

Aber diese Worte würden nur die Einleitung zu der Antwort sein können, letztere selbst müsste nach dem Vorgange andrer Sendungen sich nunmehr in indirecter Ausdrucksweise anschliessen. Wirklich findet sich unter all den directen Reden des Berichtes folgende Stelle in der Form der indirecten (v. 4677—83):

> Quar lo tenez, ço dist (sc. Girart), trop vil e lait,
> De feeltat lo getes tot entresait,
> Que sens colpe de tort qu'el t'ougist fait,
> Li fesis Andefrei bastir agait.
> Non vendra a ta cort ne a ton plait.
> Tros que vende lo mal que li as fait;
> Mout se conten segur, qui que s'esmait.

Von diesen Worten entsprechen die letzten ganz dem Inhalte von Girarts Rede in Tirade 270.

Da nun Tirade 270 von R^1 herstammt, so wird dies vermuthlich auch mit den drei letzten der zitirten Verse der Fall sein, und zwar um so wahrscheinlicher, als die ersten vier sicher jenen Verfasser haben; denn dort motivirt Girart seine Ablehnung durch den Hinweis auf den Hinterhalt, den der König ihm hat legen lassen. Ja der Bearbeiter braucht hier denselben Ausdruck „getar de feeltat", den er bei der Erzählung des von ihm erfundenen Hinterhaltes selbst verwandt hatte. Die betreffende Stelle (v. 3518—20) lautet:

> E Girarz quant l'auît, cuit que li peis,
> „De feeltat me jete", ço dist, „li reis,
> Cant senes deffiance m'a agait meis".

Hieraus ergiebt sich, dass die Verse 4677—83 von R^1 eingefügt sind, aber mit Beobachtung des in unserem Epos befolgten Brauches, d. h. in indirecter Redeweise.

Weitere Stellen in dieser Ausdrucksart finden sich in dem übrigen Berichte nicht. Wir vermögen daher nicht mit Sicherheit anzugeben, in welcher Form sich Peter des ihm von Girart gewordenen Auftrages entledigte. Im Allgemeinen jedoch dürfte dies in folgender Weise geschehen sein. Zuerst kurze Angabe des Verlaufes und des ungünstigen Erfolges seiner Sendung, etwa mit dem Wortlaut der oben angeführten Verse 4692—98, von denen jedoch der letzte wohl noch dem Interpolator angehört; hierauf Wiedergabe der in Tirade 269 enthaltenen Antwort Girarts, also wie in Strophe 301 (v. 4661 und 4663—70), nur müsste die directe Rede in indirecte verwandelt werden, sodass die Verse etwa so ge-

lautet haben mögen (v. 4662, der fast wörtlich gleich v. 4678 ist,
stammt von R²):

> Vos lo menez, ço dist, tant malement;
> Qu'el degre chadelar la töe gent
> E ferir en bataille premirement
> E donar en la cambre consel valent,
> Aisi con solent faire li sien parent;
> Mais si li ont tolgut cil tien servent,
> Li culvert lausenger el recreent,
> Por qu' el ne pot aver t'amor neient;
> Per hoc s'en conbatrie sempre a present.

Hiermit muss in der Vorlage Peters Bericht geendet haben, denn
der jetzige Schluss der Tirade 301 (v. 4671—76) ist ohne
Zweifel von R² angefügt, da in ihnen Girart leugnet, mit Boso,
dem Mörder Teiris, conspirirt zu haben. Demnach würden in der
Form, wie R¹ das Epos hinterliess, die oben besprochenen Verse
4677—83 sich unmittelbar an v. 4670 angeschlossen haben.

Nachdem wir versucht haben, uns von der Form dieser Episode
im älteren Epos (G) eine Vorstellung zu machen, fassen wir nunmehr die ganze Episode in ihrem jetzigen Zustande ins Auge und
führen kurz noch diejenigen Stellen vor, welche bisher noch nicht
besprochen worden sind.

In Tirade 293 fragt Karl den Peter, ob er neues von Girart
wisse, worauf dieser nicht etwa die Antwort des Grafen mittheilt,
sondern behauptet, selbiger habe geschworen, halb Frankreich zu
verbrennen und auszuplündern, wovon sich weder in den echten
noch in den unechten Strophen ein Wort findet. Während nun
Girart bei dem h. Meart geschworen, schwört Karl sofort beim
h. Lienart (Reim auf-art!), dass jener gelogen habe.

In 294 bittet ein Graf Manacer den König, seine Leute zur
Ruhe zu bringen, und schärft dann, ohne die Erfüllung seiner Bitte
abzuwarten, dem Peter ein, die reine Wahrheit zu sagen, was
dieser verspricht. Die Ermahnung zur Wahrheit hätte vom König
selbst ausgehen müssen, ebenso wie die Aufforderung zur Ruhe, da
ihm das einleitende Wort gebührt.

Tirade 295 enthält eine neue, höchst triviale Einleitung, die
sich auch nur in O findet: Peter setzt sich neben den König auf
einen Stuhl und berichtet. Seine Worte, heisst es, erschienen den
Baronen nicht thöricht.

In 296 erzählt der Gesandte ausführlich den Verlauf seiner Reise,
wobei auch die später eingeschobenen Stellen benutzt sind. Aus
dieser Quelle erfahren wir, wie er seine Rüstung angelegt und wie
er von einem Knappen begleitet worden (v. 4594 und 4597). In
einigen Punkten weicht er von dem früheren Bericht ab, z. B. be-

hauptet er in v. 4602, er habe in der Kirche die h. Jungfrau gebeten, ihn vor Spott und Betrug zu behüten, nach Tirade 252 war
der Inhalt seines Gebetes gewesen, ihn vor leichtfertigen, anmassenden und beleidigenden Worten zu bewahren. Auch seine beim
Empfang an Girart gerichteten Worte werden ganz abweichend angegeben (cf. Tirade 253). Endlich hat der Interpolator mehrere
Einzelheiten neu hinzugesetzt, so, dass Peter auf einem Maulthier
geritten (v. 4596), dass er Rossillon auf einer gewölbten Brücke
betreten habe und unter einer Ulme abgestiegen sei (v. 4598—99),
auch der Erbauer der Kirche wird angegeben (v. 4600) u. s. w.

Strophe 297 beginnt mit einer Wiederholung der Worte, die
Peter an Girart gerichtet haben will, die diesmal aber ganz anders
lauten, als in der soeben besprochenen Tirade. Zwar soll auch hier
Girart an den Hof kommen, doch soll er den Boso mitbringen und
den Folcher, der einzig an dieser Stelle Graf von Brie (in L:
Bieire, in P: Boera) genannt wird (v. 4619). Aus welchem Grunde
diese mitkommen sollen, erfahren wir nicht. Ebensowenig wird der
Zweck von Girarts Vorforderung angegeben, sondern eigenthümlicher
Weise verspricht Peter dem Grafen, jeder ihm zugefügte Schaden
werde ersetzt werden (v. 4620). Die ablehnende Antwort Girarts
wird sogleich darangefügt (v. 4621—22), die man jenem Anerbieten gegenüber nicht begreift. Die Anweisung eines Quartiers bei
Aimenon wird dramatisch ausgesponnen (v. 4623—29).

298—299 schildern Peters Aufenthalt bei Aimenon. Die
Sonne ging gegen Balenberc unter, und es war eine stürmische
Nacht, als jener ihn in seine Wohnung führte (v. 4633—35) und
ihn um der Wohlthaten willen, die Karl ihm erwiesen, prächtig
bewirthete (v. 4637—43). Ausführlich berichtet der Gesandte sodann,
wie er am nächsten Morgen aufgestanden, Kleider und Stiefel an-
gezogen, die Messe gehört und zur Rathsversammlung gegangen
sei (v. 4644—48).

Dort ermahnt er den Girart in Tirade 300 zuerst, er möge
nicht heftig und jähzornig wie ein Sarazene oder ein schuftiger
Jude sein (v. 4652—54), und bittet ihn darauf, Frieden mit Karl zu
machen; dann solle er in ruhigem Besitz aller seiner Länder und
Lehen bleiben (v. 4655—56), ein Versprechen, zu dem er gar nicht
ermächtigt worden war. Girart lehnt wiederum ab, indem er behauptet, Karl benehme sich gegen ihn wie ein Jude (v. 4657—60).

Tirade 301 und 302 (v. 4661—83) sind bereits oben besprochen worden. In 303 (v. 4684—91) wiederholt Peter noch
ein Mal Girarts ablehnende Antwort mit dem Zusatze, derselbe habe
gedroht, das heilige Kreuz aus Orleans zu rauben (v. 4688), wovon sich vorher nicht die geringste Andeutung findet.

Über den ersten Theil der Tirade 304 (v. 4692—98) s. S. 324—25; der Rest ist eine kurze Inhaltsangabe der unechten Strophen 275—78: Peter habe alle Barone Girarts zum Kampf herausgefordert, Boso habe ihn schlagen wollen, sei aber von ihm lächerlich gemacht worden (v. 4699—4714).

Tirade 305 (v. 4715—19) beginnt mit einer Wiederholung des in v. 4678 ausgesprochenen Gedankens „De feeltat le getes" und nimmt sodann auf die interpolirte Strophe 272 Rücksicht; denn Peter behauptet, Girart habe sich beschwert, dass Karl ihm seinen Vater und seinen Onkel getödtet, ja hier wird noch hinzugefügt, dass er ihm auch Lengroine weggenommen habe (v. 4717).

Tirade 306 (v. 4720—42) endlich wiederholt zuerst den zweiten Theil von 304: Er, Peter, habe durch Kampf die Wahrheit seiner Beschuldigung beweisen wollen; Boso dagegen würde ihn ohne Folcos Dazwischentreten geschlagen haben (v. 4720—32). Hierauf habe er seinen Auftrag ausgerichtet (was in Wirklichkeit vor dem Streite mit Boso stattgefunden hatte), und dabei verlangt, dass Girart den Boso, Seguin und Folcher mitbringen solle (cf. Tirade 235 und 255). Jener aber habe Sühne für den Tod des Draugo und Vuidelon verlangt (= Tirade 305) und eine Herausforderung an Karl gerichtet für den Fall, dass ihm die Genugthuung verweigert werden sollte (v. 4733—42).

Damit endet denn auch in der vorliegenden Fassung Peters Bericht.

Es hat den Anschein, als seien alle soeben vorgeführten jüngeren Tiraden wiederum Eigenthum von R^2. In 293 hat der Ausdruck (v. 4559):

Maudiz si' el, ço dist, de Saint Meart

die grösste Ähnlichkeit mit dem in v. 4496:

Maudiz sie mos seindre de Saint Marçal.

Der Name Saint Meart kommt überhaupt nur in solchen Stellen unseres Epos vor, die R^2 zum Verfasser haben, nämlich noch in v. 3971 und 4843. Auch der Schwur beim heiligen Leonhard verräth den gleichen Ursprung. Ja die Verwendung des Wortes „gainart" hat sogar unter diesen Umständen eine gewisse Beweiskraft, da R^2 für dasselbe eine grosse Vorliebe zeigt (cf. v. 4173, 4337, 5434, 8067). In 294 sind die beiden Zeilen 4583 (E si deus t'ajut) und 4586 (Si deus me laist intrar dinz cel moster) charakteristisch. Strophe 295 hat unzweifelhaft den gleichen Verfasser wie 294, also R^2, da in letzterer Peter aufgefordert wird, sich zu setzen, und er in ersterer dieser Einladung nachkommt. Wir finden hier auch wieder das Wort „faudestol", das, wie ich zu v. 4534 hervorgehoben habe, ein von R^2 bevorzugter Ausdruck ist. Ebenso

kehrt die Wendung „Er escoutaz les noves que . .“ (v. 4589) noch in
den beiden folgenden Tiraden wieder, die mit Bestimmtheit R² zugeschrieben werden können. Wenn diese Strophe sich nur in O findet,
so kann man sehr wohl mit Paul Meyer (a. a. O. S. 146, Anm. 6) annehmen, dass P und L sie wegen ihrer grossen Kürze (5 Zeilen)
und wegen ihres unbedeutenden Inhaltes ausgelassen haben. In 296
recapitulirt R², und zwar in ungenauer Weise, seine eigenen Erfindungen aus Tirade 246 sq. Die Behauptung, dass die Verhandlung an einem Donnerstag stattgefunden (v. 4593), spricht auch für
R², der in ganz ähnlicher Weise in v. 1611 den Dienstag, v. 3396
den Montag verwendet; desgleichen das Vorkommen der „sainte
Marie, deu genitriç“ (v. 4601). In derselben Art giebt er in 297
den Inhalt seiner Strophe 255 wieder. 298—299 enthalten eine
Erweiterung der ursprünglichen Tirade 257; dass wir es jedoch
auch hier mit dem genannten Verfasser zu thun haben, darf man
aus den Versen 4645—46 folgern:

> Eu annai au moster coitadement,
> La messe que l'on dis aui e entent.

Ebenso wird in 300 der Besuch der Messe noch ein Mal ausführlich berichtet (v. 4649—50); dazu kommen die bekannten Zeitangaben in v. 4659 und v. 4660, die Betheuerungsformel in v. 4655,
endlich der ausgeprägte Judenhass in v. 4654 nnd v. 4658, den
ich schon zu v. 4465 besprochen habe.

Über Tirade 301, 302 und die ersten 7 Zeilen der Tirade 304
habe ich schon oben (S. 324 und 325) gesprochen. Zum Beweise, dass
alles Übrige von R² herrührt, führe ich kurz folgende Gründe an. Für
den zweiten Theil von 304 und für 305 ergiebt sich dies schon
daraus, dass sie Inhaltsangaben der von jenem Bearbeiter verfassten
Tiraden 275—79 und 272 sind, während 306 zum Theil identisch
ist mit dem Schluss von 304, zum Theil eine Wiederholung von
271 und 272. Dazu kommen aber noch folgende Einzelheiten.
In v. 4686 heisst es „se deus me salve“, ebendort ist von Girarts
Neffen statt seinen Vettern die Rede, in v. 4688 von dem „heiligen
Kreuz“ in Orleans. In v. 4732 erklärt Peter, Gott habe ihm den
Folco bei Bosos Angriff zu Hülfe gesandt. Endlich ist auch wohl
die Hafenstadt Lengroine, die Karl nach v. 4717 angeblich dem
Girart weggenommen hat, identisch mit Legroing, das R² in v. 8264
als Grenzpunkt von Girarts Besitzungen angiebt. Zum Überfluss
erwähne ich schliesslich noch die in v. 4702 enthaltene Zeitbestimmung und in v. 4736 den Zunamen „von Besançon“ für Seguin
(s. S. 208).

Wenn hiernach über die Urheberschaft von R² kein Zweifel
herrschen kann, so verdient ein Punkt noch besonders hervorge-

hoben zu werden. In v. 4707 und v. 4728 werden die Baiern und Allemannen zu den Unterthanen Girarts gerechnet, und da dies auch in dem von R^2 angefügten Schlusse des Epos (v. 9253), in Betreff der Allemannen noch ausserdem in dem von R^2 verfassten Theile der Aupais-Episode (v. 8655) geschieht, so ist dies als eine dem geistlichen Bearbeiter eigene Auffassung anzusehen. In Vers 2406 kämpfen dieselben beiden Völker jedoch auf Seiten Karls, und zwar wunderbarer Weise in einer Tirade, die ganz unzweifelhaft R^2 zum Verfasser hat. Derselbe hat sich also hier der Auffassung des alten Epos angeschlossen, das kurz darauf in v. 2709 den Baiern und Allemannen (oder wie sie in v. 2691 genannt werden, den Baiern und Tïes = Deutschen) eine hervorragende Rolle im Kampfe anweist. Man erkennt also hieraus, wie unconsequent R^2 verfuhr, und wie wenig er darauf bedacht war, seine Angaben in den verschiedenen Theilen des Gedichtes miteinander in Einklang zu bringen.

Tirade 307, v. 4743—65, enthält weiter nichts als eine Erweiterung des Inhaltes von 308; beide schildern nämlich die Vorbereitungen zu einem gewaltsamen Vorgehen gegen Girart. Dass aber 308 den ursprünglichen Bericht enthält, geht schon daraus hervor, dass nur hier die Einnahme der Burg Mont-Amele beschrieben wird. Aber auch die anderen Punkte, in denen Strophe 307 sich von 308 unterscheidet, machen die erstere verdächtig. So wird in v. 4745 berichtet, dass Karl vor Ärger nicht sprechen konnte, in v. 4746—48, dass er seine Leute ermahnte, sich gegenseitig zu lieben und ihm im Kriege zu helfen. Die anwesenden Ritter feuern sich hierauf gegenseitig an und unterhalten sich mit Prahlen „gaber" (v. 4750—52), ein Zug, den der Bearbeiter aus den französischen Epen, etwa der Reise Karls des Grossen, kannte und entlehnte. Schliesslich ging man zur Ruhe (v. 4756). Am nächsten Morgen liess Karl seine Leute sich rüsten und setzte sich an ihre Spitze, um dem Girart einen Streich zu spielen (v. 4758—65). Der stellenweise salbungsvolle Ton und die Hervorhebung des Messehörens von Seiten des Königs lassen auch hier wieder R^2 als Verfasser vermuthen.

Die drei Tiraden 309—311 (v. 4766—91) sind Repetitionsstrophen, und zwar 311 zu 312, während 309 und 310 mit einigen Erweiterungen den Inhalt von 308 wiederholen. 309 berichtet noch ein Mal die Vorbereitungen zur Kriegsfahrt, wie in v. 4568—70, nur wird ausführlich berichtet, aus welchen einzelnen Stücken die Rüstungen der Truppen bestanden. Am Schluss wird kurz auf die Einnahme von Mont-Amele hingewiesen (v. 4777), die dann in 310 eingehend beschrieben wird. Ja, nach v. 4782—83 nahm Karl ausserdem noch weitere Schlösser und Burgen, doch wird diese Behauptung durch die älteren Theile des Gedichtes nicht bestätigt. Die drei letzten Zeilen (v. 4784—86) enthalten Prophezeiungen in Betreff der Folgen der Eroberung; gross werde der Schmerz für Girart, Boso und Seguin, der Verlust für Folco und Landri sein. Die fünfzeilige Tirade 311 ist inhaltlich fast identisch mit 312. Vers 4787 entspricht genau v. 4792; v. 4790 der Zeile 4794; die Notiz, dass die königlichen Truppen keine Noth gelitten (v. 4788—89), ist eigene Zuthat des Interpolators, endlich ist die Nachricht, dass am neunten Tage eine Schlacht stattfand, aus v. 4830 und 4926 entlehnt. In P sind von dieser Strophe 311 nur die beiden letzten Zeilen vorhanden, und diese sind mit zu 310 gezogen.

Was nun den Autor dieser drei Tiraden betrifft, so ist wohl für die beiden ersten der gleiche anzunehmen, da sie beide zusammen den Zug gegen jene Burg Girarts schildern. Die Wiederholung der in v. 4778 gebrauchten Wendung „Girart fera fulie" in v. 4765 „Grant fulie li vol far" lenkt die Vermuthung auf R^2, da der erstgenannte Vers als dessen Eigenthum erkannt ist. Bei der Ausrüstung des Peter von Mont-Rabei haben wir auch gesehen, dass er es liebt, den Ursprung der Waffenstücke anzugeben (Tirade 246). Auch seine Vorliebe für Prophezeiungen habe ich zu v. 665—66 durch zahlreiche Beispiele belegt (S. 221). Die Vermuthung wird aber zur Gewissheit, wenn wir erfahren, dass der Herr Heinrich, der nach v. 4779 zugleich mit dem Könige den Krieg beginnt, eine erst später, und zwar von R^2, eingeführte Persönlichkeit ist. Derselbe kommt nämlich ausser hier noch an zwei anderen Stellen des Gedichtes vor, die beide sich als interpolirt erweisen.

a) In Tirade 380. In den vorhergehenden Versen haben wir erfahren, dass Karl, von Girart angegriffen, eilig Boten um Hülfe ausgesandt hatte. Nun erzählt unsere Tirade folgendes. Zwei Grafen traten aus dem Lager des Königs heraus, Heinrich und Alberich; ihre Schwester war die Frau des Teiri, und die von Boso getödteten Söhne des Letzteren waren ihre Neffen gewesen. Diese stiegen auf einen Hügel und sahen, wie Girart seine Truppen zur Schlacht ordnete. Heinrich theilt dies dem Könige mit, und letzterer giebt in Folge dessen seinen Truppen den Befehl, die Nacht nicht die Zelte abzureissen.

Diese Worte enthalten mehrfache Widersprüche. Zunächst erscheint der ganze Einschub, der offenbar nur den Zweck hat, den König von der ihm drohenden Gefahr unterrichten zu lassen, überflüssig, da nach v. 5793 schon ein Bote dem Karl die bevorstehende Ankunft Girarts gemeldet, und dieser auch bereits danach seine Massregeln getroffen hat (v. 5794—96). Dazu kommen aber weitere Einzelheiten. Ein Alberich erscheint auch sonst unter den Baronen

Karls, z. B. in v. 5841 und dann in v. 5918, wo sein Tod berichtet wird. Auch in der soeben besprochenen Tirade 310 tritt derselbe neben unserem Heinrich auf, denn an den Vers 4779, der von der Waffenbrüderschaft Heinrichs mit dem Könige berichtet, schliessen sich in v. 4780 die Worte: Sobre Girart les gide cons Alberis. Nun muss es auffallen, dass nicht schon hier das Verwandt-schaftsverhältniss derselben sowohl untereinander als auch zu Teiri erwähnt worden ist, da hier mehr Anlass dazu vorlag, als bei der zweiten Erwähnung. Dazu kommt aber, dass, wie schon P. Meyer (Girart de Roussillon, S. 187, Anm. 1) hervorhebt, jene Verwandt-schaftsangabe im Widerspruch steht mit der Tirade 115, da nach v. 1807 die beiden von Boso ermordeten Söhne Teiris aus der Ehe des Letzteren mit König Karls Schwester stammten. Die ganze Angabe ist daher aus dem Wunsche des Redactors entstanden, dem von ihm erfundenen Grafen Heinrich eine recht vornehme Ver-wandtschaft zu geben. Der am Schluss der Tirade von Karl er-theilte Befehl (v. 5808—10) ist eine einfache Vorwegnahme des in den ersten Versen der folgenden Strophe (v. 5811—13) Er-zählten.

b) In den Strophen 388—389 wird der Tod des Grafen ge-schildert. Beide stehen in keinerlei Zusammenhang mit dem, was vorangeht und was folgt. Die erstere (v. 5891—5901) hat den Zweck, unseren Heinrich dem Folco gegenüberzustellen, ist aber im Übrigen fast bedeutungslos. Folco, heisst es, war ein weiser und ehrenhafter Vasall, er überblickte die Schlacht und ritt dann von dem linken Flügel nach dem rechten hinüber; warum, erfahren wir nicht. Den Rest der Strophe füllen die bekannten formelhaften Wendungen aus, wie: da hätte man manchen Krieger vom Pferde fallen, manchen Kopf vom Rumpfe trennen sehen können u. ähnl. In Tirade 389 (v. 5902—9) sprengt nun Heinrich heran mit dem Schlachtruf „Vauluc, Vauluc!" (Reim auf -uc), nennt den Girart einen Verräther und versichert, dass dieser den Tod des Teiri zu seinem Unglück gesehen haben werde (v. 5905). Ohne viel Federlesen wird er durch seinen Gegner Folco vom Pferde gestossen, und damit ist seine kurze Rolle ausgespielt.

Dass der zuletzt besprochene Einschub von R^2 herrührt, er-giebt sich aus dem Herzogtitel, den Girart in v. 5909 führt (cf. S. 66, zu v. 489), dann aus der Bemerkung, dass die in der Schlacht Gefallenen ohne Beirath und Segen des Priesters sterben mussten (v. 5899, cf. v. 786). Daher ist der Schluss sicherlich nicht zu kühn, dass auch 380 den gleichen Ursprung hat, ebenso wie Tirade 310, bei welcher dies auch aus anderen Anzeichen hervor-geht. In 311 fehlt es an charakteristischen Merkmalen; eine gewisse Wahrscheinlichkeit spricht insofern für R⁴, als an dieser Stelle unseres Epos die Spuren eines anderen Redactors nicht nachzuweisen sind.

Der Anfang von Tirade 312 ist ursprünglich mit Ausnahme des Verses 4793. Die Zeilen 4792 und 4794—96 lauten:

> Sobre Girart a Carles cart jor jagut,
> Al cincain jor Girarz n'a mes ogut,
> Quil dist de Mont-Amele qu'el l'a perdut:
> Carles, li reis de France, li a tolgut.

Dazwischen findet sich nun jene Zeile:

> Aiço a Mont-Amele que l' at tolgut,

die man sofort als Interpolation erkennt. Herstammen wird sie vermuthlich von demselben Überarbeiter, dem wir den unmittelbar darauf folgenden grossen Einschub v. 4799—4877 verdanken. Dieser selbst bildet ein zusammenhängendes Ganzes und hat den Zweck, die Handlung in die Länge zu ziehen; denn während in dem alten Epos Girart auf die Nachricht von Karls Einfall sofort sein Heer zusammenruft (Tirade 317), lässt der Redactor hier eine lange Unterredung zwischen Girart und zweien seiner Vettern vorhergehen. Im Schluss von 312 begegnet der Graf dem Folco und fragt ihn, wie er sich jener Nachricht gegenüber zu verhalten habe. In 313 erfahren wir zunächst, in welchem Schlosse Girart jene Botschaft empfing (v. 4808), doch lautet der Name desselben in allen Handschriften verschieden (Acorevent, Oirevent, Orïen, Laurivent), und es kommt sonst in dem Epos nicht vor. Aber hiermit nicht zufrieden, theilt uns der Redactor auch mit, wie stark die Besatzung des Schlosses an Soldaten, Rittern und Bürgern war (v. 4811—14), und dass Girart gerade draussen im Freien mit seinen Leuten verhandelte, als die Nachricht kam (v. 4815—19). Dass dies erst am vierten Tage nach der Eroberung geschah, erfahren wir dagegen hier nicht. Die Berathung mit Folco ist zum grossen Theil wörtlich aus Strophe 312 herübergenommen, nur sind natürlich des Reimes wegen in jedem Verse die Schlussworte geändert. Folco beginnt in 314 seine Antwort mit dem Vorwurfe, dass Girart immer dem schlechten Rathe folge, und fügt hinzu, er möge sich an Boso und Seguin um Rath wenden. Ein derartiger Vorwurf entspricht nicht dem Charakter Folcos, auch stimmen seine Worte nicht mit dem was folgt, da er trotzdem einen Rath ertheilt. Er sagt nämlich in v. 4842—43: „Aber geh nach Paris, Reims oder Soissons und lass ihm sein Recht widerfahren, da er Dich dazu auffordert". Dieser Vorschlag hätte vielleicht nach Tirade 260 gepasst, wo die Verhandlungen noch schwebten, ist aber hier ganz ungeeignet, da Karl nicht mehr daran denkt, mit Girart zu verhandeln, sondern schon

zu Thaten übergegangen ist. In 315 wiederholt Folco seine Versicherung, er werde keinen Rath geben, durch welchen Girart ein
Narr, Schurke oder Betrüger werden würde. Er beantragt, den
sonst völlig unbekannten Auchier von Saint-Macaire zum Könige
zu senden, um ihm Recht anzubieten. Der Bearbeiter vergisst nun,
dass nach v. 4799 Girart mit Folco allein ist, und führt in v. 4863
plötzlich den Seguin redend ein, ohne seine Anwesenheit zu erklären.
Dieser ruft aus, lieber möge Girart die Stadt Caire (P: Raire,
v. 4153) und tausend Mark verlieren, als dass der König einen
Ort passire, welcher in O Senz-Caire, in P Ranquaire genannt
wird (L ändert). Aus 316 hören wir, dass dem Girart der Streich
(fulie), den Seguin empfohlen, gefällt, und dass er dem Folco erklärt, er werde seinem Vorschlage nicht folgen. Folco, heisst es, gab
seitdem gar keinen Rath wieder, weder guten noch schlechten.

Kann nun über den jüngeren Ursprung der eben vorgeführten
Scene keine Zweifel obwalten, so ist dies ebensowenig in Bezug auf
die Autorschaft von R^2 möglich. Ich verweise auf die Wendungen:
„se deus t'ajut" in v. 4800, 4823, „si deus ton cors garisse" in
v. 4844, „ja damlideus . . ben vos don" in v. 4870, „per deu del
tron" in v. 4853, „t'en jur Jhesu omnipotent" in v. 4828; auf die
Zeitangaben in v. 4805, 4827, 4830, 4846; auf die Benennung
des Seguin als Vizgrafen von Besançon in v. 4835; auf das Hervorheben der Geistlichkeit, speziell des Erzbischofs in v. 4848; auf
die bei ihm beliebten Ausrufe mit „es" oder „es vos" in v. 4818 und
4820; auf den Ausdruck „fulie" in v. 4869 in demselben Sinne,
wie er in v. 4765 und v. 4778 verwandt ist. Auch das Motiv,
dass Girart, als der Bote kam, gerade ein Urtheil (jugement) sprach
(v. 4817), hat R^2 schon ein Mal, in v. 3961, benutzt. Die Allemannen erscheinen bei ihm auch in v. 4707 und in v. 4728 als
Unterthanen Girarts, ja sogar die Namen der beiden nicht zu identi-
fizirenden Ortschaften Caire (v. 4865) und Rancaire (v. 4867),
finden sich in einer andern Interpolation von R^2, nämlich in v. 7396
und 7395 wieder.

Das alte Epos begnügte sich nun mit der Mittheilung, dass
Girart alle seine Truppen entbot (v. 4878—79), und führte nur
zwei Bundesgenossen mit Namen an, nämlich den Auchier und den
Grafen Guinart von Mömpelgard, die ihm zehntausend auserlesene
Truppen zuführten (v. 4880—83). Genau so, ja sogar ebenfalls
mit einziger Hervorhebung dieser beiden Barone, war in der früheren
Fassung vor der Schlacht von Valbeton verfahren worden, wie man
an Tirade 138 erkennt; aber an unserer Stelle war der Redactor
ebenso wenig wie oben mit dieser kurzen Angabe zufrieden, sondern
gefiel sich in einer ausführlichen Aufzählung der Völker, zu denen

Girart um Hülfe sandte (v. 4884—916). Die Vermuthung, dass dies, wie oben. R^2 sei, ergiebt sich bei genauer Untersuchung als zutreffend.

Zunächst schob derselbe an Tirade 317, die ursprünglich mit v. 4883 schloss, noch zwei weitere Zeilen an, in denen er selbst hervortritt und durch „E non cuidaz que . .‟ auf die folgenden Ereignisse hinweist. Zahlreiche Beispiele für diese Eigenthümlichkeit unseres Redactors habe ich zu v. 1782 und v. 4002 angegeben. Dass die kommende Schlacht an einem Dienstag stattfinden wird, ist von ihm erfunden, und wird von ihm in v. 4915 noch ein Mal behauptet. Die Angabe der Zahl der Boten (dreissig) ist eine Nachahmung der Bemerkung in v. 2274, nur dass es dort deren fünfzig waren. Unter den Völkern, zu denen Girart schickt, werden einige auch sonst in dem Gedichte als dessen Unterthanen erwähnt, z. B. die in v. 4893—94 genannten Basken, Gascogner, die Einwohner von Bordeaux und Rovergue auch in v. 1883—84; die von Gascogne und Bordeaux auch in v. 2486—87. Neu sind und nur hier vorkommen die von Quercy, Agen und Toulouse (v. 4892—93). Einige der Bundesgenossen scheinen ganz und gar Erzeugnisse der Phantasie des Bearbeiters zu sein, so der Graf Ginan von Balone (v. 4909), den P (v. 4197) Guintran von Babilona nennt, so auch Jocelm von Verdona (nach P, v. 4198, während O „Jocel ques avers done‟ liest). Andre scheint er der Geschichte entlehnt zu haben, wie Aimeri von Narbonne (1080—1105), Raimon Berenger von Barcelona (1035—76), vielleicht auch Gilbert von Tarragone oder Bertran von Carcassonne (v. 4905—8). Einige dieser Bundesgenossen kommen auch sonst in Interpolationen unseres Redactors vor, so Barcellona (v. 4893 und 4907) auch in v. 561, 1541, 2264; Navarra (v. 4896) auch in v. 2309, 2818, 5288; Aragon (v. 4897) auch in v. 562 und 2818. Sehr ungeschickt ist die Angabe des Bearbeiters (v. 4912—16), dass Girart durch die Vermittelung der oben genannten Barone vergeblich mit dem Könige um Frieden verhandelte, da in der von ihm selbst verfassten Tirade 316 der Graf sogar seinem Vetter Folco dessen Bitte, mit Karl unterhandeln zu dürfen, rund abgeschlagen hatte.

Aber, während die eigentliche Schlacht erst mit Tirade 323 beginnt, so fügte der Bearbeiter noch drei weitere Strophen ein (320—322), um über die Vorbereitungen noch ausführlicher zu berichten. In 320 (v. 5057—5101) erfahren wir (v. 5057), dass die Schlacht im April, im Sommer stattfand. Weiter heisst es (v. 5058), dass die feindlichen Heere sich unter Mont-Amele trafen. Diese Behauptung lag sehr nahe, da Karl ja die Burg dieses Namens kurz vorher eingenommen hatte, aber sie ist dennoch nicht richtig, da nach v. 4927 unterhalb Verdunés am Flusse gekämpft wurde. Es folgen

nun allgemeine Betrachtungen: Durch diese Schlacht wurde Frankreich und Deutschland entvölkert u. s. w. (v. 5062 sq.). Beide
Parteien sind von Kampfeseifer beseelt, Karl betet, Girart ruft die
Seinen zusammen. Unter diesen wird auch Aimeri aufgezählt
(v. 5077), womit allein der in der vorigen Tirade erwähnte Aimeri
von Narbonne gemeint sein kann, sodass der Schluss sehr nahe liegt,
dass beide Tiraden den gleichen Verfasser gehabt haben werden.
Seinen Truppen hält nun Girart eine lange Rede, in der er auf seine
ihnen erwiesenen Wohlthaten hinweist, da er ihnen alles gegeben
habe, was er besitze (v. 5079—84); sollte er besiegt werden, so
würden sie, ebenso wie er, bettelarm sein (v. 5085—88). Namentlich fleht er den Folco an, ihn heute nicht im Stiche zu lassen,
indem er das Sprichwort auf sich anwendet (v. 5092):

Al gran besoing vei eu, qui est ab mi.

Folco lächelt und sagt: „Hättet Ihr auf mich gehört, so wäret Ihr
jetzt mit Karl befreundet" (v. 5095—96); dennoch werde er es
nicht an sich fehlen lassen.

Die Tirade 321 (v. 4982—5056) beginnt mit der Bemerkung,
dass beide Gegner sehr mächtig waren und sich heftig hassten (v. 4982
bis 86). Dann folgt eine ausführliche Schilderung von Folcos Rüstung
(v. 4987—5003), wobei sein Pferd Baiart genannt wird, offenbar eine
Reminiscenz an Renaut de Montauban. Der zweite Theil wird von
einer freurigen Lobpreisung des Folco ausgefüllt; diese wird sonderbarer Weise dem Könige in den Mund gelegt, und zwar, während
er sich auf den sonst nicht bekannten Grafen von Auvergne lehnt.
Karl rühmt, dass jener das Schach-, das Brett- und das Würfel-
spiel verstehe, ja er wendet selbst ein Bild aus dem Schachspiel
an, um dessen Werth voll auszudrücken, indem er erklärt, derselbe
sei zugleich König, Königin und Thurm (v. 5034). Unbegreiflicher
Weise behauptet Karl auch zu wissen, dass Folco im Grunde
gegen den Krieg ist und sich deswegen mehrfach mit Girart gezankt
hat (v. 5039—40). Trotzdem kämpfe er jetzt für seinen Vetter, und
er, der König, tadle ihn deswegen nicht. Gleich darauf erklärt er,
er hasse den Folco zwar sehr, dennoch wolle er lieber Folco sein,
als der Herr von vier Königreichen (v. 5050—52). Die Franzosen
fragen verwundert, ob der Graf denn wirklich alle diese Tugenden
besitze, worauf der König versichert, noch viel mehr (v. 5053—56).
Der erste Vers der Tirade 322 (v. 4917—25) lautet bis auf das Reimwort ganz wie der Anfang der folgenden Strophe. Dann heisst es
weiter: Als die Avant-Garden sich begegneten und sich erkannt
hatten (!), da stiegen sie vom Pferde und waffneten sich eiligst (!).
Also sie waren nicht einmal bewaffnet! Dann folgen allgemeine
Redensarten: Nicht müsst Ihr denken, dass irgend jemand sich ge-

weigert hätte, zu kämpfen, viele Lanzen wurden zerbrochen u. ä. Zum Schluss wird behauptet, die Vorhut Karls habe sie (wen?) besiegt. In Wirklichkeit wird aber erst in der nächsten Strophe über die beiderseitige Aufstellung berichtet, und hierauf begannen dann die Feindseligkeiten. Tirade 320 und 321 zeigen deutlich die für R^2 charakteristischen Merkmale. Dahin gehört das gleichzeitige Vorkommen des Aimeri von Narbonne in 520 und 519, sowie der Hinweis auf den Streit zwischen Girart und Folco wegen Aufrechterhaltung des Friedens (v. 5040 und 5095), da ein derartiger Streit sich nur in den von R^2 interpolirten Strophen findet. Beide Tiraden tragen überdies einen ausgesprochen geistlichen Charakter. Als Folge der kommenden Schlacht wird z. B. hingestellt (v. 5064):

> Ars sont moster e gleisas e crosifi.

Vor der Schlacht heisst es von Karl (v. 5072):

> No mes jes damideu trop en obli,

und nun folgt in den drei folgenden Zeilen der Text seines Gebetes, also gerade wie in v. 2498 sq.; 2527 sq.; 4010. Unter Folcos Tugenden figurirt auch namentlich seine Frömmigkeit gegen „deu d'eternitat" (v. 5023), und Karl versichert etwas „per aichel segnor on vos creatz" (v. 5049). Girart wird Herzog betitelt (v. 4985 und 5094) und nennt den Folco seinen Neffen (v. 5009 und 5089); auch tritt der Verfasser, wie R^2 dies gewöhnlich thut, häufig hervor (v. 5062) und bestimmt das in Rede stehende Ereigniss zeitlich ganz genau (v. 5057); sogar den Gedanken, dass durch die Schlacht viele Frauen verwittwet werden würden (v. 5061), hat er schon früher ein Mal verwerthet, in v. 2945, ebenso wie das in v. 5003:

> Mais c'us arcs no traria us mataraz

gebrauchte Bild in v. 50.

Bei Tirade 322 liegt die Sache weit weniger einfach, weil sich dieselbe in ziemlich allgemeinen Ausdrücken bewegt. Doch bemerken wir auch hier wieder das Hervortreten des Autors aus dem Rahmen der Erzählung mit Wendungen, wie: „non cuidaz que" (v. 4921), „viraz" (v. 4922), sodass man auch diese Strophe mit einer gewissen Wahrscheinlichkeit dem thätigsten von allen Bearbeitern zusprechen kann, um so mehr, als wir dem unsinnigen Gedanken, dass die feindlichen Truppen, erst als sie einander ansichtig wurden, absteigen und sich bewaffnen (v. 4919—20), genau so in der Tirade 444 (v. 6513—14) wieder begegnen, die wir unten ebenfalls als Eigenthum von R^2 nachweisen werden.

In den beiden ursprünglichen Strophen 323 und 324 wird uns die Schlachtordnung der beiden feindlichen Heere beschrieben, mit Tirade 325 aber beginnen wieder die Interpolationen. Diese Tirade (v. 4971 bis 4981, 5102—8) selbst schildert einen Zweikampf des Rainer, Sohnes des Ardenc, mit Hugo von Poitiers. Letzterer kommt nur an dieser Stelle unseres Epos vor, ersterer ausserdem noch in Tirade 166, die von R^2 stammt, sodass wir es auch an unserer Stelle mit einem Erzeugniss dieses Bearbeiters zu thun haben. Beide Strophen haben nicht nur den gleichen Reim, sondern auch einzelne Zeilen der einen kehren fast wörtlich in der andern wieder, z. B. v. 2814 und 4972:

> Ob els li Aleman el Desertenc;
> E Alemant i sunt e Desertenc.

ebenso v. 2816 und v. 4973:

> E Reniers e Oudins, li filz Ardenc;
> E vint ob els Rainers, lo filz Ardenc.

ähnlich v. 2825 und 4974:

> E tant noble vassal e aelenc
> En lui a bon vassal e aelenc,

Auch der König Genenc, von welchem das Schwert Rainers herstammen soll (v. 4978), kommt noch in einem anderen Einschub dieses Autors (v. 1743) vor.

Die sich daran schliessende Tirade 326, v. 5109—18, ist eine höchst sonderbare Interpolation, deren Zweck man nicht recht begreift. In dem Zweikampf hatte Hugo seinen Gegner oberhalb des Panzers in die Brust getroffen, ihm die ganze linke Seite abgehauen und ihn rücklings zu Boden geworfen (v. 5104—8). Es liegt auf der Hand, dass dem armen Rainer der Garaus gemacht ist. Der Interpolator hatte jedoch den Wunsch, ihn am Leben zu erhalten. So erzählt er denn ganz treuherzig, als Rainer mit seiner Wunde in der Brust an der Erde gelegen, da habe er seinen Wamms zerrissen und sich gut verbunden (v. 5109—11); darauf habe er sein Pferd bestiegen, sein Schwert aus Orleans gezogen und habe jeden, den er getroffen, bis zur Brust herab·gespalten (v. 5112—16). Man erwartet hiernach, dass diesem so wunderbar erhaltenen Helden noch eine grosse Rolle vorbehalten sei. Es geschieht aber nichts dergleichen, Rainer verschwindet, um nie wieder aufzutauchen. Da nichts in dieser Tirade auf R^2 hinweist, es auch nicht vorauszusetzen ist, dass ein Bearbeiter seine eigenen Leichen wieder vom Tode auferwecken wird, so werden wir hier einen jüngeren Redactor (R^3) als Verfasser annehmen.

Auch Strophe 327 (v. 5119—32 und 5135) ist spätere Zuthat. Dass Boso, Folco und Folcher herangeritten kommen, wird auch in der nächsten Tirade erzählt. Während aber den genannten drei Helden in Strophe 328 Andefrei, Aimon und Hugo entgegentreten, thut dies hier ausser dem Könige ein Graf Foras (nach P: Folras), der sonst unbekannt ist (Reim auf -as). Dann folgt eine Beschreibung

der Schlacht in den bekannten formelhaften Wendungen: Tausend
verloren Faust, Fuss, Mund (!) oder Nase u. s. w. Die Frage
nach dem Verfasser ist hier nicht mit völliger Sicherheit zu entscheiden. Manche Anzeichen deuten auf R^2, so die Wendung, dass,
wer aus dieser Schlacht unversehrt davonkam, Gott und den heiligen
Thomas zum Beschützer hatte (v. 5135); den heiligen Thomas verwendet R^2 später auch in v. 6042 und v. 6746; dahin gehört auch
die allerdings unverständliche Anspielung auf das Alterthum: „Seit
der Zeit des Herrn Cleopas, welcher an der Schlacht im Thale
Troas Theil nahm, hörtet Ihr nie von Leuten, welche .." (v. 5126
bis 5128). Derartige dunkle Hinweise bilden bekanntlich eine der
charakteristischen Eigenthümlichkeiten von R^2, cf. v. 711, 757—61,
2671—74, 3043, 3232, 3532, 4174—75; 4342—46, 4414—15
u. a. Auch die sechzigtausend Begleiter des Folcher, des Boso
und seiner Brüder weisen auf R^2 hin, da dieser es liebt, mit grossen
Zahlen um sich zu werfen, z. B. in v. 9030, 3276, 2796 u. a.;
eine Menge Beispiele für die Zahlen hunderttausend und fünfhunderttausend habe ich auf Seite 243 und 249 gegeben; dieselbe Truppenzahl
wie an unserer Stelle erscheint bei R^2 ebenfalls noch öfter, z. B. in
v. 2333, 2628, 2682, 4898, 5588. Endlich zeugt auch das
Hervortreten des Verfassers in Wendungen wie „n'öistes" (v. 5128),
„com öiras" (v. 5125) für R^2 (cf. S. 69 und 256). Auf der
andern Seite aber scheint manches gegen die Verfasserschaft von
R^2 zu sprechen. Zwar könnte man diesem Interpolator einen fehler-
haften Reim wie pas: armas (v. 5121) wohl zutrauen; auch der
auffällige Singularis in „öiras" (v. 5125) im Gegensatz zu dem
gewöhnlich verwandten „öirez" ist durch den Reim genügend erklärt. Aber befremdlich muss es erscheinen, dass in v. 5120 Folchers
Schlachtross Bajart heisst. R^2 giebt nämlich in der sicher von
ihm herrührenden Tirade 321 (v. 5001) diesen Namen dem Pferde
des Folco, während er dasjenige des Folcher in v. 2739 Facebelle
nennt. Demnach müsste man, wenn man auch Tirade 327 diesem
Bearbeiter zusprechen will, annehmen, dass er an seinen eigenen
Erfindungen nicht festgehalten, sondern seinen anderweitigen Angaben
an unserer Stelle widersprochen hätte. So unmöglich nun eine derartige Annahme auch an sich zu sein scheint, so würde sie bei dem in
Rede stehenden Autor keineswegs unerhört sein, da wir schon mehrfach constatirt haben, dass er in den verschiedenen Theilen des Gedichtes durchaus voneinander abweichende, ja sich gegenseitig wider-
sprechende Behauptungen über ein und dieselbe Sache aufstellt (cf. S.
71—72, 224, 318, 330, 350; ebenso unten zu v. 5614 sq. und 6712
sq.). Dazu kommen aber noch einige weitere Punkte, die den soeben
hervorgehobenen Widerspruch vielleicht zu entfernen im Stande sind.

Zunächst scheint Bajart ein so gewöhnlicher Name für ein Schlachtross gewesen zu sein, in Erinnerung an den sagenberühmten Renner
des Renaut von Montauban, dass derselbe fast wie ein Appelativum
gebraucht wurde, sodass z. B. auch Bertran de Born (44, 45) singt:

> Venrai armatz sobre Baiart.

Aber es ist sogar möglich, dass der betreffende Vers 5120 erst
ganz spät, vielleicht von einem Abschreiber, eingefügt worden ist.
Die Tirade 327 ist nur in O und P erhalten; von diesen hat P
unsern Vers gar nicht, O liest:

> E dons Fouchers chevauge Baiart que fas,

worin der Schluss des Verses unverständlich ist. Jedenfalls
scheint mir das auf diesen Namen Bajart basirte Bedenken nicht
stark genug zu sein, um die zahlreichen Gründe, welche es wahrscheinlich machen, dass unsere Tirade von R^2 verfasst ist, zu er-
schüttern.

Über die beiden von R^1 eingefügten Verse 5139 und 5145
in Tirade 328 und 329 habe ich bereits im zehnten Kapitel gesprochen (S. 192).

Tirade 330 (v. 5158—66) dient ausschliesslich dem Zwecke,
die Beschreibung der Schlacht noch mehr in die Länge zu ziehen,
ohne das geringste Neue hinzuzufügen. Aus dem ersten Verse erfahren wir zwar, dass beide Gegner (Andefrei und Folcher) sich
gegenseitig vom Pferde stachen, doch war dies schon am Schlusse
der vorangehenden Strophe erzählt worden. Es folgen dann typische
Kampfesschilderungen: Man könnte so viele Schilder zerstücken, so
viele Panzer durchbohren sehen u. s. w., dass man fünfzehn Karrenladungen voll Bruchstücke hätte wegfahren können (v. 5160—64).
Der Schlusssatz, dass Girart wegen mehrfacher Schuld zahlreiche
Barone verloren habe, ist einer der Lieblingsgedanken des Mönches
von Vezelai, wie ich in Kapitel 7 hervorgehoben habe, und diesem
Satze, dass ein Unglück die Folge eines Unrechtes sei, sind wir
auch in anderen Interpolationen dieses Bearbeiters begegnet, z. B.
in v. 1331—33 und v. 1424, und wir werden ihn auch später in denselben noch mehrfach ausgesprochen finden. z. B. in v. 5782—83,
6151, 6456. Man wird R^2 daher auch hier als Verfasser ansehen können, obwohl die Karrenladungen von Lanzen oder Getödteten auch in v. 3371 und v. 3434 vorkommen, die wir aus
andern Gründen einem noch jüngeren Redactor glaubten zuschreiben
zu müssen.

Wie ein Interpolator in der Beschreibung der Schlacht bei
Valbeton den Girart durch einen seiner Barone zum Kampf hatte
aufmuntern lassen, so verdankt auch Tirade 331 (v. 5167—88)

diesem selben Gedanken ihre Entstehung. Derjenige, dem diese Rolle hier übertragen wird, heisst David, Sohn des alten Girosme, und ist dem Epos sonst unbekannt. Wir erfahren hier, dass er von Karl verbannt worden und dann in Girarts Dienste getreten war (v. 5170—72). Nachdem dieser dem Könige selbst eine Wunde beigebracht hatte, kommt er zu Girart und macht diesem ganz ohne Grund die gröbsten Vorwürfe wegen seiner Unthätigkeit, wobei er ihn sogar einen Schurken „fel" nennt (v. 5179), was P allerdings durch „coms" ersetzt hat. Obwohl nun in dem bisherigen Bericht über den Verlauf der Schlacht von Verlusten auf Seiten Girarts noch nichts erwähnt worden ist, behauptet David hier plötzlich, das ganze Feld sei mit Girarts Leuten bedeckt, sodass nur noch hundert (nach P tausend) übrig seien; daher fordert er ihn auf, sich nicht fangen zu lassen (v. 5180—82). Girart schwört, er werde nicht fliehen, und beginnt den Kampf von neuem (v. 5183 bis 5188). Dieser Interpolator ist derselbe, der die ähnliche Episode in die Schlacht bei Valbeton eingeführt hat. Dafür spricht z. B. der Ausdruck (v. 5184):

> Car eu t'en jur la sainte qu'es genitriz;

desgleichen die Anfangszeile (v. 5167):

> Anc de forçor bataille mais neu auïz,

welche fast wörtlich gleich dem ersten Verse der auch von R² verfassten Tirade 188 lautet (v. 3189):

> Ainc de forçor bataille n' auï retraire.

Wenn diese Ansicht aber richtig ist, so wird dadurch die Annahme, dass auch 330 von demselben Verfasser herrührt, wahrscheinlicher, denn da R² in 331 die grossen Verluste Girarts hervorheben wollte, so musste er vorher erzählen, dass viele der Seinen gefallen waren, wie dies in den Schlussversen von 330 geschieht.

Dass in Tirade 332 R² die Zeilen 5195—97 eingefügt hat, als Anspielung auf die Sendung des Peter von Mont-Rabei zu Girart, habe ich schon oben (S. 321) erwähnt. Den gleichen Ursprung hat aber auch v. 5190:

> E a portat les armes c'aut d'Oliver,

da R² die ganze Scene der Wappnung Peters eingefügt und dabei die Waffen als ein Geschenk des Oliver bezeichnet hatte (v. 3921).

Unter den folgenden Tiraden ist 335 (v. 5217—28) spätere Zuthat, in welcher uns ein Zweikampf zwischen Gace, dem Vizgrafen von Dreux, und einem sonst ganz unbekannten Aucher von Mont-Saint-Proing, der wohl nur dem Reime sein Dasein verdankt, geschildert wird. Verfasser ist wiederum R², da er in v. 5228 auch die Sachsen wie in v. 661, 2774, 2819 u. ö. unter den Kämpfenden aufführt.

Während 336—40 von R[1] eingefügt sind (s. S. 192—93), so ist 341, v. 5279—86, das Eigenthum eines jüngeren Bearbeiters. Der König sprengt vor und greift einen „donzel de Tïest" an, der also nicht einmal genannt wird. Unter „Tïest" ist wohl mit Paul Meyer das dem Völkernamen Tïes zugehörige Land zu verstehen. In diesem Falle hätte aber der Verfasser übersehen, dass in v. 2691 die Tïes (Niederdeutschen) zusammen mit den Baiern unter den königlichen Truppen erscheinen. Der Schlag, den Karl hier gegen diesen „donzel" führt, ist ein richtiger „Schwabenstreich", denn er spaltete nicht nur den unglücklichen Reiter in zwei Hälften, sondern schlug auch noch das Ross zu Boden. An R[2] ist diesmal nicht zu denken, da dieser ja in v. 5168 den König hat verwundet werden lassen. Da man auch R[1] nicht zutrauen wird, hier einen unbekannten Knappen dem Könige gegenüber zu stellen, so wird man in einem der jüngeren Bearbeiter, die ich mit dem Collectivnamen R[3] bezeichnet habe, den Verfasser suchen.

Sicher aber haben wir es in Tirade 342 (v. 5287—93) aufs Neue mit R[2] zu thun, da wiederum die Navarresen als einer der Heerestheile Girarts genannt werden (v. 5288), worüber ich zu v. 4896 (cf. S. 269) gesprochen habe. Auch die Notiz, dass diese Schlacht an einem Dienstag stattfand (v. 5287), hat dieser Bearbeiter schon zwei Mal, nämlich in v. 4885 und v. 4915, zum Besten gegeben. Im Übrigen enthält die Tirade nur nichtssagende Phrasen: Die beiden Heere kämpften miteinander; die Franzosen schlugen auf die Helme, welche Ginart gemacht hatte (v. 5290).

In Tirade 343, welche den Rückzug Girarts berichtet und grösstentheils ursprünglich ist, hat R[2] zwei Einfügungen vorgenommen, nämlich v. 5294—5304 und v. 5320—31. Bei der ersteren, welche die Schlachtschilderung fortsetzt, erkennt man den Verfasser an der dritten Wiederholung, dass die Schlacht an einem Dienstag stattfand (v. 5295), ja er giebt die Zeit hier noch genauer an „nach Sonnenaufgang und in den längsten Tagen, wo der Sommer kommt" (v. 5294); auch Wendungen wie in v. 5296 und v. 5304:

> Quels conpaines s'encontrent, dun fu pecaç;
> Car nus n'en i pot vivre mais quan deu plaç

verrathen geistlichen Ursprung.

Noch mehr ist dies jedoch bei dem zweiten Einschub der Fall. Lassen wir denselben unbeachtet, so erfahren wir in dieser Strophe, dass Folco dem Girart den verständigen Rath ertheilt, den Rückzug anzutreten, der unter den vorliegenden Umständen keine Schande sei, und den er selbst mit den tüchtigsten Baronen decken werde. Diesen durchaus sachgemässen Worten Folcos lässt nun der Inter-

polator eine Art Strafpredigt desselben vorangehen. „Allezeit",
ruft er dem Girart zu, „bist Du ein Narr und ein Schuft und ein
Verrückter gewesen, und es war ein grosser Jammer in der Welt,
als Du geboren wurdest, denn dies war kein Segen, sondern ein
Unglück, weil durch Dich die Christenheit erniedrigt worden ist.
Grausamer, siehst Du nicht, dass die Deinen ganz zu Grunde gerichtet sind, und dass ihrer schon mehr als siebentausend getödtet
und verwundet daliegen?" In diesem Ton geht es weiter. Dann
aber lässt der Bearbeiter in v. 5329 den Folco behaupten, der
König habe den Girart und dessen Heer mitten in seinem (des
Königs) Lande angetroffen, während bekanntlich umgekehrt Karl
hinterrücks in Girarts Gebiet eingefallen ist. Diese Rede ist ganz
in dem moralisirenden Tone gehalten, den wir in Tirade 320 kennen
gelernt haben. Ja auch dort hatte Folco seinem Vetter Vorwürfe
wegen seiner Handlungsweise gemacht (v. 5095 sq.), sodass seine
in Rede stehenden Worte nur eine Ausführung des damals von ihm
ausgesprochenen Gedankens sind. In beiden Strophen lässt sich die
Tendenz erkennen, den Girart als einen bussebedürftigen Sünder
hinzustellen, der also das Unglück, welches demnächst über ihn
hereinbrechen wird, durch das von ihm begangene Unrecht vollauf
verdient hat. Da wir nun die Strophe 320 als Eigenthum des
Mönchs von Vezelai erkannt haben, da auch in der ebenfalls von
R^2 stammenden Tirade 525 der Exils-Episode dem Girart von seiner
eigenen Frau fast genau dieselben Vorhaltungen gemacht werden,
so müssen wir auch hier an denselben denken, um so mehr, als
Ausdrücke wie „segle, almosne, crestïentaz", die der Sphäre des
geistlichen Berufes entnommen sind, dieser Annahme durchaus nicht
widersprechen.

Die gleiche Herkunft ist auch den beiden Tiraden 344—345
(v. 5344—62) zuzusprechen. Während es nämlich nach der Schlacht
bei Valbeton einfach hiess (v. 3182—84):

<blockquote>
Les bisbes es abas funt demandar,
Comandent lor lo camp bien a gardar,
Les mors a sofüir, les vis sanar,
</blockquote>

so hatte hier nach der Schlacht von Verdunés ein offenbar geistlicher
Redactor den Wunsch, diese Function seines Amtsgenossen ausführlich zu beschreiben, und schob zu diesem Zwecke die beiden genannten Strophen ein. Äusserlich erkennt man dies daran, dass die
Tirade 346 mit den Worten „Girarz s'en es annaz, Carles reman"
(v. 5363) genau die Tirade 343 fortsetzt, wo erzählt worden war,
wie Girart sich unbehelligt zurückziehen konnte, während Karl das
Schlachtfeld behauptete. Dementsprechend begann auch der Interpolator seinen Einschub mit den Worten: „Carles restet, lo reis, en

la bataille", worin schon auffällig ist, dass „bataille" gegen den
sonstigen Sprachgebrauch „Schlachtfeld" bedeuten muss. Weiter
lässt er den König erklären, den Überlebenden werde er noch genug Arbeit geben, für die Todten wisse er nichts Besseres zu er-
sinnen, als einen Sarg und jemand, der denselben herstelle. Er
werde hundert Sous dafür geben, ungerechnet das, was etwa fehlen
sollte. Ein bretonischer Abt aus Cornouaille erklärte sich mit diesem
Angebot zufrieden, und Karl übertrug ihm das Amt. In der folgenden Tirade wird dieser Abt plötzlich redend eingeführt, ohne dass
dies irgendwie angedeutet wird: „Die Bischöfe und die Äbte, unsere
Doctoren, mögen einen Friedhof zu Gottes Ehre machen". Die
besten (offenbar von jenen Geistlichen) seien darauf eingegangen,
und der Abt, also wohl jener Unternehmer, habe seinem Prior
tausend Mark gegeben, abgesehen von dem Arbeitslohn für die Stein-
hauer. Dasselbe Amt habe jener seitdem immer übernommen, so
lange sie, d. h. Girart und Karl, Feinde waren. Damit endet diese
eigenthümliche Interpolation, die ihren geistlichen Ursprung (R^2)
nicht verleugnen kann.

Wenn wir auch in dem soeben behandelten Abschnitt unseres
Epos die verschiedenen Bestandtheile desselben auf Grund der Resultate obiger Darlegungen ziffernmässig feststellen, so ergiebt sich,
dass, wie gewöhnlich, der geistliche Redactor bei weitem den grössten
Antheil für sich beanspruchen darf, da von den 1823 Zeilen der
uns überlieferten Version nicht weniger als 1344, also fast genau
drei Viertel des Ganzen auf seine Rechnung zu setzen sind; aus
G sind dies Mal nur 300 Verse herübergenommen, auf der Stufe G^1
sind deren 93 hinzugefügt worden, während endlich 86 Zeilen ganz
späten Redactoren (R^3) ihre Entstehung verdanken.

Fünfzehntes Kapitel

Die letzten Kämpfe bis zur Vertreibung Girarts.

(v. 5363—7250.)

Nach der Schlacht bei Verdunés, die mit einem Rückzuge Girarts geendet hatte, gelang es dem Könige, seinem Gegner die Gascogner durch Bestechung abspenstig zu machen und auf seine Seite zu bringen (Tirade 348). Die vorangehende Strophe, v. 5373—99, verdankt ihre Entstehung dem Wunsche eines Bearbeiters, eine Ehrenrettung der Gascogner zu versuchen, indem er ihren Verrath als einen durch die Noth gebotenen Schritt hinstellte. Vor dem Könige erscheint nämlich Aimon, um ihm anzuzeigen, dass er das gesammte Heer der Gascogner gefangen genommen habe. Diese ganze Episode erweist sich aber aus mehreren Gründen als spätere Zuthat. a) Als Besitzthum Aimons wird ausser Bourges, was dem Epos entspricht (cf. v. 1646 und 1659), auch Bourbon (im Reim auf -on) angegeben. Dies kann nicht gut richtig sein, da Bourbon l'Archambault in Burgund, Bourbon-Lancy in Bourbonnais liegt, beide also in das Machtgebiet Girarts hätten fallen müssen. Das einzige Mal, wo Bourbon in einer ursprünglichen Stelle unseres Gedichtes genannt wird, ist es demnach auch als dem Girart gehörig hingestellt (v. 6127). b) Als Führer der Gascogner werden angegeben Senebrun von Bordeaux, Gile le Tosanz und Eble; nur den ersten nennt das Epos als solchen (v. 2487), die beiden andern sind demselben völlig unbekannt. Bei Senebrun findet sich noch als Zusatz die Bemerkung „li fiz Ion" (v. 5376), die ebenfalls ausschliesslich an dieser Stelle begegnet, und die wohl durch den Reim veranlasst ist. Wir haben hier also wiederum eine Anspielung auf den in der altfranzösichen Heldensage wohlbekannten König Yon, von dem ich schon oben (S. 226, zu v. 757) gesprochen habe. c) Die näheren Umstände des Kampfes klingen höchst wunderbar: Die Königlichen hätten danach mit Hülfe eines Hinterhaltes die ganze Armee bis auf vier Barone gefangen genommen; letztere seien bis Cornellon (P: Corbero) verfolgt worden;

Giraut (L: Girart, P: Aimes) habe sie aufgenommen und sie nur
gegen das Versprechen ausgeliefert, dass ihr Leben nicht gefährdet
werde. d) Obwohl nun nach v. 5399 Karl eine Versammlung
unterhalb Albion berief, so erfahren wir doch weder über diese
Versammlung, noch über das Schicksal der Gefangenen irgend etwas.

Was den Verfasser betrifft, so fehlt jedes der für R^2 charakteristischen Merkmale. Dagegen deuten mehrere Anzeichen auf R^1
hin. Zunächst der Umstand, dass Aimon den Gascognern gerade
an demselben Orte, Clarenton, einen Hinterhalt legt, den er und
seine Brüder in v. 3501, d. h. in einer von R^1 herstammenden
Tirade, ebenfalls für einen Hinterhalt gewählt haben. Gegen die
Annahme des gleichen Verfassers scheint zu sprechen, dass, während
jenes Clarenton nach v. 3499 und 5482 bei Avalon, also in Burgund, das unserer Stelle nach v. 5387—88 in der Gascogne liegend
gedacht werden muss. Aber wir haben bei mehreren Gelegenheiten
uns davon überzeugen müssen, dass R^1 es mit der Geographie durchaus
nicht genau nimmt, daher seine diesbezüglichen Angaben oft ohne
die geringste Rücksicht darauf hinstellt, ob sie der Wirklichkeit
entsprechen oder nicht. Dazu kommt aber, dass Stil und Ausdrucksweise sehr entschieden für die Autorschaft von R^1 sprechen.
So findet sich der Vers 5378:

> Per mon cap, dist lo reis, molt me sat bon

fast wörtlich bei R^1 wieder (v. 8594):

> Per mon cap, diz Girarz, molt me sat bon,

ja der Ausdruck „molt me (li) sat bon" begegnet uns bei R^1 noch
weitere drei Mal: v. 6425, 8060, 8193. Auch das in v. 5381
gebrauchte Bild:

> Ja mais non caucera uns esporon

verwendet R^1 noch zwei Mal in demselben Sinne (v. 5484 und 7158):

> Ja mais non caucera son esperun.

Ebenso wird die Wendung „garniz en son" wörtlich in v. 7157
wiederholt, und ähnliche Übereinstimmungen liessen sich noch einige
weitere angeben. Da endlich R^1 auch den in v. 5382 enthaltenen
Gedanken, dass der König einen Gefangenen, ohne Unrecht zu begehen, nicht tödten lassen dürfe, in v. 7152 ebenfalls aussprechen
lässt, so wird man kein Bedenken tragen, diesen Bearbeiter auch
als den Verfasser unserer Tirade anzusehen.

Die beiden Strophen 349 nnd 350 (v. 5421—55) unterbrechen
eine Rede Folcos, in welcher dieser sich dem Boso gegenüber dahin
ausspricht, man möge, ehe man den Krieg fortsetze, es noch ein
Mal mit Unterhandlungen versuchen, ein Vorschlag, der auch
angenommen wird. Durch jenen Einschub wird nun die Debatte

verlängert, indem noch andere Barone ihre Ansicht zum Besten geben. Bernart räth, den Krieg energisch fortzusetzen, und erklärt, dass in diesem Falle Karl nicht wieder über die Brücke „des garz", noch auch über das Land, in welchem der heilige Leonhard liege, zurückkommen werde. Mit letzterer Ortsbezeichnung ist, wie Paul Meyer (a. a. O. S. 174 Anm. 5) bemerkt, die Abtei Corbigny bei Autun in Burgund gemeint; erstere erscheint auch zwei Mal in der ursprünglichen Tirade 75 (devers les jarz, v. 1113; des pons des jarz, v. 1118) und muss nach den dort gegebenen Andeutungen in der Provence, in der Nähe von Avignon liegen. Der Redactor erregt hierdurch also die Ansicht, als sei Karl bereits bis in die Provence vorgedrungen, wovon sich nirgends eine Andeutung findet. Dennoch kehrt dieser Gedanke auch in Folcos Antwort wieder, welcher seinem Bruder gegenüber betont, dass die Provence gefährdet sei. Gilbert endlich erklärt, man müsse den König durch einen gedungenen Mörder bei Seite schaffen (v. 5433—38). Folcher erbietet sich sofort, diese That auszuführen, worüber Boso grosse Freude äussert (v. 5439—40). Folco und Girart sprechen sich entschieden gegen diesen Rath aus (v. 5441—46). Letzterer bittet hierauf den Folco um seine Ansicht, und dieser macht nun genau den Vorschlag, der ihm auch in der nächsten (ursprünglichen) Strophe in den Mund gelegt wird.

Als Verfasser ist von vornherein R² zu vermuthen, da dieser bei mehreren ganz ähnlichen Gelegenheiten, wo es sich auch um die Sendung eines Friedensunterhändlers drehte, genau so wie hier die Vorschläge der einzelnen Barone Girarts vermehrte. Diese Vermuthung wird gestützt durch den Ausdruck „Neffe", den Girart in v. 5447 dem Folco gegenüber braucht, durch die gewaltsame Veränderung des Namens Folcher in Focart des Reimes wegen (v. 5439, cf. S. 317), dann aber durch den Hinweis auf die oben genannte Abtei, die der Geistliche sehr genau als den Begräbnissplatz des Leonhard, eines Heiligen, den R² auch in v. 4563 nennt, kennen musste. Ebenso deutet die Anspielung auf die Ermordung Julius Caesars in v. 5438 auf gelehrten, also geistlichen Ursprung hin.

Auch die Verhandlung Begos gewährte willkommenen Anlass zu zahlreichen Einfügungen. Die erste umfasst die Verse 5537 bis 5562. Karl verhält sich dem Friedensvorschlag gegenüber ablehnend, weist darauf hin, dass er schon zahlreiche Anhänger Girarts auf seine Seite gebracht habe, und spricht den Entschluss aus, sie bald alle zu sich herüberzuziehen (v. 5532—36). Während nun in der Vorlage Bego bat, dies nicht zu thun, sondern das Anerbieten Girarts, dem Könige sein Recht zukommen zu lassen, anzunehmen (v. 5563—65), erklärt in der Interpolation der Gesandte, es sei Sünde, was Karl gethan habe (v. 5537—39), worauf Karl den Girart mit Judas vergleicht und ihm baldige Vernichtung droht (v. 5540—47). Als Bego erklärt, Girart sei nicht so leicht zu besiegen (v. 5548—54), versichert der König, dass weder dieser noch Boso noch Folcher ein so dickes Fell hätten, dass er ihnen nicht Schaden zufügen könnte (v. 5555—57). Hierauf wird der König witzig: „Man pflegte uns Verwandte zu nennen, und das sind wir auch, aber von Adam her; wenn ich einen (wen er meint, erfahren wir nicht) gebunden vor mir sähe, so würde ich ihm zeigen, wie lieb ich ihn habe; sein Gewicht in Gold würde ihn nicht loskaufen" (v. 5558—62). Hier kann über den Verfasser kein Zweifel sein, Ausdrücke wie „peccaz" (v. 5537), „est vers vos dannaz" (v. 5538), „satanas" (v. 5543), „satam" (v. 5556) sprechen ebenso für geistlichen Ursprung, wie die Vergleichung Girarts mit Judas, der an demselben Tage, an welchem er mit dem Könige gegessen und getrunken, diesen verrathen habe (v. 5541—43); auch der Hinweis auf Adam trägt den gleichen Charakter.

In der Fassung, wie R^1 das Epos hinterlassen hat (G^1), schloss sich an die unzweifelhaft alte Tirade 360 sogleich 368; in v. 5566 hatte Karl gegen Girart den Vorwurf geschleudert, dass er ihn verrathen habe, und so beginnt R^1 denn seinen Einschub mit den Worten (v. 5638):

> Don, tote jor diiatz traicher mon sendre.

Über diesen Einschub selbst, der die Tiraden 368—370 (v. 5638 bis 5695) und in den folgenden Strophen noch die Verse 5700—1 und 5743—44 umfasst, habe ich bereits im zehnten Kapitel gehandelt (S. 193 und 190).

Aber zwischen v. 5570 und v. 5638 haben dann spätere Bearbeiter noch ein ganzes Redeturnier zwischen Bego und verschiedenen Baronen Karls eingefügt. Sie haben völlig übersehen, dass ein solches hier ganz und gar nicht mehr am Platze ist, da der König schon in Tirade 360 dem Gesandten seinen Bescheid ertheilt hat. So ist es denn auch erklärlich, dass die hier zum Besten gegebenen Reden inhaltlich völlig bedeutungslos sind, ganz abgesehen davon, dass die Redner meist der Phantasie des Bearbeiters resp. der Bearbeiter entsprungen sind.

Zuerst ergreift in Tirade 361 (v. 5571—79) ein sonst durchaus unbekannter Gautier von Saint-Romec das Wort, aber seine Rede ist nichtssagend; Girart habe dem Könige neulich eine Schlacht geliefert, was er nicht hätte thun dürfen, und sei geblieben, so lange er vermochte; schliesslich sei sein Schild durchlöchert und seine Lanze zerbrochen worden (was in Wirklichkeit nicht geschehen war), so habe er denn nichts ausgerichtet.

Auch die Antwort Begos in der folgenden Tirade 362 (v. 5580 bis 5586) enthält Unrichtigkeiten; die Königlichen, behauptet er, hätten ebenfalls nichts erreicht und nichts erbeutet, sondern seien traurig und niedergeschlagen abgezogen. Nach Tirade 346 verhielt sich die Sache jedoch wesentlich anders.

In Strophe 363 (v. 5587—93) versteigt sich Andefrei zu der ungeheuerlichen Behauptung, Girart habe in jener Schlacht sechzigtausend Todte verloren (v. 5588); Begos Olifant habe an jenem Tage sehr leise den Verrath Girarts geblasen, deren er so viele begangen habe (v. 5589—90). Die Antwort Begos ist nicht besonders klar: „Wer singt denn, falls wir weinen? Derjenige möge vortreten, der sich dessen rühmt" (v. 5592—93).

In den Tiraden 364—65 (v. 5594—5611) nimmt Bego seinen Herrn gegen die Anschuldigung des Andefrei in Schutz; derselbe sei kein Verräther und kein Schurke, sondern sei kühn, redlich und hart wie Buchsbaum (v. 5602—3); er werde innerhalb dreier Tage jede Burg des Königs brechen (v. 5597—99; denn, ehe ihm noch ein Bart gewachsen, habe er schon das Land vom Meer bis nach Fois erobert (v. 5604—5); in kurzem werde er zeigen, was er vermöge (v. 5606—9). Da ruft der König aus: „Mir wird das Schlachtfeld gehören und sie alle drei ebenfalls" (v. 5610), womit er wohl den Girart, den Boso und den Folcher meint, die er in v. 5556 „li trei satam" genannt hatte. Sonderbarer Weise verkündigt Karl hier schon im Voraus, dass er eine weisse Rüstung anhaben werde (v. 5611).

In Strophe 366 (v. 5612—28) beschuldigt Karl den Girart, den Teiri umgebracht zu haben, und erklärt dann in v. 5627:
Dreit me face Girarz;
er fügt hinzu, weiter verlange er nichts, während er dies in v. 5518 bis 5520, als Bego es ihm in Girarts Namen angeboten hatte, schroff abgelehnt hat. Als nun Bego in Tirade 367 (v. 5629—37) diese Forderung des Königs zugesteht, verlangt dieser plötzlich ganz etwas andres, nämlich, dass Girart ihm Boso ausliefere; dann werde er ihm (dem Girart) beweisen, dass er den Tod des Teiri veranlasst habe.

In dieser Interpolation erkennt man die Tiraden 363—67 leicht als Eigenthum von R^2. Andefrei wird in v. 5587 zum Herrn von Meante gemacht, was, wie ich zu v. 1712 (S. 253) nachgewiesen habe, eine Erfindung dieses Bearbeiters ist. Auch die Verwünschungsformel „Deus confunde . ." (v. 5591) spricht dafür (cf. S. 249). Selbstverständlich muss dann auch Begos Antwort auf dessen Vorwurf von demselben Verfasser stammen. Dieselbe

erstreckt sich auf zwei Tiraden, aber auch die zweite erweist sich
als Machwerk desselben Autors, einmal durch die Bezeichnung
„tuit li trois" (v. 5610), d. h. den Hinweis auf den von R^2 herrührenden Vers 5556, sodann aber durch die Wendung „des mar
en Fois" als allgemeine Ortsbezeichnung, die R^2 auch in der von
ihm verfassten Einleitung gebraucht (v. 46):

> Non a tant riu baron des mar en çai;

ganz ähnlich etwas später (v. 797):

> Qu'il mandera ses omes des mar en jos.

Die Tiraden 366 und 367 enthalten Stellen, in denen Boso als
Mörder Teiris hingestellt wird, die ich schon in Kapitel 10 (S. 200)
aufgeführt habe. Aber auch Wendungen wie „deus les garisse"
(v. 5620), „Damlideu vos en jur e Sant Dijous" (v. 5623) sprechen
für denselben Verfasser. Befremdlich ist die Behauptung Karls in
v. 5614—16:

> Par lui (sc. Girart) fu a Paris bastiz li gous
> E mis en la quintaine li escuz crous,
> E mors li duz Teuris, dun fu grans dous,

welche einen neuen Beweis dafür liefern, wie wenig genau unser
Bearbeiter es mit der Wiedergabe früher berichteter Ereignisse
nimmt (cf. S. 339). Auch in Tirade 357 lässt er den König von
Girart behaupten (v. 5543):

> Lo jor ocist Teuri con satanas,

während er ihn wenige Zeilen darauf (v. 5636) sich ganz richtig
ausdrücken lässt:

> Quel (sc. Girart den Teiri) fest en traicion con fel ocir.

Die beiden Strophen 361 und 362 dagegen zeigen keine Spur
von Merkmalen, die auf R^2 hinzuweisen vermöchten. Sie sind daher wohl einem jüngeren Interpolator, R^3, zuzuschieben.

In Tirade 371 ist der Vers 5705:

> E jurat damlideu omnipotent

wohl ohne Zweifel eine Zuthat von R^2, da er durchaus entbehrlich
ist und unter den auf Seite 236 angeführten, von R^2 herrührenden
Formeln zahlreiche Analogien findet. Denselben Ursprung möchte
ich der Zeile 5716 in Tirade 372 geben. Vorher war erzählt
worden, dass Bego auf seiner Fahrt vom König zu Girart in einer
Wüste übernachtete (v. 5715). Der Zusatz (v. 5716):

> A un sant ermite, a un convert

trägt, abgesehen davon, dass er eine Silbe zu kurz ist, einen aus-
geprägt theologischen Charakter und darf um so eher R^2 zuge-

schrieben werden, als dieser, wie wir in Kapitel 9 gesehen haben, während Girarts Verbannung diesen drei Mal bei Klausnern Nachtquartier finden lässt. Dem entsprechend hat derselbe denn auch die Zeile 5738 eingeschoben, in welcher Bego, nachdem er ausdrücklich berichtet, dass er unter einer Linde übernachtet habe, hinzufügt:

A un sant ermitan, tote nuit veil (!).

In derselben Strophe kann auch v. 5724 nicht ursprünglich sein. Girart hat sich gerühmt, dass er Karls Land so heimgesucht und verwüstet habe, dass sich weder Freie noch Unfreie ausserhalb fester Mauern sehen lassen können. Jener Vers fügt nun noch die Ortsbestimmung hinzu:

De ci qu'en Loherenne a Sant-Lanbert.

Zunächst ist ein Ort Saint-Lambert in Lothringen nicht zu finden, sodann aber lassen jene Worte annehmen, dass Lothringen im Machtbezirk des Königs liegt, während in den alten Theilen des Epos die Lothringer bekanntlich zu Girarts Partei gehören (S. 171). Von den Bearbeitern rechnet sowohl R^1 (v. 7267 sq.) als auch R^2 (v. 600, 1581, 1714, 2804) die Lothringer zu den Anhängern des Königs. Man wird jedoch, da man sich für einen der beiden entscheiden muss, eher an den letzteren denken, da der erste Überarbeiter nur solche Einfügungen vornimmt, die einem bestimmten Zwecke dienen, während bei R^2 oft nur der Wunsch, das Gedicht zu verlängern, massgebend ist.

In der Tirade 373 rühren die beiden letzten Zeilen (v. 5740 und 5741) von einem späteren Bearbeiter her. Nachdem Bego vorher von dem Misserfolg seiner Sendung Bericht erstattet, fügt er in diesen beiden Versen hinzu, Karl werde diese Nacht unterhalb Mont-Moureil (P: Mon-Aurel) lagern und am Sonnabend mit Tagesanbruch in Sival sein. Danach wäre also diese Schlacht ebenso eine angesagte, eine verabredete, gewesen, wie früher die bei Valbeton. Aber abgesehen davon, dass Karl dem Bego gegenüber kein Wort davon gesagt hat, steht dies auch mit dem folgenden in directem Widerspruch. Die Schlacht kommt nämlich dadurch zu Stande, dass Girart den Karl unvermuthet überfällt (Tirade 378). Dass der König in der That auf die Möglichkeit eines Kampfes nicht gefasst war, geht daraus hervor, dass er nach v. 5789 den Gascognern, Poitevinern und Bretonen Urlaub gegeben hatte, sodass, als er Girarts Annäherung erfuhr, er schleunigst Boten absandte, um sie zurückzurufen; wirklich brachten jene durch rechtzeitiges Eintreffen und Eingreifen dem Könige den schon verlorenen Sieg wieder. Der Name des Schlachtortes (Sival) ist aus v. 5853 entlehnt, während der andere Name wohl erfunden ist, wenigstens nicht identifizirt werden kann.

Auf Grund der Zeitangaben, welche sich in diesen beiden Zeilen finden (anuit, dissade, engal soleil) wird man R^2 als den Verfasser vermuthen dürfen.

Tirade 375 (v. 5749—56) ist späterer Einschub. In der vorhergehenden Strophe hatte Bego erzählt, Karl habe sich gerühmt, dass viele von Girarts Baronen zu ihm übergetreten seien, weil der Graf hart und schroff gegen sie gewesen sei. Dieser Gedanke wird nun in 375 weiter ausgesponnen, und zwar geschieht dies in Form einer directen Anrede an Girart, die wir also wohl dem Bego in den Mund legen müssen, obwohl dies nirgends angedeutet wird. „Glaubt Ihr nicht, dass es einen Ritter sehr kränke, wenn sein Herr ihm Schaden und Unrecht zufügt, und dass er dann dessen Unglück, ja dessen Tod wünscht?" Hieran schliesst Bego, und zwar wiederum gegen den Brauch in directer Rede, eine breite Ausführung der Drohung Karls, die er schon in v. 5720 berichtet, dass dieser (der König) ihm seinen ganzen Besitz nehmen werde. Hier heisst es nun ausführlich (v. 5752 sq.), Girart werde sein Lehn bis Dunort verlieren; von der Stadt Avenches bis zum Clausa-Pass werde der König ihm sein Land nehmen, ihn selbst aber verbannen. Höchst merkwürdig ist der Zusatz (v. 5755), dies finde er (Karl) in der Prophezeiung. Von all diesen Behauptungen und Angaben findet sich in dem Auftrage, den Karl dem Bego ertheilt hat, nichts.

Auch diesen Zusatz schreibe ich R^2 zu, einmal wegen der Vorwürfe, die dem Girart hier von Bego gemacht werden, genau so, wie dies in Tirade 177, 265, 280, 343, 512, 519 u. ö. geschieht, immer von R^2, sodann aber wegen der Prophezeiung von Girarts Exil und andrer zukünftiger Ereignisse, was ich Kapitel 12 zu v. 665—66 (S. 221) als Eigenthümlichkeit des geistlichen Bearbeiters nachgewiesen habe.

Die beiden Tiraden 377 und 378 enthalten einige interpolirte Stellen. Dies sind zunächst die Verse 5774—76. Sicht man von ihnen ab, so wird in Tirade 377 erzählt, dass Folco zu den Truppen ritt, um ihnen Girarts Gelöbniss mitzutheilen; diese Mittheilung selbst erfolgt dann in 378. Was jenen Einschub betrifft, so ist v. 5774 bis auf das Reimwort identisch mit v. 5777. In der folgenden Zeile werden dem Folco die Worte in den Mund gelegt: „Ihr seid ja nicht Gascogner noch Provenzalen, sondern Burgunder." Dieselben sind dadurch auffällig, dass in ihnen die Provenzalen mit den Gascognern auf gleiche Linie gestellt werden; mit Unrecht, denn nur letztere waren an Girart zu Verräthern geworden, die Provenzalen hatten ebenso treu zu ihm gehalten, wie die Burgunder. Da indessen dieser Gedanke noch mehrfach in unserem Gedichte wiederkehrt, so führe ich zunächst die betreffenden Stellen auf. Gleich in Tirade 378 erscheint in der Entgegnung der Truppen Girarts auf Folcos Worte der Vers (v. 5784):

> Non em gins Provençal, seu träitor.

Endlich beginnt in Tirade 405 Folco seine Antwort auf Girarts Frage, wie ihm geholfen werden könne, mit den Worten (v. 6107—9):

> Seiner, ço respont Folco, d'aiço nous cal;
> Pos Senebruns fu pres el ric catal,
> Eu nou crei Gascon ne Provençal.

Fragen wir uns zunächst, wie die Provenzalen in den Geruch von Verräthern gekommen sind, so ergiebt sich die Antwort aus Tirade 406, wo erzählt wird, dass, als Folco im Begriff war, in die Provence, nach Avignon zu ziehen, er die Nachricht erhielt, dass diese Stadt durch den Verrath der Bürger in die Hände des Königs gefallen sei (v. 6120—24). So enthält also jener Vorwurf erstens eine Vorwegnahme und zweitens eine Erweiterung des soeben berichteten Vorganges, in welchem es sich doch nur um die Einwohner von Avignon, nicht aber um alle Provenzalen handelte. Auch der Urheber jener Beschuldigung ergiebt sich aus den zitirten Versen der Tirade 405. Dieselben enthalten nämlich eine Anspielung auf die in Tirade 347 berichtete Gefangennahme des Senebrun von Bordeaux und der andern gascognischen Barone; und da wir letztere Episode als eine Erfindung von R^1 nachgewiesen haben (S. 345—46), so werden auch wohl alle andern oben angeführten Stellen den gleichen Verfasser haben.

Eine gewisse Bestätigung findet diese Ansicht durch die ebenfalls von R^1 stammende Tirade 434, wo dieser Bearbeiter den König über den Abfall der Unterthanen Girarts berichten lässt. Hier nennt Karl nämlich neben den Gascognern die Gothen (Goz). Dies sind zwar streng genommen die Einwohner des heutigen Languedoc, aber R^1 identifizirte sie offenbar mit den Provenzalen, da, wie wir bei Besprechung der Tirade 405 sehen werden, er Carcassonne, Beziers und Nîmes, die also im heutigen Languedoc liegen, zur Provence rechnete. Er konnte um so leichter zu dieser Ansicht kommen, als in unserem Epos die Gothen und Provenzalen immer zusammen genannt werden, nämlich in v. 1883 und 2516.

Aber nicht nur R^1, sondern auch R^2 hat zu den in Rede stehenden Tiraden 377 und 378 seinen Beitrag geliefert. Dazu gehören zunächst die Verse 5782—83, die, ebenso wie der oben besprochene v. 5784 in P fehlen. Während nämlich in dem alten Epos die Truppen auf die Mittheilung von Girarts Gelöbniss mit der Versicherung antworteten, ihr Herr brauche ihretwegen keine Besorgniss zu hegen, werden ihnen in jenen beiden Zeilen noch

folgende Worte in den Mund gelegt: „Wenn er (Girart) nicht
Schlechtigkeit und Schurkerei besässe, hätte ihm Karl nicht Schloss
noch Thurm genommen“. Diese Worte stehen aber in offenbarem
Widerspruch mit der gleich folgenden Versicherung ihrer Treue
und rühren ohne Zweifel von R² her, der mehrfach, z. B. v. 1331
bis 1333, 1424, 5165 den Gedanken ausspricht, dass das spätere
Unglück Girarts die gerechte Strafe seiner Schuld sei. Endlich
wird man demselben Bearbeiter, d. h. R², auch die beiden Verse
5766 und 5788 zusprechen. Ersterer lautet:

Deu en trai a garent, l'espirital,

der also einen gelehrten, und zwar geistlichen Charakter zeigt und
sehr wohl entbehrt werden kann. In dem zweiten greift der Verfasser der Erzählung vor, indem er berichtet, dass der König von
Girarts Annäherung durch einen Boten unterrichtet wurde. Diese
Notiz ist also eine Vorwegnahme des Verses 5793, der dort an
seinem Platz ist, während er in Tirade 378 wiederum eine der bei
R² beliebten Prophezeiungen darstellt.

Tirade 380 (v. 5797—810) habe ich bereits oben (S. 331—32)
zusammen mit 310 besprochen. In 381 finden sich ebenfalls zwei
Interpolationen. Zunächst v. 5817—18. In ihnen theilt Karl seinen
Truppen mit, dass Gihomart und Salomon nebst den Normannen und
Bretonen zu Hülfe kommen werden. Der Grund dieses Einschubes ist
leicht ersichtlich. In v. 5790 haben wir erfahren, dass die Poiteviner
und Bretonen das Heer verlassen hatten. In v. 5795—96 heisst
es, der König habe ihnen einen Boten nachgesandt; ebenso dem
Herzog von Poitiers, der sie führen sollte. Dem entsprechend verkündet Karl auch in v. 5816, er habe den Herzog von Poitiers
und die Seinigen zurückrufen lassen. Obwohl nun mit letzteren
offenbar die Bretonen mitgemeint sind, so wollte der Interpolator
die angebliche Lücke doch ausfüllen, und gab dann, wohl um den
Vers zu füllen, die Normannen noch zu, obgleich diese weder gerufen
sind, noch auch nachher kommen. Um ihnen aber auch Herzöge
zu geben, erfand er jene beiden Barone; den Gihomart lässt er
nachher wirklich in einer von ihm ebenfalls eingefügten Stelle auftreten (v. 6014), während Salomon sonst in unserem Epos nicht
mehr vorkommt. Wie aber schon Paul Meyer (a. a. O. S. 187, Anm. 4)
hervorhebt, erscheint ein Salomon von der Bretagne in mehreren
Chansons de geste, und so ist anzunehmen, dass dessen Einführung
gerade auf einer solchen Reminiscenz des Bearbeiters beruht. Derselbe übersah dabei jedoch, dass unser Epos den Bretonen einen
andern Herzog gegeben hat. Denn in Tirade 149, wo die Aufstellung von Karls Heer in der Schlacht bei Valbeton beschrieben
wird, heisst es in v. 2484:

Oianz (P: Hoax, v. 1864) o ses Bretons
habe das erste Corps gebildet. In der zweiten Interpolation (v. 5828
bis 5835) soll zunächst der in v. 5827 ausgesprochene Gedanke,
es sei ein Wettstreit unter Karls Baronen um den ersten Schlag
entstanden, weiter ausgeführt, d. h. mitgetheilt werden, wer in
diesem Streite den Sieg davon getragen habe. So fügte der Bearbeiter
denn ein, dass Aimes, Aimeri und Aimenon zuerst drauf losgeschlagen
hätten. In dieser Zusammenstellung ist Aimenon höchst befremdlich, denn in Gesellschaft von Aimes und Aimeri erscheint sonst
stets deren Bruder Andefrei, der auch in dieser Schlacht mitkämpft
(cf. v. 5956), der aber dem Interpolator des Reimes wegen (-ons)
nicht passte. So setzte er einfach Aimenon ein, ohne zu bedenken, dass dies entweder eine Nebenform für Aimon oder aber
der Name eines Bürgers in Rossillon war, der einst dem Peter von
Mont-Rabei bei Gelegenheit seiner Sendung zu Girart gastliches
Obdach gewährt hatte (v. 4073), was beides gleich wenig hier
passt. Während nun aber die Beschreibung der Schlacht ganz
deutlich erst mit der folgenden Tirade beginnt (la bataille comence . .),
so giebt der Bearbeiter doch schon hier eine Schilderung derselben,
allerdings in den allgemeinen, stereotypen Wendungen; die Notiz
„Li jorz fu quez e caus" (v. 5830) hat er aus v. 5855 „Li solz
fu caus" entnommen. Derselbe verräth sich wiederum durch den
v. 5832:

Cil chevaler menbrat funt orazons.

Obwohl nun dieser Vers nur für die zweite Interpolation be-
weisend ist, so wird man doch nicht fehlgreifen, wenn man annimmt,
dass auch die erste auf R^2 zurückzuführen ist.

Über die drei Schlusszeilen der Tirade 384 habe ich in Kapitel 10 (S. 193—94), über 388 und 389 in Kapitel 14 (S. 332) im
Anschluss an Tirade 310 gesprochen; wir kommen nun zu 390
(v. 5910—15). Dieselbe besteht fast ausschliesslich aus Wiederholungen und schablonenhaften Wendungen. Zu letzteren gehören
Ausdrücke wie: „dort hättet Ihr manchen Jüngling mit offenem
Munde liegen und sich im Tode quälen sehen können (v. 5912—13).
In P folgen noch acht weitere Verse voll derartiger Beschreibungen,
nur tragen dieselben einen moralisirenden Charakter, stammen also
wohl nicht von dem gleichen Verfasser. Dieser Krieg, heisst es dort,
sei verflucht und von Gott gehasst worden, denn Frankreich und
Burgund seien dadurch mit Wittwen gefüllt worden (v. 5161—62),
der Kampfeseifer, der die Truppen beseelte, habe nicht von Gott
seinen Ursprung gehabt (v. 5166) u. s. w. Ja es findet sich in P
(v. 5163—65) die sonst nirgends bestätigte Behauptung, dass die
Heere Karls und Girarts gegenseitig geschworen hätten, sich bis

23*

auf den Tod zu bekämpfen. Was nun die in unserer Tirade enthaltenen thatsächlichen Angaben betrifft, so ergiebt sich die Notiz, dass bei Sival an der Viane gekämpft wurde (v. 5911), als aus v. 5853 entlehnt, wo dies bereits mitgetheilt worden war. Die Behauptung, dass das Wasser des Viane-Flusses eine Stunde weit blutigroth gewesen sei (v. 5915), ist eine übertreibende Wiederholung einer Bemerkung, die sich in der Beschreibung der Schlacht von Valbeton findet (v. 2584—85):

> La clare aige d'Arsans
> Del sanc qu'en eis des morz enrubresit,

und die durch den Wortlaut der Vita an der entsprechenden Stelle [1]) als ursprünglich nachgewiesen wird. Endlich erfahren wir noch in v. 5910, dass die Schlacht an einem Sonnabend stattfand. Diese Bemerkung berechtigt zu der Annahme, dass sie selbst, und mit ihr wohl der ganze Einschub, von R^2 herrührt, da dieser schon in v. 5740 bis 5741 vorher gesagt hatte, dass die Schlacht bei Sival an einem Sonnabend stattfinden werde. Überhaupt liebt es dieser Redactor, bestimmte Wochentage anzugeben, an welchen die Ereignisse sich zugetragen haben sollen, so Montag in v. 3396; Dienstag in v. 1611, 4885, 4915, 5287, 5295, 6026; Donnerstag 4593; Sonnabend 5741, 5910. — Vergleiche noch S. 357.

Die Tiraden 391—398 sind fast ganz unverändert aus der Vorlage herübergenommen, nur sind an zwei bis drei Stellen einzelne Zeilen eingefügt, und zwar alle von R^2; zunächst in 393 der Vers 5950, in welchem wir erfahren, dass Agenés, dessen Tod in jener Tirade berichtet wird, seiner Sünden wegen das Leben verloren habe. Sodann in Tirade 398 die Verse 6016—17. Kurz vorher hat ein Bote dem Könige die Nachricht gebracht, dass ihm von Poitiers her Hülfe nahe (6009—10), und in v. 6015 war mitgetheilt, dass diese Hülfstruppen in die Schlacht eingriffen. Nun wollte der Bearbeiter auch hier, ebenso wie er es in v. 5817—18 gethan, diese Truppen genauer bezeichnen und schob zu diesem Zwecke jene beiden Verse ein. In ihnen nennt er zunächst, wie in v. 5817, den Gihomart, der nur an diesen beiden Stellen vorkommt, also eine Erfindung von R^2 ist; sodann den Herzog von Poitiers; dieser ist unzweifelhaft an seinem Platze, da Karl ja nach ihm geschickt hat (v. 5796 und 5816), und seine Ankunft, wie wir gesehen haben, bereits als bevorstehend gemeldet ist. Aber eine andre Frage ist die, ob der Name Gui, den der Bearbeiter ihm giebt, richtig ist. Zwar haben wir im Anfang unseres Epos einen

---

[1]) Ita ut fluvius qui per eandem vallem nando meat, qui utique eatenus Arsis nuncupabatur, morientium cruore increverit. § 147.

Herzog von Poitiers kennen gelernt, der diesen Namen führte (v. 2417, 2439), aber dieser ist in der Schlacht bei Valbeton gefallen (v. 2445 bis 2449), und wir erfahren nirgends, dass sein Nachfolger ebenso hiess, derselbe wird in den älteren Theilen des Gedichtes einfach Herzog von Poitiers genannt (s. S. 354). Als dritter erscheint in v. 6017 der Vizgraf Richard, den P (v. 5269) einen normannischen Baron nennt (der Text von O ist an dieser Stelle verderbt). Auch diese Angabe ist mit Beziehung auf den interpolirten Vers 5818 gemacht, wo Karl ja verkündigt hatte, dass auch die Normannen zu Hülfe kommen würden, obwohl diese gar nicht gerufen sind. Herzog Salomon dagegen, welcher nach v. 5817 beordert ist, erscheint nicht, an seiner Stelle eben Richard; dies hat wohl darin seinen Grund, dass inzwischen der Reim gewechselt hat (dort -ons, hier -arz!). — Den Vers 6023 habe ich schon im vorigen Kapitel bei Besprechung von v. 4348 als Eigenthum von R² nachgewiesen (S. 318), und denselben Ursprung haben auch die beiden Zeilen 6025—26. Unter den in der Schlacht bei Sival Gefallenen wird nämlich in v. 6024 angeführt:

Ei fun nafraz a mort li cons Bernarz.

Hier fühlte sich der geistliche Bearbeiter veranlasst, hinzuzufügen, dass Bernart doch vorher beichten konnte, und dass er noch von Sonnabend bis Dienstag lebte. In letzterer Bemerkung liegt also ein neuer Beweis für die oben ausgesprochene Ansicht, dass die Stellen, in denen die Schlacht bei Sival auf den Sonnabend verlegt wird (v. 5741, 5910), R² zuzuschreiben sind.

Noch deutlicher trägt die Tirade 399 (v. 6027—46) die Merkmale des geistlichen Redactors an sich. Obwohl nämlich am Schluss von 398 angegeben war, dass die sehnlichst erwarteten Hülfstruppen den Sieg auf die Seite der Königlichen brachten, so beschloss derselbe doch, die Schlacht noch etwas andauern zu lassen. Er ignorirte daher völlig jene Angabe und begann seinen Einschub mit der Bemerkung, dass der König traurig hinter den Seinen fortgeritten sei, als der Bischof Gras (oder der fette Bischof) ihm Zuzug angekündigt habe. Dies ist also eine Wiederholung des in der vorigen Strophe (v. 6005 sq.) von dem Bischof Brocart Erzählten. Hieran schliesst sich der Bericht von dem Tode des Bischofs, der von Bosos Hand fiel. Letzterer traf ihn, heisst es in v. 6031 sq., oben, nicht unten, schleuderte ihm seinen Kopf so weit vom Rumpfe weg, wie man einen Schachspielkönig werfen kann, und forderte ihn auf, sein „seculas" (sic!) zu singen. Ausser ihm bedeckten, wie wir aus v. 6036 sq. erfahren, tausend Verwundete den Boden, die nach dem „corpus domini" verlangten, während siebentausend schon todt waren. Girart selbst nennt sich (v. 6040 sq.) einen armen Sünder und schwört beim heiligen Thomas, er wolle lieber bei den Todten liegen, als im Kloster des heiligen Peter, worauf der sonst so massvolle Folco ihn (v. 6043) einen verrückten Satanas nennt, ihm den Tod wünscht, wenn er sich nicht aus dem Staube mache, und erklärt, denjenigen möge das höllische Feuer verzehren, der für Girart noch dort bleibe (v. 6046).

Dass wir es hier mit einem Machwerk von R^2 zu thun haben, dafür sprechen die zahlreichen kirchlichen, zum Theil lateinischen, technischen Ausdrücke, wie „seculas“ und „corpre dome“, sodann Ausdrücke wie „flamme l'abras“ (v. 6046), den derselbe auch in v. 1532 verwendet, wie „satanas“ (v. 6044), der bei ihm häufiger vorkommt, z. B. in v. 1520, 5543, 5556, 7639 u. ö. (cf. S. 86), „pechaire las“ (v. 6040), „per sain Thomas“ (v. 6042), endlich auch die Anspielung auf die Peterskirche (v. 6043).

Aber diese Verlängerung des Schlachtberichts genügte unserem Bearbeiter nicht, und so schob er noch eine weitere Tirade, 400 (v. 6047—63), ein. Ehe die Gascogner, Poiteviner, Normannen sowie die Truppen von Maine und Anjou eingetroffen waren, heisst es, sei es so dunkel gewesen, dass man den Kampf abgebrochen habe, da man den Feind nicht mehr erkennen konnte. Man sieht, wie R^2 seine eigenen Angaben immer mehr und mehr erweitert; denn gerufen waren nur die Poiteviner und Bretonen; zuerst hatte er noch die Normannen eigenmächtig hinzugefügt, hier thut er nun dasselbe nicht nur mit den Gascognern, wozu er wohl durch die in v. 5789 enthaltene Notiz, dass die Gascogner von Karls Heer in ihre Heimath zurückgekehrt waren, veranlasst worden war, sondern auch mit verschiedenen andern Völkerschaften, bei denen das Epos nicht den geringsten Anhalt für seine Behauptung gewährt. Hierauf erfahren wir, dass dreihundert mit Sterling-Münze beladene Saumthiere angelangt seien, die den Tribut von jenseits des Meeres brachten, und dass Karl dies Geld an seine Leute vertheilte (v. 6054—57). Dass R^2 die Engländer zu Unterthanen Karls macht, habe ich zu v. 709 in Kapitel 12 (S. 223) bemerkt. Am Schlusse der Tirade rühmt sich der König, er habe dem Girart die Gascogne, Querci, Poitou, die Auvergne, Limousin und Deutschland bis zum Rhein genommen (v. 6059—61). Diese Bemerkung, die sehr übertrieben ist, da Karl in Wirklichkeit seinem Gegner nur die Gascogne abspenstig gemacht hat, verräth wiederum R^2 als Verfasser. Derselbe nennt einige dieser Länder auch sonst fälschlich unter den Besitzungen Girarts, so die Auvergne in v. 605 und Querci in v. 4892. Auch der Rhein wird nur von R^2 zu Girarts Gebiet gerechnet, z. B. in v. 560 und v. 8264; Limousin, das sonst im Epos überhaupt nicht vorkommt, verdankt seine Wahl wohl nur dem Reim (-in), und was endlich Poitou betrifft, so gehört dies, wie wir soeben gesehen haben, gerade dem Könige. Das Unsinnige dieser Angabe lag hier so sehr auf der Hand, dass der Redactor resp. der Abschreiber von P, der ja mehrfach Spuren von Nachdenken an den Tag legt, „Perigord" statt „Poitou" eingesetzt hat.

In den Tiraden 401—404 sind nur die Verse 6067 und 6083 jüngeren Ursprungs, und zwar R^2 angehörig, ersterer ist bereits oben im Anschluss an v. 4348 (S. 319) besprochen worden, bei letzterem ergiebt sich seine Herkunft deutlich aus seinem Inhalt. Nachdem nämlich im Anfange der Tirade 402 berichtet worden war, dass der gefallene Bernart in Charroux begraben wurde, benutzte der geistliche Redactor diese Gelegenheit, um in dem Verse 6083:

En ke pois out de Deu corone e clou

einen Hinweis auf eine Legende einzuflechten, die sich an diesen Ort knüpfte (s. Paul Meyer, Girart de Roussillon, S. 196, Anm. 2).

Die Tirade 405 (v. 6107—14) ist offenbar eine spätere Zuthat. Vorher war in 404 erzählt worden, wie Girart, als die Unglücksbotschaften sich häuften, mit seinem Vetter Folco sich über Mittel zur Abhülfe berieth; die Strophe schloss mit der Bemerkung, dass Folco nachdachte (si porpense), was zu geschehen habe (v. 6105—6). In 406 erfahren wir sodann, wie Folco mit tausend Mann nach der Provence zieht, aber unterwegs die Nachricht empfängt, dass die Bürger von Avignon ihre Stadt an Karl verrathen hatten (v. 6118 bis 6124). Diese Notiz veranlasste einen Bearbeiter, die Tirade 405 einzuschieben, damit Folco hier dem Girart den Plan, den er in der folgenden ausführt, auseinandersetzen könnte. So erklärt er demnach seinem Vetter, er werde mit seinen Mannen nach der Provence gehen und versuchen, nach Avignon zu gelangen. Dies ist also einfach dem Folgenden vorweggenommen. Nun lässt ihn aber der Bearbeiter noch die Städte Carcassonne, Beziers, Nîmes (?) und eine weitere, deren Namen verderbt zu sein scheint, hinzufügen, und beweist damit wiederum seine geographische Unkenntniss, da keine der genannten Städte in der Provence liegt, nämlich Carcassonne im heutigen Bezirk Aude, Beziers in Hérault, Nîmes in Gard, d. h. alle in Languedoc. Als Verfasser dieser Interpolation habe ich auf Grund des Anfanges derselben oben bei Besprechung der Tiraden 377 und 378 (S. 353) R^1 nachgewiesen, dort auch eine andre Stelle (v. 6422) zum Beweise dafür angeführt, dass er die Bewohner des heutigen Languedoc mit den Provenzalen identifizirte.

Mit v. 6151—54 unterbricht ein Bearbeiter plötzlich den Faden

der Erzählung, nachdem er berichtet, dass der König nach einem
Siege sein Lager auf dem Schlachtfelde aufgeschlagen habe. Er
tritt hierauf selbst hervor, um seine Ansicht über die Folgen dieses
Schrittes mitzutheilen. Da er nun aus dem unmittelbar Folgenden
wusste, dass Folco die Feinde überfallen und besiegen werde, so
war das Prophezeien eine leichte Aufgabe. Wenig gewandt braucht
er aber zwei Mal hintereinander die gleiche Construction (v. 6151
und 6153):

> Ja non quit d'ist orguel que bens li preine;
> Non quidaz de Folcon qu'il se refreine.

Ein derartiges Hervortreten des Verfassers ist aber, wie ich zu
v. 1782 und 4002 (cf. S. 256) durch zahlreiche Beispiele belegt habe, eine besondere Liebhaberei von R^2, ebenso aber auch,
den Hochmuth zu bekämpfen und zu tadeln. So nennt er hier
„orgueil", was man höchstens als Unvorsichtigkeit bezeichnen könnte,
und stellt nun nach seiner ebenfalls häufig geübten Gewohnheit die
folgende Niederlage als Strafe für die durch den Hochmuth auf sich
geladene Schuld hin (cf. S. 340).

Diese selbe Tendenz bringt der gleiche Bearbeiter in den beiden
Tiraden 413 und 414 (v. 6183—99) in noch schärfer ausgeprägter
Weise zum Ausdruck. Nur wird hier diese Moral auf Girart angewandt, d. h. das demnächst über ihn hereinbrechende Unheil wird auch
hier als der Lohn für eine Sünde aufgefasst. Zu diesem Zwecke lässt
er in jenen Tiraden den Girart zwei Blutthaten begehen, in denen
dieser feindliche Abtheilungen, trotzdem sie Asyl an geheiligter Stätte
gesucht hatten, niedermetzelte, nämlich das eine Mal hundert Ritter,
die sich um ein Kreuz drängten, sodann tausend, welche in ein
Kloster geflüchtet waren. Dass beide Episoden dem Epos nicht
von Anfang an angehört haben können, scheint aus folgenden Gründen
hervorzugehen. Zunächst schliesst sich Tirade 415 genau an 412
an in der bekannten Weise. Hier lautet der letzte Vers (v. 6182):

> E Girarz est defors, qui l'eschac prent;

dort der erste (v. 6200):

> Eschac a pres Girarz tant grant con vol.

Dazu kommt aber ein Widerspruch, der sich auf den Inhalt bezieht. Die Zahl der Truppen Karls, welche überrumpelt werden,
ist in v. 6168 und v. 6170 ausdrücklich auf tausend angegeben.
Diese werden nach v. 6172 alle niedergehauen; der König selbst
kommt ihnen mit vierhundert Mann zu Hülfe (v. 6173), wird aber
von der Übermacht besiegt, und kann nur mit Mühe sich selbst
sammt wenigen Begleitern in ein festes Schloss retten (v. 6180).
Unter diesen Umständen ist es unmöglich, dass sich an einer Stelle

hundert, an einer andern sogar tausend Ritter hätten versprengt haben sollen. — Nun einige Beweise für die oben ausgesprochene Behauptung, dass diese Interpolation von R² verfasst ist; dahin gehört v. 6188—89:

> Non pout mudar, vers lui (sc. Girart) Dex nos corouz,
> Per quei tornet de gerre Girarz desouz.

Ähnlich drückt sich Folco in v. 6197—99 aus:

> Que devenrem, dis el, nos pechador!
> Qui feeltat non garde lo redentor,
> Non pout longes durar senz desenor.

Der Vollständigkeit halber erwähne ich noch, dass ein weiterer Beweis der Urheberschaft jenes Bearbeiters noch darin liegt, dass Girarts Vettern seine Neffen genannt werden (v. 6183 und 6187), sowie dass Karl als Kaiser erscheint (v. 6194).

Wenn diese Tiraden aber Eigenthum von R² sind, so ergiebt sich auch die Angabe, dass die in Rede stehende Schlacht bei Vaucouleurs stattgefunden habe, als von diesem Bearbeiter herrührend, da sie sich, abgesehen von einer späteren Anspielung (v. 6893), auf die ich noch kommen werde, nur in v. 6190 findet. Er fand diesen Namen in v. 6135, wo erzählt worden war, dass Karl dem König die Städte Dun, Verdun, Vaucouleurs und Monbrun genommen hatte. Aus diesen wählte er die, welche am besten in den Reim passste. Nun scheint zwar auch in den älteren Stellen des Epos hier an eine bestimmte Örtlichkeit gedacht zu sein; denn es heisst von dem fliehenden Könige (v. 6180):

> Trosque fun el castel, non se catent,

d. h. er redet von „dem“ Schlosse, das er demnach als ein bekanntes voraussetzt. Fragen wir nun, was damit gemeint sein mag, so können nur die Verse 6134—36 Auskunft geben:

> Quel reis a tout Girart Dun e Verdun
> Vaucolor l'on[t] träit e pres Monbrun;
> La n'es annaz Girarz a un estrun.

Hiernach liegt es nahe, „la“ als gleichbedeutend mit „a Monbrun“ aufzufassen, da dieser Ort zuletzt von dem Könige erobert worden war, Girart also, wenn er Karl angreifen will, ihn dort aufsuchen musste. Da nun aber dieser Angriff missglückt war (v. 6143—46), der König auf dem Schlachtfeld selbst sein Lager aufgeschlagen hatte (v. 6149—50) und ebendort von Folco überrumpelt wurde (v. 6168—71), so würde auch dieser Kampf in der Nähe von Monbrun stattgefunden haben, daher auch mit dem in v. 6180 genannten Schlosse wohl Monbrun gemeint sein. Sehr deutlich ist dies aber, wie man sieht, nicht zu erkennen, und so ist es denn auch erklär-

lich, dass R² aus jenen vier Namen denjenigen wählte, der ihm am
besten in den Reim passte. Um nun seiner Erfindung mehr Glaubwürdigkeit zu verleihen, schob er in Tirade 479, die, wie ich
S. 194 nachgewiesen habe, von R¹ verfasst ist, die Verse 6893—96
ein. Es handelt sich in jener Tirade um einen Verrath, den ein im
Heere Girarts befindlicher, aber in Frankreich geborener Baron an
seinem Herrn begeht. Hinter dem Verse, in welchem von dessen
französischem Ursprunge die Rede war, fügte R² also die genannten
Zeilen 6893—96 ein:

> Pres fun en la bataille soz Vaucolor.
> O Girarz venquet Carle. l'emperador;
> Il non pres autre aver nul movador
> Ne mais que sun servise, cel por s'amor.

Die in Tirade 418, v. 6230—44, enthaltenen Angaben sind fast
sämmtlich aus den vorangehenden oder folgenden Zeilen entnommen.
So befindet sich die, dass Karl zur Belagerung von Rossillon schritt
(v. 6230), schon in v. 6222, nur fügte der Interpolator noch hinzu,
dass er im Mai kam und bis zum Remigiustage (1. October) blieb.
Dass er alle Hülfsmittel zu diesem Zwecke in Bewegung setzte
(v. 6232—34), ist bereits in v. 6219—22 berichtet worden; dass
er nicht eher weichen wollte, als bis er seinen Gegner überwunden
(6235—37), erfuhren wir auch in v. 6228—29. Der zweite
Theil der Tirade erzählt den durch einen Pförtner begangenen Verrath. Dies ist jedoch eine Vorwegnahme des Inhaltes der beiden
folgenden Strophen, allerdings mit mehreren eigenen Einzelheiten,
doch erregen diese gerade gegen den ganzen Einschub Verdacht.
Dahin gehört zwar nicht die selbstverständliche Behauptung, dass
derselbe ein schlechter Christ und schurkischer als ein Jude war
(v. 6239), wohl aber die in v. 6241 enthaltene:

> Autre vez l'ot trüïde (sc. la porte) e li seu.

Denn jedenfalls konnte er selbst die Thür bei dem ersten Verrath
von Rossillon nicht geöffnet haben, da jener Verräther gehängt
worden war, seine Verwandten aber ebensowenig, da damals nur
eine Person im Spiel gewesen war. Kaum weniger unwahrscheinlich klingt das in den folgenden Versen (6242—43) Enthaltene, er
habe mehrfach einen Boten in Pilgertracht zum Könige gesandt, um
ihm mündlich und schriftlich mitzutheilen, dass er ihm den Schlüssel
zum Thore ausliefern wolle. Denn in der Tirade 420 erfahren wir,
dass er selbst in einer finstern Nacht sich zu Karl begab und ihm
den Schlüssel persönlich überbrachte. Die vorangehenden Verhandlungen beruhen also wohl auf Erfindung.

Fragen wir nach dem Verfasser, so führen auch hier die
Spuren auf R². Zunächst schon die bei ihm so beliebten genauen

Zeitangaben (v. 6230 und 6231), sodann Wendungen wie „E juret nostre don e Sant Andreu" (v. 6235), der theologische Gedanke, dass der Pförtner durch seinen Verrath Gott verloren, d. h. sein Seelenheil verscherzt habe (v. 6244), und dass er demnach ein schlechter Christ war (v. 6239). Endlich gehört auch der in v. 6239 hervortretende Antisemitismus zu den charakteristischen Eigenschaften von R² (cf. 1502, 1814, 4465, 4654, 4658, 6454 bis 6455).

In der letzten Zeile der Tirade 421 tritt zum ersten Male der Herzog Milon auf, der, wie ich sogleich nachweisen werde, eine erst später in das Epos eingeführte Persönlichkeit ist. Derselbe verdankt seine Entstehung dem Wunsche eines Bearbeiters, auch dem Thürhüter, welcher den zweiten Verrath von Rossillon begangen hatte, die verdiente Strafe zukommen zu lassen. Beim ersten Male war die Burg bekanntlich von Girart wieder erobert worden, und Folco hatte darauf das Amt der Sühnung übernommen. Eine derartige Lösung war jedoch diesmal ausgeschlossen, da die Festung nicht wieder in die Gewalt ihres eigentlichen Besitzers gelangte. So wurde jener Herzog Milon erfunden, der zwar als einer der Barone Karls, zugleich aber als ein Freund Girarts hingestellt wurde. Über die Unwahrscheinlichkeit, die darin liegt, dass ein so mächtiger und hochgestellter Gönner Girarts weder vorher noch auch nachher in der Zeit der Noth jemals seine Stimme zu Gunsten desselben erhebt, scheint sich der Interpolator nicht klar geworden zu sein. Milon findet sich nun an folgenden Stellen:

a) in Vers 6269 der Tirade 421. Vorher war berichtet worden, dass Girart, als er die Thür des Schlosshofes öffnete, sah, dass die Königlichen in die Burg eingedrungen waren. Nun behauptet jener Vers, Girart sei mit Bewilligung des Herzogs Milon aus Rossillon herausgekommen. Dies ist eine augenscheinliche Erfindung, denn Girart entkam offenbar, ehe die Feinde sich der Burg bemächtigt hatten, da er nach v. 6267 eigenhändig das Thor öffnete.

b) in Tirade 422 (v. 6270—77). Dieselbe beginnt mit der Angabe, dass die Räuber alle Kostbarkeiten plünderten. Genau dasselbe steht jedoch auch in den Versen 6280—82 der folgenden Tirade. Dann heisst es weiter (v. 6273—77): „Herr Milon spricht mit dem Pförtner unter einer Fichte; alle seine schurkischen Verwandten waren, dies sagt der, welcher es weiss, allezeit sämmtlich Verräther. Und Herr Milon schneidet dem Pförtner den Kopf ab: „Bessert Euch, Verräther, von einer so hässlichen Prahlerei."

c) der Anfang der Tirade 429 (v. 6335—39):

OBut avez col reis pres Rossillon,
Et chel porters en fest la traiciou,

El en ac enisloc son gaardon,
Car en perdet lo cap au brant Milon;
Aisi doit l'on menar encré felon!

Durch diesen in Form einer Recapitulation gegebenen Hinweis
auf das vorhin Erzählte soll der Einschub fester mit dem Gedichte
verknüpft werden. In Wirklichkeit zerreisst derselbe jedoch den
Faden der Erzählung, denn unmittelbar vorher war berichtet worden,
wie Boso bei der Einnahme von Rossillon Girarts Frau rettete, und
gleich darauf (v. 6340 sq.), wie letzterer beide traf. Ein derartiges Hervortreten ist aber, wie wir an zahlreichen Beispielen
kennen gelernt haben, eine Besonderheit von R^2, ja sogar die hier
verwandte Form einer Recapitulation früherer Ereignisse mit „Ouï
avez" findet sich bei ihm auch sonst, z. B. v. 3374:

Ouï avez la guerre e la tençon . .

Da nun ausserdem die in Tirade 422 (v. 6275) enthaltene
Behauptung, dass alle Verwandten des Pförtners von jeher Verräther waren, eine grosse Ähnlichkeit mit dem von R^2 verfassten Verse 6241 hat, in welchem es von diesem selben Pförtner
heisst:

Autre vez l'ot traïde (sc. la porte) el e li seu,

so liegt hierin eine Bestätigung der Vermuthung, dass der Herzog
Milon sammt all den Stellen, in denen er eine Rolle spielt, dem
geistlichen Redactor sein Dasein verdankt.

Auch die zweite Einnahme von Rossillon gab Anlass zu mehreren Einfügungen. Die erste derselben umfasst die Verse 6300
bis 6316. Die Tirade 424 schloss ursprünglich mit den Worten
(v. 6299):

Vit la maisnade al rei, qui entre toute,

und dem entsprechend lautete der Anfang der sich daranschliessenden (v. 6317):

Dun Bos veit la maisnade del rei com entre.

Jener Einschub nun dient ausschliesslich dem Zwecke, den Bericht noch mehr in die Länge zu ziehen. In v. 6301—2 erfahren
wir, dass Girart aus einer Thür hinausging, und dass es ihm leid
that, dass er seine Frau nicht mitnahm. Wir haben aber schon
in v. 6268 erfahren, dass er sich mit drei Begleitern gerettet hatte.
Wäre er aber wirklich noch in der Burg gewesen, so könnte man
mit Recht fragen, warum er denn jetzt seine Frau nicht mitnahm,
da diese ja noch im Schlosse sich befindet und erst nachher von
Boso gerettet wird (v. 6322—27). Der ganze Rest des Einschubs
besteht in höchst trivialen und nichtssagenden Schilderungen der
Kämpfe Bosos, die sich vorher und nachher in viel anschaulicherer
Form finden.

Obwohl nun bei diesem Einschub wegen seines eben angedeuteten unbestimmten und wenig scharf ausgeprägten Charakters der Verfasser nicht mit völliger Sicherheit angegeben werden kann, so spricht doch manches wiederum für R². So die Bezeichnung „orguel" für Bosos That (cf. S. 360, zu v. 6151), so das Hervortreten des Verfassers in v. 6306:

E non quidaz d'is conte qu'el s'en resorte

also mit Verwendung derselben Construction, die jener Bearbeiter kurz zuvor zwei Mal, in v. 6151 und 6153, gebraucht hat. Ein solches Hervortreten begegnet aber noch ein Mal (v. 6313), und zwar mit Hülfe der Wendung „Anc non vistes", die ebenfalls ein Lieblingsausdruck von R² ist (cf. v. 756, 774, 812, 1014, 1440, 3296, 4979 u. ö.).

Endlich dürfte auch noch folgender Punkt für die Urheberschaft von R² sprechen. Ein Reim auf -ois, wie ihn unsere Tirade zeigt, kommt in unserem Epos nur noch ein Mal vor, nämlich in der als Eigenthum des geistlichen Redactors erkannten Tirade 365 (cf. S. 349); besonders auffällig ist es jedoch, dass von den zehn Zeilen der Tirade 365 und den neun der unsrigen nicht weniger als je acht das gleiche Reimwort aufweisen (mois, tois, angois, conois, frois, lois, trois, camois).

Demselben Zwecke, nämlich länger bei der Einnahme der Burg zu verweilen, dient Tirade 428 (v. 6328—34). Die Schilderung der Plünderung in v. 6328—30 ist jedoch lediglich eine Ausführung des in v. 6295 Erzählten. Die Notiz, dass Boso die Gräfin bei seiner Flucht mitnahm (v. 6331), ist eine zum Theil wörtliche Wiederholung des Verses 6327. Dagegen glaubte der Bearbeiter eingehend mittheilen zu sollen, auf welchem Wege Boso die genommene Burg verliess. So erfahren wir denn, dass er durch eine Hinterpforte unter dem grossen Saale hinausgeritten sei und auf der Bale-Furth die Seine überschritten habe (v. 6332—34). Da die Tirade auf -ale reimt, so sind die beiden Versausgänge „soz la grant sale" und „au ga de Bale" verdächtig, um so mehr, als die Hinterpförtchen einer Burg sich gewöhnlich nicht „unter dem grossen Saale" zu befinden pflegen. und eine Furth jenes Namens sonst nirgends genannt wird, obwohl in unserem Gedichte mehrfach von einer Überschreitung der in der Nähe von Rossillon vorbeifliessenden Seine die Rede ist.

Behufs Feststellung des Verfassers gewährt v. 6328 eine höchst willkommene Handhabe. Dort werden nämlich unter den in die Burg eindringenden Völkerschaften auch die Engländer genannt, und ich habe in Kapitel 12 zu v. 709 (S. 223) nachgewiesen, dass nur R² die Engländer zu den Unterthanen des Königs rechnet.

In Tirade 429 muss in O hinter v. 6345 aus P der Vers 5584 herübergenommen werden:

E quan Girarz los vit, molt li saup bo,

da derselbe für den Zusammenhang unentbehrlich ist; dagegen scheint v. 6346:

Seinor, or esgardaz confusion!

späterer Zusatz zu sein. Dafür spricht zunächst das Fremdwort, sodann der Umstand, das der Vers nicht in den Zusammenhang passt. Girart ist mit nur drei Begleitern halb bekleidet aus Rossillon entkommen, freut sich über das Zusammentreffen mit seinen Vettern und erklärt sofort, umkehren und seine Frau befreien zu wollen. Dazwischen hat also jener Ausruf der Niedergeschlagenheit und der Entmuthigung keinen Platz. Wegen des Fremdwortes werden wir denselben R^2 zuschreiben dürfen.

Die nächste Tirade 430 (v. 6362—77) beginnt mit den Worten:

Gilbers de Senesgart parlet primers;

dieselben erregen den Anschein, als hätten wir es hier mit dem Anfange einer Berathung zu thun, während in Wirklichkeit keine zweite Rede auf die erste folgt. Diese selbst besteht in dem Rathe, nach Dijon zu reiten. Da nun in Tirade 431 Girarts Ankunft in Dijon berichtet wird, so war es sehr leicht, dies vorher vorschlagen zu lassen. Dass aber diese Tirade nicht von Anfang an dem Epos angehört hat, sondern erst später, und zwar von R^2, eingeführt ist, erkennt man daran, dass Gilbert in v. 6367 seinen Vetter auffordert, ausser den Burgundern auch die Baiern zu entbieten, da, wie wir im vierzehnten Kapitel bei Besprechung von Tirade 304 (S. 330) gesehen haben, der genannte Bearbeiter die Baiern zu der Partei Girarts rechnet.

Als Girart in Dijon angelangt und an der Steintreppe abgestiegen ist, lässt ihn der geistliche Redactor in v. 6380—84 der Tirade 431 zuerst in die Marienkirche gehen und Gott bitten, er möge ihn nicht eher tödten, als bis er sich an Karl gerächt habe. Besonders schleppend sind die beiden letzten Zeilen: „Als er sein Gebet gesprochen und die Messe gehört hatte, ging er aus der Kirche, als sie (wohl die Messe) zu Ende war."

Der Vers 6404 in Strophe 432:

Ja non verunt la feste Saint Denis

ist metrisch mangelhaft, dazu eine fast wörtliche Wiederholung der Zeile 6395 in derselben Tirade, endlich auch für den Zusammenhang störend oder mindestens unnöthig, sodass man darin wohl einen späteren Zusatz zu sehen hat, und zwar, wie die Zeitbestimmung zeigt, vermuthlich einen solchen von R^2.

In Tirade 433 kann der erste Vers (6408):

Ço fun issent pascor, com intre mais

nicht ursprünglich sein, da er mit einer anderen Stelle des Epos im Widerspruch steht. Der Zusammenhang ist folgender. Karl erfährt in Paris, dass Rossillon von Girart und den Seinigen blockirt ist und sich in grosser Noth befindet (v. 6409—43). Er begiebt sich sofort nach Orleans und bereitet einen Verproviantirungszug vor, der am Remigius-Feste, d. h. am ersten October, in Rossillon eintreffen soll. Letztere Angabe, die sich in v. 6472 befindet, steht also in directem Widerspruch mit jener, also muss einer der beiden Verse jünger sein. Für die Echtheit von v. 6472 spricht, dass Girart in v. 6404 gedroht hat, Rossillon werde sich nicht bis zum Dionysius-Tage, d. h. bis zum 9. October, halten können. Dazu kommt, dass R^2 nicht nur überhaupt eine grosse Vorliebe für derartige Zeitangaben hat, sondern dass er vorzugsweise gern die Ereignisse in die Osterzeit, speziell den Mai, verlegt, cf. v. 30—31, 2093, 2862, 3282, 3659, 3762, 3897, 6230, 6408, 6772, 9015, 9029. Demnach wird man nicht fehlgreifen, wenn man auch in v. 6408 einen Einschub desselben Bearbeiters sieht.

In der Tirade 433 hatte Karl bei seiner Rückkehr nach Paris seinen Baronen auf deren Frage, wie die Sachen stünden, mitgetheilt, er habe dem Girart Rossillon genommen. Diese Gelegenheit schien günstig, um Karls Rede noch zu verlängern, und so benutzte zuerst R^1 dieselbe, indem er die Strophe 434 (v. 6417—25) anfügte. Es sei jetzt sicher, erklärt Karl, dass Girart den Verrath an Teiri begangen, indem er ihn durch Boso und Folcher ermorden liess (v. 6418—19). Über diese Anspielung auf den Mord habe ich schon in Kapitel 10 (S. 194) gehandelt. Weiter berichtet der König, der Wahrheit gemäss, dass er seinem Gegner Rossillon und Avignon genommen (v. 6421). Wenn er aber unter den Völkern, die zu ihm abgefallen sind, auch die Gothen, d. h. Einwohner von Languedoc, statt der Provenzalen nennt, so habe ich oben bei Besprechung der Tiraden 377 und 378 (S. 353—54) nachgewiesen, dass die Verwechselung resp. Identifizirung jener beiden Völker eine Eigenthümlichkeit von R^1 ist. Schliesslich droht der König, er werde seinem Gegner auch noch den Rest von dessen Besitzungen nehmen (6423—24).

Aber ein zweiter Bearbeiter fügte nun noch Strophe 435 an (v. 6426—31). In dieser müssen wir uns die beiden ersten Zeilen offenbar als Worte des Verfassers denken. „Der Verrath des Girart erneuert sich (d. h. doch wohl: die Verhandlung über denselben), nicht kann er sich davon reinigen, wenn jemand ihn dessen anklagt". Von den Verhandlungen selbst erfahren wir jedoch nichts, vielmehr scheint

es, dass in den folgenden Versen plötzlich wieder der König redend
eingeführt wird; denn in v. 6430 heisst es: „Bei Sival begegnete
ich ihm, in der Nähe von Bordeaux"; dem entsprechend müsste
auch in v. 6429 das Verbum in der ersten statt in der dritten
Person stehen, es also heissen:

> Totz los getai de camp cui el cadele,

wie denn P auch „gitei" liest. Zu diesen formellen Bedenken
kommen noch sachliche; erstens nämlich enthält der Vers 6428:

> Bataille en fest (sc. Girarz) campal sos Mont-Amele

eine Unrichtigkeit, denn die Schlacht, auf welche Karl hier anspielt,
ist die von Verdunés (v. 4929). Da nun dieselbe falsche Benennung schon ein Mal in Tirade 320 (v. 5058), die sicher von R^2
stammt (cf. Kapitel 14, S. 337), vorgekommen ist, so werden wir
denselben Redactor auch hier als Verfasser ansehen müssen.
Endlich ist zu bemerken, dass Sival nicht, wie in v. 6430 angegeben wird, in der Nähe von Bordeaux lag, sondern nahe bei
Poitiers, nämlich im heutigen Bezirk Aude (cf. Paul Meyer, Girart
de Roussillon, S. 189, Anm. 3).

Bei Tirade 438 (v. 6450—58) liegt der Ursprung (von R^2) auf
der Hand, denn dieselbe hat den Zweck, die bevorstehende Schlappe
Karl als die Strafe für ein von ihm begangenes Unrecht hinzustellen
(v. 6456), was, wie ich S. 340, zu v. 5165 hervorgehoben habe, eine
besondere Eigenthümlichkeit des Mönchs von Vezelai ist. Das Unrecht
soll darin bestehen, dass er den Juden Baufadu mit zur Berathung zugezogen hat. Dieser Einfall ist nicht eben glücklich, denn auch
in v. 1697 sq. finden wir den Baufadu in dem Rathssale des Königs
anwesend, ohne dass dort eine Sünde darin gesehen wird. Natürlich
benutzt der Verfasser die Gelegenheit, seinem schon mehrfach (s. oben
S. 363, zu v. 6239) zur Schau getragenen Abscheu gegen die
Juden einen beredten Ausdruck zu geben (v. 6454—55):

> Aiço fest faire au rei molt granz pechaz,
> Car Deus judeu non ame ne son solaz.

Die übrigen Mittheilungen der Tirade sind aus anderen Stellen des
Epos entlehnt, so ist v. 6450 eine Wiederholung der vorangehenden
Zeile. Als Resultat der Berathung wird das hingestellt (v. 6451
bis 6452), was später wirklich geschieht. Die Theilnahme jenes
Juden an der Berathung wird auch in der nächsten Strophe berichtet, und zwar werden dort seine Verhältnisse und seine Herkunft
ausführlich angegeben, womit also nicht verträglich ist, dass schon
unmittelbar vorher von ihm die Rede gewesen sein sollte. Im
Schlussverse (v. 6458) redet R^2 seine Zuhörer oder Leser in seiner
gewohnten Art an:

> Com auïrez senpreres aici assaz.

In Tirade 439 hat Baufadu den Folco von dem beabsichtigten Verproviantirungszug des Königs unterrichten lassen, mit der Bitte, dies auch dem Girart anzuzeigen. In 441 trifft Girart die durch diese Nachricht bedingten Massregeln. Ein Bearbeiter nun vermisste die Notiz, dass Folco dem Girart auch wirklich die ihm gewordene Botschaft mitgetheilt habe, und fügte, um diese angebliche Lücke auszufüllen, 440 (v. 6476—84) ein. In Wirklichkeit war diese Lücke gar nicht vorhanden, denn, da in v. 6485 Girart ebenfalls als mit dem Boten redend dargestellt wird, so ergiebt sich der Zusammenhang von selbst. Dem Mangel war nun aber schon durch die erste Zeile (v. 6476) abgeholfen. Dann erfahren wir weiter, dass Girart seine Mannen entbot (v. 6477—80). Dies ist jedoch eine Vorwegnahme dessen, was in v. 6486 der folgenden Tirade erzählt wird. Der Bearbeiter hat aber wiederum ausführlicher sein wollen, indem er die Mannen aufführte; doch benahm er sich hierbei sehr ungeschickt, denn ausser Boso nennt er einen Berart und den alten Gauter von Mont-Escart. Letzteren kennt das Epos überhaupt nicht, ersteren nur als Baron Karls (z. B. in v. 5838 und 5997), keiner von beiden folgt jedoch hier dem angeblichem Rufe oder kommt in den folgenden Kämpfen vor. Um so befremdlicher klingt daher die Angabe in v. 6480, dass die Genannten sämmtlich Verwandte des Girart gewesen seien; sie verdanken daher ihre Wahl wohl ausschliesslich dem Reim (-art). Wenn wir in v. 6481—82 erfahren, dass Boso seinem Vetter tausend Mann zuführte, so heisst es in v. 6488, dass Girart viertausend Mann zusammenbrachte. Während endlich nach v. 6483—84 der Bote schnell zurückkehrte, wird er, wie schon erwähnt, in v. 6485 als noch anwesend hingestellt.

Der Verfasser ist hier nicht mit völliger Sicherheit anzugeben, da es an charakteristischen Merkmalen fehlt. Wenn unter solchen Umständen schon von vornherein die grösste Wahrscheinlichkeit für R^2 spricht, dem ja immer der Löwenantheil von den Interpolationen zufällt, so wird man auch hier sich für diesen entscheiden, wenn man erfährt, dass diese Annahme, wenigstens einigermassen, gestützt wird. Die in v. 6480 hervortretende Neigung, die neu erfundenen Personen in nahe persönliche Beziehungen zu wichtigen Helden des Stückes zu bringen, ist bei R^2 mehrfach bemerkbar: den Hugo von Monbrisane macht er zum Neffen, die Grafen Heinrich und Alberich zu Schwägern des Teiri von Ascane (v. 3484 und 5799); den Knappen Acelin zum Neffen Peters von Mont-Rabei (v. 3945); Arbert, der Clerc von Vilemaur, ist ein Verwandter, Arluin von Val-Landesc ist Seneschall des Königs (v. 6518 und 2727); Eble von Bordeaux endlich der des Girart (v. 7084). Unter diesen Umständen hat auch wohl der Umstand ein gewisses Gewicht, dass das Wort

„gainart", das in v. 6477 vorkommt, ein Lieblingsausdruck von R²
ist. Es erscheint nämlich in den von diesem Bearbeiter eingefügten
Stellen allein im Reim fünf Mal, nämlich zwei Mal, wie hier, in
Bezug auf den König, in v. 4173 und 5435; ausserdem noch drei
Mal, nämlich in v. 4337, 4558 und 8068.

Der Überfall bei Rossillon ist natürlich von den Bearbeitern
viel weiter ausgesponnen, als das alte Epos dies gethan. So umfasst
eine Interpolation die Tiraden 442—447. Die erste (v. 6496—507)
ist eine einfache Repetitionsstrophe zu 441. In letzterer war mitgetheilt worden, wie Girart die Seinen in den Hinterhalt legte und
von dort aus den König überrumpelte. Diese Episode gefiel dem Bearbeiter so, dass er sie noch ein Mal erzählte; zunächst erfahren
wir, dass Girart seine Leute versteckte (v. 6496), dass der König
nach Rossillon zog (v. 6498), begleitet von zahlreichen Lastthieren
und Wagen (v. 6499—6500), und dass Girart ihn angriff (v. 6502 sq.).
Hinzugefügt ist nur die Angabe, dass Girart aus dem Hinterhalte
hervorkam, um aufzupassen (v. 6497), und die Rede, die derselbe
vor dem Angriffe an die Seinen richtete: „Tödtet die Feinde und
bemächtigt Euch der Beute; dann werdet Ihr reich werden"
(v. 6504—6).

Die folgenden fünf Tiraden (v. 6508—42) bilden ein zusammen=
hängendes Ganzes, denn sie erzählen eine Waffenthat des Folco. Dass
dies Ganze späterer Einschub ist, ergiebt sich daraus, dass erst in
Tirade 448 der Beginn des Kampfes geschildert wird, sodass unsere
Episode hier gar nicht am Platze ist. In 443 erblickt Karl den
Folco mit den Seinigen und ruft: „Ich bin verrathen" (v. 6510).
Dies ist aus v. 6495 entnommen. Unverständlich ist der Zusatz:
„Ich weiss nicht, durch wen", da er ja die Feinde erkannt hat.
Die dem Hugo in den Mund gelegte Behauptung, dass Karls Truppen
zahlreicher seien, als die Feinde, ist ebenfalls aus 448 (v. 6548)
entlehnt. In 444 bewaffnet sich der König und sendet dann eine
Schar von siebenhundert Reitern unter dem Befehle eines seiner
Verwandten ab. Dieser wird in O theils Aubert (v. 6518), theils
Arbert (v. 6532), in P an beiden Stellen (v. 5742, 5755) Albert
genannt. Erst bei der zweiten Erwähnung wird die Bezeichnung
„clerge de Vilamaur" hinzugefügt. Dieser Arbert kommt, obwohl
er also ein Verwandter Karls sein soll, nur an dieser einen Stelle
unseres Epos vor. Tirade 445 giebt zunächst ein Bild von der
äusseren Erscheinung und der Rüstung Folcos. Letztere hat in
fast allen ihren Theilen einen fabulösen Ursprung. Sein Schwert,
heisst es, stammte von Gren de Madaur (in O, v. 6526 fehlt Gren,
doch wird dadurch der Vers eine Silbe zu kurz). Wem er seine
Lanze verdankte, ist nicht zu entscheiden; in O steht „de Vinmaur"

(v. 6528), aber der Vers verlangt statt dessen vier Silben; P liest „de Sicamaur"; der nächste Vers giebt dazu die Erläuterung:

D'un castel de Bigore qu'est sobre Gaur,

doch bringt uns auch diese Notiz nicht weiter. Gaur ist, wie Paul Meyer (a. a. O. S. 210, Anm. 3) nachweist, die alte Form für Gave (beide Formen sind aus lat. Gabarus entstanden), und diesen Namen führen mehrere aus den Pyrenäen kommende kleine Flüsse, z. B. Gave d'Oléron, Gave de Pau. Nur letzterer könnte hier in Frage kommen, da er allein mit dem obersten Theile seines Laufes in Bigorre (dem jetzigen Bezirk Hautes Pyrénées) liegt. In den beiden letzten Tiraden wird dann kurz berichtet, wie der Clerc seinen Gegner angreift, wie jedoch seine Lanze zersplittert, ohne Schaden anzurichten, während Folco ihm die linke Seite durchsticht und ihn todt zu Boden wirft.

Fassen wir zunächst den Zweikampf, d. h. die Tiraden 443—47, ins Auge, so fehlt es an besonders zwingenden Kriterien. Dennoch glaube ich, auch diese Episode R^2 zuweisen zu sollen, weil folgende Züge derselben in Interpolationen begegnen, die sicher jenen Bearbeiter zum Verfasser haben. Wie hier dem Folco die Hauptrolle übertragen wird, so hebt R^2 diesen Baron entschieden unter seinen Brüdern hervor; ich erinnere nur an das glänzende Lob, das dieser durch den Mund des Königs in Tirade 321 erhält, an die interpolirten Einzelkämpfe, z. B. in Tirade 388—89, in denen er stets Sieger bleibt. Die höchst unwahrscheinliche Angabe, dass sich die Kämpfenden erst Angesichts des Feindes gewaffnet haben sollten (v. 6513—14), begegnet genau so in den ebenfalls von R^2 verfassten Versen 4919—20, wo die Truppen sogar dabei vom Pferde steigen. Nicht minder ist es eine von R^2 häufig geübte Gewohnheit, den von ihm erfundenen und in das Epos eingeführten Personen vornehme Angehörige zu geben, wie ich S. 389 durch zahlreiche Beispiele belegt habe. Ebenso liebt es der geistliche Bearbeiter sehr, den Waffen seiner Helden eine berühmte, gewöhnlich fabulöse Abstammung zu geben (v. 6526—30); so erfahren wir solches von denen des Peter von Mont-Rabei in Tirade 246, des Folco in 321, des Rainier in 325, der Franzosen im Allgemeinen in v. 5290; in v. 3531—32 hören wir von einem Helm und einem Panzer, die König Alexander den Turchionen abgenommen hatte, und die dann im Besitze des Meiron gewesen waren; in v. 8727 von einem Speere, den Arthur von Cornuaille getragen hatte. Dass ein Geistlicher mit den Waffen in der Hand an einer Schlacht Theil nimmt, kommt ausser an unserer Stelle nur noch ein Mal, und zwar in der gleichfalls von R^2 verfassten Tirade 399 vor. Endlich erwähne ich noch das Hervortreten des Verfassers in v. 6537, und zwar in

Form der Construction mit „non cuidaz de . . que", welche ebenfalls bei R² sehr beliebt ist (cf. v. 4884, 4921, 6151, 6153,
6306 u. ö.).

Wenn demnach diese Merkmale, die einzeln allerdings nicht
völlig beweiskräftig sind, zusammen genügen dürften, um R² als den
Verfasser der genannten Tiraden zu bezeichnen, so trägt 442 kein
dahin deutendes Merkmal an sich. Und wenn wir nun obenein bemerken, dass Tirade 441 mit den Worten schloss: „Da weiss der
König, dass er verrathen ist" während Tirade 443 beginnt: „Der
König sieht die Feinde und ruft aus: ich bin verrathen", und dass
442 daher den Zusammenhang unterbricht, so wird man zu der
Überzeugung gelangen, dass 442 nach 443 entstanden, also einem
der spätesten Bearbeiter (R³) zuzuschreiben ist.

Tirade 449 (v. 6559—71) ist sachlich völlig dem zweiten Theile
der vorangehenden Strophe gleich. Nach derselben war Girart bei
seinem Angriff auf Karl zuerst geschlagen worden, doch wurde durch das
rechtzeitige Eingreifen des Boso nicht nur das Gleichgewicht wieder
hergestellt, sondern dem Könige der Sieg wieder entrissen. Genau
dasselbe erfahren wir nun auch in der in Rede stehenden Strophe.
Girart floh mit gesenkter Fahne (v. 6559—62); da erscheint plötzlich
Boso (v. 6564 und 6553) mit tausend Rittern (v. 6565 und 6554)
und stösst sein Feldgeschrei „Mareston" aus (v. 6566 und 6555).
Girart fasst wieder Muth und feuert die Seinen voll Siegeszuversicht
an (v. 6569—71); dies entspricht den Versen 6556—57: „Das
Feldzeichen des Girart haben sie wieder aufgerichtet und das des
Karl Martell zum Fallen gebracht". Die Tirade enthält nur ganz
unbedeutende Zuthaten des Interpolators, so die sicher übertriebene
Behauptung (v. 6562), dass die Fransen von Girarts Fahne von
Blut triefften, sodann die, dass er die Flucht in der Richtung von
Dijon ergriff (v. 6563), die wohl auf Vers 6783 zurückzuführen
ist, wo es von Girart unmittelbar nachher heisst:

A Dijun s'en tornet el compainer.

Wie man erkennt, fehlt es an charakteristischen Indizien, um den
Verfasser herauszufinden. Da wir nun aber in der von R² inter-
polirten Tirade 440 (in v. 6481—82) erfahren haben, dass Boso seinem
Vetter tausend Ritter zuführte, und derselbe hier gerade mit dieser
Zahl von Rittern in den Kampf eingreift, so dürfte auch hier derselbe
Bearbeiter im Spiel sein.

Wenn aber die soeben ausgesprochene Vermuthung richtig ist,
so wird man kein Bedenken tragen, diesem Verfasser auch die
letzten fünf Zeilen der vorangehenden Tirade (v. 6554—58 zuzu-
erkennen. Die erste erwähnt ebenfalls, dass Boso von tausend der
Seinigen begleitet gewesen sei, die Verse 6555—57 sind fast wörtlich

gleich v. 6581—83: Boso stiess das Feldgeschrei „Mareston, Mareston" aus, erhöhte die Fahne Girarts und erniedrigte die Karls. Die letzte Zeile (v. 6558) enthält den nichtssagenden Satz, dass man manchen guten Vasallen todt auf der Wiese habe können liegen sehen („prade" erscheint fünf Verse vorher ebenfalls im Reim). Lässt man diese Verse und die Tirade 449 unberücksichtigt, so haben wir in v. 6553 und 6572 die bekannte Tiradenverbindung:

> Quant Bos d'Escarpion vent per la prade.
> Dun Bos d'Escarpion vent per lo camp.

In Tirade 451 (v. 6592—602) treten zwei Barone einander als Feinde gegenüber, um dann auf Nimmerwiedersehen zu verschwinden, obwohl in dem Kampfe selbst nur einer derselben getödtet wird. Auf Seiten Karls ist es Eliazar, Graf von Ponthieu, welchem Belclar gehörte (v. 6594). Wie Paul Meyer (a. a. O., S. 212, Anm. 4) hervorhebt, ist ein Ort dieses Namens in Ponthieu nicht aufzufinden. Obwohl dieser nun hier ausdrücklich als der Rathgeber des Königs bezeichnet wird (v. 6595), so tritt er doch in unserem Epos weder in dieser Eigenschaft noch in einer andern je auf. Ebensowenig kommt aber sein Gegner Landri von Mont-Gimar sonst irgendwo vor. Der Ort, nach welchem er genannt ist, erscheint zwar ein Mal (v. 4115), ebenfalls in einer interpolirten Stelle, doch scheint kaum beide Male der gleiche Ort gemeint sein zu können, da es sich in v. 4115 vermuthlich um einen Punkt in Karls, hier um einen solchen in Girarts Gebiet handelt. Alle in dieser Strophe vorkommende Namen und Örtlichkeiten auf -ar sind offenbar nur des Reimes wegen erfunden. Wir haben es hier wahrscheinlich mit einem sehr späten Einschub (von R^3) zu thun, da die Tirade sich in P nicht findet. Jedenfalls spricht gegen R^2, dass der oben genannte Vers 4115, in welchem Mont-Gimar einen andern Ort bedeutet als bei uns, von R^2 verfasst ist, sodann dass, während der Graf von Ponthieu hier Eliazar heisst, derselbe bei R^2 zwei Mal (v. 1857 und 2904) Elin oder Ailin genannt wird.

Tirade 456 (v. 6645—49) lässt sich dagegen mit Sicherheit R^2 zusprechen, denn in den beiden letzten Zeilen derselben heisst es von Girart, nie würde er Noth zu leiden gehabt haben (nämlich wie später in der Verbannung), wenn er nur recht gehandelt und die Wahrheit gesagt hätte. Also der bekannte Satz: Unglück ist die Strafe für die Schuld. Die beiden Anfangsverse der Tirade (v. 6645 und 6646) sind mit Ausnahme der Reimwörter eine wörtliche Wiederholung der entsprechenden Zeilen der nächsten Tirade.

In der sonst ursprünglichen Strophe 458 hat R^2 es für nöthig gehalten, hinter den Worten Girarts (v. 6670):

Monges, vos m'en irés a mon seinor
der Deutlichkeit halber noch einzuschieben:
Al rei Carlon Martel, l'emperador.

Dass R^2 der Verfasser ist, wird durch den Kaisertitel bewiesen.

In der Botschaft, die der Prior von Saint-Sauveur dem Könige ausrichtet, und in der Antwort des Letzteren scheinen einige Verse jüngeren Ursprungs zu sein; zunächst v. 6687, in welchem Girart darum bitten lässt, abgeurtheilt zu werden. Davon findet sich weder in dem Auftrage Girarts noch in der Entgegnung Karls ein Wort; der Ort, wo dies geschehen soll, ist entstellt und nicht mehr zu erkennen. Ähnlich verhält es sich mit v. 6689, in welchem Karl droht, er werde dem Girart Valerne und Mont-Semproin wegnehmen. Beide Orte können nicht identifizirt werden. Da jedoch der zweite noch an einer andern Stelle (v. 5219), und zwar an einer von R^2 eingefügten, als Beiname eines der Barone Girarts vorkommt, so haben wir wohl auch in den beiden besprochenen Versen Interpolationen desselben Verfassers zu sehen.

Der Rest dieser Tirade hat sich unzweifelhaft auch schon in der Vorlage befunden. Karl weist den Antrag seines Gegners schroff zurück, indem er versichert, er werde nicht eher ruhen, als bis er jenen vernichtet habe, und fügt sogar die Drohung gegen den Boten hinzu, er werde ihn, den Mönch, entmannen lassen. Diese Antwort lässt nun der Bearbeiter (wahrscheinlich waren deren sogar zwei im Spiel) noch drei Mal wiederholen, und zwar in den Tiraden 462, 464 und 465. Ausserdem ist auch der zweite Theil von 463 (v. 6712—18) interpolirt.

Was zunächst Strophe 462 (v. 6694—6700) betrifft, so schloss die vorangehende mit den Worten: „Und als der Mönch dies (d. h. Karls Drohung) vernahm, hätte er gewünscht, weit weg zu sein". Trotzdem wird nun in v. 6694 Karl wieder redend eingeführt, ohne dass dies im Geringsten angedeutet wird. Seine Worte sind im Wesentlichen eine Wiederholung dessen, was er in der vorangehenden Tirade ausgesprochen hatte: Keine Burg werde den Girart vor dem Untergange schützen; ausserdem habe er nicht übel Lust, dem Mönch die Hoden abzuschneiden. Ja der Schlussvers (v. 6700) ist, abgesehen von dem Reimwort („esser loing" statt „estre estorz"), mit der letzten Zeile der Strophe 461 sogar identisch. Neu sind in der ganzen Stelle nur die beiden ersten Verse: „Girart hat nicht durch seine Kraft gesiegt, denn, wenn ich es (was?) gewusst hätte, wäre er gefangen oder todt". Diese Worte sollen, wie es scheint, eine Anspielung auf Girarts Überfall enthalten, sind aber, wie man sieht, etwas unklar und nicht sehr logisch.

In Tirade 463 ist der Anfang unzweifelhaft alt, denn er

schliesst sich unmittelbar an Tirade 461 an: Der geängstigte Mönch bittet den König um Urlaub. Nur wiederholt der Bearbeiter auch hier (in v. 6703) das pikante Motiv des Abschneidens der Hoden, indem er für letztere den gelehrten Ausdruck „genitence" braucht, und fügt die schlaue Bemerkung hinzu, seine Furcht sei darum so gross gewesen, weil er selbst durch eine etwaige Busse Karls seinen Verlust nicht hätte ersetzt bekommen können (v. 6704). Auch der völlig entbehrliche, dem Mönche in den Mund gelegte Vers 6706:

> Don, lo conjat de Deu e la lecenze!

der also gar kein Verbum hat, scheint mir des Fremdwortes „lecenze" wegen nicht ursprünglich zu sein. — Jetzt verzichtet der König auf sein grausames Vorhaben und giebt dem Abt für Girart die Antwort mit, dieser werde nicht eher Frieden erhalten, als bis er völlig besiegt sei. Diesen durchaus der Lage der Dinge entsprechenden Worten werden nun folgende Verse (v. 6712—18) hinzugefügt:

> Mos paires le noirit pauc des naisence,
> Tros pout mil omes paistre de sa garence;
> Cuidai, se fest a mei la remanence,
> El me comença gerre e malvolence.
> Eu l'en tourai la terre trosqu'en Ardence;
> D'iste part Rossillon d'outre Provence
> Non fera mais Girarz la remanence.

Diese Worte müssen nach Inhalt und Form verdächtig erscheinen. Zunächst die Angabe, dass Karls Vater den Girart erzogen haben soll (nach P hätte er dies sogar selbst gethan, cf. Pero sil noiri ieu, v. 5914); denn in dem ganzen bisherigen Verlaufe der Erzählung findet sich auch nicht die geringste Andeutung eines derartigen Verhältnisses, obschon sowohl Karl wie auch Girart mehrfach Gelegenheit und Anlass gehabt hätten, eines so wichtigen Umstandes, der ja für die Beurtheilung von Girarts Handlungsweise so entscheidend gewesen wäre, Erwähnung zu thun. Diese selbe Angabe findet sich nun ausser an unserer Stelle zunächst noch in den Versen 6756—59 der Tirade 467, in denen jedoch der Mönch einfach dem Girart den ihm gewordenen Bescheid mittheilt, sodass sie nichts für die Ursprünglichkeit der Stelle beweisen können. Hierbei ist aber der Umstand höchst befremdend, dass, während in Tirade 463 Karl erklärt hatte, er habe nach jener Wohlthat seines Vaters auf Dank von Seiten Girarts rechnen zu können geglaubt, sei aber statt dessen von diesem angegriffen worden: in 467 dem Girart zwar dieselbe undankbare Handlungsweise, aber Karls Vater gegenüber, vorgeworfen wird. Es findet sich aber noch eine weitere Stelle, die, wie es scheinen könnte, eine Bestätigung der Angabe, dass Girart in Frankreich erzogen sei, enthält, nämlich in Tirade 535. Dort spricht Bertha zu ihrem Gemahl, nachdem dieser lange Zeit die Leiden des Exils erduldet hat, folgende Worte (v. 7756—57):

> Seiner, se mes conselz en fus auŸz,
> Nos tornes[s]em en France, o fus nuiriz,

Aber hier ist unter „France" offenbar nicht ausschliesslich der spezielle Besitz des Königs Karl gemeint, sondern es sind auch dessen Vasallenländer, also auch Girarts Lehen darunter mitverstanden, sodass demnach der Ausdruck „o fus nuiriz" gleichbedeutend ist mit „Deine Heimat" im Gegensatz zu dem Exil, in welchem das Ehepaar sich damals befand. Denn es ist wohl zu bemerken, dass die Auvergne, wo sich beide zu jener Zeit aufhielten, in den älteren Theilen des Epos weder unter den Ländern Karls noch unter denen Girarts genannt wird, also sehr wohl im Gegensatz zu „France" stehen, d. h. diesem gegenüber das „Ausland" bezeichnen konnte. Jedenfalls ist diese Stelle keineswegs im Stande, die in Rede stehenden Verse als ursprünglich zu erweisen, um so weniger, als, wie wir sehen werden, auch die darauf folgenden Verse deutlich das Gepräge späteren Ursprungs an sich tragen. Zunächst muss es nämlich höchst auffällig erscheinen, dass der König (in v. 6715) dem Girart vorwirft, gegen ihn Krieg begonnen zu haben, während gerade das Umgekehrte der Fall ist. Die in den Versen 6716—18 enthaltene Drohung, er werde dem Grafen sein Land wegnehmen, ist bereits vorher ausgesprochen worden. Zwar versucht der Verfasser hier, diese Drohung genauer auszuführen, doch ist dieser Versuch nicht als glücklich anzusehen. Der Ort Ardence (P: Ardensa), bis zu dem er das Land erobern will, ist nicht zu deuten, und aus den beiden letzten Zeilen scheint man sogar herauslesen zu können, dass er ihm die Provence, vielleicht sogar allen südlich von Rossillon gelegenen Besitz lassen wollte, was mit seinen sonstigen Drohungen in schroffem Widerspruch stehen würde. Schliesslich mag noch auf die sich in fast jedem Verse bemerkbar machenden stilistischen Schwächen, auf Wendungen wie „Jemanden erziehen, bis er tausend Mann ernähren kann" (v. 6713), auf das zweimalige Vorkommen des Ausdruckes „faire la remanence" im Sinne von „wohnen" u. a. hingewiesen werden.

Die Tiraden 464 und 465 (v. 6719—35) bringen, wie erwähnt, Wiederholungen der gegen Girart und gegen den Mönch gebrauchten Äusserungen Karls. Die erstere beschäftigt sich allerdings nur mit Girart, und der König erklärt, er werde diesen hängen lassen, wenn er ihm in die Hände fallen sollte (v. 6720—22). Trotzdem heisst es am Schlusse der Tirade, genau so wie in v. 6693 und 6700, dass, als der Mönch dies hörte, er gern weit weg hätte sein mögen, was hier gar keinen Sinn hat.

In der Tirade 465 endlich hält der König dem Mönche zuerst eine Vorlesung über seine Pflichten: Er würde besser gethan haben, in der Kirche die Messe zu sagen und in seinem Kloster die Bibel zu lesen, Psalmen herzubeten und Gott zu dienen, als die Botschaft Girarts auszurichten (v. 6725—30). Und nun fügt er nochmals hinzu, dass, wenn er sich nicht vor Gott und der Verdammniss fürchtete, er Lust hätte, ihm die Hoden ausreissen zu lassen (v. 6731—32). Hierauf entfernte sich der Mönch eilig, bestieg auf dem Steintritt sein Pferd und ritt davon (v. 6733—35). Dies letztere ist jedoch fast wörtlich aus der nächsten Tirade, wo es noch ein Mal erzählt wird, entnommen.

Damit ist dieser Einschub beendet. Ich schliesse daran sogleich die Besprechung des Berichtes, den der Mönch oder richtiger der Abt dem Girart über seine Sendung erstattet. Auch hierin sind die oben erwähnten Interpolationen durch entsprechende Einfügungen berücksichtigt worden. Dahin gehören in Tirade 467 die Verse 6756—61, welche eine getreue Wiedergabe der vorhin besprochenen Zeilen 6712—18 enthalten. Neu hinzugefügt ist nur der Vers 6764:

Si que d'outre la mar n'irez faidiz.

Dies soll wohl eine Nachahmung von v. 2084 sein, in welchem Karl bei der Verabredung der Schlacht von Valbeton ausmacht, der Besiegte solle übers Meer in die Verbannung gehen.

Im Übrigen enthält die Tirade 467 die Antwort, die Karl schon in der älteren Fassung dem Girart hatte ertheilen lassen: Vor dessen völliger Vernichtung sei von Frieden nicht die Rede; und in 468 erklärt Girart, er denke nicht an Unterwerfung. Nun hatte der Bearbeiter jedoch den Wunsch, auch seinen Einschub von Tirade 464 in der Antwort vertreten zu sehen, und so schob er denn hinter Tirade 468 eine neue, 469 (v. 6774—82), ein. Da nun aber die Berichterstattung eigentlich schon beendet war, so musste er ein Mittel ausfindig machen, den Abt noch ein Mal zu Worte kommen zu lassen. Dazu liess er diesem durch Girart die Frage vorlegen (v. 6774), ob er nicht noch andre Neuigkeiten vom König wüsste, worauf derselbe nun Karls Drohung, den Girart hängen lassen zu wollen, wiederholte, nur fügte er noch hinzu, dass der König auch dem Boso die gleiche Strafe angedeihen lassen werde, falls er ihn fangen sollte. Es ist nicht recht ersichtlich, wodurch diese Änderung veranlasst worden ist, wenn man nicht etwa annehmen will, dass der Zusatz „ne don Boson" in v. 6777 einfach durch den Reim hervorgerufen worden sei. Die Worte, welche

Girart hierauf entgegnet, sind sehr wenig klar: „Da wir ihm etwas gethan haben, was ihm nicht gefällt, so haben meine Barone die Pferde und die Habe; hiermit wollen wir nach Dijon gehen". Letztere Aufforderung ist wohl durch die Anfangsworte der nächsten Tirade „A Dijon s'en tornet" hervorgerufen worden.

Suchen wir nunmehr den Verfasser dieser Interpolationen herauszufinden, so möchte ich v. 6712—18 und die entsprechenden Theile der Tirade 467 für R^2 in Anspruch nehmen. Die hier in v. 6716 ausgestossene Drohung entspricht genau der, die R^2 den König in v. 6689 aussprechen lässt, nur ist des Reimes wegen der Ortsname gewechselt. Noch deutlicher tragen die Tirade 464 und dem entsprechend die Verse 6775—78 die Merkmale des geistlichen Bearbeiters. So in der Betheuerungsformel „te jur Jhesu del tron" (v. 6719, cf. v. 6776); sodann in der Drohung, den Gegner hängen zu lassen, wenn er in seine Hände fallen sollte (cf. 715—16; 1445 bis 1446; 2101; 6721). Dass auch das heimliche Lächeln als Zeichen des Unwillens oder der Unzufriedenheit ein R^2 eigenthümlicher Zug ist, habe ich S. 167, zu v. 7788, nachgewiesen. Aber auch Tirade 465 hat ein theologisches Gepräge, indem R^2 hier die Gelegenheit benutzt, um uns eine vollständige Übersicht über die Pflichten eines Klosterbruders, die er ja genau kennen musste, mitzutheilen. Die drei Verse 6703—4 und 6706 darf man wegen der Fremdwörter „genitence", „penitence" und „lecenze", von denen die beiden letzteren der Kirchensprache angehören, wohl ebenfalls R^2 zuerkennen, und selbstversändlich gehört endlich auch die Antwort Girarts demselben Redactor an, da diese ja ohne das Vorangehende in der Luft schweben würde, auch inhaltlich bedeutungslos ist. Bei Tirade 462 dagegen deutet nichts auf R^2 hin, und da sogar die Drohung Karls, dem Girart sein Land bis zu einem bestimmten Punkte zu nehmen, die R^2 dem Könige zwei Mal in den Mund legt, hier fehlt, so wird man einen andern Interpolator (R^3) als Verfasser annehmen.

Dagegen dürfen wohl in Tirade 466 die Verse 6745—48 als Einschub von R^2 bezeichnet werden. Sehen wir zunächst von diesen ab, so ist der Hergang folgender. Als Girart den zurückkehrenden Gesandten fragt, was er ausgerichtet habe, bittet dieser in v. 6744 um die Erlaubniss, sich erst etwas verschnaufen zu dürfen, da er ganz erschöpft sei, und fügt dann in v. 6749—50 hinzu, nie werde er sich wieder zu einer derartigen Sendung hergeben. Auf Girarts erneute Frage spricht er zunächst von der schlechten Aufnahme, die ihm persönlich widerfahren; aber er deutet die schmähliche Drohung, die Karl gegen ihn ausgestossen, nur an durch die Ausdrücke „fui molt escarniz" (v. 6752) und „El me fu de felnie toz amanviz"

(v. 6755), um dann zu der eigentlichen Berichterstattung überzu-
gehen. Diese Discretion des Dichters war aber nicht nach dem
Geschmacke des Bearbeiters R^2, und so fügte er hinter v. 6744
die vier Zeilen ein:

> Interrai el moster sonar mon clas,
> Dirai: „Deum laudamus e Saint Thomas,
> De Carle rei Martel que gari m'as“;
> De nostre genitaire per pau nem ras,

wo er also im letzten Verse wiederum ein Fremdwort braucht,
während im alten Epos für denselben Begriff nur der volksthümliche
Ausdruck verwendet wurde.

Ebenso hat derselbe Interpolator in Tirade 468 einen einzelnen
Vers (6772) eingefügt. Die Schlusszeilen lauten ohne denselben
so; (Girart sagt):

> Mais lo blat que el seme en sun garaich
> Aura lo'n abanceis coillit e traich,
> Qu'eu aie mais o lui trege ne paich (P: plah).

Vor der letzten findet sich jetzt der Vers:

> E pois verez passar abril e maich,

der also die Periode vollständig zerreisst. Ich habe oben (S. 367)
zu v. 6408 gesagt, dass R^2 nicht nur genaue Zeitangaben überhaupt liebt, sondern in ihnen auch gerade den Mai gern verwendet;
doch auch der April erscheint so noch ein Mal, in v. 5057, bei demselben Bearbeiter.

In Tirade 470 hat R^2 den Vers 6790 eingeschoben:

> Quant unt la messe oïe li chevaler,

der hier um so weniger passt, als in dem dazu gehörigen Haupt-
satze von Girart die Rede ist, nicht aber, wie man erwarten müsste,
von den Rittern.

Der Schlussvers der folgenden Tirade (6806):

> Enquer en ert bataille une ço cuit,

in dem also, abgesehen von dem metrischen Fehler, der Verfasser
redend eingeführt wird, darf wohl gerade aus diesem Grunde R^2
zugeschrieben werden, um so mehr, als die nächste sicher von ihm
verfasste Tirade 472 mit dem gleichen Gedanken schliesst. Diese
selbst (v. 6807—14) ist Repetitionsstrophe zu 473: Girart schickt
durch das ganze Land hin Boten, um Krieger anwerben zu lassen
(v. 6807—9; ebenso v. 6815—18). Reichlich spendet er Gold
und Silber (v. 6811=6819); die geworbenen Truppen sammeln sich
in Dijon (v. 6812). Dies wird auch in v. 6820—22 erzählt,
nur wird hier auch das Lager anschaulich geschildert: Auf den
Feldern um die Stadt herum erblickte man buntfarbige Zelte und
Baracken, viele Fahnen und Feldzeichen. Während nun aber die

Strophe 473 mit der thatsächlichen Mittheilung schliesst, dass
Girart sich in sein Zimmer begab, um mit seinen Getreuen über
den Feldzugsplan zu berathen (v. 6823—24), enthalten die beiden
letzten Verse von 472 die schablonenhafte Wendung: „Girart und
seine Neffen beginnen wieder einen solchen Krieg, über den mancher
Mächtige seitdem traurig wurde". Dieser Schluss verräth uns auch
durch die Bezeichnung „Neffen" statt „Vettern" R² als Verfasser.
Auch den Ausdruck „faire" oder „escrire breus" (v. 6807), wo es sich
um das Aussenden von Werbern handelt, verwendet R² noch an
einer andern Stelle (v. 3731), beide Male allerdings in Nachahmung
des ursprünglichen Verses 865:

> E at mandat sos clerges, sos breus escrit.

In Tirade 473, die, wie erwähnt, alt ist, entbietet Girart zu
dem bevorstehenden Kampf alle seine Vasallen; während er aber
in dem älteren Epos nur zu den Burgundern schickt (v. 6816),
fügt ein Redactor dahinter den Vers (6817) ein:

> Boviers e Alemans trosc' a Saisuns.

Dies ist unzweifelhaft R², da dieser sowohl die Baiern (cf. v. 4707,
4728, 6367, 9253), als auch die Allemannen (cf. v. 2814, 4707,
4728, 4829, 4972, 9253) zu den Unterthanen Girarts rechnet.
Mit Saisuns in „trosc'a Saisuns" scheint eine Örtlichkeit, eine
Stadt, nicht aber die Sachsen gemeint sein zu sollen. Dafür
sprechen folgende Gründe: 1) O und P lesen übereinstimmend „a"
nicht aber „as"; 2) wie wir gesehen haben, rechnet R² die Sachsen
immer zu Karls, nie zu Girarts Partei; 3) die Sachsen heissen bei
R² nie Saisson, sondern im Nominativ des Plurals Saisne (v. 2819),
im Accusativ Saisnes (v. 2774 und 2803); 4) in dem Verse 6859,
den ohne Zweifel ebenfalls R² eingefügt hat, und zwar gerade mit
Rücksicht auf seinen in Rede stehenden Einschub in v. 6817, ist
nur von bairischen und allemannischen, nicht aber auch sächsischen
Söldnern die Rede. Was nun unter Saisuns verstanden werden
soll, ist allerdings nicht anzugeben, aber wir haben an zahlreichen
Stellen gesehen, wie R² bei derartigen Ortsangaben mit „bis" die
Namen meist einfach nach dem Bedürfniss des Reimes erfindet, ohne
sich im Geringsten um die Geographie zu kümmern.

Die folgenden Tiraden 474—478 sind bis auf den eben genannten v. 6859 unverändert geblieben, nur sind an Tirade 478,
die ursprünglich, und auch jetzt noch in P, mit v. 6887 schloss,
die beiden Verse (6888—89):

> Or les en face Dex ça porveut,
> Car enquere en frandrunt maint nof escut

nachträglich angefügt, wie Inhalt und Form beweisen; vielleicht

von R², da dieser 472 und 473 genau mit demselben Gedanken
geschlossen hat, der in v. 6889 enthalten ist; auch der in v. 6888
ausgedrückte fromme Wunsch spricht dafür.

Über den grossen, die Tiraden 479—83 umfassenden Einschub
habe ich bereits im zehnten Kapitel (S. 194 sq.) gehandelt, wo ich
denselben als Eigenthum von R¹ nachgewiesen habe. Dort wurden
jedoch erstens v. 6893—96, sodann v. 6921—39 und v. 6946
bis 6947 von der Untersuchung ausgeschlossen, da diese vermuthlich einen noch jüngeren Ursprung hätten. Dass in der That die
zuerst genannte Versgruppe von R² herrührt, habe ich auf S. 361—62
wahrscheinlich gemacht. Dasselbe gilt jedoch auch von den beiden
zuletzt angeführten. Lassen wir dieselben unberücksichtigt, so wird
an jener Stelle folgendes erzählt. Ein Bote benachrichtigt den
König von dem bevorstehenden Angriffe Girarts, worauf Karl auch
seinen Baronen über die drohende Gefahr Mittheilungen macht.
Dazwischen ist nun die Tirade 481 eingeschoben. Danach bittet
der König zunächst Gott, ihm heute Gelegenheit zur Rache zu
geben (v. 6921—22), und fragt den Boten dann nach der Stärke
von Girarts Heer (v. 6923). Der Bote berichtet dem Könige nicht
nur, dass es allein viertausend Söldner seien, sondern eigenthümlicher
Weise auch (v. 6929), dass Girart seinen Truppen befohlen habe,
rothe Rüstungen anzulegen. Dementsprechend theilt Karl in der
Versammlung seinen Leuten mit, ein Bote habe ihm eine wunder-
bare Sache (une merveille) erzählt, dass nämlich Girart sein Heer
sich ganz in Roth rüsten lasse (v. 6946—47). Von diesem Umstande ist jedoch vorher mit keinem Worte die Rede gewesen, auch
geschieht desselben nachher trotz dessen besonderer Hervorhebung
an unserer Stelle keinerlei Erwähnung. Sodann entbietet Karl seine
Leute (v. 6935), was auch in v. 6940 der folgenden Tirade erzählt wird, und schickt darauf nach Peter, Aimon und Aïmar, die
am Abend vorher weggeritten waren (v. 6935—37). Wer mit
Aïmar gemeint sein soll, ist nicht zu erkennen, da ein Mann dieses
Namens vorher nie erwähnt worden ist; er verdankt seine Entstehung wohl nur dem Reime (auf -ar). Sodann begreift man nicht,
wie jene drei Barone hätten dazu kommen sollen, das Heer zu verlassen, da nach v. 6802 der König gerade alle seine Mannen sammelte, um die erlittene Schlappe wieder gut zu machen. Diese
Scene ist offenbar eine, und zwar nicht gerade sehr geschickte,
Nachahmung der in Tirade 379 erzählten, wo Karl, als er unvermuthet von einem unmittelbar bevorstehenden Angriffe Girarts unterrichtet wird, schleunigst Boten absendet, um die auf Urlaub gegangenen Truppentheile und den Herzog von Poitiers zurückzurufen.
Bei der Auswahl der Namen war eine spätere Stelle des Epos be-

stimmend. In Tirade 489 erfahren wir nämlich, dass, als die Schlacht eine für Karl ungünstige Wendung zu nehmen schien, der Sieg durch das kräftige Eingreifen des Aimon, des Peter von Mont-Rabei und des Grafen Hugo wieder an die Fahnen des Königs gefesselt wurde. Daraufhin hat er also jene Fabel erfunden, nur an Stelle des Grafen Hugo des Reimes wegen einen sonst unbekannten Aïmar gesetzt.

Dass dieser ganze Einschub von R² herrührt, ergiebt sich aus folgenden Gründen. Den Wortlaut eines Gebetes giebt dieser, wie hier (v. 6921), auch in v. 2498 sq., 2527 sq., 4010, 5073 sq. Ebenso verräth der Vers 6932:

> Or me pot, ço dis Carles, Deus ajudar

einen geistlichen Verfasser. Auch der eigenthümlichen Vorherverkündigung der Farbe, welche eine Waffenrüstung zeigen wird, begegnen wir gleichfalls in einer andern Interpolation von R², nämlich in v. 5611, wo Begon erklärt, er werde mit weissen Waffen angethan im Kampfe erscheinen. Dazu kommt aber vor allem, dass sich die in v. 6926 enthaltene Angabe, Girart habe viertausend Mann bei sich, nur in der von R² eingefügten Strophe 472 (v. 6810) findet. Wenn aber die Tirade 481 von R² herrührt, so ist dies selbstverständlich auch mit v. 6946—47 der Fall, in denen Karl die ihm gewordene Mittheilung über die Farbe der Rüstung seinen Leuten übermittelt, und die, ohne eine Lücke zu hinterlassen, gestrichen werden können.

In Tirade 485 war die Schlachtordnung beider Heere geschildert worden, in 487 beginnt die Schlacht. Die dazwischen stehende (v. 6989—95) scheint nachträglich eingefügt worden zu sein. Sie enthält nur allgemeine Betrachtungen und unbestimmte Angaben. Die einzige genaue, dass die Schlacht im Mai stattfand, weist auf R² hin (S. 367). Auch die Einleitung (v. 6989) „Car li jorz fu molt clars" findet sich ganz ähnlich in dem ebenfalls von R² verfassten Eingang eines Schlachtberichtes, v. 5830:

> Li jorz fu quez e caus e clars li truns.

Dann heisst es: Die Fahnen flattern denen, die sie haben (v. 6991), die Schlachtreihen (batailles, wie oben bei R²) nähern sich einander auf einem ebenen Felde (v. 6992), was wohl eine Reminiscenz an die Schlacht bei Valbeton ist. Da wurde kein christlicher Gesandter, Mönch, Canonicus noch Kaplan (behufs Friedensverhandlung) abgeschickt (v. 6993—94). Auch in dieser Wendung wird man die Ausdrucksweise des geistlichen Redactors erkennen. Den Schluss bildet die Bemerkung, dass, wer auch Sieger bleiben möge, der Schmerz gross sein werde.

Unter diesen Umständen wird man auch die beiden Anfangszeilen der Tirade 488 für das Eigenthum desselben Bearbeiters
erklären, die völlig aus dem Zusammenhange heraustreten und inhaltlich eine einfache Wiederholung der beiden soeben besprochenen
Verse 6989 und 6992 sind, nämlich (v. 7010—11):

> Li jorz fu clarz e genz e sens temper,
> E la terre fu plane, senz encombrer.

Die Tirade 490 (v. 7052—65) hat, wie so viele andre, den
Zweck, dem Geschmacke des Publicums an Schlachtbeschreibungen
entgegen zu kommen. In 489 war erzählt worden, dass Karl in
dem Augenblick, wo seine Truppen sich zur Flucht wandten, durch
einige seiner ausgezeichnetsten Barone willkommenen Zuzug erhielt;
in 491 erfahren wir, wie diese unter Leitung des Peter von Mont-
Rabei, welch letzterer sogar den Girart selbst verwundete, die
Schlacht wieder zum Stehen bringen. Die Strophe 490 beginnt
nun mit der Bemerkung, dass Karl, als die Seinen ihm zu Hülfe
kamen, völlig rathlos gewesen [sei. Dies letztere kann sich doch
nur auf den Moment der Ankunft, genauer auf die Zeit unmittelbar
vorher beziehen, wo er sich nämlich bereits auf der Flucht befand,
während die Worte, die gleich darauf folgen (v. 7054):

> Viaire l'es ke Dex per lui resveil,

die Wirkung angeben, welche die Ankunft jener Hülfe bei ihm
hervorbrachte. Diese Art, den Eindruck zu schildern, lässt auf
geistlichen Ursprung dieser Interpolation schliessen, während der
zu dem gleichen Zwecke in der älteren Strophe 489 gebrauchte
Ausdruck (v. 7050):

> E Carles·quan les veit, molt li sa bon

dem Geiste eines Volksepos durchaus entspricht. Die Worte, mit
denen das Erscheinen Peters erzählt wird (v. 7055):

> E[s] vos Peiron primers de Mont-Rabeil (Reim auf -eil)

sind eine fast wörtliche Wiederholung des Verses 7068 der nächsten
Strophe:

> E[s] vos per camp Peirun de Mont-Rabei,

nur wird bei letzterer Gelegenheit hinzugefügt, was für die Entscheidung sehr wichtig ist, dass er von 133 Rittern begleitet war.
Dieser greift in 490 (v. 7058—60) einen Gauter Nameil (nach O)
oder Gautier Maureil (nach P) an, der nur an dieser einen Stelle
des Gedichtes vorkommt, und von dem wir auch hier weiter nichts
erfahren. Während uns aber bei der Beschreibung eines solchen
Zweikampfes sonst stets das Resultat mitgetheilt wird, heisst es hier
nur, dass Peter seinen Gegner am Fusse über der grossen Zehe so traf,

dass seine Lanze zersplitterte. Den Rest der Strophe füllen die bekannten formelhaften Kampfesschilderungen aus: Da hätte man manchen wackeren Jüngling kämpfen sehen können u. s. w. Auf Grund des oben besprochenen Verses 7054 werden wir R^2 als Verfasser ansehen können.

Demselben Zwecke wie 490 dienen auch die beiden Tiraden 492 und 493. Jede derselben schildert einen Einzelkampf zweier Barone. Der erste zwischen Eble von Bordeaux und Peter von Mont-Rabei (v. 7082—7100) muss aus mehreren Gründen als später eingefügt erscheinen. Der hauptsächlichste besteht darin, dass Peter hier schwer verwundet wird (es heisst in v. 7089, dass Eble ihm „troquet lo costat desoz l'aisele"), während er in der ursprünglichen Tirade 495 wieder unter den Kämpfenden erscheint, und zwar zu denjenigen gehört, welche die fliehenden Barone einholen und theils niedermachen, theils gefangen nehmen. Dies würde einem Schwerverwundeten sicher nicht möglich gewesen sein. Dazu kommt aber, dass dieser Eble dem Epos ganz unbekannt ist, während dasselbe einen Senebrun von Bordeaux kennt, der z. B. in der Schlacht von Valbeton die Gascogner befehligt hat (v. 2587), und dessen Tod nirgends berichtet worden ist. Wenn übrigens ein Baron dieses Namens wirklich existirt hätte, so hätte er doch nur auf Seite Karls kämpfen können, da, wie wir gesehen haben, die Gascogner von Girart zum Könige übergegangen waren. Der Rest der Tirade besteht aus allgemeinen Wendungen über das Resultat des Kampfes. Da der Verfasser hierbei Gott anruft (v. 7098), auch auf die vielen trauernden Wittwen hinweist (v. 7099—7100), gerade wie R^2 in v. 2945 und 5061, so hat man es hier vielleicht ebenfalls mit diesem Bearbeiter zu thun.

In der zweiten Tirade (v. 7101—7110) treten zwei Streiter einander gegenüber, die beide der Phantasie des Bearbeiters entsprungen sind. Der Parteigänger Karls heisst in O Merianz (v. 7101), mit dem Zusatz „ein romanischer Bretone", während er in P (v. 6278) ein wackerer Bretone ist und Quonis genannt wird. Der des Girart führt in O (v. 7108) den Namen Focuel von Mont-Folet, in P (v. 6281) steht abgekürzt F. de Mon-Folet, was also wohl dasselbe bedeuten soll. Aber von allen diesen Namen begegnet kein einziger an irgend einer anderen Stelle des Epos. Auffällig, ja geradezu lächerlich ist es sodann, dass Merianz angeblich niemanden finden kann, der sich auf einen Kampf mit ihm einlassen will, während er doch sogleich mit Focuel kämpft. Zu bemerken ist endlich noch, dass vier Verse (7104—7), in welchen ausführlich die Rüstung des Merianz geschildert wird, in P ganz fehlen. Wir werden dieses schwache Machwerk einem der spätesten Interpolatoren zuschieben, wenigstens findet sich kein Merkmal eines der älteren Bearbeiter.

In den Anfangszeilen der Strophe 494 (v. 7111—13) hat R^2 zunächst seine Notiz aus v. 6989, dass die Schlacht im Mai, sowie die aus v. 6992 und 7011, dass sie in einer Ebene stattfand, wiederholt:

> Iste bataille fu el tans de mai,
> Que Carles e Girarz, li cons, la fai
> Per plan soz Rossillon e per garai,

und daran den Ausruf geschlossen (v. 7114):

> Deus! tanz vassaus nafraz e morz la jai!

Dass in Tirade 495 die Verse 7142—43 und 7148—58, in Tirade 499 v. 7223—24 vermuthlich von dem Verfasser der Folco-Aupais-Episode, d. h. von R^1 eingefügt worden sind, habe ich im achten Kapitel (S. 149—50) nachgewiesen.

In Strophe 496 halte ich v. 7185—86 für einen Zusatz von R^2. Vorher war erzählt worden, dass der Knappe, als er die Gräfin Bertha suchte, diese in einer Kirche betend fand. Der geistliche Bearbeiter wollte auch den Inhalt des Gebetes mittheilen und fügte demnach hinzu (v. 7185—86):

> E preie damlideu omnipotent
> Que garisse Girart, lui e sa gent.

Tirade 498 (v. 7208—15) enthält im Wesentlichen eine Wiederholung des in den letzten acht Zeilen der vorhergehenden Strophe Erzählten: Die Gräfin hört den Tumult (v. 7208 und 7200), wirft sich mit drei Knappen, deren Namen wir jedoch nur aus 497 erfahren, aufs Pferd, reitet davon (v. 7214 und 7202—5) und gelangt auch glücklich nach Besançon (v. 7215 und 7206). An einzelnen Stellen ist sogar der Wortlaut fast derselbe; man vergleiche z. B. v. 7208: „La donne auït la nause, le dol es criz" mit v. 7200: „La donne auït la noise e[l] batestau" u. ä. Die Zusätze des Interpolators bestehen in folgendem. Erstens geht der Lärm von den Bürgerinnen aus, die ihn „wegen ihrer Gatten" machen (v. 7209), was doch kaum glaublich ist; sodann hört die Gräfin, wie Girart verflucht wird (v. 7210), und nennt sich selbst eine unglückliche Sünderin (v. 7211). Sie klagt, dass auf ihren Rath nicht gehört worden sei (v. 7212), obwohl nie davon die Rede gewesen ist, dass sie irgend einen Rath ertheilt hätte. Fast komisch wirkt die Versicherung, dass sie weder seidene Gewänder, noch Stoffe, noch Teppiche bei ihrer Flucht mitnahm (v. 7213).

Dass wir auch diesen Einschub dem Mönch von Vezelai auf Rechnung zu setzen haben, scheint aus folgendem hervorzugehen. Zunächst liegt in Berthas Klage, dass auf ihren Rath nicht gehört

worden sei (v. 7212), eine Wiederholung des von R² so oft ausgesprochenen Satzes, dass Girart sein Unglück selbst verschuldet
habe (cf. S. 340). Dazu kommt, dass der in v. 7210 enthaltene
Gedanke:

E entent de Girart, com est maudiz

genau so in dem von R² verfassten Theile der Exils-Episode begegnet,
nämlich in v. 7584:

E auï sei maudire e fille e maire.

Auch die Bezeichnung „pecheriz", die Bertha auf sich anwendet,
spricht für jene Annahme, da Sünder und Sünde bekanntlich Lieb-
lingsausdrücke des geistlichen Redactors sind (cf. v. 9397, 9879,
9909, 9982 u. ö.; vgl. auch S. 167).

Damit sind sämmtliche jüngere Bestandtheile dieses Abschnittes
unseres Epos besprochen; denn die Verse 7231—36 in Tirade 499,
die eine Einleitung zu der Exils-Periode darstellen, sind, wie ich
in Kapitel 9 (S. 155—56) nachgewiesen habe, Eigenthum von R².

Eine statistische Zusammenstellung der Resultate obiger Untersuchungen ergiebt, dass von den 1888 zuletzt besprochenen Versen
1090, also nicht ganz drei Fünftel des Ganzen alt sind; diesen hat
dann R¹ 185, R² 557 Zeilen hinzugefügt, während deren 56 auf
der jüngsten Stufe, G³, dem Epos einverleibt worden wären.

Sechzehntes Kapitel

Das Ergebniss der bisherigen Untersuchungen und das gegenseitige Verhältniss der erreichbar ältesten Fassungen des Epos.

Die folgende Zusammenstellung gewährt eine Übersicht über die Resultate der bisherigen Untersuchungen in Betreff des Ursprungs der verschiedenen Theile unseres Epos.

Nr.	Episode	Ka-pitel	Zeilen	alt	R¹	R²	R³	Summe
1.	Einleitung	5	v. 1—606	227	—	379	—	606
2.	Erster Kampf um Rossillon	12	v. 607—1449	599	—	199	45	843
3.	Schlacht bei Valbeton	13	v. 1450—3188	854	—	751	134	1739
4.	Friedenszeit	11	v. 3189—3350	8	26	116	12	162
5.	Ermordung Teiris	10	v. 3351—3539	—	68	90	31	189
6.	Wiederausbruch des Krieges	14	v. 3540—5362	300	93	1344	86	1823
7.	Die letzten Kämpfe	15	v. 5363—7250	1090	185	557	56	1888
8.	Die Zeit der Verbannung	9	v. 7251—7999	244	107	386	12	749
9.	Episode Folco - Aupais	7 u. 8	v. 8000—8957	61	506	375	16	958
10.	Schluss	5	v. 8958—10002	—	—	1045	—	1045
11.	Summa		v. 1—10002	3383	985	5242	392	10002

Aus derselben ergiebt sich, dass die älteste durch Entfernung der Interpolationen zu erreichende Gestalt unseres Gedichtes wenig mehr als ein Drittel des jetzigen Umfanges hatte, denn von den 10 002 Versen der vorliegenden Fassung haben wir deren 3383 als vermuthlich ursprünglich ermittelt, und wir haben dabei constatirt, dass wahrscheinlich nur wenige Tiraden der ältesten Fassung bei den Umarbeitungen entfernt worden und auf diese Weise verloren gegangen sind. Die Zusätze des ersten Überarbeiters bewegen sich innerhalb mässiger Grenzen, da sie insgesammt nicht ganz tausend Zeilen umfassen. Ungleich eingreifender und bei dem Mangel an Befähigung verhängnissvoller war die Thätigkeit des geistlichen Bearbeiters, da dessen Antheil mehr als die Hälfte der uns überlieferten Form des Gedichtes,

25*

nämlich 5242 Verse umfasst; ja selbst wenn man den Schluss von 1045 Zeilen, der ihm ganz angehört, ausser Rechnung lässt, so verbleiben in dem eigentlichen Werke doch immer noch 4197 Zeilen sein Eigenthum. Dem gegenüber tritt die Wirksamkeit von dessen Nachfolgern sehr zurück; als Gesammtresultat derselben sind weniger als 400 Verse zu verzeichnen.

Nachdem wir so versucht haben, zu bestimmen, welchen Antheil die verschiedenen nachweisbaren Bearbeiter an der Herstellung der uns vorliegenden Gestalt des Epos gehabt haben, müssen wir noch auf die Frage nach der Lebenszeit dieser Bearbeiter eingehen. Es ist hierüber allerdings wenig zu sagen. Was zunächst R^2 betrifft, so hat Paul Meyer (Girart de Roussillon, S. XLVI) wahrscheinlich gemacht, dass mit dem Kaiser von Constantinopel, den der Mönch auf seiner Reise durch eigene Anschauung kennen gelernt hatte, der im Jahre 1180 gestorbene Alexis II. gemeint sei, und dass demnach die von jenem verfasste Version etwa im letzten Viertel des zwölften Jahrhunderts entstanden sei. Wenn man diese Argumentation für zutreffend ansieht (und es scheint kein Grund vorzuliegen, dies nicht zu thun), so folgt daraus, dass die erste Bearbeitung vor der genannten Zeit stattgefunden haben muss, während die jüngsten Interpolatoren ihre Einfügungen noch später vorgenommen hätten. Genaueres lässt sich aber wohl kaum sagen. Zwar findet sich in der von R^1 herstammenden Interpolation, nämlich in Tirade 336—340, eine Stelle, die möglicher Weise eine Anspielung auf eine historische Persönlichkeit enthalten könnte. Nach v. 5231 trug nämlich einer der Barone Karls, Namens Alon, einen Helm, der von Raimont Borel stammte. Paul Meyer macht nun (a. a. O. S. 169, Anm. 3) darauf aufmerksam, dass es einen Grafen von Barcelona dieses Namens gegeben habe, der von 982—1018 regiert hat. Aber man erkennt leicht, dass diese Angabe doch zu unbestimmt ist, um irgendwelche stichhaltige Folgerungen daraus ziehen zu können.

Einen weiteren Anhaltspunkt für eine chronologische Bestimmung hat K. Hofmann in v. 585 entdeckt (s. Roman. Forschungen I, 137). Er weist nämlich darauf hin, dass der dort vorkommende Ausdruck aurie-flor die „goldene Rose" bedeute, welche die Päpste an fürstliche Personen zu schenken pflegten und auch heute noch pflegen. Da nun dieser Brauch auf Leo IX, der von 1048 bis 1055 das Pontificat bekleidete, zurückzuführen ist, so ist daraus mit Sicherheit zu schliessen, dass jener Vers nach der soeben angegebenen Zeit verfasst ist. Dieses Resultat würde sehr wichtig sein, wenn der Vers den ältesten Theilen des Epos angehörte, da in diesem Falle für G eine verhältnissmässig späte Entstehungszeit angenommen werden müsste. Aber, wie ich schon im fünften Kapitel (S. 72—73) nachgewiesen habe, ist jener Vers 585 mit grosser Wahrscheinlichkeit dem geistlichen Bearbeiter zuzuschreiben, von dem wir bereits wissen, dass er vermuthlich um das Ende des zwölften Jahrhunderts gelebt und geschrieben hat.

Da also das Epos uns keinerlei Mittel gewährt, die Abfassungszeit der älteren Versionen desselben genauer zu bestimmen, so wenden wir uns nunmehr zu einer anderen Frage, nämlich der, ob G, das heisst diejenige Fassung unseres Epos, welche sich durch Ausscheidung aller als jünger nachgewiesenen Bestandtheile herausschälen lässt, identisch ist mit derjenigen, welche dem Verfasser der lateinischen Lebensbeschreibung als Vorlage gedient hat.

Ich habe auf S. 19 sq. angegeben, welchen Inhalt die uns vorliegende Version des Epos hat. Wenn wir nun die verschiedenen Interpolationen berücksichtigen, so ergeben sich folgende als die wichtigsten Punkte, in welchen sich die Fassung G von der uns überlieferten, G^3, unterscheidet.

1) Die Einleitung hatte etwa folgenden Inhalt (cf. S. 79): König Karl schickte eine Gesandtschaft von hundert Baronen unter der Führung von Draugo und von dessen Sohn Girart aus, um in seinem Namen um die Hand der Tochter eines der Fürsten Frankreichs zu werben. Die Werbung wurde angenommen, und zwar ward unter den beiden Töchtern die ältere, Bertha, als Braut des Königs ausgewählt, worauf auf Draugos Vorschlag die jüngere, Elissent, mit Girart verlobt wurde. Boten eilen voraus, um dem Könige das Resultat zu melden, und dieser lässt sich eine genaue Beschreibung von den beiden Prinzessinnen geben, auf Grund deren er eine Begierde zu der jüngeren fasst. Er reiste seiner Abordnung, ohne sich anzumelden, entgegen, und als der Augenschein ihn in seiner schon vorher gefassten Neigung bestärkte, verlangte er die jüngere Schwester für sich. Vergeblich suchte der alte Draugo ihn umzustimmen und schlug, als er sah, dass alle Mühe vergeblich sei, seinem Sohne vor, in einen Tausch zu willigen, das heisst, die Bertha zu nehmen, der er selbst unbedingt den Vorzug gebe. Da auch alle Freunde und Berather Girarts sich in demselben Sinne aussprachen, da endlich Bertha ihm feierlich erklärte, dass sie ihn mehr liebe als den König, so gab der Graf schliesslich seine Einwilligung, jedoch unter der Bedingung, dass sein Lehn in ein Allodium verwandelt werde. Karl ging darauf ein, und nachdem der Vertrag in aller Form beschworen, wurden die beiden Hochzeiten gefeiert. Girart nahm von der Königin einen warmen Abschied, und hierauf kehrten alle in ihre Heimat zurück.

2) Der Dienstmann Girarts, welcher die Burg Rossillon an Karl verrieth, führte in dem älteren Epos keinen Namen.

3) Ebenso fehlte dort die Auffassung, dass das gegen Ende der Schlacht bei Valbeton ausbrechende Gewitter ein Wunderzeichen, eine göttliche Kundgebung dargestellt habe.

4) Die Dauer der Verbannung Teiris wurde nicht, wie in der vorliegenden Fassung, auf fünf Jahre festgesetzt.

5) Der Bericht über die Friedenszeit beschränkte sich auf die Angabe, dass die engste Freundschaft zwischen Karl und Girart herrschte; es fand sich dort nichts von den übrigen jetzt erzählten Ereignissen.

6) Desgleichen fehlte das Hoffest in Saint-Denis, die Rückkehr Teiris und der dem Girart mit Erlaubniss des Königs gelegte Hinterhalt; denn die neue Entzweiung und der zweite Krieg wurde früher nicht durch die Ermordung des Teiri, sondern durch Verläumdungen veranlasst, denen Girart zum Opfer fiel.

7) Der Ort, bei welchem der König von Karl überrumpelt wurde, wobei er nur mit Mühe entkam, wurde früher nicht genannt.

8) Folco fiel nicht in die Gefangenschaft des Königs, sondern wurde wohl gleich seinen Brüdern in der letzten Schlacht, d. h. in der bei Rossillon, getödtet.

9) Girarts Schicksale und Abenteuer während der Zeit seiner Verbannung beschränkten sich auf das Folgende. Er entfloh in alleiniger Begleitung seiner Gattin; wohin, wurde nicht angegeben; und als er erfahren, dass der König einen Preis auf seinen Kopf gesetzt habe, vermied er die bewohnten Orte und änderte seinen Namen. Schliesslich wurde er Kohlenbrenner in Aurillac, während Bertha sich ebendort als Näherin ernährte. Ebenso wie alle übrigen Unfälle, fehlte dort auch die Angabe, dass das Exil zweiundzwanzig Jahr gedauert habe.

10) Das Epos endete mit der Begnadigung und Wiedereinsetzung Girarts sowie mit dessen begeistertem Empfange in Rossillon. Über die weiteren Erlebnisse desselben wurde nichts berichtet.

Vergleichen wir nun den Inhalt dieser ältesten durch Elimination der Zusätze erreichbaren Gestalt unseres Epos (G) mit dem der Vorlage der Vita, so weit wir denselben (V) aus der letzteren zu erschliessen vermögen (s. Kapitel 4), so erkennen wir auf den ersten Blick, dass von einer Identität beider nicht die Rede ist, dass wir es also mit zwei verschiedenen Fassungen des Epos zu thun haben. Die Unterschiede bestehen, abgesehen davon, dass in G alles viel mehr ausgeführt ist, dass ausserdem in V die Nebenpersonen auf beiden Parteien sehr zurücktreten, ja meistens, ebenso wie die Namen der verschiedenen Örtlichkeiten, gar nicht angegeben werden, vornehmlich in folgenden sachlichen Punkten:

1) Girart ist in V ein Provenzale (aus Avignon, § 4), in G

ein Burgunder, denn die Burgunder werden in v. 6098 seine Verwandten genannt und sind diejenigen, die ihm bis zuletzt treu bleiben; auch sein Vater heisst in v. 2547 „der Alte von Rossillon" (cf. Kapitel 5, S. 80).

2) Der Streit der Schwäger hat in V seinen Grund darin, dass beide nach dem Tode des Schwiegervaters das Land des Letzteren beanspruchen (§ 9); in G ist einzig die Habsucht Karls Ursache des Zwistes (cf. S. 80—81).

3) Der Verräther von Rossillon ist in V Girarts Kammerdiener (§ 128), in G dessen Vertrauter, dem er viele Wohlthaten erwiesen hatte (v. 948 sq.).

4) In V wird Girart, gleich nachdem er aus Rossillon entkommen, durch einige feindliche Ritter verfolgt, die er theils tödtet, theils in die Flucht treibt (§ 130); in G geschieht dies erst, nachdem er selbst von der Flucht aus noch ein Mal nach Rossillon zurückgekehrt ist und einen von Karls Baronen nebst dessen zwei Söhnen niedergestossen hat (Tirade 69, v. 1031—46).

5) Der Ort, nach welchem Girart von Rossillon aus flieht, und an welchem er sein Heer sammelt (in G, nach v. 1083, Avignon), wird in V nicht genannt; doch darf man auch hier Avignon annehmen, da diese Stadt in § 4 ausdrücklich als Girarts Stammsitz bezeichnet wird.

6) Die Truppenabtheilung, durch welche der König behufs Wiedergewinnung von Rossillon in den Hinterhalt gelockt wird, besteht in V (§ 132) aus zehn Reitern, in G sind es deren zweihundert (v. 1244).

7) Die sich hieraus entwickelnde Schlacht hat in V keinen bestimmten Namen (§ 133—34), während wir in G erfahren, dass unterhalb Belfau gekämpft wurde (v. 1264).

8) In V fehlt die Bestrafung des Verräthers (Tirade 93) und die Friedenssendung Folcos (Tirade 105 sq.); ebensowenig wird dort etwas über den Friedensschluss nach der Schlacht bei Valbeton mitgetheilt.

9) Dagegen hören wir in V (§ 38), was in G fehlt, dass Girart, als er von den gegen ihn ausgestreuten Verläumdungen unterrichtet wurde, aus Klugheit den Hof verliess und in sein Land ging.

10) Die Einzelheiten über den Verlauf des zweiten Krieges verschweigt V, und zwar, wie wir gesehen, aus bestimmten Gründen; doch ist das Resultat dort genau dasselbe, wie in G (cf. § 10).

11) Während in G Folco stets friedliche Rathschläge ertheilt, Boso dagegen immer als Repräsentant der Kriegspartei auftritt, überträgt die Vita, unzweifelhaft im Anschluss an V, dem Folco,

den sie übrigens, abgesehen von Draugo sowie von Karl, Girart und deren Gattinnen allein mit Namen nennt, die Vertretung der kriegerischen Gesinnung (§ 44). Die Rolle Folcos spielt in der Vita ein „weiser Greis". Dieser räth zu wiederholten Malen (§ 45 und § 49—51), Girart möge dem Könige Recht anbieten und sich von den gegen ihn geschleuderten Beschuldigungen reinigen; weigere sich der König, so werde er ebenso wie alle andern, dem Girart treulich beistehen (§ 46—47). Hiermit sind Folcos Worte in Tirade 103 zu vergleichen.

12) V erwähnt in dem Bericht über die Verbannungszeit nichts von dem auf Girarts Kopf gesetzten Preis (v. 7602 sq., cf. § 11 bis 14).

13) Die Rückkehr des Ehepaares erfolgt in V nach Paris (§ 19), in G nach Orleans (v. 7775); auch der Zeitpunkt ist verschieden; in V zu Pfingsten (§ 19), in G am Gründonnerstage (v. 7803).

14) V berichtet nichts von dem Ringe, der bei der Wiedererkennungsscene in G eine so bedeutende Rolle spielt (v. 7840 sq.).

15) Die Königin stellt in V das Paar ihrem Gatten auf seinem Gange zur Kirche vor, wo sich jene dem Karl zu Füssen werfen (§ 24 und 25); in G lässt sie dieselben nach Tisch in den Saal führen, und erst, als Karl dem Girart verziehen, heisst es, verneigte sich dieser tief vor seinem Herrn (Tirade 546—549).

Diese Aufzählung zeigt, dass die beiden in Rede stehenden Versionen nicht nur ziemlich zahlreiche, sondern auch zum Theil recht erhebliche Unterschiede voneinander aufweisen. Zwar sind einige der hervorgehobenen Punkte nicht von wesentlicher Bedeutung, wie z. B. die unter 3, 5, 6, 7 und 13 angeführten, welche ohne grosse Mühe bei einer etwaigen Neugestaltung in das Epos eingeführt werden konnten. Die übrigen dagegen bedingten grösstentheils so einschneidende sachliche Änderungen, dass kaum anzunehmen ist, dass letztere einfach mit Hülfe von Interpolationen hätten vorgenommen werden können. Es liegt daher nahe, zu vermuthen, dass die eine Version aus der anderen durch eine wirkliche Umarbeitung (in dem im ersten Kapitel genauer bezeichneten Sinne) hervorgegangen ist, eine Vermuthung, die schon wegen der frühen Zeit, um die es sich dabei handelt, von vorn herein durchaus wahrscheinlich ist. Ebenso wird man nicht darüber im Zweifel sein, dass unter den beiden Fassungen V wohl die ältere darstellt. Zwar darf man dies nicht aus dem Umstande schliessen, dass in V mehrere Einzelheiten nicht berichtet werden, die sich in G finden, da, wie wir gesehen, der lateinische Biograph sein Werk in tendenziösem Sinne schrieb, daher absichtlich vieles ausliess, änderte oder kürzte, das sich in seiner Vorlage fand.

Aber selbst in denjenigen Episoden, welche beide im Wesentlichen gleich berichten, finden sich in G einzelne Züge, die auf jüngeren Ursprung deuten. Wenn z. B. die Truppe, welche dazu verwandt wird, den König in den Hinterhalt zu locken, in V aus 10, in G aus 200 Reitern besteht, so weist die kleinere Zahl auf die ältere Fassung hin. In V, d. h. in der Vorlage der Lebensbeschreibung, würden wir demnach die älteste für uns erreichbare Gestalt unseres Epos zu sehen haben; weiter zurück vermögen wir die Geschichte desselben nicht zu verfolgen.

Verzeichniss
der besonders besprochenen Stellen.[1]

[1] Über die Bedeutung der Bezeichnungen G, R¹, R², R³ siehe Seite 130. Alle Verse, welche in obiger Liste nicht aufgeführt werden, sind als aus G entlehnt anzusehen.

¹) v. 3340 könnte auch R¹ zum Verfasser haben.

Inhalts-Verzeichniss.

Druck von Fr. Richter, Leipzig.

www.ingramcontent.com/pod-product-compliance
Lightning Source LLC
Chambersburg PA
CBHW051517100726
47898CB00005B/1491